北京理工大学珠海学院系列教材

21世纪法学系列教材

诉讼法系列

民事诉讼法要义及实务

石淼 著

图书在版编目(CIP)数据

民事诉讼法要义及实务/石淼著. —北京:北京大学出版社,2021.9
21世纪法学系列教材. 诉讼法系列
ISBN 978-7-301-32373-1

Ⅰ.①民… Ⅱ.①石… Ⅲ.①民事诉讼法—中国—教材 Ⅳ.①D925.1

中国版本图书馆 CIP 数据核字(2021)第 154740 号

书 名	民事诉讼法要义及实务
	MINSHI SUSONGFA YAOYI JI SHIWU
著作责任者	石 淼 著
责任编辑	周 菲
标准书号	ISBN 978-7-301-32373-1
出版发行	北京大学出版社
地 址	北京市海淀区成府路 205 号 100871
网 址	http://www.pup.cn
电子信箱	law@pup.pku.edu.cn
新浪微博	@北京大学出版社 @北大出版社法律图书
电 话	邮购部 010-62752015 发行部 010-62750672 编辑部 010-62752027
印 刷 者	北京圣夫亚美印刷有限公司
经 销 者	新华书店
	730 毫米×980 毫米 16 开本 45.25 印张 862 千字
	2021 年 9 月第 1 版 2021 年 9 月第 1 次印刷
定 价	98.00 元

未经许可,不得以任何方式复制或抄袭本书之部分或全部内容。
版权所有,侵权必究
举报电话: 010-62752024 电子信箱: fd@pup.pku.edu.cn
图书如有印装质量问题,请与出版部联系,电话: 010-62756370

作 者 简 介

石淼，某基层人民法院审判委员会委员、一级法官，北京理工大学珠海学院民商法律学院兼职教授，珠海市法学会民商法学研究会理事。

自1991年从中国政法大学毕业后在民商事审判、执行一线工作30年，承办过传统民事与商事、涉外商事、执行实施以及异议审查案件近5000件，公开发表论文及案例20余篇。近年来，持续在大学讲授民事诉讼法课程，讲义视角独特，将理论与实务知识融会贯通，深入浅出，寓教于案，以案说法，深受学生好评。

内 容 简 介

本书定位:学生本位;读者视角;实务工具。

以学生为本位,摈弃以往教科书中大篇幅的域外学说介绍及学界争议,只介绍学界通说的最新概念及理论,能够满足法学本科阶段民事诉讼法的学习需求。

从读者视角出发,以真实案例、图、表、脚注与正文相结合,尽可能在不失严谨之下将措辞用语通俗化,重要概念"一句话"归纳,力求做到轻松阅读、快速理解、精确记忆。

将理论与实践相结合,全书穿插实务;有关民事诉讼法的常用知识点在书中都体现为相应的法律文件名称及条文序号,可作为法律实务工作者的工具书使用。力求一书在手,别无他求。

本书内容与最新法律、司法解释同步,涉《民法典》内容已全部转换,司法解释更新至 2021 年 3 月。

本书常用法律文件缩略语

◆ 法律

《中华人民共和国宪法》……………………………………《宪法》
《中华人民共和国民法典》…………………………………《民法典》
《中华人民共和国民事诉讼法》……………………………《民诉法》
《中华人民共和国民法通则》………………………………《民法通则》
《中华人民共和国合同法》…………………………………《合同法》
《中华人民共和国物权法》…………………………………《物权法》
《中华人民共和国担保法》…………………………………《担保法》
《中华人民共和国公司法》…………………………………《公司法》
《中华人民共和国票据法》…………………………………《票据法》
《中华人民共和国仲裁法》…………………………………《仲裁法》
《中华人民共和国企业破产法》……………………………《企业破产法》
《中华人民共和国人民调解法》……………………………《人民调解法》
《中华人民共和国人民法院组织法》………………………《人民法院组织法》
《中华人民共和国法官法》…………………………………《法官法》
《中华人民共和国海事诉讼特别程序法》…………………《海事诉讼特别程序法》
《中华人民共和国人民陪审员法》…………………………《人民陪审员法》

◆ 司法解释

《最高人民法院关于适用〈中华人民共和国民事诉讼法〉的解释》
………………………………………………………………《民诉法解释》
《最高人民法院关于民事诉讼证据的若干规定》…………《证据规定》
《最高人民法院关于人民法院民事调解工作若干问题的规定》
………………………………………………………………《调解规定》
《最高人民法院关于适用简易程序审理民事案件的若干规定》
………………………………………………………………《简易程序规定》

《最高人民法院关于人民法院民事执行中查封、扣押、冻结财产
　　的规定》………………………………………《查封、扣押、冻结规定》
《最高人民法院关于适用〈中华人民共和国民事诉讼法〉审判
　　监督程序若干问题的解释》………………………《审判监督解释》
《最高人民法院关于人民法院执行工作若干问题的规定(试行)》
　　………………………………………………………《执行问题规定》
《最高人民法院关于人民法院民事执行中拍卖、变卖财产的规定》
　　………………………………………………………《拍卖、变卖规定》
《最高人民法院关于执行担保若干问题的规定》………《执行担保规定》
《最高人民法院关于人民法院办理执行异议和复议案件若干问题
　　的规定》…………………………………………《执行异议规定》
《最高人民法院关于适用〈中华人民共和国民事诉讼法〉执行程序
　　若干问题的解释》…………………………………《执行程序解释》
《最高人民法院关于贯彻执行〈中华人民共和国民法通则〉若干问题
　　的意见(试行)》……………………………………………《民通意见》
《最高人民法院关于人民法院办理财产保全案件若干问题的规定》
　　……………………………………………………………《保全规定》

实话"石"说

一名基层一线法官,除了多办案、快办案、办好案至退休离岗,还可以为法治建设做点什么?

2017年5月,习总书记到作者母校中国政法大学考察,就全面推进依法治国、加强法治人才培养等发表了重要讲话,强调要加快构建中国特色法学学科体系,处理好法学知识教学和实践教学的关系。我国法学院校法学理论与实践教学存在脱节已是不争的事实,在教学阶段处理好二者关系已迫在眉睫。

在我国数百所法学院校中,绝大多数法科学生的毕业去向是从事法律实务工作,只有极少数从事教学研究工作。法学与医学虽然属性不同,但二者有着最大的共性,就是都需要大量的实践教学。法谚云,法律的生命在于经验,而不在于逻辑。作者在民事办案一线摸爬滚打30年,承办过传统民事与商事、涉外商事、执行实施及异议审查案件近5000件,对我国民事诉讼法规定的各种审判与执行程序都熟稔于心,并深有感触。近年来,作者利用业余时间在大学讲授民事诉讼法课程,深知法科学生需要什么样的民事诉讼法基础及实务教育,也愈发感觉适合法科学生学习的民事诉讼实务教程非常难求。如果有一本教材能将民事诉讼法基础知识及必要的实务知识结合在一起,使学生能够通过实务知识的学习加深对理论知识的理解,反过来又潜移默化地提升学生对理论知识的实践运用能力,应该对民事诉讼法的教与学都大有裨益。正是出于这一动机,作者下决心编写这本教材。

本教材从初稿到定稿历时7年。初稿前适逢《民诉法》大修,增设的许多重要制度在实践中如何实施尚不确定;初稿完成后,陆续又有《民诉法解释》《执行异议规定》《执行担保规定》《证据规定》等众多重要司法解释发布,《人民陪审员法》《法官法》《人民法院组织法》等法律颁布(修改),作者作了同步更新,因此,定稿时间也一再推后。至现在,《民法典》及其配套司法解释正式施行,民事诉讼法律、司法解释已相对稳定,各方面条件都日臻成熟,是时候让她迈出"闺阁"展现在大家面前了。

为了让学生(读者)能够轻松阅读、快速理解,并精确记忆民事诉讼法基础知识,本书将实务中的真实案例与图、表、脚注相结合,绝大多数程序都辅以流程图展示,部分程序引入案例,在不失严谨之下尽可能将措辞用语通俗化。

本书最终顺利出版，特别感谢梁慧星教授及北京理工大学珠海学院民商法律学院王建宇院长的大力支持，感谢北京大学出版社的慧眼识珠及周菲编辑的精心编审。李艺逸同学帮助我完成书中大部分插图，并全程参与了文稿校对，易思彤、邓烨同学也参与了部分文稿校对工作，在此一并予以感谢。

由于能力、学识所限，错漏之处实属难免，敬请各位见谅并指正。

最后，希望本书的出版能抛砖引玉，引发实务界对法学教育的高度关注，权当作者为我国的法治建设奉献一丝绵薄之力。

聊作自序。

石 淼

2021年3月于南海之滨

目　　录

第一章　民事诉讼法绪论 …………………………………………（1）
第一节　民事纠纷及其解决机制 ………………………………（1）
　一、民事纠纷 ………………………………………………………（1）
　二、民事纠纷处理机制 ……………………………………………（2）
第二节　民事诉讼 ………………………………………………（5）
　一、民事诉讼概述 …………………………………………………（5）
　二、民事诉讼的特点 ………………………………………………（5）
第三节　民事诉讼法 ……………………………………………（6）
　一、民事诉讼法概述 ………………………………………………（6）
　二、民事诉讼法的性质 ……………………………………………（7）
　三、我国民事诉讼法的发展 ………………………………………（8）
　四、民事诉讼法的效力范围 ………………………………………（8）
　五、民事诉讼法的学习方法 ………………………………………（9）

第二章　民事诉讼法律关系 ……………………………………（11）
第一节　民事诉讼法律关系概述 ………………………………（11）
　一、民事诉讼法律关系的概念 ……………………………………（11）
　二、民事诉讼法律关系的特征 ……………………………………（11）
第二节　民事诉讼法律关系的要素 ……………………………（12）
　一、民事诉讼法律关系的主体 ……………………………………（12）
　二、民事诉讼法律关系的内容 ……………………………………（13）
　三、民事诉讼法律关系的客体 ……………………………………（14）
第三节　民事诉讼法律事实 ……………………………………（15）
第四节　法院的职权 ……………………………………………（16）
第五节　诉讼模式 ………………………………………………（21）

第三章　民事诉讼基本原则 ……………………………………（23）
第一节　民事诉讼基本原则概述 ………………………………（23）

第二节 共有原则 ……………………………………………………(24)
 一、民事案件的审判权由人民法院行使原则 ………………(24)
 二、人民法院依法对民事案件独立进行审判原则 …………(24)
 三、以事实为依据,以法律为准绳原则 ……………………(25)
 四、使用本民族语言文字进行诉讼原则 ……………………(25)
 五、人民检察院对民事诉讼实行法律监督原则 ……………(25)
 六、民族自治地方可以变通或补充规定原则 ………………(26)
第三节 特有原则 ……………………………………………………(27)
 一、诉讼权利义务同等原则,对等原则 ……………………(27)
 二、诉讼权利平等原则 ………………………………………(27)
 三、自愿和合法调解原则 ……………………………………(28)
 四、辩论原则 …………………………………………………(28)
 五、处分原则 …………………………………………………(29)
 六、诚实信用原则 ……………………………………………(31)
第四节 其他原则 ……………………………………………………(33)
 一、支持起诉原则 ……………………………………………(33)
 二、人民调解原则 ……………………………………………(34)

第四章 民事审判的基本制度 …………………………………………(36)
第一节 合议制度 ……………………………………………………(36)
 一、合议制度概述 ……………………………………………(36)
 二、合议庭组织形式 …………………………………………(36)
 三、合议庭中的审判长 ………………………………………(40)
 四、合议庭评议案件规则 ……………………………………(40)
 五、审判委员会 ………………………………………………(41)
第二节 回避制度 ……………………………………………………(42)
 一、回避制度概述 ……………………………………………(42)
 二、回避的主体、情形、方式及程序 ………………………(42)
 三、回避决定及法律后果 ……………………………………(45)
第三节 公开审判制度 ………………………………………………(46)
 一、公开审判概述 ……………………………………………(46)
 二、公开审判制度的内容 ……………………………………(46)
第四节 两审终审制度 ………………………………………………(51)
 一、两审终审概述 ……………………………………………(51)

二、第二审程序审理模式 …………………………………………（51）

第五章　诉权与诉 ………………………………………………（55）
第一节　诉权 ……………………………………………………（55）
　　一、诉权概述 …………………………………………………（55）
　　二、滥用诉权的规制 …………………………………………（56）
第二节　诉 ………………………………………………………（60）
　　一、概述 ………………………………………………………（60）
　　二、诉的要素 …………………………………………………（60）
　　三、诉的种类 …………………………………………………（61）
　　四、诉的利益 …………………………………………………（63）
　　五、诉的合并 …………………………………………………（65）
　　六、诉的变更 …………………………………………………（66）
第三节　反诉 ……………………………………………………（67）
　　一、反诉概述 …………………………………………………（67）
　　二、提起反诉的条件 …………………………………………（68）
　　三、反诉的审理 ………………………………………………（70）
　　四、反诉与反驳的区别 ………………………………………（71）

第六章　主管与管辖 ……………………………………………（73）
第一节　民事案件的主管 ………………………………………（73）
　　一、法院主管民事案件的范围 ………………………………（73）
　　二、不属于法院主管的民事纠纷 ……………………………（75）
第二节　民事案件的管辖 ………………………………………（77）
　　一、管辖概述 …………………………………………………（77）
　　二、确定民事案件管辖的原则 ………………………………（77）
　　三、民事案件管辖的分类 ……………………………………（78）
第三节　级别管辖 ………………………………………………（79）
　　一、级别管辖概述 ……………………………………………（79）
　　二、《民诉法》规定的各级法院管辖标准 ……………………（79）
　　三、最高人民法院规定的标的额管辖标准 …………………（82）
　　四、管辖权的转移 ……………………………………………（84）
第四节　地域管辖 ………………………………………………（85）
　　一、地域管辖概述 ……………………………………………（86）
　　二、一般地域管辖 ……………………………………………（86）

三、特殊地域管辖 …………………………………………………… (89)
　第五节　协议管辖 ………………………………………………………… (92)
　　一、明示协议管辖 …………………………………………………… (93)
　　二、默示协议管辖 …………………………………………………… (94)
　第六节　管辖中的基本制度 ……………………………………………… (95)
　　一、专属管辖 ………………………………………………………… (95)
　　二、共同管辖与选择管辖 …………………………………………… (97)
　　三、合并管辖 ………………………………………………………… (97)
　　四、移送管辖 ………………………………………………………… (97)
　　五、指定管辖 ………………………………………………………… (99)
　　六、管辖恒定原则 …………………………………………………… (99)
　第七节　管辖权异议 …………………………………………………… (100)
　　一、管辖权异议概述 ………………………………………………… (100)
　　二、管辖权异议的排除适用 ………………………………………… (101)
　　三、管辖权异议的审查与救济 ……………………………………… (101)

第七章　诉讼当事人 ……………………………………………………… (104)
　第一节　当事人 ………………………………………………………… (104)
　　一、当事人概述 ……………………………………………………… (104)
　　二、当事人诉讼权利能力与诉讼行为能力 ………………………… (106)
　　三、当事人的诉讼权利义务 ………………………………………… (111)
　　四、当事人适格 ……………………………………………………… (113)
　　五、当事人的变更 …………………………………………………… (117)
　　六、原告与被告的确定 ……………………………………………… (119)
　第二节　共同诉讼 ……………………………………………………… (121)
　　一、共同诉讼概述 …………………………………………………… (121)
　　二、必要共同诉讼 …………………………………………………… (122)
　　三、普通共同诉讼 …………………………………………………… (125)
　第三节　公益诉讼 ……………………………………………………… (127)
　　一、公益诉讼概述 …………………………………………………… (127)
　　二、公益诉讼的诉讼程序 …………………………………………… (127)
　第四节　诉讼代表人 …………………………………………………… (129)
　　一、代表人诉讼制度 ………………………………………………… (129)
　　二、诉讼代表人 ……………………………………………………… (129)

三、起诉时人数不确定的代表人诉讼的特殊程序 ………………………(130)
　第五节　诉讼中的第三人 ………………………………………………(131)
　　一、第三人概述 ……………………………………………………………(132)
　　二、有独立请求权的第三人 ………………………………………………(133)
　　三、无独立请求权的第三人 ………………………………………………(135)
　第六节　第三人撤销之诉 ………………………………………………(139)
　　一、第三人撤销之诉概述 …………………………………………………(140)
　　二、第三人撤销之诉的起诉与受理 ………………………………………(140)
　　三、第三人撤销之诉的审理 ………………………………………………(142)
　　四、第三人撤销之诉的裁判 ………………………………………………(143)
　　五、第三人撤销之诉与再审的协调 ………………………………………(143)
　　六、第三人撤销之诉与执行异议的协调 …………………………………(143)

第八章　诉讼代理人 ……………………………………………………(145)
　第一节　诉讼代理人概述 ………………………………………………(145)
　　一、诉讼代理人的概念及分类 ……………………………………………(145)
　　二、民事诉讼代理的作用 …………………………………………………(146)
　　三、诉讼代理人的特征 ……………………………………………………(147)
　第二节　法定诉讼代理人 ………………………………………………(148)
　　一、法定诉讼代理人概述 …………………………………………………(148)
　　二、法定代理人的确定 ……………………………………………………(148)
　　三、法定代理人的诉讼地位 ………………………………………………(149)
　　四、法定代理权的终止 ……………………………………………………(150)
　第三节　委托诉讼代理人 ………………………………………………(151)
　　一、委托诉讼代理人概述 …………………………………………………(151)
　　二、委托代理的分类 ………………………………………………………(153)
　　三、委托代理人的资格 ……………………………………………………(155)
　　四、委托代理权的终止 ……………………………………………………(160)

第九章　期间与送达 ……………………………………………………(162)
　第一节　期间 ……………………………………………………………(162)
　　一、期间概述 ………………………………………………………………(162)
　　二、期间的分类 ……………………………………………………………(162)
　　三、期间的计算 ……………………………………………………………(164)
　　四、期间的耽误 ……………………………………………………………(167)

第二节 送达 (168)
一、送达的概念和意义 (168)
二、送达的方式 (169)
三、送达的效力 (175)
四、送达回证 (175)

第十章 证据 (177)
第一节 法官裁判案件的方法 (177)
一、神明裁判 (177)
二、现代法官裁判方法 (178)
第二节 证据、证据能力、证明能力 (179)
第三节 证据制度 (181)
一、法定证据制度 (181)
二、自由心证制度 (182)
第四节 证据的"三性"——客观性、关联性、合法性 (184)
一、证据的客观性 (184)
二、证据的关联性 (185)
三、证据的合法性 (185)
第五节 证据的理论分类 (187)
一、本证与反证 (187)
二、直接证据与间接证据 (189)
三、原始证据与传来证据 (190)
第六节 证据的种类 (190)
一、当事人陈述 (191)
二、书证 (192)
三、物证 (194)
四、视听资料 (195)
五、电子数据 (195)
六、证人证言 (197)
七、鉴定意见 (203)
八、勘验笔录 (208)
第七节 证据保全 (210)
一、证据保全的概念 (210)
二、证据保全的申请 (210)

三、证据保全的方法 ……………………………………………… (211)
　第八节　法院调查收集证据 …………………………………………… (211)
　　一、法院依职权主动调查、收集证据 …………………………… (212)
　　二、依当事人申请调查、收集证据 ……………………………… (212)
　第九节　律师调查令 …………………………………………………… (214)
　　一、律师调查令概述 ……………………………………………… (214)
　　二、广东省律师调查令的申请、签发与持令调查 ……………… (214)

第十一章　证明 …………………………………………………………… (218)
　第一节　民事诉讼证明概述 …………………………………………… (218)
　　一、民事诉讼证明的概念及特征 ………………………………… (218)
　　二、民事诉讼证明的要素 ………………………………………… (219)
　　三、民事诉讼证明的分类 ………………………………………… (219)
　第二节　证明对象 ……………………………………………………… (220)
　　一、证明对象概述 ………………………………………………… (220)
　　二、法律要件事实与主要事实、间接事实、辅助事实 ………… (220)
　　三、证明对象 ……………………………………………………… (222)
　第三节　无需证明的事实 ……………………………………………… (223)
　第四节　证明责任 ……………………………………………………… (233)
　　一、证明责任概述 ………………………………………………… (233)
　　二、客观证明责任的适用条件 …………………………………… (233)
　　三、客观证明责任的负担 ………………………………………… (234)
　　四、客观证明责任与当事人提出证据加以证明的关系 ………… (235)
　第五节　证明责任的分配 ……………………………………………… (236)
　　一、证明责任分配概述 …………………………………………… (236)
　　二、证明责任分配的原则 ………………………………………… (236)
　第六节　证明责任的倒置 ……………………………………………… (242)
　第七节　证明标准 ……………………………………………………… (246)
　　一、证明标准概述 ………………………………………………… (246)
　　二、证明标准的分类 ……………………………………………… (247)
　　三、我国民事诉讼的证明标准 …………………………………… (249)
　第八节　举证时限 ……………………………………………………… (250)
　　一、举证时限概述 ………………………………………………… (250)
　　二、《民诉法》关于举证时限的规定 …………………………… (251)

三、举证期限的确定与延长 …………………………………… (253)
　　四、新证据的认定与提交时间 ………………………………… (256)
　第九节　证据交换 ………………………………………………… (257)
　　一、证据交换概述 ……………………………………………… (257)
　　二、证据交换的启动与操作 …………………………………… (259)
　第十节　质证 ……………………………………………………… (260)
　　一、质证概述 …………………………………………………… (260)
　　二、质证的主体、客体及内容 ………………………………… (260)
　　三、质证的程序 ………………………………………………… (261)
　第十一节　认证 …………………………………………………… (263)
　　一、认证概述 …………………………………………………… (263)
　　二、认证的方法 ………………………………………………… (264)

第十二章　民事诉讼的保障机制 …………………………… (271)
　第一节　保全 ……………………………………………………… (271)
　　一、财产保全 …………………………………………………… (271)
　　二、行为保全及其特别规定 …………………………………… (286)
　第二节　先予执行 ………………………………………………… (290)
　　一、先予执行概述 ……………………………………………… (290)
　　二、先予执行的适用范围 ……………………………………… (290)
　　三、先予执行的适用条件 ……………………………………… (291)
　　四、先予执行的程序 …………………………………………… (292)
　　五、被申请人遭受损失的赔偿 ………………………………… (293)
　　六、先予执行裁定的时间效力 ………………………………… (293)
　第三节　对妨害民事诉讼的强制措施 …………………………… (294)
　　一、概述 ………………………………………………………… (294)
　　二、妨害民事诉讼行为的构成 ………………………………… (294)
　　三、妨害民事诉讼行为的种类 ………………………………… (295)
　　四、对妨害民事诉讼的强制措施的种类及适用 ……………… (299)
　　五、对妨害民事诉讼的行为采取措施时应注意事项 ………… (303)
　第四节　诉讼费用 ………………………………………………… (305)
　　一、概述 ………………………………………………………… (305)
　　二、诉讼费用的分类 …………………………………………… (305)
　　三、收费标准 …………………………………………………… (306)

四、诉讼费用的负担 …………………………………………（309）
　　五、诉讼费用的交纳与退还 …………………………………（311）
　　六、对诉讼费异议的处理 ……………………………………（311）
　　七、诉讼费的缓交、减交、免交 ……………………………（312）

第十三章　诉讼调解与和解 …………………………………………（315）
　第一节　诉讼调解 …………………………………………………（315）
　　一、诉讼调解概述 ……………………………………………（315）
　　二、诉讼调解的原则 …………………………………………（316）
　　三、诉讼调解的适用范围 ……………………………………（319）
　　四、诉讼调解的启动与实施 …………………………………（320）
　　五、调解协议 …………………………………………………（323）
　　六、民事调解书 ………………………………………………（326）
　第二节　诉讼和解 …………………………………………………（329）
　　一、诉讼和解概述 ……………………………………………（329）
　　二、诉讼和解的结案方式 ……………………………………（330）

第十四章　普通程序 …………………………………………………（333）
　第一节　普通程序概述 ……………………………………………（333）
　第二节　起诉 ………………………………………………………（335）
　　一、起诉的概念与条件 ………………………………………（335）
　　二、起诉的方式与起诉状内容 ………………………………（337）
　　三、先行调解 …………………………………………………（338）
　　四、审查起诉 …………………………………………………（339）
　第三节　受理 ………………………………………………………（342）
　　一、受理的概念及法律效果 …………………………………（342）
　　二、应予受理的特殊情形 ……………………………………（343）
　第四节　审理前的准备 ……………………………………………（346）
　　一、在法定期限内送达诉讼文书 ……………………………（347）
　　二、通知必须共同进行诉讼的当事人参加诉讼 ……………（347）
　　三、告知当事人有关诉讼权利义务、合议庭组成人员 ……（347）
　　四、审查有关的证据材料、调查收集必要的证据 …………（348）
　　五、民事案件审理程序分流 …………………………………（348）
　　六、证据交换与庭前会议 ……………………………………（349）
　　七、处理管辖权异议 …………………………………………（350）

第五节　开庭审理 ……………………………………………………（351）
　　一、庭审准备 ………………………………………………………（351）
　　二、审理开始 ………………………………………………………（352）
　　三、法庭调查 ………………………………………………………（354）
　　四、法庭辩论 ………………………………………………………（355）
　　五、法庭调解 ………………………………………………………（355）
　　六、合议庭评议 ……………………………………………………（356）
　　七、宣判 ……………………………………………………………（356）
第六节　撤诉和缺席判决 ……………………………………………（357）
　　一、撤诉 ……………………………………………………………（357）
　　二、缺席判决 ………………………………………………………（359）
第七节　延期审理、诉讼中止与诉讼终结 …………………………（361）
　　一、延期审理 ………………………………………………………（361）
　　二、诉讼中止 ………………………………………………………（363）
　　三、诉讼终结 ………………………………………………………（365）

第十五章　简易程序和小额诉讼程序 ……………………………（367）

第一节　简易程序概述 ………………………………………………（367）
　　一、简易程序的概念 ………………………………………………（367）
　　二、简易程序的功能 ………………………………………………（367）
　　三、简易程序的适用范围 …………………………………………（368）
第二节　简易程序的特点及适用 ……………………………………（371）
　　一、起诉与答辩 ……………………………………………………（371）
　　二、传唤、送达 ……………………………………………………（371）
　　三、简易程序的审理前准备 ………………………………………（372）
第三节　小额诉讼程序 ………………………………………………（376）
　　一、小额诉讼程序概述 ……………………………………………（376）
　　二、小额诉讼程序的适用范围 ……………………………………（377）
　　三、小额诉讼程序的特点 …………………………………………（378）
　　四、小额诉讼案件的再审 …………………………………………（380）

第十六章　民事判决、裁定与决定 ………………………………（382）

第一节　民事判决 ……………………………………………………（382）
　　一、民事判决概述 …………………………………………………（382）
　　二、民事判决的分类 ………………………………………………（383）

三、民事判决的制作要求 …………………………………… (384)
　　四、民事判决书的内容 ……………………………………… (385)
　　五、民事判决书的效力 ……………………………………… (390)
　　六、判决的既判力 …………………………………………… (391)
　　七、民事判决书的补正 ……………………………………… (394)
　第二节　民事裁定 ……………………………………………… (394)
　　一、民事裁定概述 …………………………………………… (394)
　　二、民事裁定的适用范围 …………………………………… (395)
　　三、民事裁定书的形式、内容与补正 ……………………… (397)
　　四、民事裁定的效力 ………………………………………… (397)
　第三节　民事决定 ……………………………………………… (398)
　　一、民事决定概述 …………………………………………… (398)
　　二、民事决定的适用范围 …………………………………… (399)
　　三、民事决定书的内容与补正 ……………………………… (399)
　　四、民事决定的法律效力 …………………………………… (399)

第十七章　第二审程序 …………………………………………… (401)
　第一节　第二审程序概述 ……………………………………… (401)
　　一、第二审程序的内涵 ……………………………………… (401)
　　二、第二审程序与第一审程序的区别 ……………………… (402)
　　三、第二审程序的意义 ……………………………………… (403)
　第二节　上诉的提起与受理 …………………………………… (404)
　　一、上诉的提起 ……………………………………………… (404)
　　二、上诉的受理 ……………………………………………… (407)
　　三、上诉的撤回 ……………………………………………… (408)
　　四、第二审程序中的撤回起诉 ……………………………… (409)
　第三节　上诉案件的审理 ……………………………………… (410)
　　一、审理前的准备工作 ……………………………………… (410)
　　二、上诉案件的审理范围 …………………………………… (410)
　　三、上诉案件的审理方式 …………………………………… (411)
　　四、上诉案件的调解与和解 ………………………………… (412)
　　五、第二审程序中增加诉讼请求与反诉 …………………… (414)
　第四节　上诉案件的裁判 ……………………………………… (414)

第十八章 审判监督程序 (421)

第一节 审判监督程序概述 (421)
一、审判监督程序的概念与特征 (421)
二、审判监督程序与第二审程序的区别 (423)

第二节 当事人、案外人申请再审 (424)
一、当事人申请再审的内涵 (424)
二、申请再审的主体 (425)
三、申请再审的客体 (429)
四、申请再审的管辖法院 (430)
五、当事人申请再审的事由 (430)
六、申请再审的期限 (439)
七、申请再审的程序 (441)
八、再审审查的裁定结果 (442)

第三节 法院决定再审 (445)
一、法院决定再审的概念及条件 (445)
二、法院决定再审的程序 (445)

第四节 检察院抗诉、再审检察建议再审 (447)
一、当事人向检察机关申诉及申诉审查手段 (448)
二、提起民事抗诉、再审检察建议的条件及范围 (449)
三、抗诉、再审检察建议的提出 (449)
四、抗诉、再审检察建议的受理与审理 (451)
五、检察机关对审判人员违法行为的检察建议 (454)

第五节 再审案件的审理 (454)
一、再审案件的中止执行 (454)
二、合议庭的组成及审理程序 (454)
三、再审案件的裁判与调解 (456)

第十九章 特别程序 (459)

第一节 特别程序概述 (459)
一、特别程序的概念 (459)
二、特别程序的法律适用与转化 (459)
三、特别程序的特点 (460)
四、特别程序判决、裁定错误的救济 (460)

第二节 选民资格案件 (461)

一、选民资格案件概述 …………………………………………… (461)
　　二、选民资格案件的审理程序 …………………………………… (462)
第三节　宣告公民失踪案件 …………………………………………… (463)
　　一、宣告公民失踪案件的概念和意义 …………………………… (463)
　　二、宣告公民失踪案件的申请 …………………………………… (464)
　　三、宣告公民失踪案件的审理 …………………………………… (465)
　　四、公民失踪的财产代管人与法律后果 ………………………… (465)
　　五、宣告失踪判决的撤销 ………………………………………… (466)
第四节　宣告公民死亡案件 …………………………………………… (467)
　　一、宣告公民死亡案件的概念和意义 …………………………… (467)
　　二、宣告公民死亡的条件 ………………………………………… (467)
　　三、宣告公民死亡案件的审理 …………………………………… (468)
　　四、宣告公民死亡的法律后果 …………………………………… (470)
　　五、宣告死亡判决的撤销 ………………………………………… (470)
第五节　认定公民无民事行为能力、限制民事行为能力案件 ……… (471)
　　一、认定公民无民事行为能力、限制民事行为能力案件概述 … (471)
　　二、认定公民无民事行为能力、限制民事行为能力案件的申请 … (472)
　　三、认定公民无民事行为能力、限制民事行为能力案件的审理 … (472)
　　四、认定公民无民事行为能力、限制民事行为能力案件的判决 … (473)
　　五、认定公民无民事行为能力、限制民事行为能力判决的撤销 … (475)
第六节　认定财产无主案件 …………………………………………… (476)
　　一、认定财产无主案件的概念和意义 …………………………… (476)
　　二、认定财产无主案件的条件 …………………………………… (476)
　　三、认定财产无主案件的审理与判决 …………………………… (477)
　　四、认定财产无主判决的撤销 …………………………………… (478)
第七节　调解司法确认程序 …………………………………………… (478)
　　一、调解司法确认程序概述 ……………………………………… (479)
　　二、司法确认案件的申请及受理 ………………………………… (480)
　　三、审查程序 ……………………………………………………… (482)
　　四、审查结果 ……………………………………………………… (484)
　　五、司法确认案件的法律文书 …………………………………… (484)
　　六、司法确认裁定的效力 ………………………………………… (485)
　　七、确认裁定错误的救济 ………………………………………… (486)
第八节　实现担保物权程序 …………………………………………… (488)

  一、担保物权实现概述……………………………………………(488)
  二、实现担保物权案件的申请………………………………(490)
  三、实现担保物权案件的审理………………………………(492)
  四、实现担保物权案件的强制执行…………………………(496)

第二十章　督促程序……………………………………………(499)
 第一节　督促程序概述……………………………………………(499)
  一、督促程序的概念…………………………………………(499)
  二、督促程序的特点…………………………………………(500)
 第二节　支付令的申请与受理……………………………………(501)
  一、申请支付令的条件………………………………………(501)
  二、支付令的申请与管辖法院………………………………(502)
  三、支付令申请的受理………………………………………(503)
 第三节　支付令申请的审理………………………………………(504)
  一、审理程序…………………………………………………(504)
  二、支付令的内容和效力……………………………………(506)
  三、债务人对支付令的异议…………………………………(507)
  四、督促程序的终结…………………………………………(508)
  五、支付令的撤销……………………………………………(509)
 第四节　督促程序的后续诉讼……………………………………(510)

第二十一章　公示催告程序……………………………………(512)
 第一节　公示催告程序概述………………………………………(512)
  一、公示催告程序的概念……………………………………(512)
  二、公示催告程序的特点……………………………………(513)
  三、公示催告程序的适用范围………………………………(514)
 第二节　公示催告的申请与审理…………………………………(515)
  一、公示催告的申请…………………………………………(515)
  二、公示催告程序的审查和受理……………………………(516)
 第三节　除权判决…………………………………………………(520)
  一、除权判决的条件…………………………………………(521)
  二、除权判决的效力…………………………………………(523)
  三、除权判决的撤销…………………………………………(523)

第二十二章　涉外民事诉讼程序………………………………(526)
 第一节　涉外民事诉讼概述………………………………………(526)

一、涉外民事诉讼的内涵 …………………………………………（526）
　　二、涉外民事诉讼程序的概念及法律渊源 ……………………（529）
　第二节　涉外民事诉讼程序的特殊原则 …………………………（530）
　第三节　涉外民事诉讼的管辖 ……………………………………（535）
　　一、确定我国涉外民事诉讼管辖的原则 ………………………（535）
　　二、涉外民事诉讼管辖的普通管辖 ……………………………（536）
　　三、涉外民事诉讼管辖的特殊管辖 ……………………………（537）
　　四、涉外民事诉讼管辖的冲突 …………………………………（541）
　第四节　涉外民事诉讼的期间与送达 ……………………………（542）
　　一、涉外民事诉讼的期间 ………………………………………（542）
　　二、涉外民事诉讼的送达 ………………………………………（544）
　第五节　涉外民事诉讼的司法协助 ………………………………（548）
　　一、司法协助的概念及内容 ……………………………………（548）
　　二、一般司法协助 ………………………………………………（550）
　　三、特殊司法协助 ………………………………………………（552）

第二十三章　涉港澳台民事司法协助 …………………………………（556）
　第一节　涉港澳台民事诉讼概述 …………………………………（556）
　　一、涉港澳台民事诉讼的概念 …………………………………（556）
　　二、涉港澳台民事司法协助的内涵 ……………………………（557）
　　三、港澳台法院设置及民事诉讼程序简介 ……………………（558）
　第二节　内地与香港之间的民事司法协助 ………………………（564）
　　一、内地人民法院向住所地在香港的受送达人送达司法文书 …（564）
　　二、内地与香港法院之间的委托送达 …………………………（565）
　　三、内地与香港法院之间代为调查取证 ………………………（566）
　　四、内地与香港法院相互认可和执行法院判决 ………………（566）
　　五、仲裁裁决的认可与执行 ……………………………………（570）
　第三节　内地与澳门之间民事司法协助 …………………………（571）
　　一、相互委托送达司法文书 ……………………………………（571）
　　二、内地与澳门之间相互委托调取证据 ………………………（572）
　　三、内地与澳门法院之间相互承认与执行民商事判决 ………（573）
　第四节　大陆与台湾之间的民事司法协助 ………………………（574）
　　一、送达方式 ……………………………………………………（574）
　　二、海峡两岸司法互助 …………………………………………（575）

三、人民法院认可和执行台湾地区法院民事判决……………………(576)
　　四、人民法院认可和执行台湾地区仲裁裁决………………………(579)
　　五、台湾地区法院认可和执行大陆民事判决及仲裁裁决…………(581)

第二十四章　执行程序总论……………………………………………(583)
第一节　执行程序概述……………………………………………(583)
　　一、执行概述……………………………………………………(584)
　　二、执行的特征…………………………………………………(585)
　　三、执行程序和审判程序的关系………………………………(586)
　　四、执行的分类…………………………………………………(586)
第二节　执行机构、执行管辖与执行依据………………………(587)
　　一、执行机构……………………………………………………(587)
　　二、执行管辖……………………………………………………(588)
　　三、执行依据……………………………………………………(593)
第三节　执行救济…………………………………………………(594)
　　一、执行异议……………………………………………………(594)
　　二、案外人异议…………………………………………………(601)
　　三、执行回转……………………………………………………(611)
第四节　财产分配及分配方案异议之诉…………………………(613)
　　一、参与分配概述………………………………………………(614)
　　二、参与分配的条件……………………………………………(614)
　　三、参与分配的程序……………………………………………(615)
　　四、对分配方案的异议…………………………………………(618)
　　五、分配方案异议之诉…………………………………………(619)
第五节　执行担保、执行承担与执行和解………………………(620)
　　一、执行担保……………………………………………………(620)
　　二、执行承担……………………………………………………(622)
　　三、执行和解……………………………………………………(629)
第六节　委托执行与协助执行……………………………………(633)
　　一、委托执行……………………………………………………(633)
　　二、协助执行……………………………………………………(636)
第七节　执行监督…………………………………………………(638)
　　一、执行监督概述………………………………………………(638)
　　二、执行监督的内容和程序……………………………………(638)

三、执行异议、案外人异议与执行监督的竞合及其处理 ……………（640）
四、申请变更执行法院 ……………………………………………（641）

第二十五章 执行程序分论 ……………………………………（643）

第一节 执行的开始 ………………………………………………（643）
一、执行程序的启动 ………………………………………………（643）
二、执行的准备工作 ………………………………………………（646）

第二节 金钱债权的执行 …………………………………………（649）
一、对被执行人存款的执行 ………………………………………（649）
二、对被执行人收入的执行 ………………………………………（650）
三、对被执行人非现金财产的执行 ………………………………（651）
四、对特殊财产权的执行 …………………………………………（664）

第三节 非金钱债权的执行 ………………………………………（665）
一、对强制迁出房屋和退出土地的执行 …………………………（665）
二、对指定交付财物、票证和完成行为的执行 …………………（665）

第四节 特殊的执行措施与制度 …………………………………（667）
一、财产报告制度 …………………………………………………（667）
二、悬赏查找被执行人财产 ………………………………………（670）
三、责令支付迟延履行利息或迟延履行金 ………………………（671）
四、代位执行 ………………………………………………………（674）
五、执行转破产 ……………………………………………………（676）
六、对妨害执行行为强制措施的适用 ……………………………（679）

第五节 不予执行、执行中止与执行终结 ………………………（688）
一、不予执行 ………………………………………………………（688）
二、执行中止 ………………………………………………………（690）
三、执行终结 ………………………………………………………（691）
四、终结本次执行 …………………………………………………（692）

参考文献 ……………………………………………………………（697）

第一章　民事诉讼法绪论

第一节　民事纠纷及其解决机制

一、民事纠纷

何为"民事"？通俗点说，就是老百姓（民众）之间发生的那点事，从一开始柴米油盐酱醋茶的简单交易，相邻关系的处理，在经营实体出现后，又发展到民众与经营实体之间以及经营实体相互之间较为复杂的交易。总而言之，不管是民众之间，还是民众与经营实体之间，或者经营实体之间，"民事"都是法律地位平等的主体之间所发生的事。

民事纠纷就是平等主体之间发生的，以民事权利义务为内容的一种法律纠纷。平等主体之间是指公民之间、法人之间、其他组织之间以及他们相互之间，他们的法律地位是平等的。以民事权利义务为内容的纠纷既包括财产关系，比如债权纠纷、物权纠纷等，也包括人身关系，比如婚姻纠纷、收养纠纷等。民事纠纷以其内容和特点分为两大类，一类为财产关系纠纷，另一类为人身关系纠纷。

对于平等主体的理解，不能局限于公民、企业法人或其他组织，行政机关作为机关法人，有时也属于平等主体的范畴，比如，行政机关与供货商签订办公用品、生活用品采购合同，与建筑公司签订建设工程施工合同等，此时行政机关应当作为平等主体对待。因此，对于行政机关在民事诉讼中是否可以成为诉讼主体，应根据纠纷情况予以具体分析。

［案例1-1］ 原告李某诉称：2005年，我听说某市保税区二期几千亩预留用地闲置了十多年，于是我与同乡相约将这些荒地开垦种植农作物。我们从2009年起开始投入大量资金种植香蕉及其他经济作物。2011年4月，当香蕉还差二十多天便可收获之时，被告某市保税区管理委员会派人将香蕉林全部摧毁。原告请求判令被告赔偿原告青苗及地上附着物损失费10万元。法院经审理查明：被告系某市政府的派出机构，具有管理和使用保税区内土地的职能。2011年3月，被告在报纸刊登《清理土地公告》一份，要求自公告发出之日起15日内，在保税区二期内非法使用土地者将土

地上的建筑物、青苗等自行处理并全部迁离。如逾期没有清理的，政府将予以强制清理。公告期满后，被告对上述两块土地上的种植物进行清理。

法院认为：从被告提交的《清理土地公告》《某市重大项目稽查专报》及原、被告双方陈述可以看出，被告在对受其管理的案涉土地进行清理的过程中，与原告并非平等的民事主体，其清场行为属于政府履行土地管理职能的具体行政行为，双方因此引起的纠纷，属于行政诉讼的受理范围，不属于民事诉讼的受理范围。法院裁定驳回原告李某的起诉。

民事纠纷的范围十分宽泛，只要涉及平等民事主体之间的财产关系和人身关系的，均属于民事纠纷的范围。具体而言，民事纠纷主要包括：第一，由民法所调整的财产关系和人身关系而发生的纠纷，比如，因财产所有权、经营权、债权等发生的纠纷；因专利权、商标专有权、发现权、发明权、著作权等发生的纠纷；因生命健康权、姓名权、名称权、肖像权、名誉权、荣誉权等而发生的纠纷以及因侵权行为所引起的纠纷。第二，由商法、经济法所调整的商事关系、经济关系而产生的纠纷，比如保险纠纷、票据纠纷、因不正当竞争引起的纠纷等。第三，《民法典》婚姻家庭编、继承编所规定的婚姻、家庭、收养权利义务关系纠纷，比如离婚纠纷、确认婚姻无效纠纷、财产继承纠纷、确认或者解除收养关系纠纷等。第四，由劳动法调整的劳动关系而发生的劳动争议，主要包括劳动合同纠纷、事实劳动关系纠纷，以及劳动者离休、退休后就养老保险金、医疗费用、工伤保险待遇等与原用人单位之间发生的纠纷。

二、民事纠纷处理机制

民事主体之间只要相互交往，民事纠纷的发生就不可避免。民事纠纷发生后，处理机制包括以下四种：

（一）和解

和解，重在"和"字，即由纠纷双方自行议和。和解是指纠纷双方互谅互让，自行协商纠纷解决办法并达成一致意见，从而化解了结纠纷。和解与调解的根本区别在于和解没有有关组织的参与及主持，完全由纠纷双方自行协商达成和解协议解决纠纷。

（二）调解

调解，重在"调"字，即由第三方出面调停。调解是指在有关组织的主持下，纠纷双方达成调解协议，从而化解了结纠纷。

调解包括诉讼内调解与诉讼外调解。诉讼内调解是指在法院诉讼过程中的调解。诉讼内调解多数由法院审判人员主持调解，有些则是法院委托特定组织或个人主持调解。诉讼外调解是指在诉讼程序之外，由法院以外的其他组织主持进行的调解，包括行政调解、人民调解、仲裁调解等。

所谓行政调解,是指行政机关工作人员主持进行的调解。我国一些法律、法规、规章有相应的行政调解规定,比如,《道路交通安全法》第 74 条规定,对交通事故损害赔偿的争议,当事人可以请求公安机关交通管理部门调解;《医疗事故处理条例》第 46 条规定,发生医疗事故的赔偿等民事责任争议,当事人可以向卫生行政部门提出调解申请;《学生伤害事故处理办法》第 18 条规定,发生学生伤害事故后,学校与受伤害学生或学生家长,在双方自愿的前提下可以书面请求主管教育行政部门进行调解。行政调解达成的协议仍属于民事合同性质,不能作为法院强制执行的依据。义务方不履行的,权利方可以持调解协议向法院申请支付令或起诉,在法院发出支付令,或作出裁判文书后申请法院执行。权利方也可以在协议达成后与义务方一起向公证机关提出申请,将调解协议转化为义务方愿意接受强制执行的公证债权文书,此时义务方不履行时,权利方向法院申请强制执行。

所谓人民调解,就是由人民调解委员会中的人民调解员主持调解,纠纷双方达成调解协议。人民调解达成的协议仍然属于民事合同性质,不能作为法院强制执行的依据。当事人可申请法院确认调解协议,法院审查后作出确认调解协议的民事裁定书,义务方不履行的,权利方可以就民事裁定书向法院申请强制执行;权利方也可以持调解协议向法院申请支付令,义务方不履行的,权利方可以持支付令向法院申请强制执行。

所谓仲裁调解,就是在仲裁过程中,由仲裁员主持达成的调解协议。申请人可申请仲裁委员会出具仲裁调解书,或申请依调解协议内容出具仲裁裁决书。仲裁调解书或仲裁裁决书可以作为法院强制执行的依据,义务方不履行的,权利方可以持仲裁调解书或仲裁裁决书向法院申请强制执行。

仲裁调解还包括劳动争议仲裁委员会主持下的调解。劳动争议仲裁委员会由劳动行政部门代表、同级工会代表、用人单位代表组成。仲裁庭处理劳动争议应当先行调解,调解达成协议的应当制作调解书,义务方不履行的,权利方可以持仲裁调解书向法院申请强制执行。

(三)仲裁

仲裁一词来源于日本,通俗点说,就是让大家评评理。具体讲,仲裁是指纠纷发生后,当事人根据纠纷发生前或发生后达成的仲裁协议,自愿将纠纷提交至仲裁机构裁决的纠纷解决制度。《仲裁法》第 2 条规定,平等主体的公民、法人和其他组织之间发生的合同纠纷和其他财产权益纠纷,可以仲裁。第 77 条规定,劳动争议和农业集体经济组织内部的农业承包合同纠纷的仲裁,另行规定。换言之,劳动争议和农业集体经济组织内部的农业承包合同纠纷仲裁属于特殊类型的仲裁,并不适用《仲裁法》的规定。目前我国解决民商事纠纷的仲裁机制包括国内一般的民商事仲裁、涉外的国际仲裁以及海事仲裁。

仲裁在解决民事纠纷方面日益成为非常重要的机制。与民事诉讼相比,民商事纠纷仲裁制度(劳动争议仲裁、农业集体经济组织内部的农业承包合同纠纷仲裁除外)有以下特点:(1)可仲裁纠纷范围限于平等主体间发生的合同纠纷与其他财产权益纠纷;而民事诉讼范围不仅包括平等主体间发生的合同纠纷与其他财产权益纠纷,还包括人身关系纠纷及《民诉法》规定法院处理的其他案件。显然,仲裁管辖的范围小于民事诉讼审理的范围。(2)仲裁当事人可以协议选择仲裁机构、仲裁员、仲裁规则及仲裁审理方式,与民事诉讼相比,仲裁具有更大范围的程序选择权。(3)仲裁审理以不公开为原则;民事诉讼则以公开审理为原则,以不公开审理为例外。(4)仲裁实行一裁终局,裁决一经作出即发生法律效力;民事诉讼则是两审终审,极少部分符合法定情形的案件才有可能进入再审程序。(5)仲裁裁决具有法定撤销情形时,仲裁当事人可以向法院申请撤销或申请不予执行仲裁裁决。

仲裁与诉讼相比,具有快捷、保密以及更大程序自主权等优势,因此,有些当事人在纠纷发生后首选仲裁。但仲裁的一裁终局制度是把"双刃剑",当事人虽然可以向法院申请撤销或不予执行仲裁裁决,但撤销或不予执行仲裁裁决需要符合严格的法定情形,当事人救济途径十分有限,这也直接导致有些当事人对选择仲裁有所顾忌。

和解、调解、仲裁这三种纠纷解决机制统称为"非诉讼的纠纷解决机制"或"替代性的纠纷解决机制"(Alternative Dispute Resolution,简称 ADR),具有为诉讼机制分流减压的调节功能。随着法院民事案件的日益增多与法官员额增加幅度受限这对矛盾的加剧,和解、调解、仲裁这三种纠纷解决机制在解决民事纠纷方面发挥着越来越重要的作用。

(四)诉讼

诉讼,即老百姓通常所说的"打官司"。诉讼就是纠纷发生后,当事人将纠纷提交法院裁判的纠纷解决机制。在古代,人们称民事诉讼为"讼",称法官办案为"听讼"。

需注意,民事纠纷的四种解决机制之间是具有可选择性的。纠纷发生之后,民事主体不仅可以选择自行和解或第三方调解,还可以未经和解、调解直接选择申请仲裁或提起诉讼。但是民事主体在仲裁(劳动争议仲裁除外[①])和诉讼两种机制中只能选择其一,即选择仲裁意味着放弃诉讼,选择诉讼意味着放弃仲裁。基于此,有人形象地把仲裁与诉讼的关系比喻为"鱼和熊掌"的关系,二者不可得兼。

---

① 《劳动法》第79条规定:"劳动争议发生后,当事人可以向本单位劳动争议调解委员会申请调解;调解不成,当事人一方要求仲裁的,可以向劳动争议仲裁委员会申请仲裁。当事人一方也可以直接向劳动争议仲裁委员会申请仲裁。对仲裁裁决不服的,可以向人民法院提起诉讼。"

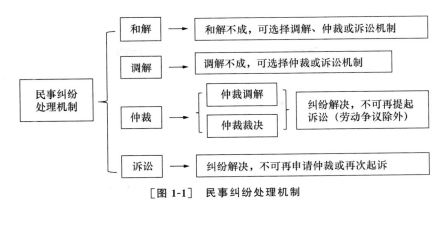

[图 1-1] 民事纠纷处理机制

第二节 民事诉讼

一、民事诉讼概述

民事诉讼,顾名思义,就是当事人将民事纠纷提交法院裁判的纠纷解决机制。具体讲,是指法院在当事人与其他诉讼参与人的参与下,依法审理和解决民事纠纷案件和其他案件的各种诉讼活动,以及由此产生的各种诉讼法律关系的总和。这里所指的"其他案件"包括以特别程序、公示催告程序、督促程序审理的案件。

从静态看,民事诉讼是一种由各种规则组成的纠纷解决机制;从动态看,民事诉讼则是一种解决纠纷并具有完整流程的诉讼活动。民事诉讼活动既包括法院代表国家行使具有国家强制力的审判及强制执行活动,也包括当事人及其他诉讼参与人的诉讼活动,比如原告起诉、被告应诉答辩等。

二、民事诉讼的特点

民事诉讼具有以下特点:

(1) 在民事诉讼中,当事人对自己的实体权利与诉讼权利享有充分的处分权。比如,原告可以放弃诉讼请求,这是原告自行处分自己的实体权利;再如,原告可以申请撤回起诉,这是原告放弃自己的诉讼权利。

(2) 民事诉讼具有严格的程序性。无论是法院行使审判权,还是当事人和其他诉讼参与人进行诉讼,均须严格按照法定程序进行。

(3) 民事诉讼具有强制性。民事诉讼中,法院代表国家行使具有国家强制力的审判权,并不以当事人自愿接受为前提,具有强制性。执行程序的强制性则更加明显,被执行人不履行法律文书确定的义务时,法院可采取多种强制措施执行被执行人的财产和强制被执行人作出法律文书确定的行为。

(4)民事诉讼具有终局性。当事人提起诉讼,法院经过审理作出裁判,裁判生效后即具有终局效力,当事人不得再提起诉讼,法院也不会再次受理当事人重复提起的诉讼,纠纷从法律上得以终局解决。

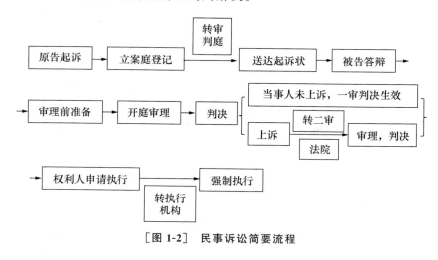

[图1-2] 民事诉讼简要流程

第三节 民事诉讼法

一、民事诉讼法概述

民事诉讼法,就是国家制定或者认可的,调整民事诉讼法律关系主体的行为和相互关系的法律规范的总和。

民事诉讼法有狭义与广义之分。狭义的民事诉讼法仅指民事诉讼法典,在我国即指《中华人民共和国民事诉讼法》。广义的民事诉讼法既包括了民事诉讼法典,也包括其他法律、法规中有关民事诉讼程序的规定,还包括最高人民法院就民事诉讼程序制定发布的司法解释。其他法律、法规中有关民事诉讼程序的规定,是指《民法典》等实体法律、法规中有关诉讼程序的规定。比如《民法典》第1082条规定,女方在怀孕期间、分娩后1年内或者终止妊娠后6个月内,男方不得提出离婚。该规定是对当事人行使诉权的限制,显然属于民事诉讼程序的规定。

法院在审判工作中具体应用法律的问题,由最高人民法院制定司法解释来规定。司法解释须经最高人民法院审判委员会讨论通过。最高人民法院发布的司法解释,具有法律效力。法院在审理案件时,如果引用司法解释作为裁判依据,应当在法律文书中明确援引。2007年3月9日,最高人民法院发布《关于司法解释工作的规定》,规定最高人民法院发布的司法解释形式分为解释、规定、批复、决定四种[①]:(1)对在审判工作中如何具体应用某一法律或者对某一类案件、某一类问题如何应用法律制定的司法解释,采用"解释"的形式;(2)根据立法精神对审判工作中需要制定的规范、意见等司法解释,采用"规定"的形式;(3)对高级人民法院、解放军军事法院就审判工作中具体应用法律问题的请示制定的司法解释,采用"批复"的形式;(4)修改或者废止司法解释,采用"决定"的形式。除此之外,最高人民法院发布的其他形式的规范性文件都不属于司法解释。该规定施行之前,最高人民法院司法解释的形式还包括"意见",比如,《最高人民法院关于适用〈中华人民共和国民事诉讼法〉若干问题的意见》。需注意,司法解释规定与法律、法规规定发生冲突的,应当适用法律、法规的规定;发布时间在先的司法解释与发布时间在后的司法解释规定相冲突的,发布在先司法解释冲突部分的规定不再适用,应适用发布在后的司法解释规定。

二、民事诉讼法的性质

1. 部门法

所谓部门法,又称法律部门,是指根据一定的标准和原则,按照法律规范自身的不同性质、调整社会关系的不同领域和不同方法等所划分的同类法律规范的总称。根据法律调整的社会关系及调整方法的不同,可分为不同的法律部门。民事诉讼法是民事诉讼领域的专门法律,属于法律体系中的部门法。

2. 基本法

所谓基本法,是指由全国人民代表大会制定和修改的,规定或调整国家和社会生活中,在某一方面具有根本性和全面性地位的法律。按照法律地位与作用的不同,法律分为根本法、基本法、一般法。在我国法律体系中,效力最高的是宪法,宪法是根本大法,它规定了国家体制、政治制度、公民基本权利和义务等重大问题,是制定其他法律的依据。民事诉讼法是实现所有民事实体法规范的程序性规范的总和,法律地位仅次于宪法,属于基本法。

3. 程序法

按照法律规定的内容不同,法律分为实体法与程序法。实体法是指规定具体权利义务内容或者法律保护的具体情况的法律;程序法是指规定实施具体实体法所要遵循的程序的法律。民事诉讼法规定的是程序性规范,属于程序法。

[①] 属于司法解释的规范性文件文号冠以"法释"二字,比如,《最高人民法院关于民事执行中变更、追加当事人若干问题的规定》(法释〔2020〕21号)。

4. 公法

按照法律规定内容的不同属性,法律分为公法与私法两大类。公法在内容上一方面规定本国基本社会制度、主要国家机关的组织机构、相互关系、职能以及活动程序等;一方面规定公民的基本权利与义务。公法调整国家与普通公民、组织之间的关系以及国家机关及其组成人员之间的关系;私法调整普通公民、组织之间的关系。民事诉讼法首先是用来规范国家审判机关行使民事审判权的法律,与规范平等主体之间权利义务关系的私法不同,其性质上属于公法。同时,民事诉讼法也有不少当事人处分自己实体权利与诉讼权利的规定,其与纯粹公法性质的刑法、刑事诉讼法亦有一定差别。

三、我国民事诉讼法的发展

1982年3月8日,《中华人民共和国民事诉讼法(试行)》公布,自1982年10月1日起实施。1991年4月9日,《民诉法》审议通过,当即颁布施行。

《民诉法》施行后经过三次修改。第一次修改主要是对审判监督程序与执行程序的局部修改,于2007年10月28日通过,自2008年4月1日起施行;第二次修改的内容虽然只有60条,但涉及民事诉讼程序的多个方面,是一次名副其实的全面修改,于2012年8月31日通过,自2013年1月1日起施行;第三次修改只是在第55条中增加一款作为第2款,进一步明确人民检察院提起公益诉讼的主体资格,于2017年6月27日通过,自2017年7月1日起施行。现行《民诉法》分为4编27章,共计284条。

四、民事诉讼法的效力范围

1. 对人效力

民事诉讼法对人的效力,是指我国民事诉讼法对哪些人适用,即哪些人之间发生的民事纠纷可以按照民事诉讼法规定的程序进行审理和判决。

《民诉法》第4条规定:"凡在中华人民共和国领域内进行民事诉讼,必须遵守本法。"根据本条规定,只要是在我国进行民事诉讼的一切自然人、法人或其他组织都应当适用我国的民事诉讼法。具体包括:(1)中国公民、法人或其他组织;(2)居住在中国境内的外国人、无国籍人,以及在中国从事经营活动的外国企业和组织;(3)申请在中国进行民事诉讼的外国人、无国籍人,以及外国企业和组织。

《民诉法》第261条规定:"对享有外交特权与豁免的外国人、外国组织或者国际组织提起的民事诉讼,应当依照中华人民共和国有关法律和中华人民共和国缔结或者参加的国际条约的规定办理。"根据本条规定,享有外交特权与豁免的外国人、外国组织或者国际组织在没有明确表示放弃司法豁免权的情况下,不受我国的司法管辖,涉及他们的民事诉讼,只能通过其他途径解决。

2. 对事效力

民事诉讼法的对事效力,是指哪些争议的解决应当适用民事诉讼法的规定。民事诉讼法的对事效力,实际上就是法院对民事诉讼的主管范围。《民诉法》第3条规定:"人民法院受理公民之间、法人之间、其他组织之间以及他们相互之间因财产关系和人身关系提起的民事诉讼,适用本法的规定。"具体包括:(1)由民法调整的财产关系和人身关系;(2)由婚姻编调整的婚姻家庭关系;(3)由继承编调整的继承关系;(4)由经济法、劳动法调整的经济关系、劳动关系;(5)法律规定适用民事诉讼程序审理的其他案件。

3. 时间效力

民事诉讼法的时间效力,是指适用民事诉讼法的有效时间,即民事诉讼法发生效力和终止效力的时间。我国现行《民诉法》自1991年4月9日起生效,三次修正后的《民诉法》也公布了各自的生效时间。

4. 空间效力

民事诉讼法的空间效力,是指适用民事诉讼法的有效领域。

根据《民诉法》第4条的规定,我国民事诉讼法适用领域包括:中华人民共和国领土、领海、领空及领土的延伸部分;我国驻外使领馆;行驶或停泊在外国港口、机场以及公海的我国船舶、飞行器。

五、民事诉讼法的学习方法

民事诉讼法无论是理论还是实务都非常重要。据最高人民法院研究室公布的数据,近年来全国法院审理的民事案件与执行案件数量均占全国法院受理案件总数的85%以上,换言之,全国法院审判、执行案件中适用民事诉讼法的案件占受理案件总数的85%以上。

民事诉讼法知识点零乱,易混淆,精确记忆非常困难。现行《民诉法》虽然只有284条,但《民诉法解释》有552条,6万余字。另外,有关民事诉讼的现行有效司法解释高达几百部。如此繁杂的条文预示着有非常多的知识点,以及众多具有细微差别的概念与诉讼程序规定,想达到精确记忆可以说是难上加难。有人戏称民事诉讼法是"一看就懂,放下就忘",似乎有一定道理。

民事诉讼法部分法条初读很简单,但其实内涵很丰富,理解也非常困难。比如《民诉法》第56条关于"第三人"的规定,"对当事人双方的诉讼标的,第三人认为有独立请求权的,有权提起诉讼。对当事人双方的诉讼标的,第三人虽然没有独立请求权,但案件处理结果同他有法律上的利害关系的,可以申请参加诉讼,或者由人民法院通知他参加诉讼。人民法院判决承担民事责任的第三人,有当事人的诉讼权利义务。前两款规定的第三人，因不能归责于本人的事由未参加诉讼，但有证据证明发生法律效力的判决、裁定、调解书的部分或者全部内容错误，损害其民事权益的，可以自知道或者应当知道其民事权益受到损害之日起六个月内，向作出该判决、裁定、调解书的人民法院提起诉讼。人民法院经审理，诉讼请求成立的，应当改变或者撤销原判决、裁定、调解书；诉讼请求不成立的，驳回诉讼请求"。短短302字（含标点符号），包括了关于无独立请求权第三人、有独立请求权第三人及第三人撤销之诉的概念、参加诉讼方式、适用条件、裁判结果等规定，理解起来并非那么简单。准确理解《民诉法》及司法解释条文的规定，也是民事诉讼法学习的难点所在。

学习民事诉讼法，仅记住条文规定还不够。民事诉讼法是一门实用性非常强的部门法，如何在实务中准确熟练运用才是重点所在。

基于民事诉讼法这门学科的特点，最重要的学习方法就是理论联系实践。理论联系实践的学习方法可以帮助我们活学活用，增强实践运用能力。身边亲戚朋友的法律咨询，媒体报道的引人瞩目的民事诉讼热点事件，都为我们提供了鲜活的民事诉讼法学习素材。人民法院裁判文书网公开的海量法律文书、各级法院网站发布的网络直播案件，都可以成为消化吸收民事诉讼法条文规定的最好材料。"勤学敏思"，勤于学习民事诉讼法基础知识，碰到真实案例多问"为什么""法律依据在哪里"，并且不厌其烦地到法律条文中寻找答案，这就是理论联系实践的学习方法，与死记硬背的学习方法相比可以说是事半功倍。另外，对比记忆法、形象记忆法、反复记忆法，即复习时多列表对比，多联想记忆，难以记忆的知识点反复记忆，这些都是效果不错的学习方法。

思 考 题

1. 为什么说《民诉法》属于公法？
2. 简述替代性纠纷解决机制的种类。
3. 劳动争议仲裁委员会的调解属于哪种调解类型？
4. 2017年1月20日，最高人民法院发布《关于执行案件移送破产审查若干问题的指导意见》，该法律文件是否属于司法解释？

第二章 民事诉讼法律关系

在民事诉讼中,人民法院、当事人和其他诉讼参与人之间形成不同的民事诉讼法律关系。民事诉讼法律关系主体的职责或诉讼权利(力)义务都有哪些内容,能够引起民事诉讼法律关系产生的法律事实又有哪些,这些都是本章学习的内容。

第一节 民事诉讼法律关系概述

一、民事诉讼法律关系的概念

民事诉讼法律关系,是指由民事诉讼法所调整的,在人民法院、人民检察院、当事人和其他诉讼参与人之间形成的一种民事诉讼权利(力)、义务关系。民事诉讼法律关系的含义有:民事诉讼法律关系是民事诉讼法调整下的一种法律关系;民事诉讼法律关系主体多元,产生于法院、检察院、当事人及其他诉讼参与人之间;民事诉讼法律关系的内容为民事诉讼权利与义务。

二、民事诉讼法律关系的特征

1. 民事诉讼法律关系由审判法律关系与争讼法律关系[①]共同构成

所谓审判法律关系,是指法院与当事人及其他诉讼参与人之间形成的,受《民诉法》《法院组织法》等法律法规调整,以审判权力与职责为内容的社会关系。这一关系的核心内容是法院行使民事审判权,同时履行组织、指挥诉讼的职责,以及当事人请求法院对案件进行审判的权利和服从法院对诉讼程序的指挥、控制的义务。所谓争讼法律关系,是指在当事人与其他诉讼参与人之间形成的,主要受《民诉法》《律师法》调整,以诉讼权利与诉讼义务为内容的社会关系。这一关系的核心内容是当事人行使诉权,同时负担提出请求及抗辩并予以证明的义务,以及其他诉讼参与人在特定情形下与当事人形成的诉讼权利义务关系。审

[①] 参见刘荣军:《民事诉讼法律关系理论的再构筑》,载梁慧星主编:《民商法论丛》(第九卷),法律出版社1998年版,第271—272页。

判法律关系与争讼法律关系共同构成民事诉讼法律关系的两个方面,只有这两个方面协同作用,才能保证民事诉讼程序的顺利进行。

2. 民事诉讼法律关系体现了法院审判权与当事人诉权的互动与平衡

无论是大陆法系还是英美法系,近现代国家都非常重视当事人诉权与法院审判权之间的互动与平衡,强调法院审判权与当事人诉权不能顾此失彼,以确保民事诉讼法律关系的均衡发展。

第二节 民事诉讼法律关系的要素

民事诉讼法律关系的要素,是指构成民事诉讼法律关系的必备因素。民事诉讼法律关系由主体、内容与客体三个要素构成。

一、民事诉讼法律关系的主体

1. 法院

法院是国家审判机关,代表国家行使审判权,在诉讼中起组织与领导作用。

2. 检察院

检察院是法律监督机关,代表国家对包括执行程序在内的整个民事诉讼活动实行法律监督。

3. 当事人

民事诉讼中的当事人,是指因民事权利义务发生争议,以自己的名义进行诉讼,要求法院行使民事裁判权的人。狭义的当事人仅指原告与被告;广义的当事人还包括第三人、共同诉讼人、诉讼代表人。

诉讼程序不同,当事人的称谓也不同。当事人在一审程序中被称为原告、被告;在二审程序中被称为上诉人、被上诉人;在审判监督程序中当事人申请启动再审程序的,被称为再审申请人、被申请人,法院依职权启动或检察院抗诉启动再审程序的,被称为原审原告、原审被告;在执行程序中被称为申请执行人、被执行人。

4. 诉讼代理人

民事诉讼代理人是指以一方当事人名义,在法律规定或当事人授予的权限范围内代替或协助当事人进行民事诉讼活动的人。根据诉讼代理权发生的依据不同,诉讼代理人分为法定诉讼代理人与委托诉讼代理人。法定诉讼代理人是指依据法律规定代理无诉讼行为能力的当事人进行民事诉讼的人。根据《民法典》第23条的规定,无民事行为能力人、限制民事行为能力人的监护人是其法定代理人。委托诉讼代理人是指受当事人、当事人的法定代理人委托并以当事人名义在授权范围内进行民事诉讼的人。

5. 其他诉讼参与人

诉讼参与人一般是指除法院和检察院以外的所有参加诉讼活动的人,包括当事人、诉讼代理人、证人、鉴定人、勘验人及翻译人员。其他诉讼参与人通常是指除当事人及其诉讼代理人以外的诉讼参与人,包括证人、鉴定人、勘验人及翻译人员。其他诉讼参与人不同于当事人,他们与民事案件不存在利益关系,他们的诉讼行为对诉讼的开始与终结不具有决定性作用,但他们对诉讼的推进各自起到一定的作用。证人要出庭作证,陈述自己亲身感知的事实,以协助法院查明案件事实。鉴定人要对案件的专业性问题提出科学的鉴定意见,勘验人要对现场或物证作出全面客观的查验、表述及反映,翻译人员要使当事人与法院之间、当事人相互之间进行准确的语言沟通与交流。《民诉法》规定其他诉讼参与人在诉讼中享有相应的诉讼权利及承担相应的诉讼义务。

《民诉法》第 79 条规定,当事人可以申请人民法院通知有专门知识的人出庭,就鉴定人作出的鉴定意见或者专业问题提出意见。学界将"有专门知识的人"称为"专家辅助人",专家辅助人参加诉讼是为了协助一方当事人就案件专门性问题作出说明。《调解规定》第 3 条规定:"根据民事诉讼法第八十七条的规定,人民法院可以邀请与当事人有特定关系或者与案件有一定联系的企业事业单位、社会团体或者其他组织,和具有专门知识、特定社会经验、与当事人有特定关系并有利于促成调解的个人协助调解工作。经各方当事人同意,人民法院可以委托前款规定的单位或者个人对案件进行调解,达成调解协议后,人民法院应当依法予以确认。"受托调解人与协助调解人协助法院化解矛盾与纠纷,负有依法、公正、诚信调解的诉讼义务。专家辅助人与受托调解人、协助调解人亦可纳入广义的其他诉讼参与人的范围。他们与狭义的其他诉讼参与人(证人、鉴定人、勘验人及翻译人员)的最大不同,就是他们不是回避主体,当事人不能申请他们回避。

二、民事诉讼法律关系的内容

民事诉讼法律关系的内容,是指民事诉讼主体享有的民事诉讼权利与承担的诉讼义务。由于各民事诉讼主体在民事诉讼中的诉讼地位与作用不同,享有的民事诉讼权利与承担的诉讼义务也各有不同,民事诉讼法律关系的内容自然也存在差异。

1. 法院

法院对民事案件进行审理与裁判,以及对生效法律文书予以强制执行,既是国家赋予法院的权力,更是法院对国家和对当事人的职责和义务。

2. 检察院

检察院是《宪法》规定的国家法律监督机关。2012 年《民诉法》将 2007 年

《民诉法》规定的"人民检察院有权对民事审判活动实行法律监督"修改为"人民检察院有权对民事诉讼实行法律监督",意味着法律将民事审判活动、执行活动及调解活动都纳入了监督的范围,扩大了监督范围;同时,除提出抗诉外,2012年《民诉法》还规定检察院可提出再审检察建议及审判人员违法行为检察建议,增加了监督方式;另外,2012年《民诉法》还规定了检察院因履行法律监督职责提出检察建议或者抗诉的需要,可以向当事人或者案外人调查核实有关情况,强化了监督手段。由此可见,调查核实与检察监督有关的情况,制作并提出抗诉书或者检察建议书,以及派员出席再审案件法庭审理,既是国家赋予检察院的权力,也是检察院对国家和当事人的职责和义务。

3. 当事人

当事人是民事诉讼的发动者,也是民事诉讼的重要参与者。当事人在民事诉讼中享有包括发动诉讼程序、申请主体回避、调查收集证据、进行辩论、请求调解和申请执行在内的广泛的诉讼权利,同时亦须对等地承担遵守诉讼程序、履行发生法律效力的判决书、裁定书、调解书等相应的诉讼义务。

4. 诉讼代理人

诉讼代理人包括法定诉讼代理人与委托诉讼代理人两种。法定诉讼代理人代理无诉讼行为能力的当事人进行民事诉讼,与当事人的权利义务基本相同;委托诉讼代理人在当事人授权范围内实施诉讼行为。诉讼代理人以当事人的名义参加诉讼,依法享有相应的诉讼权利,并承担相应的诉讼义务。

5. 其他诉讼参与人

其他诉讼参与人因身份不同,诉讼权利义务也各不相同。证人要出庭陈述自己亲身感知的事实,负有如实作证的诉讼义务,以协助法院查明案件事实。鉴定人接受法院委托对案件的专业性问题提出科学的鉴定意见。勘验人要对现场或物证进行全面客观的查验,并制作勘验笔录。翻译人员要在当事人与法院之间、当事人相互之间进行准确的语言沟通与交流。

三、民事诉讼法律关系的客体

民事诉讼法律关系的客体,是指民事诉讼法律关系主体之间的诉讼权利和诉讼义务所指向的对象。民事诉讼法律关系的主体不同,享有的诉讼权利与承担的义务也就不同,所指向的客体也不尽相同,即民事诉讼法律关系的客体并不单一。

法院和当事人之间以及当事人彼此之间的诉讼权利义务所指向的对象,是案件事实与诉讼请求。法院有权利也有责任查明案件事实,当事人则有权利也有义务提交证据证明案件事实。

法院和检察院之间的诉讼权利义务所指向的对象,主要是发生法律效力的裁判文书和调解书所认定的事实以及法院适用法律的行为。

法院和其他诉讼参与人之间的诉讼权利义务所指向的对象,同样是案件事实。其他诉讼参与人中的鉴定人、勘验人、翻译人员和法院依职权通知出庭作证的证人,是为了协助法院查明案件事实。而当事人申请出庭作证的证人、专家辅助人,是为了协助申请方的当事人证明案件事实,最终目的还是协助法院查明案件事实。

第三节　民事诉讼法律事实

民事诉讼法律事实,是指依据民事诉讼法的规定,能够引起民事诉讼法律关系产生、变更或消灭的事实。按照是否以人的意志为转移的标准,民事诉讼法律事实分为诉讼事件与诉讼行为。

诉讼事件是指不以人的意志为转移的客观事实。比如当事人死亡、突发严重疾病等。离婚案件中一方当事人死亡,婚姻关系自然消灭,民事诉讼没有可能也没有必要继续进行,民事诉讼法律关系亦自然终结。其他案件中一方当事人死亡,需要等待法定继承人参加诉讼,民事诉讼法律关系应暂时中止。当事人突发疾病导致意识丧失,丧失诉讼行为能力,尚未确定法定代理人的,民事诉讼法律关系同样应暂时中止。诉讼事件还包括足以使民事诉讼中止的诸如自然灾害、战争等不以人的意志为转移的其他客观原因。

诉讼行为是民事诉讼法律关系主体所实施的能够引起民事诉讼法上效果的行为,即法院、检察院,原告、被告、第三人及其诉讼代理人,以及证人、鉴定人、勘验人及翻译人员等其他诉讼参与人实施的行为。《民诉法》第 52 条、第 53 条、第 54 条中采用"诉讼行为"①的概念。诉讼行为既可以是作为,如检察院提起抗诉,也可以是不作为,如被告经传唤无正当理由拒不出席庭审。

诉讼行为的性质包括:(1)诉讼行为是由各类民事诉讼法律关系主体实施的行为,非民事诉讼法律关系主体实施的行为不是诉讼行为。比如,庭审时旁听人员私自录音的行为,就不是诉讼行为。(2)并非各类民事诉讼法律关系主体实施的行为都是诉讼行为。诉讼行为是能够引起民事诉讼法上效果的行为,诉讼中有些行为,比如当事人申请复制开庭笔录,并不能引起诉讼法上的效果,因此不属于诉讼行为。(3)诉讼行为大多数是在诉讼中作出,少数诉讼行为虽然在诉讼前或诉讼外作出,也属于诉讼行为。比如,原告在起诉前委托诉讼代理人,由委托代理人代为收集证据及起草起诉状,原告该行为虽在起诉前作出,但

---

①　比如,《民诉法》第 53 条规定:"当事人一方人数众多的共同诉讼,可以由当事人推选代表人进行诉讼。代表人的诉讼行为对其所代表的当事人发生效力,但代表人变更、放弃诉讼请求或者承认对方当事人的诉讼请求,进行和解,必须经被代表的当事人同意。"

仍属于诉讼行为。

民事诉讼中,不同诉讼主体实施的诉讼行为也不尽相同。法院与检察院作出的诉讼行为具有国家行为的性质,是一种法律赋予的职权行为。当事人作出的诉讼行为,依据不同的标准可以作出不同的分类。大陆法系民事诉讼法理论中比较重要的分类是以诉讼行为的机能为标准,将当事人的诉讼行为分为取效行为和与效行为。所谓取效行为,是指当事人无法单独直接获得所要求的诉讼效果,必须借助法院的相应行为才能获得所要求的诉讼效果的诉讼行为。比如,原告向法院申请诉讼保全,获得控制被告财产的效果,依赖于法院经审查作出裁定并实施。民事诉讼中,原告与被告向法院提出的绝大部分请求及申请都是取效行为。所谓与效行为,就是当事人无需借助法院的相应行为即可获得请求效果的诉讼行为,比如,原告放弃或变更诉讼请求,当事人自认对自己不利的事实等。与效行为大部分是向受诉法院实施的,也有一些是向对方当事人实施或双方共同实施,比如,原、被告协商选定鉴定机构,协商确定举证期限,诉讼中自行和解,等等。

第四节 法院的职权

法院在民事诉讼法律关系中始终处于重要地位,因此,有必要对法院在诉讼中的职权予以重点分析。法院在诉讼中的职权包括审判权与执行权。所谓审判权是指法院对案件进行审理并作出裁判的权力,审判权的内涵非常丰富,包括立案登记权、诉讼指挥权、调查取证权、特定事项处理权、调解主持权、案件裁判权

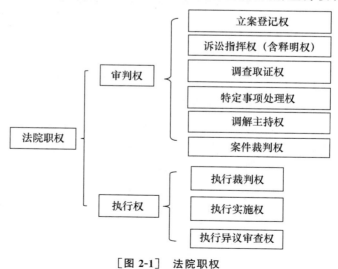

[图 2-1] 法院职权

等。所谓执行权是指法院对生效法律文书确定的义务予以强制执行的权力,执行权包括执行裁判权、执行实施权与执行异议审查权。所谓执行裁判权是指对执行中需要裁判的事项作出裁决;执行实施权是指法院实施执行措施,强制执行被执行人的财产或行为的权力;执行异议审查权是指法院对执行当事人提出的执行行为异议或者案外人异议予以审查并作出裁决的权力。

法院职权中,审判权最为复杂,审判权表现为以下权力:

(一)立案登记、审查权

立案登记、审查权,是指法院对当事人的起诉进行审查,以决定是否将其作为民事案件予以审理和裁判的权力。自2015年5月1日起,绝大多数民事案件都适用立案登记制,立案登记制要求原告起诉符合条件的当场立案,不能当场确定的在7日之内决定是否立案,7日内仍然不能确定是否符合立案条件的应先行立案。但在立案登记制之下,法院仍然要对起诉材料是否齐备,案件是否属于受诉法院管辖,以及是否符合《民诉法》第119条规定的起诉条件,是否属于《民诉法》第124条规定的不予受理的情形等进行必要的审查,因此,立案审查权仍然是法院的职权之一。

(二)诉讼指挥权

1. 诉讼指挥权概述

诉讼指挥权,是指法官引导、调控诉讼的进行,以保证诉讼活动有序开展的权力。诉讼指挥权包括:确定应该到庭参加诉讼的人员并通知其参加诉讼;指挥诉讼活动按照法定程序进行;告知诉讼参与人相关的权利义务;等等。

2. 释明权

(1)释明权含义

法官阐明制度是舶来品,最初出现于大陆法系,原意是使不明确的事项更加明确。具体是指法院在听取辩论时,从法律和事实的角度向当事人发问并指出其陈述自相矛盾、不完全或不明确的地方,并且给予当事人订正和补充的机会,还对所争执的事实促使当事人提出证据。[①] 在国外民事诉讼理论中,阐明权被认为是诉讼指挥权的一种。

国内有学者称阐明制度为释明制度,但释明在大陆法系证据法理论中还有特定含义,释明又被称为疏明,是与完全证明相对的概念。[②] 由于国内实务界普遍将阐明称为释明,因此,本书沿用释明概念。与释明制度相对应的为释明权,释明权包括:当事人的声明和陈述不充分时,法院促使当事人的声明和陈述变得

---

① 参见〔日〕兼子一、竹下守夫:《民事诉讼法》,白绿铉译,法律出版社1995年版,第73页。
② 大陆法系证据理论认为,证明分为狭义的证明(完全证明)与疏明,二者在证明对象方面有明显区别。疏明是法官依据有限的证据可以大致推断待证事实为真的状态,疏明对象一般限于法律规定的程序性事项。而狭义的证明对象为案件实体事实。

充分；当事人的声明和陈述不适当时，法院促使当事人作出适当的声明和陈述；当事人的证据材料不充分时，法院促使当事人提出证据。

(2) 我国现行司法解释中的释明权依据

在法院职权主义时代，法院对证据收集、事实调查大包大揽，当事人发挥的作用较小，因此，释明权是一个多余概念。近年来，随着我国民事诉讼审判方式改革的深入，诉讼体制逐渐由法院职权主义向当事人主义转变，法院越来越趋于中立地位。我国没有实行律师强制代理制度，可能会出现一方当事人委托律师代理，另一方没有委托，或虽然双方都委托律师代理，但律师之间的法律专业水平及责任心存在较大差异的情形，因此，诉讼中当事人的诉讼能力可能不对等，法院如果完全不加以干预，裁判结果可能有失公平。在此背景下，释明权理论才逐渐引发关注。

我国释明权的依据是 2019 年《证据规定》第 2 条第 1 款，即"人民法院应当向当事人说明举证的要求及法律后果，促使当事人在合理期限内积极、全面、正确、诚实地完成举证"。需注意，法院向当事人释明的是当事人对自己的主张有责任提出证据加以证明，以及相应的法律后果，而不是当事人应该具体提出什么内容的证据。2001 年《证据规定》第 35 条第 1 款曾规定："诉讼过程中，当事人主张的法律关系的性质或者民事行为的效力与人民法院根据案件事实作出的认定不一致的，不受本规定第三十四条规定的限制，人民法院应当告知当事人可以变更诉讼请求。"根据本条规定，当事人主张的法律关系的性质与法院认定不一致时，比如当事人主张借款合同关系，法院经审理认定的法律关系为买卖合同关系，法院负有向当事人释明的义务，应告知法院对于法律关系的认定与当事人主张的不一致，当事人可以变更诉讼请求并申请延长举证期限，当然，对方当事人应重新答辩并在相应延长的举证期内提交证据；当事人主张的民事行为的效力与法院认定不一致时，比如当事人主张合同有效，法院经审理认为合同无效，法院负有向当事人释明的义务，应告知当事人法院对于合同的认定与当事人主张的不一致，当事人可以变更诉讼请求并申请延长举证期限，同样，对方当事人应重新答辩并在相应延长的举证期内提交证据。2019 年《证据规定》第 53 条对 2001 年规定第 35 条予以修改，删除了其中"法院应当告知当事人可以变更诉讼请求"的规定，修改为由当事人自行决定是否变更诉讼请求。第 53 条第 1 款规定："诉讼过程中，当事人主张的法律关系性质或者民事行为效力与人民法院根据案件事实作出的认定不一致的，人民法院应当将法律关系性质或者民事行为效力作为焦点问题进行审理。但法律关系性质对裁判理由及结果没有影响，或者有关问题已经当事人充分辩论的除外。"

《证据规定》第 30 条还规定，人民法院在审理案件过程中认为待证事实需要通过鉴定意见证明的，应当向当事人释明。换言之，当事人没有提出鉴定申请，法院认为某项待证事实需要鉴定的,应当向当事人释明,由当事人决定是否提出鉴定申请。

其他司法解释中也散见释明权规定,比如,《最高人民法院关于审理人身损害赔偿案件适用法律若干问题的解释》第2条就规定了法院对赔偿权利人放弃对部分共同侵权人诉讼请求的释明权,即,赔偿权利人起诉部分共同侵权人的,法院应当追加其他共同侵权人作为共同被告。赔偿权利人在诉讼中放弃对部分共同侵权人的诉讼请求的,其他共同侵权人对被放弃诉讼请求的被告应当承担的赔偿份额不承担连带责任。责任范围难以确定的,推定各共同侵权人承担同等责任。法院应当将放弃诉讼请求的法律后果告知赔偿权利人,并将放弃诉讼请求的情况在法律文书中叙明。再如,《最高人民法院关于审理买卖合同纠纷案件适用法律问题的解释》(2020年12月修正)第21条规定:"买卖合同当事人一方以对方违约为由主张支付违约金,对方以合同不成立、合同未生效、合同无效或者不构成违约等为由进行免责抗辩而未主张调整过高的违约金的,人民法院应当就法院若不支持免责抗辩,当事人是否需要主张调整违约金进行释明。一审法院认为免责抗辩成立且未予释明,二审法院认为应当判决支付违约金的,可以直接释明并改判。"

《全国法院民商事审判工作会议纪要》是最高人民法院针对民商事审判中的前沿、疑难、有争议问题,经该院审判委员会民事行政专业委员会讨论决定所发布,纪要对统一裁判思路,规范法官自由裁量权,增强民商事审判的公开性、透明度以及可预期性具有重要意义。纪要不是司法解释,不能作为裁判依据进行援引,但各级法院在裁判时均以纪要的精神实质和基本内容为裁判思路,并可作为裁判理由在判决书"本院认为"部分予以阐述。2019年11月8日发布的《全国法院民商事审判工作会议纪要》(法〔2019〕254号)(以下简称《纪要》)对法院释明权亦有涉及:

(1)《纪要》第36条规定了合同无效时的释明,"在双务合同中,原告起诉请求确认合同有效并请求继续履行合同,被告主张合同无效的,或者原告起诉请求确认合同无效并返还财产,而被告主张合同有效的,都要防止机械适用'不告不理'原则,仅就当事人的诉讼请求进行审理,而应向原告释明变更或者增加诉讼请求,或者向被告释明提出同时履行抗辩,尽可能一次性解决纠纷。例如,基于合同有给付行为的原告请求确认合同无效,但并未提出返还原物或者折价补偿、赔偿损失等请求的,人民法院应当向其释明,告知其一并提出相应诉讼请求;原告请求确认合同无效并要求被告返还原物或者赔偿损失,被告基于合同也有给付行为的,人民法院同样应当向被告释明,告知其也可以提出返还请求;人民法院经审理认定合同无效的,除了要在判决书'本院认为'部分对同时返还作出认定外,还应当在判项中作出明确表述,避免因判令单方返还而出现不公平的结果。第一审人民法院未予释明,第二审人民法院认为应当对合同不成立、无效或者被撤销的法律后果作出判决的,可以直接释明并改判。当然,如果返还财产或者赔偿损失的范围确实难以确定或者双方争议较大的,也可以告知当事人通过另行起诉等方式解决,并在裁判文书中予以明确。当事人按照释明变更诉讼请求或者提出抗辩的,人民法院应当将其归纳为案件争议焦点,组织当事人充分举证、质证、辩论"。

(2)《纪要》第39条规定了经行政机关批准生效合同的报批义务释明,"须经行政机关批准生效的合同,一方请求另一方履行合同主要权利义务的,人民法院应当向其释明,将诉讼请求变更为请求履行报批义务。一方变更诉讼请求的,人民法院依法予以支持;经释明后当事人拒绝变更的,应当驳回其诉讼请求,但不影响其另行提起诉讼"。

(三) 调查取证权

调查取证权,是指当事人在诉讼过程中因客观原因无法收集证据时,法院根据当事人的申请调取相关证据;或根据法律规定,法院对某些事项依职权主动进行调查取证。根据《民诉法解释》第96条的规定,人民法院依职权主动调查的情形有:涉及可能有损国家利益、社会公共利益或他人合法权益事实的;涉及依职权追加当事人、中止诉讼、终结诉讼、回避等程序事项的。

除上述情形外,法院调查收集证据,应当依当事人申请进行。当事人及诉讼代理人可以申请调取证据的情形包括:国家有关部门保存并须法院调取的档案资料;涉及国家秘密、商业秘密、个人隐私的材料;当事人及诉讼代理人因客观原因不能自行收集的其他材料。

目前,律师调查令制度已在全国绝大部分地区推行,取得了不错的成效。法院就当事人代理律师申请调查的事项发出调查令,代理律师持法院出具的调查令,对调查令中载明的调查事项向相关部门或相关公民调查,既保护了当事人的合法权益,又节省了有限的司法资源。

(四) 特定事项处理权

民事诉讼过程中,可能会出现一些既非实体问题也非程序问题的特殊事项需要法院及时处理,比如回避申请、诉讼费用缓减免、期间的顺延等,这些事项如不及时处理会使诉讼进程延缓。法院拥有对这些事项的处理权,从而推动诉讼进程向前发展。

(五) 调解主持权

调解主持权,是指法院依当事人申请或在征得当事人同意的情况下依职权组织当事人进行调解,以促使当事人通过达成调解协议的方式解决纠纷。诉讼调解是法院依法行使审判权的一种方式,是当事人行使处分权与法院行使审判权相结合的产物,包含了公权裁决与私权合意处分两层内涵。

（六）案件裁判权

案件裁判权，是指法院对案件的实体问题或程序问题依法作出最终的法律判断，包括判决与裁定两种形式。诉讼中，当事人不愿调解或无法达成调解协议时，法院就需对案件作出裁判。裁判文书一旦生效，纠纷就得以解决。

第五节 诉讼模式

民事诉讼模式是指民事诉讼法律关系主体在诉讼中所处的地位、作用以及它们相互之间关系的高度概括。民事诉讼模式重在强调代表国家行使审判权的法院与当事人在诉讼中的地位与作用方式。

通说认为，民事诉讼模式划分为当事人主义与职权主义。当事人主义模式，是指在民事诉讼中，当事人居于核心地位，诉讼请求的确定、证据材料的收集与案件事实的证明均由当事人负责。法官则居中裁判，不主动去干预任何一方，充分尊重当事人的意愿。当事人主义的优越性在于：（1）能充分体现当事人的权利，当事人的诉权可以制约审判；（2）能充分地实现程序公平与程序正义。

职权主义模式的核心是法官的职权高于当事人的意志，尤其是在证据制度和判决的既判力方面。职权主义模式的优越性在于：（1）诉讼效率较高。由于法官的主动干预，当事人的作用较小，律师发挥的作用有限，诉讼进程相应加快，诉讼效率提高。（2）职权主义在实现实体公正方面有独到之处。法官在诉讼中发挥的作用较大，致使案件质量相对稳定。当事人发挥作用较小，不熟悉法律的当事人亦可得到满意的裁判结果。

在计划经济模式下，我国民事诉讼长期处于职权主义模式。主要表现为证据材料的收集完全由法院包揽，法院频繁干预当事人的诉讼行为，当事人的辩论权形同虚设，法庭辩论甚至开庭审理流于形式，等等。近年来，我国民事诉讼模式由职权主义向当事人主义转变，但随之而来的是，当事人主义的一些弊端也有所显现，比如，被告以行使诉讼权利为由恶意提出管辖权异议拖延诉讼，当事人歪曲或故意隐瞒事实作出虚假陈述等，严重影响了诉讼效率。

目前我国民事诉讼的诉讼模式还不能称之为当事人主义模式，与西方国家当事人主义诉讼模式的内涵还不尽相同。事实上，鉴于诉讼效率极低以及诉讼成本奇高等原因，近年来，西方国家普遍采用的当事人主义模式也在进行局部调整。

有学者认为，民事诉讼不等同于私力救济，面对我国人口众多、法律普及率不高、民事诉讼律师代理比例较低、公民法治信仰普遍不足这样的国情，法官不能像寺庙里的菩萨一样保持绝对中立。民事诉讼不仅关乎当事人利益，还关系到社会的公平正义。有学者提出，我国应建立协同型民事诉讼模式。所谓协同型民事诉讼模式,是指最大程度发挥法官与当事人的主观能动性及作用,法官与当事人协同推进民事诉讼程序的诉讼模式。换言之,协同型民事诉讼模式是在充分尊重当事人的辩论权与处分权的前提下,发挥法院及法官在发现事实上的作用。比如,为了帮助没有聘请律师代理的当事人行使辩论权,弥补当事人诉讼能力的不足,借鉴大陆法系国家和地区普遍确立的法官释明权制度,在《民诉法》中明确规定法官的释明义务,以及设置法官不履行释明义务需承担的程序后果等。

事实上,《证据规定》及《民诉法解释》已在一定程度上体现出协同型民事诉讼模式的内涵。司法解释中规定的法院依当事人申请调查收集证据,以及书证在对方当事人控制之下的,承担举证证明责任的当事人可以在举证期限届满前书面申请法院责令对方当事人提交,申请理由成立的,法院应当责令对方当事人提交,还有法官对法律行为效力及法律关系性质的释明等,均体现了法院对当事人主义的一定程度的干预。

思 考 题

1. 民事诉讼过程中,法院裁定准许原告撤诉是否属于诉讼行为的一种?
2. 简述诉讼参与人与其他诉讼参与人分别包括哪些民事诉讼法律关系主体。
3. 民事诉讼中法院的职权包括哪些?
4. 简述我国现行法律、司法解释中关于释明权的依据。
5. 诉讼模式分为几种?目前我国民事诉讼的诉讼模式是什么?

第三章 民事诉讼基本原则

民事诉讼的基本原则是反映民事诉讼的原理和特性,指导民事诉讼活动的基本规则。无论立法水平有多高,法律制定总是具有滞后性与不周延性。实务中案件错综复杂,新情况、新问题层出不穷,有时甚至无具体法律可依,此时,民事诉讼的基本原则可以发挥对审判实践的指导作用。

第一节 民事诉讼基本原则概述

民事诉讼基本原则,是指在民事诉讼的整个阶段或重要阶段起着指导作用的准则。民事诉讼基本原则,是民事诉讼法精神实质的体现,反映了民事诉讼的基本原理、内在规律,是制定、解释、适用民事诉讼法的基本依据,对于民事诉讼立法及实践均具有指导意义。

学习和研究民事诉讼的基本原则,是为了掌握其中的立法精神,解决实践中出现的新问题。具体来讲,有三个作用:一是掌握民事诉讼法立法精神,正确理解《民诉法》规定的制度和各种程序;二是有利于当事人依法进行诉讼活动和法院公正高效地审理案件;三是有利于解决民事审判工作中出现的新情况、新问题。

依据划分的法律根据的不同,民事诉讼基本原则分为共有原则与特有原则。共有原则,是指依据《宪法》,参照《人民法院组织法》有关规定对《民诉法》规定的原则进行的分类。换言之,共有原则实则就是包括刑事诉讼法、行政诉讼法、民事诉讼法在内的所有诉讼法都适用的原则。共有原则共有6项。特有原则,是指根据民事诉讼自身的特点和规律,对《民诉法》规定的原则进行的分类。换言之,特有原则就是只有民事诉讼法才适用的原则。特有原则共有7项。

《民诉法》第一编第一章标题为"任务、适用范围和基本原则",其中第5条至第9条、第11条至第16条属于民事诉讼基本原则的规定。具体包括:同等原则;对等原则;民事审判权由人民法院行使的原则;人民法院对民事案件独立进行审判的原则;以事实为根据、以法律为准绳的原则;当事人平等原则;自愿、合法调解原则;使用本民族语言、文字进行诉讼的原则;辩论原则;处分原则;诚实信用原则；检察监督原则；支持起诉原则；民族自治地方制定变通或补充规定的原则。

《民诉法》第 10 条规定了合议、回避、公开审判和两审终审原则，通说认为上述规定属于民事诉讼的基本制度，本书将其列在第四章介绍。

对于民事诉讼的基本原则有哪些，不同学者有不同的认识。有学者认为不应将共有原则纳入民事诉讼的基本原则之中，还有学者主张应对民事诉讼的基本原则与具体原则有所区分。为了全面了解民事诉讼的原理和特性，本书将《民诉法》规定的共有原则与特有原则予以全面介绍。

第二节 共 有 原 则

一、民事案件的审判权由人民法院行使原则

审判权，是指对案件进行审理和判决的权力。审判权是最重要的司法权力，也是国家主权的重要组成部分。《宪法》第 128 条、《人民法院组织法》第 2 条第 1 款均规定，人民法院是国家的审判机关。《民诉法》第 6 条也规定，民事案件的审判权由人民法院行使。上述规定表明，人民法院是国家唯一审判机关，担负着行使审判权的职能。

这一原则包括三层含义：(1) 人民法院是行使审判权的唯一机关，其他任何机关和个人都无权行使。(2) 审判权是国家主权的重要组成部分。(3) 人民法院对外作为一个整体，独立、统一行使审判权；(对内)上下级法院是监督与被监督的关系，即法院内部并不绝对独立，只是相对独立。

二、人民法院依法对民事案件独立进行审判原则

《宪法》第 131 条和《人民法院组织法》第 4 条均规定，人民法院依照法律规定独立进行审判，不受行政机关、社会团体和个人的干涉。《民诉法》第 6 条也规定，人民法院依照法律规定对民事案件独立进行审判，不受行政机关、社会团体和个人的干涉。上述规定表明，人民法院对民事案件进行审判，依法具有独立性，不受行政机关、社会团体和个人的非法干涉。所谓不受非法干涉，是指对于非合法途径的监督不受干涉。通过合法途径进行的监督，则不属于干涉。如人大监督、政协监督、媒体监督。需注意，上述监督须为单位或组织整体监督，不是个人监督，个人监督不属于合法监督。

需特别注意，我国民事审判权不是法官独立行使的，而是由人民法院作为一个整体独立行使，这与西方国家的独立审判含义有所不同。

三、以事实为依据,以法律为准绳原则

《民诉法》第 7 条规定:"人民法院审理民事案件,必须以事实为根据,以法律为准绳。"这一原则表明,人民法院对案件的审判与裁判,必须以依照法定程序查明的、通过证据得到证明的事实为依据。人民法院审理民事案件时,应当严格依据《民诉法》规定的程序进行,并应严格依照相关实体法规定来确定当事人之间的实体权利义务。

四、使用本民族语言文字进行诉讼原则

《民诉法》第 11 条规定:"各民族公民都有用本民族语言、文字进行民事诉讼的权利。在少数民族聚居或者多民族共同居住的地区,人民法院应当用当地民族通用的语言、文字进行审理和发布法律文书。人民法院应当对不通晓当地民族通用的语言、文字的诉讼参与人提供翻译。"使用本民族语言文字进行诉讼原则,是指各民族公民都有权使用本民族语言、文字进行诉讼,这也是宪法规定的民族平等原则的重要体现。

五、人民检察院对民事诉讼实行法律监督原则

《宪法》第 134 条和《人民检察院组织法》第 2 条规定,人民检察院是国家的法律监督机关。《民诉法》第 14 条也规定:"人民检察院有权对民事诉讼实行法律监督。"上述法律确定了人民检察院对民事诉讼实行法律监督原则。2007 年《民诉法》规定监督范围为"民事审判活动",2012 年《民诉法》修改为对"民事诉讼"实行法律监督。《民诉法》第 235 条进一步规定,人民检察院有权对民事执行活动实行法律监督。

人民检察院对民事诉讼实行法律监督,是通过抗诉或者提出检察建议的方式进行。对于审判人员的违法行为,亦有权向同级法院提出检察建议。检察监督对象是人民法院及其审判人员,不包括当事人、诉讼参与人。[①]

从检察机关监督职责及监督范围看,民事诉讼中的检察监督对象主要包括以下三类:

(1)生效判决、裁定、调解书。检察机关通过对裁判结果以及审判程序的监

[①] 《民诉法》第 208 条规定:"最高人民检察院对各级人民法院已经发生法律效力的判决、裁定,上级人民检察院对下级人民法院已经发生法律效力的判决、裁定,发现有本法第二百条规定情形之一的,或者发现调解书损害国家利益、社会公共利益的,应当提出抗诉。地方各级人民检察院对同级人民法院已经发生法律效力的判决、裁定,发现有本法第二百条规定情形之一的,或者发现调解书损害国家利益、社会公共利益的,可以向同级人民法院提出检察建议,并报上级人民检察院备案;也可以提请上级人民检察院向同级人民法院提出抗诉。各级人民检察院对审判监督程序以外的其他审判程序中审判人员的违法行为,有权向同级人民法院提出检察建议。"

督来保证司法公正的实现,这种监督的实质是对法院审判权运作的合法性进行审查。但审判权在我国的宪政架构下仍然是一种由审判机关独立行使的国家权力,因此检察机关对审判机关的审判行为及审判结果是否公正的监督并不能是一种积极主动的监督,而应是一种消极被动的监督,并且只有在法律规定的应当予以监督的违法事由出现的情况下,才能启动监督程序。因此,检察机关贯彻这种事后性、消极性的监督原则,其对民事审判活动的监督就应当以作为审判权运行结果的生效法律文书为对象,并且只有在作为监督对象的生效法律文书出现违反法律规定事由的情况下,检察机关才能对民事审判活动行使法律监督权。

(2)执行裁判与执行措施。2012年《民诉法》明确了检察机关对民事执行活动享有法律监督权。民事执行权的运行直接限制或剥夺了被执行人对其财产权益的处分自由,对被执行人影响极大,因此,法律需要对民事执行权的运作设立严格程序并施以严格监督。在我国现行的司法体制中,执行权由法院内设的执行机构行使。执行机构实施的执行行为主要包括两类:一是纯粹的执行行为,即执行机构依照执行根据,基于国家赋予的公权力,采取执行措施以强制债务人履行义务,从而使债权人实现权利的行为,如对被执行人财产进行的划拨、拍卖、变卖即属此类。二是执行中的裁决行为,即执行机构为推动执行程序进行以及为解决执行活动中发生的程序争议而作出的裁判,前者如执行中止、执行终结、委托执行、不予执行等,后者如对当事人、利害关系人、案外人提出的执行异议的裁决等。因此,检察机关在民事执行程序中行使法律监督权,以执行机构在执行程序中的裁判行为和具体执行措施的合法性与合理性为执行监督的主要对象。

(3)审判、执行人员的违法行为。根据《民诉法》第208条的规定,各级人民检察院对审判监督程序以外的其他审判程序中审判人员的违法行为,有权向同级人民法院提出检察建议。

六、民族自治地方可以变通或补充规定原则

民族自治地方可以变通或补充规定原则,是指民族自治地方可结合当地民族的具体情况,对《民诉法》作出一些变通性或补充性的规定,但需要报相应等级的人民代表大会常务委员会批准。《民诉法》第16条规定,民族自治地方的人民代表大会根据宪法和本法的原则,结合当地民族的具体情况,可以制定变通或者补充的规定。自治区的规定,报全国人民代表大会常务委员会批准。自治州、自治县的规定,报省或者自治区的人民代表大会常务委员会批准,并报全国人民代表大会常务委员会备案。

第三节 特有原则

一、诉讼权利义务同等原则,对等原则

上述原则是针对外国人在我国法院参加诉讼享有的诉讼权利的规定。《民诉法》第 5 条规定:"外国人、无国籍人、外国企业和组织在人民法院起诉、应诉,同中华人民共和国公民、法人和其他组织有同等的诉讼权利义务。外国法院对中华人民共和国公民、法人和其他组织的民事诉讼权利加以限制的,中华人民共和国人民法院对该国公民、企业和组织的民事诉讼权利,实行对等原则。"具体含义包括:(1) 外国人、无国籍人、外国企业和组织在人民法院起诉应诉时,诉讼权利义务与我国公民、法人和其他组织相同,此为同等原则。(2) 如果我国公民、法人和其他组织在外国法院进行民事诉讼时,民事诉讼权利没有受到限制,那么该国公民、企业和组织在我国进行民事诉讼时,民事诉讼权利也不受限制。如果外国法院对我国公民、法人和其他组织的民事诉讼权利予以限制,我国法院对该国公民、企业和组织也加以同样的限制,此为对等原则。

二、诉讼权利平等原则

《民诉法》第 8 条规定:"民事诉讼当事人有平等的诉讼权利。人民法院审理民事案件,应当保障和便利当事人行使诉讼权利,对当事人在适用法律上一律平等。"诉讼权利平等原则,是指民事诉讼当事人平等地享有和行使民事诉讼权利的准则。该原则的含义有:(1) 当事人享有平等的诉讼权利,不允许任何一方享有诉讼上的特权;(2) 无论自然人、法人,还是中国人、外国人,人民法院都要保障和便利所有当事人平等地行使诉讼权利;(3) 各方当事人在适用法律上一律平等。

理解该原则需注意,诉讼权利平等,并非原、被告当事人的诉讼权利数量绝对相同。平等和相同不是同一个概念,诉讼权利平等并不是诉讼权利相同。原告与被告的诉讼权利有一些是完全相同的,如委托诉讼代理人、收集提交证据、进行辩论、请求和解。还有一些诉讼权利不是完全相同但是对等,比如,原告起诉,被告可提起反诉;原告提出诉讼请求,被告有权反驳诉讼请求;原告有权选择管辖法院,被告则有权提出管辖权异议等。无论是相同的诉讼权利,还是对等的诉讼权利,都体现了当事人的诉讼地位平等。

[表 3-1] 同等、对等、平等原则的区别

原则	适用范围	内涵
同等原则	外国人（包括外国人、无国籍人、外国企业和组织）	同中国公民、法人和其他组织有同等的诉讼权利义务
对等原则		外国法院对我国公民民事诉讼权利加以限制，我国法院对等限制
平等原则	无论是自然人还是法人，中国人还是外国人，适用于所有当事人	民事诉讼当事人平等地享有民事诉讼权利，对当事人在适用法律上一律平等

三、自愿和合法调解原则

自愿和合法调解原则，是指法院审理民事纠纷案件时，在双方当事人自愿的情况下，在事实清楚、分清是非的基础上，依法说服和劝导当事人达成协议，以调解方式结案的准则。调解贯穿于审理程序各个阶段，第一审程序、第二审程序及审判监督程序均适用调解。由于涉及生效裁判的稳定性与权威性，执行程序不适用调解，但适用执行和解。①

近年来，法院对"事实清楚、分清是非"的调解基础有放宽趋势。《简易程序规定》就指出，对婚姻、继承、劳动争议、人身损害赔偿等纠纷在庭审开始时进行调解。2012年《民诉法》则规定了先行调解，目前，我国法院的调解原则是"调解优先，调判结合"。调解不成的，应尽快判决。对于违反自愿、合法原则的调解书，当事人可申请再审。

四、辩论原则

《民诉法》第12条规定："人民法院审理民事案件时，当事人有权进行辩论。"辩论原则，是指民事诉讼过程中，在法院主持下，各方当事人有权对案件事实提出自己的主张，对争议焦点提出自己的意见，反驳对方主张或提出辩解。"真理越辩越明，道理越讲越清"，辩论原则有助于法院查明事实、分清是非、正确适用法律。

我国民事诉讼辩论原则的内涵包括五个方面：(1)当事人有陈述案件事实与理由的权利，同样，对方当事人也有陈述并答辩、反驳的权利；(2)当事人行使辩论权的范围包括事实问题、程序问题与适用法律问题；(3)当事人行使辩论权的形式包括书面形式（答辩状、代理词、书面质证意见等）与口头形式（又称言词

---

① 调解与和解的区别在于有无第三方主持。执行程序中，如在执行法院主持下，申请执行人与被执行人达成调解协议，变更生效法律文书确定的义务，显然会影响生效法律文书的稳定性与权威性。但如果是申请执行人与被执行人自行达成和解协议，变更生效法律文书确定的义务，属于执行当事人自行行使处分权，处分自己的诉讼权利与实体权利，法院不应干预，所以执行程序适用和解，不适用调解。

辩论，主要集中在法庭审理阶段，包括口头发表质证意见、法庭辩论等）；（4）辩论原则贯穿于民事诉讼全过程，适用于一审、二审与再审程序；（5）法院作出判决时，应限于原告诉讼请求的范围，不能超出诉讼请求判决。

大陆法系民事诉讼辩论原则还包括：（1）法院应以当事人在辩论过程中提及的事实作为裁判依据，一方提出事实，对方予以认可的，以及一方当事人自认的事实，法院应当作为裁判依据；（2）法院对证据的认定范围也限于当事人在辩论中提及的证据。① 上述两项原则虽然在我国《民诉法》及司法解释中没有相应规定，但它们属于约束性辩论原则的重要内容，所以在此一并予以介绍。

民事诉讼辩论原则与刑事诉讼辩护原则不同，区别为：（1）适用主体不同。辩论原则的主体是原告、被告及第三人；辩护原则的主体仅限于被告人、犯罪嫌疑人。（2）行使主体不同。辩论原则的行使主体是当事人及其诉讼代理人；辩护原则的行使主体是犯罪嫌疑人、被告人及其辩护人。（3）基础不同。辩论原则是建立在双方当事人的诉讼权利和诉讼地位完全平等的基础上的；刑事诉讼中，公诉人和犯罪嫌疑人、被告人的诉讼权利和诉讼地位是不平等的。（4）内容和范围不同。辩论原则的范围包括事实问题、程序问题与适用法律问题；辩护原则的范围主要是被告人或犯罪嫌疑人是否犯罪、罪行轻重以及是否应受刑事处罚等。

辩论原则的行使主要集中在开庭审理阶段，包括法庭调查阶段当事人发表质证意见及法庭辩论阶段当事人发表辩论意见。法庭辩论与大学辩论赛的辩论不同，最重要的区别为：法庭辩论在审判人员的组织与引导下进行，当事人及诉讼代理人对案件事实问题、程序问题与适用法律问题陈述事实依据与法律依据，同时反驳对方当事人的主张与观点。这些观点不仅是讲给对方当事人听，更重要的是讲给审判人员听，说服审判人员采信己方观点，从而作出有利于己方的判决结果。法庭辩论不是表演，不需要步步紧逼，直至对方哑口无言；也不需要声泪俱下，以情动人。尤其是当事人及诉讼代理人不要争强好胜，与对方纠缠于口舌之争。

五、处分原则

《民诉法》第13条第2款规定："当事人有权在法律规定的范围内处分自己的民事权利和诉讼权利。"处分原则，是指当事人在法律规定的范围内，自由支配自己依法享有的民事权利和诉讼权利的准则。我国刑事诉讼法与行政诉讼法没

---

① 该原则为大陆法系辩论原则的内涵之一。大陆法系辩论原则为约束性辩论原则，即法庭辩论对裁判的形成与法官的行为具有约束性，裁判必须以当事人在辩论过程中提及的事实及证据作为裁判依据。我国《民诉法》规定的辩论原则为非约束性辩论原则，只规定了当事人有权进行辩论，并未规定当事人辩论对法院裁判有何影响，也未规定法院的审理对象必须以当事人辩论中提及的事实和证据为限。

有处分原则的规定。民事诉讼之所以规定处分原则,是由民事权利与民事纠纷的性质所决定的。民事权利属于私权,具有可处分性,随之而来,民事纠纷中的实体权利与诉讼权利也具有可处分性。

民事诉讼处分权的主体包括当事人、当事人的法定代理人[①]、特别授权委托诉讼代理人。当事人作为民事权利的享有人当然享有处分权。当事人没有诉讼行为能力时,由其法定代理人代为进行诉讼,法定代理人享有与当事人基本相同的诉讼权利,因此,法定代理人享有处分权。特别授权的委托诉讼代理人有权代为承认、变更、放弃诉讼请求,进行和解,提起上诉或反诉,因此,特别授权的委托诉讼代理人在一定范围内可以代理当事人行使处分权利。除了上述主体之外,一般授权的委托诉讼代理人及其他诉讼参与人不享有处分权。

处分原则的表现形式包括:(1)决定是否起诉;(2)诉讼中原告放弃或变更诉讼请求,被告承认或反驳诉讼请求;(3)是否提起反诉;(4)是否与对方当事人进行和解;(5)决定是否上诉;(6)决定是否申请执行;(7)是否申请再审。当事人行使处分权利并非绝对自由,有时要受到限制。比如撤诉,原告行使处分权向法院申请撤诉的,是否准许需要法院审查裁定;再如调解,双方当事人经协商达成调解协议,申请法院出具调解书的,法院须审查协议是否合法,只有合法的调解协议法院才能予以确认并出具调解书。

处分民事权利与处分诉讼权利的关系为:民事权利是实体权利,诉讼权利是程序性权利。处分民事权利一般是通过对程序性权利的处分来实现,比如调解,达成调解协议的前提是原告或被告放弃部分实体权利,还有可能是原、被告同时放弃部分实体权利,但原告或被告放弃实体权利需要通过行使"当事人有调解权"这样一项程序性权利来实现。而有些诉讼行为处分的只是程序性权利,并不涉及实体权利的处分,比如撤诉,撤诉只是处分了程序性权利,但撤诉后当事人还可再次起诉,其并未放弃实体权利。

[案例 3-1] 某区人民法院受理原告赵某诉被告孙某、钱某两夫妻民间借贷纠纷一案,借款人为孙某,出借人赵某以夫妻共同债务为由主张钱某承担共同还款责任。开庭审理时,钱某没有到庭,法官审核发现对钱某的送达手续存在瑕疵,拟延期审理,对钱某重新送达开庭传票后再次开庭。原告考虑到法院不一定支持他对钱某的诉讼请求,同时也认为孙某有足够的经济能力履行债务,遂表示不再对钱某提出诉讼请求。原告赵某申请撤回对钱某的起诉,只保留对被告孙某的诉讼请求。赵某是应该放弃对钱某的诉讼请求还是撤回对钱某的起诉?

---

① 18周岁以下的未成年当事人(16周岁以上、以自己的劳动收入为主要生活来源的当事人除外)及患病导致无诉讼行为能力的成年当事人需要法定诉讼代理人代为参加诉讼。

本案中,赵某的真实意思表示是想放弃对钱某的实体权利,放弃实体权利需要通过放弃诉讼请求的诉讼行为来作出,但赵某却申请撤回对钱某的起诉。类似情况在实务中经常出现。放弃诉讼请求与撤回起诉本质不同,性质各异。放弃诉讼请求意味着赵某处分了自己的实体权利,虽然法律没有明确规定放弃诉讼请求后是否可以再次提起诉讼,但按照民事诉讼诚实信用原则,实践中一般不允许再次提起诉讼。而申请撤诉只是赵某处分在本案中的诉讼权利,撤诉后赵某随时可以再次提起诉讼。所以,本案法官应该向赵某释明,赵某应该明确表示放弃对钱某的诉讼请求。

六、诚实信用原则

《民诉法》第13条第1款规定:"民事诉讼应当遵循诚实信用原则。"诚实信用原则被称为民法的"帝王原则",我国《民法典》对此也有相关规定。2012年《民诉法》首次规定了民事诉讼的诚实信用原则。民事诉讼诚实信用原则来源于罗马法的诚信诉讼。诚实信用原则的适用主体不仅包括当事人和其他诉讼参与人,还包括法官、人民陪审员。

诚实信用原则对当事人的主要适用情形为:

(1) 禁止滥用诉讼权利。当事人不应违背诉讼权利的设置目的行使诉讼权利,以达到拖延诉讼或给对方当事人造成损害的不正当目的。禁止滥用诉讼权利具体表现为:禁止滥用回避申请权;禁止滥用管辖权异议申请权;禁止滥用上诉权;禁止滥用申请再审权;等等。

(2) 禁反言。禁反言,即当事人实施的诉讼行为(包括当事人陈述)必须前后一致,禁止作出前后矛盾的诉讼行为。诉讼中,一方当事人作出一定的诉讼行为,对方当事人随即会作出相应的诉讼行为,如果任由一方当事人推翻先前行为,可能会损害对方当事人的合法权益。

(3) 真实义务。真实义务,要求当事人在诉讼中应当作出真实的陈述,禁止编造谎言,实施虚假陈述行为。但要求当事人对自己不利的事实完全真实陈述似乎又有点强人所难,不近情理,故真实义务并不是以"让当事人陈述客观真实"之积极性义务为内容,而是仅仅具有"禁止当事人在不知的前提下提出主张或作出否认"之消极性内容。① 换言之,当事人不得主张自己明知是不真实的事实,不得在明知对方提出的事实为真实时予以否认。比如,民间借贷案件中,被告提交证据证明已返还部分借款本金,原告明知该事实,但仍然予以否认。

---

① 参见〔日〕高桥宏志:《民事诉讼法:制度与理论的深层分析》,林剑锋译,法律出版社2003版,第378页。

目前，民事诉讼中违反诚实信用原则的诉讼行为仍然较为普遍，并未随着 2012 年《民诉法》对诚实信用原则予以明确规定而有任何改观。比如，被告在明知受诉法院有管辖权的情况下，仍然故意甚至恶意提出管辖权异议申请拖延诉讼。再如，原告或被告甚至是原、被告同时对多个案件事实作出虚假陈述。这些违反诚实信用原则的诉讼行为甚至被奉为律师代理技巧而广为流传。究其原因，其实还是《民诉法》只在基本原则部分规定了诚实信用原则，其他部分尤其是"对妨害民事诉讼的强制措施"一章中未见任何规定。《民诉法解释》囿于处罚措施的立法权限又不能有所作为。换言之，关于民事诉讼的诚实信用虽有原则性规定，但在具体规定尤其是处罚依据的规定上还是一片真空地带，当事人为了自身利益自然也就无所顾忌。

以实务中比较突出的虚假陈述问题为例。法院作出虚假陈述的认定，拟对当事人进行处罚时，却发现没有明确的处罚依据，若仅以违反诚实信用原则作为处罚依据显然有点牵强。《民诉法》第 10 章没有针对虚假陈述进行处罚的规定，比较接近的是第 111 条第 1 款第 1 项"伪造、毁灭重要证据，妨碍人民法院审理案件的"的规定。既然"当事人陈述"为《民诉法》规定的证据种类的一种，当事人如对主要案件事实作出虚假陈述，应当认定为符合伪造重要证据、妨害法院审理案件的情形。实务中有些法院也依据这一条法律规定对虚假陈述当事人作出了处罚，但更多的法院选择了观望或沉默。这种做法无疑会使当事人虚假陈述现象愈演愈烈，进而导致民事诉讼诚实信用原则形同虚设。当事人故意或恶意提出管辖权异议申请的情况也存在上述同样的问题。

基于上述局面，2019 年《证据规定》第 63 条规定："当事人应当就案件事实作真实、完整的陈述。当事人的陈述与此前陈述不一致的，人民法院应当责令其说明理由，并结合当事人的诉讼能力、证据和案件具体情况进行审查认定。当事人故意作虚假陈述妨碍人民法院审理的，人民法院应当根据情节，依照民事诉讼法第一百一十一条的规定进行处罚。"当事人在诉讼过程中，应当按照诚实信用原则对案件事实作出真实陈述，故意作虚假陈述的，法院应当根据情节轻重予以罚款、拘留。2019 年《证据规定》施行后，法院对虚假陈述当事人处罚时不再无法可依，可直接援引该条文规定。

[案例 3-2] 在某区人民法院审理原告李某诉被告王某民间借贷纠纷一案中，被告王某认为本案应由被告住所地法院管辖，向法院提出了管辖权异议申请。法院审查认为，本案原被告没有约定合同履行地，原告作为出借方主张还款责任，原告经常居住地为合同履行地，本院对本案有管辖权。某区人民法院裁定驳回王某异议。王某提起上诉，某市中级人民法院经审查裁定驳回上诉，维持一审法院裁定。之后，王某在接受某区人民法院询问时称，其起草管辖权异议申请书时咨询了所在公司法务部人员，法务部人员说

本案某区人民法院有管辖权，即使提出管辖异议申请，也会被法院驳回，但是王某想利用管辖权异议审查期间收集更多证据。某区人民法院认为，民事诉讼诚实信用原则的内涵之一即是当事人不能滥用管辖权异议等诉讼权利拖延诉讼，浪费司法资源。王某在其公司法务部人员答复本院对本案有管辖权的情况下，仍然提出管辖权异议；在本院裁定书已明确告知驳回异议的法律依据情形之下，依然提起上诉，致使本案庭审时间一再迟延。王某上述诉讼行为有违民事诉讼诚实信用原则，客观上拖延了本案诉讼时间，浪费司法资源，妨害民事诉讼，情节较为严重，应当予以处罚。至于王某称想利用管辖权异议审查期间收集证据，根据司法解释规定，如当事人不能在举证期限内收集证据的，完全可以通过向法院申请延长举证期限的方式解决，因此，王某的解释理由并不能成立。王某在明知的情形下通过提出管辖权异议拖延诉讼时间理应受到否定评价，情节严重者应当受到处罚，以教育当事人，培养诚实信用的诉讼环境。某区人民法院决定对王某罚款1000元。

第四节　其他原则

一、支持起诉原则

《民诉法》第15条规定："机关、社会团体、企业事业单位对损害国家、集体或者个人民事权益的行为，可以支持受损害的单位或者个人向人民法院起诉。"支持起诉原则，是指机关、社会团体、企业事业单位对损害国家、集体或者个人民事权益的行为，可以支持受损害的单位或个人向法院起诉。一般情况下，民事诉讼只能由民事权益受到侵害的或者发生争议的公民、法人或者其他组织向法院提起，并不需要其他组织或者个人的干预。但在特殊情况下，受到损害的单位或者个人不敢或不能独立保护自己的合法权益时，就需要有关组织给予协助和支持，这是运用社会力量，帮助弱势单位或者个人实现诉讼权利。同时，考虑到当事人对自己的民事权利和诉讼权利有权在法律允许的范围内自由处分，如果当事人不想提起诉讼，机关、社会团体或者企事业单位不能越俎代庖，所以，机关、社会团体、企事业单位只能支持民事权益受到损害的单位或者个人起诉，不能以自己的名义替代他们直接起诉。

支持起诉的主体只能是单位。机关、社会团体、企事业单位可以通过多种方式支持民事权益受到侵害的单位或者个人起诉。比如，向他们宣传法律知识、提供法律咨询服务，使他们熟悉法律所规定的权利义务，增强法制观念，提高维权意识，敢于和善于运用法律武器维护自己的合法权益；也可以经他们的同意，接受他们的委托或者推荐律师作为他们的诉讼代理人，帮助他们维护合法权益；也可以向他们提供物质帮助,如代交诉讼费、律师费等。总之,机关、社会团体、企事业单位支持起诉的方式包括在精神上、道义上、法律上以及费用上提供支持和帮助。

二、人民调解原则

人民调解是我国一项重要的调解原则,是指在当事人的参与下,由专门的调解组织即人民调解委员会作为调停人,对民事纠纷或轻微刑事纠纷调解解决的一项原则。人民调解的调解主体为人民调解委员会。人民调解委员会是在基层政府及基层人民法院指导下[①],调解民间纠纷的群众性自治组织,人民调解员是调解工作的具体承担者。[②]

人民调解委员会调解不是法定程序,性质上属于诉讼外调解。调解达成的协议具有民事合同性质,没有强制执行力,不能作为向法院申请强制执行的依据。一方当事人反悔的,另一方可以向法院提起诉讼。对于经人民调解达成具有给付内容的调解协议,依据最高人民法院2009年7月发布的《关于建立健全诉讼与非诉讼相衔接的矛盾纠纷解决机制的若干意见》,债权人可以持调解协议向有管辖权的法院申请支付令。但在支付令程序中义务人可提出异议,有可能仍然要进入诉讼程序,所以,实践中债权人选择申请支付令的比例较低。

《人民调解法》第33条规定:"经人民调解委员会调解达成调解协议后,双方当事人认为有必要的,可以自调解协议生效之日起三十日内共同向人民法院申请司法确认。"《民诉法》第194条规定:"申请司法确认调解协议,由双方当事人依照人民调解法等法律,自调解协议生效之日起三十日内,共同向调解组织所在地基层人民法院提出。"《民诉法》第195条规定:"人民法院受理申请后,经审查,符合法律规定的,裁定调解协议有效,一方当事人拒绝履行或者未全部履行的,对方当事人可以向人民法院申请执行;不符合法律规定的,裁定驳回申请,当事人可以通过调解方式变更原调解协议或者达成新的调解协议,也可以向人民法院提起诉讼。"依据上述规定,对于人民调解委员会主持达成的调解协议,双方当事人可以自调解协议生效之日起30日内共同向调解组织所在地的基层人民法院申请司法确认,法院审查符合法律规定的,将出具民事裁定书确认调

[①] 《人民调解法》第5条规定:"国务院司法行政部门负责指导全国的人民调解工作,县级以上地方人民政府司法行政部门负责指导本行政区域的人民调解工作。基层人民法院对人民调解委员会调解民间纠纷进行业务指导。"

[②] 截至2018年底,我国共有人民调解委员会75.1万个,其中,村(居)调委会65.3个,乡镇(街道)调委会4.2万个,企事业单位调委会2.6万个,社会团体和其他组织调委会3万个,基本形成了覆盖城乡和重点行业、领域的人民调解组织网络。共有人民调解员350余万人,其中专职人民调解员42.3万人。

解协议有效,债务人不履行协议的,债权人可以持民事裁定书向法院申请强制执行。换言之,《民诉法》规定的确认调解协议程序,可通过法院审查将只具有民事协议性质、不能作为强制执行依据的调解协议转换为具有强制执行力的法律文书。显然,这种对人民调解达成调解协议的处理机制优于债权人持调解协议向法院申请支付令的制度,因此,在审判实践中,债权人选择确认调解协议程序的比例更高。

思 考 题

1. 简述诉讼权利义务同等原则、对等原则与诉讼权利平等原则的区别。
2. 与我国民事诉讼辩论原则相比,大陆法系民事诉讼辩论原则还包括哪些内涵?
3. 简述处分民事权利与处分诉讼权利的关系。
4. 诚实信用原则包括哪些内涵?该原则是否适用于法院?

第四章　民事审判的基本制度

《民诉法》第10条规定："人民法院审理民事案件，依照法律规定实行合议、回避、公开审判和两审终审制度。"民事审判的基本制度主要从法院审理民事案件的角度出发，规定了民事审判的基本方式与结构，四项基本制度均是对法院审理民事案件的基本要求。

第一节　合议制度

一、合议制度概述

在我国民事诉讼中，合议庭是法院审理民事案件的基本组织形式，与之相对应的则是合议制度。合议制度，是指三名以上的单数审判人员组成审判集体，代表法院行使审判权，对案件进行审理并作出裁判的制度。合议制中的审判人员包括审判员与人民陪审员。

合议制度是民主集中制原则在审判活动中的具体运用，体现了相互制约的原则和集体负责的理念。实行合议制度，能够充分发挥集体的智慧和力量，弥补个人专业水平的缺陷，有助于防止承办法官擅断，提高审判质量。

《民诉法》第39条至第42条集中规定了合议庭的组成、审判长的确定及评议案件原则。此外，最高人民法院还于2002年、2007年和2010年先后发布了《最高人民法院关于人民法院合议庭工作的若干规定》《最高人民法院关于完善院长、副院长、庭长、副庭长参加合议庭审理案件制度的若干意见》以及《最高人民法院关于进一步加强合议庭职责的若干规定》，对合议制度的具体事项予以规定。

二、合议庭组织形式

依据《民诉法》的相关规定，合议庭的组织形式随审理程序而不同。实务中，就合议庭的组成人数而言，合议庭通常为三人制合议庭，特殊情况下也有五人制与七人制合议庭。

（一）第一审程序

1. 第一审程序合议庭的组成

《民诉法》第 39 条第 1 款规定："人民法院审理第一审民事案件，由审判员①、陪审员共同组成合议庭或者由审判员组成合议庭。合议庭的成员人数，必须是单数。"依据该规定，三人制合议庭的组成形式有三种：三名法官组成合议庭，其中一名法官担任审判长；两名法官与一名人民陪审员组成合议庭，其中一名法官担任审判长；一名法官（只能由该法官担任审判长）与两名人民陪审员组成合议庭。之所以规定合议庭的成员人数必须是单数，是因为与双数相比，单数更容易形成多数意见。

2. 陪审制度

依据《民诉法》第 39 条第 1 款的规定，只有在第一审程序中陪审员可参加合议庭审理案件。所谓陪审制度，就是由人民陪审员参加第一审程序合议庭，与法官一起审判案件的制度。我国的陪审制度是民主集中制原则在民事诉讼中的体现。由不一定具有法律专业知识的人民陪审员参与案件审理，可以监督法官依法办案，弥补法官在某些专业领域的知识不足，增强当事人及社会大众对法院判决的认同感。

《人民陪审员法》已于 2018 年 4 月 27 日颁布并施行。该法第 5 条规定，担任人民陪审员的条件为：(1) 拥护中华人民共和国宪法；(2) 年满 28 周岁；(3) 遵纪守法、品行良好、公道正派；(4) 具有正常履行职责的身体条件。担任人民陪审员，一般应当具有高中以上文化程度。第 6 条规定，下列人员不能担任人民陪审员：(1) 人民代表大会常务委员会的组成人员，监察委员会、人民法院、人民检察院、公安机关、国家安全机关、司法行政机关的工作人员；(2) 律师、公证员、仲裁员、基层法律服务工作者；(3) 其他因职务原因不适宜担任人民陪审员的人员。第 7 条规定，有下列情形之一的，不得担任人民陪审员：(1) 受过刑事处罚的；(2) 被开除公职的；(3) 被吊销律师、公证员执业证书的；(4) 被纳入失信被执行人名单的；(5) 因受惩戒被免除人民陪审员职务的；(6) 其他有严重违法违纪行为，可能影响司法公信的。

根据该法的规定，人民陪审员的名额，由基层人民法院根据审判案件的需要，提请同级人民代表大会常务委员会确定。人民陪审员的名额数不低于本院法官数的三倍。基层人民法院审判案件需要由人民陪审员参加合议庭审判的，应当在人民陪审员名单中随机抽取确定。中级人民法院、高级人民法院作为第一审法院审判案件需要由人民陪审员参加合议庭审判的，在其辖区内的基层人

---

① 根据《法官法》的规定，目前我国已取消代理审判员这一职称，《民诉法》语境下的审判员即法官，法官全部是审判员。

民法院的人民陪审员名单中随机抽取确定。

人民陪审员的产生有两种方式。第一种方式为随机抽取。具体程序是：(1)司法行政机关会同基层人民法院、公安机关，从辖区内的常住居民名单中随机抽选拟任命人民陪审员数五倍以上的人员作为人民陪审员候选人，对人民陪审员候选人进行资格审查，征求候选人意见。(2)司法行政机关会同基层人民法院，从通过资格审查的人民陪审员候选人名单中随机抽选确定人民陪审员人选。(3)由基层人民法院院长提请同级人民代表大会常务委员会任命。第二种方式为个人申请与组织推荐。具体程序是：(1)因审判活动需要，可以通过个人申请和所在单位、户籍所在地或者经常居住地的基层群众性自治组织、人民团体推荐的方式产生人民陪审员候选人。(2)经司法行政机关会同基层人民法院、公安机关进行资格审查，确定人民陪审员人选。(3)由基层人民法院院长提请同级人民代表大会常务委员会任命。个人申请与组织推荐比例不得超过人民陪审员名额数的1/5。人民陪审员经人民代表大会常务委员会任命后，应当公开进行就职宣誓。宣誓仪式由基层人民法院会同司法行政机关组织。人民陪审员的任期为5年，一般不得连任。

该法第14条规定，人民陪审员与法官组成合议庭审判案件，可以组成三人合议庭，也可以由法官三人与人民陪审员四人组成七人制合议庭。[①] 换言之，有人民陪审员参加合议庭时，合议庭的组成形式有两种：三人制合议庭；七人制合议庭，七人制合议庭只能由法官三人及人民陪审员四人组成。该法排除了有人民陪审员参加的五人制合议庭，也就是说，五人制合议庭只能全部由法官组成。

《民诉法》第39条第3款规定："陪审员在执行陪审职务时，与审判员有同等的权利义务。"换言之，陪审员执行陪审职务时，与审判员有同等的权力、义务，一起认定事实，适用法律。需注意，《人民陪审员法》对此已作出不同规定，实务中应执行《人民陪审员法》。该法第21条、第22条规定，人民陪审员参加三人合议庭审判案件，对事实认定、法律适用，独立发表意见，行使表决权。人民陪审员参加七人合议庭审判案件，对事实认定，独立发表意见，并与法官共同表决；对法律适用，可以发表意见，但不参加表决。根据上述规定，三人制合议庭中，人民陪审员对事实认定及法律适用独立发表意见，并行使表决权；七人制合议庭中，人民陪审员对事实认定发表意见并表决，对法律适用可以发表意见，但不参加表决。

我国的陪审制与英美法系陪审制完全不同。英美法系一般随机选取12名公民组成陪审团。陪审员与法官有明确的分工，陪审员只认定事实，不适用法

[①] 《人民陪审员法》第16条规定："人民法院审判下列第一审案件，由人民陪审员和法官组成七人合议庭进行：(一)可能判处十年以上有期徒刑、无期徒刑、死刑，社会影响重大的刑事案件；(二)根据民事诉讼法、行政诉讼法提起的公益诉讼案件；(三)涉及征地拆迁、生态环境保护、食品药品安全，社会影响重大的案件；(四)其他社会影响重大的案件。"

律,法官根据陪审团认定的事实适用法律。另外,法官的工作像筛子,将过滤后的符合规则的证据交由陪审团认定。英美法系国家除美国外,民事案件一般不采用陪审制。由于陪审制成本巨大,近年来,美国也只有少部分民事案件采用陪审制。①

绝大多数国家将陪审制度限制在刑事重罪案件中,对于非重罪案件,法院不倾向于采用陪审制,而是由法官独任裁决即可。对于陪审制是适用于一审案件还是上诉案件,存在认识和做法上的分歧。大多数国家倾向于在一审案件适用陪审制,少数国家如德国、法国,一审、二审案件都可以适用陪审制。在陪审制或参审制的适用比例上,除了我国内地因法官人少案多,陪审员参与审判案件较多外,很多英美法系适用陪审团制度的国家正不断限制或减少陪审的适用,以保障有限的司法资源用在需要的地方。减少或限制陪审的适用主要是通过辩诉交易及民事案件庭前和解来减少开庭的可能。如美国陪审案件呈现减少趋势,美国有500万陪审员,实际只有100万参与陪审工作。近年来,俄罗斯每年陪审案件也只有600件至700件左右,占总案件数的0.05%。另外,对于陪审制是否适用于民事案件,两大法系国家存在认识和行动上的分歧,但大多数国家如德国、法国、日本、韩国在适用陪审制时,将民事诉讼排除在外,美国和中国是在民事诉讼中广泛适用陪审制的国家,英国只在有限的民事案件中适用陪审制。这显示出民事案件陪审制度的衰落和日益淡化,原因在于民事案件的复杂化,同时也符合民事案件的审判规律,毕竟民事诉讼具有较强的可预见性和先例指导性,非专家陪审员难以发挥应有的作用。

进入21世纪以来,英国、美国、日本等国对其陪审制度进行了不同程度的调整,整体趋势是减少陪审制的适用。

(二) 第二审程序

《民诉法》第40条第1款规定:"人民法院审理第二审民事案件,由审判员组成合议庭。合议庭的成员人数,必须是单数。"第二审程序除了对上诉请求进行审理外,还有对下级法院的审判活动实施监督和指导的任务和作用,由受过专业训练的法官审理更加适合,因此,第二审程序合议庭全部由法官组成。②

《民诉法》第40条第2款规定:"发回重审的案件,原审人民法院应当按照第一审程序另行组成合议庭。"根据本条规定,发回重审的合议庭可以由法官、人民陪审员共同组成,或者全部由法官组成。人民陪审员参加时,合议庭组成形式仍然是三人制或七人制。

---

① 英美法系国家和地区审理民事案件普遍采用独任制。
② 需注意,对于合议庭是否有人民陪审员参加,《民诉法》是以审判程序来规定,而不是以法院级别来规定。

（三）再审程序

《民诉法》第 40 条第 3 款规定："审理再审案件，原来是第一审的，按照第一审程序另行组成合议庭；原来是第二审的或者是上级人民法院提审的，按照第二审程序另行组成合议庭。"可见，再审程序的合议庭组成方式要按照审理程序而定，具体包括两种情形：适用第一审程序审理的，合议庭可以由法官、人民陪审员共同组成，或者全部由法官组成；适用第二审程序审理的，只能全部由法官组成。

三、合议庭中的审判长

《民诉法》第 41 条规定："合议庭的审判长由院长或者庭长指定审判员一人担任；院长或者庭长参加审判的，由院长或者庭长担任。"根据本条规定，审判长本应在审理案件时临时指定，但在实务中，有些法院将审判长作为相对固定职务，由本院精通审判业务、审判经验相对丰富的审判员担任审判长。

根据《最高人民法院关于人民法院合议庭工作的若干规定》，审判长履行下列职责：(1) 指导和安排审判辅助人员做好庭前调解、庭前准备及其他审判业务辅助性工作；(2) 确定案件审理方案、庭审提纲、协调合议庭成员的庭审分工以及做好其他必要的庭审准备工作；(3) 主持庭审活动；(4) 主持合议庭对案件进行评议；(5) 依照有关规定，提请院长决定将案件提交审判委员会讨论决定；(6) 制作裁判文书，审核合议庭其他成员制作的裁判文书；(7) 依照规定权限签发法律文书；(8) 根据院长或者庭长的建议主持合议庭对案件复议；(9) 对合议庭遵守案件审理期限制度的情况负责；(10) 办理有关审判的其他事项。

《最高人民法院关于完善院长、副院长、庭长、副庭长参加合议庭审理案件制度的若干意见》第 5 条规定："院长、副院长、庭长、副庭长参加合议庭审理案件，依法担任审判长，与其他合议庭成员享有平等的表决权。院长、副院长参加合议庭评议时，多数人的意见与院长、副院长的意见不一致的，院长、副院长可以决定将案件提交审判委员会讨论。合议庭成员中的非审判委员会委员应当列席审判委员会。"根据该规定及其他规定，包括院、庭领导在内的审判长在评议案件时与其他审判人员一样，只有一票表决权。合议庭如形成多数意见，一般情况下就按照多数意见作出判决。如合议庭评议案件未形成多数意见，或审判长对合议庭形成的多数意见持有异议，审判长可将案件交由院长提交审判委员会讨论决定。

四、合议庭评议案件规则

《民诉法》第 42 条规定，合议庭评议案件，实行少数服从多数的原则。评议应当制作笔录，由合议庭成员签名。评议中的不同意见，必须如实记入笔录。《最高人民法院关于人民法院合议庭工作的若干规定》则进一步明确，合议庭评议案件时，先由承办法官对认定案件事实、证据是否确实、充分以及适用法律等发表意见,审判长最后发表意见;审判长作为承办法官的,由审判长最后发表意见。对案件的裁判结果进行评议时,由审判长最后发表意见。审判长应当根据评议情况总结合议庭评议的结论性意见。合议庭成员进行评议的时候,应当认真负责,充分陈述意见,独立行使表决权,不得拒绝陈述意见或者仅作同意与否的简单表态。同意他人意见的,也应当提出事实根据和法律依据,进行分析论证。合议庭成员对评议结果的表决,以口头表决的形式进行。合议庭进行评议的时候,如果意见分歧,应当按多数人的意见作出决定,但是少数人的意见应当写入笔录。评议笔录由书记员制作,由合议庭的组成人员签名。

三人制合议庭评议案件的结果可能有三种情形:一致意见;多数意见;三种意见。五人制或七人制合议庭可能出现类似的评议结果。合议庭评议案件时实行少数服从多数原则。如有人民陪审员参加的合议庭,合议庭评议案件时,审判长应当履行与案件审判相关的指引、提示义务,但不得妨碍人民陪审员对案件的独立判断。审判长应当对本案中涉及的事实认定、证据规则、法律规定等事项及应当注意的问题,向人民陪审员进行必要的解释和说明(《人民陪审员法》第 20 条)。

根据《最高人民法院关于人民法院合议庭工作的若干规定》第 12 条的规定,合议庭应当依照规定的权限,及时对评议意见一致或者形成多数意见的案件直接作出判决或者裁定。但是对于下列案件,合议庭应当提请院长决定提交审判委员会讨论决定:……(2)疑难、复杂、重大或者新类型的案件,合议庭认为有必要提交审判委员会讨论决定的;(3)合议庭在适用法律方面有重大意见分歧的;(4)合议庭认为需要提请审判委员会讨论决定的其他案件,或者本院审判委员会确定的应当由审判委员会讨论决定的案件。[①]

五、审判委员会

我国四级法院均设有审判委员会,简称"审委会"。审判委员会通常由具有审判资格的院长、副院长、审判委员会专职委员、主要业务庭庭长组成,审判委员会委员由同级人大常委会任命。

审判委员会委员在院长主持下定期或不定期召开会议,听取案件承办法官的汇报,以"少数服从多数原则"讨论决定案件的审判结果。审委会召开之前承办法官需起草并提交书面审理报告。合议庭对审判委员会的决定有异议的,可以提请院长决定提交审判委员会复议一次。裁判文书一般由审判长或者承办法官制作。但是审判长或者承办法官的评议意见与合议庭评议结论或者审判委员会的决定有明显分歧的,也可以由其他合议庭成员制作裁判文书(《最高人民法

[①] 省略的第一项为刑事案件"拟判处死刑的"。

院关于人民法院合议庭工作的若干规定》第13条、第15条第1款)。

审判委员会不直接参与案件审理,也不对合议庭实行行政上的领导。审判委员会在审判业务上对合议庭进行指导和监督,具体表现在以下四个方面:(1)院长认为合议庭处理意见不当的,可以将案件提交审判委员会讨论。(2)合议结果未形成多数意见的,应当提交审判委员会讨论。(3)审判委员会的决定,合议庭必须执行,该决定对外仍以合议庭名义。判决时落款为合议庭成员,可以在判决书"法律依据部分"注明"经本院审判委员会讨论决定"。(4)院长发现本院生效判决裁定确有错误的,可以提请审判委员会讨论,决定是否提起再审。

[表 4-1] 一审、二审、再审程序中的合议庭组成

程序	组织形式规定	是否有陪审员	人数	陪审员权利
一审	全部由审判员组成	可以	三人以上单数	三人制合议庭中,陪审员对事实认定及法律适用独立发表意见,行使表决权。七人制合议庭中,陪审员对事实认定发表意见并表决,对法律适用可以发表意见,但不参加表决。
	审判员与陪审员	可以		
二审	全部由审判员组成	不可以		
再审	原来是一审的,按一审程序组成	可以		
	原来是二审或提审的,按二审程序组成	不可以		

第二节 回 避 制 度

一、回避制度概述

回避制度,是指在民事诉讼中,审判人员及可能影响案件公正审理的其他人员,在遇有法律规定的情形时,退出该案诉讼程序的制度。回避制度是现代各国在各类审判活动中普遍适用的基本制度。实行回避制度,是为了防止和排除审判不公,增强法院判决的公信力。

《民诉法》第10条规定了法院审理民事案件,依照法律规定实行回避制度,第4章第44条至第47条中具体规定了回避制度。《民诉法解释》第43至第49条则进一步对回避具体程序予以明确。

二、回避的主体、情形、方式及程序

(一)回避的主体

回避的主体,包括审判人员(含人民陪审员)、书记员、翻译人员、鉴定人、勘

验人。除上述回避主体之外,其他人员如值庭法警、证人等不适用回避。此处的审判人员,包括参与本案审理的法院院长、副院长、审判委员会委员、庭长、副庭长、审判员、助理审判员和人民陪审员(《民诉法解释》第 48 条)。

(二)回避的情形

《民诉法》第 44 条规定:"审判人员有下列情形之一的,应当自行回避,当事人有权用口头或者书面方式申请他们回避:(一)是本案当事人或者当事人、诉讼代理人近亲属的;(二)与本案有利害关系的;(三)与本案当事人、诉讼代理人有其他关系,可能影响对案件公正审理的。审判人员接受当事人、诉讼代理人请客送礼,或者违反规定会见当事人、诉讼代理人的,当事人有权要求他们回避。"《民诉法》没有明确第 44 条"近亲属"的具体范围。《民诉法解释》第 85 条规定,与当事人有夫妻、直系血亲、三代以内旁系血亲、近姻亲关系以及其他有抚养、赡养关系的亲属,可以当事人近亲属的名义作为诉讼代理人。但第 85 条仅是针对作为诉讼代理人的近亲属的解释,不宜任意扩大至回避制度。因此,对于《民诉法》第 44 条近亲属范围的界定,应按照《民法典》第 1045 条第 2 款的规定,包括配偶、父母、子女、兄弟姐妹、祖父母、外祖父母、孙子女、外孙子女。① 本条文的"利害关系"主要指与本案诉讼标的有某种关联,比如,法官租赁的房屋为争议标的物。而同学、恋人关系等应为规定中的第三种情形,即有近亲属外的其他关系,可能影响对案件公正审理的。

```
┌─────────────────────────────────────────────┐
│  法官不能做自己的裁判,也不能做近亲属或近亲属   │
│         担任诉讼代理人案件的裁判              │
└─────────────────────────────────────────────┘
    ┌─────────────────────────────────────┐
    │    与本案有利害关系,必然影响公正审理   │
    └─────────────────────────────────────┘
      ┌─────────────────────────────────┐
      │ 与本案当事人、诉讼代理人有其他关系, │
      │    或许影响案件公正审理(可能性)    │
      └─────────────────────────────────┘
        ┌───────────────────────────┐
        │    接受请客送礼或违规会见    │
        │         (违规行为)         │
        └───────────────────────────┘
```

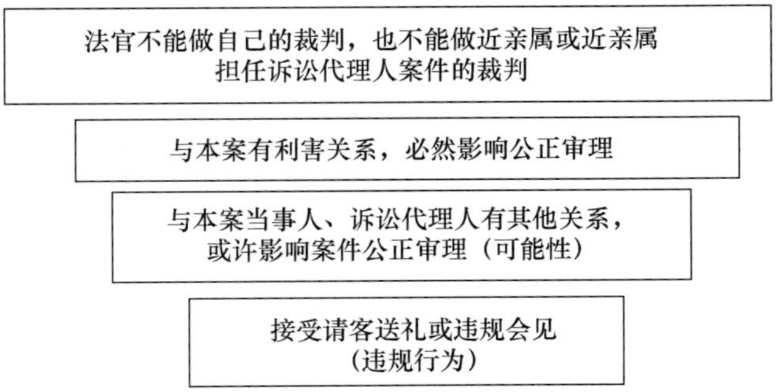

[图 4-1] 回避条件轻重图示批注(框架的大小代表回避重要件的轻重)

《民诉法解释》第 43 条对回避情形作了进一步细化:"审判人员有下列情形之一的,应当自行回避,当事人有权申请其回避:(一)是本案当事人或者当事人近亲属的;(二)本人或者其近亲属与本案有利害关系的;(三)担任过本案的证人、鉴定人、辩护人、诉讼代理人、翻译人员的;(四)是本案诉讼代理人近亲属

---

① 《民通意见》第 12 条也曾规定:"民法通则中规定的近亲属,包括配偶、父母、子女、兄弟姐妹、祖父母、外祖父母、孙子女、外孙子女。"

的;(五)本人或者其近亲属持有本案非上市公司当事人的股份或者股权的;(六)与本案当事人或者诉讼代理人有其他利害关系,可能影响公正审理的。"第44条规定:"审判人员有下列情形之一的,当事人有权申请其回避:(一)接受本案当事人及其受托人宴请,或者参加由其支付费用的活动的;(二)索取、接受本案当事人及其受托人财物或者其他利益的;(三)违反规定会见本案当事人、诉讼代理人的;(四)为本案当事人推荐、介绍诉讼代理人,或者为律师、其他人员介绍代理本案的;(五)向本案当事人及其受托人借用款物的;(六)有其他不正当行为,可能影响公正审理的。"第45条规定,在一个审判程序中参与过本案审判工作的审判人员,不得再参与该案其他程序的审判。发回重审的案件,在一审法院作出裁判后又进入第二审程序的,原第二审程序中合议庭组成人员不受前款规定的限制。需注意,对于简易程序转换为普通程序的,独任审判员仍然可以参加合议庭,担任审判长或合议庭成员,无需回避,《民诉法解释》第45条的规定不适用于简易程序与普通程序的转换。

(三)回避的方式

根据《民诉法解释》第46条的规定,回避方式分为三种:(1)申请回避,即当事人或诉讼代理人根据法定回避条件,以口头或书面形式,申请回避主体回避;(2)自行回避,即回避主体遇有法定情形时,自行退出本案诉讼程序;(3)依职权决定回避,即审判人员有应当回避的情形,没有自行回避,当事人也没有申请其回避的,由院长或者审判委员会决定其回避。

法官的任职回避虽然不属于《民诉法》规定的回避情形,但它与回避制度关系密切,因此在此一并介绍。所谓任职回避,是指符合法定情形的法院工作人员退出法官员额,在法院非业务部门中从事司法行政等工作。根据《法官法》[①]第24条的规定,法官的配偶、父母、子女有下列情形之一的,法官应当实行任职回避:(1)担任该法官所任职法院辖区内律师事务所的合伙人或者设立人的;(2)在该法官所任职法院辖区内以律师身份担任诉讼代理人、辩护人,或者为诉讼案件当事人提供其他有偿法律服务的。换言之,夫妻、父母和子女之间不能在同一辖区内分别以法官或律师事务所合伙人或者设立人、诉讼代理律师、辩护律师,或为诉讼案件当事人有偿提供法律服务的身份工作。

(四)回避的程序

自行回避,回避主体应当在知道回避情形时提出。申请回避的,当事人或诉

---

① 《法官法》已由第十三届全国人民代表大会常务委员会第十次会议于2019年4月23日修订通过,自2019年10月1日起施行。最高人民法院此前关于法官任职回避的规定(父母、配偶、子女从事律师行业的法官回避审判岗位,或律师停止执业)与《法官法》的规定冲突,已不再适用。

讼代理人应当在案件审理开始时以书面或口头形式提出回避申请,同时应说明理由。法庭审理开始后才知晓回避情形的,当事人或诉讼代理人应当在法庭辩论终结前提出,同时应说明理由。

三、回避决定及法律后果

《民诉法》第 46 条规定:"院长担任审判长时的回避,由审判委员会决定;审判人员的回避,由院长决定;其他人员的回避,由审判长决定。"需特别注意,对于书记员、执行员的回避事项,《民诉法解释》第 49 条规定:"书记员和执行员适用审判人员回避的有关规定。"既然适用审判人员的有关规定,书记员、执行员的回避应当由院长决定。另外,人民陪审员作为审判人员,是否回避应由院长决定,而不能由审判长决定。

《民诉法》第 47 条规定:"人民法院对当事人提出的回避申请,应当在申请提出的三日内,以口头或者书面形式作出决定。申请人对决定不服的,可以在接到决定时申请复议一次。复议期间,被申请回避的人员,不停止参与本案的工作。人民法院对复议申请,应当在三日内作出复议决定,并通知复议申请人。"实践中,对于当事人或诉讼代理人当庭提出对翻译人员、鉴定人、勘验人的回避申请,审判长可当庭作出决定并将决定记入笔录。如果是应由院长决定回避的,独任法官或审判长应宣布休庭。休庭后请示院长。院长可以立即作出决定的,为了不耽误庭审,可先作出口头决定。审判长宣布继续开庭后,宣读院长的回避决定并记入笔录。对于庭审前提出的回避请求,由于有充足的时间制作书面决定书,法院应当作出书面决定书送达当事人。对于休庭后院长或审判长不能立即作出决定的回避申请,法院同样应当制作书面决定书送达当事人。对于复议决定,法院亦应当制作书面决定书送达当事人。

法院适用简易程序独任审判的,如当事人提出对翻译人员、鉴定人、勘验人的回避申请,按照《民诉法》的规定应由审判长决定,但适用简易程序独任审判没有审判长[①],独任审判员有无回避决定权,《民诉法》及司法解释没有明确规定。

申请人提出回避申请后,回避主体应暂时退出案件审理或停止参加案件的有关工作,但案件需要采取紧急措施的除外。紧急措施包括财产保全、行为保全、证据保全等。当事人对驳回回避的决定申请复议的,复议期间,回避主体不停止参与案件审理。[②]

---

① 按照《民诉法》的规定,审判长并非固定职务,应为临时职务。
② 由于符合法定回避情形的,在法院作出回避决定时通常已回避,所以,复议申请一般会被驳回。为了不影响诉讼效率,复议期间,回避主体不停止参与案件审理。

[表 4-2] 回避条文规定要点

回避方式	回避提出时间	决定程序	决定回避人员	回避后果
自行回避	知道回避情形时提出	申请3日内,以书面或口头方式	院长的回避由审委会决定	暂时退出审理或停止有关工作,但案件需采取紧急措施的除外
申请回避	在案件审理开始时或法庭辩论终结前提出,同时应说明理由		审判人员(含人民陪审员)的回避,由院长决定	
		复议申请,应当在3日内作出	翻译人、鉴定人、勘验人的回避由审判长决定	复议期间,回避主体不停止参与案件审理

第三节 公开审判制度

一、公开审判概述

公开审判制度,是指法院在审理案件时,应当将其审判活动向当事人和社会公开的制度。所谓向当事人公开,是指当事人对已进行诉讼行为的知情权、阅读并复制笔录的权利等。所谓向社会公开,是指允许群众自由进入法庭旁听,允许媒体对案件采访报道等。

公开审判是现代各国在各类审判中普遍适用的制度。公开审判的意义主要有:(1)广泛监督。通过社会公众的广泛监督,保障审判程序的公正,保证当事人充分行使诉讼权利,从而最终保障实体判决公正。(2)法制教育。通过公开审判,发挥警示功能,教育公众自觉遵守法律。

《民诉法》第10条规定了法院审理民事案件,依照法律规定实行公开审判制度,第12章"第一审普通程序"中对公开审判的相关事项作了安排。最高人民法院于1999年发布《最高人民法院关于严格执行公开审判制度的若干规定》,于2007年发布《最高人民法院关于加强人民法院审判公开工作的若干意见》,对法院公开审判工作进一步予以细化。

二、公开审判制度的内容

(一)公开审判的案件范围

《民诉法》第134条规定:"人民法院审理民事案件,除涉及国家秘密、个人隐私或者法律另有规定的以外,应当公开进行。离婚案件,涉及商业秘密的案件,当事人申请不公开审理的,可以不公开审理。"我国民事诉讼实行公开审判制度,除了《民诉法》列举的不公开审理的案件类型外,其他案件均应当公开审理。

下列案件应当不公开审理:(1)涉及国家秘密(包括党、政府、军队秘密)的案件。这些案件不公开审理,是为了防止公开审理给国家、党、政府、军队利益造成损失。(2)涉及个人隐私的案件。个人隐私,不是所有的生活信息,主要指可能对个人感情带来严重伤害的信息,实践中常见的是涉及个人生理缺陷、夫妻性生活等信息。对不同人物的个人隐私认定标准不同,社会公众人物的认定标准较普通民众应该更高一些。涉及个人隐私的案件不公开审理,是为了防止个人隐私对外泄露,给个人声誉造成负面影响。对于上述案件类型,无需当事人申请,法院应当直接决定不公开审理。

离婚案件和涉及商业秘密的案件,当事人申请不公开审理的,可以不公开审理。有些离婚案件会涉及夫妻生活等个人隐私,有不公开审理的必要,因此,如当事人一方或双方提出申请,经法院审查,理由成立的,可以不公开审理。商业秘密包括生产工艺、配方、销售渠道等商业信息,这些信息的泄露同样会给相关企业造成损失,因此,有必要在尊重当事人意愿的基础上,决定是否公开审理。

根据《最高人民法院关于严格执行公开审判制度的若干规定》第 2 条、第 3 条的规定,人民法院对于第一审案件,除下列案件外,应当依法一律公开审理:(1)涉及国家秘密的案件;(2)涉及个人隐私的案件;(3)经当事人申请,人民法院决定不公开审理的涉及商业秘密的案件;(4)经当事人申请,人民法院决定不公开审理的离婚案件;(5)法律另有规定的其他不公开审理的案件。对于不公开审理的案件,应当当庭宣布不公开审理的理由。对于第二审案件,下列案件应当公开审理:(1)当事人对不服公开审理的第一审案件的判决、裁定提起上诉的,但因违反法定程序发回重审的和事实清楚依法径行判决、裁定的除外。(2)检察院对公开审理的案件的判决、裁定提起抗诉的,但需发回重审的除外。

(二)公开审理的具体内容

1. 开庭三日前通知当事人、诉讼参与人,并将当事人姓名、案由、庭审时间、地点予以公告(《民诉法》第 136 条)

2. 庭审过程必须向当事人公开

当事人对已进行的诉讼行为有知情权,庭审结束后当事人有阅读并复制笔录的权利。最高人民法院为保障代理民事诉讼的律师和其他诉讼代理人依法行使查阅所代理案件有关材料的权利,保证诉讼活动的顺利进行,于 2002 年发布了《最高人民法院关于诉讼代理人查阅民事案件材料的规定》,并于 2020 年修正(法释〔2002〕20 号)①,依据该规定,当事人以及代理民事诉讼的律师和其他诉讼

---

① 虽然司法解释标题为《最高人民法院关于诉讼代理人查阅民事案件材料的规定》,但解释第 10 条规定:"民事案件的当事人查阅案件有关材料的,参照本规定执行。"因此,解释规定的查阅人包括当事人及其诉讼代理人。

代理人有权查阅所代理案件的有关材料,诉讼代理人查阅案件材料不得影响案件的审理。当事人及诉讼代理人为了申请再审的需要,可以查阅已经审理终结的所代理案件有关材料。案件审理终结后,可以查阅案件审判卷的正卷。查阅案件材料的范围限于案件审判卷和执行卷的正卷,包括起诉书、答辩书、庭审笔录及各种证据材料等。

最高人民法院为保障诉讼参与人诉讼权利,规范庭审活动,提高庭审效率,深化司法公开,促进司法公正,还于 2017 年发布《最高人民法院关于人民法院庭审录音录像的若干规定》(法释〔2017〕5 号),该规定主要内容为:

(1) 庭审录像的范围。人民法院开庭审判案件,应当对庭审活动进行全程录音录像。有条件的人民法院可以在法庭安装使用智能语音识别同步转换文字系统。庭审录音录像应当自宣布开庭时开始,至闭庭时结束。除下列情形外,庭审录音录像不得人为中断:① 休庭;② 公开庭审中的不公开举证、质证活动;③ 不宜录制的调解活动。负责录音录像的人员应当对录音录像的起止时间、有无中断等情况进行记录并附卷。人民法院应当采取叠加同步录制时间或者其他措施保证庭审录音录像的真实和完整。因设备故障或技术原因导致录音录像不真实、不完整的,负责录音录像的人员应当作出书面说明,经审判长或独任审判员审核签字后附卷。

(2) 庭审录像的保存。人民法院应当使用专门设备在线或离线存储、备份庭审录音录像。因设备故障等原因导致不符合技术标准的录音录像,应当一并存储。庭审录音录像的归档,按照人民法院电子诉讼档案管理规定执行。

(3) 庭审录像的文字转换。通过使用智能语音识别系统同步转换生成的庭审文字记录,经审判人员、书记员、诉讼参与人核对签字后,作为法庭笔录管理和使用。诉讼参与人对法庭笔录有异议并申请补正的,书记员可以播放庭审录音录像进行核对、补正;不予补正的,应当将申请记录在案。适用简易程序审理民事案件的庭审录音录像,经当事人同意的,可以替代法庭笔录。人民法院应当将替代法庭笔录的庭审录音录像同步保存在服务器或者刻录成光盘,并由当事人和其他诉讼参与人对其完整性校验值签字或者采取其他方法进行确认。

(4) 庭审录像的查阅与誊录。人民法院应当通过审判流程信息公开平台、诉讼服务平台以及其他便民诉讼服务平台,为当事人、辩护律师、诉讼代理人等依法查阅庭审录音录像提供便利。对提供查阅的录音录像,人民法院应当设置必要的安全防范措施。当事人、辩护律师、诉讼代理人等可以依照规定复制录音或者誊录庭审录音录像,必要时人民法院应当配备相应设施。

(5) 庭审录像的使用。诉讼参与人、旁听人员违反法庭纪律或者有关法律规定,危害法庭安全、扰乱法庭秩序的,人民法院可以通过庭审录音录像进行调查核实,并将其作为追究法律责任的证据。检察院、诉讼参与人认为庭审活动不规范或者违反法律规定的,人民法院应当结合庭审录音录像进行调查核实。

(6)庭审禁止私自录音录像。未经人民法院许可,任何人不得对庭审活动进行录音录像,不得对庭审录音录像进行拍录、复制、删除和迁移。涉及国家秘密、商业秘密、个人隐私等庭审活动的录制,以及对庭审录音录像的存储、查阅、复制、誊录等,应当符合保密管理等相关规定。

3. 公开审理的,审理过程应向社会公开,允许群众旁听和新闻媒体采访,经法院许可,允许电视直播及转播

根据《最高人民法院关于严格执行公开审判制度的若干规定》第10条、第11条的规定,依法公开审理案件,公民可以旁听,但精神病人、醉酒的人和未经法院批准的未成年人除外。根据法庭场所和参加旁听人数等情况,旁听人需要持旁听证进入法庭的,旁听证由人民法院制发。外国人和无国籍人持有效证件要求旁听的,参照中国公民旁听的规定办理。旁听人员必须遵守《人民法院法庭规则》的规定,并应当接受安全检查。经人民法院许可,新闻记者可以记录、录音、录像、摄影、转播庭审实况。外国记者的旁听按照我国有关外事管理规定办理。

4. 法院宣判都应当公开

《民诉法》第148条第1款规定,人民法院对公开审理或者不公开审理的案件,一律公开宣告判决。《最高人民法院关于严格执行公开审判制度的若干规定》第6条第1款规定,人民法院审理的所有案件应当一律公开宣告判决。

5. 裁判文书应当公开

2012年《民诉法》增加公众可以查阅发生法律效力的判决书、裁定书的规定。《民诉法》第156条规定:"公众可以查阅发生法律效力的判决书、裁定书,但涉及国家秘密、商业秘密和个人隐私的内容除外。"对于查阅判决书的具体程序,《民诉法解释》第254条规定,公民、法人或者其他组织申请查阅发生法律效力的判决书、裁定书的,应当向作出该生效裁判的法院提出。申请应当以书面形式提出,并提供具体的案号或者当事人姓名、名称。第255条规定,对于查阅判决书、裁定书的申请,法院根据下列情形分别处理:(1)判决书、裁定书已经通过信息网络向社会公开的,应当引导申请人自行查阅;(2)判决书、裁定书未通过信息网络向社会公开,且申请符合要求的,应当及时提供便捷的查阅服务;(3)判决书、裁定书尚未发生法律效力,或者已失去法律效力的,不提供查阅并告知申请人;(4)发生法律效力的判决书、裁定书不是本院作出的,应当告知申请人向作出生效裁判的法院申请查阅;(5)申请查阅的内容涉及国家秘密、商业秘密、个人隐私的,不予准许并告知申请人。

2016年修订的《最高人民法院关于人民法院在互联网公布裁判文书的规定》(以下简称《公布裁判文书规定》)第2条规定,中国裁判文书网是全国法院公

布裁判文书的统一平台,各级人民法院在本院政务网站及司法公开平台设置中国裁判文书网的链接。该规定施行后,中国裁判文书网成为裁判文书公开的主要平台,方便社会公众随时随地查阅全国法院裁判文书。

(1) 裁判文书公开范围。人民法院作出的民事判决书、裁定书、支付令、民事公益诉讼调解书,以及对妨害诉讼行为、执行行为作出的拘留、罚款决定书,提前解除拘留决定书,因对不服拘留、罚款等制裁决定申请复议而作出的复议决定书,另外其他有中止、终结诉讼程序作用或者对当事人实体权益有影响、对当事人程序权益有重大影响的裁判文书,都应当在互联网公布(《公布裁判文书规定》第3条)。

(2) 不予公开的情形及审批。人民法院作出的裁判文书有下列情形之一的,不在互联网公布:① 涉及国家秘密的;② 未成年人犯罪的;③ 以调解方式结案或者确认人民调解协议效力的,但为保护国家利益、社会公共利益、他人合法权益确有必要公开的除外;④ 离婚诉讼或者涉及未成年子女抚养、监护的;⑤ 人民法院认为不宜在互联网公布的其他情形(《公布裁判文书规定》第4条)。办案法官认为裁判文书具有本规定第4条第5项不宜在互联网公布情形的,应当提出书面意见及理由,由部门负责人审查后报主管副院长审定(《公布裁判文书规定》第12条)。

(3) 公开时限。发生法律效力的裁判文书,应当在裁判文书生效之日起7个工作日内在互联网公布。依法提起抗诉或者上诉的一审判决书、裁定书,应当在二审裁判生效后7个工作日内在互联网公布(《公布裁判文书规定》第7条)。

(4) 公开技术规范。人民法院在互联网公布裁判文书时,应当对下列人员的姓名进行隐名处理:① 婚姻家庭、继承纠纷案件中的当事人及其法定代理人;② 刑事案件被害人及其法定代理人、附带民事诉讼原告人及其法定代理人、证人、鉴定人;③ 未成年人及其法定代理人(《公布裁判文书规定》第8条)。进行隐名处理时,应当按以下情形处理:① 保留姓氏,名字以"某"替代;② 对于少数民族姓名,保留第一个字,其余内容以"某"替代;③ 对于外国人、无国籍人姓名的中文译文,保留第一个字,其余内容以"某"替代;对于外国人、无国籍人的英文姓名,保留第一个英文字母,删除其他内容。对不同姓名隐名处理后发生重复的,通过在姓名后增加阿拉伯数字进行区分(《公布裁判文书规定》第9条)。

人民法院在互联网公布裁判文书时,应当删除下列信息:① 自然人的家庭住址、通讯方式、身份证号码、银行账号、健康状况、车牌号码、动产或不动产权属证书编号等个人信息;② 法人以及其他组织的银行账号、车牌号码、动产或不动产权属证书编号等信息;③ 涉及商业秘密的信息;④ 家事、人格权益等纠纷中涉及个人隐私的信息;⑤ 涉及技术侦查措施的信息;⑥ 人民法院认为不宜公开的其他信息。按照本条规定删除信息影响对裁判文书正确理解的,用符号"×"

作部分替代(《公布裁判文书规定》第10条)。

人民法院在互联网公布裁判文书,应当保留当事人、法定代理人、委托代理人、辩护人的下列信息:① 除根据本规定第8条进行隐名处理的以外,当事人及其法定代理人是自然人的,保留姓名、出生日期、性别、住所地所属县、区;当事人及其法定代理人是法人或其他组织的,保留名称、住所地、组织机构代码,以及法定代表人或主要负责人的姓名、职务。② 委托代理人、辩护人是律师或者基层法律服务工作者的,保留姓名、执业证号和律师事务所、基层法律服务机构名称;委托代理人、辩护人是其他人员的,保留姓名、出生日期、性别、住所地所属县、区,以及与当事人的关系(《公布裁判文书规定》第11条)。

第四节 两审终审制度

一、两审终审概述

《民诉法》第10条规定人民法院审理民事案件,依照法律规定实行两审终审制度。《民诉法》第175条规定:"第二审人民法院的判决、裁定,是终审的判决、裁定。"两审终审制度是指一个民事案件经过两级法院审判就宣告终结的制度。根据这一制度,某一案件经过第一审法院审判后,如果当事人不服判决、裁定,有权上诉至第二审法院,第二审法院作出的判决、裁定,即是终审的判决、裁定。

世界上多数国家采用三审终审制或附条件的第三审,但三审终审的弊端也十分明显:诉讼周期长,当事人的诉讼成本高昂,法院的运作成本也较高。我国的国情决定我国目前只能采用两审终审制,部分确有错误的生效案件进入审判监督程序再次审理,以审判监督程序弥补两审终审制审级上的不足。

两审终审制度也有例外规定。最高人民法院作出的一审判决、裁定,为终审判决、裁定。除最高人民法院作出的一审判决、裁定之外,依特别程序、小额诉讼程序、督促程序、公示催告程序、破产程序审理的五类案件也为一审终审,当事人均不得对上述案件提起上诉。

二、第二审程序审理模式

第二审程序的审理模式有两种分类,第一种是根据第二审程序中审理的内容来划分,第二审程序的审理模式可分为事实审与法律审;第二种是根据第二审与原审的关系来划分,第二审程序的审理模式分为复审主义、事后审主义、续审主义。

(一)事实审与法律审

在实行三审终审制的国家中,第二审程序与第三审程序的审理内容和功能一般有着明确的区别,即第二审为事实审,第三审为法律审。所谓事实审,是指既审查案件的事实认定问题又审理法律适用问题。由于案件的事实认定是法律适用的前提和基础,所以对于既审查下级法院裁判的事实认定是否正确又审查其法律适用是否适当的第二审程序,在性质上应界定为事实审。法律审则是指仅审查案件的法律适用是否适当的上诉审程序,即在该上诉审程序(在大陆法系中表现为第三审程序)中,不对下级法院裁判认定的事实问题进行审理,而只是对其适用法律是否正确进行审理,并在此基础上作出裁判。虽然事实审与法律审都有保护当事人的权利和保障法律适用统一的作用,但在功能上的侧重点有所不同,即事实审更侧重于事实发现和保障当事人的实体权利,而法律审更侧重于保障国家法律的统一适用和给予当事人充分的程序保障。

就两大法系而言,在普通法国家,由初审法院认定的事实一般不再受到上诉法院的审查,初审中如果有陪审团参加审判时尤其如此,所以普通法系的诉讼法一般不允许当事人以事实认定有误为由提起上诉,其上诉审程序多为法律审。大陆法系各主要国家的诉讼制度则大多承认当事人享有因事实问题而上诉的权利,故大陆法系国家的上诉审程序一般区分为作为事实审的第二审程序与作为纯粹法律审的第三审程序。

我国《民诉法》第168条规定:"第二审人民法院应当对上诉请求的有关事实和适用法律进行审查。"据此规定,我国第二审程序审理的对象为第一审裁判中的事实认定与法律适用两个方面,所以我国民事诉讼第二审程序在性质上属于事实审。[①]

(二)复审主义、事后审主义与续审主义

根据第二审程序与第一审程序的关系,第二审程序的构造在立法例上有三种,即复审主义、事后审主义、续审主义。

1. 复审主义

复审主义是指第二审法院在审理案件时,不受第一审程序的拘束,全面地重新收集一切诉讼资料,当事人亦可以无限制地提出新事实和新证据,法院重新进行审理的模式。简言之,复审主义就是第二审法院审理上诉案件时从头再来。在复审主义下,第二审法院实际上重复了第一审所进行的审理过程。复审主义虽有助于发现真实案情,却大大有违诉讼经济原则,为现代各国民事诉讼制度所不采。

2. 事后审主义

事后审主义是指第二审法院审理案件时,仅以第一审程序中法院据以裁判

---

① 有观点认为我国民事诉讼第二审的性质为事实审与法律审。由于事实审既审查案件的事实认定问题,又审理法律适用问题,所以严格来讲,我国民事诉讼的第二审性质属于事实审。我国《民诉法》没有规定专门的法律审程序。

的诉讼资料与证据材料为限作事后的审查,并在此基础上对原裁判是否正确作出判断的审理方式。简言之,事后审主义就是第二审法院完全依据第一审中的诉讼资料进行审理。在此模式下,当事人在第二审程序中不得主张新的事实,也不得就以前主张的事实提供新的证据材料。第二审法院依据第一审裁判的诉讼资料与证据材料,如认为第一审裁判正当,并无不妥,即驳回当事人的上诉请求;若认为第一审裁判有误,即撤销原判决发回第一审法院重新审理。这一模式虽然具有符合诉讼经济之优点,但缺点是不利于发现案件真实这一目标的实现。

3. 续审主义

续审主义是指第二审法院以第一审法庭辩论终结时的全部诉讼资料为基础,并与第二审中当事人新提交的证据材料相结合,对当事人上诉请求作出裁判的审理方式。在此模式下,当事人在第一审中所实施的诉讼行为仍然有效,并且在第二审程序中可以提出新证据材料,法院在必要的范围内,通过独立的事实认定及法律适用来对案件进行审理,并审查第一审裁判结果是否正确。续审主义是复审主义与事后审主义的折中方案,从理论上讲,是贯彻诉讼经济原则与发现案件真实这两个目标的调和。德国、日本等多数国家和地区的民事诉讼采取此种模式。

需注意,在续审主义模式下,由于当事人被赋予提出在第一审中未提出的攻击防御方法的机会,即当事人享有"辩论的更新权",所以如果对此种更新权不加限制地予以认可,那么将使当事人轻视第一审的作用,进而不在第一审程序中展开充分的辩论,而将审理的重点转移于第二审中,从而可能造成诉讼迟延,并妨碍法院发现真相。所以,为了促使当事人将事实审理的重心放在第一审程序,有必要对更新权进行合理的制约。否则,续审主义作为复审主义和事后审主义的折中方案的优点就难以真正发挥。从大陆法系国家和地区民事诉讼法的规定来看,一般均对当事人在第二审程序中提出新的攻击防御方法予以一定的限制,以促进第一审的事实审功能的充分发挥,并防止续审主义演变为复审主义。

目前世界上大多数国家的第二审程序采用续审制。从审级制度看,大陆法系国家原则上实行三审终审制,第二审法院也作事实审,同样涉及认定事实问题,但对当事人在二审程序中提出的新证据是否加以限制的问题上则有不同的规定。部分大陆法系国家对于向二审法院提出新证据不加任何限制,而另一部分大陆法系国家则对向二审法院提出新证据加以限制,如德国、意大利。德国之所以对采纳新的证据加以限制,主要目的就是提高第一审程序的威信,阻止诉讼当事人把主要精力放到第二审程序上。英国判例法对向二审法院提出新证据加上了两项限制:新证据必须是表面上可信的;采纳这些新证据至少应能对案件的结果产生重大的影响。

我国的第二审程序,在性质上应界定为续审主义。《民诉法》第 139 条第 1

款规定:"当事人在法庭上可以提出新的证据。"2001年《证据规定》第41条第2项曾规定:"二审程序中的新的证据包括:一审庭审结束后新发现的证据;当事人在一审举证期限届满前申请人民法院调查取证未获准许,二审法院经审查认为应当准许并依当事人申请调取的证据。"《民诉法解释》第342条同时明确,当事人在第一审程序中实施的诉讼行为,在第二审程序中对该当事人仍具有拘束力。当事人推翻其在第一审程序中实施的诉讼行为时,人民法院应当责令其说明理由。理由不成立的,不予支持。另外,根据《民诉法》第170条第1款的规定,原判决、裁定认定事实错误或者认定基本事实不清的,第二审人民法院可以在查清事实后改判。综合上述规定可以看出,我国民事诉讼第二审程序采用的是续审主义。

思 考 题

1. 某案件庭审结束后,被告怀疑书记员未将其陈述全部记入庭审笔录,申请誊录庭审录音录像,法院是否准许?

2. 法院制作的哪些法律文书应当在互联网公布?

3. 我国的第二审程序在性质上属于复审主义、事后审主义还是续审主义模式?

4. 根据《人民陪审员法》的规定,五人制合议庭是否可以由审判员与人民陪审员组成?

5. 合议庭评议案件时,审判长可否对与案件审判相关的问题提示其他合议庭成员?

第五章 诉权与诉

权利受到侵害或纠纷发生之后,民事主体之所以可以向法院请求司法救济,是因为其依法享有诉权。而诉权的充分行使与实现,则需要通过诉的制度的合理设置和有效运作予以保障。

第一节 诉　权

一、诉权概述

法谚云,"有权利就有救济"。法谚亦云,"没有救济的权利不是权利"。宪法和法律赋予公民生命权、自由权与财产权等各项权利,当这些权利受到侵害或发生争议时,相应地也要赋予公民救济的权利,此权利就是诉权。

[案例 5-1] 某日,淼正逡巡于中大五院,忽闻急诊处有人曰:"吾师,汝亦在此。"淼循声相望,见一美女垂立侧畔,旁一帅哥端坐,手、肘、膝皆血色狼藉,脸部左侧纱布包裹。淼惊道:"何以至此?"脑中浮现英雄救美勇斗凶徒一幕。帅哥笑曰:"盖由校内小绿车胎爆惹祸耳。方才脸侧缝针,大夫留观也。"

美女问:"吾师,当何为?"淼曰:"当何为? 当晚可休课一次矣。"帅哥曰:"非也。吾师,吾欲一诉,可否?"

诉权,是指民事主体①基于民事权利受到侵害,或与他人发生民事纠纷,请求法院行使审判权解决民事纠纷或保护民事权益的权利。诉权是法律赋予民事主体的一项基本权利,是民事主体进行诉讼活动的前提和基础。案例 5-1 中,"帅哥"在使用共享自行车期间突遇前胎爆裂,致"帅哥"倒地受伤,脸部缝针有"毁容"隐患,"帅哥"的健康权利受到侵害,可请求法院行使审判权保护其民事权益,即"帅哥"取得诉权,可将共享自行车运营方作为被告提起侵权诉讼。

---

① 严格地讲,纠纷发生或权利受到侵害后,民事主体还不能称为当事人。只有向法院提起诉讼及进入诉讼程序后,民事主体才能称为当事人。

诉权包括程序与实体两个方面的含义。诉权的程序含义,是指民事主体在程序上请求法院行使审判权的权利。也正因为诉权具有程序方面的含义,诉讼程序的启动才有程序依据及可能。诉权的实体含义,是指民事主体请求保护民事权益或解决民事纠纷的权利,正因为诉权具有实体方面的含义,民事主体行使诉权才有实实在在的请求内容。

诉权的特征包括五个方面:(1)诉权是针对某一具体民事诉讼而言,纠纷发生后,民事主体才享有诉权。(2)通常情况下,诉权为纠纷双方所享有,谁先起诉谁就成为原告,另一方成为被告。符合法定条件的,被告还可提起反诉。(3)虽然诉权包括程序与实体两个方面的含义,但诉权总归是一种程序性权利,不是实体权利。诉权通常以实体法为基础,以程序法为依据。(4)诉权只能在法院行使,民事主体不能到其他机关或组织行使诉权。(5)民事主体享有诉权的期间具有阶段性,诉权从纠纷发生时产生,至纠纷解决时消灭。

案件进入诉讼程序之后,当事人享有广泛的诉讼权利。诉权和诉讼权利的关系为:民事纠纷发生或权利受到侵害后,民事主体就享有诉权,诉权的产生不以法院受理案件即进入诉讼程序为前提。民事主体只有享有诉权才能起诉,法院受理案件之后,当事人才享有诉讼权利,即诉权是诉讼权利的基础,没有诉权就谈不上诉讼权利,诉讼权利只有在诉讼程序中才存在。《民诉法》第 49 条、第 50 条、第 51 条集中规定了当事人的诉讼权利,目的就是为了保障当事人实现其诉权。

二、滥用诉权的规制

诉权是当事人的一项重要权利,法院应保障当事人依法行使诉权。但当事人行使诉权应当依法进行,滥用诉权应当受到规制。

滥用诉权包括当事人一方滥用起诉权(包括反诉权)、上诉权和再审申请权,也包括当事人双方为损害案外人合法权益恶意串通提起诉讼。《民诉法》第 112 条、第 113 条对恶意串通提起诉讼及执行欺诈作出规定。

(一)对恶意串通诉讼的强制措施

近年来,恶意诉讼屡禁不止,恶意诉讼行为不仅严重损害了案外人的合法权益,而且浪费了司法资源,干扰法院审判权的正常行使。恶意诉讼的表现形式有多种,其中最主要的就是通过假离婚、假调解等虚假诉讼方式,以转移财产或虚设债务。

《民诉法》第 112 条规定:"当事人之间恶意串通,企图通过诉讼、调解等方式侵害他人合法权益的,人民法院应当驳回其请求,并根据情节轻重予以罚款、拘留;构成犯罪的,依法追究刑事责任。"本规定中恶意串通提起民事诉讼是指双方当事人之间非法勾结,为牟取私利而发动诉讼,骗取法院的裁判文书,侵害他人合法权益的诉讼行为。

对恶意串通诉讼行为,法院不仅应当驳回原告诉讼请求,还要根据情节轻重对双方予以罚款、拘留,构成犯罪的,依法追究刑事责任。

(二)对民事执行欺诈的强制措施

《民诉法》第113条规定:"被执行人与他人恶意串通,通过诉讼、仲裁、调解等方式逃避履行法律文书确定的义务的,人民法院应当根据情节轻重予以罚款、拘留;构成犯罪的,依法追究刑事责任。"本规定是关于打击民事执行欺诈行为的规定。

民事执行欺诈行为的特征有:(1)当事人一方为生效判决的被执行人;(2)被执行人企图逃避生效判决确定的义务。(3)逃避义务的方式包括恶意串通提起诉讼、申请仲裁等。

对民事执行欺诈行为,法院应当根据情节轻重予以罚款、拘留,构成犯罪的,依法追究刑事责任。

对当事人滥用诉权行为的认定,法官除了综合包括当事人陈述在内的各类证据,甚至当事人的表情、态度等进行判断外,还应积极通知与案件有利害关系的第三人参加诉讼。案外人知悉诉讼存在的,应当主动以无独立请求权第三人的身份申请参加诉讼。通过第三人举证、质证、当庭陈述及发表辩论意见,有助于对当事人滥用诉权行为的查明与认定。

(三)防范与制裁虚假诉讼

《最高人民法院关于防范和制裁虚假诉讼的指导意见》(法发〔2016〕13号)于2016年6月20日施行。除《民诉法》第112条、第113条规定的恶意串通诉讼、民事执行欺诈行为外,该意见还对其他虚假诉讼行为的查明、处理及制裁进一步作出了规定。

1. 虚假诉讼的要素

所谓虚假诉讼,是指民事诉讼当事人或者其他诉讼参与人为获取非法利益或者规避法定义务,恶意串通,虚构事实或者伪造证据,提起民事诉讼,或者利用虚假仲裁裁决、公证文书等申请执行,企图使法院作出错误裁判、调解或者执行法律文书,侵害国家利益、公共利益或者他人合法权益的行为。依据该《意见》第1条与第2条的规定,虚假诉讼一般包含以下要素:(1)以规避法律、法规或国家政策谋取非法利益为目的;(2)双方当事人存在恶意串通;(3)虚构事实;(4)借用合法的民事程序;(5)侵害国家利益、社会公共利益或者案外人的合法权益。实践中虚假诉讼的常见情形有:(1)当事人为夫妻、朋友等亲近关系或者关联企业等共同利益关系;(2)原告诉请司法保护的标的额与其自身经济状况严重不符;(3)原告起诉所依据的事实和理由明显不符合常理;(4)当事人双方无实质性民事权益争议;(5)案件证据不足,但双方仍然主动迅速达成调解协议,并请求法院出具调解书。①

2. 虚假诉讼的查明与防范

依据《最高人民法院关于防范和制裁虚假诉讼的指导意见》第 4 条的规定,法院在民间借贷、离婚析产、以物抵债、劳动争议、公司分立(合并)、企业破产等虚假诉讼高发领域的案件审理中,要加大证据审查力度。对可能存在虚假诉讼的,要适当加大依职权调查取证力度。实践中,虚假诉讼高发的案件类型包括:(1)民间借贷纠纷案件;(2)以离婚案件一方当事人为被告的财产纠纷案件;(3)以拆迁区划范围内的自然人为诉讼主体的离婚、分家析产、继承、房屋买卖合同纠纷案件;(4)以物抵债案件;(5)以已经资不抵债或者已经作为被执行人的公民、法人、其他组织为被告的财产纠纷案件;(6)公司分立(合并)、企业破产纠纷案件;(7)劳动争议案件。

涉嫌虚假诉讼的,应当传唤当事人本人到庭,就有关案件事实接受询问。除法定事由外,应当要求证人出庭作证。要充分发挥《民诉法解释》有关当事人和证人签署保证书规定的作用,探索当事人和证人宣誓制度。诉讼中,一方对另一方提出的于己不利的事实明确表示承认,且不符合常理的,要做进一步查明,慎重认定。查明的事实与自认的事实不符的,不予确认(《最高人民法院关于防范和制裁虚假诉讼的指导意见》第 5 条、第 6 条)。

根据《民诉法》第 64 条第 2 款、《民诉法解释》第 96 条的规定,当事人有恶意串通损害他人合法权益可能的,法院可以依职权调查收集证据。对于虚假诉讼的查明,须特别注重法院依职权调取证据的力度。比如,民间借贷案件原告提交了被告出具的借条及交付借款的转账凭证,被告对借款事实予以认可,法官怀疑可能存在虚假诉讼的,可要求原告提交付款账户在交付借款前后三个月的交易流水,从中发现有无原告转出款项后又收回的"制造虚假转账记录"的情形。必要时还可要求被告提交相应账户交易流水,以查明有无被告在收到款项后将全款转入第三人账户再转回原告账户的情形。如原、被告拒绝配合提交交易流水的,法院可依职权主动调查相应账户流水。

当事人双方申请法院调解,尤其是立案不久即申请调解也是虚假诉讼的表现形式之一,因此,法院应加强对调解协议的审查力度。对双方主动达成调解协议并申请法院出具调解书的,应当结合案件基础事实,注重审查调解协议是否损害国家利益、社会公共利益或者案外人的合法权益;对人民调解协议司法确认案

---

① 实务中,原、被告双方恶意串通提起虚假诉讼的比例较低。比较常见的是原告大幅虚增债权,尤其以民间借贷案件为甚。由于《最高人民法院关于防范和制裁虚假诉讼的指导意见》没有明确原告故意大幅虚增债权也属于虚假诉讼,法院可以按虚假诉讼的裁判规则及处罚规定予以处理,故意见没有起到对这类案件的抑制作用,意见的法律规制效果也因此大打折扣。

件，要按照《民诉法》及相关司法解释要求，注重审查基础法律关系的真实性。对于存在虚假诉讼可能性的，应暂缓对调解协议的确认，待开庭审理有针对性地重点调查后，再根据法官心证决定确认调解协议出具调解书还是作出判决。

案件进入执行程序，在执行公证债权文书和仲裁裁决书、调解书等法律文书时，对可能存在双方恶意串通、虚构事实的，要加大实质审查力度，注重审查相关法律文书是否损害国家利益、社会公共利益或者案外人的合法权益。如果存在上述情形，应当裁定不予执行。必要时，可向仲裁机构或者公证机关发出司法建议。

根据《最高人民法院关于防范和制裁虚假诉讼的指导意见》第9条、第10条的规定，人民法院要加大公开审判力度，增加案件审理的透明度。对与案件处理结果可能存在法律上利害关系的，可适当依职权通知利害关系人参加诉讼，避免其民事权益受到损害，防范虚假诉讼行为。在第三人撤销之诉、案外人执行异议之诉、案外人申请再审等案件审理中，发现已经生效的裁判涉及虚假诉讼的，要及时予以纠正，保护案外人诉权和实体权利；同时也要防范有关人员利用上述法律制度，制造虚假诉讼，损害原诉讼中合法权利人的利益。

3. 对虚假诉讼的制裁

对于虚假诉讼的处理及制裁：经查明属于虚假诉讼，原告申请撤诉的，不予准许，并应当根据《民诉法》第112条的规定，驳回其诉讼请求（《最高人民法院关于防范和制裁虚假诉讼的指导意见》第11条）。不准许撤诉的原因一是让原告付出更高的诉讼费用的代价，增加虚假诉讼当事人的违法成本；二是方便人民法院对虚假诉讼当事人采取罚款、拘留等处罚措施；三是防止原告在撤诉后重新起诉。判决驳回原告的诉讼请求，按照"一事不再理"原则，原告不能以同一诉讼事由再次起诉。

人民法院对虚假诉讼参与人，要适度加大罚款、拘留等妨碍民事诉讼强制措施的法律适用力度；虚假诉讼侵害他人民事权益的，虚假诉讼参与人应当承担赔偿责任；虚假诉讼违法行为涉嫌虚假诉讼罪、诈骗罪、合同诈骗罪等刑事犯罪的，民事审判部门应当依法将相关线索和有关案件材料移送侦查机关（《最高人民法院关于防范和制裁虚假诉讼的指导意见》第12条）。探索建立虚假诉讼失信人名单制度。将虚假诉讼参与人列入失信人名单，逐步开展与现有相关信息平台和社会信用体系接轨工作，加大制裁力度（《最高人民法院关于防范和制裁虚假诉讼的指导意见》第13条）。

另外，该意见还规定人民法院工作人员、当事人的诉讼代理人、鉴定机构、鉴定人参与虚假诉讼的，应当依法予以制裁（《最高人民法院关于防范和制裁虚假诉讼的指导意见》第14、15、16条）。

第二节 诉

一、概述

诉,是指当事人依照法律规定,向法院提出的请求保护其民事权益或解决民事纠纷的行为。诉权是诉的前提,当事人只有享有诉权才能提起诉讼,没有诉权法院不会受理其诉。诉是当事人行使诉权的结果。法院受理诉以后,当事人才享有诉讼权利。

诉的特征有:(1)诉是当事人向代表国家行使审判权的法院提出的,是当事人期望获得司法保护的一种请求;(2)诉是特定原告针对特定被告提出请求,向法院提起诉讼时必须有明确的原告与被告;(3)诉是当事人用来保护自己民事权益的一种救济手段;(4)诉是法院行使审判权的前提。法谚云:"不告不理",审判权的行使具有被动性,只有当事人提起诉讼时,法院才能行使审判权。

二、诉的要素

诉的要素,是指构成诉的因素。通说认为,诉的要素有三个。只有同时具备三个要素,才构成一个完整的诉。换言之,满足三个要素完全相同的条件的诉,才能称之为相同的诉。只要其中一个要素不同,就不是相同的诉。诉的三要素包括:

(1)当事人。当事人是诉的主体,包括原告、被告与第三人。

(2)诉讼标的。诉讼标的是指当事人之间争议的、请求法院审判的民事实体法律关系或者民事实体权利。诉讼标的在民事诉讼中具有重要的地位与意义,是整个民事诉讼的核心。诉讼中,法官审理案件,当事人攻击与防御、证明与反驳也主要围绕诉讼标的进行。①

(3)诉讼理由。诉讼理由是指原告提起诉讼的依据,包括事实与法律依据两部分。

实务中,一份起诉状的内容就具备了诉的三要素。起诉状包括了当事人、诉讼请求、事实与理由三部分。当事人是诉的主体,诉讼请求是原告依据诉讼标的提出的具体请求,事实与理由部分则是诉讼理由。

---

① 我国诉讼标的的理论研究起步较晚,学理分歧较大,这种学理分歧既是我国立法上关于诉讼标的和诉讼请求概念在表述上含糊不清的折射,也是导致立法表述含糊不清的因素之一。学界关于诉讼标的之定义主要包括两种观点:一是法律关系说,认为诉讼标的是指当事人之间发生争议,并要求法院作出裁判的民事法律关系;二是认为诉讼标的是指当事人之间争议的、原告请求法院裁判的实体权利或者法律关系的主张或者要求(声明)。

[表 5-1] 诉讼标的相关概念区别

诉讼标的	当事人之间争议的、请求法院审判的民事实体法律关系或者民事实体权利
诉讼标的物	所有诉均有诉讼标的与诉讼请求,但有关"物"的诉中才有诉讼标的物(动产;不动产)
诉讼请求	原告请求法院判决的具体请求
诉讼标的额	双方当事人请求的金钱数额,财产案件计算案件受理费的依据

三、诉的种类

按照不同的标准,诉可以有不同的分类。以诉的提起主体的不同,诉分为本诉、反诉、有独立请求权第三人参加之诉;以审理程序的不同,诉分为起诉(即第一审程序)、上诉(即第二审程序)和再审之诉(即审判监督程序)。

依据原告请求的内容和目的不同,诉分为以下三种:

1. 给付之诉

给付之诉是最早出现的一种诉的类型,也是实践中最常见的一种诉的类型。所谓给付,就是一方给另一方财物或作出一定行为。

给付之诉,就是原告请求法院判令被告履行一定民事义务的诉。此处的民事义务不仅指钱财或物品,比如支付货款、返还租赁物,还包括作出一定行为,包括作为与不作为,比如继续履行合同、停止侵害。换言之,给付之诉就是原告请求被告给付财物或作出一定行为的诉。实践中法院受理最多的合同纠纷与侵权纠纷案件,基本都属于给付之诉的范畴。

按照请求给付的民事义务履行期是否已届满,给付之诉分为现在给付之诉与将来给付之诉。现在给付之诉,是指原告依据履行期已届满的给付义务向被告主张权利,被告须立即向原告履行给付义务。对于现在给付之诉,原告在起诉前是否向被告要求过履行义务,被告是否拒绝履行,或者原告与被告对义务内容是否存在分歧等都不影响原告向被告提起诉讼。将来给付之诉,是指履行期尚未届满,原告提起诉讼请求给付。我国《民诉法》没有明确规定将来给付之诉。[①] 一般来讲,在履行期届满之前,债权人没有要求债务人履行义务的权利,除非存在法律规定的特殊情形,比如债务人明确表示或用其行为明确表示拒绝履行义务。另外,对于起诉时履行期尚未届满,但法院开庭审理时履行期已经届满的,应作为现在给付之诉予以处理。

给付之诉一旦被法院判决,该判决具有强制执行力,负有义务的一方不履行

---

① 《民法典》第 634 条第 1 款规定:"分期付款的买受人未支付到期价款的数额达到全部价款的五分之一,经催告后在合理期限内仍未支付到期价款的,出卖人可以请求买受人支付全部价款或者解除合同。"

判决时，权利人可向法院申请强制执行。这也是给付之诉与确认之诉、形成之诉的根本区别。

2. 确认之诉

确认之诉，是指原告请求法院确认民事法律关系或权利是否存在的诉。

确认之诉的客体，即确认之诉的民事权利、义务所指向的对象是法律关系或权利，而单纯的事实，如被告是否存在过失，一般不得作为确认之诉的客体，但法律规定的特殊事实除外。依据《最高人民法院民事案件案由规定》（法〔2020〕347号），当事人对特定的法律事实发生争议的，也可提起确认之诉。比如，确认公司合并无效之诉，确认证券发行失败之诉，以及确认不侵害知识产权纠纷，包括确认不侵害专利权纠纷、确认不侵害商标权纠纷、确认不侵害著作权纠纷。

确认之诉的客体，既可以是财产关系，也可以是人身关系。前者如原被告确认存在合同关系，确认原告拥有某项财产的所有权。后者如确认亲子关系，确认原告对作品的著作权。原告请求确认的法律关系，须为现在存在的法律关系，不得为过去存在的法律关系或将来可能存在的法律关系。

确认之诉以其具体目的不同，分为肯定的确认之诉与否定的确认之诉。肯定的确认之诉是指请求法院确认某种法律关系或权利存在的诉，比如确认合同有效、确认亲子关系、确认收养关系、确认所有权等。否定的确认之诉是指请求法院确认不存在某种法律关系的诉，比如确认合同无效、确认不存在亲子关系、确认不侵害知识产权纠纷等。

确认之诉一经判决，判决书即有宣示作用，宣告民事法律关系或权利是否存在，无需权利人申请法院强制执行。

3. 形成之诉

形成之诉，又称为变更之诉、权利创设之诉，是指原告请求法院以判决宣告变更现存的某种法律关系的诉。常见的形成之诉有离婚之诉、解除收养关系之诉、分割共同财产之诉、解除合同之诉、合同撤销之诉、债权人撤销权之诉等。形成之诉的目的在于通过法院判决，将现存的法律状态变更为另一种法律状态或者消灭现存的法律状态。

形成之诉与实体法上的形成权有一定关系。一般情况下，当事人无需通过诉讼方式来实现形成权。比如《民法典》第565条第1款规定："当事人一方依法主张解除合同的，应当通知对方。合同自通知到达对方时解除；通知载明债务人在一定期限内不履行债务则合同自动解除，债务人在该期限内未履行债务的，合同自通知载明的期限届满时解除。对方对解除合同有异议的，任何一方当事人均可以请求人民法院或者仲裁机构确认解除行为的效力。"当事人一方在符合法定情形时行使法定解除权的，合同自解除合同通知到达对方时即告解除，无需通过提起诉讼解决。当然,在当事人无法通知对方解除合同的情况下,当事人也可以通过直接提起诉讼的方式来行使合同解除权。

有些民事法律关系,法律明确规定要求当事人以起诉的方式行使形成权,比如《民法典》第 538 条规定的无偿处分时的债权人撤销之诉、第 539 条规定的不合理价格交易时的债权人撤销之诉①、《公司法》第 22 条规定的股东申请撤销股东会、董事会决议之诉②。

形成之诉没有给付内容,无需法院强制执行。形成之诉原告的胜诉判决称为形成判决(变更判决),判决发生法律效力后,无需强制执行即自动发生法律状态变动的效果。

确认之诉与形成之诉的区别为:确认之诉是原告请求法院确认民事法律关系是否存在的诉,某种民事法律关系原本就存在或不存在,只需确认存在或不存在,无需变更;形成之诉是原告请求法院以判决宣告变更现存的某种法律关系的诉,原告请求将现存的法律状态变更为另一种法律状态或者消灭现存的法律状态。

四、诉的利益

(一)诉的利益概述

诉的利益,又称权利保护利益,是指当事人提起的诉讼中应具有的,法院对诉讼请求作出判决的必要性与实效性。必要性是指法院有无必要通过判决来解决当事人之间的纠纷,比如,某种学术观点是否正确,某种道德评价是否正当,这些争议都没有必要通过法院判决裁决,因此不具有诉的利益。实效性是指法院能否通过判决实际解决该纠纷。尽管有些争议属于民事权利义务争议,但即使法院作出判决也不能解决该纠纷,诉的请求不具有实效性,因此该诉同样不具有诉的利益。

我国《民诉法》及《民诉法解释》均没有使用诉的利益概念,也没有较为明确的规定。大陆法系国家认为,并非所有纠纷或事项都可适用诉讼制度,只有满足"对司法或诉讼救济有着需要"的要求,才给予司法救济。诉的利益是诉权要件之一,是法院作出判决的前提。一项纠纷如果没有诉的利益,则法院不应受理该

---

① 《民法典》第 538 条规定:"债务人以放弃其债权、放弃债权担保、无偿转让财产等方式无偿处分财产权益,或者恶意延长其到期债权的履行期限,影响债权人的债权实现的,债权人可以请求人民法院撤销债务人的行为。"第 539 条规定:"债务人以明显不合理的低价转让财产、以明显不合理的高价受让他人财产或者为他人的债务提供担保,影响债权人的债权实现,债务人的相对人知道或者应当知道该情形的,债权人可以请求人民法院撤销债务人的行为。"

② 《公司法》第 22 条第 2 款规定:"股东会或者股东大会、董事会的会议召集程序、表决方式违反法律、行政法规或者公司章程,或者决议内容违反公司章程的,股东可以自决议作出之日起六十日内,请求人民法院撤销。"

诉,当然更不可能作出判决。诉的利益具有排除功能,通过审查诉的利益,将不具有诉的利益的诉排除在法院实体判决之外,以节约有限的司法资源。

[案例 5-2] 某女演员因一双水汪汪的大眼睛备受观众喜爱,她在某影视剧中饰演的古怪精灵"小燕子"形象也圈粉无数,未曾想因此还差点惹上一场奇葩官司。2015 年 5 月,上海某男子起诉该演员,称其在观看该电视剧时该演员一直用眼睛瞪他,导致其精神受损,请求法院判令该演员赔偿其精神损失费。该男子之所以感觉到该演员在瞪他,表明他也在瞪着该演员,如果他觉得精神不适,完全可以选择关掉电视。而且如果不是其自身精神健康出现问题,一部影视剧也不至于致其精神受损,更不至于因此提起诉讼。该男子提出的诉讼请求没有"对司法或诉讼救济有着需要",不具有判决的必要性,其在本诉中不具备诉的利益,因此,法院不应受理该诉讼。

自我国法院于 2015 年 5 月 1 日实行立案登记制开始,各类匪夷所思的诉讼层出不穷,比如,某律师在某地法院起诉其他法院法官,理由是该法官在开庭过程中未及时休庭,导致该律师健康出现问题。如果单纯以《民诉法》第 119 条规定的起诉的四个条件来分析,此类诉讼完全符合除"原告与本案有直接利害关系"之外的其他三个条件,同时也不具备《民诉法》第 124 条规定的不予立案的情形,而如果原告还提交了精神受损证据,就很难在立案审查阶段作出原告与本案没有直接利害关系的认定。换言之,按照现行法律规定,法院应当登记立案,待审判庭进行实体审理之后再对是否支持原告诉讼请求进行判断。但任由此类案件进入实体审理,显然在浪费有限的司法资源,也挑战着我国的民事诉讼制度。因此,在《民诉法》中增加诉的利益的规定,在立案审查阶段强化对原告诉的利益的审查,将不具备诉的利益的当事人排除在诉讼之外,就显得尤为必要。

(二)诉的利益之认定

诉的利益之认定,应以民事纠纷有无受诉讼或判决保护的必要性及实效性为标准,但是,这一标准过于笼统,实践中,尤其在立案审查阶段没有太大的可操作性。

对于现在给付之诉,由于债务到期后被告没有履行,原告起诉具有诉的利益。即使原告起诉后被告立即履行了债务,也不能否认原告诉的利益的存在。对于将来给付之诉,如存在法律规定的特殊情形,比如债务人明确表示了拒绝或用其实际行为表明拒绝履行义务,此时债权人起诉具有诉的利益。

形成之诉具有法定性和现实性两大特性,只有同时具备法定性和现实性的形成之诉,才具有诉的利益,因此,提起形成之诉的条件是请求法院变动的法律关系已经存在,且法律允许变动该法律关系。另外,形成之诉在诉讼过程中因情势变更导致获得形成判决已无实际意义的,诉的利益消失。比如,离婚诉讼中,一方当事人死亡而致当事人之间的婚姻关系自然消灭,对于另一方当事人来说已不存在诉的利益,法院应当裁定终结诉讼。

确认之诉的客体为法律关系或权利,因此,原告提起的确认之诉如果不以法律关系或权利是否存在作为客体,该确认之诉就没有诉的利益。除法律明确规定外,单纯的事实没有法律保护的必要性,因此不具有诉的利益。另外,如原告请求确认的法律关系为过去存在的法律关系或将来可能发生的法律关系,由于过去存在的法律关系可能已经变动,将来可能发生的法律关系是否发生尚不确定,因此,同样不具有诉的利益。

《民诉法》第 119 条规定"原告是与本案有直接利害关系的公民、法人和其他组织",尽管《民诉法解释》没有将直接利害关系明确为诉的利益,该规定与诉的利益概念似乎也有一定距离,但从其文义来解释,"直接利害关系"也可理解为原告起诉应具有诉的利益。实践中,原告对于本案没有诉的利益的,比如非公司股东提起的撤销股东会决议之诉,或者原告不是本案适格原告的,法院通常依据《民诉法》第 119 条第 1 项规定以原告不适格为由驳回起诉。①

五、诉的合并

诉的合并,是指法院将两个或多个有关联的诉,合并到一个诉讼程序中进行审理与裁判。

《民诉法》第 140 条规定:"原告增加诉讼请求,被告提出反诉,第三人提出与本案有关的诉讼请求,可以合并审理。"本规定中,如果原告增加的诉讼请求与原诉讼请求为不同的诉讼标的,被告提起反诉,有独立请求权第三人以本案原被告作为共同被告提起第三人参加之诉,法院决定合并审理的,即为诉的合并。

诉的合并是为了节约当事人的时间、费用,减轻当事人和法院的诉讼负担。更重要的是,避免不同法院、同一法院不同法官就单个诉讼作出相互矛盾的判决,影响司法权威。

诉的合并分为诉的主观合并与诉的客观合并。诉的主观合并即诉的主体合并,亦即当事人一方或双方为两人以上,典型形态为必要共同诉讼与代表人诉讼。诉的主观合并包括起诉时诉的主体合并与起诉后诉的主体合并,起诉后诉的主体合并是指追加共同原告与追加共同被告。《民诉法解释》第 73 条规定,必须共同进行诉讼的当事人没有参加诉讼的,人民法院应当依照《民诉法》第 132 条的规定,通知其参加;当事人也可以向人民法院申请追加。对于固有的必要共

---

① 传统民事诉讼法理论中,广义的诉的利益包括当事人适格这一项,当事人不适格即不具有诉的利益。

同诉讼人,原告在起诉时没有列为当事人的,人民法院应当依职权通知其参加诉讼,当然,原告也可向人民法院申请追加该当事人参加诉讼。

诉的客观合并即诉讼标的合并,意味着在同一诉讼程序中,存在两个以上的诉讼标的,诉的客观合并,既有可能发生在起诉之时,也可能发生在起诉之后。起诉之时诉的客观合并,是指同一原告对同一被告提出两个以上诉讼标的之诉讼。起诉之后诉的客观合并包括原告增加诉讼请求,增加的诉讼请求与原诉讼请求不是同一诉讼标的,也包括原告提起本诉后被告提出反诉,法院将本诉与反诉合并审理,还包括有独立请求权第三人提起参加之诉,法院将其与本诉讼合并审理。诉的客观合并,受诉法院基于牵连管辖,可以取得合并之诉的管辖权,但合并之诉如属于其他法院级别管辖、专属管辖或协议管辖的,则不得合并。比如,原告提起履行合同义务支付货款之诉,被告反诉合同无效。这两个诉一个是给付之诉,另一个是确认之诉,属于不同的诉讼标的,为诉的客观合并,法院应对合同效力作出认定后作出判决。如果原告提起履行合同义务支付货款之诉,被告在同一法院另案提起确认合同无效之诉,法院将两诉合并审理,同样为诉的客观合并。

六、诉的变更

诉的变更,是指原告起诉后,将原来的诉讼标的变更为另外的诉讼标的。诉讼标的变更,意味着诉的质发生变更,而不仅仅是量的变更。诉的变更包括诉的主观变更(当事人变更)与诉的客观变更(诉讼标的变更)。诉的主观变更在"当事人与诉讼代理人"一章介绍,本章诉的变更专指诉的客观变更。

我国《民诉法》及司法解释没有使用诉的变更概念,而是使用诉讼请求变更或增加的表述。诉的变更属于质的变更,即诉讼标的之变更,而诉讼请求的变更通常表现为量的变更,即变更的诉讼请求与变更前的诉讼请求属于同一诉讼标的。但也不排除变更的诉讼请求为质的变更,即将原来的诉讼标的变更为另外的诉讼标的,或在原来的诉讼标的基础上增加另外的诉讼标的。《民诉法》及司法解释中以诉讼请求增加或变更表述的,需作正确理解。比如,已废止的《最高人民法院关于适用〈中华人民共和国合同法〉若干问题的解释(一)》第30条规定,债权人依照《合同法》第122条的规定[①]向法院起诉时作出选择后,在一审开庭以前又变更诉讼请求的,法院应当准许。此处的诉讼请求变更实质是诉讼标的变更,原告将基于侵权提出的诉讼请求变更为基于合同违约提出的诉讼请求,

---

① 《合同法》第122条曾规定:"因当事人一方的违约行为,侵害对方人身、财产权益的,受损害方有权选择依照本法要求其承担违约责任或者依照其他法律要求其承担侵权责任。"《民法典》合同编删除了该条款。

构成诉的变更。又如,原告请求被告返还借款 100 万元,一审庭审时将该诉讼请求变更为 90 万元,或增加为 120 万元,这些都属于诉讼请求的量的变化,不属于诉的变更。

《民诉法解释》第 232 条规定:"在案件受理后,法庭辩论结束前,原告增加诉讼请求,被告提出反诉,第三人提出与本案有关的诉讼请求,可以合并审理的,人民法院应当合并审理。"本规定中增加诉讼请求包括了诉的变更,因此,原告申请诉的变更,应在法庭辩论结束前提出。逾期请求的法院将不予准许,申请变更一方当事人只能另案提起诉讼。

[表 5-2] 诉的合并、变更与诉讼请求变更区别

概念	数量	性质	诉的合并与变更	举例
诉的合并与变更	一个诉只有一个诉讼标的	质的变更	诉的客观合并:一个诉讼程序中,存在两个以上诉讼标的,为两个或两个以上的诉	本诉+反诉;有独立请求权第三人参加之诉
			诉的主观合并:一方当事人为两人或以上,包括起诉前及起诉后的合并	共同诉讼;代表人诉讼
			诉的变更:将原诉讼标的变更为另外的诉讼标的,或在原来基础上增加另外的诉讼标的	如侵权关系变更为合同关系
诉讼请求变更	一个诉可能有多项诉讼请求	量的变更	原告增加或减少诉讼请求,诉只发生"量变",诉讼标的并未变化	如借款合同纠纷中,原告保留本金诉讼请求,放弃利息诉讼请求

第三节 反 诉

一、反诉概述

所谓反诉,是指诉讼过程中,本诉被告以本诉原告为被告提出与本诉有牵连关系的反请求。比如,甲起诉乙,请求法院判令乙支付工程款 100 万元,案件审理过程中,乙反诉甲,请求判令甲赔偿其延误工期损失 50 万元。

设立反诉制度的意义为:(1)体现当事人诉讼权利平等的原则。本诉是原告向被告提出诉讼请求,反诉则是本诉被告反转为反诉原告,本诉原告作为反诉被告,体现了双方当事人都可以平等地行使诉权、启动诉讼程序,有利于法院平等地保护双方当事人的合法权益;(2)法院用同一审判程序将本诉与反诉合并审理,将两个独立的诉合并在同一个诉讼中审理,节省法院与当事人的时间、精

力与费用,从而使诉讼更经济;(3)本诉与反诉若分成两个不同的诉来审理,审判组织不同,甚至审理法院也不同。不同的审判组织就有牵连关系的两诉可能作出不同甚至相互矛盾的判决,而将本诉与反诉合并审理则可避免这种矛盾的发生。

反诉的特征包括:(1)当事人诉讼地位的双重性。法院受理反诉并将反诉与本诉合并审理后,当事人的诉讼地位具有双重性,即本诉原告同时也是反诉被告,本诉被告同时也是反诉原告。(2)诉的独立性。反诉如果不是利用本诉提起,本来可以另案起诉。反诉具备诉的一切条件,必然是独立的诉,如反诉不是独立的诉,那它也不构成反诉。反诉不因本诉原告撤诉而终结,本诉原告撤诉后,法院仍应对反诉请求继续审理。(3)反诉时间的限定性。反诉只能在本诉进行过程中提起,具体讲,反诉只能在本诉立案受理后,法庭辩论终结前提起,其他时间提起都不构成反诉,只能构成另案起诉。

二、提起反诉的条件

《民诉法》对反诉只有两条规定。《民诉法》第 51 条规定:"原告可以放弃或者变更诉讼请求。被告可以承认或者反驳诉讼请求,有权提起反诉。"第 140 条规定:"原告增加诉讼请求,被告提出反诉,第三人提出与本案有关的诉讼请求,可以合并审理。"《民诉法解释》第 233 条对反诉的提起条件进一步作出了规定。《民诉法解释》第 233 条第 1 款、第 2 款规定,反诉的当事人应当限于本诉的当事人的范围。反诉与本诉的诉讼请求基于相同法律关系、诉讼请求之间具有因果关系,或者反诉与本诉的诉讼请求基于相同事实的,法院应当合并审理。

根据《民诉法解释》第 233 条的规定,提起反诉须具备以下条件:

1. 主体特定

反诉主体与本诉主体完全反转。反诉的当事人应当限于本诉的当事人范围,反诉只能由本诉被告针对本诉原告提起,双方当事人不增加、不减少,仅仅是诉讼地位互换。反诉原告或反诉被告除本诉当事人外还有他人的,则不符合反诉条件,反诉原告只能另案提起诉讼。

2. 反诉与本诉具有牵连关系

反诉与本诉的目的需具有对抗性。反诉的目的为抵销、吞并本诉,从而使本诉失去作用。反诉抵销本诉主要针对金钱给付义务,表现为反诉请求部分抵销本诉请求,或全部抵销本诉请求;反诉吞并本诉则是针对金钱给付义务之外的其他义务,表现为反诉请求全部吞并本诉请求。

通常情况下,反诉与本诉的请求是基于同一法律关系而产生的目的相对抗的不同实体请求。比如,买卖合同纠纷中原告本诉请求被告支付货款,被告则反诉原告因产品质量不符合约定赔偿损失;再如,原告基于合同起诉被告履行义务,被告则反诉合同无效。

根据《民诉法解释》第 233 条第 2 款的规定,反诉与本诉的诉讼请求基于相同事实的,法院应当合并审理。特殊情形下,反诉也有可能与本诉基于不同法律关系,但两种法律关系之间需有牵连关系。比如,建设工程施工合同纠纷中甲起诉乙请求支付工程款,乙提出甲在施工过程中曾向其借款发放工人工资,提起反诉请求甲偿还借款。本诉为建设工程施工合同纠纷,反诉为借款合同纠纷,本诉与反诉并非同一法律关系,但本诉与反诉的诉讼请求基于同一事实,法院应当受理反诉,并将本诉与反诉合并审理。

3. 反诉的受诉法院

反诉只能向受理本诉的法院提出。反诉如果是向受理本诉之外的其他法院提出,只能称之为提起另案诉讼。且反诉也只能向审理本诉的同一审判组织提出,由该审判组织审查是否受理反诉,如决定受理,通知反诉原告交纳反诉案件受理费后,将本诉与反诉合并审理。如果反诉原告是向受理本诉法院的立案庭工作人员提起诉讼,法院也只能以另诉立案,不能达到反诉原告的目的。

4. 反诉只能在本诉审理中提起

反诉是参加之诉,须有本诉已立案受理,否则不能成立反诉。同时,根据《民诉法解释》第 232 条规定,反诉应当在本诉法庭辩论结束前提出,逾期反诉原告只能另行起诉。

5. 反诉须与本诉适用同一审判程序

本诉适用简易程序审理的,反诉亦只能适用简易程序;本诉适用普通程序审理的,反诉也只能适用普通程序。实践中,法院将反诉与本诉合并审理的,由于审理周期拉长,案情也相对复杂,因此,通常将反诉与本诉同时适用普通程序审理。

实务中,反诉审查除审查是否具备上述五个条件外,还需审查反诉是否符合《民诉法》第 119 条规定的起诉四条件,以及是否属于《民诉法》第 124 条规定的受理除外情形。

［案例 5-3］ 原告李某与被告田某离婚后财产纠纷一案,某区人民法院受理后,田某对李某提起反诉,法院受理后,将本诉与反诉合并审理。李某诉称:其与田某的离婚判决已发生法律效力,但该判决未对位于某市的××房作出处理,认为待双方明晰产权后再行分割。李某认为,该房虽然登记在田某与其哥哥名下,但购房款为田某一人支付,银行贷款也是田某一人偿还,其哥哥没有任何出资,挂靠登记只是出于转移夫妻共同财产的目的,田某应少分财产。李某本诉请求确认××房全部产权为原告、被告婚姻关系存续期间的夫妻共同财产,并对其进行分割,由李某分得该房屋价值的

65%，被告田某分得35%。田某反诉称：李某要求分割案涉房屋没有依据，应予驳回；李某在离婚前转走银行存款达24万元，应予分割。田某反诉请求李某给付24万元中的60%即14.4万元。

法院认为：××房系田某与其哥哥在原、被告婚姻关系存续期间购买，该房屋现由田某占有，田某在婚姻关系存续期间支出的房屋首付款、支出的2009年5月至2012年3月期间的按揭款属于夫妻共同财产，应予以分割，田某应将相应款项补偿给李某。李某主张应将整套房屋作为夫妻共同财产分割，且田某因虚假登记企图转移夫妻共同财产而少分财产，该主张没有事实与法律依据，本院不予支持。田某所称李某转出款项24万元的支出时间在夫妻关系存续期间，李某辩称24万元是为其父治病及购买彩票所支出，该款应视为夫妻共同生活开支，且本院在双方离婚诉讼中也对双方存款进行了分割，故本院对田某的反诉请求不予支持。法院判决：本诉被告田某向本诉原告李某支付房屋补偿款109450元；驳回本诉原告李某的其他本诉请求；驳回反诉原告田某的反诉请求。

三、反诉的审理

《民诉法解释》第232条规定："在案件受理后，法庭辩论结束前，原告增加诉讼请求，被告提出反诉，第三人提出与本案有关的诉讼请求，可以合并审理的，人民法院应当合并审理。"本诉被告提起反诉，需向本诉审判组织提交反诉状，反诉状中须写明反诉当事人、诉讼请求及事实与理由，并提交相应的反诉证据。本诉审判组织经审查，符合反诉条件的，通知受理反诉，向反诉原告发出缴费通知书，反诉案件受理费减半收取。反诉原告交纳反诉案件受理费后，本诉审判组织将本诉与反诉合并审理。

本诉与反诉合并审理时，法院应给予反诉被告答辩期，同时对反诉被告指定举证期限，该举证期限应对等适用于反诉原告。反诉被告放弃答辩期及举证期限，反诉原告也声明不需要举证期限的，法院可直接开庭审理。开庭审理后，法院应当将本诉与反诉在同一份判决书中一并判决。

《民诉法解释》第328条规定："在第二审程序中，原审原告增加独立的诉讼请求或者原审被告提出反诉的，第二审人民法院可以根据当事人自愿的原则就新增加的诉讼请求或者反诉进行调解；调解不成的，告知当事人另行起诉。双方当事人同意由第二审人民法院一并审理的，第二审人民法院可以一并裁判。"根据本条规定，第二审程序中原则上不受理反诉，除非双方当事人同意由第二审人民法院一并审理并直接作出裁判，否则反诉只能在第一审程序中提出。

根据《民诉法解释》第233条第3款的规定，反诉应由其他人民法院专属管辖，或者与本诉的诉讼标的及诉讼请求所依据的事实、理由无关联的，裁定不予受理，告知反诉原告另行起诉。反诉不符合条件的，法院应裁定不受理反诉。既然解释规定不予受理反诉适用的法律文书是民事裁定，法院应允许当事人依据《民诉法》第 154 条的规定对不予受理裁定提起上诉。[1]

四、反诉与反驳的区别

《民诉法》第 51 条规定，被告可以反驳诉讼请求。反驳分为广义的反驳与狭义的反驳，狭义的反驳仅指被告提出的反驳，广义的反驳还包括原告、第三人提出的反驳，本节内容如无特别说明仅指狭义的反驳。所谓反驳，是指被告为维护合法权益提出有利于自己的事实与依据，以否定原告提出的诉讼请求的诉讼行为。反驳分为程序意义上的反驳与实体意义上的反驳。程序意义上的反驳主要指反驳原告主体不适格；实体意义上的反驳是指对原告的全部诉讼请求或部分诉讼请求以实体法上的理由来予以反对驳斥，并运用证据证明原告不具有实体法上的权利，从而使原告全部或部分败诉。反驳还包括被告对原告诉讼请求之外的主张的反驳，被告对原告这些主张予以反驳，其目的仍然是反对原告的诉讼请求。

反诉与反驳的区别包括：(1) 性质不同。反诉为独立的诉；反驳则不是独立的诉，只是被告在诉讼中作出的诉讼行为。(2) 目的不同。反诉以抵销、吞并本诉或使本诉失去作用为目的；反驳的目的则是否定原告提出的事实、证据与请求。(3) 提出的时间与次数不同。反诉只能在法定诉讼阶段提出，且只能提出一次；反驳无次数限制，可在诉讼任何阶段提出。

[表 5-3] 反诉与反驳的区别

	反诉	反驳
性质	反诉为独立的诉	反驳则不是独立的诉
目的	反驳以抵销、吞并本诉或使本诉失去作用为目的	反驳的目的则是否定原告提出的事实、证据与请求
提出主体	反诉只能由本诉被告提出	广义的反驳除被告可以提出外，原告及第三人亦可提出
提出时间与次数	反诉只能在法定诉讼阶段提出，且只能提出一次	反驳无次数限制，可在诉讼任何阶段提出

---

[1] 根据《民诉法》第 154 条第 1 款、第 2 款的规定，当事人对不予受理、驳回起诉、管辖权异议裁定可提起上诉。

思 考 题

1. 虚假诉讼一般包含哪些要素？

2. 依据原告请求的内容和目的不同,诉分为哪些类型？

3. 简述诉的利益的概念及识别方法。

4. 法院应该如何审查本诉被告提起的反诉是否符合反诉条件？

5. 如何理解《民诉法解释》第233条第2款"反诉与本诉的诉讼请求基于相同事实的,人民法院应当合并审理"的规定？

6. 某案件审理过程中,被告欲对原告及其配偶提起反诉,而原告配偶并不是本诉原告,法院是否会受理该反诉？

第六章 主管与管辖

民事纠纷发生后,当事人如选择提起诉讼,首先需确定纠纷是否属于法院主管范围,接着确定由哪一级法院审理,最后要确定向哪一个有管辖权的法院提起诉讼。可以说,主管与管辖的确定是当事人提起诉讼面临的首要问题。

第一节 民事案件的主管

一、法院主管民事案件的范围

20 世纪 90 年代,山东某县人民法院院长被中央电视台"焦点访谈"栏目记者偷拍。院长称,法院是"上管天,下管地,中间管空气"。节目播出后,民众哗然,声讨之声不绝于耳,后该院长被撤职。院长所谈就是法院主管问题。按院长的说法,法院无所不能。

民事案件主管,是指法院主管民事案件的职责和权限范围。民事案件主管解决的是法院管什么的问题,其实质就是确定法院与其他国家机关、社会团体之间解决民事案件的分工与权限。

《民诉法》第 3 条规定:"人民法院受理公民之间、法人之间、其他组织之间以及他们相互之间因财产关系和人身关系提起的民事诉讼,适用本法的规定。"人民法院主管平等主体之间的民事案件、商事案件、劳动争议案件。除此之外,人民法院还主管依照特别程序[①]、督促程序、公示催告程序审理的案件,以及依《企业破产法》审理的企业破产还债案件。[②]

民事案件具体包括:(1) 由民法调整的物权关系、债权关系、知识产权关系、人身权关系引起的诉讼。如财产所有权、用益物权、担保物权、合同纠纷、无因管

[①] 特别程序,是指法院审理某些非民事权益争议案件所适用的特殊程序。依据《民诉法》第 177 条的规定,特别程序案件包括选民资格案件、宣告失踪或者宣告死亡案件、认定公民无民事行为能力或者限制民事行为能力案件和认定财产无主案件、确认调解协议案件和实现担保物权案件。

[②] 企业破产还债案件审理程序未规定在《民诉法》中,而是单独规定在《企业破产法》中,仍属于法院主管案件。

理、不当得利、侵权赔偿案件,以及著作权、专利权、商标权、人格权和身份权案件等。(2)由婚姻法、继承法、收养法调整的婚姻家庭关系、继承关系、收养关系引起的诉讼。如离婚案件、追索抚养费案件、财产继承案件、解除收养关系案件等。(3)由经济法调整的经济关系中属于民事性质的诉讼。如因污染引起的侵权案件、因不正当竞争行为引起的损害赔偿案件等。

商事案件是指由商法调整的商事关系引起的诉讼。如票据案件、股东权益纠纷案件、保险合同纠纷案件、海商案件等。

《劳动法》第16条规定,劳动合同是劳动者与用人单位确立劳动关系、明确双方权利和义务的协议,建立劳动关系应当订立劳动合同。在劳动合同签订、履行、解除过程中,劳动者和用人单位可能会发生劳动争议。《劳动法》第79条规定,劳动争议发生后,当事人可以向本单位劳动争议调解委员会申请调解,调解不成,当事人一方要求仲裁的,可以向劳动争议仲裁委员会申请仲裁。对仲裁裁决不服的,可以向人民法院提起诉讼。2008年5月1日,《劳动争议调解仲裁法》施行。该法第5条规定,发生劳动争议,当事人不愿协商、协商不成或者达成和解协议后不履行的,可以向调解组织申请调解①;不愿调解、调解不成或者达成调解协议后不履行的,可以向劳动争议仲裁委员会申请仲裁;对仲裁裁决不服的,除本法另有规定的外,可以向人民法院提起诉讼。

"本法另有规定"是指,劳动者与用人单位不服仲裁裁决的"待遇"不同。劳动者对仲裁裁决不服的,可以自收到仲裁裁决书之日起15日内向法院提起诉讼。但下列劳动争议,对用人单位而言,仲裁裁决为终局裁决,裁决书自作出之日即发生法律效力;对劳动者而言,不服裁决仍然可以提起诉讼:(1)追索劳动报酬、工伤医疗费、经济补偿或者赔偿金,不超过当地月最低工资标准12个月金额的争议;(2)因执行国家的劳动标准在工作时间、休息休假、社会保险等方面发生的争议(《劳动争议调解仲裁法》第47条、第48条)。

对于上述仲裁裁决,用人单位虽然无权向人民法院提起诉讼,但有证据证明本法第47条规定的仲裁裁决有下列情形之一的,可以自收到仲裁裁决书之日起30日内向劳动争议仲裁委员会所在地的中级人民法院申请撤销裁决:(1)适用法律、法规确有错误的;(2)劳动争议仲裁委员会无管辖权的;(3)违反法定程序的;(4)裁决所根据的证据是伪造的;(5)对方当事人隐瞒了足以影响公正裁

---

① 《劳动争议调解仲裁法》第10条规定,发生劳动争议,当事人可以到下列调解组织申请调解:(1)企业劳动争议调解委员会;(2)依法设立的基层人民调解组织;(3)在乡镇、街道设立的具有劳动争议调解职能的组织。企业劳动争议调解委员会由职工代表和企业代表组成。职工代表由工会成员担任或者由全体职工推举产生,企业代表由企业负责人指定。企业劳动争议调解委员会主任由工会成员或者双方推举的人员担任。

决的证据的;(6)仲裁员在仲裁该案时有索贿受贿、徇私舞弊、枉法裁决行为的。人民法院经组成合议庭审查核实裁决有前款规定情形之一的,应当裁定撤销。仲裁裁决被人民法院裁定撤销的,当事人可以自收到裁定书之日起15日内就该劳动争议事项向人民法院提起诉讼(《劳动争议调解仲裁法》第49条)。

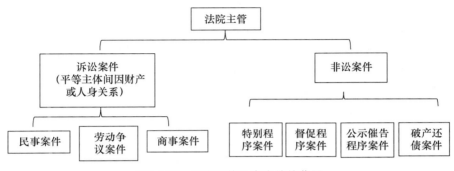

[图 6-1] 法院主管民事案件的范围

二、不属于法院主管的民事纠纷

应当说,法院主管绝大多数民事纠纷案件,但没有达到那位院长所言的"上管天,下管地,中间管空气"的程度,仍有部分民事纠纷由行政机关主管。另外,对于纠纷双方合意选择仲裁机构仲裁的,法院也无权主管。

依法律规定,行政机关在履行社会管理职能时,也有部分处理民事纠纷的权限。行政机关与法院主管民事纠纷的关系为:(1)法律规定并行主管的,法院主管优先。一方请求法院处理,另一方请求行政机关处理的,由法院主管。(2)当事人因不服行政机关的处理决定向法院起诉的,属于法院行政诉讼主管的范围。(3)法律规定专属于行政机关处理的争议,法院无权主管。

不属于法院主管或法院无权主管的民事纠纷主要有:

1. 土地所有权和使用权争议纠纷

根据《土地管理法》第14条的规定,土地所有权和使用权争议,由当事人协商解决;协商不成的,由人民政府处理。人民政府作出行政裁决后,当事人不服决定的,可在接到处理决定通知之日起30日内提起行政诉讼。即土地所有权和使用权争议纠纷由政府裁决,法院无权主管。

2. 补偿安置争议纠纷

《国有土地上房屋征收与补偿条例》第26条规定,房屋征收部门与被征收人在征收补偿方案确定的签约期限内达不成补偿协议,或者被征收房屋所有权人不明确的,由房屋征收部门报请作出房屋征收决定的市、县级人民政府按照征收补偿方案作出补偿决定,并在房屋征收范围内予以公告。被征收人对补偿决定不服,可以依法申请行政复议,也可以依法提起行政诉讼。根据该规定,补偿安置争议纠纷属于政府裁决事项,法院无权主管[①]。

上述两类纠纷为政府裁决前置,当事人不服政府裁决结果的可以提起行政诉讼。需注意,当事人可提起的是行政诉讼,不是民事诉讼。

3. 解除非法同居关系

2004年4月1日,《最高人民法院关于适用〈中华人民共和国婚姻法〉若干问题的解释(二)》(已失效)施行后,法院不再受理单纯的解除非法同居关系案件,但与同居关系相关的财产纠纷,仍可以同居析产纠纷向法院起诉。另外,有配偶者与他人同居,同居者请求解除同居关系的,法院也应予以受理。

[案例6-1] 上市公司股东王某诉李小姐一案。身兼多家上市公司股东职务的"钻石王老五"王某偶然认识李小姐后,双方感情迅速升温。两人在Z市同居一段时间后,王某答应为李小姐在Z市买一套房。李小姐持王某信用卡刷卡一次性付款100万元购房一套。后两人分手,李小姐将房产登记在自己名下并入住。王某气愤不过,向Z市某区人民法院起诉,请求李小姐返还房屋,后又变更请求,要求李小姐赔偿房屋现值150万元。该案审理过程中,王某与李小姐达成和解协议,最终以王某向法院申请撤诉结案。该案即属于与同居关系相关的财产纠纷,单纯的解除非法同居关系案件法院不可受理,但王先生以同居析产纠纷即与同居关系相关的财产纠纷向法院起诉,法院应当受理。

4. 刑事案件被害人精神损害赔偿纠纷

2013年1月1日起实施的《最高人民法院关于适用〈中华人民共和国刑事诉讼法〉的解释》第138条第2款曾规定:"因受到犯罪侵犯,提起附带民事诉讼或者单独提起民事诉讼要求赔偿精神损失的,人民法院不予受理。"即对于此类案件,人民法院一律不予受理。2021年3月1日起实施的《最高人民法院关于适用〈中华人民共和国刑事诉讼法〉的解释》(法释〔2021〕1号)第175条第2款修正规定为:"因受到犯罪侵犯,提起附带民事诉讼或者单独提起民事诉讼要求赔偿精神损失的,人民法院一般不予受理。"新解释增加"一般"二字,意味着刑事案件被害人由于被告人的犯罪行为而遭受精神损失提起附带民事诉讼,或者在该刑事案件审结以后另行提起精神损害赔偿民事诉讼的,人民法院一般不予受理,但特殊情形下亦可以受理。

---

① 最高人民法院《关于当事人达不成拆迁补偿安置协议就补偿安置争议提起民事诉讼人民法院应否受理问题的批复》(法释〔2005〕9号)已于2019年7月被废止。

第二节 民事案件的管辖

一、管辖概述

确定了哪些纠纷属于法院主管之后,接下来就需要确定向哪一个法院起诉,而向哪一个法院起诉首先要解决向哪一级法院起诉的问题。我国法院体系分为四级,除最高人民法院外,每一级法院都有若干个,法院级别越低数量越多,准"原告"只能向其中一个有管辖权的法院提起诉讼。①

民事案件的管辖,是指各级法院之间以及同级法院之间受理第一审民事案件的分工与权限。

民事案件管辖解决的是纠纷由哪个法院管辖的问题,其实质是在法院系统内部划分和确定上下级法院及同级法院对某一民事案件如何行使管辖权的制度。

二、确定民事案件管辖的原则

综观《民诉法》及司法解释的管辖规定,无论是级别管辖还是地域管辖,民事案件管辖法院的确定都应遵循以下原则:

1. 便于当事人进行诉讼

通常情况下,基层人民法院较中、高级人民法院与当事人住所地或经常居住地距离更近,因此,一审案件原则上交由基层人民法院审理。该原则便于当事人在其住所地或经常居住地就近提起诉讼或应诉。

2. 便于法院行使审判权

法院在审理民事案件过程中,需要向当事人送达诉讼文书,有时还需要勘验现场、调查取证,因此,确定管辖时也需要考虑是否有利于法院行使审判权。民事案件一般地域管辖中的"原告就被告"原则,即民事案件由被告住所地或经常居住地法院管辖,就是便于法院行使审判权的体现。②

3. 保证案件公正审理

我国法院按地方行政区划设置。为防止地方保护,《民诉法》规定了合同纠纷和其他财产权益纠纷的协议管辖制度;为排除行政干扰因素,规定了管辖权转移和指定管辖制度。上述制度均是为了保证案件公正审理。

---

① 截至 2019 年,我国共有 1 个最高人民法院、31 个高级人民法院、403 个中级人民法院、3048 个基层人民法院(不含军事法院)。

② 国外立法一般也是以被告住所地来确立一般地域管辖法院,但理由不同。他们认为,与原告相比,被告往往处于消极的防御地位,被告住所地法院作为管辖法院不仅便利被告应诉,而且在一定程度上能防止原告滥用诉权。

4. 兼顾各级法院职能和工作负担均衡原则

级别管辖的合理划分就是为了兼顾各级法院职能和工作负担均衡。我国设置了四级法院，法院级别不同，职能也不尽相同。最高人民法院的主要职责是统一法律的适用；高级人民法院与中级人民法院除了审理民事案件外，还负有指导下级法院业务的职责；基层人民法院的职责比较单一，就是审理案件。另外，基层人民法院的数量最多，法院级别越高，数量越少。通过级别管辖的设置，绝大多数一审民事案件由级别较低法院审理，可以兼顾各级法院职能和工作负担的均衡性。

5. 确定性与灵活性相结合原则

管辖权的设置首先要有确定性，这样民事主体才能对纠纷发生后的受理法院作出预判和选择。但特殊性情形下也需要灵活。管辖权转移制度中，管辖权在上下级法院之间的转移就是考虑了管辖的确定性与灵活性相结合。

6. 有利于维护国家主权原则

涉外案件管辖，应以维护国家主权与我国公民的合法权益为出发点，尽量扩大我国法院对涉外民事案件的管辖范围，有利于维护国家主权。

三、民事案件管辖的分类

依据不同标准，管辖可以作出不同的分类。

1. 法定管辖与裁定管辖

以管辖是由法律直接规定还是法院裁定为标准，管辖分为法定管辖与裁定管辖。级别管辖与地域管辖均是由《民诉法》直接规定，故为法定管辖。对于移送管辖、指定管辖、管辖权转移，虽然《民诉法》也有相应的规定，但最终确定需要由法院作出裁定，因此属于裁定管辖。法定管辖是针对管辖的一般情形规定的，实务中多数适用法定管辖。裁定管辖是针对特殊情形规定的，是为了在特殊情形下对法定管辖进行变通。

2. 共同管辖与合并管辖

以诉讼主体、客体与法院的联系为分类标准，管辖又分为共同管辖与合并管辖。两个或两个以上的法院对同一案件都具有管辖权的，称为共同管辖。比如，《民诉法》规定合同纠纷由被告住所地或合同履行地法院管辖，一般情况下被告住所地与合同履行地并不在同一法院辖区，被告住所地法院与合同履行地法院对该合同纠纷都有管辖权，构成共同管辖。合并管辖，又称为牵连管辖，是指对某一案件有管辖权的法院，因另一案件与该案件存在牵连关系，取得对另一案件的管辖权，法院将两案合并审理。合并管辖的主要适用情形是原告增加诉讼标的，或被告提出反诉，第三人提出与本案有关的诉讼请求。比如，原告提起本诉后，被告提起反诉，受诉法院基于受理本诉而一并取得对反诉的管辖权,受诉法院对反诉有无管辖权可以在所不问,受诉法院对反诉的管辖构成合并管辖。

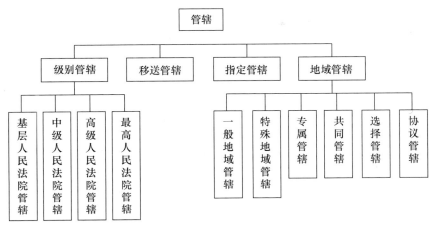

[图 6-2] 管辖分类

《民诉法》第一编第二章专门对管辖作了规定,将管辖分为级别管辖、地域管辖、移送管辖与指定管辖四大类。地域管辖又进一步分为一般地域管辖、特殊地域管辖、专属管辖、共同管辖、选择管辖和协议管辖六小类。

第三节 级 别 管 辖

一、级别管辖概述

级别管辖,是指划分上下级法院之间受理第一审民事案件的分工和权限。发生民事纠纷准备起诉时,须首先确定由哪一级法院管辖,即首先要确定级别管辖。

确定级别管辖的标准为:(1)案件性质。案件性质不同,审理难易程度就不同,对法院的要求也不同。重大涉外案件在审理难度上大于一般涉外案件及国内民事案件,需要由较高级别的法院审理。而专利案件、海事、海商案件,由于涉及专门技术,也需要由较高级别的法院审理。(2)案件影响范围。不同案件,社会影响也不尽相同。影响越大的案件,对案件审理的要求越高,需要较高级别法院审理;与此相对应,级别较高法院的审理结果对社会的影响也较大。

二、《民诉法》规定的各级法院管辖标准

(一)基层人民法院

《民诉法》第 17 条规定:"基层人民法院管辖第一审民事案件,但本法另有规

定的除外。"据此规定,除中级人民法院、高级人民法院、最高人民法院管辖的第一审民事案件外,其他案件全部都由基层人民法院审理。换言之,第一审民事案件原则上都由基层人民法院管辖。

(二)中级人民法院

根据《民诉法》第18条的规定,中级人民法院管辖下列第一审民事案件:

1. 重大涉外案件

重大涉外案件,是指争议标的额较大、案情复杂,或者居住在国外的当事人众多的涉外案件。涉港澳台案件比照涉外案件确定管辖法院。

2. 在本辖区有重大影响的案件

哪些案件在本辖区有重大影响,由中级人民法院自由判断。由于判断标准不太客观,因此,最高人民法院专门规定了各级法院受理第一审民事案件的标的额标准。

3. 最高人民法院确定由中级人民法院管辖的案件

(1)海事、海商案件。《海事诉讼特别程序法》第4条、第5条规定,海事侵权纠纷、海商合同纠纷、海事担保纠纷及其他海事纠纷由海事法院作为第一审法院审理。海事法院在级别建制上属于中级法院,当事人对于海事法院作出的一审判决、裁定不服提起上诉的,由海事法院所在地对应的高级人民法院审理。

(2)专利纠纷案件。《民诉法解释》第2条第1款规定:"专利纠纷案件由知识产权法院、最高人民法院确定的中级人民法院和基层人民法院管辖。"

(3)著作权纠纷。《最高人民法院关于审理著作权民事纠纷案件适用法律若干问题的解释》(法释〔2020〕19号)第2条规定:"著作权民事纠纷案件,由中级以上人民法院管辖。各高级人民法院根据本辖区的实际情况,可以报请最高人民法院批准,由若干基层人民法院管辖第一审著作权民事纠纷案件。"

(4)商标案件。根据《最高人民法院关于审理商标案件有关管辖和法律适用范围问题的解释》(法释〔2020〕19号)第1条、第2条的规定,商标权权属纠纷案件、侵害商标权纠纷案件、确认不侵害商标权纠纷案件、商标权转让合同纠纷案件、商标使用许可合同纠纷案件、商标代理合同纠纷案件、申请诉前停止侵害注册商标专用权案件、申请停止侵害注册商标专用权损害责任案件、申请诉前财产保全案件、申请诉前证据保全案件等商标民事纠纷第一审案件,由中级以上人民法院管辖。各高级人民法院根据本辖区的实际情况,经最高人民法院批准,可以在较大城市确定1—2个基层人民法院受理第一审商标民事纠纷案件。

(5)公益诉讼案件。《民诉法解释》第285条规定:"公益诉讼案件由侵权行为地或者被告住所地中级人民法院管辖,但法律、司法解释另有规定的除外。因污染海洋环境提起的公益诉讼,由污染发生地、损害结果地或者采取预防污染措施地海事法院管辖。"据此规定,公益诉讼案件除法律、司法解释另有规定的以外,均由中级人民法院审理,部分案件由中级法院建制的海事法院审理。

(6) 证券虚假陈述民事赔偿案件。《最高人民法院关于审理证券市场因虚假陈述引发的民事赔偿案件的若干规定》(法释〔2003〕2号)第6条、第8条规定,投资人以自己受到虚假陈述侵害为由,依据有关机关的行政处罚决定或者人民法院的刑事裁判文书,对虚假陈述行为人提起的民事赔偿诉讼,由省、直辖市、自治区人民政府所在的市、计划单列市和经济特区中级人民法院管辖。

(7) 申请撤销仲裁裁决案件及对于仲裁裁决的效力请求法院裁决案件。《中华人民共和国仲裁法》第58条第1款规定:"当事人提出证据证明裁决有下列情形之一的,可以向仲裁委员会所在地的中级人民法院申请撤销裁决:(一)没有仲裁协议的;(二)裁决的事项不属于仲裁协议的范围或者仲裁委员会无权仲裁的;(三)仲裁庭的组成或者仲裁的程序违反法定程序的;(四)裁决所根据的证据是伪造的;(五)对方当事人隐瞒了足以影响公正裁决的证据的;(六)仲裁员在仲裁该案时有索贿受贿,徇私舞弊,枉法裁决行为的。"依据《最高人民法院关于适用〈中华人民共和国仲裁法〉若干问题的解释》(2008年调查,法释〔2006〕7号)第12条的规定,当事人向人民法院申请确认仲裁协议效力的案件,由仲裁协议约定的仲裁机构所在地的中级人民法院管辖;仲裁协议约定的仲裁机构不明确的,由仲裁协议签订地或者被申请人住所地的中级人民法院管辖。申请确认涉外仲裁协议效力的案件,由仲裁协议约定的仲裁机构所在地、仲裁协议签订地、申请人或者被申请人住所地的中级人民法院管辖。涉及海事海商纠纷仲裁协议效力的案件,由仲裁协议约定的仲裁机构所在地、仲裁协议签订地、申请人或者被申请人住所地的海事法院管辖。上述地点设有海事法院的,由就近的海事法院管辖。

(三) 高级人民法院

《民诉法》第19条规定:"高级人民法院管辖在本辖区有重大影响的第一审民事案件。"哪些案件在本辖区有重大影响,由高级人民法院自由判断,且同样可以由最高人民法院专门规定的各级人民法院受理第一审民事案件的标的额标准作为客观标准。

(四) 最高人民法院

《民诉法》第20条规定:"最高人民法院管辖下列第一审民事案件:(一)在全国有重大影响的案件;(二)认为应当由本院审理的案件。"需注意,四级法院中,只有最高人民法院有权管辖认为应当由本院审理的案件,其他法院无权自行决定哪些案件应当由本院审理。另外,为避免最高人民法院审理第一审民事案件造成事实上的一审终审,侵害当事人的审级利益,最高人民法院对第一审民事案件的管辖权实际是备而不用的。

[表 6-1]　四级法院级别管辖

基层人民法院	中级人民法院	高级人民法院	最高人民法院
第一审民事案件，本法另有规定的除外	重大涉外案件	在本辖区有重大影响的案件	在全国有重大影响的案件
	在本辖区有重大影响的案件		
	最高院确定由中院管辖的案件		认为应当由本院审理的案件

三、最高人民法院规定的标的额管辖标准

[案例 6-2]　2016 年 8 月，某知名男艺人自曝妻子出轨其经纪人，并作为原告向北京市某基层人民法院提起诉讼，请求法院判令解除其与妻子的婚姻关系并分割财产。分割财产的范围包括国内外 13 套房产、多家公司的股权、多辆豪华小汽车等，原告称上述财产价值为 9900 万元。上述财产的估值明显超过 1 亿元，但为何原告将其价值确定为 9900 万元，这就涉及最高人民法院对级别管辖标的额标准的规定。

世界上许多国家都以争议标的额的金额作为确定法院级别管辖的客观标准，我国也采用此标准。2015 年 4 月 30 日，最高人民法院在 2008 年 2 月 3 日下发的通知基础上发布《最高人民法院关于调整高级人民法院和中级人民法院管辖第一审民商事案件标准的通知》（法发〔2015〕7 号）。2019 年 4 月 30 日，最高人民法院再发布《最高人民法院关于调整高级人民法院和中级人民法院管辖第一审民事案件标准的通知》（法发〔2019〕14 号），大幅提高了高级人民法院和中级人民法院级别管辖标的额标准。

依据 2015 年 4 月 30 日法发〔2015〕7 号的通知，高级人民法院和中级人民法院管辖第一审民事案件标的额标准分为四档，并以当事人住所地是否均在受理法院所处省级行政辖区分为两种标准。（1）当事人住所地均在受理法院所处省级行政辖区的第一审民商事案件，北京、上海、江苏、浙江、广东高级人民法院，管辖诉讼标的额 5 亿元以上一审民商事案件，所辖中级人民法院管辖诉讼标的额 1 亿元以上一审民商事案件。天津、河北、山西、内蒙古、辽宁、安徽、福建、山东、河南、湖北、湖南、广西、海南、四川、重庆高级人民法院，管辖诉讼标的额 3 亿元以上一审民商事案件，所辖中级人民法院管辖诉讼标的额 3000 万元以上一审民商事案件。吉林、黑龙江、江西、云南、陕西、新疆高级人民法院和新疆生产建设兵团分院，管辖诉讼标的额 2 亿元以上一审民商事案件，所辖中级人民法院管辖诉讼标的额 1000 万元以上一审民商事案件。贵州、西藏、甘肃、青海、宁夏高级人民法院，管辖诉讼标的额 1 亿元以上一审民商事案件，所辖中级人民法院管

辖诉讼标的额 500 万元以上一审民商事案件。(2) 当事人一方住所地不在受理法院所处省级行政辖区的第一审民商事案件,北京、上海、江苏、浙江、广东高级人民法院,管辖诉讼标的额 3 亿元以上一审民商事案件,所辖中级人民法院管辖诉讼标的额 5000 万元以上一审民商事案件。天津、河北、山西、内蒙古、辽宁、安徽、福建、山东、河南、湖北、湖南、广西、海南、四川、重庆高级人民法院,管辖诉讼标的额 1 亿元以上一审民商事案件,所辖中级人民法院管辖诉讼标的额 2000 万元以上一审民商事案件。吉林、黑龙江、江西、云南、陕西、新疆高级人民法院和新疆生产建设兵团分院,管辖诉讼标的额 5000 万元以上一审民商事案件,所辖中级人民法院管辖诉讼标的额 1000 万元以上一审民商事案件。贵州、西藏、甘肃、青海、宁夏高级人民法院,管辖诉讼标的额 2000 万元以上一审民商事案件,所辖中级人民法院管辖诉讼标的额 500 万元以上一审民商事案件。(3) 解放军军事法院管辖诉讼标的额 1 亿元以上一审民商事案件,大单位军事法院管辖诉讼标的额 2000 万元以上一审民商事案件。(4) 婚姻、继承、家庭、物业服务、人身损害赔偿、名誉权、交通事故、劳动争议等案件,以及群体性纠纷案件,一般由基层人民法院管辖。

2019 年 4 月 30 日法发〔2019〕14 号通知则将全国中级人民法院管辖第一审民事案件的诉讼标的额上限标准大幅提高,不再划分档次,也不再区分当事人住所地是否均在受理法院所处省级行政辖区。(1) 中级人民法院管辖第一审民事案件的诉讼标的额上限原则上为 50 亿元(人民币),诉讼标的额下限继续按照《最高人民法院关于调整地方各级人民法院管辖第一审知识产权民事案件标准的通知》(法发〔2010〕5 号)、《最高人民法院关于调整高级人民法院和中级人民法院管辖第一审民商事案件标准的通知》(法发〔2015〕7 号)、《最高人民法院关于明确第一审涉外民商事案件级别管辖标准以及归口办理有关问题的通知》(法〔2017〕359 号)、《最高人民法院关于调整部分高级人民法院和中级人民法院管辖第一审民商事案件标准的通知》(法发〔2018〕13 号)等文件执行。(2) 高级人民法院管辖诉讼标的额 50 亿元(人民币)以上(包含本数)或者其他在本辖区有重大影响的第一审民事案件。(3) 海事海商案件、涉外民事案件的级别管辖标准按照本通知执行。(4) 知识产权民事案件的级别管辖标准按照本通知执行,但《最高人民法院关于知识产权法庭若干问题的规定》第 2 条所涉案件类型除外。(5) 最高人民法院以前发布的关于第一审民事案件级别管辖标准的规定与该通知不一致的,不再适用。该通知于 2019 年 5 月 1 日施行后,全国各中级人民法院受理第一审民事案件标的额标准的上限统一调整至 50 亿元,下限仍然适用 2015 年 4 月 30 日法发〔2015〕7 号通知的标准,各高级人民法院受理第一审民事案件标的额标准为 50 亿元以上。

[表 6-2] 最新级别管辖标的额标准

档次	细分标准	标的额
北上广江浙	住所地在同一省级辖区	高院:50亿元以上(含本数) 中院:1亿元~50亿元 基层:不满1亿元
	住所地不在同一省级辖区	高院:50亿元以上(含本数) 中院:5000万元~50亿元 基层:不满5000万元
津冀晋蒙辽皖闽鲁豫鄂湘桂琼川渝	住所地在同一省级辖区	高院:50亿元以上(含本数) 中院:3000万元~50亿元 基层:不满3000万元
	住所地不在同一省级辖区	高院:50亿元以上(含本数) 中院:2000万元~50亿元 基层:不满2000万元
吉黑赣滇陕新	不存在此情形	高院:50亿元以上(含本数) 中院:1000万元~50亿元 基层:不满1000万元
贵藏甘青宁	不存在此情形	高院:50亿元以上(含本数) 中院:500万元~50亿元 基层:不满500万元

四、管辖权的转移

管辖权的转移,是指经上级法院决定或同意,将案件管辖权由上级法院转交给下级法院,或由下级法院转交给上级法院。《民诉法》第38条规定:"上级人民法院有权审理下级人民法院管辖的第一审民事案件;确有必要将本院管辖的第一审民事案件交下级人民法院审理的,应当报请其上级人民法院批准。下级人民法院对它所管辖的第一审民事案件,认为需要由上级人民法院审理的,可以报请上级人民法院审理。"管辖权的转移实质是对级别管辖的变更或补充,分为两种情形,自下而上的转移与自上而下的转移,具体包括在基层人民法院、中级人民法院之间转移,以及在中级人民法院、高级人民法院之间转移。

1. 自下而上的转移

(1)上级法院有权提审下级法院有管辖权并已受理的案件。提审时上级法院作出裁定即可,下级法院不得拒绝。

(2)因特殊原因,下级法院将其有管辖权并已受理的案件报上级法院审理。需注意,此种管辖权转移下级法院须报上级法院同意。

2. 自上而下的转移

需注意,《民诉法》第 38 条规定,上级法院确有必要将本院管辖的第一审民事案件交下级法院审理的,应当报请其上级法院批准。此处"其上级法院"就是指上级法院的上级法院,如广州市中级人民法院拟将其管辖的第一审民事案件交由越秀区人民法院审理,应报请广东省高级人民法院批准。为何规定"审批",主要是为了防止地方保护主义。实务中,存在有些上级法院随意将应由其管辖的一审案件指定下级法院审理的情况,其用意是将该案件二审程序控制在当地,确有地方保护之嫌。

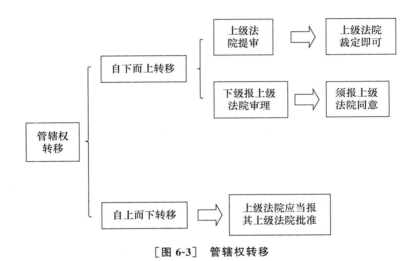

[图 6-3] 管辖权转移

根据《民诉法解释》第 42 条的规定,下列第一审民事案件,人民法院可以在开庭前交下级人民法院审理:(1)破产程序中有关债务人的诉讼案件;(2)当事人人数众多且不方便诉讼的案件;(3)最高人民法院确定的其他类型案件。人民法院交下级人民法院审理前,应当报请上级人民法院批准。上级人民法院批准后,人民法院应当裁定将案件交其下级人民法院审理。

第四节 地域管辖

级别管辖确定之后,准"原告"面对数量众多的同一级法院,需要确定应向哪一个法院递交起诉状。选择错误意味着法院不会受理,即使受理也可能被驳回起诉,准"原告"必须作出正确选择,这就是地域管辖要解决的问题。

一、地域管辖概述

地域管辖，是指同级法院受理第一审民事案件的分工与权限。地域管辖是依据法院辖区和民事案件的关系来划分的管辖。《民诉法》第 21 条至第 32 条对地域管辖作出了规定。

地域管辖分为一般地域管辖与特殊地域管辖。确定标准为：一般地域管辖，单纯以当事人所在地与法院辖区之间的联系为根据；特殊地域管辖，综合考虑当事人所在地、案件诉讼标的、法律事实所在地与法院辖区之间的联系。

二、一般地域管辖

一般地域管辖包括在实务中经常被提及的"原告就被告"与"被告就原告"两种形态。《民诉法》第 21 条规定："对公民提起的民事诉讼，由被告住所地人民法院管辖；被告住所地与经常居住地不一致的，由经常居住地人民法院管辖。对法人或者其他组织提起的民事诉讼，由被告住所地人民法院管辖。同一诉讼的几个被告住所地、经常居住地在两个以上人民法院辖区的，各该人民法院都有管辖权。"一般地域管辖以被告所在地确定管辖法院为原则，以原告所在地确定管辖法院为补充。原告或被告所在地包括原告或被告住所地与经常居住地。

（一）通常原则——"原告就被告"

1. 被告是自然人的

我国《民诉法》没有使用"自然人"概念，而是使用"公民"概念。对于自然人被告，由被告住所地人民法院管辖。被告经常居住地与住所地不一致的，由被告经常居住地人民法院管辖。

确定自然人被告管辖应注意以下三点：(1) 自然人的住所地是指自然人的户籍所在地。[①] (2) 自然人的经常居住地是指公民离开住所地至起诉时已连续居住一年以上的地方，但自然人住院就医的地方除外。[②] 实务中，对连续居住的审查并不以持续在一地居住没有外出为标准，如某大学珠海分校三年级学生小王，其户籍地为广东省佛山市顺德区。小王的住所地是佛山市顺德区，经常居住地是珠海市。(3) 当事人的户籍迁出后尚未落户，有经常居住地的，由该地法院管辖。没有经常居住地，户籍迁出不足一年的，由其原户籍所在地人民法院管

[①] 《民诉法解释》第 3 条规定："公民的住所地是指公民的户籍所在地，法人或者其他组织的住所地是指法人或者其他组织的主要办事机构所在地。法人或者其他组织的主要办事机构所在地不能确定的，法人或者其他组织的注册地或者登记地为住所地。"

[②] 《民诉法解释》第 4 条规定："公民的经常居住地是指公民离开住所地至起诉时已连续居住一年以上的地方，但公民住院就医的地方除外。"

辖;超过一年的,由其居住地人民法院管辖。①

对上述第三种情形可理解为:自然人户籍迁出后尚未落户,分为满一年与未满一年两种情形。其中,满一年又分为有经常居住地与没有经常居住地两种情形,有经常居住地的,自然应当由经常居住地人民法院管辖;没有经常居住地的,由于户籍迁出已一年,原户籍地人民法院已不宜管辖,所以由居住地人民法院管辖。户籍迁出未满一年,自然没有经常居住地,只好由原户籍地人民法院管辖。

2. 被告是法人或其他组织的

法人、其他组织作为被告的,由被告住所地人民法院管辖。法人住所地指主要营业地或主要办事机构所在地。对没有办事机构的公民合伙、合伙型联营体提起的诉讼,由被告注册登记地人民法院管辖。如果合伙型联营体没有注册登记,几个被告又不在同一辖区的,被告住所地的人民法院都有管辖权(《民诉法解释》第3条第1款、第5条)。

《民诉法解释》第3条第2款规定:"法人或者其他组织的主要办事机构所在地不能确定的,法人或者其他组织的注册地或者登记地为住所地。"《公司登记条例》第12条规定,公司的住所应当在其公司登记机关辖区内,因此,一般情况下,公司的住所地应当就是公司的注册登记地。实务中,有些公司变更住所地后不及时办理变更登记,导致住所地与注册登记地不一致,原告在起诉时很难判断,因此,实务中一般以注册登记的住所地确定管辖法院。

不论被告是自然人还是法人或其他组织,如果几个被告的住所地或经常居住地在两个以上法院辖区的,所有辖区的法院都有管辖权。原告只能选择其中一个法院提起诉讼。

(二) 例外原则——原告所在地人民法院管辖

《民诉法》第22条规定,下列民事诉讼,由原告住所地人民法院管辖;原告经常居住地与住所地不一致的,由经常居住地人民法院管辖:(1) 对不在我国领域内居住的人提起的有关身份关系的诉讼;(2) 对下落不明或者宣告失踪的人提起的有关身份关系的诉讼;(3) 对被采取强制性教育措施的人提起的诉讼;(4) 对被监禁的人提起的诉讼。需注意,以上规定第(1)(2)种情形只针对有关身份关系的诉讼,第(3)(4)种情形没有身份关系限制,所有民事案件均适用。

《民诉法解释》规定了原告住所地人民法院管辖的特殊情形:(1) 追索赡养费案件的几个被告住所地不在同一辖区的,可以由原告住所地人民法院管辖。该规定是为了方便行动不便的老人提起追索赡养费诉讼(《民诉法解释》第9条)。需注意,既然是"可以由原告住所地人民法院管辖",意味着原告有选择权,

---

① 《民诉法解释》第7条规定:"当事人的户籍迁出后尚未落户,有经常居住地的,由该地人民法院管辖;没有经常居住地的,由其原户籍所在地人民法院管辖。"

也可以选择由其中一个被告住所地人民法院管辖。(2)夫妻一方离开住所地超过一年,另一方起诉离婚的案件,可以由原告住所地人民法院管辖(《民诉法解释》第12条)。(3)被告一方被注销城镇户口的,由原告所在地人民法院管辖。[①] 第(2)(3)种情形是为了方便原告就近提起诉讼。

下列情形不适用原告住所地人民法院管辖:

(1)双方当事人都被监禁或被采取强制性教育措施的,由被告原住所地人民法院管辖。被告被监禁或被采取强制性教育措施1年以上的,由被告被监禁地或被采取强制性教育措施人民法院管辖(《民诉法解释》第8条)。(2)双方均被注销城镇户口的,由被告居住地的人民法院管辖(《民诉法解释》第6条)。(3)夫妻双方离开住所地超过一年,一方起诉离婚的案件,由被告经常居住地人民法院管辖;没有经常居住地的,由原告起诉时被告居住地的人民法院管辖(《民诉法解释》第12条第2款)。

上述"不适用原告住所地人民法院管辖"情形可与前述"原告住所地人民法院管辖"特殊情形对比理解,前述情形基本上是"一方",后述情形全部是"双方"。

[表 6-3]　原、被告住所地人民法院管辖情形比较

原告住所地人民法院管辖情形	被告住所地人民法院管辖情形
对被监禁的人提起的诉讼	**双方**当事人都被监禁或被采取强制性教育措施的,由被告原住所地人民法院管辖。1年以上的,由被告被监禁地或被采取强制性教育措施地人民法院管辖
夫妻一方离开住所地超过一年,另一方起诉离婚的案件	夫妻**双方**离开住所地超过1年,一方起诉离婚的案件,由被告经常居住地人民法院管辖;没有经常居住地的,由原告起诉时被告居住地人民法院管辖
被告一方被注销户籍的	**双方**均被注销户籍的,由被告居住地人民法院管辖

[**案例 6-3**]　崔某与陈某是夫妻,二人一直居住在Z市X区。2008年1月,崔某在G市Y区贩卖毒品被羁押,一个月后被Y区人民法院判处有期徒刑3年,在J市A区监狱服刑。2008年10月,陈某欲提出离婚诉讼,她应当向哪个法院起诉?如果是崔某提出离婚诉讼,他应当向哪个法院起诉?另外,崔某在2008年1月被抓前,曾经向Z市D区的刘某借款5000元。2008年12月,刘某因故意伤害罪被判刑2年,在Z市服刑,2009年3月刘某欲起诉崔某还钱,刘某应向哪个法院起诉?

崔某属于被监禁人员,陈某作为原告起诉与其离婚,应当向陈某住所地

---

① 《民诉法解释》第6条规定:"被告被注销户籍的,依照民事诉讼法第二十二条规定确定管辖;原告、被告均被注销户籍的,由被告居住地人民法院管辖。"

Z市X区人民法院提起诉讼。如果崔某作为原告提出离婚诉讼,仍然适用"原告就被告"原则,应当向陈某住所地Z市X区人民法院提起诉讼。

崔某与刘某都是被监禁的当事人,因此,刘某欲起诉崔某,仍然适用"原告就被告"原则,刘某本应向崔某住所地Z市X区人民法院提起诉讼。但至2009年3月,崔某在J市A区监狱服刑已超过一年,经常居住地与住所地已不一致,因此,刘某应向崔某经常居住地即J市A区人民法院起诉。

此外,《民诉法解释》第13条至第17条还特别规定了定居[①]国外的华侨或中国公民提起涉外离婚案件的管辖法院:

(1) 在国内结婚并定居国外的华侨,如定居国法院以离婚诉讼须由婚姻缔结地法院管辖为由不予受理,当事人向人民法院提出离婚诉讼的,由婚姻缔结地或一方在国内的最后居住地人民法院管辖。

(2) 在国外结婚并定居国外的华侨,如定居国法院以离婚诉讼须由国籍所属国法院管辖为由不予受理,当事人向人民法院提出离婚诉讼的,由一方原住所地或在国内的最后居住地人民法院管辖。

(3) 中国公民一方居住在国外,一方居住在国内,不论哪一方向人民法院提起离婚诉讼,国内一方住所地的人民法院都有权管辖。如国外一方在居住国法院起诉,国内一方向人民法院起诉的,受诉人民法院有权管辖。

(4) 中国公民双方在国外但未定居,一方向人民法院起诉离婚的,应由原告或者被告原住所地人民法院管辖。

(5) 已经离婚的中国公民,双方均定居国外,仅就国内财产分割提起诉讼的,由主要财产所在地人民法院管辖。

三、特殊地域管辖

(一) 特殊地域管辖概述

特殊地域管辖,是指以当事人所在地、诉讼标的物所在地或法律事实所在地为标准确定管辖法院。在特殊地域管辖中,当事人所在地不再是确定管辖的唯一因素,只要法律事实所在地或诉讼标的物所在地与某一法院存在关联,该法院就取得案件管辖权。特殊地域管辖的案件类型包括合同纠纷、侵权纠纷等。《民诉法》第23条至第32条规定了特殊地域管辖情形。

(二) 合同纠纷案件的管辖原则

因合同纠纷提起的诉讼,由被告住所地或者合同履行地人民法院管辖。之所以规定合同纠纷由被告住所地或者合同履行地人民法院管辖,主要是出于方

[①] 所谓定居,是指中国公民已经取得住在国长期或永久居留权;或未取得,但已取得住在国连续五年以上合法居留资格,并在国外居住,视同定居。

便法院审理与执行的考虑。合同纠纷诉讼,法院经常需要根据原告诉讼财产保全申请对被告财产采取保全措施,由被告住所地人民法院管辖方便审理;法院也经常需要外出勘验现场及物证,依照当事人申请外出调查收集证据,由合同履行地人民法院管辖较为方便审理。

1. 合同履行地确定的一般原则

合同履行地是履行合同义务的地点,当事人可以在合同中约定合同履行地。对没有约定或约定不明的,可以协议补充。① 此处的"合同"包括合同书、信件和数据电文(包括电报、电传、传真、电子数据交换和电子邮件)等形式。合同对履行地点没有约定或者约定不明确,争议标的为给付货币的,接收货币一方所在地为合同履行地;交付不动产的,不动产所在地为合同履行地;其他标的,履行义务一方所在地②为合同履行地。即时结清的合同,交易行为地为合同履行地(《民诉法解释》第18条第2款)。"其他标的",是指争议标的是货币、不动产以外的其他标的。

合同履行地首先以双方约定的履行地为准,即有约定的从约定。没有约定或者约定不明确的,以上述规则确定合同履行地。合同一般为双务合同,即合同双方的义务是相对的。双务合同中合同履行地的确定,须根据原告起诉时的诉讼请求结合合同履行义务的内容来确定。③ 如买卖合同纠纷中,出卖人起诉买受人支付货款的,争议标的为给付货币,出卖人为接收货币一方,出卖人所在地为合同履行地;买受人起诉出卖人交付货物的或者交付货物不符合约定的,争议标的为"其他标的",出卖人为履行义务一方,出卖人所在地为合同履行地。

对于"接收货币一方所在地"的确定,可以理解为"有权接收货币一方所在地"。比如,借款合同纠纷中,出借人起诉借款人返还借款的,出借人为有权接收货币一方,出借人所在地为合同履行地;借款人起诉出借人请求履行交付借款义务的,借款人为有权接受货币一方,借款人所在地为合同履行地。

对于名称与内容不一致的合同,应以权利义务内容确定合同性质,进而确定合同履行地。比如,合同抬头名为联营合同,合同约定内容为借款合同的权利义务,则以借款合同确定合同履行地。

因合同纠纷提起的诉讼,如果合同没有实际履行,当事人双方住所地又都不在合同约定的履行地的,应由被告住所地人民法院管辖(《民诉法解释》第18条

---

① 按照最高人民法院《民诉法解释》起草小组的意见,《民诉法解释》第18条第2款中的合同履行地是指合同明确约定的履行地点,而不依据实际履行义务的地点确定合同履行地,如到货地、安装调试地等。亦即合同没有约定合同履行地,也不能达成补充协议的,不能按照合同有关条款或者交易习惯确定合同履行地。

② 合同项下的义务有多个的,履行合同主要义务所在地为合同履行地。

③ 对此可理解为,双务合同相对方互负义务,但一方起诉后,明确了对方须履行义务,此时义务已固定为"单方义务",以此义务为标准,按照《民诉法解释》第18条第2款规定确定合同履行地。

第 3 款)。

2. 履行地确定的例外规定

《民诉法解释》第 18 条规定了合同履行地确定的一般原则,对于财产租赁合同、融资租赁合同、以信息网络方式订立的买卖合同没有明确约定合同履行地的,合同履行地的确定不能按照一般原则确定,而以下列规定确定:

(1) 财产租赁合同、融资租赁合同,以租赁物使用地为合同履行地。合同对履行地有约定的,从其约定(第 19 条)。

(2) 以信息网络方式订立的买卖合同,通过信息网络交付标的的,以买受人住所地为合同履行地;通过其他方式交付标的的,收货地为合同履行地。合同对履行地有约定的,从其约定(第 20 条)。

3. 特殊地域管辖的特殊规定

《民诉法》及《民诉法解释》还列举了三种特殊的地域管辖规定,换言之,下列纠纷的管辖不能以地域管辖的原则确定管辖法院,而以法律条文具体规定确定:

(1) 因保险合同纠纷提起的诉讼,由被告住所地或者保险标的物所在地人民法院管辖(《民诉法》第 24 条)。

(2) 因财产保险合同纠纷提起的诉讼,如果保险标的物是运输工具或者运输中的货物,可以由运输工具登记注册地、运输目的地、保险事故发生地人民法院管辖。因人身保险合同纠纷提起的诉讼,可以由被保险人住所地人民法院管辖(《民诉法解释》第 21 条)。

(3) 因铁路、公路、水上、航空运输和联合运输合同纠纷提起的诉讼,由运输始发地、目的地或者被告住所地人民法院管辖(《民诉法》第 27 条)。

(三) 侵权纠纷案件的管辖法院

1. 侵权纠纷管辖的一般规定

因侵权行为提起的诉讼,由侵权行为地或者被告住所地人民法院管辖。侵权行为地,包括侵权行为实施地、侵权结果发生地。换言之,侵权纠纷案件,由侵权行为实施地、侵权结果发生地以及被告住所地人民法院管辖。一般侵权纠纷管辖确定原则为方便法院审理与执行,涉人身损害赔偿侵权纠纷则侧重方便原告诉讼。

确定侵权纠纷管辖法院时应注意:(1) 若侵权行为实施地、侵权结果发生地和被告住所地不在同一人民法院辖区,各人民法院均有管辖权,原告可选择其中一家人民法院起诉。(2) 因产品质量不合格造成他人财产、人身损害提起的诉讼,产品制造地、产品销售地、侵权行为地和被告住所地的人民法院都有管辖权。(3) 侵犯专利权纠纷,由侵权行为地或被告住所地人民法院管辖。(4) 侵犯商标权纠纷,由侵权行为实施地、侵权商品储藏地或者查封扣押地、被告住所地人民法院管辖。(5) 侵犯著作权纠纷,由侵权行为实施地、侵权复制品储藏地或者查封扣押地、被告住所地人民法院管辖。

信息网络侵权行为实施地包括实施被诉侵权行为的计算机等信息设备所在地,侵权结果发生地包括被侵权人住所地(《民诉法解释》第 25 条)。

2. 侵权纠纷管辖的特别规定

因铁路、公路、水上和航空事故请求损害赔偿提起的诉讼,由事故发生地或者车辆、船舶最先到达地、航空器最先降落地或者被告住所地人民法院管辖(《民诉法》第 29 条)。

海损事故管辖:因船舶碰撞或者其他海事损害事故请求损害赔偿提起的诉讼,由碰撞发生地、碰撞船舶最先到达地、加害船舶被扣留地或者被告住所地人民法院管辖(《民诉法》第 30 条)。海难救助管辖:因海难救助费用提起的诉讼,由救助地或者被救助船舶最先到达地人民法院管辖(《民诉法》第 31 条)。共同海损管辖:因共同海损提起的诉讼,由船舶最先到达地、共同海损理算地或者航程终止地的人民法院管辖(《民诉法》第 32 条)。需注意,海难救助、共同海损案件管辖法院没有被告住所地人民法院。

(四)部分与公司有关的纠纷管辖法院

根据《民诉法》第 26 条、《民诉法解释》第 22 条的规定,因公司设立、确认股东资格、分配利润、解散,因股东名册记载、请求变更公司登记、股东知情权、公司决议、公司合并、公司分立、公司减资、公司增资等纠纷提起的诉讼,由公司住所地人民法院管辖。

上述规定中,对与公司有关的纠纷类型采用列举加兜底的形式,但并非所有与公司有关的纠纷都由公司住所地人民法院管辖,主要以"纠纷是否涉及公司利益、裁判是否适用《公司法》"来判断,如股东与股东之间的出资违约责任诉讼就是例外。另外需注意,"公司住所地"并非一定是被告所在地。列举的诉讼类型中主要以公司为被告,但还有部分案件不是以公司为被告,如公司股东请求高管承担损害公司利益的赔偿责任纠纷,就不能以侵权行为地或被告住所地人民法院管辖,因此,实践中需特别注意"公司住所地"的确定。

第五节 协议管辖

协议管辖又称约定管辖,是指当事人在纠纷发生前后,以书面协议形式约定管辖法院。协议管辖是法律赋予当事人的诉讼权利,是"意思自治"原则在民事诉讼法领域的体现。协议管辖既可以是单独签订管辖协议,也可以是在合同中签订管辖条款。签订管辖协议的时间一般是在签订合同时,因为签订合同时双方关系融洽,比较容易达成管辖协议。当然法律也不排除在纠纷发生后签订管辖协议。协议管辖包括明示协议管辖与默示协议管辖。

一、明示协议管辖

《民诉法》第 34 条规定:"合同或者其他财产权益纠纷的当事人可以书面协议选择被告住所地、合同履行地、合同签订地、原告住所地、标的物所在地等与争议有实际联系的地点的人民法院管辖,但不能违反级别管辖和专属管辖的规定。"2012 年《民诉法》修改后扩大了协议管辖法院的选择范围,除第 34 条列举的五地法院外,只要是与争议有实际联系的地点的人民法院,当事人均可以协议选择管辖。与争议有实际联系的地点包括:当事人代表机构所在地、登记注册地、侵权行为实施地、侵权结果发生地、货物装运地、货物目的地等。需特别注意,对于涉外案件及涉港澳台案件,当事人在订立管辖协议时既可以选择我国的人民法院,也可以选择外国法院或域外法院。

明示协议管辖必须具备以下条件:(1) 只适用于第一审人民法院管辖的合同纠纷及其他财产权益纠纷案件。由于第二审人民法院是根据第一审人民法院来确定管辖,所以第二审案件不适用协议管辖,当事人只能协议选择第一审人民法院。除合同纠纷外,侵权、不当得利、无因管理等其他财产权益纠纷也适用协议管辖。(2) 协议管辖必须采用书面形式。当事人既可以在合同中约定管辖法院,也可以另外单独以协议或其他书面形式约定,口头协议无效。书面形式,包括合同书、信件和电子邮件等数据电文形式。(3) 协议管辖不得违反级别管辖和专属管辖的规定。级别管辖和专属管辖为强制性规定,当事人不能突破级别管辖的法律规定协议选择管辖法院,也不能突破专属管辖的法律规定协议选择管辖法院,违反级别管辖和专属管辖规定的管辖协议为无效协议。此外,涉外商事案件及涉港澳台商事案件还不能违反最高人民法院关于集中管辖的规定。[①]

根据《民诉法解释》第 30 条至第 34 条的规定,适用明示协议管辖需注意:(1) 根据管辖协议,起诉时能够确定管辖法院的,从其约定;不能确定的,依照《民诉法》的相关规定确定管辖。管辖协议约定两个以上与争议有实际联系的地点的人民法院管辖,原告可以向其中一个人民法院起诉(第 30 条)。(2) 经营者使用格式条款与消费者订立管辖协议,未采取合理方式提请消费者注意,消费者主张管辖协议无效的,人民法院应予支持(第 31 条)。(3) 管辖协议约定由一方当事人住所地人民法院管辖,协议签订后当事人住所地变更的,由签订管辖协议时的住所地人民法院管辖,但当事人另有约定的除外(第 32 条)。合同转让的,合同的管辖协议对合同受让人有效,但转让时受让人不知道有管辖协议,或者转

[①] 最高人民法院于 2002 年 2 月 25 日发布《关于涉外民商事案件诉讼管辖若干问题的规定》(2020 年修正),对部分涉外民商事案件施行集中管辖,即只能由部分具有涉外案件管辖权的法院管辖。涉港澳台案件参照适用涉外案件的集中管辖规定。

让协议另有约定且原合同相对人同意的除外(第33条)。当事人因同居或者在解除婚姻、收养关系后发生财产争议,约定管辖的,可以适用《民诉法》第34条的规定确定管辖,即可以适用约定管辖(第34条)。

实务中,适用明示协议管辖可能存在下列争议:

(1) 当事人约定"原告所在地管辖"的条款是否有效。

实务中,约定原告所在地管辖的条款非常普遍。原告所在地管辖从表面上看约定不明确,纠纷双方都可以成为原告,但一方当事人起诉后,原告所在地就成为特定唯一地址。因此,该约定管辖约定明确,起诉时能够确定管辖法院的,应认定该管辖协议有效。

(2) 管辖协议能否合意撤销。

当事人可以在法院受理案件前合意撤销管辖协议,但法院受理后,依管辖恒定原则,当事人不得合意撤销管辖协议,使协议管辖法院丧失管辖权。

二、默示协议管辖

《民诉法》第127条第2款规定:"当事人未提出管辖异议,并应诉答辩的,视为受诉人民法院有管辖权,但违反级别管辖和专属管辖规定的除外。"2012年《民事诉讼法》修改后,默示协议管辖的适用已从涉外案件扩展到所有的合同纠纷及其他财产权益纠纷案件。默示协议管辖也称为推定管辖、应诉管辖,是指法院管辖权的取得基于被告没有明确提出异议且应诉答辩,从而推定受诉法院有管辖权。

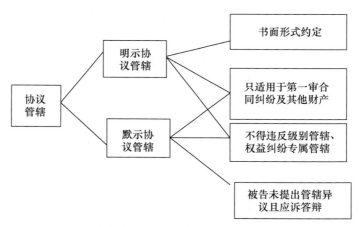

[图6-4] 协议管辖构成要件

默示协议管辖构成条件包括:(1) 只适用于第一审法院管辖的合同纠纷或其他财产权益纠纷案件,第二审案件不适用默示协议管辖;(2) 不得违反级别管辖和专属管辖的规定;(3)被告没有明确提出管辖权异议;(4)被告应诉答辩。需特别注意,构成要件中被告没有明确提出管辖权异议与被告应诉答辩系并列关系,须同时满足这两个要件。如果被告没有提出管辖权异议,但被告也没有应诉并答辩的,同样不适用默示协议管辖。

第六节 管辖中的基本制度

一、专属管辖

（一）专属管辖概述

专属管辖,是指法律明确规定特定类型案件只能由特定法院管辖,其他法院无权管辖,当事人也不得协议变更管辖法院的制度。为突出该类案件是专属管辖,法律条文中一般会特意标明"专属"二字,以示区别。如《民诉法》第33条规定:"下列案件,由本条规定的人民法院专属管辖……"

从理论分析,各国设立专属管辖制度的主要原因有:(1)案件标的利益的特殊性。某些类型的案件涉及国家利益,或者国家为了确保某些利益不被外国人轻易攫取,需要最大限度地利用本国法院审理的优势。(2)案件所涉领域的专业性。有些案件涉及一定的专业领域,交由普通法院法官审理的难度较大,将同类案件归属于专业能力更强的法院管辖既便于审理,又能够提高诉讼效率,节约审判资源。(3)案件标的自身的特殊性。有些案件标的具有特殊性,这类案件由特定法院审理,便于收集证据查清事实和执行,从而节省诉讼资源,提高诉讼效率。

专属管辖具有强制性与排他性,表现在三个方面:(1)专属管辖案件只能由法律明确规定的法院管辖,其他法院无权管辖。换言之,专属管辖排除一般地域管辖与特殊地域管辖的适用。(2)专属管辖具有阻却反诉的作用。如果反诉属于专属管辖,受理本诉法院不能通过合并管辖取得对反诉案件管辖权,即本诉法院无权受理该反诉,"反诉"原告需向专属管辖法院另行提起诉讼。(3)当事人不能通过协议变更管辖法院。民事诉讼中,当事人可以合意选择管辖法院,但专属管辖排除协议管辖的适用,专属管辖案件的当事人不能选择管辖法院,专属管辖案件只能由法律规定的法院管辖。(4)专属管辖排除推定管辖。推定管辖（默示协议管辖）允许当事人通过实际应诉行为使原本不具有管辖权的法院获得管辖权,具有较大的灵活性。而专属管辖的内容由《民诉法》直接规定,严格限制当事人的自由选择管辖法院的权利,具有确定性和不可变更性,特定的案件必须由《民诉法》规定的特定法院审理,体现了国家的某种意志导向。从德国、日本等国的立法情况看,都强调应诉管辖不得违反专属管辖的规定。因此,根据诉讼理论并结合各国的立法实践来分析,应诉管辖是绝对排除专属管辖的。故《民诉法》在第二审程序中,明确规定第一审人民法院违反专属管辖的后果,即第二审人民法院撤销一审判决并直接移送有管辖权的人民法院。①

专属管辖与专门管辖一字之差,概念却完全不同。专门管辖是指根据法律或者最高人民法院的规定,将某些特殊类型的案件交由专门法院管辖。它所解决的是专门法院与地方法院的分工。根据我国《人民法院组织法》的规定,行使专门管辖的法院包括军事法院、海事法院和知识产权法院等专门法院,其案件管辖范围是特定的,具有一定的排他性。专门管辖范围内也存在专属管辖。例如,我国《海事诉讼特别程序法》第7条规定,沿海港口作业纠纷、海域污染损害赔偿纠纷、海洋勘探开发合同纠纷由海事法院专属管辖。它不仅排除普通民商事案件的管辖,而且排除其他专门管辖。但专门管辖不能违反级别管辖,不服海事法院、铁路运输中级法院的上诉案件由所在地的高级人民法院管辖。

(二)专属管辖案件类型

根据《民诉法》第33条的规定,下列案件实行专属管辖:

(1)因不动产纠纷提起的诉讼,由不动产所在地人民法院管辖。不动产是指不能够移动或者移动后其性能或价值会降低或丧失的财产。主要包括房屋、桥梁、土地、草原、河流或滩涂等。不动产纠纷是指因不动产的权利确认、分割、相邻关系等引起的物权纠纷(《民诉法解释》第28条第1款)。不动产纠纷首先是物权纠纷,债权纠纷如商品房预售合同纠纷不是不动产纠纷;其次,不动产纠纷是因不动产的权利确认、分割、相邻关系等引起的物权纠纷。

(2)因港口作业中发生纠纷提起的诉讼,由港口所在地法院管辖。港口作业纠纷主要指因为货物装卸、仓储、港口的驳运、理货、货物保管、污染港口、损坏港口设施发生的纠纷。

(3)因继承遗产纠纷提起的诉讼,由被继承人死亡时住所地或者主要遗产所在地人民法院管辖。主要遗产所在地,是指价值较高的遗产所在地。

根据《民诉法解释》第28条的规定,农村土地承包经营合同纠纷、房屋租赁合同纠纷、建设工程施工合同纠纷及政策性房屋买卖合同纠纷虽然不属于不动产纠纷,但是按照不动产纠纷确定管辖,也就是这四类纠纷只能由不动产所在地人民法院管辖。对于不动产所在地的确定,不动产已登记的,以不动产登记簿记载的所在地为不动产所在地;不动产未登记的,以不动产实际所在地为不动产所在地。

《海事诉讼特别程序法》第7条对部分海事诉讼专属管辖也作出了规定:(1)因沿海港口作业纠纷提起的诉讼,由港口所在地海事法院管辖。(2)因船

---

① 《民诉法解释》第331条规定,人民法院依照第二审程序审理案件,认为第一审人民法院受理案件违反专属管辖规定的,应当裁定撤销原裁判并移送有管辖权的人民法院。

舶排放、泄漏、倾倒油类或其他有害物质,海上生产、作业或者拆船、修船作业造成海域污染损害提起的诉讼,由污染发生地、损害结果地或采取预防污染措施地海事法院管辖。(3)因在我国领域和有管辖权的海域履行的海洋勘探开发合同纠纷提起的诉讼,由合同履行地海事法院管辖。

二、共同管辖与选择管辖

《民诉法》第 35 条规定:"两个以上人民法院都有管辖权的诉讼,原告可以向其中一个人民法院起诉;原告向两个以上有管辖权的人民法院起诉的,由最先立案的人民法院管辖。"共同管辖,指依据法律规定,两个以上的人民法院都有管辖权。选择管辖,是指在共同管辖情形下,当事人选择其中一个人民法院起诉。共同管辖与选择管辖可谓一个问题的两个方面。从法院角度来看是两个以上的人民法院共同有管辖权,从当事人角度出发,当事人需选择其中一个人民法院起诉。

共同管辖情形下应注意以下四点:(1)原告向两个以上有管辖权的人民法院起诉的,由最先立案的人民法院管辖。关于立案和受理两个概念,《刑事诉讼法》规定由最先受理的人民法院管辖,《行政诉讼法》规定由最先收到诉状的人民法院管辖,《民事诉讼法》规定由最先立案的人民法院管辖,实务中,立案和受理二者称谓不同,含义相同。(2)先立案的人民法院不得将案件移送给另一个有管辖权的人民法院。(3)如两个有管辖权的人民法院已分别立案,后立案的人民法院获悉后,应在 7 日内裁定将案件移送先立案的人民法院。(4)如当事人基于同一法律关系和同一法律事实,以不同的诉讼请求分别向有管辖权的人民法院起诉的,后立案的人民法院获悉后,应在 7 日内裁定将案件移送先立案的人民法院合并审理。

三、合并管辖

合并管辖又称牵连管辖,是指法院可以一并审理与该院已受理案件有牵连的其他案件,从而获得其他案件的管辖权。比如,被告反诉,受诉法院对反诉有无管辖权可以在所不问,因为受诉法院基于受理本诉而一并取得对反诉的管辖权。再如,有独立请求权第三人在本诉中将本诉的原、被告作为共同被告起诉,受诉法院基于受理了本诉而取得对有独立请求权第三人参加之诉的管辖权。

需注意,级别管辖和专属管辖为强制性规定,合并管辖不能违反级别管辖和专属管辖的规定。在涉外商事案件及涉港澳台商事案件中,合并管辖还不能违反最高人民法院关于集中管辖的规定。

四、移送管辖

《民诉法》第 36 条规定:"人民法院发现受理的案件不属于本院管辖的,应当移送有管辖权的人民法院,受移送的人民法院应当受理。受移送的人民法院认为受移送的案件依照规定不属于本院管辖的,应当报请上级人民法院指定管辖,不得再自行移送。"移送管辖,是指法院受理案件以后,发现本院没有管辖权,裁定将案件移送至有管辖权的法院。移送管辖解决错误管辖问题(错误管辖包括地域管辖错误与级别管辖错误)。需注意,移送管辖移送的是案件,而不是管辖权,因为移送法院本来就没有管辖权。移送管辖既可以在当事人提出管辖权异议后裁定将案件移送有管辖权的法院,也可以由法院主动纠正管辖错误而移送。

移送管辖的条件是:(1)受移送案件已经由移送法院受理,但未审理终结。如案件未受理,应告知当事人向有管辖权的法院起诉;如审理终结后发现没有管辖权,应以默示协议管辖推定该法院有管辖权,但违反级别管辖与专属管辖的应裁定驳回原告起诉。(2)移送法院对案件没有管辖权。如果移送法院对案件有管辖权,应当对案件继续审理,不能适用移送管辖。(3)受移送的法院对该案享有管辖权。移送法院在移送案件时,需要确定受移送法院确有管辖权。

下列案件不得移送:(1)受移送法院即使认为自己无管辖权,也不得将案件再移送给其他法院或退回移送法院,只能报请上级法院指定管辖。(2)根据管辖恒定原则,有管辖权法院受理案件后,不得以行政区划变更为由,将案件移送变更后有管辖权的法院。(3)两个法院均有管辖权,先立案的法院不得将案件移送给另一个法院。①

[表 6-4] 管辖权转移与移送管辖的区别

	管辖权转移	移送管辖
性质	转移的是案件管辖权	移送的是案件,因为移送法院本来就没有管辖权
作用	对级别管辖的变通	纠正移送法院受理案件的错误(包括级别管辖、地域管辖错误)
程序	自下而上——上级提审;下级报请且上级同意 自上而下——确有必要时交下级法院,但应当报其上级法院批准	表现为单方行为,移送法院作出移送裁定,不必经受移送法院同意

---

① 《民诉法解释》第 36 条规定:"两个以上人民法院都有管辖权的诉讼,先立案的人民法院不得将案件移送给另一个有管辖权的人民法院。人民法院在立案前发现其他有管辖权的人民法院已先立案的,不得重复立案;立案后发现其他有管辖权的人民法院已先立案的,裁定将案件移送给先立案的人民法院。"

五、指定管辖

指定管辖,是指上级法院以裁定形式,指定辖区内下级法院对某一案件行使管辖权。《民诉法》第 37 条规定:"有管辖权的人民法院由于特殊原因,不能行使管辖权的,由上级人民法院指定管辖。人民法院之间因管辖权发生争议,由争议双方协商解决;协商解决不了的,报请它们的共同上级人民法院指定管辖。"

指定管辖适用于下列情形:(1)有管辖权的人民法院由于特殊原因,不能行使管辖权的,由上级人民法院指定管辖。不能行使管辖权的特殊原因包括客观原因,比如汶川地震发生后,震中区人民法院的法庭受损严重,无法正常开庭;也包括法院工作人员为当事人的案件,这些案件在本院审理极易引起对方当事人猜疑,指定其他法院审理可消除司法不公嫌疑。(2)法院之间因管辖权发生争议,由争议双方协商解决;协商解决不了的,报请它们的共同上级人民法院指定管辖。(3)在移送管辖的场合,受移送人民法院认为其也无管辖权。

指定管辖一般由受诉人民法院报请上级人民法院指定管辖,上级人民法院通常为受诉人民法院的直接上级法院。但不同法院发生管辖权争议(含移送管辖的场合受移送人民法院认为其也无管辖权)的,应报请争议法院的共同上级人民法院指定管辖。报请上级人民法院指定管辖时,应当逐级进行。需注意共同上级人民法院的确定,比如,广州市越秀区人民法院与厦门市思明区人民法院的共同上级法院为最高人民法院。①

根据《民诉法解释》第 41 条的规定,人民法院指定管辖的,应当作出裁定。对报请上级人民法院指定管辖的案件,下级人民法院应当中止审理。指定管辖裁定作出前,下级人民法院对案件作出判决、裁定的,上级人民法院应当在裁定指定管辖的同时,一并撤销下级人民法院的判决、裁定。

六、管辖恒定原则

管辖恒定原则,指法院对民事案件管辖权的确定以起诉时为标准,起诉时对案件享管辖权的法院,不因确定管辖的事实在诉讼过程中发生变化而影响其管辖权。管辖恒定原则实质就是将管辖权的确定恒定在起诉时,以案件起诉时的要素来确定管辖权。管辖恒定既包括地域管辖恒定,也包括级别管辖恒定。

---

① 《民诉法解释》第 40 条规定:"依照民事诉讼法第三十七条第二款规定,发生管辖权争议的两个人民法院因协商不成报请它们的共同上级人民法院指定管辖时,双方为同属一个地、市辖区的基层人民法院的,由该地、市的中级人民法院及时指定管辖;同属一个省、自治区、直辖市的两个人民法院的,由该省、自治区、直辖市的高级人民法院及时指定管辖;双方为跨省、自治区、直辖市的人民法院,高级人民法院协商不成的,由最高人民法院及时指定管辖。依照前款规定报请上级人民法院指定管辖时,应当逐级进行。"

级别管辖恒定,是指某一案件在起诉时按照诉讼标的金额确定级别管辖后,不因诉讼过程中标的金额的增加或减少所造成的对原管辖标准的突破而变更级别管辖。但当事人故意规避级别管辖的除外。诉讼过程中标的金额的增加或减少,是指诉讼中被告部分履行或原告放弃部分诉讼请求。

[案例6-4] Z市某区人民法院受理的Z市某商业银行诉Z市某股份合作公司借款合同纠纷案,2011年12月Z市某商业银行起诉时标的额为2980万,符合Z市基层人民法院受理标的额标准(当年Z市基层人民法院受理标的额上限为3000万元),但Z市某商业银行起诉时只将利息计算至2011年4月30日(起诉前7个月)。案件审理过程中,Z市某商业银行增加诉讼请求50万元,增加部分为2011年5月至12月利息。由于Z市某商业银行故意规避级别管辖,Z市某区人民法院裁定将该案移送有管辖权的Z市中级人民法院审理。

地域管辖恒定,是指某一案件在起诉时按照法律规定确定了管辖法院后,不因诉讼过程中确定管辖因素的改变而变化。确定管辖的因素的改变包括当事人因素的改变与法院因素的改变。根据《民诉法解释》第37条、第38条的规定,案件受理后,受诉人民法院的管辖权不受当事人住所地、经常居住地变更的影响。有管辖权的人民法院受理案件后,不得以行政区域变更为由,将案件移送给变更后有管辖权的人民法院。

第七节 管辖权异议

一、管辖权异议概述

管辖权异议,是指法院受理案件后,当事人提出该法院对本案无管辖权的主张与意见。

《民诉法》第127条第1款规定:"人民法院受理案件后,当事人对管辖权有异议的,应当在提交答辩状期间提出。人民法院对当事人提出的异议,应当审查。异议成立的,裁定将案件移送有管辖权的人民法院;异议不成立的,裁定驳回。"根据本条规定,管辖权异议一般由被告提出,原告在起诉时选定了受诉法院,一般不会对受诉法院的管辖权持有异议。但特殊情况下,原告也可能错误地向无管辖权的法院提起诉讼,在法院受理案件后才发现错误;或在移送管辖的情况中,受移送法院并非原告选定的法院,因此应允许原告提出管辖权异议。基于这些情形,《民诉法》规定"当事人对管辖权有异议的,应当在提交答辩状期间提出"①。对于被告提出管辖权异议，或原告错误起诉后提出管辖权异议的情况，被告或原告在答辩状期间即被告收到法院送达的起诉资料后15日内提出管辖权异议具有可操作性。但原告对移送管辖提出管辖权异议的，"应当在提交答辩状期间提出"的期间规定不具有可操作性。合理的做法是，法院作出移送管辖裁定后，应给原告指定合理期限的异议期，原告应当在指定期限内提出管辖权异议。

管辖权异议既可以针对地域管辖，也可以针对级别管辖。实务中，有些当事人针对法院主管问题提出管辖权异议，这类异议应当称之为法院主管权异议，从保护当事人合法权益出发，对这类异议也应参照《民诉法》规定的管辖权异议程序处理。申请人如对法院驳回管辖权异议裁定不服的，可以提起上诉。

二、管辖权异议的排除适用

下列情形当事人提出管辖权异议的，法院不予审查：（1）追加的原告提出管辖权异议的。追加前的原告起诉所致受诉法院的管辖权对其他追加原告有法律效力。（2）有独立请求权第三人提出管辖权异议的。有独立请求权的第三人之诉是一种参加之诉，受诉法院基于本诉取得有独立请求权的第三人之诉的管辖权。（3）无独立请求权第三人提出管辖权异议的。无独立请求权的第三人之诉也是一种参加之诉，是以本诉的存在为前提的。（4）原告或被告逾期提出管辖权异议的。管辖权异议只能在一审程序中提出，且应当在提交答辩状期间提出。《民诉法》设定管辖权异议期间，主要是为了防止被告故意拖延提出引起诉讼迟延，法院对于逾期提出的管辖权异议不予审查。（5）上级法院发回重审或者按第一审程序再审的案件，当事人提出管辖异议的。

三、管辖权异议的审查与救济

当事人未提出管辖权异议，并应诉答辩的，视为受诉法院取得管辖权，但违反级别管辖与专属管辖的除外。当事人在提交答辩状期间提出管辖异议，又针对起诉状的内容进行答辩的，法院应当对管辖异议进行审查。

法院对当事人提出的异议，应当审查。异议成立的，裁定将案件移送有管辖权的法院；异议不成立的，裁定驳回。法院对管辖异议审查后确定有管辖权的，不因当事人提起反诉、增加或者变更诉讼请求等改变管辖，但违反级别管辖、专属管辖规定的除外。

关于当事人提出管辖权异议后的举证期限问题。《证据规定》第55条第1

---

① 《民诉法》之所以规定"当事人"提出管辖权异议，而不是规定"被告"提出管辖权异议，是考虑到原告也有可能在特定情形下提出管辖权异议。

项规定,当事人提出管辖权异议的,举证期限中止,自驳回管辖权异议的裁定生效之日起恢复计算。当事人在一审答辩期内提出管辖权异议的,法院应当在驳回当事人管辖权异议裁定生效后,继续计算举证期限。

不论是地域管辖异议,还是级别管辖异议,抑或参照处理的法院主管异议,三者的审查方法及救济途径一致。如被告一并提出地域管辖与级别管辖异议的,应在同一裁定中一并作出处理。当事人不服一审裁定的上诉期为10日。

依据《诉讼费用交纳办法》的规定,当事人提出案件管辖权异议,异议不成立的,每件交纳50元至100元。异议成立的不收费。对管辖权异议裁定不服提起上诉的案件不收费。①

[案例6-5] 吴某称郑某及郑某担任法定代表人的北京某公司在澳门向其借款港币900万元未还,吴某将郑某及北京某公司诉至吴某经常居住地Z市某区人民法院。被告郑某在答辩期内提出管辖权异议,认为其住所地为浙江省瑞安市,本案应移送瑞安市人民法院管辖;被告北京某公司亦提出管辖权异议,主张本案应移送公司住所地北京市通州区人民法院管辖。Z市某区人民法院经审查查明,郑某向原告借款所签订的五份借款协议均签订于澳门,借款协议主要内容均为原告提供的打印体格式协议,协议第7条约定:"因履行本协议发生纠纷,甲乙双方应首先通过友好协商解决。协商不成时,任何一方可向本协议签订地有管辖权的法院起诉。"该条款为打印体,其后,原告以手写体书写"或选择Z市X区人民法院起诉"。郑某称,上述借款为在澳门赌场交付筹码形成的债务,借款协议是原告胁迫其于2012年12月所签,当时借款协议并没有"或选择Z市X区人民法院起诉。"的字样,该内容是原告在签订协议后自己所加。法院认为,被告郑某否认签订协议时第7条有手写体内容,原告也认可手写体内容是协议签订后原告单方所写,协议约定任何一方可向本协议签订地有管辖权的法院起诉,但上述协议签订地为澳门,约定管辖条款无效。因此,本案应由被告住所地法院管辖。被告郑某住所地虽在浙江省瑞安市,但成立于2001年的北京某公司住所地在北京市通州区,郑某为其法定代表人,虽然郑某没有提交其经常居住地在北京市通州区的证据,但依据日常生活经验,本院推定郑某的经常居住地在北京市通州区,因此,本案应移送北京市通州区人民法院审理。某区人民法院遂作出民事裁定书,裁定将本案移送北京市通州区人民法院审理。

实务中,被告为拖延诉讼,随意甚至恶意提出管辖权异议的情况较为普遍,

---

① 由于管辖权异议案件申请费的特殊规定,实务中,当事人提出管辖权异议的,法院暂不预收申请费。法院作出裁定驳回异议的,再通知当事人交纳申请费。当事人提出管辖权异议上诉的,上诉不收费,二审法院撤销一审法院驳回异议裁定的,申请费由一审法院退还给当事人。

由于二审法院审理管辖权异议需要一审法院送达裁定书,整理案卷并全案移送,整个审理周期长达数月,因此,一审法院作出驳回裁定后当事人继续上诉的情况也非常普遍。这种做法有违民事诉讼的诚实信用原则,已经成为制约诉讼效率的重要因素之一,深受其害的原告及审判法官对此做法深恶痛绝,但又无可奈何。为充分保护当事人的诉讼权利,管辖权异议制度应当保留,但可予以重构。比如,取消管辖权异议上诉制度。目前,管辖如有错误,一审审查足以纠正,二审纠正的少之又少,为提高诉讼效率,制约被告以管辖权异议拖延诉讼的行为,建议取消管辖权异议上诉制度。再如,大幅提高异议不成立的申请费用也可以作为有效制约这种行为的措施。依据目前规定,当事人提出的案件管辖权异议不成立的,每件交纳50元至100元,如此规定之下当事人不诚信的成本太低,不足以达到制约当事人的效果,若是比照案件受理费甚至以案件受理费数倍收取申请费用,这种情形则有可能大有改善。退一步而言,即使不取消管辖权异议上诉制度,取消目前管辖权异议上诉不收费这一不合理规定也是一剂良药,不仅上诉要收费,而且要大幅提高上诉费用。

思 考 题

1. 如何确定买卖合同纠纷的地域管辖法院?
2. 哪些诉讼参与人可以提出管辖权异议?
3. 李某在某市甲区新购一套住房,请乙区的某装修公司装修。装修过程中,工人不慎将水管弄破,导致楼下住房遭受水浸。李某赔偿后,向乙区人民法院以侵权起诉,乙区人民法院认为该案应由甲区人民法院管辖,于是裁定将该案移送至甲区人民法院,甲区人民法院认为该案应由乙区人民法院管辖,又将案件退回乙区人民法院。关于本案管辖,下列哪些选项正确?

   A. 甲乙区人民法院均有管辖权;
   B. 李某有权向乙区人民法院起诉;
   C. 乙区人民法院的移送是错误的;
   D. 甲区人民法院不接受移送,将案件退回乙区人民法院错误。

4. 为什么要规定协议管辖制度?如何认定管辖协议是否有效?
5. 当事人提出管辖权异议,认为本案应当由仲裁委员会仲裁裁决的,法院驳回异议后,当事人是否可以提出上诉?
6. 简述管辖权转移与移送管辖的区别。
7. 小王为某法院合同制书记员,他想在所在法院起诉欠他借款未还的小赵,该法院是否可以受理该案?

第七章 诉讼当事人

民事纠纷发生后,当事人下定决心向法院起诉,首先需要确定纠纷的主管与管辖,主要是确定要向哪一个法院提起诉讼。接下来,当事人需要确定谁是原告,谁是被告,是否有第三人参加诉讼,即确定有哪些当事人参加诉讼。本章介绍的内容就是诉讼当事人的确定。

第一节 当 事 人

一、当事人概述

民事诉讼中的当事人,是指因民事权利义务发生争议,以自己的名义进行诉讼,要求法院行使民事裁判权的人。顾名思义,当事人就是与民事诉讼有直接关系的人。狭义的当事人仅指原告与被告。所谓原告,就是原本提起诉讼、请求法院行使民事裁判权的人。所谓被告,就是被原告所告、需要应诉的人。广义的当事人包括原告、被告、第三人[①]、共同诉讼人[②]、诉讼代表人[③]。

当事人的特征有:(1)当事人仅为程序意义上的概念,是否与案件审理结果有直接的实体法上的利害关系并不是界定当事人的主要标准。我国传统的民事诉讼理论认为当事人是实体法上的概念,要求当事人与案件审理结果有直接的实体法上的利害关系,近年来,逐渐发展为程序法上的概念,即完全从程序法角

[①] 第三人,就是原、被告之外的第三方当事人。具体讲,是指对他人争议的诉讼标的有独立的请求权,或虽没有独立的请求权,但案件的处理结果与其有法律上的利害关系,因此参加到别人已经开始的诉讼中的人。

[②] 原告或被告一方或双方为两人以上,就是共同诉讼。共同诉讼中,复数一方当事人称为共同诉讼人。

[③] 代表人诉讼制度,是指在民事诉讼中,一方或双方当事人人数在 10 人以上,由人数众多的一方当事人推选代表参与诉讼,代表人的行为对本方当事人发生法律效力的诉讼制度。诉讼代表人是指在代表人诉讼中,由多数当事人共同推选或特殊情况下由法院指定,代表本方当事人实施诉讼行为的民事主体。

度来界定当事人。只要向法院起诉,请求法院行使裁判权的人即为原告,至于原告是否具备实体法上的民事权利则在所不问。相对应的,只要被原告起诉的人即为被告,即使法院最终判决被告无需承担民事义务,也不妨碍其成为被告。①
(2) 当事人是以自己的名义起诉或应诉的人。原告以自己的名义提起诉讼,被告被原告起诉,须以自己的名义应诉。

基于诉讼形态的复杂性,当事人既可以表现为单数的原告和被告,即一名原告起诉一名被告。也可能以共同诉讼人、诉讼代表人这样的复数形态出现,即一名原告起诉多名被告,或多名原告起诉一名被告,或多名原告起诉多名被告。无论是单数形态,还是复数形态,都可能有第三人参加诉讼。

[**案例 7-1**] 原告李某、张某诉被告郑某、刘某民间借贷纠纷一案。两原告是夫妻关系,起诉称两原告共有的 100 万元出借给被告郑某,借款到期后郑某没有还款,刘某与郑某系夫妻关系,应对郑某的债务承担共同清偿责任。法院经审理认定本案债务不属于夫妻共同债务,判决被告郑某向两原告返还借款本金 100 万元,驳回两原告对被告刘某的诉讼请求。本案两原告及两被告均为两人,两原告为共同诉讼人,也称为共同原告,两被告亦为共同诉讼人,也称为共同被告。

当事人在不同诉讼程序中的称谓不同。在第一审程序中当事人称为原告、被告。在第二审程序中当事人称为上诉人、被上诉人,没有提起上诉或上诉请求没有涉及的当事人称为原审原告、原审被告。在审判监督程序中又分为两种情形:当事人申请启动再审程序的称为再审申请人、被申请人,没有申请再审或再审请求没有涉及的当事人称为原审原告、原审被告;法院依职权启动或检察院抗诉启动再审程序的称为原审原告、原审被告。执行程序中当事人称为申请执行人、被执行人。督促程序和企业法人破产还债程序中,当事人称为申请人与被申请人。公示催告程序中,当事人称为申请人与利害关系人。特别程序包括了六种案件类型,选民资格案件当事人称为起诉人,除选民资格案件之外的其他类型案件一般只有申请人,有些类型案件除申请人外还有被申请人。当事人的称谓不同,表明其在不同诉讼程序中的诉讼地位不同,相对应的诉讼权利与诉讼义务也不尽相同。

---

① 程序当事人概念在德国及日本民诉法理论已占主导地位。这一新理论可解决实体当事人概念无法解决的问题,如破产企业管理人、失踪人的财产代管人、遗产管理人、遗嘱执行人等与案件审理结果不具有实体法上的利害关系,但他们可以自己的名义起诉或应诉,成为案件当事人。

[表 7-1] 当事人在不同诉讼程序中的称谓

审理程序	当事人称谓
第一审程序	原告、被告
第二审程序	上诉人、被上诉人（原审诉讼地位）
	原审原告、原审被告（未上诉当事人）
审判监督程序	申请再审：申请人、被申请人
	其他方式启动再审：按原审诉讼地位列明
执行程序	申请执行人、被执行人
特别程序	选民资格案件外其他程序称为申请人
	选民资格案件称为起诉人
督促程序、企业法人破产还债程序	申请人、被申请人
公示催告程序	申请人、利害关系人

二、当事人的诉讼权利能力与诉讼行为能力

小华前两天收到了心仪已久的某大学法学院的录取通知书,今天是小华的18周岁生日。一大早,小华做律师的爸爸对小华说,虽然你一直有诉讼权利能力,但是从今天开始你才有了诉讼行为能力。如果你遭遇侵权,你就取得了诉权,向法院起诉后你就有了诉讼权利,你是否为一名适格的原告,要由法院来审查决定。小华听得一头雾水,但又很好奇,他对即将到来的法律专业学习充满了期待。

（一）当事人的诉讼权利能力

当事人的诉讼权利能力,是指成为民事诉讼当事人,享有民事诉讼权利与承担民事诉讼义务所需的诉讼法上的资格。简言之,就是成为民事诉讼当事人的能力。

当事人的诉讼权利能力是与具体诉讼无关的概念,考察一个人是否具有诉讼权利能力,无需考虑他是否提起诉讼或被起诉。诉讼权利能力指的是一种资格,一种能够成为案件当事人的资格。民事主体要想成为当事人,就必须具备诉讼权利能力,反之则不能。这种关系类似于某法科生通过了法律职业资格考试,取得了从事法律职业资格,他要想成为法官、检察官、律师,必须具备法律职业资格,但他是否准备从事法官、检察官、律师等法律职业可在所不问。

诉讼权利能力与民事权利能力①有着密切的关系。有民事权利能力的人即有诉讼权利能力,如自然人、法人具有民事权利能力,年满 18 周岁的自然人同时具有诉讼行为能力。而不具有民事权利能力的"其他组织",如持有营业执照的企业法人分公司,能够以自己名义起诉或应诉,同样具有诉讼权利能力。

1. 自然人

自然人是民事主体之一。自然人民事权利受到侵害或与他人发生民事纠纷,可以作为原告起诉或作为被告应诉。自然人的民事权利能力始于出生,终于死亡②,因此,自然人的诉讼权利能力也是从出生时开始具备,到死亡时终止。

胎儿是否具备民事诉讼权利能力?由于胎儿尚未出生,本不具有民事权利能力,当然也不具有民事诉讼权利能力,但近年来有我国一些案例涉及胎儿权益的保护,引发了学界及实务界对此问题的思考。有学者认为,对于胎儿是否具备民事权利能力,应当采取总括的保护主义,即只要符合胎儿利益的,就将胎儿视为出生③,并具有诉讼权利能力。《民法典》总则编对此予以明确,其第 16 条规定:"涉及遗产继承、接受赠与等胎儿利益保护的,胎儿视为具有民事权利能力。但是,胎儿娩出时为死体的,其民事权利能力自始不存在。"根据本条规定,胎儿在一定情形下视为具有民事权利能力,即同时具有民事诉讼权利能力。实务中,因环境污染、医疗过错或医疗事故致使胎儿受损的,胎儿有权在出生后以自己的名义请求损害赔偿。④ 当然,胎儿作为原告,需要胎儿父母作为法定代理人代为参加诉讼。

死者是否具有民事诉讼权利能力?逝者已逝,死者本不具有民事权利能力,当然也不具有民事诉讼权利能力,但死者的遗体、遗骨、姓名、肖像、名誉、荣誉、隐私等合法权益存在保护的必要。《民诉法解释》第 69 条规定:"对侵害死者遗体、遗骨以及姓名、名誉、荣誉、隐私等行为提起诉讼的,死者的近亲属为当事人。"侵权人侵害死者上述合法权益的,由死者的近亲属作为原告提起诉讼。需注意,《民法典》第 994 条对死者近亲属的范围及顺位予以规定:"死者的姓名、肖像、名誉、荣誉、隐私、遗体等受到侵害的,其配偶、子女、父母有权依法请求行为人承担民事责任;死者没有配偶、子女且父母已经死亡的,其他近亲属有权依法请求行为人承担民事责任。"

---

① 民事权利能力是指法律规定的,自然人或社会组织参加民事法律关系,享有民事权利与承担民事义务的资格。

② 《民法典》第 13 条规定:"自然人从出生时起到死亡时止,具有民事权利能力,依法享有民事权利,承担民事义务。"

③ 参见梁慧星:《民法总论》(第 4 版),法律出版社 2011 年版,第 89 页。

④ 胎儿出生后尚未起名字的,可冠以父亲或母亲姓名加胎儿,如张三胎儿。已起名字的,应以胎儿姓名作为原告。

2. 法人

法人是指依法成立,有自己的名称、组织机构、住所、财产或者经费的民事主体。法人依据不同标准有不同的分类。《民法典》总则编将法人分为营利法人、非营利法人及特别法人,特别法人又包括机关法人、农村集体经济组织法人、城镇农村的合作经济组织法人、基层群众性自治组织法人。法人也是主要民事主体之一,法人的民事权利受到侵害或与他人发生民事纠纷,可以作为原告起诉或作为被告应诉。法人民事权利能力始于成立,终于终止。① 因此,法人的诉讼权利能力与民事权利能力一致,同样是开始于成立,终止于撤销或解散。

企业法人以营业执照上注明的成立日期为成立时间,机关法人、事业单位法人、社会团体法人以有独立经费的机关成立之日为成立时间。其他不需要办理注册登记的法人,以有关部门核准登记之日为成立时间。法人的终止,以工商部门注销登记之日为终止时间。不需要登记的法人,以有关部门核准终止之日为终止时间。

3. 其他组织

"其他组织"是民事诉讼法上的概念,是指合法成立、有一定的组织机构和财产,但又不具备法人资格的组织,包括:(1) 依法登记领取营业执照的个人独资企业;(2) 依法登记领取营业执照的合伙企业;(3) 依法登记领取我国营业执照的中外合作经营企业、外资企业;(4) 依法成立的社会团体的分支机构、代表机构;(5) 依法设立并领取营业执照的法人的分支机构;(6) 依法设立并领取营业执照的商业银行、政策性银行和非银行金融机构的分支机构;(7) 经依法登记领取营业执照的乡镇企业、街道企业;(8) 其他符合本条规定条件的组织。②

其他组织不具有民事权利能力,但是基于民事诉讼的便民性考虑,并适应审判实践的需求,我国《民诉法》承认其他组织具有民事诉讼权利能力,即《民诉法解释》第 52 条列明的其他组织可以作为原告提起诉讼或作为被告应诉。不符合《民诉法解释》第 52 条规定条件的组织不具有民事诉讼权利能力,不能作为原告提起诉讼或作为被告应诉。如法人非依法设立的分支机构,或者虽依法设立,但没有领取营业执照的分支机构,以设立该分支机构的法人为当事人(《民诉法解释》第 53 条)。③

其他组织的民事诉讼权利能力与法人一致,同样是开始于成立,终止于撤销

---

① 《民法典》第 59 条规定:"法人的民事权利能力和民事行为能力,从法人成立时产生,到法人终止时消灭。"

② 参见《民诉法解释》第 52 条。《民诉法》第 48 条第 1 款亦规定:"公民、法人和其他组织可以作为民事诉讼的当事人。"

③ 可见法人的分支机构是否能够作为当事人起诉或应诉,以是否领取营业执照为界定标准。没有领取营业执照的企业法人分公司或支公司,只能视为法人的内设机构,不能作为当事人,应以企业法人为当事人。

或解散。

[表 7-2] 自然人、法人、其他组织的诉讼权利能力、行为能力

	诉讼权利能力	诉讼行为能力
自然人	始于出生 终于死亡	只有完全民事行为能力人才具有诉讼行为能力
		无民事行为能力人或限制民事行为能力人没有诉讼行为能力
法人和其他组织	始于成立,终于终止	

(二) 当事人的诉讼行为能力

诉讼行为能力,是指当事人可以亲自实施诉讼行为,并通过自己的行为,行使诉讼权利和承担诉讼义务的资格。简言之,诉讼行为能力就是当事人亲自实施诉讼行为的能力。诉讼权利能力考察的是民事主体成为民事诉讼当事人的资格,诉讼行为能力强调的是亲自实施诉讼行为的能力,这种关系可以理解为,民事主体先有资格才能谈能力,二者区别较为明显。从二者概念可见,具有民事诉讼权利能力的人不一定具有民事诉讼行为能力,而具有民事诉讼行为能力的人一定具有民事诉讼权利能力。

1. 自然人

自然人是否具有民事诉讼行为能力,应以自然人的年龄、心智和精神健康状况作为判断标准。自然人的诉讼行为能力与诉讼权利能力不完全相同,只有完全民事行为能力人才有诉讼行为能力,无民事行为能力人或限制民事行为能力人没有诉讼行为能力。

根据《民法典》第 17 条至第 23 条的规定,18 周岁以上的自然人为成年人,不满 18 周岁的自然人为未成年人。成年人为完全民事行为能力人,可以独立实施民事法律行为。16 周岁以上的未成年人,以自己的劳动收入为主要生活来源的,视为完全民事行为能力人。8 周岁以上的未成年人为限制民事行为能力人,实施民事法律行为由其法定代理人代理或者经其法定代理人同意、追认,但是可以独立实施纯获利益的民事法律行为或者与其年龄、智力相适应的民事法律行为。不满 8 周岁的未成年人为无民事行为能力人,由其法定代理人代理实施民事法律行为。不能辨认自己行为的成年人为无民事行为能力人,由其法定代理人代理实施民事法律行为。不能完全辨认自己行为的成年人为限制民事行为能力人,实施民事法律行为由其法定代理人代理或者经其法定代理人同意、追认,但是可以独立实施纯获利益的民事法律行为或者与其智力、精神健康状况相适应的民事法律行为。

[案例 7-2] 12 岁的东东由其生母李某与其继父抚养,李某欲起诉王

某要求确认东东与王某的亲子关系,原告是李某还是东东?

东东作为限制民事行为能力人,具有民事诉讼权利能力,可以成为民事诉讼当事人提起诉讼,即本案原告为东东,李某不是本案原告。但东东属于限制民事行为能力人,不能亲自实施诉讼行为,只能通过其法定代理人或法定代理人委托的诉讼代理人代为实施诉讼行为,即李某是本案原告东东的法定代理人。

无民事行为能力人或限制民事行为能力人可以成为民事诉讼当事人,但不能亲自实施诉讼行为,只能通过其法定代理人或法定代理人委托的诉讼代理人代为实施诉讼行为。

[表 7-3] 自然人的民事行为能力与诉讼行为能力

诉讼行为能力	民事行为能力	年龄	是否可以独立实施民事法律行为	是否可以实施诉讼行为
具有诉讼行为能力	具有完全民事行为能力	18周岁以上	可以独立实施民事法律行为	本人实施民事诉讼行为
		16周岁以上的未成年人,以自己的劳动收入为主要生活来源的		
不具有诉讼行为能力	限制民事行为能力	8周岁以上的未成年人	实施民事法律行为由其法定代理人代理或者同意、追认,但可以独立实施纯获利益或者与其年龄、智力相适应的民事法律行为。	由其法定代理人代理实施民事诉讼行为
		不能完全辨认自己行为的成年人		
	无民事行为能力	不满8周岁的未成年人	由其法定代理人代理实施民事法律行为	
		不能辨认自己行为的成年人		

2. 法人和其他组织

法人和其他组织的民事诉讼行为能力与民事诉讼权利能力完全一致,始于成立,终于终止。但法人和其他组织为人和财产的集合体,自身并不能实施诉讼行为,因此,法人的诉讼行为只能由法人的法定代表人代为实施,其他组织的诉讼行为只能由其他组织的负责人代为实施。

《民诉法》第48条第2款规定:"法人由其法定代表人进行诉讼。其他组织由其主要负责人进行诉讼。"根据《民诉法解释》第50条、第51条的规定,法人的法定代表人以依法登记的为准,但法律另有规定的除外。依法不需要办理登记的法人,以其正职负责人为法定代表人;没有正职负责人的,以其主持工作的副职负责人为法定代表人。其他组织,以其主要负责人为代表人。

在诉讼中,法人的法定代表人或其他组织的负责人变更的,由新的法定代表人或负责人继续进行诉讼,并应向法院提交新的法定代表人身份证明书或负责人身份证明书,原法定代表人或负责人进行的诉讼行为仍然有效。法定代表人已经变更,但未完成登记,变更后的法定代表人要求代表法人参加诉讼的,法院可以准许。

三、当事人的诉讼权利义务

为了使当事人的诉讼活动得到法律的充分保障,我国民事诉讼法赋予当事人广泛的诉讼权利。"有权利就有义务",为了保障民事诉讼程序的顺利进行,法律同时规定了当事人在诉讼中应当负担的诉讼义务。当事人应当依法行使诉讼权利并承担相应的诉讼义务,法院应当保障当事人行使权利,同时督促当事人依法履行诉讼义务。

(一)当事人的诉讼权利

《民诉法》第49条至第51条集中规定了当事人的诉讼权利与诉讼义务。第49条规定:"当事人有权委托代理人,提出回避申请,收集、提供证据,进行辩论,请求调解,提起上诉,申请执行。当事人可以查阅本案有关材料,并可以复制本案有关材料和法律文书。查阅、复制本案有关材料的范围和办法由最高人民法院规定。当事人必须依法行使诉讼权利,遵守诉讼秩序,履行发生法律效力的判决书、裁定书和调解书。"第50条规定:"双方当事人可以自行和解。"第51条规定:"原告可以放弃或者变更诉讼请求。被告可以承认或者反驳诉讼请求,有权提起反诉。"

根据上述规定,当事人享有如下诉讼权利:

(1)原告可以放弃或者变更诉讼请求。被告可以承认或者反驳诉讼请求,有权提起反诉。原告与被告享有平等的诉讼权利:原告有提起诉讼的权利;被告则有针对原告诉讼请求及事实与理由进行答辩的权利,被告还可提起反诉。原告起诉后有放弃、变更诉讼请求的权利;被告则有承认或者反驳原告诉讼请求的权利。

(2)当事人有委托诉讼代理人的权利。原告、被告、第三人均有权委托诉讼代理人,由委托诉讼代理人代为参加诉讼。

(3)申请回避的权利。民事诉讼中审判人员(含人民陪审员)、执行人员、书记员、翻译人员、鉴定人、勘验人等回避主体有《民诉法》第44条及《民诉法解释》第43条规定的回避情形时,当事人及其诉讼代理人有权申请上述回避主体予以回避,退出本案的审理与执行。

(4)收集、提供证据的权利。当事人有权自行或由委托诉讼代理人向有关单位和个人调查、收集证据,并将收集的证据提供给法院以证明自己的主张。对于可能灭失或今后难以取得的证据,当事人还可申请法院采取证据保全措施。

(5) 进行辩论的权利。辩论权是当事人在民事诉讼中的一项重要权利。《民诉法》第 12 条规定:"人民法院在审理民事案件时,当事人有权进行辩论。"原告和被告均有权对案件事实提出自己的主张,对争议焦点提出自己的意见,反驳对方或提出辩解。当事人行使辩论权的形式包括提交起诉状、答辩状、代理词、书面质证意见等书面形式,也包括庭前会议、证据交换及法庭审理阶段口头发表的辩论意见。

(6) 请求调解的权利。当事人可在第一审程序、第二审程序、审判监督程序中请求法院进行调解。法院调解主要由法院审判人员主持调解,有些案件法院可以委托特定组织或个人主持调解。

(7) 提起上诉的权利。两审终审制度是我国民事诉讼的基本制度,除最高人民法院作出的一审判决、裁定,以及依特别程序、小额诉讼程序、督促程序、公示催告程序、破产程序审理作出的判决、裁定外,当事人可以对其他程序审理作出的判决以及不予受理、驳回起诉及管辖权异议裁定提起上诉。

(8) 查阅并复制本案有关材料和法律文书的权利。当事人及其委托诉讼代理人有权查阅案件审判卷和执行卷的正卷,包括起诉书、答辩书、庭审笔录及各种证据材料等,需注意仅限于查阅正卷。当事人及其委托诉讼代理人还可以查阅庭审录音录像,并可以复制录音或者誊录庭审录音录像。①

(9) 申请法院调取证据、鉴定或勘验的权利。对于当事人因客观原因无法自行调取的证据,当事人可以申请法院调查、收集。对于书证、视听资料、电子数据等证据,当事人持有异议的,可以申请法院委托鉴定人鉴定真伪及形成时间等事项。对于物证或法律事实发生的现场,当事人还可申请法院工作人员勘验现场。

(10) 申请保全和在一定条件下申请先予执行的权利。原告对于被告可能转移、毁损财产或因财产自身原因可能灭失,致使将来生效裁判文书难以执行的,可以申请法院作出财产保全措施。原告面临紧迫困难或紧急情况,生活或生产经营难以为继的,可以向法院申请在判决作出或生效前先予执行被告财产,以解燃眉之急。

(11) 申请执行的权利。法律文书生效后,被告不履行生效法律文书确定的义务,包括给付财物或行为义务,原告可申请法院强制执行被告的财产或行为。

---

① 参见《最高人民法院关于诉讼代理人查阅民事案件材料的规定》(法释〔2020〕20 号)、《最高人民法院关于人民法院庭审录音录像的若干规定》(法释〔2017〕5 号)。本书第四章第三节"公开审判制度"具体介绍上述司法解释。

(12) 申请再审的权利。生效法律文书确有错误，符合《民诉法》第 200 条规定的申请再审事由的，当事人可申请法院对生效裁判文书进行再次审理，对生效裁判文书的错误予以纠正。

(13) 提出异议的权利。当事人在诉讼中有权提出的异议包括管辖权异议、执行异议、执行分配方案异议等。法院立案受理了没有管辖权的案件，被告可以提出管辖权异议，特殊情形下原告也可提出管辖权异议，由法院进行审查，管辖错误的移送有管辖权的法院审理。执行程序中法院的执行行为错误或不当，申请执行人或被执行人可以提出执行异议，由法院进行审查，确有错误的裁定撤销或变更。案外人对执行标的主张全部或部分权利的，可以提出案外人异议。申请执行人、被执行人和被执行人的其他债权人还可就法院作出的被执行人财产分配方案提出执行分配方案异议。

(二) 当事人的诉讼义务

为了保障诉讼程序的有序进行，当事人在享有上述广泛诉讼权利的同时，还需承担以下诉讼义务：

(1) 依法行使诉讼权利。当事人必须依照《民诉法》及司法解释的规定行使诉讼权利，并遵循诚实信用原则，不得滥用诉讼权利，妨碍民事诉讼程序的正常进行，损害他人合法权益。

(2) 遵守诉讼秩序。当事人必须遵守诉讼秩序，服从法庭指挥，不得作出妨害民事诉讼正常进行的行为。

(3) 履行发生法律效力的判决书、裁定书和调解书。当事人应当履行发生法律效力的生效裁判文书确定的义务。拒不履行的，法院可强制执行。

四、当事人适格

(一) 当事人适格概述

当事人适格，又称正当当事人，是指对于具体诉讼，原告作为本案当事人起诉或被告作为本案当事人应诉的资格。简言之，当事人适格就是具体诉讼中当事人的合适资格，包括原告起诉资格与被告应诉资格。

当事人适格与当事人的诉讼权利能力不同。当事人的诉讼权利能力指的是当事人抽象地作为诉讼当事人的资格，与具体诉讼无关。换言之，当事人的诉讼权利能力解决的是当事人是否有资格以自己的名义提起诉讼或应诉。当事人具有诉讼权利能力，既可以作为本案原告或被告，也可以作为另案原告或被告。而当事人适格要解决的是原告或被告在已提起的具体诉讼中能否作为本案当事人的问题。

民事诉讼程序中，原告起诉及法院审查起诉、立案受理阶段的当事人只能称为"形式上"的当事人，即符合程序要求的起诉人与应诉人，如地域管辖中，"原告就被告"中的原告与被告就是"形式上"的当事人。随着审理程序的推进,法院开始考察原告与被告是否是本案所争议的民事法律关系的主体,即从实体法上考察符合程序要求的起诉人与应诉人,此时就要考察当事人是否适格。原告不适格或程序审查时发现被告不适格[①],法院就要裁定驳回原告起诉,诉讼程序将就此终结。如果不存在当事人不适格的情形,诉讼程序将继续进行。因此,确立当事人适格的意义为:如存在当事人不适格的情形,民事诉讼程序没有继续进行下去的必要。法院通过排除不适当的当事人以避免无意义的程序继续进行,促进司法资源的充分利用。

(二)当事人适格的分类

当事人适格或适格当事人包括两种情形:

1. 实质正当当事人

所谓实质当事人,就是实质享有实体权利或承担实体义务的当事人。简言之,即当事人本人是享有本案实体权利或承担实体义务的人。给付之诉中,对义务人享有实体法上给付请求权的人为正当原告,负有实体法上给付义务的人即为正当被告;形成之诉中,享有形成权且只能以提起诉讼方式行使形成权的人为正当原告,相对方为正当被告;确认之诉中,支配权人为正当原告,相对方为正当被告。实践中,绝大多数适格当事人属于实质正当当事人。

2. 形式正当当事人

形式正当当事人是与实质正当当事人相对的概念,与前面介绍的"形式上的当事人"含义不同。"形式上的当事人"有可能不是适格当事人,而形式正当当事人已认定是适格当事人。

形式正当当事人是指当事人并非争议的民事法律关系主体,但为保护争议的民事法律关系主体的合法权益或公共利益,以自己的名义提起诉讼或应诉,法院裁判结果仍归属于真正主体的人。形式正当当事人一般情况下须有法律的明确规定。接下来要介绍的"诉讼担当"即指形式正当当事人。

(三)当事人适格的认定

当事人适格的认定标准分为两种:(1)实质正当当事人的认定。认定标准

---

① 关于原告不适格裁定驳回原告起诉,学界与实务界观点一致,并无争议。但被告不适格时法院是裁定驳回原告起诉还是判决驳回原告诉讼请求,实务界对此认识不一,争议较大。最高人民法院案例中两种结果皆有之。甚至最高院有案例认为,民事诉讼法对于立案受理条件的规定,要求原告与案件有利害关系,即原告需适格,但是对于被告的规定与之不同,仅要求具有明确的被告,在符合其他受理条件的情况下,法院应当立案受理并使案件进入实体审理程序。被告不存在是否"适格"或"正确"的问题,除非原告有恶意滥诉的目的,否则法院不得以被告不正确为由,裁定驳回原告起诉[最高人民法院(2013)民提字第201号李梅与北京市企业清算事务所有限公司等管理人责任纠纷申请案]。本书认为,如案件刚进入审理阶段就发现被告不适格,即案件尚未经过实体审理,只进行了程序审查,此时应裁定驳回起诉。如案件已经过实体审理,此时再以程序处理裁定驳回原告起诉不妥,应以原告对被告的诉讼请求没有事实与法律依据,原告没有完成举证证明责任为由判决驳回原告诉讼请求。

为当事人是否是具体诉讼所争议的民事法律关系的主体。如果当事人为所争议的民事法律关系的主体,则其为正当当事人或适格当事人。反之,则其不是正当当事人或适格当事人。(2)形式正当当事人的认定。认定形式正当当事人,不考察当事人是否为所争议的民事法律关系的主体,只考察当事人对该民事法律关系是否享有处分权或管理权。一般情况下,认定形式正当当事人须考察处分权或管理权是否有法律的明确规定。

《民诉法解释》第53条、第56条、第57条、第58条、第62条、第68条、第69条对下列案件的适格当事人予以明确:(1)法人非依法设立的分支机构,或者虽依法设立,但没有领取营业执照的分支机构,以设立该分支机构的法人为当事人。(2)法人或者其他组织的工作人员执行工作任务造成他人损害的,该法人或者其他组织为当事人。(3)提供劳务一方因劳务造成他人损害,受害人提起诉讼的,以接受劳务一方为被告。(4)在劳务派遣期间,被派遣的工作人员因执行工作任务造成他人损害的,以接受劳务派遣的用工单位为当事人。当事人主张劳务派遣单位承担责任的,该劳务派遣单位为共同被告。(5)下列情形以行为人为当事人:法人或者其他组织应登记而未登记,行为人即以该法人或者其他组织名义进行民事活动的;行为人没有代理权、超越代理权或者代理权终止后以被代理人名义进行民事活动的,但相对人有理由相信行为人有代理权的除外;法人或者其他组织依法终止后,行为人仍以其名义进行民事活动的。(6)居民委员会、村民委员会或者村民小组与他人发生民事纠纷的,居民委员会、村民委员会或者有独立财产的村民小组为当事人。(7)对侵害死者遗体、遗骨以及姓名、肖像、名誉、荣誉、隐私等行为提起诉讼的,死者的近亲属为当事人。

(四)不适格当事人的裁判形式

原告不适格的,法院以民事裁定书形式驳回原告起诉。原告不服驳回起诉裁定结果的,可在收到民事裁定书之日起10日内向上一级法院提起上诉。驳回起诉裁定书生效后,法院须退回原告的案件受理费。

被告不适格的,如案件刚进入审理阶段,即案件尚未经过实体审理,只进行了程序审查,此时应裁定驳回起诉。如案件已经过实体审理,此时考察的已不是被告是否适格问题,而是原告对被告的诉讼请求是否有事实与法律依据的问题,再用程序处理裁定驳回原告起诉不妥,应以原告对被告的诉讼请求没有事实与法律依据,原告没有完成举证证明责任为由判决驳回原告诉讼请求。

另外,1982年《民诉法(试行)》第90条曾规定:"起诉或应诉的人不符合当事人条件的,人民法院应当通知符合条件的当事人参加诉讼,更换不符合条件的当事人。"即,原、被告不适格时,法院均应当通知符合条件的当事人参加诉讼,更换不符合条件的当事人。1991年《民诉法》制定时删除该条款,之后《民诉法》在修改时未再作出类似规定,基于此,原、被告不适格时,由法院变更适格原、被告参加诉讼已没有法律依据。《民诉法解释》第249条、第250条虽然规定了法院裁定变更当事人①,但第250条针对的是第249条规定的情形,即只针对在诉讼中争议的民事权利义务的转移,并不针对原告不适格或被告不适格。而可以变更或追加当事人的另一种情形,即诉讼中自然人当事人死亡,法人当事人分立或合并,属于当事人丧失诉讼权利能力与诉讼行为能力,不属于当事人适格问题的范畴。因此,原告或被告不适格时,法院变更适格当事人参加诉讼没有法律依据。

(五) 诉讼担当

诉讼担当,又称诉讼信托,是指实体法上的权利主体或法律关系主体以外的案外人,以自己的名义,为了或代表他人利益提起诉讼,主张他人的权利或请求解决他人间争议,法院判决的效力及于原来的权利主体。简言之,就是案外人以案外人名义为他人利益起诉,但法院判决效力及于他人。

诉讼担当分为两种情形:一种是法定的诉讼担当,是指基于法律规定,诉讼担当人将民事权利主体所享有的民事权利以诉讼担当人的名义进行诉讼,即法律明确规定了一些情形或案件的形式正当当事人;另一种是任意的诉讼担当,是指民事权利主体授权诉讼担当人实施诉讼的权能,即担当人经授权以自己的名义实施诉讼行为。②

我国学界及实务界目前讨论诉讼担当通常指法定的诉讼担当。法定诉讼担当包括下列情形:

1. 破产企业管理人作为诉讼担当人

《企业破产法》第25条第1款规定,破产企业管理人可以代表债务人参加诉讼、仲裁或者其他法律程序。

2. 失踪人的财产代管人作为诉讼担当人

《民通意见》第32条曾规定,失踪人的财产代管人拒绝支付失踪人所欠的税

---

① 《民诉法解释》第250条规定:"依照本解释第二百四十九条规定,人民法院准许受让人替代当事人承担诉讼的,裁定变更当事人。变更当事人后,诉讼程序以受让人为当事人继续进行,原当事人应当退出诉讼。原当事人已经完成的诉讼行为对受让人具有拘束力。"第249条规定:"在诉讼中,争议的民事权利义务转移的,不影响当事人的诉讼主体资格和诉讼地位。人民法院作出的发生法律效力的判决、裁定对受让人具有拘束力。受让人申请以无独立请求权的第三人身份参加诉讼的,人民法院可予准许。受让人申请替代当事人承担诉讼的,人民法院可以根据案件的具体情况决定是否准许;不予准许的,可以追加其为无独立请求权的第三人。"

② 根据《著作权法》第8条和《著作权集体管理条例》第2条的规定,著作权集体管理组织经著作权人和与著作权有关的权利人授权,可以以自己的名义,为著作权人和与著作权有关的权利人主张权利,并可以作为当事人进行涉及著作权或与著作权有关的权利的诉讼、仲裁。因此,著作权集体管理组织实际就是任意的诉讼担当(诉讼信托)人。

款、债务和其他费用,债权人提起诉讼的,法院应当将代管人列为被告。失踪人的财产代管人向失踪人的债务人要求偿还债务的,可以作为原告提起诉讼。①

3. 死者近亲属为保护死者权利作为诉讼担当人

《民诉法解释》第69条规定,对侵害死者遗体、遗骨以及姓名、肖像、名誉、荣誉、隐私等行为提起诉讼的,死者的近亲属为当事人。《民法典》第994条规定的死者近亲属提起诉讼的顺位为:死者配偶、子女、父母;死者没有配偶、子女且父母已经死亡的,其他近亲属可提起诉讼。

4. 遗产权利人、遗嘱执行人作为诉讼担当人

遗产管理人或遗嘱执行人所管理的遗产一旦发生纠纷,相关利害关系人仅能以遗产管理人或遗嘱执行人作为被告提起诉讼,遗产管理人或遗嘱执行人也只能以自己的名义起诉他人。

5. 公益诉讼的原告

2017年《民诉法》第55条规定,对污染环境、侵害众多消费者合法权益等损害社会公共利益的行为,法律规定的机关和有关组织可以向法院提起诉讼。检察院在履行职责中发现破坏生态环境和资源保护、食品药品安全领域侵害众多消费者合法权益等损害社会公共利益的行为,在没有前款规定的机关和组织或者前款规定的机关和组织不提起诉讼的情况下,可以向法院提起诉讼。

需注意,第一种、第二种、第四种情形中诉讼担当人既可以作为原告起诉,也可以作为被告应诉。第三种、第五种情形中诉讼担当人只能作为原告,不能作为被告。

五、当事人的变更

当事人的变更,是指在诉讼过程中,由于特定原因的出现,原诉讼当事人变更为案外人,由案外人作为当事人继续进行诉讼。②

(1) 诉讼中自然人原告或自然人被告死亡,死亡的原告或被告丧失了诉讼权利能力,当然也丧失了诉讼行为能力,不能继续作为原告或被告参加诉讼。死亡的原告或被告有继承人的,法院应裁定中止诉讼。并应及时通知继承人作为当事人参加诉讼,被继承人已经进行的诉讼行为对继承人有效。③ 如果死亡的原告或被告继承人信息不明,法定继承人能提供的可以由法定继承人提供,但法

---

① 《民法典》《民诉法解释》均未对上述内容予以明确规定。
② 关于当事人的追加,我国《民诉法》仅规定了必要共同诉讼中需追加必要共同诉讼人参加诉讼,故本书当事人的变更不包括当事人追加,当事人追加问题在本书必要共同诉讼部分介绍。
③ 《民诉法解释》第55条规定:"在诉讼中,一方当事人死亡,需要等待继承人表明是否参加诉讼的,裁定中止诉讼。人民法院应当及时通知继承人作为当事人承担诉讼,被继承人已经进行的诉讼行为对承担诉讼的继承人有效。"

院须调查核实。法定继承人不能提供的,法院应依职权主动调查收集相应证据。①

(2) 在诉讼中,作为原告或被告的企业法人或其他组织合并的,由合并后新成立的主体作为原告或被告参加诉讼;作为原告或被告的企业法人或其他组织分立的,由分立后新成立的主体共同作为原告或被告参加诉讼。②

(3) 根据《民诉法解释》第64条的规定,企业法人解散的,依法清算并注销前,以该企业法人为当事人;未依法清算即被注销的,以该企业法人的股东、发起人或者出资人为当事人。

(4) 在诉讼中,争议的民事权利义务转移,法院准许受让人替代当事人承担诉讼的,裁定变更当事人。变更当事人后,诉讼程序以受让人为当事人继续进行,原当事人应当退出诉讼。原当事人已经完成的诉讼行为对受让人具有拘束力。

当事人将作为诉讼标的之权利义务转让给案外人,案外人可否取得当事人的诉讼地位,即法院是否裁定变更当事人,大陆法系国家有两种立法主义。第一种为诉讼承继主义,法院应裁定变更当事人。第二种为当事人恒定主义,即法院一般不变更当事人,转让方仍是适格当事人,法院作出的发生法律效力的判决、裁定对受让人具有拘束力,受让人不得另行就受让的民事权利提起诉讼。我国民事诉讼采用当事人恒定主义,但又作了变通,法院可以有条件地裁定变更当事人。

当事人变更可能发生在第一审程序、第二审程序及审判监督程序中。在第二审程序中,发生当事人变更情形的,二审法院直接裁定变更,无需发回一审法院重新审理。③ 对于执行程序中当事人的变更将在本书第24章第5节"执行承担"中进行介绍。

---

① 《民诉法解释》第96条规定:"民事诉讼法第六十四条第二款规定的人民法院认为审理案件需要的证据包括:(一)涉及可能损害国家利益、社会公共利益的;(二)涉及身份关系的;(三)涉及民事诉讼法第五十五条规定诉讼的;(四)当事人有恶意串通损害他人合法权益可能的;(五)涉及依职权追加当事人、中止诉讼、终结诉讼、回避等程序性事项的。除前款规定外,人民法院调查收集证据,应当依照当事人的申请进行。"死亡的原告或被告继承人信息属于"涉及依职权追加当事人、中止诉讼、终结诉讼、回避等程序性事项",法院应依职权调查收集相应证据。

② 《民诉法解释》第63条规定:"企业法人合并的,因合并前的民事活动发生的纠纷,以合并后的企业为当事人;企业法人分立的,因分立前的民事活动发生的纠纷,以分立后的企业为共同诉讼人。"

③ 《民诉法解释》第336条规定:"在第二审程序中,作为当事人的法人或者其他组织分立的,人民法院可以直接将分立后的法人或者其他组织列为共同诉讼人;合并的,将合并后的法人或者其他组织列为当事人。"

六、原告与被告的确定

（一）概述

原告，是指为维护自己或自己所管理的他人权益，以自己的名义向法院起诉，从而引起民事诉讼发生的人。简言之，原告就是原本提起诉讼、请求法院行使民事裁判权的人。

被告，是指被原告诉称侵害原告民事权益或与原告发生民事争议，而由法院通知应诉的人。简言之，被告就是被原告所告、需要应诉的人。

原告与被告既有可能是自然人，也有可能是法人或法律、司法解释认可的其他组织。实务中，原告的确定相对比较简单，通常是与他人发生民事争议或民事权益受到侵害而向法院起诉的人，比如，侵权纠纷中的被侵权人，合同纠纷中的守约方。特殊情形下也有可能是为维护自己所管理的他人权益提起诉讼的人，即诉讼担当人。被告的确定相对比较复杂，通常是指侵害原告民事权益的侵权人，以及与原告发生民事争议的合同相对方，另外还需考虑是否存在共同被告，比如侵权纠纷中有多个侵权人或法律规定多人对侵权行为承担民事责任的，为了使将来的生效裁判能够得到及时履行，原告应尽可能将全部侵权人或全部责任主体列为共同被告；再如合同纠纷中存在多个合同相对方或多个债务人的（包括为主债务设定担保、他人自愿加入债务等情形），原告同样应将全部合同相对方或全部债务人列为共同被告。

（二）原告与被告的确定

1. 自然人可以以自己名义起诉或应诉，成为原告或被告

另外，自然人成为原告或被告还包括以下三种情形：

（1）在诉讼中，个体工商户以营业执照上登记的经营者为当事人。有字号的，以营业执照上登记的字号为当事人，但应同时注明该字号经营者的基本信息。营业执照上登记的经营者与实际经营者不一致的，以登记的经营者和实际经营者为共同诉讼人（《民诉法解释》第59条）。

（2）提供劳务一方因劳务造成他人损害，受害人提起诉讼的，以接受劳务一方为被告（《民诉法解释》第57条）。

（3）下列情形，以行为人为当事人：① 法人或者其他组织应登记而未登记，行为人即以该法人或者其他组织名义进行民事活动的；② 行为人没有代理权、超越代理权或者代理权终止后以被代理人名义进行民事活动的，但相对人有理由相信行为人有代理权的除外；③ 法人或者其他组织依法终止后，行为人仍以其名义进行民事活动的（《民诉法解释》第62条）。

2. 法人可以以自己名义起诉或应诉，成为原告或被告

代表法人进行民事诉讼的人是法人的法定代表人。法人的法定代表人以依

法登记的为准,但法律另有规定的除外。依法不需要办理登记的法人,以其正职负责人为法定代表人;没有正职负责人的,以其主持工作的副职负责人为法定代表人。设有董事会的法人,以董事长为法定代表人;没有董事长的法人,经董事会授权的负责人可作为法人的法定代表人。

在诉讼中,法人的法定代表人更换的,由新的法定代表人继续进行诉讼,并应向法院提交新的法定代表人身份证明书。原法定代表人进行的诉讼行为有效。法定代表人已经变更,但未完成登记,变更后的法定代表人要求代表法人参加诉讼的,法院可以准许。

另外,法人成为原告或被告还包括两种情形:(1) 法人工作人员因职务行为或授权行为发生诉讼时,该法人为当事人①;(2) 企业法人合并的,因合并前的民事活动发生的纠纷,以合并后的企业为当事人。

3. 其他组织可以以自己名义起诉或应诉,成为原告或被告

其他组织,是指合法成立、有一定的组织机构和财产,但又不具备法人资格的组织。其他组织可以作为当事人,由其他组织的负责人进行诉讼。在诉讼中,其他组织的负责人变更的,由新的负责人继续进行诉讼,并应向法院提交新的负责人身份证明书。原负责人进行的诉讼行为有效。②

根据《民诉法解释》第 52 条的规定,其他组织包括:(1) 依法登记领取营业执照的个人独资企业;(2) 依法登记领取营业执照的合伙企业;(3) 依法登记领取我国营业执照的中外合作经营企业、外资企业;(4) 依法成立的社会团体的分支机构、代表机构;(5) 依法设立并领取营业执照的法人的分支机构;(6) 依法设立并领取营业执照的商业银行、政策性银行和非银行金融机构的分支机构;(7) 经依法登记领取营业执照的乡镇企业、街道企业;(8) 其他符合本条规定条件的组织。上述其他组织可归纳为三类加兜底:一类是领取非法人营业执照的私营独资企业、合伙组织、乡镇集体企业和外资企业等;第二类是银行、保险公司及法人的分支机构;第三类是领取社会团体登记证的社会团体。

村民委员会是基层群众性自治组织,其职权包括:(1) 农村公共事务的管理和公共秩序的维护;(2) 集体财产的经营与管理;(3) 协助基层政府开展工作。村民委员会如与他人发生民事纠纷,是否可作为诉讼主体?最高人民法院研究室《关于村民因土地补偿费、安置补助费问题与村民委员会发生纠纷人民法院应否受理问题的答复》(法研〔2001〕116 号)指出,此类问题可以参照我室给广东省

---

① 《民诉法解释》第 56 条规定:"法人或者其他组织的工作人员执行工作任务造成他人损害的,该法人或者其他组织为当事人。"
② 《民诉法解释》第 51 条规定:"在诉讼中,法人的法定代表人变更的,由新的法定代表人继续进行诉讼,并应向人民法院提交新的法定代表人身份证明书。原法定代表人进行的诉讼行为有效。前款规定,适用于其他组织参加的诉讼。"

高级人民法院法研〔2001〕51号《关于人民法院对农村集体经济所得收益分配纠纷是否受理问题的答复》(略)办理。上述最高人民法院研究室给广东省高级人民法院答复为：农村集体经济组织与其成员之间因收益分配产生的纠纷，属平等民事主体之间的纠纷。当事人就该纠纷起诉到人民法院，只要符合《民诉法》第108条的规定，人民法院应当受理。《民诉法解释》第68条则进一步明确："居民委员会、村民委员会或者村民小组与他人发生民事纠纷的，居民委员会、村民委员会或者有独立财产的村民小组为当事人。"根据本条规定，不仅村民委员会，有独立财产的村民小组在所有的民事诉讼中都可作为原告或被告。①

业主委员会是否具备民事诉讼主体资格？《最高人民法院关于审理物业服务纠纷案件具体应用法律若干问题的解释》(法释〔2009〕8号)第10条规定，物业服务合同的权利义务终止后，业主委员会请求物业服务企业退出物业服务区域、移交物业服务用房和相关设施，以及物业服务所必需的相关资料和由其代管的专项维修资金的，法院应予支持。

[案例7-3] 张某乔迁新居，请某搬家公司为其搬家。搬家公司派员工刘某、赵某为张某搬家。在搬家过程中，刘某不慎将张某的电脑损坏；赵某则与张某发生争执并将张某打伤，张某为此花费医药费500元。现张某诉至法院请求赔偿，张某应当如何确定被告？刘某不慎损坏张某电脑，刘某的行为属于职务行为。因此张某要求赔偿电脑损失，应以某搬家公司作为被告。赵某将张某打伤的行为，不属于职务行为，是个人行为，因此，张某要求赔偿医药费损失，应当以赵某个人作为被告另案起诉。

第二节　共　同　诉　讼

一、共同诉讼概述

诉讼形态有多样性。当事人在通常情况下表现为单数的原告和被告，即一名原告起诉一名被告。有时也可能以复数形态出现，即一名原告起诉多名被告，或多名原告起诉一名被告，或多名原告起诉多名被告。原告或被告一方或双方为两人以上②的，就是共同诉讼。③

---

① 《民法典》第101条规定，居民委员会、村民委员会具有基层群众性自治组织法人资格，可以从事为履行职能所需要的民事活动。

② 有关时间、人数等量词后缀"以上""以下""以内""届满"的，均含本数，后缀"不满""超过""以外"的均不含本数。

③ 《民诉法》第52条第1款规定："当事人一方或者双方为二人以上，其诉讼标的是共同的，或者诉讼标的是同一种类、人民法院认为可以合并审理并经当事人同意的，为共同诉讼。"

共同诉讼中,复数一方当事人称为共同诉讼人。如前所述,共同诉讼人既可以是共同原告,也可以是共同被告,还可以同时存在。换言之,只要有一方当事人为两人或两人以上,就构成共同诉讼。

共同诉讼以诉讼标的之性质不同为标准,分为必要共同诉讼与普通共同诉讼。相对应的,必要共同诉讼中的当事人就是必要共同诉讼人。

二、必要共同诉讼

必要共同诉讼,是指当事人一方或双方为两人或两人以上,其诉讼标的是共同的、不可分的,法院必须合并审理的诉讼。比如:当事人为诉讼标的物的共有人,共同权利义务(共同侵权)。

必要的共同诉讼的特点在于共同诉讼的一方当事人对诉讼标的有不可分的共同的权利义务。它基于以下两种情形产生:

1. 基于同一物权或者连带债权债务产生

比如,甲、乙二人共同所有的房屋被丙侵占,甲、乙二人对房屋有共同的权利,应当作为共同原告对丙提起诉讼;反之,丙的房屋被甲、乙二人侵占,甲、乙二人对返还房屋负有共同的义务,丙应当将甲、乙二人作为共同被告提起诉讼。

2. 基于同一事实和法律上的原因产生

这是指共同诉讼人对诉讼标的本来没有共同的权利义务,由于同一事实和法律上的原因,才使他们产生了共同的权利义务。比如,乙在街上偶遇朋友甲与丙打架,遂参加进来,与甲一起将丙打伤。由于二人共同实施侵权行为这一事实,就产生了对丙承担赔偿责任的共同义务,丙应当将甲、乙二人列为损害赔偿之诉的共同被告。又如,在联合运输中,水上和陆上的承运人各有其运送关系,本无共同义务,但基于联合运输这一法律上的原因,当托运人托运的货物有损坏时,应当将水上和陆上运输的承运人作为共同被告提起诉讼。

根据《民诉法解释》的规定,必要共同诉讼人参加诉讼主要包括10种情形:

(1) 以挂靠形式从事民事活动,当事人请求由挂靠人和被挂靠人依法承担民事责任的,该挂靠人和被挂靠人为共同诉讼人(第54条)。

(2) 个体工商户营业执照上登记的业主与实际经营者不一致的,以业主和实际经营者为共同诉讼人(第59条第2款)。

(3) 未依法登记领取营业执照的个人合伙的全体合伙人在诉讼中为共同诉讼人。个人合伙有依法核准登记的字号的,应在法律文书中注明登记的字号。全体合伙人可以推选代表人;被推选的代表人,应由全体合伙人出具推选书(第60条)。

(4) 企业法人分立的,因分立前的民事活动发生的纠纷,以分立后的企业为共同诉讼人(第63条)。

(5) 借用业务介绍信、合同专用章、盖章的空白合同书或者银行账户的，出借单位和借用人为共同诉讼人(第65条)。

(6)《民诉法解释》第66条规定，因保证合同纠纷提起的诉讼，债权人向保证人和被保证人一并主张权利的，法院应当将保证人和被保证人列为共同被告；债权人仅起诉保证人的，除保证合同明确约定保证人承担连带责任的外，法院应当通知被保证人作为共同被告参加诉讼；债权人仅起诉被保证人的，可只列被保证人为被告。《民法典》第687条第2款对一般保证的责任承担方式作出修改："一般保证的保证人在主合同纠纷未经审判或者仲裁，并就债务人财产依法强制执行仍不能履行债务前，有权拒绝向债权人承担保证责任，但是有下列情形之一的除外：(一)债务人下落不明，且无财产可供执行；(二)人民法院已经受理债务人破产案件；(三)债权人有证据证明债务人的财产不足以履行全部债务或者丧失履行债务能力；(四)保证人书面表示放弃本款规定的权利。"《最高人民法院关于适用〈中华人民共和国民法典〉有关担保制度的解释》(法释〔2020〕28号)第26条第1款、第2款又规定，一般保证中，债权人以债务人为被告提起诉讼的，人民法院应予受理。债权人未就主合同纠纷提起诉讼或者申请仲裁，仅起诉一般保证人的，人民法院应当驳回起诉。一般保证中，债权人一并起诉债务人和保证人的，人民法院可以受理，但是在作出判决时，除有《民法典》第687条第2款但书规定的情形外，应当在判决书主文中明确，保证人仅对债务人财产依法强制执行后仍不能履行的部分承担保证责任。根据本解释的规定，债权人有权选择一并起诉债务人与一般保证人，但债权人仅起诉一般保证人的，人民法院不应再依据《民诉法解释》第66条"债权人仅起诉保证人的，人民法院应当通知被保证人作为共同被告参加诉讼"的规定追加债务人参加诉讼，应当直接驳回债权人的起诉。《民诉法解释》第66条的该规定与《最高人民法院关于适用〈中华人民共和国民法典〉有关担保制度的解释》第26条发生冲突已不再适用，只有债权人选择向保证人和被保证人一并主张权利的，法院才应当将保证人和被保证人列为共同被告。申言之，一般保证合同发生纠纷时，只有存在《民法典》第687条规定的四种除外情形，才可能形成《民诉法解释》第66条规定的必要共同诉讼，债权人仅起诉保证人的，法院应当通知被保证人作为共同被告参加诉讼。

(7) 无民事行为能力人、限制民事行为能力人造成他人损害的，无民事行为能力人、限制民事行为能力人和其监护人为共同被告(《民诉法解释》第67条)。

(8) 在继承遗产的诉讼中，部分继承人起诉的，法院应通知其他继承人作为共同原告参加诉讼；被通知的继承人不愿意参加诉讼又未明确表示放弃实体权利的，法院仍应把其列为共同原告(《民诉法解释》第70条)。

(9) 原告起诉被代理人和代理人,要求承担连带责任的,被代理人和代理人为共同被告,原告起诉代理人和相对人,要求承担连带责任的,代理人和相对人为共同被告(《民诉法解释》第 71 条)。

(10) 共有财产权受到他人侵害,部分共有权人起诉的,其他共有权人应当列为共同诉讼人(《民诉法解释》第 72 条)。

此外,其他司法解释中也散见一些有关共同被告的规定。比如《最高人民法院关于适用〈中华人民共和国民法典〉有关担保制度的解释》(法释〔2020〕28 号)第 45 条第 3 款规定:"债权人以诉讼方式行使担保物权的,应当以债务人和担保人作为共同被告。"又如,《最高人民法院关于审理劳动争议案件适用法律问题的解释(一)》(法释〔2020〕26 号)第 26 条第 2 款规定:"用人单位分立为若干单位后,具体承受劳动权利义务的单位不明确的,分立后的单位均为当事人。"第 27 条第 3 款规定:"原用人单位以新的用人单位和劳动者共同侵权为由提起诉讼的,新的用人单位和劳动者列为共同被告。"第 28 条规定:"劳动者在用人单位与其他平等主体之间的承包经营期间,与发包方和承包方双方或者一方发生劳动争议,依法提起诉讼的,应当将承包方和发包方作为当事人。"第 29 条规定:"劳动者与未办理营业执照、营业执照被吊销或者营业期限届满仍继续经营的用人单位发生争议的,应当将用人单位或者其出资人列为当事人。"第 30 条规定:"未办理营业执照、营业执照被吊销或者营业期限届满仍继续经营的用人单位,以挂靠等方式借用他人营业执照经营的,应当将用人单位和营业执照出借方列为当事人。"再如,《最高人民法院关于审理商品房买卖合同纠纷案件适用法律若干问题的解释》(法释〔2020〕17 号)第 22 条规定:"买受人未按照商品房担保贷款合同的约定偿还贷款,亦未与担保权人办理不动产抵押登记手续,担保权人起诉买受人,请求处分商品房买卖合同项下买受人合同权利的,应当通知出卖人参加诉讼;担保权人同时起诉出卖人时,如果出卖人为商品房担保贷款合同提供保证的,应当列为共同被告。"

《民诉法解释》第 73 条规定,必须共同进行诉讼的当事人没有参加诉讼的,人民法院应当依照《民诉法》第 132 条的规定,通知其参加;当事人也可以向法院申请追加。必要的共同诉讼,共同诉讼人对诉讼标的有共同的权利义务,其中一人不参加诉讼,争议的权利义务关系以及当事人之间的权利义务关系就难以确定,因此,必要共同诉讼必须共同进行,共同诉讼人必须共同参加诉讼,法院必须合并审理。如果法院发现必须共同诉讼的当事人没有参加诉讼的,应当追加其为当事人,通知其参加诉讼。

当事人也可以向法院申请追加必要共同诉讼人。有权申请追加必要共同诉讼的当事人不仅指原告,也包括被告。法院对当事人提出的申请,应当进行审查,申请理由不成立的,裁定驳回①;申请理由成立的,书面通知被追加的当事人参加诉讼,无需制作民事裁定书。

《民诉法解释》第74条规定,法院追加共同诉讼的当事人时,应通知其他当事人。应当追加的原告,已明确表示放弃实体权利的,可不予追加;既不愿意参加诉讼,又不放弃实体权利的,仍追加为共同原告,其不参加诉讼,不影响法院对案件的审理和依法作出判决。

必要共同诉讼中,共同诉讼人中一人或者数人作出自认而其他共同诉讼人予以否认的,不发生自认的效力。其他共同诉讼人既不承认也不否认,经审判人员说明并询问后仍然不明确表示意见的,视为全体共同诉讼人的自认(《证据规定》第6条第2款)。

[案例7-4] 李四与王五作为共同借款人向张三借款50万元,王五与李四向张三出具一份借条,借条内容为两人共同向张三借款。借款到期后,因李四与王五均未还款,张三提起第一个诉讼,请求李四返还借款50万元并支付利息,法院判决后,张三向法院申请强制执行,李四无财产可供执行。张三又另案提起诉讼,请求法院判决王五返还借款50万元并支付利息,法院进行缺席审理。本案如何判决? 如支持张三诉讼请求,张三有可能获得双重债权,因为李四只是暂时无财产可供执行。如将李四追加为本案共同被告,但张三诉李四一案已经审理并作出判决,根据"一事不再理"原则,法院不能再追加李四作为本案共同被告。这一问题的产生,就是因为李四与王五负共同义务,为必要共同诉讼人,张三只起诉必要共同诉讼人中的李四,法院也遗漏了追加必要共同诉讼王五参加第一个诉讼。

三、普通共同诉讼

当事人一方或者双方为二人以上,其诉讼标的为同一种类,法院认为可以合并审理并经当事人同意的诉讼为普通的共同诉讼。普通的共同诉讼的特点在于共同诉讼的一方当事人对诉讼标的没有共同的权利义务,是一种可分之诉,只是因为他们的诉讼标的属于同一种类,法院为审理方便,才将他们作为共同诉讼审理。如用人单位拖欠众多工人工资,工人们起诉要求用人单位支付。

普通的共同诉讼与必要的共同诉讼存在以下区别:

(1) 诉讼标的之性质不同。普通的共同诉讼的诉讼标的是同一种类,诉讼标的是可分的;必要共同诉讼人对诉讼标的享有共同的权利或承担共同的义务,

---

① 根据《民诉法解释》第73条的规定,不能用通知形式驳回当事人提出的追加必要共同诉讼人申请,应适用民事裁定书形式,对该裁定书当事人没有上诉权。

其诉讼标的是共同的或同一的。

（2）共同诉讼人之间的相关性与独立性不同。在普通的共同诉讼中，每个共同诉讼人都处于独立的地位，其诉讼行为对其他共同诉讼人不发生效力，而只对本人发生效力①；在必要的共同诉讼中，采取承认的原则，视全体共同诉讼人为一个整体，其中一人的诉讼行为经其他共同诉讼人同意，对其他共同诉讼人发生效力。

（3）审判方式和审判结果不同。普通的共同诉讼是一种可分之诉，因此共同诉讼人既可以一同起诉或者一同应诉，也可以分别起诉或应诉。法院既可以合并审理，也可以分开审理。合并审理时应经共同诉讼人同意，并分别作出判决，确认每个共同诉讼人与对方当事人之间的权利义务关系。固有的必要的共同诉讼是一种不可分之诉，因此共同诉讼人必须一同起诉或者一同应诉，法院必须合并审理并作出同一判决。

[案例 7-5] 刘某、徐某、邓某、秦某四人是大学同学，住在同一间宿舍。刘某和徐某在宿舍里用酒精炉烧火锅吃，结果不慎将酒精炉打翻，引发火灾，宿舍内的物品被烧毁，其中包括邓某的笔记本电脑、秦某的迷你音响，以及邓某和秦某共同出资购买的电视机。事发后，刘某和徐某都推说是对方打翻的酒精炉，不应当由自己来赔偿，邓某和秦某准备通过诉讼来解决纠纷，本案中当事人应当如何确定？

刘某和徐某在宿舍里用酒精炉烧火锅吃，是造成火灾的直接原因，在无法证明是谁打翻酒精炉的情况下，刘某和徐某构成了民法意义上的"共同危险行为"，即共同实施了侵害他人权利的危险性行为，其中一人或部分人的行为导致损害结果的发生，但不能判明谁是加害人。因此，在本案中刘某和徐某应当被列为共同被告，且是必要共同被告。

被烧毁的物品中，既有邓某和秦某的个人物品，也有二人共同所有的物品。如果邓某和秦某仅要求赔偿个人物品，则属于普通共同诉讼的共同原告，可一并或分别对刘某和徐某提起侵权之诉。如果邓某和秦某还要求赔偿共有物品，则属于必要共同诉讼的共同原告，只能一并对刘某和徐某提起侵权之诉。

本案中，原告根据诉讼请求的不同是可分的，但被告是不可分的，不管是分别还是共同起诉，都必须将刘某和徐某一并作为共同被告。

---

① 《证据规定》第 6 条第 1 款规定："普通共同诉讼中，共同诉讼人中一人或者数人作出的自认，对作出自认的当事人发生效力。"

第三节 公益诉讼

一、公益诉讼概述

公益诉讼,是指对损害国家和社会公共利益的违法行为,由法律规定的国家机关或有关组织向法院提起民事诉讼。

我国法律近年来才确立了公益诉讼制度。2012年《民诉法》第55条规定,对污染环境、侵害众多消费者合法权益等损害社会公共利益的行为,法律规定的机关和有关组织可以向人民法院提起诉讼。2017年《民诉法》第55条沿袭了这条规定。2013年修订的《消费者权益保护法》第47条规定,对侵害众多消费者合法权益的行为,中国消费者协会以及在省、自治区、直辖市设立的消费者协会,可以向人民法院提起诉讼。2014年修订的《环境保护法》第58条规定,对污染环境、破坏生态,损害社会公共利益的行为,符合下列条件的社会组织可以向人民法院提起诉讼:(1)依法在设区的市级以上人民政府民政部门登记;(2)专门从事环境保护公益活动连续5年以上且无违法记录。

2015年5月5日,中央全面深化改革领导小组第十二次会议通过了《检察机关提起公益诉讼改革试点方案》。2015年7月1日,十二届全国人大常委会第十五次会议通过《关于授权最高人民检察院在部分地区开展公益诉讼试点工作的决定》,最高人民法院随后发布《人民法院审理人民检察院提起公益诉讼案件试点工作实施办法》。2017年6月27日,十二届全国人大常委会第二十八次会议通过《关于修改〈中华人民共和国民事诉讼法〉和〈中华人民共和国行政诉讼法〉的决定》,对《民诉法》作出第三次修正,在第55条中增设一款作为第2款,即"人民检察院在履行职责中发现破坏生态环境和资源保护、食品药品安全领域侵害众多消费者合法权益等损害社会公共利益的行为,在没有前款规定的机关和组织或者前款规定的机关和组织不提起诉讼的情况下,可以向人民法院提起诉讼。前款规定的机关或者组织提起诉讼的,人民检察院可以支持起诉"。

二、公益诉讼的诉讼程序

《民诉法解释》第284条至第291条规定了公益诉讼的诉讼程序。

(一)起诉与受理

根据《民诉法解释》第284条的规定,《环境保护法》《消费者权益保护法》等法律规定的机关和有关组织对污染环境、侵害众多消费者合法权益等损害社会公共利益的行为,根据《民诉法》第 55 条规定提起公益诉讼,符合下列条件的,人民法院应当受理:(1)有明确的被告;(2)有具体的诉讼请求;(3)有社会公共利益受到损害的初步证据;(4)属于人民法院受理民事诉讼的范围和受诉人民法院管辖。

根据 2017 年《民诉法》第 55 条第 2 款的规定,人民检察院可以在符合法定情形时向人民法院提起民事公益诉讼。人民检察院提起的公益诉讼案件,免交案件受理费。

公益诉讼案件由侵权行为地或者被告住所地中级人民法院管辖,但法律、司法解释另有规定的除外。因污染海洋环境提起的公益诉讼,由污染发生地、损害结果地或者采取预防污染措施地海事法院管辖。对同一侵权行为分别向两个以上人民法院提起公益诉讼的,由最先立案的人民法院管辖,必要时由它们的共同上级人民法院指定管辖。

人民法院受理公益诉讼案件,不影响同一侵权行为的受害人根据《民诉法》第 119 条规定提起诉讼。换言之,人民法院受理公益诉讼后,并不影响同一侵权行为的受害人提起私益诉讼。

(二)审理程序

人民法院受理公益诉讼案件后,应当在 10 日内书面告知相关行政主管部门。依法可以提起诉讼的其他机关和有关组织,可以在开庭前向人民法院申请参加诉讼,人民法院准许参加诉讼的,列为共同原告。公益诉讼案件被告提出反诉的,人民法院不予受理。

人民法院审理人民检察院提起的一审民事公益诉讼案件,原则上适用人民陪审制。对公益诉讼案件,当事人可以和解,人民法院可以调解。当事人达成和解或者调解协议后,人民法院应当将和解或者调解协议进行公告。公告期不得少于 30 日。公告期满后,人民法院经审查,和解或者调解协议不违反社会公共利益的,应当出具调解书;和解或者调解协议违反社会公共利益的,人民法院不予出具调解书,将继续对案件进行审理并依法作出裁判。公益诉讼案件的原告在法庭辩论终结后申请撤诉的,人民法院不予准许。人民检察院在法庭辩论终结前申请撤诉,或者在法庭辩论终结后,人民检察院的诉讼请求全部实现,申请撤诉的,人民法院应予准许。

公益诉讼案件适用职权主义。对审理案件必要的证据,人民法院应当调查收集。原告可以申请证据保全。原告在诉讼过程中承认的对己方不利的事实和认可的证据,人民法院认为损害公共利益的,应不予确认。

公益诉讼案件的裁判发生法律效力后,其他依法具有原告资格的机关和有关组织就同一侵权行为另行提起公益诉讼的,人民法院裁定不予受理,但法律、司法解释另有规定的除外。

第四节　诉讼代表人

某基层人民法院受理某村365名村民作为共同原告起诉某公司,请求人民法院确认收购村民股份合同无效一案。原告中有名村民曾经"打过官司",对法院审理案件程序有所了解。他非常担心开庭时法院有没有能容纳365名原告的大审判庭;也担心开庭审理是否需要持续几天时间,因为他知道开庭时法官会调查许多问题,而这么多原告陈述同一个问题就需要几个小时。

一、代表人诉讼制度

代表人诉讼制度,是指在民事诉讼中,一方或双方当事人人数众多,法律允许人数众多的一方当事人推选代表人参与诉讼,代表人的行为对本方当事人发生法律效力的诉讼制度。一方人数众多,一般指10人以上。[①] 代表人诉讼中由代表人参与诉讼,其他当事人不直接参与诉讼活动。前述案例中,这名村民的担心是多余的,该代表人诉讼中,由村民推选的诉讼代表人参加诉讼,并非每名村民都需要参加开庭审理。

代表人诉讼分为人数确定的代表人诉讼和人数不确定的代表人诉讼。人数确定的代表人诉讼,是指当事人一方人数众多在起诉时确定的,可以由全体当事人推选共同的代表人,也可以由部分当事人推选自己的代表人;推选不出代表人的当事人,在必要的共同诉讼中可由本人参加诉讼,在普通的共同诉讼中可以另行起诉。人数不确定的代表人诉讼是指当事人一方人数众多在起诉时不确定的,由当事人推选代表人,当事人推选不出的,可以由法院提出人选与当事人协商,协商不成的,也可以由法院在起诉的当事人中指定代表人。

二、诉讼代表人

诉讼代表人,是指在代表人诉讼中,由多数当事人共同推选或特殊情况下由法院指定,代表本方当事人实施诉讼行为的民事主体。

诉讼代表人为2—5人,每位代表人可以委托1—2人作为诉讼代理人。无论是起诉时人数确定的代表人诉讼,还是起诉时人数不确定的代表人诉讼,诉讼代表人的诉讼行为对其所代表的当事人发生效力,但代表人变更、放弃诉讼请求

[①] 《民诉法解释》第75条规定:"民事诉讼法第五十三条、第五十四条和第一百九十九条规定的人数众多,一般指十人以上。"

或者承认对方当事人的诉讼请求,进行和解,必须经被代表的当事人同意(《民诉法》第 53 条)。

三、起诉时人数不确定的代表人诉讼的特殊程序

根据《民诉法》第 54 条的规定,诉讼标的是同一种类、当事人一方人数众多在起诉时人数尚未确定的,人民法院可以发出公告,说明案件情况和诉讼请求,通知权利人在一定期间向人民法院登记。向人民法院登记的权利人可以推选代表人进行诉讼;推选不出代表人的,人民法院可以与参加登记的权利人商定代表人。

(1)公告。人民法院可以发出公告,通知权利人向人民法院登记。公告期根据具体案件的情况确定,最少不得少于 30 日。

(2)登记。向人民法院登记的当事人,应证明其与对方当事人的法律关系和所受到的损害。证明不了的,不予登记,当事人可以另行起诉。人民法院的裁判在登记范围内执行。

《民诉法》第 54 条第 4 款还规定:"人民法院作出的判决、裁定,对参加登记的全体权利人发生效力。未参加登记的权利人在诉讼时效期间提起诉讼的,适用该判决、裁定。"《民诉法解释》第 80 条进一步规定,未参加登记的权利人在诉讼时效期间内提起诉讼,人民法院认定其请求成立的,裁定适用人民法院已作出的判决、裁定。对于那些在公告期间没有向人民法院申报权利进行登记的人,人民法院作出的判决、裁定对其具有既判力,裁判效力扩张的方式是如果未登记的权利人在判决后提起诉讼,在后诉中由人民法院作出裁定直接适用前诉的代表人诉讼判决,而不再对案件进行审理。①

[案例 7-6] 原告齐甲、齐乙等齐白石后人 60 人起诉某出版社侵犯著作权纠纷一案,某中院受理后,由于齐白石没有遗嘱,即发生法定继承。而老先生后人众多,散居世界各地,且一部分后人先于老先生去世,需由晚辈直系亲属代位继承,起诉时人数不确定,需要向权利人发出公告,通知权利人在一定期限内登记。

某中院按此程序公告登记后最终作出判决。判决在登记的范围内执行。未参加登记的权利人在诉讼时效期间内提起诉讼,某中院认定其请求成立的,裁定适用某中院已作出的判决,无需再进行实体审理。

---

① 我国代表人诉讼判决对于没有登记的权利人在事实上的既判力,学者认为其合理性在于,代表人诉讼本身就是对纠纷所涉及的所有主体的一种诉讼救济,由于这个诉讼不仅是对私权的救济,而且是对社会公益的维护,对法的秩序的稳定有重大影响,所以代表人诉讼判决的影响就不限于参加登记的人,判决的效力可以间接及于在公告期间不申报权利、不向法院登记的人。

第五节 诉讼中的第三人

［导入案例7-1］ 原告湖南某建筑公司诉被告珠海某房产公司建设工程施工合同纠纷案。原告称，其承包被告开发的某小区建设工程，合同总额9900万元，被告尚欠500余万。原告请求被告支付上述欠款及违约金200万元。被告辩称，已通过付现金、以房抵债等多种方式付款9816万元，仅欠84万元，扣除因原告质量问题由被告垫付的维修款53万元，仅欠31万元。

一审过程中，珠海某建筑材料商行的业主刘某申请以无独立请求权第三人身份参加诉讼。刘某称，其与原告签订钢管脚手架合同，承包上述小区的脚手架搭建工程。经结算，原告拖欠其工程款172万元。由于楼市低迷，被告不能及时支付原告工程款，原告也无法向刘某付款。后被告将多套房屋作价抵债给原告，原告将其中一套作价320万元给刘某，刘某将差价150万元代原告支付了其他分包商的工人工资，该房产登记到刘某名下。

由于本案纠纷中原告不认可被告以房抵工程款，致使被告在另案中起诉刘某，请求刘某支付房款320万元。本案处理结果与刘某有利害关系，因此，刘某申请加入诉讼。法院最终认定被告以房抵债的事实，珠海某房产公司起诉刘某的另案也以撤诉结案。

［导入案例7-2］ 李某诉珠海某房产公司居间合同纠纷案。李某称，其于2006年7月介绍珠海某房产公司中标珠海某股份公司生活用地开发项目后，两公司组建了甲公司。甲公司于2008年7月向李某出具一份承诺函，承诺项目建成时，先由李某选商品住宅200㎡、商铺100㎡，作为李某中介费用。该承诺函除加盖甲公司公章外，还有甲公司法定代表人王某签名。因甲公司未兑现承诺，李某诉至法院。

甲公司辩称，其从未同意向李某支付居间费用。王某已于2009年7月离开甲公司，承诺函系王某在离职前预留的加盖公章的空白纸上打印形成。甲公司申请王某作为本案第三人参加诉讼，法院予以准许。

第三人王某在庭审中承认甲公司辩称属实，称承诺函于2010年上半年形成。李某对甲公司辩称及王某陈述不予认可。孰是孰非，真假莫辨。法院应甲公司申请委托鉴定机构对承诺函行文、印章、王某签名形成时间及形成先后顺序予以司法鉴定。

［导入案例7-3］ 某金融资产管理公司诉珠海市某电子公司、某建筑公司金融借款合同纠纷案。1998年9月，某商业银行珠海分行与上述两被告签订借款抵押合同，由某建筑公司以其名下的位于拱北的厂房第一层部分房屋与第三层房屋（各有独立房产证）抵押担保，某电子公司向银行借款

250万元。借款到期后某电子公司分文未还。后银行将上述债权转让给某金融资产管理公司。2010年10月,资产公司向某区人民法院起诉,请求某电子公司偿还借款本息,某建筑公司承担抵押担保责任。因两被告下落不明,法院公告送达传票后缺席判决。公告送达判决后,某电子公司现身上诉。

二审期间,案外人某商贸公司称,抵押厂房系某建筑公司与别人合建,双方约定第三层厂房归他人所有,而他人的份额早在借款前几易其手至案外人名下,因此,案外人请求以独立请求权人身份参加到二审中。二审法院囿于程序限制,将此案发回重审并建议一审追加案外人参加诉讼。某区人民法院经审查通知某商贸公司后,该公司以本案原被告作为共同被告起诉,请求判令借款抵押合同部分无效、第三层厂房归其所有。该公司以独立请求权第三人身份加入上述金融借款纠纷诉讼中。

[表 7-4] 导入案例要素

	原告	被告	第三人	申请参加理由	加入方式
案例一	湖南某建筑公司	珠海某房产公司	珠海某建筑材料商行业主刘某	原告将被告抵债给原告的其中一套作价320万元的房屋给刘某,由于本案纠纷中原告不认可被告以房抵工程款,致使被告在另案中起诉刘某,请求刘某支付房款320万元。	主动申请
案例二	李某	珠海甲公司	时任甲公司法定代表人王某	甲公司称承诺函系王某在离职前预留的加盖公章空白纸上打印形成,甲公司申请王某参加诉讼。	被申请
案例三	某金融资产管理公司	珠海市某电子公司、某建筑公司	某商贸公司	案涉抵押厂房系某建筑公司与别人合建,双方约定第三层厂房归别人所有,而别人的份额早在借款前几易其手至案外人名下,案外人申请加入。	起诉

一、第三人概述

民事诉讼中的第三人,是指对他人争议的诉讼标的有独立的请求权,或虽没有独立的请求权,但案件的处理结果与其有法律上的利害关系,因此参加到别人已经开始的诉讼中的人。简言之,第三人就是原、被告之外的第三方当事人。第三人既可以是自然人,也可以是法人或其他组织,如导入案例3所示。实务中,第三人以自然人居多。

第三人具有如下特征:

(1) 第三人是参加到法院已立案受理原、被告之间的诉讼中的人

有利害关系的案外人作为第三人参加诉讼,必须以原、被告之间的诉讼正在进行为前提。如果原、被告之间的诉讼尚未开始,或已经终结,有利害关系的案外人只能另行提起诉讼,自然也不可能成为第三人。

(2) 第三人对原、被告之间的诉讼具有利害关系

这种利害关系表现为,第三人对原、被告争议的诉讼标的有独立的请求权,或虽没有独立的请求权,但案件的处理结果与其有法律上的利害关系。导入案例 1 中,原告湖南某建筑公司将被告珠海某房产公司抵债给原告的一套商品房作价 320 万元抵给刘某,由于本案中原告湖南某建筑公司不认可被告以房抵工程款,致使被告珠海某房产公司在另案中起诉刘某,请求刘某支付房款 320 万元。本案处理结果显然与刘某有法律上的利害关系。

(3) 第三人是以自己的名义实施诉讼行为的人

第三人虽然是参加到别人已经开始的诉讼中,但仍以自己的名义实施诉讼行为,具有独立的诉讼地位,系独立的诉讼主体。

根据第三人参加诉讼的方式以及在诉讼中的地位,第三人分为有独立请求权的第三人与无独立请求权的第三人。

二、有独立请求权的第三人

(一) 有独立请求权第三人的概念

有独立请求权的第三人,是指对他人争议的诉讼标的有独立的请求权,因而提出独立的诉讼请求,并加入别人已经开始的诉讼中的第三方当事人。"别人已经开始的诉讼"通常称为本诉。所谓"对他人争议的诉讼标的有独立的请求权",是指对原、被告争议的诉讼标的物或争议的权利有所请求,包括全部有所请求与部分有所请求。导入案例 7-3 中,本诉中原、被告之间争议的标的物或权利为厂房第一层部分房屋与第三层房屋,而案外人某商贸公司称,抵押厂房系某建筑公司与别人合建,双方约定第三层厂房归别人所有,而别人的份额早在借款前几易其手至案外人名下,案外人某商贸公司对原被告争议的部分标的物或权利有请求权,案外人某商贸公司就是有独立请求权的第三人。

(二) 有独立请求权第三人的成立条件

有独立请求权第三人的条件:

(1) 本诉已经开始,尚未终结。有独立请求权的第三人参加之诉本来就是一个独立的诉,有独立请求权的第三人实际上是针对本诉的原、被告一人或全体提出一个独立的参加之诉,法院将有独立请求权的第三人参加之诉与本诉合并审理。如果本诉尚未开始,或已经终结,有独立请求权的第三人只能另行提起诉讼。

(2) 对原、被告争议的诉讼标的主张独立的请求权。

(3) 以起诉的方式参加诉讼,即将本诉原告与被告作为共同被告提起参加之诉①。《民诉法解释》第 81 条规定,有独立请求权的第三人有权向法院提出诉讼请求和事实、理由,成为当事人。"向法院提出诉讼请求和事实、理由",意味着有独立请求权的第三人以本诉原、被告作为共同被告提起诉讼。实践中,有独立请求权的第三人需向法院递交起诉状,在起诉状中载明诉讼请求与事实理由。

(4) 必须向受理本诉的法院提起诉讼。有独立请求权的第三人如果向受理本诉以外的法院提起诉讼,就不能成为"有独立请求权的第三人",只能成为另案原告。

(三) 有独立请求权第三人参加之诉的审理与裁判

有独立请求权的第三人虽然是以对本诉原、被告提出诉讼请求的方式参加到本诉中,但有独立请求权第三人在诉讼中的称谓仍为第三人,本诉原告、被告称谓仍为原告、被告。即有独立请求权第三人的加入并不改变本诉当事人的称谓。

《民诉法解释》第 236 条规定,有独立请求权的第三人经人民法院传票传唤,无正当理由拒不到庭的,或者未经法庭许可中途退庭的,比照《民诉法》第 143 条的规定,按撤诉处理。由此可见,《民诉法》中关于原告的相关规定适用于有独立请求权的第三人,有独立请求权的第三人享有原告的一切诉讼权利,承担原告的一切诉讼义务,而本诉的原、被告则成为共同被告。有独立请求权的第三人申请撤诉的,是否准许,由法院裁定。如法院准许有独立请求权第三人撤回起诉,则本诉继续进行。

本诉原告申请撤诉如何处理?如法院准许本诉原告撤诉,本诉已经终结,有独立请求权第三人参加之诉只能另案进行,即有独立请求权的第三人作为另案原告,本诉原、被告作为另案被告,诉讼另行进行。②

有独立请求权的第三人在第二审程序中可否参加本诉?《民诉法解释》第 81 条第 2 款规定,第一审程序中未参加诉讼的第三人,申请参加第二审程序的,人民法院可以准许。但如果第二审法院审理后作出判决,对本诉原、被告及有独立请求权第三人参加之诉来讲实际上是一审终审,有损他们的审级利益。为保障第三人参加之诉与本诉的一体化审理,同时又不侵害当事人的审级利益,《民

---

① 将本诉原、被告作为共同被告的原因,有学者认为是有独立请求权的第三人对本诉原、被告争议的诉讼标的主张独立的请求权,本诉的原、被告构成共同侵权。也有学者认为,不应当认定为共同侵权,故不应将本诉原、被告作为共同被告。实践中普遍做法是有独立请求权的第三人将本诉原、被告作为共同被告起诉。

② 《民诉法解释》第 237 条规定:"有独立请求权的第三人参加诉讼后,原告申请撤诉,人民法院在准许原告撤诉后,有独立请求权的第三人作为另案原告,原案原告、被告作为另案被告,诉讼继续进行。"

诉法解释》第 327 条规定,必须参加诉讼的当事人或者有独立请求权的第三人,在第一审程序中未参加诉讼,第二审人民法院可以根据当事人自愿的原则予以调解;调解不成的,发回重审。如案例 3 所示,某商贸公司在二审中申请以有独立请求权的第三人身份参加诉讼,二审人民法院将此案发回一审法院重新审理,有独立请求权的第三人向一审人民法院提出申请,由一审人民法院追加其参加诉讼。

《民诉法》第 140 条规定,第三人提出与本案有关的诉讼请求,可以合并审理,因此,人民法院对于有独立请求权第三人参加之诉与本诉讼一般应当合并审理,并在同一份判决书中一并作出判决。特定情形下[①],基于将纠纷快速解决的目的,人民法院可就有独立请求权第三人参加之诉先行作出判决,之后再继续审理本诉讼。

三、无独立请求权的第三人

(一) 无独立请求权第三人的概念

无独立请求权的第三人,是指虽对他人之间的诉讼标的没有独立的请求权,但案件的处理结果与其有法律上的利害关系,因此参加到别人已经开始的诉讼中的人。此处"法律上的利害关系"是指与本案处理结果有权益上的牵连关系,只要案件的处理结果会影响到案外人的权益的,从保护案外人合法权益出发,案外人都可作为第三人参加诉讼。[②]

无独立请求权的第三人参加诉讼的方式有两种。第一种为第三人申请参加诉讼,如导入案例 7-1 中的刘某。第二种为法院通知第三人参加诉讼,法院通知又分为两种情形,一种为原告申请或被告申请、法院审查准许后通知,如导入案例 7-2 中的王某;第二种为法院依职权主动通知。

《民诉法解释》第 222 条规定,原告在起诉状中直接列写第三人的,视为其申请人民法院追加该第三人参加诉讼。是否通知第三人参加诉讼,由人民法院审查决定。实践中当事人如申请追加无独立请求权的第三人,最好的做法是案件受理后,由原告向人民法院提交追加第三人申请书,或在起诉时一并提交追加第三人申请书。

---

① 特定情形是指,如果本诉案情复杂,可能会导致第三人参加之诉过分迟延,从诉讼效率考量,可以就第三人参加之诉先行作出判决。

② 有学者认为,案件的处理结果影响到案外人的权益,且这种影响是对案外人义务性的影响,才构成法律上的利害关系。按照此观点,本诉被告的案外债权人不能成为本诉第三人,实务中法官一般也不准许本诉被告的案外债权人作为无独立请求权第三人参加本诉,但我国《民诉法》第三人撤销之诉的制度设置对无独立请求权第三人界定很宽泛,似乎不支持此观点。

(二)无独立请求权第三人的分类

《民诉法》第 56 条第 2 款规定,对当事人双方的诉讼标的,第三人虽然没有独立请求权,但案件处理结果同他有法律上的利害关系的,可以申请参加诉讼,或者由人民法院通知他参加诉讼。人民法院判决承担民事责任的第三人,有当事人的诉讼权利义务。可见,无独立请求权第三人分为辅助型第三人与被告型第三人。①

所谓辅助型第三人就是第三人辅助一方当事人参与诉讼,辅助一方当事人实际上也是在辅助法院查明案件事实,防止法院作出对自己不利的裁判结果。如导入案例 7-1 中的刘某,辅助本案被告珠海某房产公司参与诉讼,陈述原告湖南某建筑公司将被告珠海某房产公司抵债给原告的其中一套商品房抵给刘某,实质上证明被告珠海某房产公司以房屋抵销欠原告湖南某建筑公司部分工程款的事实。辅助型第三人作用类似于证人,但其与证人诉讼地位不同,辅助型第三人是广义的当事人,证人不是当事人,只是其他诉讼参与人。辅助型第三人与证人最大的区别在于证人与案件审理结果没有法律上的利害关系,证人只是出庭证明某一事实,而辅助型第三人与案件审理结果有法律上的利害关系。

所谓被告型第三人,就是有可能被法院判决承担民事责任的第三人。如导入案例 2 中的王某,从甲公司离职后,在离职前预留的加盖公章的空白纸上打印形成承诺函,王某有可能对自己无权代表甲公司私自作出的承诺承担代价,被法院判决承担民事责任。

[表 7-5] 无独立请求权第三人导入案例要素

	第三人	类型	申请参加理由	加入方式	可能判决结果
案例一	珠海某建筑材料商行业主刘某	辅助型	原告将被告抵债给原告的其中一套作价 320 万元给刘某,由于本案纠纷中原告不认可被告以房抵工程款,致使被告在另案中起诉刘某,请求刘某支付房款 320 万元。	主动申请	不会被判决承担责任
案例二	时任甲公司法定代表人王某	被告型	甲公司称承诺函系王某在离职前预留的加盖公章空白纸上打印形成,甲公司申请王某参加诉讼。	被告申请	可能被判决承担责任

---

① 此为学界分类,我国《民诉法》并没有辅助型第三人与被告型第三人的分类。

(三) 已废止的《合同法》司法解释涉及第三人的规定

2020年12月29日,最高人民法院发布《最高人民法院关于废止部分司法解释及相关规范性文件的决定》,废止了包括《最高人民法院关于适用〈中华人民共和国合同法〉若干问题的解释(一)》[以下简称《合同法解释(一)》]、《最高人民法院关于适用〈中华人民共和国合同法〉若干问题的解释(二)》[以下简称《合同法解释(二)》]在内的116件司法解释,该决定自2021年1月1日起施行。由于《民法典》合同编相应的司法解释尚未发布,《合同法》的这两个司法解释中关于第三人的规定在实务中仍可借鉴,故本书保留相关介绍。

1.《合同法解释(一)》

(1) 代位权诉讼。债权人以次债务人为被告向法院提起代位权诉讼,未将债务人列为第三人的,法院可以追加债务人为第三人。

(2) 撤销权诉讼。债权人依照《合同法》第74条的规定提起撤销权诉讼时只以债务人为被告,未将受益人或者受让人列为第三人的,法院可以追加该受益人或者受让人为第三人。①

(3) 因连带责任保证合同提起的诉讼,债权人仅起诉保证人的,法院可将被保证人列为第三人。

(4) 合同转让中的无独立请求权的第三人。债权人转让合同权利后,债务人与受让人之间因履行合同发生纠纷诉至法院,债务人对债权人的权利提出抗辩的,可以将债权人列为第三人。经债权人同意,债务人转移合同义务后,受让人与债权人之间因履行合同发生纠纷诉至法院,受让人就债务人对债权人的权利提出抗辩的,可以将债务人列为第三人。合同当事人一方经对方同意将其在合同中的权利义务一并转让给受让人,对方与受让人因履行合同发生纠纷诉至法院,对方就合同权利义务提出抗辩的,可以将出让方列为第三人。

2.《合同法解释(二)》

法院根据具体案情可以将《合同法》第64条、第65条规定的第三人列为无独立请求权的第三人,但不得依职权将其列为该合同诉讼案件的被告或者有独立请求权的第三人。②

(四)《公司法解释》涉及第三人的规定

《最高人民法院关于修改〈最高人民法院关于破产企业国有划拨土地使用权应否列入破产财产等问题的批复〉等二十九件商事类司法解释的决定》于2020年12月23日通过,最高人民法院《关于适用〈中华人民共和国公司法〉若干问题的规定》(二)(三)(四)(五)[以下分别简称为《公司法解释(二)》《公司法解释

---

① 《合同法》第74条内容分解为《民法典》合同编第538条、第539条、第540条。
② 《合同法》第64条经修改吸收为《民法典》合同编第522条。

(三)》《公司法解释(四)》《公司法解释(五)》]均已作出修改。

1. 《公司法解释(二)》

(1) 股东提起解散公司诉讼应当以公司为被告。原告以其他股东为被告一并提起诉讼的,人民法院应当告知原告将其他股东变更为第三人;原告坚持不予变更的,人民法院应当驳回原告对其他股东的起诉(第 4 条第 1 款、第 2 款)。

(2) 原告提起解散公司诉讼应当告知其他股东,或者由人民法院通知其参加诉讼。其他股东或者有关利害关系人申请以共同原告或者第三人身份参加诉讼的,人民法院应予准许(第 4 条第 3 款)。

(3) 公司已经清算完毕注销,上述股东参照《公司法》第 151 条第 3 款的规定,直接以清算组成员为被告、其他股东为第三人向人民法院提起诉讼的,人民法院应予受理(第 23 条第 3 款)。

2. 《公司法解释(三)》

当事人向人民法院起诉请求确认其股东资格的,应当以公司为被告,与案件争议股权有利害关系的人作为第三人参加诉讼(第 21 条)。

3. 《公司法解释(四)》

(1) 原告请求确认股东会或者股东大会、董事会决议不成立、无效或者撤销决议的案件,应当列公司为被告。对决议涉及的其他利害关系人,可以依法列为第三人(第 3 条第 1 款)。

(2) 符合《公司法》第 151 条第 1 款规定条件的股东,依据《公司法》第 151 条第 2 款、第 3 款规定,直接对董事、监事、高级管理人员或者他人提起诉讼的,应当列公司为第三人参加诉讼(第 24 条第 1 款)。

此外,《最高人民法院关于审理劳动争议案件适用法律问题的解释(一)》(法释〔2020〕26 号)第 27 条第 1 款、第 2 款规定:"用人单位招用尚未解除劳动合同的劳动者,原用人单位与劳动者发生的劳动争议,可以列新的用人单位为第三人。原用人单位以新的用人单位侵权为由提起诉讼的,可以列劳动者为第三人。"

(五) 审理与裁判

无独立请求权第三人的法律地位为:在诉讼中,无独立请求权的第三人有当事人的诉讼权利义务,判决承担民事责任的无独立请求权的第三人有权提出上诉。但无独立请求权的第三人在一审中无权对案件的管辖权提出异议,无权放弃、变更诉讼请求或者申请撤诉。无独立请求权的第三人实则是诉讼权利受到限制的当事人,诉讼中同样应给其指定举证期限、交换证据,庭审中同样可以发表意见(非答辩意见)、质证意见,发表辩论意见及最后陈述意见。

对于被告型第三人,依照民事诉讼"不告不理"原则,判决承担民事责任的前提是原告对被告型第三人主张诉讼请求,且法院只能在原告诉讼请求范围内作出判决。如导入案例 7-2 中,原告主张王某承担相应的民事责任,且提出明确具体的诉讼请求,法院才可以判决王某承担民事责任。如原告并不主张王某承担民事责任,则法院虽然应被告申请追加王某为第三人,但不能判决王某承担民事责任。

第六节　第三人撤销之诉

[**导入案例 7-4**]　原告某银行珠海分行诉被告(原审原告)吴某、被告(原审被告)周某、陈某第三人撤销之诉案。原告某银行珠海分行因被告吴某与被告周某、陈某房屋买卖合同纠纷一案,不服原审生效民事判决书,提起第三人撤销之诉,请求撤销原审民事判决。原告诉称,原告与陈某、肖某良金融借款合同纠纷一案,珠海市某区人民法院于 2015 年 11 月 8 日作出民事调解书,因陈某不履行,原告于 2016 年 3 月 10 日向某区人民法院申请执行。执行过程中,原告才知道陈某另有原审房屋买卖合同纠纷案也在强制执行中,两案都指向同一执行标的,即陈某名下的珠海市情侣中路某房产。原告认为原审审理结果与原告有重大利害关系,但某区人民法院没有通知原告作为第三人参加诉讼,原审判决书内容错误,侵害原告民事权益,原告有权请求撤销。

法院审理查明,2014 年 6 月 12 日,吴某因房屋买卖合同纠纷将陈某、周某诉至本院,请求判令陈某、周某继续履行合同,向吴某交付珠海市情侣中路某房并协助办理房产过户手续,法院审理作出原审判决,现原审判决正在执行。案件其他事实与原告陈述事实一致。

法院认为,吴某于 2014 年 6 月 12 日就房屋买卖合同纠纷将陈某、周某诉至本院时,陈某名下的珠海市情侣中路某房产已抵押给某银行珠海分行并办理抵押登记,某银行珠海分行与该案的审理结果存在法律上的利害关系,有权作为第三人参加诉讼。该案审理过程中虽有查明该房屋已抵押给某银行珠海分行的事实,但未通知某银行珠海分行参加诉讼,因此,某银行珠海分行系因不能归责于本人事由未作为第三人参加诉讼。根据《物权法》第 191 条的规定,债务得到清偿且抵押权消灭前,未经抵押权人某银行珠海分行同意,该房屋作为抵押财产不得办理过户手续。因此,原审判令陈某、周某向吴某交付案涉房屋并协助办理房屋过户手续内容存在错误,影响某银行珠海分行实现抵押权,损害了其民事权益。某银行珠海分行在 2016 年 3 月 10 日向本院申请执行民事调解书时发现原审判决在执影响其实现抵押权,并于 2016 年 8 月 1 日提起第三人撤销之诉,未超过法定的 6 个月期限。因此,原告请求撤销原审判决有事实和法律依据,本院予以支持。被告吴某的合同权益,可根据实际情况另循途径向合同相对方主张。法院最终判决撤销原审判决。

一、第三人撤销之诉概述

第三人撤销之诉,是指因不能归责于本人的事由未参加诉讼的第三人,有证据证明发生法律效力的判决、裁定、调解书存在错误,损害其民事权益,将生效法律文书中的双方当事人作为共同被告,以另案提起诉讼的方式,请求法院撤销或改变原生效裁判文书的诉讼类型。

《民诉法》第 56 条第 3 款规定:"前两款规定[①]的第三人,因不能归责于本人的事由未参加诉讼,但有证据证明发生法律效力的判决、裁定、调解书的部分或者全部内容错误,损害其民事权益的,可以自知道或者应当知道其民事权益受到损害之日起六个月内,向作出该判决、裁定、调解书的人民法院提起诉讼。人民法院经审理,诉讼请求成立的,应当改变或者撤销原判决、裁定、调解书;诉讼请求不成立的,驳回诉讼请求。"根据本条规定,撤销之诉的第三人,既可以是有独立请求权第三人,也可以是无独立请求权第三人。该第三人本应作为原审案件第三人,但法院并未将其列为原审案件第三人。换言之,第三人撤销之诉的第三人并不是原审中列明的第三人。

第三人撤销之诉,是 2012 年《民诉法》新增加的一类诉讼类型。其立法目的为:一是给因故未能参加诉讼而合法权益未受保障的第三人提供救济途径;二是防止第三人的合法权益受到他人通过利用诉讼骗取法院生效法律文书等方式的不当侵害,从而有效遏制虚假诉讼。

第三人撤销之诉是赋予案外人对错误生效裁判的救济程序,与审判监督程序相比,相同之处在于都否认裁判的效力,不同之处在于,审判监督程序既是纠正原审案件的错误,也是对原审案件的继续审理,而第三人撤销之诉是基于新的事实主张撤销原生效裁判,是一个新的诉讼。

二、第三人撤销之诉的起诉与受理

第三人撤销之诉不同于普通的民事诉讼,其起诉条件不适用《民诉法》第 119 条的规定,应当适用《民诉法》第 56 条的规定。第三人撤销之诉起诉的条件为:

[①] 《民诉法》第 56 条第 1 款、第 2 款是关于有独立请求权第三人及无独立请求权第三人的规定。条文为,"对当事人双方的诉讼标的,第三人认为有独立请求权的,有权提起诉讼。对当事人双方的诉讼标的,第三人虽然没有独立请求权,但案件处理结果同他有法律上的利害关系的,可以申请参加诉讼,或者由人民法院通知他参加诉讼。人民法院判决承担民事责任的第三人,有当事人的诉讼权利义务。"

1. 原告本应当成为原生效法律文书案件的第三人

提起第三人撤销之诉的原告,本应当是原生效法律文书案件的有独立请求权第三人,或无独立请求权第三人。如果提起第三人撤销之诉的原告不符合原生效法律文书案件第三人的条件,则其无权提起第三人撤销之诉。

2019年《全国法院民商事审判工作会议纪要》第120条规定,第三人撤销之诉的原告一般不包括原生效法律文书被告的债权人,符合下列情形之一的债权人才可以提起第三人撤销之诉:(1)该债权是法律明确给予特殊保护的债权,比如:《合同法》第286条①规定的建设工程价款优先受偿权;《海商法》第22条规定的船舶优先权。(2)因债务人与他人的权利义务被生效裁判文书确定②,导致债权人本来可以对《合同法》第74条③和《企业破产法》第31条规定的债务人的行为享有撤销权而不能行使的。(3)债权人有证据证明,裁判文书主文确定的债权内容部分或全部虚假的。债权人提起第三人撤销之诉还要符合法律和司法解释规定的其他条件,除此之外,债权人原则上不得提起第三人撤销之诉。

2. 第三人因不能归责于本人的事由未参加诉讼

提起第三人撤销之诉的原告,属于本应当成为原生效法律文书案件的第三人,但实际上法院并未将其列为原生效法律文书案件第三人。如果法院将其列为第三人,即使该第三人在原审中放弃自己的诉讼权利,未实际参与诉讼过程,也不能认为其参加诉讼。④

3. 有证据证明发生法律效力的判决、裁定、调解书的部分或者全部内容错误

提起第三人撤销之诉的原告,须有证据证明发生法律效力的判决、裁定、调解书的部分或者全部内容错误。判决、裁定、调解书的内容错误,是指判决、裁定、调解书的裁决事项存在错误,即裁判主文错误,生效裁判文书的事实认定与法律适用错误不在此列。同时,生效裁判文书内容错误,仅限于实体处理内容,不包括程序内容。⑤

4. 原生效裁判文书损害第三人民事权益

生效裁判文书内容错误损害第三人民事权益,是指生效裁判文书的内容与第三人民事权益损害结果之间有因果关系。如果生效裁判文书存在错误,但并不损害第三人权益,第三人无权提起第三人撤销之诉。

---

① 《合同法》第286条对应《民法典》合同编第807条。
② 实务中通常是本案债务人与他人另案签订调解协议,法院根据调解协议内容出具调解书。
③ 《合同法》第74条对应《民法典》合同编第538条、第539条、第540条。
④ 《民诉法解释》第236条、第237条、第240条对有独立请求权第三人及无独立请求权第三人经法院传唤不到庭或中途退庭予以规定。
⑤ 这也是第三人撤销之诉与审判监督程序的重要区别。《民诉法》第200条规定的再审事由有若干关于程序错误的事项。

5. 自知道或者应当知道其民事权益受到损害之日起 6 个月内起诉

提起第三人撤销之诉的原告,须在自知道或者应当知道其民事权益受到损害之日起 6 个月内提起诉讼。该期间为不变期间,不适用中止、中断、延长的规定。第三人撤销之诉超过 6 个月提起的,法院不予受理。提起撤销之诉的期间,自第三人知道或者应当知道其民事权益受到损害之日开始计算。知道或者应当知道其民事权益受到损害,是以第三人知悉对生效裁判文书损害其民事权益的事实为准,应根据生效裁判文书是否送达给第三人,执行时是否涉及第三人,第三人是否能够通过其他途径获悉裁判文书内容等情形判断。

6. 向作出生效法律文书的法院起诉

第三人撤销之诉不适用民事诉讼级别管辖、地域管辖的规定,提起第三人撤销之诉的原告只能向作出生效法律文书的法院起诉。作出生效法律文书的法院,既有可能是一审法院,也有可能是二审法院。

第三人撤销之诉立案不适用立案登记制。人民法院应当在收到起诉状和证据材料之日起 5 日内送交对方当事人,对方当事人可以自收到起诉状之日起 10 日内提出书面意见。人民法院应当对第三人提交的起诉状、证据材料以及对方当事人的书面意见进行审查。必要时,可以询问双方当事人。经审查,符合起诉条件的,人民法院应当在收到起诉状之日起 30 日内立案。不符合起诉条件的,应当在收到起诉状之日起 30 日内裁定不予受理(《民诉法解释》第 293 条)。

第三人撤销之诉的诉讼费用收取标准,比照《诉讼费用交纳办法》第 13 条的规定,根据第三人提出的撤销请求范围涉及的金额或价款为基数计算交纳数额。

导入案例 7-4 中,陈某名下的珠海市情侣中路某房产抵押给某银行珠海分行,某银行珠海分行与该案的审理结果存在法律上的利害关系,本来有权作为第三人参加诉讼。某银行珠海分行系因不能归责于本人事由未作为第三人参加诉讼。原审判令陈某、周某向吴某交付案涉房屋并协助办理房屋过户手续内容存在错误,影响某银行珠海分行实现抵押权,损害了其民事权益。某银行珠海分行在 2016 年 3 月 10 日向法院申请执行民事调解书时才发现原审判决在执影响其实现抵押权,并于 2016 年 8 月 1 日提起第三人撤销之诉,未超过法定的 6 个月期限。因此,某银行珠海分行提起诉讼符合第三人撤销之诉受理条件,法院应予受理。

三、第三人撤销之诉的审理

1. 审判组织与审理程序

第三人撤销之诉涉及原审生效裁判文书及调解书是否撤销的问题,因此,人民法院审理第三人撤销之诉案件,应当组成合议庭开庭审理(《民诉法解释》第 294 条)。

2. 第三人撤销之诉的当事人

第三人提起撤销之诉,人民法院应当将该第三人列为原告,生效判决、裁定、调解书的当事人列为被告,但生效判决、裁定、调解书中没有承担责任的无独立请求权的第三人列为第三人(《民诉法解释》第298条)。

3. 原裁判是否中止执行

受理第三人撤销之诉案件后,原则上不中止原审案件的执行。原告提供相应担保,请求中止执行的,人民法院可以准许(《民诉法解释》第299条)。特殊案件如原审案件系虚假诉讼,人民法院可依职权中止原审案件的执行。

四、第三人撤销之诉的裁判

对第三人撤销或者部分撤销发生法律效力的判决、裁定、调解书内容的请求,人民法院经审理,按下列情形分别处理:(1)请求成立且确认其民事权利的主张全部或部分成立的,改变原判决、裁定、调解书内容的错误部分;(2)请求成立,但确认其全部或部分民事权利的主张不成立,或者未提出确认其民事权利请求的,撤销原判决、裁定、调解书内容的错误部分;(3)请求不成立的,驳回诉讼请求。对第三人撤销之诉裁判不服的,当事人可以上诉。原判决、裁定、调解书的内容未改变或者未撤销的部分继续有效(《民诉法解释》第300条)。

五、第三人撤销之诉与再审的协调

第三人撤销之诉在程序设计上,充分考虑了其与审判监督程序的共性,确定了审判监督程序优先的原则,凡是能够通过审判监督程序解决的,原则上按照审判监督程序解决。审判监督程序不能解决的,适用第三人撤销之诉,将第三人撤销之诉作为最后一道司法救济程序。

《民诉法解释》第301条规定,第三人撤销之诉案件审理期间,人民法院对生效判决、裁定、调解书裁定再审的,受理第三人撤销之诉的人民法院应当裁定将第三人的诉讼请求并入再审程序。但有证据证明原审当事人恶意串通损害第三人合法权益的,人民法院应当先行审理第三人撤销之诉案件,裁定中止再审诉讼。上述规定意味着原则上第三人撤销之诉让位于再审,但有证据证明原审当事人恶意串通损害第三人合法权益的,第三人撤销之诉优先适用。

六、第三人撤销之诉与执行异议的协调

《民诉法》第227条中规定,执行过程中,案外人对执行标的提出书面异议的,人民法院应当自收到书面异议之日起15日内审查,理由不成立的,裁定驳回;案外人、当事人对裁定不服,认为原判决、裁定错误的,依照审判监督程序办理。根据本条规定,案外人享有申请再审的权利。如果案外人又同时符合提起

第三人撤销之诉的条件,案外人应先选择哪种程序维护自己的合法权益?

《民诉法解释》第303条规定,第三人提起撤销之诉后,未中止生效裁判文书执行的,执行法院对执行异议应予审查。第三人不服驳回执行异议裁定,申请对原判决、裁定、调解书再审的,人民法院不予受理。案外人对人民法院驳回其执行异议裁定不服,认为原判决、裁定、调解书内容错误损害其合法权益的,应当申请再审,提起第三人撤销之诉的,人民法院不予受理。本规定明确了按照启动程序的先后,当事人只能选择一种救济程序,不能同时启动两种程序,一旦选定不允许变更。先启动执行异议程序的,应当依据《民诉法》第227条的规定申请再审,提起第三人撤销之诉的,人民法院不予受理。先启动第三人撤销之诉程序的,即使第三人又在执行程序中提出执行异议,第三人撤销之诉继续审理,第三人不能依据《民诉法》第227条的规定申请再审。

思 考 题

1. 普通共同诉讼人为原告的案件,法院合并审理的,是应当以同一份判决书判决,还是应当分别判决?

2. 法院审理检察院提起的民事公益诉讼案件,是否必须由审判员组成合议庭审理?

3. 借款合同纠纷案件中,原告甲起诉被告乙请求返还借款本金并支付利息。被告乙辩称其没有实际使用款项,款项被案外人丙实际使用,被告乙请求法院追加丙为第三人,并判决承担丙承担还款责任。法院是否应通知丙作为本案第三人参加诉讼?

4. 简述辅助型无独立请求权第三人与证人的区别。

5. 位于某大学内的一间糖水店领取了个体工商户营业执照,经营者为张三,字号取名"甜蜜转身糖水店"。后张三觉得挣钱太慢,拟转行去做房屋中介,张三把剩余的两年租期连同设备原材料作价转让给李四。李四经营过程中,因一批糖水不卫生导致当日消费的15名同学被送去医院门诊治疗。这15名同学欲起诉,是否可以作为共同原告起诉?又应当如何确定被告?

6. 简述第三人撤销之诉与再审的共同点与不同点。

7. 原告甲起诉被告乙,请求乙返还借款200万元并支付利息。庭审中,甲与乙陈述200万元系丙支付给甲与乙的购房居间款项,甲、乙、丙三方签订有购房居间合同一份。居间合同签订后,应丙的要求,甲向丙出具了借条,乙又向甲出具了借条,丙将200万元支付给甲,甲又支付给乙。法院将本案案情告知了丙,丙是否可以以有独立请求权第三人身份起诉甲与乙,并申请加入甲诉乙的民间借贷纠纷案件中?

第八章 诉讼代理人

近年来,我国民事诉讼模式逐渐由职权主义向当事人主义转变,目前已整体接近于当事人主义模式。当事人在诉讼中如果不能及时、有效地实施诉讼行为,往往要为此承担不利的诉讼结果。对当事人来讲,寻求诉讼代理人的帮助,尤其是寻求具有法律专业知识、熟悉诉讼程序和技能的专业律师帮助极为重要。

第一节 诉讼代理人概述

一、诉讼代理人的概念及分类

诉讼代理制度是各国民事诉讼法中的一项重要制度。所谓诉讼代理,是指诉讼代理人基于法律的规定或者当事人的授权,代理当事人进行诉讼活动、实施诉讼行为的一种法律行为。诉讼代理人是指以一方当事人名义,在法律规定或当事人授予的权限范围内代替或协助当事人进行民事诉讼活动的人。与当事人包括自然人与团体组织不同,诉讼代理人全部为自然人,法人或其他组织不能担任诉讼代理人。

本书第七章第四节介绍了诉讼代表人概念。诉讼代表人是指在一方当事人为 10 人以上的代表人诉讼制度中,由多数当事人共同推选或特殊情况下由法院指定,代表本方当事人实施诉讼行为。诉讼代表人本身也是当事人中的一员,他除了代表本人进行民事诉讼活动外,还代表其他当事人实施诉讼行为。诉讼代理人不是当事人,诉讼代理人是以一方当事人名义,代替或协助当事人进行民事诉讼活动的人。诉讼代表人与诉讼代理人虽然只有一字之差,内涵却有天壤之别。

[表 8-1] 诉讼代理人与诉讼代表人的区别

	诉讼代表人	诉讼代理人
是否为本案当事人	是本案当事人	不是本案当事人
代表利益	不仅代表自己的利益,也代表其他当事人的利益	仅代表被代理当事人的利益

（续表）

	诉讼代表人	诉讼代理人
是否需经授权	当事人人数确定情形下，须经授权	委托诉讼代理人必须有被代理人的授权
	当事人人数不确定情形下，由登记当事人授权，实施的诉讼行为对全体利害关系人均有效	法定诉讼代理人无需授权

诉讼代理人代理当事人进行诉讼活动的权限称为诉讼代理权。诉讼代理人实施的诉讼行为称为诉讼代理行为。根据诉讼代理权发生的依据不同，诉讼代理人分为法定诉讼代理人与委托诉讼代理人。法定诉讼代理人是指依据法律规定代理无诉讼行为能力当事人进行民事诉讼的人。委托诉讼代理人是指受当事人、当事人的法定代理人委托并以当事人名义在授权范围内进行民事诉讼的人。

二、民事诉讼代理的作用

民事诉讼代理是一项对于推进诉讼程序具有非常重要意义的制度，具有为当事人提供保护、辅助、替代性服务和专业支持等功能，其作用表现为：

1. 保证民事诉讼的正常进行

民事主体通常是具有完全民事行为能力的人，但无民事行为能力人或限制民事行为能力人也会成为民事主体，他们的民事权益也可能遭到侵害，有时也需要起诉或应诉。无民事行为能力人或限制民事行为能力人作为当事人时，由于他们没有亲自实施诉讼行为的能力，只能由监护人作为诉讼代理人代为参加诉讼，从而保证民事诉讼的正常进行。

2. 保护当事人的合法权益

如前所述，我国民事诉讼模式由职权主义向当事人主义转变，当事人在诉讼中如果不能及时、有效地实施诉讼行为，很有可能为此承担不利的诉讼结果。进行诉讼活动需要具备包括实体法与程序法在内的法律专业知识与一定的诉讼技能，一般当事人往往不具备这些知识与技能。"专业的事交给专业的人做"，对一般当事人来讲，寻求诉讼代理人的帮助，特别是寻求专业律师的帮助尤为重要。同时，除了离婚案件及其他法院要求当事人亲自出庭的案件外，由诉讼代理人代理进行诉讼活动，可以帮助当事人摆脱亲自参与诉讼程序之累，使当事人可以专心从事自己的本职工作。

3. 有助于法院正确处理纠纷

委托诉讼代理人一般为专业律师或熟悉法律事务的人。当事人在委托诉讼代理人指导下，向法院提供完整、有效的证据，以及委托诉讼代理人代替当事人在法庭上作出流畅、有条理的陈述，都有助于法院快速查清案件事实。此外，委托诉讼代理人可以帮助当事人正确行使辩论权,尤其是专业律师在庭审中发表有价值的辩论意见,有助于法院正确适用法律。

三、诉讼代理人的特征

1. 诉讼代理人须具有诉讼行为能力[①]

诉讼行为能力,是指当事人可以亲自实施诉讼行为,并通过自己的行为,行使诉讼权利和承担诉讼义务的资格。简言之,诉讼行为能力就是当事人亲自实施诉讼行为的能力。如果诉讼代理人不具有诉讼行为能力,不能亲自实施诉讼行为,何谈诉讼代理?因此,诉讼代理人具有诉讼行为能力是诉讼代理权产生的基本条件。

2. 诉讼代理人以被代理人的名义进行诉讼活动

民事诉讼中,以自己的名义实施诉讼行为的人包括当事人及证人、鉴定人等诉讼参与人。无论是法定诉讼代理人,还是委托诉讼代理人,诉讼代理人在民事诉讼中都是以被代理人即当事人的名义进行诉讼活动,这是诉讼代理人的本质特征。

3. 诉讼代理人进行诉讼活动的法律后果由被代理人承担

诉讼代理人在民事诉讼中以被代理人的名义进行诉讼活动,诉讼代理人所实施的诉讼行为视为当事人本人的行为,所产生的法律后果自然应当由当事人承担。即使诉讼代理人所实施的诉讼行为客观上对当事人不利,比如诉讼代理人对不利于己方当事人的事实作出自认,当事人也不能拒绝该不利后果。当然,如果诉讼代理人实施了妨害民事诉讼的行为,比如对法官法庭调查内容不满,哄闹法庭,由于该行为非代理权内行为,其法律后果应由诉讼代理人自行承担。

4. 同一诉讼中,不能同时代理原、被告双方当事人

民事诉讼中,原、被告双方系攻击与防御的关系,利益完全对立,诉讼代理人不能"既卖矛又卖盾"地代理双方当事人。但如果共同诉讼人之间没有利益冲突,同一诉讼代理人可以同时代理共同诉讼人中的数位。比如,买卖合同纠纷中,原告起诉企业法人的分公司要求支付货款,同时将分公司与企业法人列为共同被告,请求企业法人承担补充清偿责任。企业法人分公司与企业法人之间利益一致,同一诉讼代理人同时代理二者并不会损害一方的权益,因此可同时代理。又如,民间借贷纠纷中,原告请求夫妻双方承担共同还款责任,夫妻双方财产共同,利益一致,可由同一诉讼代理人同时代理。

---

① 《民诉法解释》第84条规定:"无民事行为能力人、限制民事行为能力人以及其他依法不能作为诉讼代理人的,当事人不得委托其作为诉讼代理人。"

第二节　法定诉讼代理人

一、法定诉讼代理人概述

法定诉讼代理人，也称法定代理人，是指依据法律规定代理无诉讼行为能力的当事人进行民事诉讼的人。

法定诉讼代理人只针对自然人，是专为无诉讼行为能力的自然人当事人所设立。法人的诉讼行为能力与诉讼权利能力完全相同，有诉讼权利能力即有诉讼行为能力，换言之，法人成为当事人即具有诉讼行为能力，无需设立法定代理人。自然人的诉讼行为能力与诉讼权利能力不完全相同，自然人具有诉讼权利能力即可成为当事人，但只有完全民事行为能力的人才有诉讼行为能力，无民事行为能力或限制民事行为能力的人没有诉讼行为能力，因此需要法定代理人代为参加诉讼。

法定代表人，是指代表法人进行民事诉讼的人。依法需要登记的法人，法定代表人以登记为准；依法不需要办理登记的法人，以其正职负责人为法定代表人，没有正职负责人的，以其主持工作的副职负责人为法定代表人。法定代理人，是指依据法律规定代理无诉讼行为能力当事人进行民事诉讼的人。法定代理人与法定代表人一字之差，但二者有本质的区别，法定代理人是代理无诉讼行为能力的人进行民事诉讼，法定代表人则是代表法人进行民事诉讼。①

二、法定代理人的确定

无诉讼行为能力的当事人需要法定代理人代为参加诉讼。无诉讼行为能力的当事人包括未成年人与因患病导致无民事行为能力或者限制民事行为能力的成年人。根据《民法典》的规定，18周岁以上的自然人为成年人，16周岁以上的未成年人，以自己的劳动收入为主要生活来源的，视为完全民事行为能力人。换言之，18周岁以下的未成年当事人（16周岁以上、以自己的劳动收入为主要生活来源的当事人除外）及因患病导致无诉讼行为能力的成年当事人需要法定代理人代为参加诉讼。

关于成年人因患病导致无民事行为能力或者限制民事行为能力的认定。《民诉法》在特别程序中规定了认定公民无民事行为能力或者限制民事行为能力的程序，一般情况下，法定代理人参加诉讼时应提交认定成年当事人无民事行为

---

① 虽然依法成立且未终止的法人既有民事诉讼权利能力，也有民事诉讼行为能力，因此无需法定代理人，但需要自然人代表其进行诉讼活动。

能力或者限制民事行为能力的判决书。特殊情况下，如对方当事人没有异议，也可只提交成年当事人的相关病历等材料，证明其无诉讼行为能力。需注意，所患疾病需达到无诉讼行为能力的程度，比如严重精神疾病，或因意外事件导致丧失意识等，不包括一般的住院治疗甚至卧床不起，因为他们虽然不能亲自参与诉讼活动，但可以委托诉讼代理人为之。

无诉讼行为能力人由他的监护人作为法定代理人代为诉讼。对于监护人的确定，一般以未成年人的父母或无诉讼行为能力成年人的配偶为监护人，事先没有确定监护人的，由有监护资格的人协商确定，协商不成的，由法院在他们之中指定法定代理人。① 由于监护责任既是权利也是义务，监护人不仅负有保护被监护人的人身、财产及其他合法权益的责任，当被监护人造成他人损害时还须承担侵权赔偿责任，因此，实务中监护人可能存在相互推诿的现象。《民法典》第27条规定，父母是未成年子女的监护人。未成年人的父母已经死亡或者没有监护能力的，由下列有监护能力的人按顺序担任监护人：(1) 祖父母、外祖父母；(2) 兄、姐；(3) 其他愿意担任监护人的个人或者组织，但是须经未成年人住所地的居民委员会、村民委员会或者民政部门同意。第28条规定，无民事行为能力或者限制民事行为能力的成年人，由下列有监护能力的人按顺序担任监护人：(1) 配偶；(2) 父母、子女；(3) 其他近亲属；(4) 其他愿意担任监护人的个人或者组织，但是须经被监护人住所地的居民委员会、村民委员会或者民政部门同意。《民诉法》第57条规定，法定代理人之间互相推诿代理责任的，由法院指定其中一人代为诉讼。《民诉法解释》第83条还规定，在诉讼中，当事人没有法律规定的监护人的，可以指定《民法典》第32条规定的有关组织担任诉讼中的法定代理人。

法定代理人为两人时，如未成年人父母，是应当共同作为法定代理人，还是其中一人作为法定代理人？实务中，要由法定代理人协商确定，如确定其中一人作为法定代理人，则诉讼中只列一名法定代理人；如协商不成，或协商结果为全部担任，则全部列为法定代理人。

三、法定代理人的诉讼地位

法定代理人的代理权是根据法律规定而确定的，不需要当事人办理代理手续，只要证明自己的身份和与被代理人的监护关系就可以。无诉讼行为能力当事人无需出庭，出庭也没有任何实际意义，只需法定代表人出庭即可。在诉讼活

---

① 《民诉法解释》第83条规定："在诉讼中，无民事行为能力人、限制民事行为能力人的监护人是他的法定代理人。事先没有确定监护人的，可以由有监护资格的人协商确定；协商不成的，由人民法院在他们之中指定诉讼中的法定代理人。当事人没有民法典第二十七条、第二十八条规定的监护人的，可以指定民法典第三十二条规定的有关组织担任诉讼中的法定代理人。"

动中，法定代理人的行为视为当事人的行为，与当事人的行为具有同等法律效力。法院和对方当事人对无诉讼行为能力当事人所为的诉讼行为，应向其法定代理人进行。

法定代理人享有被代理人的全部诉讼权利，包括处分其实体权利，包括与对方和解、承认、变更、放弃诉讼请求，提起反诉或上诉等。但法定代理人不是当事人，当事人是被代理人的无诉讼行为能力的人。法定代理人必须以当事人的名义进行诉讼，法院裁判是针对当事人而不是法定代理人作出，法定代理人在诉讼过程中死亡或丧失诉讼行为能力的，法院可另行指定监护人作为法定代理人代理诉讼。

实务中，也有可能出现法定代理人在处分当事人实体权利时损害当事人权益的情形，如反常地承认对方当事人的诉讼请求，与对方当事人达成对被代理人明显不利的和解协议等，故法院有必要对法定代理人的诉讼行为进行必要的监督。

［案例8-1］ 程某与钱某是夫妻，二人婚后不久，妻子钱某发现丈夫程某精神状态异常，经了解得知，原来程某家族有精神病史，这种精神疾病往往潜伏至30岁以后发作。后程某果然病发，完全丧失民事行为能力，住进精神病院。钱某提出离婚，但程某的家人不同意，钱某遂诉至法院。程某的父亲作为程某的法定代理人到法院应诉，但没有提交授权委托书。钱某亦委托其父亲作为诉讼代理人。开庭时，钱某和程某都未出庭，钱某父亲与程某父亲出庭。程某父亲提出调解方案，钱某父亲表示愿意接受程某父亲的调解方案。本案能否开庭审理？程某的父亲可否提出调解方案？

离婚诉讼中，除非当事人本人不能表达意思，否则当事人必须到庭。确实无法出庭的，应当向法院提交是否同意离婚等事项的书面意见。本案中，当事人程某无法表达自己的意思，所以程某不出庭不影响开庭审理；而钱某作为完全民事行为能力人，则应当出庭。钱某未出庭，也未提交书面意见，因此，本案不能开庭审理。程某的父亲作为法定代理人，其代理权是由法律规定的，程某无法表达自己的意思，也无法出具授权委托书，因此程某父亲虽然没有向法院提交授权委托书，其也应当以法定代理人的身份参加诉讼。法定代理人可以行使当事人的一切诉讼权利，因此程某的父亲可以提出调解方案。

四、法定代理权的终止

法定诉讼代理是专为无诉讼行为能力的自然人当事人所设立。法定代理人的代理权与监护权同步取得，监护权丧失必然导致法定代理权丧失。诉讼中出

现下列情形时,法定代理权终止或归于消灭:

1. 被代理人取得或恢复诉讼行为能力

如果在诉讼中未成年当事人年满 18 周岁,或无诉讼行为能力成年当事人经治疗痊愈,取得或恢复了诉讼行为能力的,当事人可以亲自实施诉讼行为,法定代理权归于消灭。当然,法定代理人与当事人具有配偶或亲属关系的,为了保持诉讼行为的连续性,当事人可转而委托"法定代理人"为委托诉讼代理人继续参与诉讼。

2. 法定代理人丧失诉讼行为能力

诉讼过程中,法定代理人因患病或意外事件导致丧失诉讼行为能力的,法定代理人不能够亲自实施诉讼行为,法定代理权自然归于消灭。

3. 被代理人或代理人死亡

一般情况下,法定代理权以身份关系为基础,具有人身专属性,不能继承,故在诉讼过程中,代理人死亡,法定代理权归于消灭;被代理人死亡的,法定诉讼代理因被代理人死亡失去存在基础,法定代理权同样归于消灭。

4. 法定代理人丧失或被依法撤销监护资格

根据《民法典》第 36 条的规定,一定情形下,法院根据有关个人或者组织的申请,可以撤销监护人的监护资格。法定代理权与监护权同步取得,监护权丧失必然导致法定代理权消灭。

第三节 委托诉讼代理人

一、委托诉讼代理人概述

委托诉讼代理人,又称委托代理人,是指受当事人、当事人的法定代理人委托并以当事人名义在授权范围内进行民事诉讼的人。当事人、法定代理人可以委托一至二人作为诉讼代理人。包括原告、被告、第三人在内的全部当事人在各个诉讼阶段均可以委托诉讼代理人。

委托诉讼代理人的特征包括:(1)代理活动只能发生在民事诉讼过程中,以及诉讼前准备诉讼文书与诉讼后领取法律文书阶段。(2)始终以被代理人名义进行诉讼活动。(3)必须在诉讼代理授权范围内进行诉讼活动,超越代理权限进行的诉讼活动不发生诉讼法上效果,也不被法院认可。(4)进行诉讼活动的后果由被代理人承担。(5)代理人必须具备诉讼行为能力。

委托代理与法定代理相比,有以下区别:(1)代理权来源不同。委托代理权限来源于当事人或无诉讼行为能力当事人的法定代理人的授权委托行为,而法定代理来源于法律的直接规定。(2)代理权限不同。委托代理权限取决于当事人、法定代理人的授权范围,因而不同的委托代理人的代理权限可能存在不同。法定代理人享有被代理当事人的全部诉讼权利,也可以说,法定代理没有也不需要代理权限,法定代理人与当事人的诉讼权利等同。(3)证明代理权的方式不同。委托代理权的证明需要向法院提交授权委托书,法定代理权的证明方式则是出具其为监护人的身份证明资料。(4)代理人范围不同。委托代理人通常由律师担任,另外还有基层法律服务工作者、近亲属、工作人员等,法定代理人通常由当事人的父母、配偶担任,另外还可能由其他近亲属及法律规定的组织担任。

[表 8-2]　委托代理与法定代理的区别

	委托代理	法定代理
代理权来源	当事人或当事人法定代理人的授权委托	法律直接规定
代理权限	取决于当事人、法定代理人的授权范围	享有被代理当事人的全部诉讼权利
证明代理权方式	需要向法院提交授权委托书	出具其为监护人的身份证明资料
代理人范围	通常由律师担任,另外还有基层法律服务工作者、近亲属、工作人员等	通常由当事人的父母、配偶担任,还可能由其他近亲属及法律规定的组织担任

离婚案件有诉讼代理人的,本人除不能表达意思的以外,仍应出庭[①];确因特殊情况无法出庭的,必须向法院提交是否同意离婚等事项的书面意见。其他案件如法院要求当事人本人出庭的[②],当事人本人应当与委托代理人一起出庭。除此之外的案件,委托代理人可以与当事人一起出庭,也可以由委托代理人单独出庭。

[案例 8-2]　小明今年 10 岁,在学校体育课做游戏的过程中,被同班同学小丽推倒受伤,花费医药费 6000 元。事后,小明的父母认为不仅小丽有赔偿责任,学校看管不严也应承担一定的赔偿责任。于是将小丽和学校一同作为被告起诉到法院。小明的父亲认为小明的亲哥哥是大学法律专业在校学生,于是想让他代为参加诉讼。小丽自幼父母双亡,抚养小丽长大的爷

---

① 在离婚诉讼中法院会对双方当事人进行调解,如果只有代理人到庭,则无法进行调解工作。另外,在离婚诉讼中往往涉及当事人的个人隐私和子女抚养等问题,当事人不到庭,法院无法在查明事实的基础上,作出正确的裁判。

② 《民诉法解释》第 110 条规定:"人民法院认为有必要的,可以要求当事人本人到庭,就案件有关事实接受询问。在询问当事人之前,可以要求其签署保证书。保证书应当载明据实陈述、如有虚假陈述愿意接受处罚等内容。当事人应当在保证书上签名或者捺印。负有举证证明责任的当事人拒绝到庭、拒绝接受询问或者拒绝签署保证书,待证事实又欠缺其他证据证明的,人民法院对其主张的事实不予认定。"

爷在香港经商，于是小丽的爷爷想让在珠海照顾小丽的叔叔代为参加诉讼。学校的校长对此事非常重视，决定聘请两名律师代为进行诉讼，但自己也想参加诉讼，及时了解案件审理情况。在这个案件中，参加诉讼的人哪些是当事人、哪些是诉讼代理人？

在本案中，原告是小明，小明的父母是小明的法定监护人，因此小明的父亲是小明的法定代理人，既可以自己参加诉讼，也可以委托其他诉讼代理人参加诉讼。小明的哥哥虽然也是小明的近亲属，但并不是法定监护人，所以他必须经小明父母委托，才能以委托代理人的身份参加诉讼。至于被告小丽一方，小丽父母双亡，法定监护责任可由法律规定范围内的其他近亲属承担，抚养小丽长大的爷爷是小丽的监护人，小丽爷爷作为法定代理人，其有权委托非法定代理人的叔叔作为委托代理人参加诉讼。学校作为其他组织具有当事人的资格，可以作为本案的被告。校长是学校的负责人，可以直接参加诉讼，其作出的诉讼行为视为学校作出的诉讼行为。同时，校长也有权代表学校委托律师作为委托代理人参加诉讼。因此，校长及两位律师可同时参与诉讼。

二、委托代理的分类

当事人委托诉讼代理人代为诉讼，必须向人民法院提交当事人签名或者盖章的授权委托书，授权委托书应当在开庭审理前提交。适用简易程序审理的案件，双方当事人同时到庭并径行开庭审理的，可以当场口头委托诉讼代理人，由人民法院记入笔录。授权委托书必须记明委托事项和代理权限。所谓委托事项，是指委托诉讼代理人代理案件的原被告姓名、案由及案号，以及代理案件的审级，如代理第一审终结，或第一审及第二审终结，或第一审、第二审至执行程序终结。所谓代理权限，是指委托代理权的权限范围。

代理权限分为一般代理与特别授权。一般代理又称为一般授权，是指委托代理人有权实施纯程序性质的或与实体权利不太密切的诉讼行为，如申请回避、提出管辖权异议、申请复议、陈述案情、提交证据、进行质证与辩论等，无权代为承认、放弃、变更诉讼请求，进行和解，提起反诉或者上诉。特别授权是指诉讼代理人有权代为承认、放弃、变更诉讼请求，进行和解，提起反诉或者上诉，委托代理人实施这些诉讼行为，必须有当事人的特别授权。离婚案件当事人的特别授权代理人无权代理当事人调解和好或解除婚姻关系。

授权委托书仅记明"全权代理"而无具体授权的，视为一般代理。授权委托书仅记明"特别授权"或"处理一切诉讼事务"而没有具体权限的，亦应视为一般代理。上述两种情形诉讼代理人均无权代为承认、放弃、变更诉讼请求，进行和解，提起反诉或者上诉。

[表 8-3] 一般代理与特别授权代理权限事项

代理权限	具体代理权限
一般代理	申请回避
	提出管辖权异议
	申请复议
	陈述案件事实
	收集提供证据
	质证与辩论
	其他程序性事项或与实体权利不太密切的实体事项
特别授权	全部一般代理权限事项
	代为承认、放弃、变更诉讼请求
	进行和解
	提起反诉或者上诉

需注意，不论代理权限是一般代理还是特别授权，除授权委托书特别注明无权代收诉讼文书的以外，诉讼代理人均有签收诉讼文书的权限和义务。

授权是单方行为，当事人在诉讼中可以变更授权范围，扩大或缩小均可。诉讼代理人的权限如果变更或者解除，当事人应当书面告知法院，并由法院通知对方当事人。

侨居在国外的我国公民从国外寄交或者托交的授权委托书，必须经我国驻该国的使领馆证明；没有使领馆的，由与我国有外交关系的第三国驻该国的使领馆证明，再转由我国驻该第三国使领馆证明，或者由当地的爱国华侨团体证明。从我国香港、澳门特别行政区以及台湾地区寄交或者托交的授权委托书，亦应当履行相应的证明手续。

[案例 8-3]　2017 年，刘某与陈某签订一份房屋租赁协议，约定陈某将其所有的五间房屋租给刘某经营服装生意，租期 3 年，每年租金 5 万元。2018 年 4 月，刘某未经陈某同意将其中两间房转租给别人，陈某在要求刘某终止租赁协议遭拒绝后，强行将租赁房屋收回。同年 7 月，刘某起诉请求陈某继续履行租赁协议，赔偿强行收回房屋造成的经济损失，陈某则以刘某违约为由反诉，请求解除租赁协议。本案开庭时，刘某因去外地进货无法出庭，遂委托其妹夫王某作为诉讼代理人参加诉讼，刘某在向法院提交的授权委托书中写明"全权代理"。法庭调查中，陈某出示了刘某将房屋转租的证据，同时表示愿意赔偿刘某的经济损失。王某认为陈某要求合理，表示同意陈某的反诉请求。在法官主持下，王某代理刘某与陈某达成解除房屋租赁合同、陈某赔偿刘某经济损失并承担诉讼费的调解协议。之后，法院向刘某送达调解书时，刘某拒收，表示其诉讼代理人无权代理其同意调解，要求法

院对本案作出判决,刘某的要求是否合法?

本案中,刘某向法院提交的授权委托书虽然写明"全权代理",但没有具体授权,因此,王某无权代为承认、变更诉讼请求,进行和解,提起反诉或上诉。而王某在没有特别授权的情况下承认对方的反诉请求并同意调解协议,是无效的意思表示。诉讼代理人必须在代理权限范围内实施诉讼行为,超越代理权限实施的诉讼行为无效,不产生诉讼上的法律效果。故该调解协议应属无效,刘某有权要求法院对本案依法判决。

三、委托代理人的资格

当事人有委托诉讼代理人的诉讼权利,也有选择是否委托诉讼代理人的自由,即当事人既可以自己参与诉讼,也可以委托诉讼代理人代为进行诉讼。根据《民诉法》第 58 条的规定,有资格作为诉讼代理人的人除了律师、基层法律服务工作者之外,当事人的近亲属,工作人员,当事人所在社区、单位以及有关社会团体推荐的公民,都可以作为委托代理人。①

(一)律师

律师,是指取得律师执业证书,为社会提供法律服务的执业人员。根据《律师法》第 2 条第 2 款的规定,律师应当维护当事人合法权益,维护法律正确实施,维护社会公平和正义。律师具有法律专业知识及诉讼技能,是委托代理人的首选,但委托律师需要按规定支付律师代理费用。律师参与诉讼,除向法院提交授权委托书以外,还应当提交律师执业证、律师事务所证明材料。

申请律师执业,应当通过司法部组织的国家统一法律职业资格考试,并在律师事务所实习满 1 年。② 申请律师执业,还应当向设区的市级或者直辖市的区人民政府司法行政部门提出申请,由省级司法行政部门审核作出是否准予执业的决定。准予执业的,向申请人颁发律师执业证书。律师只能在一个律师事务所执业。律师变更执业机构的,应当申请换发律师执业证书。律师执业不受地域限制。

1. 我国律师数量及分布

律师分为专职律师、兼职律师、公职律师、公司律师等类别。截至 2018 年年底,我国共有执业律师 42.3 万余人,比 2017 年增加了 14.8%。但分布不平衡,

---

① 《民诉法》第 58 条第 2 款规定:"下列人员可以被委托为诉讼代理人:(一)律师、基层法律服务工作者;(二)当事人的近亲属或工作人员;(三)当事人所在社区、单位及有关社会团体推荐的公民。"

② 实务中,实习律师与律师一起担任委托代理人较为普遍。严格地说,实习律师不在《民诉法》规定的诉讼代理人之列,不具有与律师一起办理诉讼案件的诉讼代理人资格,即不可与执业律师共同担任诉讼代理人,除非实习律师是"当事人的近亲属或者工作人员",或者符合公民代理条件的,在得到当事人合法授权后,才可以作为当事人的诉讼代理人进行包括起诉立案在内的诉讼活动。

主要集中在直辖市、省会城市与东南沿海城市。截至2018年年底,北京市与广东省执业律师人数超过3万人,上海、江苏、浙江、山东、河南、四川等六省市超过2万人,超过1万人的省市含上述8省市在内共有18个。全国共有律师事务所3万余家。

2. 律师收费

律师服务收费是指律师事务所接受委托办理法律事务,向委托人收取的服务报酬。律师服务费和办案费由律师事务所统一收取。律师个人不得向委托人收取任何费用。律师事务所收取律师服务费的有关事项应当在双方的委托代理合同或委托书中载明,委托代理合同须明确收费项目、收费方式、收费标准、收费数额、付款方式、时限、条件及争议的解决方法等。

律师服务收费属中介服务收费,实行政府指导价与市场调节价分类管理。由于地区经济发展水平差异较大,我国没有统一律师收费标准,转由各省市规定辖区范围内的律师收费标准。

以广东省的律师收费规定为例。根据《广东省物价局、司法厅律师服务收费管理实施办法》的规定,律师事务所应在规定的基准价及浮动幅度内根据耗费的工作时间、难易程度、律师的社会信誉和工作水平等因素与委托人协商确定具体收费标准。① 律师服务收费可以根据不同的服务内容,采取计件收费、按标的额比例收费和计时收费等方式。计件收费一般适用于不涉及财产关系的法律事务;按标的额比例收费适用于涉及财产关系的法律事务;计时收费可适用于全部法律事务。

办理涉及财产关系的民事案件时,委托人被告知政府指导价后仍要求实行风险代理的,律师事务所可以实行风险代理收费。风险代理收费是指律师事务所在接受委托时,只收取基础费用,其余服务报酬由律师事务所与委托人就委托事项应实现的目标、效果和支付律师服务费的时间、比例、条件等先行约定,达到约定条件的,按约定支付费用;不能实现约定的,不再支付任何费用。实行风险代理收费,律师事务所应当与委托人签订风险代理收费合同,约定双方应承担的风险责任、收费方式、收费数额或比例。风险代理收费最高收费金额不得高于收费合同约定标的额的30%。

此外,律师事务所在提供法律服务过程中代委托人支付的诉讼费、仲裁费、

---

① 《广东省物价局、司法厅律师服务收费管理实施办法》第6条规定:"实行市场调节价的律师服务收费,由律师事务所与委托人协商确定。省律师协会可以制定收费的计价指引供律师事务所与委托人参照执行,并报省物价局、司法厅备案。律师事务所与委托人协商律师服务收费应当考虑以下主要因素:(一)耗费的工作时间;(二)法律事务的难易程度;(三)办理法律事务所需律师人数和承办律师的业务能力;(四)委托人的承受能力和所在地社会经济发展状况;(五)律师可能承担的风险和责任;(六)律师的社会信誉和工作水平;(七)办理案件所需的其他必要成本支出。"

鉴定费、公证费、查档费、翻译费、异地办案差旅费、跨境通信费、专家论证费及律师事务所代委托人支付的其他费用，不属于律师服务收费，由委托人另行支付。但在实行风险代理收费中双方另有约定的除外。

广东省律师服务涉及民事诉讼的政府指导价。根据《广东省物价局、司法厅律师服务收费管理实施办法》，按计时收费方式收费的收费标准为 200—3000 元/小时。涉及财产的民事、行政诉讼收费标准：在收取基础费用 1000—8000 元的基础上再按其争议标的额分段按比例累加计算收取。

[表 8-4] 广东省律师收费标准

类别	收费标准	适用案件类型
计件收费	按规定的数额或在规定的范围、幅度、限额内具体商定	不涉及财产关系的法律事务
计时收费	200—3000 元/小时	适用于全部法律事务
按标的额比例收费	基础费用：1000—8000 元	适用于涉及财产关系的法律事务
	5 万元（含 5 万元）以下：免加收	
	5 万—10 万（含 10 万元）：8%	
	10 万—50 万（含 50 万元）：5%	
	50 万—100 万（含 100 万元）：4%	
	100 万—500 万（含 500 万元）：3%	
	500 万—1000 万（含 1000 万元）：2%	
	1000 万—5000 万（含 5000 万元）：1%	
	5000 万元以上：0.5%	
	上述标准允许上下浮动 20%	

上述收费标准允许上下浮动 20%。收费标准和比例是代理诉讼案件一个审级或仲裁案件的收费标准。没有代理一审案件而直接代理二审案件的，按一审标准收费；曾代理一审案件再代理二审案件的或曾代理一审案件或二审案件，再代理发回重审、再审申请或确定再审案件的，按一审标准减半收费；涉及仲裁的案件，曾代理仲裁的，诉讼一审或二审阶段按仲裁标准减半收费。执行案件按一个审级收费。

3. 律师作为委托代理人的法律责任

律师应当保守在执业活动中知悉的国家秘密、商业秘密，不得泄露当事人的隐私。律师对于在执业活动中知悉的委托人和其他人不愿泄露的情况和信息，应当予以保密。但是，委托人或者其他人准备或者正在实施危害国家安全、公共安全以及严重危害他人人身安全的犯罪事实和信息除外（《律师法》第 38 条）。

对于律师违法执业或者因过错给当事人造成损失的，由其所在的律师事务所承担赔偿责任。律师事务所赔偿后，可以向有故意或者重大过失行为的律师追偿。律师和律师事务所不得免除或者限制因违法执业或者因过错给当事人造成损失所应承担的民事责任。

律师或律师事务所有如下行为之一的,委托人有权向司法行政机关和律师协会投诉:在同一案件中为双方当事人代理的;无正当理由拒绝代理的;故意损害委托人利益的;泄露当事人商业秘密或个人隐私的;牟取当事人争议的权益的;接受对方当事人财物的;向委托人索要规定或约定之外的费用或财物的;不向委托人开具律师服务收费合法票据的;等等。对上述行为,律师协会可按照《律师协会会员违规行为处分规则》等,作出行业处分(训诫、通报批评、公开谴责和取消会员资格等);司法行政机关可根据《律师法》《行政处罚法》《司法行政机关行政处罚程序规定》和《律师和律师事务所违法行为处罚办法》等,作出行政处罚(警告、罚款、停止执业、停业整顿或吊销执业证书等)。构成犯罪的,依法追究其刑事责任。

(二)基层法律服务工作者

基层法律服务工作者,是指通过司法部统一考试,持有《法律服务工作者执业证》,在基层法律服务所执业的人。基层法律服务所一般设在农村乡镇与城市街道办事处。基层法律服务工作者,除向法院提交授权委托书以外,还需提交法律服务工作者执业证、基层法律服务所出具的介绍信以及当事人一方位于本辖区内的证明材料。①

截至 2018 年年底,全国基层法律服务机构 1.6 万余家,基层法律服务工作者有 7.2 万人。

(三)当事人的近亲属或工作人员

《民诉法解释》第 85 条规定,与当事人有夫妻、直系血亲、三代以内旁系血亲、近姻亲关系以及其他有抚养、赡养关系的亲属,可以当事人近亲属的名义作为诉讼代理人。当事人近亲属担任诉讼代理人须向法院提交授权委托书及亲属关系证明材料。

《民诉法解释》第 86 条规定,与当事人有合法劳动人事关系的职工,可以当事人工作人员的名义作为诉讼代理人。实务中经常出现一些当事人将本是其工作人员的公民,通过出具虚假的证明(在授权委托书中注明其为本单位工作人员),得以委托该公民参加诉讼的情形。为此,《民诉法解释》特别增加规定,只有那些"与当事人有合法劳动人事关系的职工"才能够以当事人工作人员的名义作

---

① 《司法部关于基层法律服务工作者不能代理当事人任何一方均不在本辖区内的民事经济行政诉讼案件的批复》[司复(2002)12 号]规定,根据《乡镇法律服务业务工作细则》第 24 条第 4 项的规定,当事人一方位于本辖区内,是基层法律服务工作者代理民事、经济、行政案件应当具备的条件之一。因此,基层法律服务工作者不能代理当事人任何一方均不在本辖区内的民事、经济、行政诉讼案件。

为诉讼代理人参加诉讼。关于"合法劳动人事关系"证明材料,诉讼代理人应当提交委托人单位介绍信、本人身份证、上岗证或工作证等身份证明,也可以提交劳动合同、工资表、社会保险资料等证明材料,以证实自己与委托单位的关系。

（四）社区以及有关社会团体推荐的公民

《民诉法》第58条规定,当事人所在社区以及有关社会团体推荐的公民均可以被委托为诉讼代理人。《民诉法解释》第87条对"有关社会团体推荐"进一步解释为,有关社会团体推荐公民担任诉讼代理人的,应当符合下列条件:(1)社会团体属于依法登记设立或者依法免予登记设立的非营利性法人组织;(2)被代理人属于该社会团体的成员,或者当事人一方住所地位于该社会团体的活动地域;(3)代理事务属于该社会团体章程载明的业务范围;(4)被推荐的公民是该社会团体的负责人或者与该社会团体有合法劳动人事关系的工作人员。专利代理人经中华全国专利代理人协会推荐,可以在专利纠纷案件中担任诉讼代理人。

[表 8-5]　推荐公民代理的社会团体条件

事项	条件
社会团体	属于依法登记设立或者依法免予登记设立的非营利性法人组织
被代理人	属于该社会团体的成员,或者当事人一方住所地位于该社会团体的活动地域
代理事务	属于该社会团体章程载明的业务范围
被推荐公民	是该社会团体的负责人或者与该社会团体有合法劳动人事关系的工作人员

当事人所在社区以及有关社会团体推荐的公民,以及当事人的近亲属或者工作人员,这些诉讼代理人都是以公民代理的身份参加诉讼,这与律师或者法律工作者参加诉讼不同。律师或者法律工作者参加诉讼,可以按照规定收取代理费用,还可以与被代理人订立风险代理合同或者风险代理条款。实务中,对于公民作为诉讼代理人时与被代理人签订的有偿法律服务合同的效力问题,公民代理是否可以收取报酬的问题,争议较大。多数意见认为,鉴于现行法律没有对此问题作出明确规定,不宜直接认定公民代理收取费用的协议无效。但应当注意到,当前公民代理出现的职业代理人等突出问题,都直接或者间接与公民代理收费有关,从规范公民代理行为的角度出发,应当对公民代理收费进行必要的限制。最高人民法院民一庭在2010年9月16日曾对重庆高级人民法院《关于公民代理合同中给付报酬约定的效力问题的请示》答复:未经司法行政机关批准的公民个人与他人签订的有偿法律服务合同,人民法院不予保护;但对于受托人为

提供服务实际发生的差旅费等合法费用,人民法院可以根据当事人的请求给予支持。该处理意见得到立法机关和有关单位的认可。《民诉法解释》也未对公民代理收费问题予以规定。实务中,仍应按照最高人民法院上述答复意见,对于代理合同中约定的高额代理费用不予支持,但可以根据代理行为的完成情况和代理人实际支出的相关费用,对差旅费等实际发生的相关费用予以支持。

四、委托代理权的终止

委托代理关系在诉讼中可能发生变化。委托代理人可能辞去委托,当事人也可能变更代理权限范围或者取消委托。是否变更代理权是当事人的权利,当事人可以单方作出决定。但当事人在作出变更或解除代理权决定后,必须及时以书面形式告知法院,并由法院通知对方当事人。[①] 委托代理人在变更或解除前实施的诉讼行为仍然有效。

有下列情形之一的,委托代理权终止:

1. 诉讼结束

委托代理人仅代理一个诉讼程序的,该程序审理终结代理权即终止;如代理一、二审程序的,二审程序终结代理权才终止;除一、二审程序外还代理执行程序的,执行程序终结代理权才终止。

2. 代理人在诉讼中死亡,或丧失诉讼行为能力

委托代理权基于委托代理合同而产生,其产生及终止应适用委托代理合同的相关规定。《民法典》第934条规定,委托人死亡、终止或者受托人死亡、丧失民事行为能力、终止的,委托合同终止;但是,当事人另有约定或者根据委托事务的性质不宜终止的除外。另外,从诉讼代理权性质来讲,诉讼代理权是专属于委托代理人的权利,不能作为继承标的,故诉讼过程中代理人死亡的,委托代理权终止。代理人因患病或意外事件导致丧失诉讼行为能力,不能够亲自实施诉讼行为的,委托代理权同样终止。

3. 被代理的公民死亡或法人、其他组织解散

同样,被代理的公民死亡,或法人、其他组织解散,代理人继续代理的,需参加诉讼的继承人或权利义务承受人另行授权,否则委托代理权终止。

4. 被代理人解除委托或代理人辞去职务

根据《民法典》第933条的规定,委托人或者受托人可以随时解除委托合同,因此,被代理人可以随时解除委托,代理人也可以随时辞去职务,二者均可导致

[①] 《民诉法》第60条规定:"诉讼代理人的权限如果变更或者解除,当事人应当书面告知人民法院,并由人民法院通知对方当事人。"

委托代理权终止。

思 考 题

1. 简述法定诉讼代理人与当事人的区别。
2. 委托代理合同与授权委托书记载的代理权限不一致时,应如何确定委托诉讼代理人的代理权限?
3. 委托诉讼代理人在诉讼中能否转委托?
4. 原告妹夫可否以原告近亲属身份担任原告的委托诉讼代理人?为什么?

第九章 期间与送达

为保障诉讼活动的顺利进行,同时也为保护当事人的合法权益,《民诉法》规定了期间制度,要求法院、当事人和其他诉讼参与人共同遵守。《民诉法》还规定了诉讼文书的送达方式及要求,以便法院及时将诉讼文书送达给当事人和其他诉讼参与人。

第一节 期　　间

一、期间概述

期间分为广义的期间与狭义的期间。广义的期间,是指法院、当事人、其他诉讼参与人单独或会合实施或完成诉讼活动所应遵守的时间。广义的期间包括期限和期日。

期限,是指法院、当事人、其他诉讼参与人单独实施或完成诉讼活动所应遵守的时间,比如审理期限、举证期限。期限是指一段时间。期日,是指法院、当事人、其他诉讼参与人会合实施或完成诉讼活动所应遵守的时间,比如,开庭审理日、证据交换日。期日是指某一天时间。

狭义的期间仅指期限,不包括期日。我国《民诉法》采狭义说,即期间仅指期限。本章以下内容,如无特别说明,期间仅指期限。

二、期间的分类

(一)法定期间、指定期间、约定期间

依据期间是由法律、司法解释规定的[①],或是法院指定的,还是当事人约定的,期间可分为法定期间、指定期间、约定期间。

1. 法定期间

法定期间,是指法律、司法解释直接规定的期间。比如,简易程序审理期限,

[①] 严格意义上的法定期间,应当是由法律明确规定的期间,但最高人民法院司法解释视为广义的民事诉讼法组成部分,因此,司法解释规定的期间亦为法定期间。

法律规定是 3 个月。法定期间通常以特定法律事实作为起算点,比如,法院的审理期限是指从立案的次日起至裁判宣告、调解书送达之日止的期间。

对于法定期间,除法律另有规定外,法院、当事人、其他诉讼参与人均不得变更。他们可以在法定期间内的任何时间实施诉讼活动,但他们实施或完成诉讼活动的时间,不能超过法定期间。如果他们在法定期间内未实施或完成相应的诉讼活动,就会引起相应的法律后果。

需注意,当事人、其他诉讼参与人只有在期间内所实施的诉讼行为才能够发生诉讼法上的效力,超过期间所实施的诉讼行为不发生诉讼法上的效力。比如:当事人在上诉期间提起上诉的,一审判决将不发生法律效力,案件将进入第二审程序;当事人超过上诉期提起上诉的,视为未提起上诉①,一审判决将发生法律效力。但法院超过法定期间作出的诉讼行为却不一定不发生诉讼法上的效力,如法院超过法定审理期限作出的判决同样有效。②

2. 指定期间

指定期间,是指法律、司法解释明确授权法院根据审理案件的具体情形,依职权指定的期间。简言之,指定期间就是法院指定的期间。

指定期间在实务中应用非常广泛,且比较灵活,法院不仅可以根据具体情况延长或缩短期限,而且可取消期限另行指定。为防止法院指定的期间过短,损害当事人的诉讼权利,法律对有些期间的范围作出特别规定,比如,《民诉法解释》第 99 条规定,人民法院确定举证期限,第一审普通程序案件不得少于 15 日。

3. 约定期间

约定期间,是指当事人根据法律、司法解释的规定,协商一致并经法院认可的期间。在 2001 年《证据规定》发布之前,《民诉法》中只有法定期间和指定期间的规定,2001 年《证据规定》为尊重当事人的处分权,规定当事人可以约定举证期限,从而在法定期间和指定期间之外又增加了约定期间。

(二) 不变期间和可变期间

根据期间被确定以后是否可以变更,期间可分为不变期间和可变期间。

1. 不变期间

不变期间,是指一经确定,法院、当事人和其他诉讼参与人就必须严格遵守,不得加以变更的期间。比如,《民诉法》第 56 条规定,第三人因不能归责于本人的事由未参加诉讼,但有证据证明发生法律效力的判决、裁定、调解书的部分或者全部内容错误,损害其民事权益的,可以自知道或者应当知道其民事权益受到

---

① 《民诉法解释》第 320 条规定:"一审宣判时或者判决书、裁定书送达时,当事人口头表示上诉的,人民法院应告知其必须在法定上诉期间内递交上诉状。未在法定上诉期间内递交上诉状的,视为未提起上诉。虽递交上诉状,但未在指定的期限内交纳上诉费的,按自动撤回上诉处理。"

② 法官超过审理期限作出判决虽然不会被认定为无效,但法院内部会对法官该行为有所评价。

损害之日起 6 个月内,向作出该判决、裁定、调解书的人民法院提起诉讼。根据《民诉法解释》第 127 条的规定,上述 6 个月的期限为不变期间,不适用诉讼时效中止、中断、延长的规定。

2. 可变期间

可变期间,是指期间确定后,如果在规定的时间内出现当事人无法实施或完成特定诉讼活动的情况,法院可以根据当事人申请或者依职权加以变更的期间。

一般而言,法定期间就是不变期间。但也有一些法定期间,法律规定可以视具体情况加以调整。比如,普通程序一审审理期限 6 个月,经批准可延长。再如,涉外诉讼程序关于答辩期、上诉期的特别规定均属于法定期间,同时也是可变期间。《民诉法》第 268 条规定,被告在中国领域内没有住所的,人民法院应当将起诉状副本送达被告,并通知被告在收到起诉状副本后 30 日内提出答辩状。被告申请延期的,是否准许,由人民法院决定。《民诉法》第 269 条规定,在中国领域内没有住所的当事人,不服第一审人民法院判决、裁定的,有权在判决书、裁定书送达之日起 30 日内提起上诉。被上诉人在收到上诉状副本后,应当在 30 日内提出答辩状。当事人不能在法定期间提起上诉或者提出答辩状,申请延期的,是否准许,由人民法院决定。

三、期间的计算

(一)期间的计算规则

根据我国《民诉法》第 82 条的规定,期间以时、日、月、年计算,并遵循以下 4 项原则:

1. 期间以时、日、月、年计算

计算期间的单位是时、日、月、年,但对于具体的诉讼活动,是以时、日、月为计算单位,还是以年为计算单位,则需要由法律明确规定、法院指定或者当事人约定。

2. 期间开始的时和日,不计算在期间内

期间如果是以小时为单位计算的,开始的小时不计算在内,从下一个小时开始计算;终期则根据期间的实际小时数相加确定。比如,《民诉法》第 101 条规定,对于诉前财产保全①申请,人民法院必须在 48 小时内作出裁定。例如,利害关系人于 2019 年 7 月 18 日 15 时向法院申请诉前财产保全,法院同时接受申请,法院作出保全裁定的期间从 2019 年 7 月 18 日 16 时开始计算 48 小时,到 2019 年 7 月 20 日 15 时届满,即法院必须于 2019 年 7 月 20 日 15 时前作出诉前

---

① 诉前财产保全是指起诉或申请仲裁前,法院根据利害关系人的申请,对被申请人的有关财产所采取的强制性措施。

财产保全裁定。

期间如果是以日为单位计算的,开始的日也不计算在内,始期从次日(第二天)开始计算,终期则根据期间的实际天数相加确定。比如,判决书送达时间为2018年12月3日,那么当事人的上诉期从2018年12月4日开始计算15日,终期为2018年12月18日(计算方法:始期加上期间－1,即4＋15－1＝18日)。另外,《民法典》总则编第203条第2款规定,期间的最后一日的截止时间为二十四时;有业务时间的,停止业务活动的时间为截止时间。

如果期间是以月和年为单位计算的,开始的日也不计算在内①,终期则是根据期间的实际月或者年数相加所确定的届满月或者届满年的始期对应日。需注意,确定终期的始期对应日为始期当日而非次日。② 比如,期间从2018年8月26日开始3个月,那么终期就是3个月后的始期对应日,即2018年11月26日。再如,期间从2018年8月26日开始一年,那么终期就是1年后的始期对应日,即2019年8月26日。如果终期没有对应日的,就以该月的最后一天为届满日。比如,期间从2018年8月31日开始一个月,由于9月没有31日,因此终期就是2018年9月30日。③

3. 期间届满的最后一日是节假日的,由于节假日法院工作人员不上班,因此,以节假日后的第一个工作日为期间届满的日期

换言之,期间的终期顺延至工作日第一日。此处"节假日"是指国家法定节假日④,包括元旦、春节、清明节、劳动节、国庆节、周六、周日等,不包括圣诞节、感恩节等西方节日。特别注意,如果节假日是在期间中间而不是在期间届满的最后一日,那么节假日就不能扣除。⑤

［案例9-1］ 原告于2016年9月24日收到判决书,上诉期至哪一日届满?

计算方法:9月共30天,从收到判决书次日起开始计算上诉期。9月剩

---

① 《民诉法解释》第125条规定:"依照民事诉讼法第八十二条第二款规定,民事诉讼中以时起算的期间从次时起算;以日、月、年计算的期间从次日起算。"期间以月和年为单位计算的,由于月与年实际上是由日组成,因此也是从次日开始计算。《民法典》第201条第1款规定更加明确:"按照年、月、日计算期间的,开始的当日不计入,自下一日开始计算。"
② 确定终期的对应日为始期当日与期间从次日开始计算并不冲突。始期从次日开始计算,终期自然在对应的始期当日届满。
③ 《民法典》第202条规定:"按照年、月计算期间的,到期月的对应日为期间的最后一日;没有对应日的,月末日为期间的最后一日。"
④ 法定假日时间应以国家当年公布为准,不同年度可能有所不同。如近年来"五一"假期为3天,但2019年"五一"假期为4天。
⑤ 其原理是节假日法院工作人员不上班,期间的终期才顺延至工作日第一日。并非因为节假日当事人或诉讼代理人要休假,节假日才不计算在内,因此,如果节假日是在期间中间而不是在期间届满的最后一日,那么节假日就不能扣除。

余天数为 30－25＋1＝6（天），15－6＝9（天），故上诉期于 10 月 9 日届满（注：10 月 1 至 7 日国庆假期在期间中间不扣除）。

[案例 9-2] 被告于 2019 年 4 月 16 日收到判决书，上诉期至哪一日届满？

计算方法：4 月共 30 天，从收到判决书次日起开始计算上诉期。4 月剩余天数为 30－17＋1＝14（天），上诉期本应于 5 月 1 日届满，但 5 月 1 日为法定节假日期间，2019 年五一假期为 5 月 1 至 4 日，故 5 月 5 日届满。

4. 期间不包括邮寄在途时间

诉讼文书在期满前交邮的，不算过期。邮寄在途时间，即诉讼文书在邮寄途中所花费的时间。确定诉讼文书交邮的时间，通常是以邮寄地邮局所盖邮戳上的时间为准。

[案例 9-3] 广州某区人民法院受理的案件中，被告王某住所地远在黑龙江省漠河市。王某答辩期于 2019 年 7 月 19 日届满，王某赶在 2019 年 7 月 19 日 17 时邮局下班前，将刚刚定稿的答辩状送至邮局交邮。法院收到王某答辩状的时间为 2019 年 7 月 22 日，快递显示漠河市邮局加盖的邮戳时间为 7 月 19 日 18 时，王某是否为超过答辩期递交答辩状？

由于期间不包括邮寄在途时间，诉讼文书在期满前交邮的，不算过期。王某于答辩期最后一日 17 时交邮，当地邮局加盖邮戳时间为 18 时，王某交邮时间应确定为 2019 年 7 月 19 日 18 时，王某递交答辩状没有超过答辩期。

需注意，对于双方当事人均有的期间，应以特定法律事实为起算时间分别计算。上诉期，从原告、被告收到判决书或裁定书的次日起分别计算。① 举证期限：原告从案件受理次日起或法院重新指定举证期限次日起计算；被告从收到起诉状副本次日起或法院重新指定举证期限次日起计算。

[案例 9-4] 原告王某诉被告李某买卖合同纠纷案，广州某区人民法院于 2019 年 7 月 1 日受理王某的起诉，被告李某于 7 月 5 日收到法院送达的起诉状副本。法院对原、被告指定的举证期限均为 15 日，王某与李某的举证期限于哪一日届满？

原告王某的举证期限应从 2019 年 7 月 2 日开始计算 15 日，2＋15－1＝16（日），故王某的举证期限于 7 月 16 日届满。

被告李某的举证期限应从 2019 年 7 月 6 日开始计算 15 日，6＋15－1

---

① 实务中多数案件都不是集中宣判，因此，原、被告收到判决时间可能不同，相应地，上诉期届满日也不同。原被告的举证期限届满日通常也不相同。

=20(日),李某举证期本应于7月20日届满,但7月20日为星期六,属于法定节假日中的双休日,故李某举证期顺延至7月22日届满。

(二) 法院审理期限

1. 一审案件审理期限

(1) 人民法院适用普通程序审理的案件,应当在立案次日起6个月内审结。有特殊情况需要延长的,由本院院长批准,可以延长6个月;还需要延长的,报请上级人民法院批准(《民诉法》第149条)。《最高人民法院关于严格执行案件审理期限制度的若干规定》第2条第1款进一步明确,适用普通程序审理的第一审民事案件,期限为6个月;有特殊情况需要延长的,经本院院长批准,可以延长6个月,还需延长的,报请上一级人民法院批准,可以再延长3个月。

(2) 适用简易程序审理的案件,应当在立案次日起3个月内审结。

(3) 审理期限是指从立案的次日起至裁判宣告、调解书送达之日止的期间。因起诉状内容欠缺通知原告补正的,从补正后提交人民法院的次日起算。由上级人民法院转交下级人民法院立案的案件,从受诉人民法院收到起诉状的次日起算(《民诉法解释》第126条)。

2. 二审案件审理期限

(1) 对判决上诉的案件,应当在二审立案次日起3个月内审结,有特殊情况需要延长的,由本院院长批准。

(2) 对裁定上诉的案件,应当在二审立案次日起30日内审结。需特别注意,裁定上诉审限没有可以延长的规定。

3. 再审案件的审理期限

再审案件按照第一审程序或者第二审程序审理的,适用上述第一审程序或者第二审程序审理审限规定,审限自再审立案的次日起算。

4. 审理期限的剔除

审理期限的剔除,又叫审理期限的扣除,是指法院将某些特定期间不计算在审理期限内。期限剔除的意义在于合理扣除诉讼期间的"虚耗",保证诉讼期间能被充分有效地利用。

剔除期间基本属于诉讼活动需要但无法预测耗时多少的时间。依据《最高人民法院关于严格执行案件审理期限制度的若干规定》等司法解释的规定,下列期间不计入审理期限:(1) 公告期间;(2) 鉴定期间,含法院委托审计、评估等期间;(3) 审理当事人提出的管辖权异议及处理法院之间管辖争议的期间;(4) 案件中止审理期间;(5) 双方当事人申请庭外和解的时间。

四、期间的耽误

期间的耽误是指当事人或其他诉讼参与人本应在法定期间、指定期间或者约定期间内实施或者完成诉讼活动,却因为某种客观原因未能实施或者完成该诉讼活动的状态。如果期间的耽误是因为当事人或者其他诉讼参与人主观方面的原因,那么他们就丧失了进行某种诉讼活动的权利,由此会承担相应的不利后果。比如,上诉人忘记上诉期届满日,致使超过上诉期间提起上诉,法院按上诉人没有提出上诉处理。

对于当事人的诉讼权利有重大影响的期间,如上诉期,如果期间的耽误是因为客观原因,由当事人承担相应的不利后果显然有失公允。因此,《民诉法》规定,当事人可以申请顺延期限,由法院决定顺延期限或者重新指定期日。

《民诉法》第83条规定了期限顺延的条件:(1)当事人因不可抗拒的事由或者其他正当理由耽误期限的。"不可抗拒的事由",通常是指主观上无法预见、客观上无法避免和难以克服的情况。比如,上诉期临近,上诉人所在地山洪暴发,交通中断,导致无法前往法院递交上诉状,也无法去邮局邮寄上诉状。"其他正当理由"通常是指不可抗拒的事由之外,不因为当事人主观原因而造成期间耽误的情况。比如,上诉期临近,突遇交通事故,致上诉人昏迷不醒,丧失意识,导致无法提起上诉。(2)在障碍消除后的10日内,当事人可以申请顺延期限。但是否准许,由法院决定。

第二节 送 达

一、送达的概念和意义

送达,是指法院依法定的程序和方式,将诉讼文书送交给当事人或其他诉讼参与人的行为。

作为一种诉讼行为,送达具有以下特点:

(1) 送达的主体只能是法院。当事人及其他诉讼参与人之间以及他们向法院递交诉讼文书都不是送达。

(2) 送达的对象只能是当事人及其他诉讼参与人。上、下级法院之间发送或者报送材料就不是送达。

(3) 送达的内容只能是诉讼文书。在诉讼中法院送达的诉讼文书包括:判决书、裁定书、决定书、调解书、支付令、起诉状副本、答辩状副本、传票、通知书等。

(4) 送达必须按照法定的程序和方式进行。不按照法定的程序和方式送达将不会产生相应的法律效果。比如,直接送达应由自然人当事人本人签收,当事人本人不在的,可以由当事人的同住成年家属签收。如果开庭传票签收人为原告的朋友,则送达程序不合法,送达无效,原告不到庭的,法院不能按原告自动撤回起诉处理,只能再次送达传票后延期开庭。

送达既是我国民事诉讼中的一项制度,又是法院的一项权力。通过送达,诉讼文书会产生相应的法律效果。受送达的当事人和其他诉讼参与人能够知晓诉讼文书的内容,并据此参加诉讼活动,行使自己的诉讼权利和承担自己的诉讼义务。

二、送达的方式

根据《民诉法》第 85 条至第 92 条的规定,送达有七种方式:

（一）直接送达

直接送达,是指法院工作人员将诉讼文书直接送交给受送达人本人的送达方式。直接送达是首选的送达方式,因为直接送达不仅需要的时间最短,而且最为可靠。根据《民诉法》第 85 条的规定,在采用直接送达时,应当注意:

（1）送达诉讼文书,应当直接送交受送达人。

（2）受送达人是公民的,本人不在,交他的同住成年家属签收。

（3）受送达人是法人或者其他组织的,应当由法人的法定代表人、其他组织的主要负责人或者该法人、组织负责收件的人签收。负责收件的人主要指办公室、收发室或值班室人员。

（4）受送达人有诉讼代理人的,可以送交其代理人签收,授权委托书声明无权签收的代理人除外;受送达人向法院指定代收人的,送交代收人签收。

（5）受送达人的同住成年家属、法人或者其他组织的负责收件的人或者代收人等人在送达回证上签收的日期为送达日期。

[案例 9-5] 法院工作人员前往某法人公司送达起诉状副本及开庭传票。公司前台小姐称法定代表人及办公室人员均出差前往外地,无人签收诉讼文书。法院工作人员与前台小姐沟通后,前台小姐同意签收,并称会转交给法定代表人。庭审时该公司没有出庭,法院可否缺席审理?

受送达人是法人的,应当由法人的法定代表人或者该法人负责收件的人签收,负责收件的人主要指办公室、收发室或值班室人员。法院前往公司送达时,公司法定代表人及办公室人员均出差前往外地,前台人员等同于公司收发室或值班室人员,前台人员有义务签收法院送达的诉讼文书,法院送达有效。故本案被告公司未到庭,法院可缺席审理。

（二）留置送达

留置送达,是指受送达人拒绝签收诉讼文书时,法院工作人员将文书放置在特定地点即视为完成送达的送达方式。

采用留置送达需注意以下五点:

（1）留置送达时，送达人可以邀请有关基层组织或所在单位的代表到场，说明情况，在送达回证上记明拒收事由和日期，由送达人、见证人签名或者盖章，把诉讼文书留在受送达人的住所；也可以把诉讼文书留在受送达人住所，并采用拍照、录像等方式记录送达过程，即视为送达（《民诉法》第86条）。

由于《民诉法》第86条仅规定在当事人住所的留置送达，而实务中需要留置送达的场所并不局限于此，因此，《民诉法解释》第131条作出扩充解释：① 法院内留置：人民法院直接送达诉讼文书的，可以通知当事人到人民法院领取。当事人到达人民法院，拒绝签署送达回证的，视为送达。审判人员、书记员应当在送达回证上注明送达情况并签名。② 当事人住所外留置：人民法院可以在当事人住所地以外向当事人直接送达诉讼文书。当事人拒绝签署送达回证的，采用拍照、录像等方式记录送达过程即视为送达。审判人员、书记员应当在送达回证上注明送达情况并签名。

（2）向法人或者其他组织送达诉讼文书，法人的法定代表人、该组织的主要负责人或者办公室、收发室、值班室等负责收件的人拒绝签收或者盖章的，适用留置送达。

（3）受送达人有诉讼代理人的，人民法院既可以向受送达人送达，也可以向其诉讼代理人送达。人民法院向诉讼代理人送达时，除授权委托书声明无权签收的代理人外，适用留置送达。

（4）受送达人拒绝接受诉讼文书，有关基层组织或所在单位代表及其他见证人不愿在送达回证上签字或盖章的，由送达人把诉讼文书留在受送达人住所，并采用拍照、录像等方式记录送达过程，即视为送达。

（5）调解书应当送达当事人本人或诉讼代理人签收，但不适用留置送达。

[案例9-6] 某人民法院书记员在向被告王某送达起诉状时，王某玩起了"躲猫猫"，起诉资料一直无法送达。某一天，书记员得知王某作为另案原告正在本院开庭，遂约好另外一名书记员到审判法庭送达。见到王某后，书记员告知其送达事项，并将起诉状等起诉资料及开庭传票放置在王某面前的桌面上，王某勃然大怒，将诉讼文书放在一旁，拒绝在送达回证上签名，书记员告知王某诉讼文书已留置送达后离去，王某至庭审结束离开时并未将起诉资料及开庭传票带离法庭。书记员事后在送达回证上注明送达情况并与一同送达的另一名书记员签名确认，又调取法庭录像作为留置送达证明材料附卷。本案送达程序是否合法？

《民诉法解释》第131条规定了法院内送达与当事人住所地以外送达。王某虽然不是经书记员通知到法院领取诉讼文书，不完全符合法院内送达程序，但实务中法院很难将"躲猫猫"当事人通知到法院。本案送达更接近于当事人住所地以外送达规定，事实上，当事人住所地以外地点送达也不应该排除法院。王某拒绝签署送达回证,两名送达书记员在送达回证上注明了送达情况并签名,附卷庭审录像也记录了送达过程,完全符合当事人住所地外送达程序,也接近于法院内送达程序,因此,本案送达程序合法有效。

(三) 委托送达

委托送达,是指受诉法院在直接送达诉讼文书有困难时,委托其他法院代为送达的送达方式。简言之,委托送达是指法院委托其他法院送达诉讼文书。

委托其他人民法院代为送达的,委托法院应当出具委托函,并附需要送达的诉讼文书和送达回证,以受送达人在送达回证上签收的日期为送达日期。受委托人民法院应当自收到委托函及相关诉讼文书之日起10日内代为送达(《民诉法解释》第134条)。

(四) 邮寄送达

邮寄送达,是指受诉法院在直接送达诉讼文书有困难时,通过将诉讼文书以邮局挂号的方式或特快专递形式邮寄给受送达人的送达方式。

1. 邮寄送达注意事项

采用邮寄送达时,应当注意以下两点:(1)邮寄送达是与委托送达相并列的一种送达方式,《民诉法》第88条规定,直接送达诉讼文书有困难的,可以委托其他人民法院代为送达,或者邮寄送达。(2)采用邮寄送达时,应当附有送达回证。

需注意,挂号信回执上注明的收件日期与送达回证上注明的收件日期不一致的,或者送达回证没有寄回的,以挂号信回执上注明的收件日期为送达日期。采用特快专递邮寄方式的,以快递回执上注明的收件日期为送达日期。

2. 法院专递

2005年1月1日,《最高人民法院关于以法院专递方式邮寄送达民事诉讼文书的若干规定》施行。该司法解释规定:

(1)当事人起诉或者答辩时应当向人民法院提供或者确认自己准确的送达地址,并填写送达地址确认书。当事人拒绝提供的,人民法院应当告知其拒不提供送达地址的不利后果,并记入笔录。

(2)当事人拒绝提供自己的送达地址,经人民法院告知后仍不提供的,自然人以其户籍登记中的住所地或者经常居住地为送达地址;法人或者其他组织以其工商登记或者其他依法登记、备案中的住所地为送达地址。

(3)签收人是受送达人本人或者是受送达人的法定代表人、主要负责人、法定代理人、诉讼代理人的,签收人应当当场核对邮件内容。签收人发现邮件内容与回执上的文书名称不一致的,应当当场向邮政机构的投递员提出,由投递员在回执上记明情况后将邮件退回人民法院。

(4)签收人是受送达人办公室、收发室和值班室的工作人员或者是与受送达人同住成年家属,受送达人发现邮件内容与回执上的文书名称不一致的,应当在收到邮件后的3日内将该邮件退回人民法院,并以书面方式说明退回的理由。

(5)因受送达人自己提供或者确认的送达地址不准确、拒不提供送达地址、送达地址变更未及时告知人民法院,受送达人本人或者受送达人指定的代收人拒绝签收,导致诉讼文书未能被受送达人实际接收的,文书退回之日视为送达之日。

《民诉法解释》第137条还规定,当事人在提起上诉、申请再审、申请执行时未书面变更送达地址的,其在第一审程序中确认的送达地址可以作为第二审程序、审判监督程序、执行程序的送达地址。

3. 法院专递详情单的填写方法

由于法院专递具有快速、高效的特点,目前,法院专递送达已成为法院邮寄送达的首选方式。

法院专递一般不附送达回证,以受送达人回执签名或盖章作为送达凭证,因此,在填写详情单时要注意:(1)正确填写案号;(2)"传票"栏后需注明传唤性质,是开庭传票,还是询问传票、听证传票、证据交换传票等,同时要注明具体开庭时间;(3)一案中民事裁定书有多份的,详细注明裁定书文号;(4)非列举项目里的其他文书在"其他"栏后需详细注明文书名称。(5)送达人是自然人的,正确填写姓名后,有工作单位的填写单位全称,工作单位不确定的可不填写,有联系电话的一定要正确填写电话号码;受送达人是法人或其他组织的,在填写单位名称和地址后,"收件人姓名"处一般填写负责人即可。

确认相应诉讼文书已装好并粘贴填写正确的详情单后,注意保留好详情单"寄件人留存"联,以方便随时通过网络或电话查询文书送达情况。

[案例9-7] 某人民法院以法院专递向被告王某邮寄送达民事判决书,上诉期届满后,王某未提起上诉,原告向法院申请强制执行。执行过程中,王某对法院送达判决程序提出异议,称其当时在法院专递回执上签名后并未拆开邮件,几天后拆开邮件发现邮件为空袋,袋内没有详情单注明的判决书,故本案判决并未生效,法院应重新送达本案判决,王某的异议是否成立?

《最高人民法院关于以法院专递方式邮寄送达民事诉讼文书的若干规定》指出,法院专递签收人是受送达人本人的,签收人应当场核对邮件内容。签收人发现邮件内容与回执上的文书名称不一致的,应当场向邮政机构的投递员提出,由投递员在回执上记明情况后将邮件退回法院。王某没有当场拆开邮件核对邮件内容,直到执行程序才提出异议,王某没有提交证据证明其主张事实,所作解释也不符合常理,应认定为有效送达。即使王某所述属实,不利后果也应当由王某承担,王某提出的异议不能成立,本案送达程序合法。

(五) 转交送达

转交送达,是指法院将诉讼文书交给受送达人所在机关、单位,让他们转交给受送达人的送达方式。简言之,转交送达是指法院转交特定机关送达诉讼文书。

根据《民诉法》第 89 条、第 90 条、第 91 条的规定,转交送达主要适用于以下三种情形:

(1) 受送达人是军人的,通过其所在部队团以上单位的政治机关转交。

(2) 受送达人被监禁的,通过其所在监所转交。

(3) 受送达人被采取强制性教育措施的,通过其所在强制性教育机构转交。

代为转交的机关、单位收到诉讼文书后,必须立即交受送达人签收,以在送达回证上的签收日期,为送达日期。

(六) 电子送达

经受送达人同意,法院可以采用传真、电子邮件等能够确认其收悉的方式送达诉讼文书,但判决书、裁定书、调解书除外。受送达人同意采用电子方式送达的,应当在送达地址确认书中予以确认(《民诉法解释》第 136 条)。

传真是最近二十多年发展最快的非话电信业务。电子邮件是一种通过网络实现相互传送和接收信息的现代化通信方式。在发送电子邮件时,首先填写对方正确的邮箱地址,服务器会将邮件发到对方邮箱所使用的特定电子数据系统,收件人根据所享有的账号和密码登录该服务器系统,就可以接收到邮件。电子邮件是整个网络间以至所有其他网络系统中直接面向人与人之间信息交流的系统,它的数据发送方和接收方都是人,所以极大地满足了大量存在的人与人之间的通信需求。

传真和电子邮件成为电子送达的主要形式,是因为它们经过多年的应用,技术已经相对成熟,且被证实具有较高的可靠性和稳定性,能够迅速及时有效地传递信息。但《民诉法》并未将电子送达方式仅限制在传真和电子邮件,而是采用了兜底性条款,即"能够确认其收悉的方式"都可以用来送达特定法律文书。因为科学技术尤其是电子科技发展日新月异,未来还可能出现新兴的更为先进有效的传播媒介,《民诉法》为未来电子送达方式的发展预留了空间。

采用电子送达方式送达的,以传真、电子邮件等到达受送达人特定系统的日期为送达日期。根据《民诉法解释》第 135 条的规定,电子送达可以采用传真、电子邮件、移动通信等即时收悉的特定系统作为送达媒介。"到达受送达人特定系统的日期",为人民法院对应系统显示发送成功的日期,但受送达人证明到达其特定系统的日期与法院对应系统显示发送成功的日期不一致的,以受送达人证明到达其特定系统的日期为准。

（七）公告送达

公告送达，是指在受送达人下落不明或者在采用上述送达方式无法送达时，法院发出公告将送达内容告诉社会公众，经过法定期间即视为送达的送达方式。

通常情况下，法院须将诉讼文书直接或间接地交给受送达人，送达始发生法律效力。但在有些情况下，法院无论通过哪种方式、何种渠道，都无法将诉讼文书送交受送达人。如果一味地拘泥于通常的送达方式，势必造成诉讼拖延，也给那些故意逃避义务的人创造了可乘之机。因此，需要设置一种推定送达方式，即将诉讼文书通过一定方式公示于众，经过合理期限，即视为受送达人已知晓送达内容，对于其事实上知道与否在所不问。

《民诉法》第92条规定，受送达人下落不明，或者用本节规定的其他方式无法送达的，公告送达。自发出公告之日起，经过60日，即视为送达。公告送达是一种推定送达，所以，法院必须严格按照法定程序进行，并在案卷中记明原因与经过。

采用公告送达应当注意以下几点：（1）采用公告送达的前提有两种，一是受送达人下落不明；二是采用直接送达、留置送达、委托送达、邮寄送达、转交送达、电子送达等方式无法送达。比如，实务中最让书记员发愁的被告"躲猫猫"行为，穷尽除公告送达外其他送达方式无法送达的，可公告送达。（2）公告送达起诉状或上诉状副本的，应说明起诉或上诉要点，受送达人答辩期限及逾期不答辩的法律后果；公告送达传票，应说明出庭地点、时间及逾期不出庭的法律后果；公告送达判决书、裁定书的，应说明裁判主要内容，属于一审的，还应说明上诉权利、上诉期限和上诉法院。（3）公告送达，可以在法院的公告栏、受送达人原住所地张贴公告，也可以在报纸、信息网络等媒体上刊登公告，发出公告日期以最后张贴或者刊登的日期为准。对公告送达方式有特殊要求的，应当按要求的方式进行。法院在受送达人住所地张贴公告的，应当采取拍照、录像等方式记录张贴过程。（4）公告送达，国内民事案件的公告期为60日，自发出公告之日起经过60日，公告期满即视为送达。（5）适用简易程序的案件，不适用公告送达。

公告送达刊登报纸一般为《人民法院报》。由于《人民法院报》同时也在海外发行，因此，涉港澳台案件和涉外案件也可在《人民法院报》刊登公告。公告费由当事人垫付。当事人提出公告费诉讼请求的，法院应支持其请求。

由于《人民法院报》刊登公告周期较长，如时间紧迫需要在地方性报纸刊登公告，当事人同意的，可在地方性报纸刊登公告，但需注意应在当事人住所地区域内的报纸刊登公告。比如，当事人住所地在广州市，那么不能在《珠海特区报》刊登公告，至少要在广州市地方报刊登公告，最好在《南方日报》等广东省地方报刊登公告。

《民诉法解释》第141条还规定,人民法院在定期宣判时,当事人拒不签收判决书、裁定书的,应视为送达,并在宣判笔录中记明。

三、送达的效力

送达的效力,是指法院依法定的程序和方式,将诉讼文书送达给当事人及其他诉讼参与人后所产生的法律效果。送达的效力表现为以下几个方面:

(1) 受送达人实施诉讼行为、行使诉讼权利和履行诉讼义务的起始时间得以确定。比如,当事人对判决的上诉期15日,是从判决书送达次日起开始计算。

(2) 受送达人受送达以后,如果没有按照所送达诉讼文书的要求实施特定的诉讼行为,就会承担相应的法律后果。

(3) 送达能够引起特定诉讼法律关系的产生或者消灭。比如,法院立案以后,将起诉状副本送达被告,就使被告与受诉法院之间产生民事诉讼法律关系。

(4) 送达是某些诉讼文书发生法律效力的要件之一。比如,调解书只有经过当事人签收才能发生法律效力,如果当事人一方拒绝签收调解书的,调解书就不发生法律效力,法院要及时通知对方当事人重新调解或作出判决。

四、送达回证

送达回证是指法院制作的,用于证明受送达人已经收到法院所送的诉讼文书的书面凭证。《民诉法》第84条规定:"送达诉讼文书必须有送达回证,由受达人在送达回证上记明收到日期,签名或者盖章。受送达人在送达回证上的签收日期为送达日期。"

思 考 题

1. 法院公告送达诉讼文书,是否可以只在法院官网发出公告?

2. 甲乙因损害赔偿纠纷诉至某县人民法院,人民法院于2004年2月10日收到原告甲的起诉状,经审查认为符合受理条件,立案审理后人民法院作出判决。甲乙分别于4月16日、4月19日收到某县人民法院的第一审判决,当年国家规定"五一劳动节"假期从5月1日起放假七天。

(1) 法院最晚应当在什么时间立案?

A. 2月13日　　　　　　　B. 2月15日
C. 2月17日　　　　　　　D. 3月20日

(2) 关于甲乙的上诉期间,下列说法哪些正确?

A. 甲的上诉期限至4月30日届满

B. 甲的上诉期限与乙的上诉期限一起从 4 月 20 日起算
C. 乙于 5 月 8 日将上诉状寄出,法院于 5 月 10 日收到,乙的上诉有效
D. 双方的上诉期限均是至 5 月 8 日

3. 期间耽误后,当事人应如何采取补救措施?

4. 张某诉李某一案,李某于 2005 年 7 月 25 日收到一审判决后,由于山洪暴发,交通中断,李某无法邮寄或直接递交上诉状。直到 2005 年 8 月 25 日交通恢复,李某想向法院申请顺延上诉期限,他应当最晚在什么时间提出?

A. 8 月 22 日
B. 8 月 25 日
C. 8 月 30 日
D. 9 月 4 日

第十章 证 据

现代法院审理案件采用证据裁判主义。法院判决依据的事实,除法律规定的免证事实外,必须是能够用证据加以证明的事实。由于诉讼中当事人争议的事实都已经时过境迁,这些事实发生时法官都不在现场。所以有人说法官与历史学家的工作相同,都是理解过去发生的事,然后解释给后人听。这些当事人争议的事实在发生时或多或少都会留下一些痕迹,这些痕迹会保留在一些载体中,这些载体就是证据。

2019年12月25日,最高人民法院发布《关于修改〈关于民事诉讼证据的若干规定〉的决定》,对2001年《证据规定》予以全面修改。修改后的《证据规定》(2020年5月1日起施行)共100条。2019年《证据规定》施行后,2001年《证据规定》不再适用,《民诉法解释》与之不一致的规定也不再适用。本次修改对我国民事诉讼证据制度作出重大调整,本章及第十一章的内容均是按照2019年《证据规定》条文所编写,如无特指,《证据规定》均指2019年规定。

第一节 法官裁判案件的方法

一、神明裁判

我国远古时期解决纠纷的方式为神明裁判,也称为神灵裁判,就是让神灵来裁判案件。张三告李四,称李四偷了张三的钱。当地的头人或部落长老召集全体村民到寺庙前的开阔地进行公开审判。如何审判?只见地上架起一口大锅,锅底是熊熊大火,锅里早已放好滚烫的热油,油烟袅袅升起,可见油温之高。头人或部落长老手持一枚铜钱,高高举起示众后丢到大锅里。头人或长老命人将一旁吓得瑟瑟发抖的李四带到大锅前,让李四用手将锅里的钱捞起,众人在一旁附和。

大家坚信:如果李四捞起铜钱,但是手没被烫伤,那么李四就是清白的,窃贼不是李四;如果李四未捞起铜钱,或捞起后手被烫伤,那么李四就是窃贼。李四偷没偷钱,既不用审查证据,也不用调查走访。如果李四没有偷钱,手伸到油锅里不会受伤,因为神灵是存在的,神灵不会冤枉一个好人,也不会放过一个坏人。

神明裁判在国外也普遍存在。古埃及《汉穆拉比法典》第2条规定:"倘自由民控自由民犯巫蛊之罪而不能证实,则被控巫蛊之罪者应行至于河而投入之。倘被河所占有,则控告者可以占领其房屋;倘河为之洗白而彼仍无恙,则控彼巫蛊者应处死,投河者取得控告者之房屋。""应投于河"是指由河神来证明其清白。被告人被投入河中,如果被淹没则表明神要对他进行惩罚,故其陈述是虚假的,应被认定为有罪;如果被告人浮出水面,则他的陈述是真实的,应当被认定为无罪。①

随着生产力的发展,人们对自然界的认识在提高,裁判方法也逐渐变得科学起来。我国从西周开始出现的"五听"制度(辞听、色听、气听、耳听、目听),一直到今天还有一定的借鉴价值。"法官"审案时要善于察言观色,观察当事人陈述时的神态是否从容不迫,精神是否恍惚,气息是否平和,眼睛是否明亮有神,听觉反应是否敏锐,以此判断当事人陈述是否属实,并据此分辨案情的是非曲直。"五听"制度与现代英美法系国家当事人在法庭上的表情、态度均可以成为证据如出一辙。至宋代时,审理民事案件时就非常重视证据的作用,当时的证据分为书证、物证、证人证言等,可见证据制度已经初步形成。再后来,"法官"更加注意证据的收集与运用,并出现证据裁判制度。

二、现代法官裁判方法

演绎推理(三段论)是法官在诉讼中裁判案件适用的基本方法。裁判过程中,法官应当严格依据现有的法律条文,从现有实体法律规范(大前提)出发确定争议事件的法律关系性质,分析其事实要件,通过论证案件事实(小前提)与法律规定的"构成要件"之间的关联性,将案件纳入争议的规范所调整的范畴,遵守严格的逻辑思维方式,以演绎式的三段论推理方法适用法律,分配当事人各方的权利义务(结论)。简言之,现代法官裁判方法就是以法律为大前提,以案件事实为小前提,通过推论得出裁判结果。举例说明,人都会死,张三是人,所以张三也会死。

以合同纠纷为例,《民法典》第577条规定,当事人一方不履行合同义务或者履行合同义务不符合约定的,应当承担继续履行、采取补救措施或者赔偿损失等违约责任(大前提)。张三违约(小前提),结论为张三应承担违约责任(裁判结果)。

---

① 由于各民族传统及信仰不同,在具体的判断标准上也存在着一些区别。比如,古日耳曼民族认为,水是世界上最纯洁的,不接纳任何污秽的东西,被告人入水而不沉,则认为他受到水神的唾弃,从而说明他的陈述是虚假的,或者他是有罪的;相反,如果他沉入水中,则认为纯洁的水神接纳了他,他的陈述是真实的,或者他是无罪的,在这种情况下,亲友必须立即捞救,以免无罪的人反遭溺死。

第十章 证 据 179

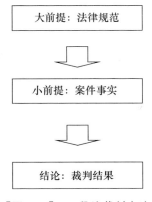

[图 10-1] 三段论裁判方法

美国法学家史蒂文·J.伯顿认为,法律演绎推理的关键步骤有三:(1)识别一个权威性的大前提;(2)明确表述一个小前提;(3)判断重要程度。而其中的真正问题可能在于"选定大小前提并在它们之间确立一种适当的关系"。

演绎推理的第一步是寻找大前提。大前提是用作法律依据的法律规定,一般包括行为模式与法律后果。有两个因素影响对大前提的寻找,其一是对案件事实的全面准确把握,即到底发生了什么事情?其二是寻找者的法律知识,寻找者只有具备足够的法律知识和法律素养才能在确定案件事实后对号入座,从浩瀚的法律海洋里找到合适的大前提。演绎推理的第二步是确定小前提,即确定到底发生了什么事情。第三步是判断重要程度,即确定法律规范与案件事实之间关联性的重要程度,也即判断众多案件事实中哪些事实与大前提的规范性指示相吻合,哪些事实对案件定性没有影响。

民事诉讼案件的裁判最需要关注两个基本问题,一是查明事实,二是适用法律。查明事实是适用法律的前提。从当事人角度来看,这里的事实就是双方争执的事实,在诉讼中表现为当事人要对要件事实进行证明。

案件事实都是曾经发生的事实,这些事实发生时法官都没在当事人身边。当事人如何证明这些事实?当然是用证据加以证明,也只能用证据来证明。而民事诉讼各种不同种类的证据如何使用是一个非常复杂的问题。

第二节 证据、证据能力、证明能力

民事诉讼中的证据,是指在民事诉讼中能够证明案件真实情况的各种材料。证据是民事诉讼中法院认定事实、作出裁判的依据。

严格地讲,诉讼中当事人提交的证据在对方当事人发表质证意见前只能称为证据材料。所谓证据材料,是指是否具有证据能力还未确定的证据。这些证据材料有无证据能力是庭审质证和认证首先要解决的问题,即法院首先要审查证据的证据能力。

证据材料在诉讼中的路径为:(1)当事人提交(含举证期限届满前、举证期限届满后提交,举证期限届满后提交又分为庭审前提交和当庭提交);(2)证据交换、庭前会议日或庭审日举证(公开出示证据)、质证(对方当事人发表质证意见);(3)法官认证(法官对经过质证的证据予以审查、判断,确认其能否作为认定案件事实的根据)。

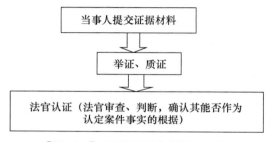

[图 10-2] 证据材料在诉讼中路径

证据材料是否能够作为裁判依据,取决于其是否具备证据能力。证据能力,又称为证据资格,是指证据材料作为诉讼证据的法律资格。无证据能力的证据材料进入认证程序不仅会浪费法官的时间和精力,还可能造成对事实的错误认定。因此,庭审中当事人对于对方当事人提交的证据材料之证据能力提出质疑时,法官首先要对证据能力进行审查,如缺乏证据能力,就应当将其排除出认证程序。

需特别注意,现行体制下,我国法官无权禁止当事人提交无证据能力的证据材料,也无权径行排除无证据能力的证据材料进入举证、质证程序。换言之,一份证据即使明显不具备证据能力,也必须在法庭上公开出示并由对方当事人发表质证意见。

证据材料是否有证据能力,首先取决于证据材料与待证事实间是否存在关联性,以及证据材料本身是否具备客观性与合法性。证据材料只要缺乏客观性、关联性、合法性中的任一要件,就不具备证据能力。只有经过质证和认证的证据,才能作为认定案件事实和裁判的依据。其次,法律、司法解释对证据形式有特殊要求的,证据材料还须符合相关要求。比如,《证据规定》第 16 条规定,当事人提供的公文书证系在我国领域外形成的,该证据应当经所在国公证机关证明,或者履行我国与该所在国订立的有关条约中规定的证明手续。我国领域外形成的涉及身份关系的证据,应当经所在国公证机关证明并经我国驻该国使领馆认证,或者履行我国与该所在国订立的有关条约中规定的证明手续。当事人向法院提供的证据是在香港、澳门、台湾地区形成的,应当履行相关的证明手续。需注意,对于域外形成的证据,目前司法解释仅要求公文书证及身份证据必须办理相应的证明手续,对于其他证据并无形式要求。

证据材料在诉讼中要跨越两道关口。解决了证据材料的证据能力后,证据材料只是闯过了第一关。接下来还要接受第二次考验,就是证据材料的证明能力。

证据的证明能力,又称为证据的证明力,是指证据对于待证事实的证明作用的大小或强弱。一份证据经审查具备证据能力后,接下来就需要审查证据的证明能力大小。通常情况下,证据具有证据能力即有证明能力,证明力之大小取决于关联性的强弱、真实性的高低。对证据证明力大小的判断,离不开法律的规定与法官的认识活动。对于各类证据证明力的判断,参见第十一章第十一节内容。

[表 10-1] 证据能力与证明能力比较

	证据能力	证明能力
别称	证据资格	证明力
内涵	证据材料作为诉讼证据的法律资格	证据证明作用的大小或强弱
审查顺序	法官首先对证据能力进行审查,将缺乏证据能力的证据排除出认证程序	具备证据能力后,接下来就需要审查证据的证明能力大小

第三节 证据制度

在人类历史进程中,证明的模式大致经历了三个阶段,即神明裁判、法定证据以及自由心证模式。

根据证据的证明力是由法律预先规定还是由法官内心判断为标准,证据制度分为法定证据制度与自由心证制度。

一、法定证据制度

法定证据制度是指法律预先对认定案件事实所需要的证据和证明力作出规定,法官必须遵循法律规定来判断证据证明力的证据制度。

法定证据制度实际是建立在对法官不信任的基础上,它把证据的证明能力分为完整的、不完整的、不太完整的三个档次。几个不完整的证据相加,可构成一个完整的证据。法官的职责就是按照法律规定对各种证据加以数字的运算,其作用类似于机械运作的机器人。

法定证据制度盛行于中世纪欧洲。欧洲资产阶级革命后,鉴于法定证据制度模式存在诸多弊端,各国逐渐采纳了自由心证制度。

二、自由心证制度

自由心证制度是与法定证据制度相对的概念。法定证据制度是立法者把一部分认定证据的权力保留在自己手中,把剩余权力交给法官。自由心证制度则是立法者把认定事实的权力全部委托给法官。

自由心证制度是指法律不预先对证据种类、证明力大小等作出规定,允许法官根据"良心"与"理性"自由地加以判断,在内心形成确信,从而认定案件事实。

自由心证制度是现代大陆法系国家刑事诉讼法和民事诉讼法普遍采用的原则性制度。大陆法系国家一般通过立法对自由心证予以规定。英美法系国家一般不在立法中规定自由心证原则,但在法理上和司法实践中,法官认定案件事实也是遵循自由判断原则,与自由心证没有本质区别。

自由心证制度的含义为:法官根据案件审理中出现的具有证据能力的一切证据资料和状况,基于经验法则和逻辑规则对证据的证据能力及证明力进行自由判断[1],形成关于案件事实的具体确信,从而认定案件事实。

大陆法系国家现代自由心证制度的内容包括:(1)原则上不限制证据方法。如法官认为证人证言的凭信力大于书证,那么,法官就可舍书证而采人证,而法定证据制度一般认为书证的证明力大于人证。(2)证据的证明力由法官依据经验法则和逻辑规则自由判断。该内容是自由心证制度的本质与核心,在自由心证制度下,各种证据的证明价值在法律上一律平等,只要证据具有证据能力且经过法庭调查,法官就可以进行独立判断,不论该证据的性质与种类如何。

自由心证制度之下,立法者把认定事实的全部权力都委托给法官,如何防止法官"擅断"?为防止法官滥用自由裁量权,自由心证必须客观化。法官不得非理性地认定事实,应当通过经验法则等规则对证据进行判断,所以法官认定事实需接受经验法则的考验,从而实现自由心证的客观化。

经验法则也称日常生活经验,是指从社会生活经验中提炼出来的知识或法则。经验法则不仅指一般的生活常识,也包括一定的职业知识及科学技术知识。张卫平教授将经验法则具体分为五类:(1)自然法则或自然规律;(2)逻辑(推理)法则;(3)道德法则、商业交易习惯;(4)日常生活经验法则;(5)专门科学领域中的法则。[2] 经验法则的确认与适用不可避免地带有法官的主观因素,但其

---

[1] 由于大陆法系国家证据能力方面的规则不算发达,因此大陆法系国家自由心证适用于证据能力与证明力;英美法系国家证据可采性(即证据能力)规则较为完备,因此,英美法系国家的自由判断原则仅适用于证明力,证据可采性由法律规定,禁止自由判断。

[2] 参见张卫平:《认识经验法则》,载《清华法学》2008年第6期。

本身仍然有一定的客观性。① 因此,法官在依据经验法则认定事实时并不能随心所欲地解读经验法则,要确保事实认定结果具有社会通识性与可理解性。

一般情况下,经验法则客观存在于包括法官在内的社会大众的认识之中,无需当事人提交证据证明,不属于证明对象。在特殊情况下,当法官无法确定经验法则是否存在时,经验法则也可以成为证明对象,但不必适用严格的证明条件,法官可采用任何合理的方法获知经验法则。

自由心证的"自由"不是法官随意的、绝对的自由,而是有限的、相对的自由。具体表现在:首先,法官自由心证的对象是证据的证据能力与证明力大小;其次,法官对证据证明力的判断不得违反经验法则和逻辑规则;最后,法官必须接受法律关于证据证明力的明确限制。

对自由心证的制约还包括心证公开,心证公开应包括如下信息:(1)当事人的争点是什么,法官的心证是否遵守或限定在争点之内?(2)对于当事人之间的争议,由哪一方承担证明责任?其法律、理论依据是什么?(3)当事人的举证是否已达到证明要求,法官是否已形成心证,其逻辑分析过程如何?如未形成心证,最基本的事实障碍是什么?(4)解决本案纠纷,法官拟采用何种实体法规范?其基本依据是什么?②

法官是否应当在审理过程中就公开心证过程,即在作出裁判之前是否就应当向当事人充分说明自己的心证理由及结果?对此问题,德国民事诉讼实务界大多持肯定态度,反对意见较少。而在日本,学界对此存在着激烈的争论。③ 我国司法解释仅规定了心证在裁判文书中公开,法官一般不会在判决前向当事人公开法官的心证过程,这当然与司法解释没有明确规定有关,更重要的是,我国目前的诉讼环境与法官的职业地位会导致法官不敢在判决前向当事人公开法官的心证过程,因为判决前公开心证过程意味着公开了判决结果,败诉方当事人的强烈反应可能会导致判决无法及时作出。

新中国成立以来,我国一直将自由心证作为资本主义制度的产物予以批判,近年来,随着事实认定制度的变革,自由心证制度才逐渐被人们认识。

2001年《证据规定》第64条(在2019年修正后为第85条第2款)首次规定了自由心证,即:"审判人员应当依照法定程序,全面、客观地审核证据,依据法律的规定,遵循法官职业道德,运用逻辑推理和日常生活经验,对证据有无证明力和证明力大小独立进行判断,并公开判断的理由和结果。"其中"运用逻辑推理和

---

① 尽管经验法则不以法律条文的形式表示,也不一定以其他明示的、可见的方式而存在,但在超越个人的思考并能够在一般人的理解中获得认可这一意义上,经验法则的存在形式也是客观的(即所谓的"间主观性")。参见王亚新:《社会变革中的民事诉讼》,中国法制出版社2001年版,第323页。

② 参见李祖军:《自由心证与法官依法独立判断》,载《现代法学》2004年第5期。

③ 参见王亚新:《对抗与判定:日本民事诉讼的基本结构》,清华大学出版社2002年版,第207页。

日常生活经验,对证据有无证明力和证明力大小独立进行判断"是自由心证的精髓所在,所以学界将该规定解释为我国的自由心证规定。《民诉法解释》再次明确了我国的自由心证制度,第105条规定:"人民法院应当依照法定程序,全面、客观地审核证据,依照法律规定,运用逻辑推理和日常生活经验法则,对证据有无证明力和证明力大小进行判断,并公开判断的理由和结果。"

自由心证制度已得到学界的一致认可,实务中也在普遍运用。遗憾的是,如此重要的证据制度,我国《民诉法》目前仍然没有明确规定,囿于此现状,实务中法官在适用时可能会有所顾忌,甚至有所保留。[①]

第四节 证据的"三性"——客观性、关联性、合法性

民事诉讼证据具有客观性、关联性、合法性三大属性,只有同时具备这三大属性的证据材料才具有证据能力,才有作为证据的资格,或者说该证据才有可采性。

一、证据的客观性

民事证据的客观性,又称真实性,是指作为民事证据的证据材料必须是客观存在的。客观性包括两个方面:一是证据材料应当是客观存在的实体,无论是人证还是物证,都是客观存在的。这意味着:(1)证据应当具备客观的外在形式,换言之,证据应当具有外在的可识别性,必须为人们通过某种方式感知。如果证据不能通过某种载体表现出来,那么它就不具备证据的客观性。(2)证据的内容也应当具备客观性,证据必须是对客观事物的反映。如果属于个人的主观猜测或臆想,则同样不具备客观性。二是证据材料的全部内容均是对案件有关事实的客观记载和反映,即证据材料全部内容均为真实。如证据材料载明的要素中有一项虚假,那么该证据材料对于待证事实而言就不具有客观性。

比如,一份借条,经双方协商一致后出具,或是一方事先制作好以后另一方同意约定内容后签名盖章,该借条不论是内容还是签名均是客观真实的,具有证据的客观性。如果一方事先制作好以后,另一方被胁迫签名盖章,该借条的签名盖章是客观真实的,但约定内容即被胁迫方的意思表示是虚假的,则该证据不具有客观性。

[①] 自由心证规则目前在民间借贷案件裁判中适用较多。由于此类案件借款合同、借条等书证内容可能并非被告方(通常为借款人)真实的意思表示,法官常以自由心证采信其他证据而否定书证,从而保证认定的事实趋向客观真实。

之所以说证据材料载明的要素中有一项虚假,该证据材料对于待证事实而言就不具有客观性,是因为有的证据材料对于待证事实来说是不客观的,但对于其他事实仍然是具有客观性的。比如,一份除了错写落款日期外其他内容均真实的合同,对于包括合同签订时间在内的全部待证事实而言,这份合同不具有客观性。但撤除合同签订时间,这份合同对于包括原、被告签订合同及合同主要内容的待证事实而言是客观真实的。

二、证据的关联性

民事证据的关联性是指民事证据必须与案件的待证事实之间存在内在的联系。证据的关联性分为两类:一是直接联系,证据材料所反映出的事实本身就是待证事实的组成部分;二是间接联系,证据材料所反映出的事实能够与其他证据材料相互印证,间接证明某一待证事实成立。具有间接联系证据材料的关联性有大小或强弱之分,关联性越小或越弱,需要与之印证的证据材料就越多。

无论是证据与待证事实之间存在直接联系,还是间接联系,这份证据对于待证事实而言都具有关联性;反之,这份证据就不具有关联性。对于当事人及诉讼代理人而言,在收集、提供证据材料时应将注意力集中在那些与案件有关联的证据材料上。

三、证据的合法性

民事证据的合法性是指证据材料必须符合法定的存在形式,并且其获取、提供、审查、保全、质证、认证等过程和程序也必须合法。

证据的合法性包括三个方面:一是证据材料的存在形式合法,即所有的证据都必须具备法律规定的特殊形式要件;二是证据材料的取得合法,即当事人和诉讼代理人在收集证据材料时所使用的手段和程序必须符合法律规定,法院在依职权调查、收集证据材料时也同样要遵守法律规定;三是证据材料的提交和认定程序合法。比如,《民诉法解释》第103条中规定:"未经当事人质证的证据,不得作为认定案件事实的根据",该条文就是规定法院认定程序的合法性问题。

具有客观性的证据材料不一定具有关联性,比如与待证事实风马牛不相及的证据材料。而同时具有客观性与关联性的证据材料也不一定具有合法性,比如未经对方同意偷录的录音录像证据材料。

最高人民法院对偷录证据的态度经历了从严格否定合法性到逐渐宽容的转变。《最高人民法院关于未经对方当事人同意私自录制其谈话取得的资料不能作为证据使用的批复》(法复〔1995〕2号)中提到,未经对方当事人同意私自录制其谈话,系不合法行为,以这种手续取得的录音资料,不能作为证据使用。2001年《证据规定》第68条规定:"以侵害他人合法权益或者违反法律禁止性规定的方法取得的证据,不能作为认定案件事实的依据。"(2019年《证据规定》已删除该条文)《民诉法解释》则将侵害他人合法权益的认定标准予以提高,第106条规定:"对以严重侵害他人合法权益、违反法律禁止性规定或严重违背公序良俗的方法形成或者获取的证据,不得作为认定案件事实的根据。"根据本条规定,只有以严重侵害他人合法权益,或者违反法律禁止性规定的方法,以及严重违背公序良俗的方法形成或获取的证据才不具有合法性。换言之,不具有此三种情形的偷录证据具备合法性。

近年来,随着科技的进步,录音录像设备向小型化发展,偷录录音、录像的视听证据越来越多,对这类证据是否严重侵害他人合法权益的认定需结合案情予以具体分析。比如,债权人偷录的其与债务人就双方债权债务关系的谈话录音或电话录音,就不应认定为侵犯债务人的合法权益,亦即应认定该证据材料具有合法性。

离婚案件中,婚姻关系一方经常提交一些偷录的另一方与第三者有亲密关系的视频,以证明对方有过错,应少分或不分财产。如婚姻关系一方将视频在微信朋友圈或其他互联网平台上广泛传播,则应认定为严重侵害他人合法权益,该证据不具有合法性;如一方只是将视频作为证据材料提交法院,并未广泛传播,该证据材料是否认定为严重侵害他人合法权益,是否为以严重违背公序良俗的方法获取,需具体分析其取得方式:(1)一方在住宅内安装设备偷录到另一方与第三者有亲密关系。此情形不应认定为严重侵犯他人(包括第三者)的合法权益,应认定该证据材料具有合法性。(2)一方跟踪另一方,发现另一方与他人进入酒店房间,因粗心大意而未注意关门,一方进入房间拍摄到亲密视频。此情形亦不应认定为严重侵犯他人(包括第三者)的合法权益,亦应认定该证据材料具有合法性。(3)一方与他人强行破门闯入别人的住宅拍摄到的另一方与他人的亲密视频。因私人住宅受法律保护,破门闯入他人住宅属于非法行为,因此,此情形下获取的证据不具有合法性。

总之,对于包括偷录证据在内的证据合法性的判断标准为:是否严重侵害他人合法权益,是否以严重违背公序良俗的方法形成或者获取,是否违反法律禁止性规定形成或者获取。具备上述情形之一的,即应认定为不具有合法性。

在证据合法性问题上还有一个被命名为"陷阱取证"的著名案例,即原告北大方正集团公司、北京红楼计算机科学技术研究所诉被告北京高术天力科技有限公司和北京高术科技公司侵犯著作权纠纷一案。

［案例10-1］ 原告是方正世纪RIP软件、北大方正PostScript中文字库、方正文合软件V1.1版的著作权人。被告是激光照排机的销售商。原告在获悉被告非法制售上述软件后,委派下属公司职员以个人名义与被告洽谈签订电子出版系统订货合同,购买某种型号的激光照排机。并主动提

出要买盗版方正软件。双方达成协议后,被告为原告进行了照排机的安装、调试工作,在主机安装了盗版方正软件,并留下装有盗版原告软件的光盘及加密狗等。原告支付了购机款394250元。应原告申请,北京国信公证处分别对原告购买照排机及被告安装软件的过程进行了现场公证,并对盗版方正软件进行了证据保全。2001年8月,原告以此为证起诉被告侵权。北大方正公司与高术天力公司之间的侵犯著作权纠纷一共经历了三次审理。在这三次审理中争议最大的就是北大方正公司通过"陷阱取证"方式所收集到的证据是否具有证明力的问题。一审和再审的判决都认为,虽然北大方正公司采取的是"陷阱取证"方式,但该取证方式并没有被法律所明文禁止,因此其所取得的证据是具有证明力的。相反,本案的二审法院——北京市高级人民法院认为,"陷阱取证"并非本案获取侵权证据的唯一方式,而且此种取证方式有违公平原则,一旦被广泛利用,将对正常的市场秩序造成破坏,故对该取证方式不予认可。但因为盗版事实经过了有效的公证,且高术天力公司无相反的证据加以推翻。故对于该事实的真实性予以认定。

"陷阱取证"是否属于非法取证以及通过"陷阱取证"方式获取的证据资料是否具有证明力的问题一直是本案争议的焦点。本案中,被告的侵权方式具有一定的隐蔽性,如果要求原告通过其他渠道收集证据来证明自己的合法权益受到侵害非常困难。况且,原告对被告是否存在侵犯其著作权的行为本来就享有知悉的权利,因此,北大方正公司通过"陷阱取证"收集证据的行为没有侵犯到高术天力公司的合法权益,更未达到"严重侵害"程度,所取得的证据应当具有合法性。

第五节 证据的理论分类

一、本证与反证

根据证据与证明责任承担者的关系,证据分为本证与反证。本证是指在民事诉讼中负有证明责任的一方当事人提出的用于证明自己所主张事实的证据。反证是指没有证明责任的一方当事人提出的用于证明对方主张事实不真实的证据。本证与反证的判断与当事人的诉讼地位是原告还是被告没有关系,只与证据是否由承担证明责任的人提出有关。

[案例10-2] 原告李某诉称:被告王某于2008年11月24日向原告借款人民币200万元,期限为2个月,并出具借据一份,被告某房地产公司作为担保人在该借据上盖章。此后,被告王某除支付过两个月利息外,没有向

原告偿还借款。原告提起诉讼,请求被告王某返还借款本金200万元及支付利息损失;被告某房地产公司承担连带清偿责任。原告为其诉求提供以下证据:(1)王某向李某出具的借据;(2)澳门某娱乐有限公司出具的收到李某港币200万元的证明及相应的现金收据;(3)王某支付两个月利息的付款凭证。被告王某辩称:被告每月均按月支付利息。2009年7月被告通过某商贸公司以转账方式归还人民币200万元给原告,被告已偿还全部借款本息。被告提交下列证据:(1)某商贸公司出具的内容为受王某委托向原告李某账户汇款人民币200万元的证明;(2)广东农村信用合作社进账单(汇款凭证)。

该案例中,原告李某对其与被告王某存在借款关系负有举证证明责任,因此,原告提交的借据是本证;被告王某提交某商贸公司出具的内容为受王某委托向原告李某账户汇款200万元的证明及广东农村信用合作社进账单(汇款凭证)两份证据,以证明其已还款,王某对其主张的已向原告李某还款亦负有举证责任,上述证据也是本证。原告李某对被告王某是否已还款的事实本来不承担举证证明责任,但王某抗辩已还款人民币200万元,李某为反驳王某抗辩,须证明该200万元是王某偿还本案外债务,李某对此事实也负有举证证明责任。因此,原告李某提交的澳门某娱乐有限公司出具的收到李某港币200万元的证明及相应的现金收据亦属于本证。证明支付利息的举证证明责任在王某,原告李某对王某支付本案借款利息不负有举证证明责任,但李某提交了王某支付两个月利息的付款凭证,该证据属于反证。

本证的作用在于使法官对待证事实的存在予以确信,而反证的作用则是使法官对本证证明事实的确信发生动摇,将法官即将形成的内心确信予以瓦解,从而使法官不能确信该事实。

本证与反证的证明标准不同。本证的证明需达到能够使法官确信待证事实的程度,而反证并不要求一定要达到使法官确信的程度,只要能够动摇法官对待证事实形成内心确信即可。如本证与反证均没有能够达到证明的效果,即待证事实陷入真伪不明的状态时,仍然由提出本证的一方当事人承担不能证明的不利后果。《民诉法解释》第108条第1款规定,对负有举证证明责任的当事人提供的证据,人民法院经审查并结合相关事实,确信待证事实的存在具有高度可能性的,应当认定该事实存在。根据该款规定,当事人对本证事实的证明需达到高度盖然性的证明标准,法院才能认定该事实。第2款规定,对一方当事人为反驳负有举证证明责任的当事人所主张事实而提供的证据,人民法院经审查并结合相关事实,认为待证事实真伪不明的,应当认定该事实不存在。根据本款规定,另一方当事人为反驳本证当事人所提交的证据,即反证证据,无需达到高度盖然性的证明标准,只需要让本证事实陷入真伪不明的状态即可。本证事实陷入真伪不明状态的,仍然由本证当事人承担相应的不利后果,人民法院应当认定该事实不存在。

二、直接证据与间接证据

以证据与待证事实之间的联系不同,证据分为直接证据与间接证据。

直接证据是指与待证案件事实有直接联系,能够单独证明案件事实的证据。间接证据是指与待证案件事实有间接联系,不能够单独证明案件事实,必须与其他证据结合起来才能证明案件事实的证据。

直接证据与间接证据的证明力不同。直接证据的证明力一般大于间接证据,但间接证据也有重要的证明作用。一方面,间接证据可以补充直接证据的效力,对案件事实有辅助证明作用;另一方面,在缺乏直接证据的情况下,可运用多个间接证据形成证据链条来对案件事实加以证明。

直接证据可以单独证明待证事实,间接证据只有形成完整的证据链才能证明待证事实,因此,判断是直接证据还是间接证据需要比对待证事实。10-2案例中,王某向李某出具的借款人民币200万元的借据,对于原告李某主张其与王某形成借款合同关系的待证事实而言,该借据可单独证明该事实,因此,该借据属于直接证据。原告李某提交的王某支付两个月利息的付款凭证,拟证明王某已支付本案两个月的借款利息,该证据可单独证明待证事实,亦为直接证据。某商贸公司出具的内容为受王某委托向原告李某账户汇款200万元的证明及广东农村信用合作社进账单(汇款凭证)均属于间接证据。某商贸公司出具的证明不能单独证明王某已还款200万元的待证事实,而汇款凭证载明的付款人为某商贸公司而非王某,该证据同样也不能单独证明待证事实。两份证据只有结合起来形成证据链相互印证,才能证明待证事实(某商贸公司向李某汇款200万元——某商贸公司证明委托付款人为王某)。因此,两份证据均不是直接证据,而是间接证据。

对于原告李某提交的澳门某娱乐有限公司出具的证明及该公司收到的李某代王某还款港币200万元的现金收据,李某提交该证据的证明意图为:王某欠澳门某娱乐有限公司港币200万元,李某代王某还款后,王某委托珠海某商贸公司(王某为该公司时任法定代表人)向李某汇款人民币200万元,因此,王某抗辩已还款不是偿还李某本案诉讼请求中的200万元借款,而是偿还本案外王某对李某的其他债务,王某抗辩事实不成立。李某提交的这两份证据均不能单独证明李某主张的上述待证事实,同样应为间接证据。

[表 10-2] 案例 10-2 证据分类

提交方	证据名称	待证事实	本证或反证	直接证据或间接证据
原告李某	王某向李某出具的借据	李某与被告王某形成借款关系	本证	直接证据
	澳门某娱乐有限公司出具的收到李某港币200万元的证明及相应的现金收据	王某抗辩已还款200万元不是偿还本案借款,而是偿还本案外王某对李某的债务	本证	间接证据
	王某支付利息的付款凭证	王某已支付本案两个月的借款利息	反证	直接证据
被告王某	某商贸公司出具的受王某委托汇款200万元的证明	王某已偿还本案李某请求的200万元借款	本证	间接证据
	广东农村信用合作社进账单(汇款凭证)			

三、原始证据与传来证据

以证据来源不同,证据分为原始证据与传来证据。

原始证据是指来源于案件事实而未经中间环节传播的证据,又称为第一手证据。比如,书证原件、物证原物、证人陈述其目击案件事实的证人证言等。传来证据,是指由原始证据衍生的,经过复制、转述、传抄等中间环节得来的证据,又称为派生证据。比如,书证复印件、证人陈述其听别人提及案件事实的证人证言等。

原始证据的证明力一般大于传来证据。但传来证据也有重要作用:一方面,它可以作为获得原始证据的线索;另一方面,在没有原始证据的情况下,传来证据可回来证明和认定案件事实。当然,用传来证据来证明和认定案件事实须符合更为严格的条件,一般情况下,传来证据不能作为直接证据,需与其他证据一起相互印证来证明待证事实。《证据规定》第90条规定,无法与原件、原物核对的复制件、复制品不能单独作为认定案件事实的依据。因此,当事人与诉讼代理人应尽可能收集和提供原始证据。

第六节 证据的种类

证据的种类,也称为证据的形式,是指证据的外在表现形式。

英美法系国家一般不对证据的概念进行专门的界定,也不对证据的形式进行明确的规定。英美法系国家认为,所有展示在法官或陪审团面前的,具有相关性和可采性的,能够证明争议事实存在或不存在的事物均为证据,因此,英美法系国家对证据形式的立场是开放和包容的,并不对证据的种类作限制性的规定。

大陆法系国家则侧重于从证据调查的角度对证据分类,并且强调任何有助于查明案件事实的证据都可以依一定程序进入诉讼。比如德国和日本,将证据分为人证和物证两类,其中,证人证言、鉴定意见、当事人陈述为人证,书证和勘验笔录为物证。

我国对证据种类的划分来源于苏联。2012年《民诉法》增加了电子数据这一证据种类,将鉴定结论变更为鉴定意见,同时调整证据种类的顺序,将当事人陈述放在第一项。

一、当事人陈述

1. 当事人陈述概述

当事人陈述,是指当事人就争议的民事法律关系发生、变更或消灭的事实向法院所作的陈述。当事人作为民事诉讼的主体,在民事诉讼中享有广泛的程序参与权并得到相应的程序保障,其在诉讼中提出诉讼请求、事实理由、法律依据以及证据,都必须以言词的方式完成。因此,当事人陈述是在任何一个民事案件审理过程中都存在的一种证据种类。

狭义的当事人陈述一般指当事人就案件事实向法院所作的陈述。"当事人陈述"证据形式仅指狭义的当事人陈述。当事人对所陈述事实的分析,以及在此基础上提出的适用法律意见,不能作为当事人陈述来看待。

需注意,当事人陈述不仅指当事人在开庭审理阶段所作的陈述,还包括当事人在证据交换、补充质证、询问笔录等非庭审阶段向法院所作的陈述;当事人陈述不仅包括口头陈述,还包括当事人在起诉状、答辩状、书面举证意见、质证意见、辩论意见以及当事人的代理人在代理词等书面形式中向法院所作的陈述。

当事人陈述具有以下特征:(1)真实性与虚假性并存。由于当事人同案件审理结果有直接利害关系,容易有意无意地夸大对自己有利的事实,掩盖、缩小对自己不利的事实,甚至还会歪曲事实,虚构情节。因此,当事人陈述的真实性与虚假性并存。(2)主观性较强。主观因素对当事人陈述影响很大。(3)不可替代性。当事人亲历案件事实,当事人陈述无人能够替代。

2. 当事人陈述的证据效力

当事人陈述的证据效力分为三种情形:

(1)免除对方当事人的举证责任。当事人对于不利于自己的事实真实性的认可称为自认。对于自认事实,对方当事人无需举证证明。《民诉法解释》第92条规定:"一方当事人在法庭审理中,或者在起诉状、答辩状、代理词等书面材料中,对于己不利的事实明确表示承认的,另一方当事人无需举证证明。对于涉及身份关系、国家利益、社会公共利益等应当由人民法院依职权调查的事实,不适用前款自认的规定。自认的事实与查明的事实不符,人民法院不予确认。"

(2) 具有证据效力。当事人所作的对自己有利的陈述事实经其他证据证明后,法院可将其作为认定案件事实的证据。《民诉法》第75条第1款规定:"人民法院对当事人的陈述,应当结合本案的其他证据,审查确定能否作为认定事实的根据。"这意味着,当事人陈述尽管为单独的证据形式,但其地位仍然是辅助性的,需要与其他证据结合起来进行综合判断才能确定能否作为认定事实的根据。换言之,当事人陈述一般情况下不能作为直接证据使用。

(3) 不具有证据效力。2001年《证据规定》第76条曾规定:"当事人对自己的主张,只有本人陈述而不能提出其他相关证据的,其主张不予支持。但对方当事人认可的除外。"2019年《证据规定》则明确规定"当事人陈述"不能单独作为认定案件事实的根据。根据上述规定,当事人主张事实仅有其陈述的,除非对方当事人认可该事实,否则法院对该事实不予确认。

二、书证

1. 书证概述

所谓书证,是指以文字、符号、图形等所记载的内容或表达的思想来证明案件事实的证据。书证的主要形式是各种书面文件,如合同、信函、图纸等。

书证必须拥有载体,包括纸张、棉帛、布匹、木料、塑料、金属、石块或其他物品。无论载体如何变化,书证的基本特征都没有变化,即书证是能够记录和反映人的主观思想、意图的一种证据。

书证具有较强的客观性,我国法律未规定书证高于其他证据的证明力。在英美法系国家,最佳证据规则是判断书证效力的最主要规则。所谓最佳证据规则,是指一项事实只能用最佳、最有说服力的证据予以证明。依此规则,一般情况下,书证的原件依其性质决定了不可能有比它更好的证据,因此为最佳证据,也是第一位的证据。大陆法系国家对于书证的证明效力,分为形式上的证据力与实质上的证据力。形式上的证据力,是指书证成立真实、没有被伪造的情况。实质上的证据力是对书证证明价值的评价。大陆法系国家原则上不限制证据方法的使用,如法官认为证人证言的凭信力大于书证,法官就可舍书证而采人证。

2. 书证的分类

(1) 依照制作主体的不同,可将书证分为公文书与私文书。

公文书,是指国家机关、社会团体依职权制作的公文书证,如法院判决书、仲裁裁决书、民政部门制作的结婚证等。除公文书以外的文书为私文书。

公文书证明力一般大于私文书。2001年《证据规定》第77条曾规定:"人民法院就数个证据对同一事实的证明力,可以依照下列原则认定:(一) 国家机关、社会团体依职权制作的公文书证的证明力一般大于其他书证……"2019年《证据规定》删除了该条文，但《民诉法解释》第 114 条规定，国家机关或者其他依法具有社会管理职能的组织，在其职权范围内制作的文书所记载的事项推定为真实。

（2）依照书证制作方式和来源的不同，可将书证分为原本、正本、副本和节录本。

原本是指制作主体首次制作的书面文件，比如判决书审批稿。正本是指依原本照录的书面文件，比如印制的判决书。正本与原本具有同等法律效力。副本是指按原本全文抄录或印制的书面文件，比如送达给被告的起诉状副本，副本的法律效力略低于原本或正本。节录本是指部分摘录原本或正本内容的书面文件，节录本效力不如原本、正本、副本。

提交外文书证，必须附有中文译本。需注意，翻译时需对书证内容进行全面翻译，不要只选择性翻译对自己有利的内容。为避免出现对方当事人对中文译本提出异议后，法院责令重新翻译的情形，提供中文译本时应尽可能不要自己翻译，最好委托正规翻译公司或翻译机构进行翻译，并由翻译公司或翻译机构在中文译本上加盖公章。① 并且，为加强中文译本的证明力，提交中文译本时应一并提交翻译服务发票。由于交纳的翻译服务费属于当事人实际产生的损失，因此，庭审时可增加提出由对方当事人负担翻译费用的诉讼请求。

3. 并非一定"靠谱"的书证

如前所述，书证具有较强的客观性，"书证为王"的证据理念在我国深入人心，但我国《民诉法》并未规定书证的证明力高于其他证据，实务中书证因虚假而不被法院采纳的案例也并不鲜见，在某些案件类型，比如民间借贷案件中尤为常见。

［案例 10-3］ 原告持一张在 1/6 长度的 A4 纸上出具的打印体借条起诉，称被告向其借款 100 万元，现金交付。被告称，该借条签名及落款时间是其所写，但借条为原告用其书写其他内容的 A4 纸变造。由于原材料的文字内容与落款签名之间间距过宽，原告将签名上方有文字内容部分裁掉后，在原材料文字内容与落款签名空白处打印借条内容形成。法院最终认定了原告变造借条的事实，并判决驳回了原告的诉讼请求。这个案例提示我们，签名要紧贴前面的或上面的文字内容。

［案例 10-4］ 原告持一张借款金额为 5 万元的借条起诉。被告辩称 5 万元早已一次性以现金方式还清，原告已当场将借条原件撕毁。法官仔细核对，发现借条字迹有些异常。原告最终承认，由于原告书写借条时用力较

---

① 各地公证机关通常都提供翻译服务，公证机关出具的中文译本具有较强的权威性。

大,借条纸质又偏软,因此,借条下面那张垫纸书写痕迹特别明显。原告当着被告的面撕毁借条后,又用那张垫纸临摹了一张借条起诉。这个案例提示我们,书写借条的纸质要好,如垫纸书写痕迹较明显,要将垫纸撕毁。

[**案例 10-5**] 原告持一张借款金额为 10 万元的借条起诉。被告辩称,借条只书写了一份,被告还清借款后原告已将借条原件退还给他,借条还保存在被告家中。法官经比对两份借条原件,发现被告提交的借条是彩色复印件。原告最终承认,被告还清借款后,他将事先准备的借条彩色复印件退还给被告,再持借条原件起诉。这个案例提醒我们,借款还清后,最好让出借人在退还借条原件的同时另行出具收条。

三、物证

所谓物证,是指以物品的自身存在及其外形、重量、质量、规格等物理特征来证明案件事实的证据。常见的物证如存在质量争议的标的物、侵权受到损坏的物品等。

物证的特征包括:(1)与其他证据相比,物证具有较强的客观性。物证是由其存在形式来证明案件事实,其本身是实体物品或痕迹的客观存在,物证与待证事实之间存在不受人的主观意志影响的客观联系。而当事人陈述、证人证言、书证、鉴定意见和勘验笔录、电子证据等证据都不同程度地掺杂人的主观因素,与之相比,物证的客观性更强。(2)物证具有独立性与稳定性。与书证通过记载的内容来证明案件事实不同,物证客观存在的性状、特征本身即能够证明待证事实的存在与否。①(3)物证具有间接性,一般情况下只能作为间接证据使用,很少能作为直接证据使用。这是因为,一方面物证所能直接证明的只是案件事实的某些片段或某个方面的情况,只有与其他证据结合,才能证明案件的主要事实。另一方面,物证往往要辅以鉴定意见、勘验笔录才能发挥证明作用。以一件物品被侵权为例,该物品作为物证只能证明该物品被侵权受损,并不能单独证明侵权人的过错、物品受损导致的损失金额等事实,上述事实还需要物品与其他证据相互印证证明。

在诉讼中,物证的固定、收集与提供,有时可能存在证据形式转化的情形,如涉及的物品不易保存或本身为不动产的,往往需要通过视听资料、勘验笔录等方式固定和提供。这种情况下,物证在形式上有时可能转化为视听资料、勘验笔录等类型。

---

① 书证可能是物。比如,镌刻在石头上的借条,载体虽然是物,但是以其记载的内容来证明案件事实,属于书证。物证也有可能是书,比如,楼上住户漏水,将楼下住户价值不菲的藏书水浸。被毁损的藏书以其物理特征来证明案件事实,属于物证。

《民诉法》第 70 条规定,物证应当提交原物,提交原物确有困难的,可以提交复制品和照片等。《证据规定》第 12 条、第 13 条进一步规定,以动产作为证据的,应当将原物提交人民法院。原物不宜搬移或者不宜保存的,当事人可以提供复制品、影像资料或者其他替代品。以不动产作为证据的,应当向人民法院提供该不动产的影像资料。

四、视听资料

所谓视听资料,是指以录音带、录像带等设备所存储的信息证明案件真实情况的资料。视听资料包括录音资料与录像资料。存储在电子介质中的录音资料和录像资料,适用电子数据的规定,应按照电子数据的举证、质证和认证规则进行。①

视听资料的特征包括:(1) 载体特殊,常见的有录音带、录像带、胶片等;(2) 有些视听资料能够形象地证明案件事实;(3) 视听资料易于保存与伪造。视听资料一般可复制、修改和剪辑,因此极易伪造。正因为如此,对视听资料的审查比较严格。《民诉法》第 71 条规定:"人民法院对视听资料,应当辨别真伪,并结合本案的其他证据,审查确定能否作为认定事实的根据。"

《证据规定》第 15 条第 1 款规定,当事人以视听资料作为证据的,应当提供存储该视听资料的原始载体。第 90 条规定,存有疑点的视听资料不能单独作为认定案件事实的依据。

视听资料与书证的相同之处在于它们都以一定的思想内容来证明案件事实,但视听资料并不单纯以文字和符号来表达思想内容,而是动态地、形象地表达思想内容。

视听资料与物证的区别为:物证是以自身存在及物理特征来证明案件事实,而视听资料是以具有思想内容的声音、图像等来证明案件事实。

视听资料还包括经特殊成像技术处理的图片,比如 X 光片、核磁共振图片、超声波图像等。

五、电子数据

近年来,由于互联网技术的飞速发展,通过网络磋商订立合同条款、转账支付等渠道越来越便捷。实务中,通过微信、电子邮件、QQ 协商确定双方权利义务及履行义务已非常普遍,电子数据在有些案件中已成为认定案件事实的主要

---

① 《民诉法解释》第 116 条规定:"视听资料包括录音资料和影像资料。电子数据是指通过电子邮件、电子数据交换、网上聊天记录、博客、微博客、手机短信、电子签名、域名等形成或者存储在电子介质中的信息。存储在电子介质中的录音资料和影像资料,适用电子数据的规定。"

证据甚至是唯一证据。所谓电子数据,又称为电子证据,是指以电子、电磁、光学等形式或类似形式储存或形成在电子介质中的信息作为证明案件事实的证据材料。电子数据既包括计算机程序及其所处理的信息,也包括其他应用专门技术设备检测得到的信息资料。《证据规定》第 14 条规定:"电子数据包括下列信息、电子文件:(1)网页、博客、微博客等网络平台发布的信息;(2)手机短信、电子邮件、即时通信、通讯群组等网络应用服务的通信信息;(3)用户注册信息、身份认证信息、电子交易记录、通信记录、登录日志等信息;(4)文档、图片、音频、视频、数字证书、计算机程序等电子文件;(5)其他以数字化形式存储、处理、传输的能够证明案件事实的信息。"

电子数据在保存方式上需要借助一定的电子介质。没有相应的播放、检索、显示设备,电子数据只能停留在电子存储介质之中,无法被人们感知。对于电子数据的修改、复制或者删除能够通过技术手段分析认定和识别,但需要依赖专业技术和经验,一般情况下,并非法官能够独立完成,需要借助鉴定等方法的辅助。

1. 电子数据的提交

《证据规定》第 15 条第 2 款规定,当事人以电子数据作为证据的,应当提供原件。电子数据的制作者制作的与原件一致的副本,或者直接来源于电子数据的打印件或其他可以显示、识别的输出介质,视为电子数据的原件。基于电子证据的储存特点,当事人提交电子证据的,应当采用截图、拍照或者录音、录像等方式对内容进行固定,并将相应的纸质打印件、音频、视频的储存载体(U 盘、光盘)提交法院。如提交的电子证据属于对话记录的(包括文字、音频、视频),应当完整地反映对话过程,不要选择性提供与案件事实有关的内容。其中:(1)提供微信、支付宝、QQ 通信记录作为证据的,应当对用户个人信息界面进行截图固定;(2)证据中包含音频的,应当提交与音频内容完全一致的文字文本,并写明通话时间、时长、通话人姓名及通话电话号码等信息;(3)证据中包含视频的,应当提交备份视频后的储存载体;(4)证据中包含图片、文本文件的,应当提交图片、文本文件的打印件;(5)证据的内容或者固定证据过程已经公证机关公证的,应当提交公证书。

当事人需妥善保管电子证据的原始载体,原始载体包括手机、电脑或其他电子设备。移动电子设备极易丢失,储存的内容也极易因感染病毒而损坏,为了防止原始载体丢失或毁坏,也为了固定电子证据的内容、形成与获取过程,最好在电子证据形成后及时将电子证据的提取过程及内容进行公证,由公证机关制作公证书。

2. 电子数据的展示

法院在庭前会议、证据交换、开庭审理时,当事人应按以下步骤进行证据展示,审判人员将当事人提交的图片、音频、视频及文字说明进行一致性核对,由书记员记录核对结果：

（1）出示微信、QQ证据：① 由账户持有人登录微信、QQ，展示登录所使用的账户名称；② 在通信录中查找对方用户并点击查看个人信息，展示个人信息界面显示的备注名称、昵称、微信号、QQ号、手机号码等具有身份指向性的内容；③ 在个人信息界面点击"发消息"进入通话对话框，将对话过程生成的信息内容依形成时间顺序逐一展示，对文本文件、图片、音频、视频、转账或者发红包内容，应当点击打开展示。

目前，微信号登记后不可更改，但微信并未强制实名认证。审判人员在认定微信使用人真实身份时，应当根据当事人提供的对方微信号、绑定的手机号码以及聊天记录中透露的相关信息内容，结合日常生活经验，适用高度盖然性证明标准对微信使用者的真实身份进行认定。由于微信聊天记录在使用终端中具有只能删除不能添加的特点，对于对方当事人提出异议的微信聊天记录内容的确认，可以通过比对双方持有的微信聊天记录来分析是否有删除关键内容的情况，并据此作出事实认定。

（2）出示电子邮件证据：① 由电子邮箱账户持有人登录进入电子邮箱，展示电子邮箱的地址；② 点击所要出示的电子邮件，展示对方电子邮件地址以及电子邮件内容。

（3）出示短信证据：由手机持有人登录短信界面，点击相应短信展示对方号码及短信内容，同时应当明确本方手机号码。

（4）出示支付宝证据：① 支付宝用户登录支付宝软件，点击"我的"菜单，展示本方支付宝账户、身份认证信息；② 在支付宝通信录中查找对方用户并点击查看个人信息，展示对方支付宝名称及真实姓名；③ 在个人信息界面点击"发消息"进入通信对话框，将对话过程生成的信息内容逐一展示，对图片、音频、视频、转账或者发红包内容，应当点击打开展示；④ 展示转账信息的，点击通信对话框中的聊天详情查看转账记录，展示转账支付信息。

六、证人证言

1. 证人证言概述

所谓证人证言，是指证人在法庭上就其亲身经历或知晓的案件事实所作的陈述。

证人证言的特征包括：（1）证人证言是证人对他亲身感知的事实的一种回忆性的陈述，这种陈述是否客观依赖于他的记忆能力、表达能力、理解能力以及他是否有主观偏见，主观性很强。（2）证人证言必须采用法定形式。英美法系国家奉行证人中心主义，证人证言在所有的证据类型中居于核心地位。证人的范围比较宽泛，包括当事人在内，凡是经过宣誓以后在庭审或其他诉讼过程中对案件有关事实提供口头证词的人均为证人。证人证言区分为专家证人的意见证词与普通证人的感知证言。大陆法系国家将当事人、专家证人排除在证人证言范围之外。我国与大陆法系国家的做法基本一致。

《民诉法》第72条第1款规定:"凡是知道案件情况的单位和个人,都有义务出庭作证。有关单位的负责人应当支持证人作证。"根据本条规定,在我国,证人不仅指自然人证人,还包括单位证人。①

单位向人民法院提出的证明材料,应当由单位负责人及制作证明材料的人员签名或者盖章,并加盖单位公章。人民法院就单位出具的证明材料,可以向单位及制作证明材料的人员进行调查核实。必要时,可以要求制作证明材料的人员出庭作证。单位及制作证明材料的人员拒绝人民法院调查核实,或者制作证明材料的人员无正当理由拒绝出庭作证的,该证明材料不得作为认定案件事实的根据(《民诉法解释》第115条)。

自然人作为证人,必须能够正确表达意思。待证事实与其年龄、智力状况或者精神健康状况相适应的无民事行为能力人和限制民事行为能力人,可以作为证人。以下人员不得作为证人:(1)不能正确表达意志的人,不能作为证人。(2)诉讼代理人在同一案件中不能作为证人(既不能作为本方证人,也不能作为对方证人)。(3)办理本案的审判人员、书记员、鉴定人、勘验人、翻译人员和检察人员,不能同时是本案证人。

2. 证人的出庭方式

证人的出庭方式分为两种。通常情况下由当事人申请证人出庭作证,即一方或双方当事人向人民法院申请,人民法院对申请进行审查,予以准许的,通知证人出庭作证。在特殊情况下,人民法院可依职权通知证人出庭作证。只有符合人民法院依职权调取证据的情形,人民法院才可以依职权通知证人出庭作证。②

当事人申请证人出庭作证,应当在举证期限届满前提出,且应当提交申请书。申请书应当载明证人的姓名、职业、住所、联系方式,作证的主要内容,作证内容与待证事实的关联性,以及证人出庭作证的必要性(《民诉法解释》第117条第1款,《证据规定》第69条第1款、第2款)。未经人民法院通知,证人不得出

---

① 我国《民诉法》未规定证言豁免规则。证言豁免规则,是指在法定特殊情况下,某些具有特殊身份、知道案情的人享有免除作证的权利。证言豁免规则体现了法律在保护证人私人利益和追求案件真实发生冲突时的价值选择。在英美法国家,证人有权主张不回答特定问题,但是否必须作证由法官最终决定。大陆法系国家则由证人决定是否行使拒证权。大陆法系国家享有拒证权的证人范围颇为广泛,包括当事人的配偶、姻亲、血亲等特定身份的人,医生、律师、公证人、教会人员等因职业而知情的人,以及政府机关工作人员等因公务而掌握秘密的人。

② 《证据规定》第69条第3款规定,案件事实涉及可能损害国家利益、社会公共利益的,人民法院应当依职权通知证人出庭作证。

庭作证,但双方当事人同意并经人民法院准许的除外(《民诉法解释》第117条第3款)。

人民法院应当对证人出庭作证申请进行审查。审查内容包括:(1)是否在举证期限届满前提出,逾期提出的不予准许;(2)是否有书面申请;(3)证人作证目的是否与本案争议有关联;(4)申请证人人数众多的,应审查是否存在多人就同一事实重复作证,必要时限制部分证人出庭。人民法院准许证人出庭作证申请的,应当向证人送达通知书并告知双方当事人。通知书中应当载明证人作证的时间、地点,作证的事项、要求以及作伪证的法律后果等内容。当事人申请证人出庭作证的事项与待证事实无关,或者没有通知证人出庭作证必要的,人民法院不予准许当事人的申请(《证据规定》第70条)。

证人出庭作证申请书的格式为:

《民诉法》对证人出庭作证申请书的内容未作规定,实务中可参照申请法院调取证据申请书的格式及内容来书写。证人出庭作证申请书应载明证人的姓名或单位名称、住所地等基本情况,申请该证人出庭作证的内容、证明目的等。另外,对于受教育程度较低的证人,采取事先提交证人签名的书面证词或律师询问笔录的方法也是可行的。

证人应当出庭作证,接受当事人及法官的询问。《民诉法》第73条规定,经人民法院通知,证人应当出庭作证。有下列情形之一的,经人民法院许可,可以通过书面证言、视听传输技术或者视听资料等方式作证:(1)因健康原因不能出庭的;(2)因路途遥远、交通不便不能出庭的;(3)因自然灾害等不可抗力不能出庭的;(4)其他有正当理由不能出庭的。《证据规定》第68条、第76条、第77条进一步规定,证人在审理前的准备阶段或者人民法院调查、询问等双方当事人在场时陈述证言的,视为出庭作证。双方当事人同意证人以其他方式作证并经人民法院准许的,证人可以不出庭作证。证人确有困难不能出庭作证,申请以书面证言、视听传输技术或者视听资料等方式作证的,应当向人民法院提交申请书。申请书中应当载明不能出庭的具体原因。符合《民诉法》第73条规定情形的,人民法院应当准许。证人经人民法院准许,以书面证言方式作证的,应当签署保证书;以视听传输技术或者视听资料方式作证的,应当签署保证书并宣读保证书的内容。

3. 证人出庭的费用负担

证人因履行出庭作证义务而支出的交通、住宿、就餐等必要费用以及误工损失,由败诉一方当事人负担。当事人申请证人出庭作证的,由当事人先行垫付;当事人没有申请,人民法院通知证人出庭作证的,由人民法院垫付(《民诉法》第74条)。《民诉法解释》第118条进一步规定,证人因履行出庭义务而支出的交通、住宿、就餐等必要费用,按照机关事业单位工作人员差旅费用和补贴标准计算;误工损失按照国家上年度职工日平均工资标准计算。人民法院准许证人出庭作证申请的,应当通知申请人预缴证人出庭作证费用。证人出庭作证后,可以向人民法院申请支付证人出庭作证费用。证人有困难需要预先支取出庭作证费用的,人民法院可以根据证人的申请在出庭作证前支付(《证据规定》第 75 条)。

4. 证人出庭作证的程序

人民法院应当要求证人在作证之前签署保证书,并在法庭上宣读保证书的内容,但无民事行为能力人和限制民事行为能力人作为证人的除外。证人确有正当理由不能宣读保证书的,由书记员代为宣读并进行说明。证人拒绝签署或者宣读保证书的,不得作证,并自行承担相关费用。证人保证书的内容适用当事人保证书的规定(《证据规定》第 71 条)。

证人应当客观陈述其亲身感知的事实,作证时不得使用猜测、推断或者评论性语言。证人作证前不得旁听法庭审理,作证时不得以宣读事先准备的书面材料的方式陈述证言。证人言辞表达有障碍的,可以通过其他表达方式作证(《证据规定》第 72 条)。

证人应当就其所作证的事项进行连续陈述。当事人及其法定代理人、诉讼代理人或者旁听人员干扰证人陈述的,人民法院应当及时制止,必要时可以依照《民诉法》第 110 条的规定进行处罚。审判人员可以对证人进行询问。当事人及其诉讼代理人经审判人员许可后可以询问证人。询问证人时其他证人不得在场。人民法院认为有必要的,可以要求证人之间进行对质。当事人及其诉讼代理人对证人的询问与待证事实无关,或者存在威胁、侮辱证人或不适当引导等情形的,审判人员应当及时制止。必要时可以依照《民诉法》第 110 条、第 111 条的规定进行处罚。证人故意作虚假陈述,诉讼参与人或者其他人以暴力、威胁、贿买等方法妨碍证人作证,或者在证人作证后以侮辱、诽谤、诬陷、恐吓、殴打等方式对证人打击报复的,人民法院应当根据情节,依照《民诉法》第 111 条的规定,对行为人进行处罚(《证据规定》第 73 条、第 74 条、第 78 条)。

[案例 10-6] 证人出庭作证笔录

审:证人姓名?出生年月日?是否记得身份证后四位号码?

证人:(陈述,略)

审:周某,你出庭作证,须如实陈述事实,不得使用猜测、推断或评论性语言,不得作伪证,否则将承担相应的法律责任,是否清楚?

证人:清楚。

审:下面,由证人签署并宣读保证书。

(证人签署并宣读保证书)

审:证人,你今天出庭是为了证明什么事实?

证人：我和原告一起做事，原告出事时我和他一起，原告做杂工，我做泥水工，泥水工负责贴砖、贴地板。

审：你是否看到原告摔倒？

证人：我们进场做准备工作，有一个木工跟我说原告摔倒了，我和木工一起把原告扶出去的。

审：原告有无问题向证人发问？

原代：原告在做什么工？

证人：做杂工，工作范围是拌灰，如果一个房间少了砖就从其他房间搬过来，如果房间砖多了就搬走。

原代：被告有无雇请专门的人搬砖？

证人：有。从室外有专门的人搬进来。

原代：水泥和沙是不是放在一起？

证人：不在一起。

原代：谁负责把水泥和沙搬在一起？

证人：如果是一个房间，由原告搬。

审：三被告有无问题发问？

被一代：水泥是在室内还是室外？

证人：在室外。我在室内贴砖。

被一代：水泥到室内有多远？

证人：大概二十多米。

被一代：原告摔伤的地方距离拌沙的地方多远？

证人：十多米。

被一代：如果原告拌沙，水泥和沙一般相距多远？

证人：水泥和沙一般在一个房间内。

被二代：摔倒的地方在室内还是室外？

证人：室内。

被二代：水泥是不是从室外搬进来？

证人：是。

被二代：原告摔倒时间是何时？

证人：8点左右。

被二代：老板刘某是否有派专人把水泥搬到拌沙的室内？

证人：是。

被一代：原告受伤是在将水泥从室外搬到室内时摔伤还是在室内搬运过程中摔伤？

证人：是从室外搬到室内。

被三代:被告一有无叫原告去室外搬水泥?

证人:不清楚。

审:证人,你在被告三装修工程中的工作是什么?

证人:贴瓷砖、贴地板,原告是做我的泥水小工,那天只有原告一个人在拌泥沙。

(证人作证完毕,退庭等候庭审结束后阅读笔录并在笔录上签名)

证人庭审调查程序为:(1)证人作证前不能旁听庭审,庭审时在法庭外等候。(2)法官宣布证人作证。证人进入法庭后,由法官核对证人身份,告知其有如实作证的义务及作伪证的法律后果。证人签署并宣读保证书。(3)法官询问证人出庭作证的目的,证人陈述亲身经历或感知的事实(部分证人由于受教育程度较低,或由于紧张,可能无法完整陈述待证事实)。(4)先由证人申请方发问,之后,其他当事人或诉讼代理人依次发问,最后再由法官发问。① (5)证人退庭,告知证人在法庭外等候,庭审结束后阅读笔录并在笔录上签名后方能离开法院。②

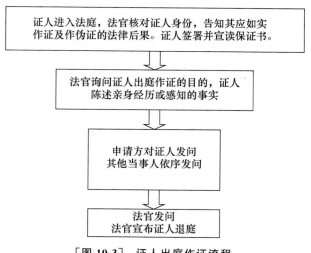

[图10-3] 证人出庭作证流程

---

① 英美法系国家在庭审中设置了证人交叉询问机制。证人提供证言后,由申请证人一方当事人先进行主询问,再由对方当事人进行反询问,之后双方当事人交叉反复询问。最后法官在争议事实不清时进行补充询问。通过交叉询问,证人在观察力、记忆力和叙述力等方面的缺陷就会暴露出来,从而可以排除证人证言中的前后矛盾或不实之处,保证证人证言的真实性。

② 《证据规定》第72条第2款中规定,证人作证前不得旁听法庭审理。虽然新规定将证人不得旁听庭审限定在作证前,但实务中证人在庭审笔录上签名的时间通常是在庭审结束后,证人不旁听庭审,尤其是不旁听当事人对其证言发表的质证意见,可防止证人在庭审后要求修改证言,故证人在作证结束后应退庭。

《民诉法》及司法解释未直接规定对证人的询问方式。本书认为：(1) 如当事人双方均聘请律师，或具有对等的辩论能力，可采交叉询问为主、法官询问为辅的方式，最后由法官在争议事实不清时进行补充询问；(2) 如一方当事人辩论能力明显不足，应在确保双方当事人询问的机会对等的同时，通过法官提醒辩论能力不足一方当事人询问事项或法官直接询问来维护程序公平；(3) 如双方当事人均未聘请律师，或辩论能力较差，无法进行交叉询问，则以法官询问为主，当事人进行补充询问。

七、鉴定意见

1. 鉴定意见概述

鉴定意见，是指受聘请或指派的单位或个人，运用自己的专门知识和技能，借助必要的技术手段与设备，对案件专门性问题进行检测、分析、鉴别后所形成的判断性意见。2012年以前的《民诉法》将鉴定意见称为"鉴定结论"，因鉴定结论的概念容易被误解为不容置疑或推翻的结论性意见，因此，2012年《民诉法》将其修改为"鉴定意见"。

鉴定意见分为诉讼内鉴定意见与诉讼外鉴定意见。诉讼内鉴定是指法院受理案件后委托鉴定机构对案件专门性问题进行鉴定。诉讼外鉴定是指在法院立案前，当事人一方单方委托鉴定机构对专门性问题进行的鉴定。实务中，为使诉讼请求更加准确或更有依据，往往需要在起诉前进行诉讼外鉴定，如评估侵权或违约损失，或确定人身损害伤残等级等。关于诉讼外鉴定意见在诉讼中是否可以作为证据使用不能一概而论，如当事人双方均不持异议，自然可以作为证据使用，但如果对方当事人持有异议，且有证据或理由足以反驳时，法院应重新委托鉴定。[①]

诉讼内鉴定的启动分为当事人申请鉴定与法院依职权委托鉴定两种。《民诉法》第76条第2款规定："当事人未申请鉴定，人民法院对专门性问题认为需要鉴定的，应当委托具备鉴定资格的鉴定人进行鉴定。"对于当事人未提出申请，但人民法院在审理案件过程中认为待证事实需要通过鉴定意见证明的，应当向当事人释明，并指定提出鉴定申请的期间。对于诉讼证据涉及可能损害国家利益、社会公共利益的，人民法院应当依职权委托鉴定(《证据规定》第30条第2款)。人民法院释明的内容，首先是哪方当事人对鉴定事实负有举证证明责任，应当由负有举证责任的一方当事人提出鉴定申请，并预交鉴定费用；其次是明确指定提出鉴定申请的合理期间。

[①] 《证据规定》第41条规定："对于一方当事人就专门性问题自行委托有关机构或者人员出具的意见，另一方当事人有证据或者理由足以反驳并申请鉴定的，人民法院应予准许。"

2. 鉴定的申请与委托

《民诉法解释》第121条第1款规定："当事人申请鉴定，可以在举证期限届满前提出。申请鉴定的事项与待证事实无关联，或者对证明待证事实无意义的，人民法院不予准许。"

《证据规定》第31条规定，当事人申请鉴定，应当在人民法院指定期间内提出，并预交鉴定费用。逾期不提出申请或者不预交鉴定费用的，视为放弃申请。对需要鉴定的待证事实负有举证责任的当事人，在人民法院指定期间内无正当理由不提出鉴定申请或者不预交鉴定费用，或者拒不提供相关材料，致使待证事实无法查明的，应当承担举证不能的法律后果。《证据规定》对当事人申请鉴定期间的规定较《民诉法解释》更为灵活，由于多数鉴定申请是针对另一方当事人在庭审时出示的证据而提出的，如果一味地要求当事人在举证期限届满前申请鉴定，显然脱离现实，因此，《证据规定》将此修正为"应当在人民法院指定期间内提出"，实务中应适用新规定。对于未启动鉴定程序的法律后果，应由对需要鉴定的待证事实负有举证责任的当事人承担。

根据《证据规定》第32条至第37条的规定，鉴定的具体程序为：

（1）人民法院准许鉴定申请的，应当组织双方当事人协商确定具备相应资格的鉴定人。当事人协商不成的，由人民法院指定。人民法院依职权委托鉴定的，可以在询问当事人的意见后，指定具备相应资格的鉴定人。鉴定人确定后，人民法院应当出具委托书，委托书中应当载明鉴定事项、鉴定范围、鉴定目的和鉴定期限。

（2）鉴定开始之前，人民法院应当要求鉴定人签署承诺书。承诺书中应当载明鉴定人保证客观、公正、诚实地进行鉴定，保证出庭作证，如作虚假鉴定应当承担法律责任等内容。鉴定人故意作虚假鉴定的，人民法院应当责令其退还鉴定费用，并根据情节轻重，依照《民诉法》第111条的规定进行处罚。

（3）人民法院应当组织当事人对鉴定材料进行质证。未经质证的材料，不得作为鉴定的根据。经人民法院准许，鉴定人可以调取证据、勘验物证和现场、询问当事人或者证人。

（4）鉴定人应当在人民法院确定的期限内完成鉴定，并提交鉴定书。实务中，鉴定人不能按时提交鉴定意见，甚至几年都不能提交鉴定意见的现象屡有发生，致使人民法院审理周期一再延长。鉴定人无正当理由未按期提交鉴定书的，当事人可以申请人民法院另行委托鉴定人进行鉴定。人民法院准许的，原鉴定人已经收取的鉴定费用应当退还；不退还的，人民法院应当在3日内作出裁定，责令鉴定人退还；拒不退还的，由人民法院依法执行。

（5）人民法院对鉴定人出具的鉴定书，应当审查是否具有下列内容：① 委托法院的名称；② 委托鉴定的内容、要求；③ 鉴定材料；④ 鉴定所依据的原理、方法;⑤ 对鉴定过程的说明;⑥ 鉴定意见;⑦ 承诺书。鉴定书应当由鉴定人签名或者盖章,并附鉴定人的相应资格证明。委托机构鉴定的,鉴定书应当由鉴定机构盖章,并由从事鉴定的人员签名。

(6) 人民法院收到鉴定书后,应当及时将副本送交当事人。当事人对鉴定书的内容有异议的,应当在人民法院指定期间内以书面方式提出。对于当事人的异议,人民法院应当要求鉴定人作出解释、说明或者补充。人民法院认为有必要的,可以要求鉴定人对当事人未提出异议的内容进行解释、说明或者补充。

3. 重新鉴定的法定情形

《证据规定》第40条、第42条规定,当事人申请重新鉴定,存在下列情形之一的,人民法院应当准许:(1) 鉴定人不具备相应资格的;(2) 鉴定程序严重违法的;(3) 鉴定意见明显依据不足的;(4) 鉴定意见不能作为证据使用的其他情形。存在上述第一项至第三项情形的,鉴定人已经收取的鉴定费用应当退还。拒不退还的,人民法院应当在3日内作出裁定,责令鉴定人退还;拒不退还的,由人民法院依法执行。重新鉴定的,原鉴定意见不得作为认定案件事实的根据。

鉴定意见被采信后,鉴定人无正当理由撤销鉴定意见的,人民法院应当责令其退还鉴定费用,并可以根据情节对鉴定人进行处罚。当事人主张鉴定人负担由此增加的合理费用的,人民法院应予支持。人民法院采信鉴定意见后准许鉴定人撤销的,应当责令其退还鉴定费用。

对鉴定意见的瑕疵,可以通过补正、补充鉴定或者补充质证、重新质证等方法解决的,人民法院不予准许重新鉴定的申请。

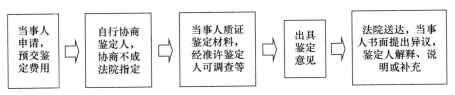

[图10-4] 当事人申请鉴定流程

4. 鉴定人的出庭说明与出庭费用的承担

2012年《民诉法》修改之前,鉴定人出庭接受质询的非常少见,究其原因,一是鉴定意见不够严谨,鉴定人不够自信,没有出庭接受质询的勇气;二是鉴定人公开露面后,怕卷入冲突中,引发当事人的打击报复。

《民诉法》第78条规定:"当事人对鉴定意见有异议或者人民法院认为鉴定人有必要出庭的,鉴定人应当出庭作证。经人民法院通知,鉴定人拒不出庭作证的,鉴定意见不得作为认定事实的根据;支付鉴定费的当事人可以要求返还鉴定费用。"由于《民诉法》对鉴定机构拒不出庭规定了非常严重的后果,因此,鉴定人在接到法院通知后出庭非常普遍。但新问题随之出现,即鉴定人出庭费用和误工补贴由谁来负担。由于《民诉法》第 78 条规定为"鉴定人应当出庭作证",一种意见认为鉴定人出庭的差旅费用和误工补贴应适用证人出庭作证费用的规定。① 第二种意见认为,我国《民诉法》并未将鉴定意见列为证人证言的一种,《民诉法》第 78 条对"鉴定人出庭作证"的表述不够严谨,应表述为鉴定人出庭对鉴定依据予以说明并接受异议方的质询,因此,差旅费用及误工补贴不应适用证人出庭的规定,应该算在鉴定机构收取的鉴定费用中。

《证据规定》对鉴定人出庭费用的承担与计算标准予以明确。当事人在收到鉴定人的书面答复后仍有异议的,人民法院应当根据《诉讼费用交纳办法》第 11 条的规定,通知有异议的当事人预交鉴定人出庭费用,并通知鉴定人出庭。有异议的当事人不预交鉴定人出庭费用的,视为放弃异议。双方当事人对鉴定意见均有异议的,分摊预交鉴定人出庭费用。鉴定人出庭费用按照证人出庭作证费用的标准计算,即交通、住宿、就餐等必要费用按照机关事业单位工作人员差旅费用和补贴标准计算,误工损失按照国家上年度职工日平均工资标准计算。因鉴定意见不明确或者有瑕疵需要鉴定人出庭的,出庭费用由鉴定人自行负担。人民法院委托鉴定时已经确定鉴定人出庭费用包含在鉴定费用中的,不再通知当事人预交鉴定人出庭费用(《证据规定》第 38 条、第 39 条)。

根据《证据规定》第 79 条、第 80 条、第 82 条的规定,鉴定人出庭作证的,人民法院应当在开庭审理 3 日前将出庭的时间、地点及要求通知鉴定人。委托机构鉴定的,应当由从事鉴定的人员代表机构出庭。经法庭许可,当事人可以询问鉴定人。询问鉴定人不得使用威胁、侮辱等不适当的言语和方式。鉴定人应当就鉴定事项如实答复当事人的异议和审判人员的询问。当庭答复确有困难的,经人民法院准许,可以在庭审结束后书面答复。人民法院应当及时将书面答复送交当事人,并听取当事人的意见。必要时,可以再次组织质证。

鉴定人拒不出庭作证的,鉴定意见不得作为认定案件事实的根据。人民法院应当建议有关主管部门或者组织对拒不出庭作证的鉴定人予以处罚。当事人要求退还鉴定费用的,人民法院应当在 3 日内作出裁定,责令鉴定人退还;拒不退还的,由人民法院依法执行。当事人因鉴定人拒不出庭作证申请重新鉴定的,人民法院应当准许(《证据规定》第 81 条)。

5. 鉴定费用的负担

《诉讼费用交纳办法》第 6 条规定,当事人应当向人民法院交纳的诉讼费用包括:(1)案件受理费;(2)申请费;(3)证人、鉴定人、翻译人员、理算人员在人

---

① 《民诉法》第 74 条规定:"证人因履行出庭作证义务而支出的交通、住宿、就餐等必要费用以及误工损失,由败诉一方当事人负担。当事人申请证人作证的,由该当事人先行垫付;当事人没有申请,人民法院通知证人作证的,由人民法院先行垫付。"

民法院指定日期出庭发生的交通费、住宿费、生活费和误工补贴。第11条第1款、第12条规定,证人、鉴定人、翻译人员、理算人员在人民法院指定日期出庭发生的交通费、住宿费、生活费和误工补贴,由人民法院按照国家规定标准代为收取。诉讼过程中因鉴定、公告、勘验、翻译等发生的依法应当由当事人负担的费用,人民法院根据"谁主张、谁负担"的原则,决定由当事人直接支付给有关机构或者单位,人民法院不得代收代付。由上述规定可见,广义的鉴定费包括:(1)鉴定辅助费用,是指第11条第1款中鉴定人在人民法院指定日期出庭发生的交通费、住宿费、生活费和误工补贴,鉴定辅助费用属于诉讼费用,应当向人民法院预交,最终由败诉方承担。(2)狭义的鉴定费,指第12条中的鉴定机构收取的费用,该费用应当由当事人直接支付给鉴定机构,人民法院按照"谁主张、谁负担"的原则确定交纳人。

实务中,法院一般判决狭义的鉴定费由败诉方负担。预交方胜诉的,败诉方将其负担部分直接支付给预交人;预交方败诉的,狭义的鉴定费由预交方自行负担。其依据是狭义的鉴定费属于预交一方当事人的损失,应由败诉方承担。表面看,实务中的通行做法与《诉讼费用交纳办法》第12条规定的"谁主张、谁负担"原则有悖,但如果把第12条解读为只适用于确定鉴定费预交而并非最终负担原则,即可解决这个冲突。实际上,对狭义的鉴定费的预交及负担原则在实务中并无争议。

6. 专家辅助人

我国的专家辅助人制度最早见于2001年《证据规定》第61条规定。2012年《民诉法》正式确立了这一制度,《民诉法》第79条规定:"当事人可以申请人民法院通知有专门知识的人出庭,就鉴定人作出的鉴定意见或专业问题提出意见。"学界将"有专门知识的人"称为专家辅助人。设置专家辅助人,主要是针对医疗事故、环境污染和知识产权等专业性较强的案件,为了查明事实、分清是非,补强当事人的举证能力。专家辅助人制度改变了鉴定人独揽专家意见的格局,在很大程度上弥补了当事人、代理律师及法官在某一领域专业知识上的不足。

当事人申请有专门知识的人出庭的,申请书中应当载明有专门知识的人的基本情况和申请的目的。人民法院准许当事人申请的,应当通知双方当事人(《证据规定》第83条)。

专家辅助人的作用只是协助当事人就专门性问题提出意见,以及对鉴定意见进行质证,回答法官及当事人询问,与对方当事人申请的专家辅助人对质也是围绕着鉴定意见或专门问题展开。因此,专家辅助人的诉讼地位为诉讼辅助人。专家辅助人是否具备相应的资格与能力,取决于申请一方当事人的认识,法院对专家辅助人不作资格上的审查。

根据《民诉法解释》第 122 条、第 123 条的规定,专家辅助人在法庭上就专业问题提出的意见,视为当事人陈述。审判人员和当事人可以对出庭的专家辅助人进行询问。经法庭准许,可以由当事人各自申请的专家辅助人就案件中的有关问题进行对质。专家辅助人可以对鉴定人进行询问。专家辅助人出庭相关费用由提出申请的一方当事人自行负担,并不适用败诉方承担的原则。①

专家辅助人在法庭上的活动限于与专门性问题有关的范围,不得参加对鉴定意见质证或者就专业问题发表意见之外的法庭审理活动。故法院对涉及专门性问题的事实调查完毕后,应当责令专家辅助人退出法庭。专家辅助人超出专门性问题范围发表意见、进行陈述的,法官应当及时制止。

需注意,专家辅助人的陈述并不能替代鉴定意见。对于案件中的专门性问题有争议时,当事人应当申请鉴定,只有鉴定意见才具有较高的证据价值与证明力。

八、勘验笔录

勘验笔录,是指法院工作人员对民事案件涉案现场或物证进行实地或实物勘查检验时所作的记录,包括笔录、照片、示意图等。勘验笔录只能由法院工作人员制作,包括独任庭或合议庭组成人员,以及法院技术部门的专门人员。

法院应当在勘验前将勘验的时间和地点通知当事人。当事人不参加的,不影响勘验进行。当事人可以就勘验事项向法院进行解释和说明,可以请求法院注意勘验中的重要事项。

勘验物证或者现场,勘验人必须出示法院的证件,并邀请当地基层组织或者当事人所在单位派人参加。当事人或者当事人的成年家属应当到场,拒不到场的,不影响勘验的进行。有关单位和个人根据法院的通知,有义务保护现场,协助勘验工作。

法院勘验物证或者现场应当制作笔录,记录勘验的时间、地点、勘验人、在场人、勘验的经过、结果,由勘验人、在场人签名或者盖章。对于绘制的现场图应当注明绘制的时间、方位、测绘人姓名、身份等内容。

勘验笔录应当在法庭上出示,由当事人发表质证意见。经法庭许可,当事人可以询问勘验人,询问勘验人不得使用威胁、侮辱及不适当引导证人的言语和方式。为了说明勘验笔录的准确性,可将现场或物证照片、示意图等一并附卷。

[案例 10-7] 原告李某诉某物业管理公司、某水务公司财产损害赔偿

---

① 由于专家辅助人"出场"费用较高,且非诉讼必须支出的费用,因此,解释规定专家辅助人出庭相关费用由申请人自行负担。

纠纷案,原告系被告某物业管理公司提供物业管理服务的某市某花园顶楼22楼复式房业主。原告长期出差在外,房屋多数时间处于空置状态。2010年11月18日,原告接到朋友电话,得知家中二楼主卧房被水浸,赶回家中发现二楼主卧房内地板及家私受损严重,部分衣物毁损。原告诉至法院,请求二被告连带赔偿其财产损失20万元。原告申请最先发现其房屋遭水浸并进入房屋的三位朋友出庭作证,另外原告还提交了当时拍摄的房内情况照片及视频。

审理过程中,法院委托评估公司对原告房屋修补工程造价及遭水浸物品损失进行鉴定。评估报告称,房屋修补工程造价26433.47元,衣柜16000元、大床10000元、床头柜2000元、电视柜5000元、衣服及床单棉被等杂物10000元,除房屋修补工程造价外的其他项目为依据原告提供的价格计入。两被告认为评估报告鉴定的损失金额过高。

对于水浸原因,原告与两被告各执一词。原告认为,水浸原因是被告水务公司生活用水二次加压设备水阀漏水,未及时得到维修与排水,同时在维修过程中野蛮施工、造成设备间地面大量积水。而物业公司发现明漏后,未采取任何补救与排水措施。物业公司称,原告房屋遭水浸与原告在二楼主卧房内做大衣柜更改房屋结构有关;水务公司则认为,原告房屋遭水浸与原告从顶楼设备间私接的水管破裂长期漏水以及原告天花板有裂缝有关。

为了查明本案事实,庭审后,承办法官、书记员与原、被告代理人一起前往现场勘查。勘查笔录节录为:现场可见房屋装修、室内家私整体较高档。二楼主人房水浸严重,实木地板已被撬起,主人房外过道的地板也被撬起约两平米。主人房内大衣柜(已不存在)是可移动的,并未破坏墙体与顶棚。衣柜位置之上是横梁,横梁被原告在装修时打掉做了吊顶。吊顶和旁边墙体有水渍,整个房屋其他墙体整洁,楼梯也没有水浸痕迹。由于横梁上方镂空,原告打掉横梁并未对其上的屋顶造成破坏,而楼顶上与衣柜对应位置为2号楼生活用水二次加压设备房。房内通往房外的水泥门槛由于通过管道而被截断,致使泵房内如有积水会流到房外原告主人房楼顶的低洼处,而该低洼处四周有水浸痕迹,地面上有多处裂缝,显然该低洼处曾遭受大量水浸。而珠海某水务公司所称的原告私接水管只接到了二楼的主人房外面的洗衣房,洗衣房如有积水应先流到二楼通道并通过楼梯下到一楼,不会首先进入原告主人房。

勘验笔录可反映出水浸原因,同时有助于法院结合评估报告对原、被告争议的水浸损失作出合理判断。

第七节 证据保全

一、证据保全的概念

《民诉法》第 81 条规定:"在证据可能灭失或以后难以取得的情况下,当事人可以在诉讼过程中向人民法院申请证据保全,人民法院也可以主动采取保全措施。因情况紧急,在证据可能灭失或者以后难以取得的情况下,利害关系人可以在提起诉讼或者申请仲裁前向证据所在地、被申请人住所地或者对案件有管辖权的人民法院申请保全证据。证据保全的其他程序,参照适用本法第九章保全的有关规定。"所谓证据保全,是指法院在起诉前或诉讼中,依据当事人的申请,或依职权对可能灭失或今后难以取得的证据,予以调查收集或固定保存的行为。① 证据保全包括诉前证据保全与诉讼中证据保全。

证据保全的意义为:(1) 证据可能由于自身原因发生变化,如不及时采取一定措施,证据可能灭失。比如,银行营业场所的监控视频采用自动滚动保存方式,由于硬盘存储空间限制,一定时间之前的视频资料将自动删除。再如,证人生命垂危,或证人即将出国并长期滞留国外等情况。(2) 证据持有人有可能毁损、转移、藏匿、篡改证据,从而使证据灭失或无法取得。

二、证据保全的申请

证据保全的适用条件为:(1) 申请保全的证据与待证事实具有关联性,且同时具备重要性与具体性。(2) 申请人应当提供存在紧急情况,证据可能灭失或者以后难以取得的证据。(3) 启动条件应当是本案当事人、利害关系人申请,或者法院依职权采取。(4) 申请人须向有管辖权的法院提出申请。诉前证据保全的管辖法院为证据所在地、被申请人住所地或者对案件有管辖权的法院。(5) 法院要求申请人提供担保的,申请人应当提供担保。

《证据规定》第 25 条规定,当事人或者利害关系人申请证据保全,应当在举证期限届满前向人民法院提出。申请书应当载明需要保全的证据的基本情况、申请保全的理由以及采取何种保全措施等内容。法律、司法解释对诉前证据保全有规定的,依照其规定办理。

当事人或者利害关系人申请采取查封、扣押等限制保全标的物使用、流通等保全措施,或者保全可能对证据持有人造成损失的,人民法院应当责令申请人提

---

① 广义的证据保全,还包括仲裁证据保全和公证证据保全。《公证法》第 11 条规定,根据自然人、法人或者其他组织的申请,依照法定程序对民事诉讼证据以公证的方式予以保全。

供相应的担保。担保方式或者数额由人民法院根据保全措施对证据持有人的影响、保全标的物的价值、当事人或者利害关系人争议的诉讼标的金额等因素综合确定(《证据规定》第26条)。

三、证据保全的方法

法院进行证据保全,可以要求当事人或者诉讼代理人到场。

人民法院采取证据保全措施时,应根据不同证据的特点,采取不同的方法,并制作笔录。对证人证言,采取制作笔录或录音的方法;对书证的保全,应采取拍照、复制的方法;对物证的保全,应采取现场勘验,制作笔录、绘图、拍照、录像、保存原物的方法;对视听资料、电子数据的保全,应要求被调查人提供原始载体。提供原始载体确有困难的,可以提供复制件,提供复制件的,人民法院应当在调查笔录中说明其来源和制作经过。在符合证据保全目的的情况下,人民法院应当选择对证据持有人利益影响最小的保全措施(《证据规定》第23条、第27条)。

申请证据保全错误造成财产损失,当事人请求申请人承担赔偿责任的,人民法院应予支持。人民法院采取诉前证据保全措施后,当事人向其他有管辖权的人民法院提起诉讼的,采取保全措施的人民法院应当根据当事人的申请,将保全的证据及时移交受理案件的人民法院(《证据规定》第28条、第29条)。

《民诉法》第9章规定了保全的程序、诉前保全的担保以及保全的解除等,证据保全应参照适用,相关内容具体参见本书第12章第1节介绍。

实务中应注意:(1)诉前证据保全的申请人在人民法院采取保全措施后30天内不起诉或申请仲裁的,人民法院应当裁定解除采取的措施。① (2)《海事诉讼特别程序法》《专利法》《著作权法》对证据保全有特别规定的,应优先适用特别规定。《海事诉讼特别程序法》第62条至第72条专章规定了海事证据保全。《专利法》第73条规定:"为了制止专利侵权行为,在证据可能灭失或者以后难以取得的情况下,专利权人或者利害关系人可以在起诉前依法向人民法院申请保全证据。"

第八节 法院调查收集证据

在辩论主义诉讼模式下,法院居中裁判,收集证据本应由当事人负责。但在现实生活中,有些证据因客观原因当事人不能自行收集,也有些证据法院应当主动调查收集。如果任由这些证据脱离诉讼程序,案件认定事实可能会背离客观

---

① 需注意,2007年《民诉法》规定的"诉前保全应当于15日内起诉"已不再适用。

真实。为了解决这个问题,法律规定当事人在一定情形下可以申请本应当中立的法院帮助调查收集证据,或法院在一定情形下主动依职权调查收集证据。

一、法院依职权主动调查、收集证据

法院对涉及国家利益和社会公共利益的事实保留依职权调查的权力,是大陆法系国家和地区的普遍做法,也是法院保护国家利益和社会公共利益所必要的职权。法院仅在特殊情形下,出于保护公共利益等需要进行有限的介入。《民诉法》第 64 条第 2 款规定,人民法院认为审理案件需要的证据,人民法院应当调查收集。

《民诉法解释》第 96 条规定:"民事诉讼法第六十四条第二款规定的人民法院认为审理案件需要的证据包括:(一)涉及可能损害国家利益、社会公共利益的;(二)涉及身份关系的;(三)涉及民事诉讼法第五十五条规定诉讼的[①];(四)当事人有恶意串通损害他人合法权益可能的;(五)涉及依职权追加当事人、中止诉讼、终结诉讼、回避等程序性事项的。除前款规定外,人民法院调查收集证据,应当依照当事人的申请进行。"本条规定列举的五种情形包括了可能损害国家、社会公共利益或公益诉讼、恶意诉讼、涉及身份关系的事实以及程序性事项,没有规定兜底条款,没有扩大适用范围的余地,表明司法解释对人民法院依职权主动调查收集证据持谨慎立场。除了这五种情形外,人民法院调查收集证据,应当依照当事人的申请进行。

二、依当事人申请调查、收集证据

《民诉法》第 64 条第 2 款规定,当事人及其诉讼代理人因客观原因不能自行收集的证据,法院应当调查收集。《民诉法解释》第 94 条进一步明确,申请人民法院调查、收集证据的条件是:

(1)实质要件方面,必须符合下列三种情形:① 证据由国家有关部门保存,当事人及其诉讼代理人无权查阅调取的;② 涉及国家秘密、商业秘密、个人隐私的;③ 当事人及其诉讼代理人因客观原因不能自行收集的其他证据。

(2)形式要件方面,同样要符合下列三种情形:① 提出申请的必须是当事人本人或其诉讼代理人;② 必须提交书面申请书。申请书应当载明被调查人的姓名或单位名称、住所地等基本情况,所要调查、收集证据的内容,需要由人民法院调查收集证据的原因及其要证明的事实以及明确的线索;③ 提出申请必须在

[①] 《民诉法》第 55 条第 1 款规定:"对污染环境、侵害众多消费者合法权益等损害社会公共利益的行为,法律规定的机关和有关组织可以向人民法院提起诉讼。"

举证期限届满前(《证据规定》第 20 条)。

需特别注意,2019 年《证据规定》施行后,2001 年《证据规定》第 19 条第 2 款"人民法院对当事人及其诉讼代理人的申请不予准许的,应当向当事人或其诉讼代理人送达通知书。当事人及其诉讼代理人可以在收到通知书的次日起三日内向受理申请的人民法院书面申请复议一次。人民法院应当在收到复议申请之日起五内作出答复"已被删除,隐含之义是,当事人无权对法院不予调取证据通知申请复议,法院亦无需再对复议作出答复。

[图 10-5] 当事人申请法院调取证据流程

《民诉法解释》第 95 条规定:"当事人申请调查收集的证据,与待证事实无关联、对证明待证事实无意义或者其他无调查收集必要的,人民法院不予准许。"此外,《民诉法解释》第 97 条规定:"人民法院调查收集证据,应当由两人以上共同进行。调查材料要由调查人、被调查人、记录人签名、捺印或者盖章。"根据本条规定,人民法院外出调查收集证据,应由两名法院工作人员共同进行。否则,调查收集的证据可能因收集或获取不符合法定程序而被认定为没有证据能力。

根据《民诉法》第 130 条[①]、第 131 条[②]的规定,人民法院调查收集证据可视情况分别采取直接调查和委托调查两种方式:(1) 直接调查就是由承办案件的人民法院派出工作人员到当事人、证人所在地或者案件发生地以及争执标的物所在地调查案件,收集证据;(2) 委托调查就是当被调查的人或事项不在受诉法院辖区内时,可以委托当地人民法院进行调查。委托调查,必须提出明确的项目和要求。受托法院收到委托书后,应当在 30 日内完成调查。证据经人民法院调查未能收集到的,仍由负有举证责任的一方当事人承担举证不能的法律后果。

人民法院调取证据的要求为:(1) 调查收集的书证,可以是原件,也可以是经核对无误的副本或者复制件。是副本或者复制件的,应当在调查笔录中说明来源和取证情况。(2) 调查收集的物证应当是原物。被调查人提供原物确有困

---

① 《民诉法》第 130 条规定:"人民法院派出人员进行调查时,应当向被调查人出示证件。调查笔录经被调查人校阅后,由被调查人、调查人签名或者盖章。"

② 《民诉法》第 131 条规定:"人民法院在必要时可以委托外地人民法院调查。委托调查,必须提出明确的项目和要求。受委托人民法院可以主动补充调查。受委托人民法院收到委托书后,应当在三十日内完成调查。因故不能完成的,应当在上述期限内函告委托人民法院。"

难的,可以提供复制品或者影像资料。提供复制品或者影像资料的,应当在调查笔录中说明取证情况。(3) 调查收集视听资料、电子数据,应当要求被调查人提供原始载体。提供原始载体确有困难的,可以提供复制件。提供复制件的,人民法院应当在调查笔录中说明其来源和制作经过。(4) 人民法院调查收集可能需要鉴定的证据,应当遵守相关技术规范,确保证据不被污染(《证据规定》第 21 条至第 24 条)。

第九节 律师调查令

一、律师调查令概述

近年来,随着全面依法治国和司法体制改革的深入推进,我国高度重视并不断加强依法切实保障律师诉讼权利工作,律师调查令制度被纳入顶层设计和改革方案。另外,当事人因客观原因不能调查收集的证据可以申请法院调取,法院调取证据的工作量也越来越大,一定程度上影响了审判效率。2015 年 9 月,最高人民法院、最高人民检察院、公安部、安全部、司法部联合出台《关于依法保障律师执业权利的规定》,重申依法保障律师申请调取证据的权利,律师因客观原因无法自行收集证据的,可以依法向人民法院申请调取证据,经审查符合规定的,人民法院应当予以调取。2015 年 12 月,最高人民法院印发《关于依法切实保障律师诉讼权利的规定》。基于上述背景,各省、市、自治区高级人民法院纷纷试行律师调查令制度。从各地试行效果看,律师调查令制度在破解律师调查取证难、节约司法资源及提高司法效率等方面均发挥了积极的作用。

律师调查令,是指在民事诉讼程序中,当事人及其代理律师因客观原因不能自行收集证据时,经代理律师申请,并经受理案件的法院批准,由指定代理律师向接受调查的单位、组织或个人调查收集相关证据的法律文件。简单地讲,律师调查令就是代理律师持法院出具的调查令向被调查人调取证据。

2020 年 4 月 16 日,广东省高级人民法院与广东省司法厅联合印发《关于在民事诉讼中实行律师调查令的规定》①,标志着律师调查令正式在广东省范围内推行。本书以广东省的律师调查令为例,介绍律师调查令制度的相关内容。

二、广东省律师调查令的申请、签发与持令调查

(一) 律师调查令的申请

根据广东省关于律师调查令的规定,律师调查令的申请可在起诉、审理、执

---

① 2018 年 12 月 27 日实施的广东省高级人民法院、广东省司法厅《关于在民事诉讼中实行律师调查令的规定(试行)》废止。

行阶段提出。起诉阶段,律师调查令的申请应于递交起诉状及相关证据后提出,申请调查的证据应限于与管辖受理有关的起诉证据;审理阶段,律师调查令的申请应于案件受理后,举证期限届满前提出;执行阶段,律师调查令的申请应于执行完毕前提出,申请调查的证据应限于与被执行人的财产状况和实际履行能力有关的证据。

持律师调查令调查收集的证据应为由接受调查单位或个人保管并与案件事实直接相关的书证、电子数据、视听资料、鉴定意见和勘验笔录等,但不包括证人证言、物证。

代理律师向人民法院申请律师调查令,应当提供下列材料:(1)申请书;(2)当事人的授权委托书;(3)代理律师所在律师事务所出具的指派律师函或法律援助机构出具的法律援助公函;(4)代理律师有效的执业证书;(5)律师调查令使用承诺书。律师调查令申请书应当载明下列内容:(1)案号或收件编号;(2)申请方当事人的姓名、身份证号码或名称、统一社会信用代码;(3)申请人的姓名、律师执业证号和律师事务所名称;(4)接受调查单位、个人的名称或者姓名;(5)调查取证的目的与理由(6)需要调查收集的证据、财产线索;(7)其他需要说明的事项。申请书需详细列明调查事项,由代理律师签字或盖章,并加盖律师事务所印章。

(二)律师调查令的审查与签发

人民法院应当自申请之日起7个工作日决定是否签发律师调查令。不予签发的,应告知申请人并说明理由。口头告知的,应记入笔录。

属于下列情形之一的,不予签发律师调查令:(1)涉及国家秘密、个人隐私、商业秘密;(2)与待证事实不具有关联性或必要性;(3)证据不为接受调查单位或个人保管;(4)申请调查的证据不明确、不具体;(5)其他不宜以律师调查令形式调查取证的情形。涉及上述(1)(5)项情形的证据,当事人可以提交证据线索,申请人民法院依法调查收集。

律师调查令应当载明下列内容:(1)案号或收件编号和律师调查令的编号;(2)申请方当事人的姓名或者名称;(3)代理律师的姓名、性别、执业证号、所在律师事务所名称;(4)接受调查单位的名称或者姓名;(5)需要调查收集的证据、财产线索以及提供证据、财产线索的相关要求;(6)律师调查令的有效期限;(7)签发单位名称、签发日期和院印;(8)人民法院的联系人及联系方式;(9)拒绝或者妨害调查的法律后果。

为防止持令律师怠于开展调查工作,影响诉讼进程,人民法院可根据案件具体情况确定律师调查令的有效期限,最长不得超过15日。律师调查令在期限届满后自动失效。代理律师因正当理由不能在有效期限之内完成调查的,可重新申请延长调查令期限一次。

(三)律师持令调查

代理律师持调查令向接受调查人调查收集相关证据时,应主动出示调查令和执业证等证件并说明有关情况。接受调查人应当根据调查令指定的调查内容及时提供有关证据。当场提供证据确有困难的,应当在收到律师调查令之日起7个工作日内提供。提供的证据如为复印件或复制品的,应当在提供的证据材料上注明与原件核对无异并签名或盖章。调取的证据可以由代理律师转交签发法院,也可由接受调查人密封另行送至签发法院。律师调查令可由接受调查的单位或组织存档。代理律师持调查令调查获得的证据及信息,仅限于本案诉讼,不得泄露或作其他使用。

接受调查人因故不能提供、无证据提供或者拒绝提供指定证据的,应当在律师调查令回执中注明原因。接受调查人未在回执中注明原因的,代理律师应书面说明。代理律师调取证据后,应于5个工作日内将调查收集的全部证据及调查回执提交人民法院。持律师调查令调查收集的证据需经法定程序质证或核实后,才能作为认定案件事实或者采取执行措施的依据。律师调查令因故未使用的,应当在有效期限届满后5个工作日内归还人民法院入卷。

[图 10-6] 律师调查令的申请、审查及使用

(四)被调查人拒不协助后果

接受调查人无正当理由拖延、拒绝协助调查的,人民法院可根据情节轻重,依照《民诉法》有关规定予以处罚。有协助调查义务的单位及公职人员拒不协助调查的,人民法院可向相关主管部门通报情况,也可向有关机关提出予以纪律处分的司法建议。

思 考 题

1. 下列关于证人与证人证言的表述,哪一项是错误的?
   A. 凡是了解案件情况的人都有义务出庭作证
   B. 当事人申请证人出庭作证应当经人民法院许可

C. 与当事人有亲戚关系的人不能作为证人

D. 无诉讼行为能力的人在一定情况下可以作为证人

2. 区分本证与反证在实务中有何意义？

3. 证人出庭作证的流程是什么？当事人在证人作证结束后，是否需要对证人证言发表质证意见？

4. 简述当事人向法院申请调取证据的意义。

5. 简述证据能力与证明能力的区别。

6. 关于证人的表述，下列哪一选项是正确的？

A. 王某是未成年人，因此，王某没有证人资格，不能作为证人

B. 原告如果申请证人出庭作证，应当在举证期限届满前提出，并经法院许可

C. 甲公司的诉讼代理人乙律师是目击案件发生的人，对方当事人丙可以向法院申请乙作为证人出庭作证，如法院准许，则乙不能再作为甲公司的诉讼代理人

D. 李某在法庭上宣读未当庭证人的书面证言，该书面证言可代替证人出庭作证

7. 原告老张由于经济困难，没有聘请律师，他听说有个律师调查令规定，想向法院申请律师调查令，法院是否准许？

第十一章 证 明

证明责任理论既是民事诉讼法学领域的前沿问题之一,也是民事诉讼法学的基本理论之一。民事证明责任在民事诉讼法中居于核心地位,"证明责任乃诉讼的脊梁"这一法谚道出了证明责任的重要性。张卫平教授则把证明责任誉为"世纪之猜想",可见"证明责任"的高度与难度。

证明在民事诉讼实务中也非常重要。当事人只有知晓证明责任的分配原则,了解证明标准,才能知道如何收集提交证据,以及如何用"片段化"的证据说服审判人员,让审判人员形成有利于自己的心证。审判人员只有掌握证明标准、认证规则,知悉经验法则及逻辑规则,才能在对证据的证据能力及证明能力进行判断的基础上准确认定事实,并最终作出裁判。这些都是证明要解决的问题。

第一节 民事诉讼证明概述

一、民事诉讼证明的概念及特征

民事诉讼证明,是指民事诉讼中负有证明责任的当事人依照法律规定运用证据证明自己主张的事实存在,并使审判人员形成有利于自己的内心确信的活动。

民事诉讼证明包括证明的过程与证明的结果。诉讼过程中,当事人收集并向法院提交证据,以及在法庭上出示证据并由对方当事人发表质证意见,这些诉讼活动属于证明的过程。审判人员根据经过当事人质证的证据对案件事实形成内心确信,这是证明的结果。

民事诉讼证明的特征包括:(1)民事诉讼证明是当事人说服审判人员即裁判者的过程,是一种他向证明;(2)民事诉讼证明是依据证据手段进行的证明活动,应当遵循证据裁判原则;(3)民事诉讼证明必须在规定的时间、空间,依照法律规定的程序进行,具有严格的程序性和规范性,民事诉讼证明应当遵守法定的证明程序。

二、民事诉讼证明的要素

1. 证明主体

民事诉讼证明的主体是当事人。民事诉讼证明中的当事人采广义概念,包括原告、被告以及第三人。当事人是证明主体,裁判者不是证明主体,裁判者是接受证明的主体。

2. 证明对象

证明对象即证明客体、待证事实,是指当事人有必要提供证据加以证明的事实。

3. 证明方法

证明方法又称为证明手段,是指证明主体论证证明对象所必须借助或依赖的材料。民事诉讼的证明方法即是法律规定的证据。

4. 证明责任

证明责任有双重含义:一是当事人为避免败诉,通过自己的行为对争议的事实加以证明的责任,称为行为意义上的证明责任、主观证明责任;二是结果意义上的证明责任、客观证明责任,是一种实体法上的法定的风险分配,当待证事实真伪不明时,结果意义上的证明责任决定哪方当事人承担败诉的风险,审判人员根据该风险分配来作出对负有证明责任一方当事人的不利裁判。

5. 证明标准

证明标准是指证明应达到的程度。待证事实的证明达到证明标准,审判人员就应当以该事实作为裁判依据。

6. 证明程序

证明程序又称为证明环节、证明阶段,是指运用证据完成证明活动的过程。民事诉讼证明具有明显的阶段性,分为证据的收集程序、证据的提供与展示程序、证据的审查和判断程序及运用证据认定事实的程序,即举证、质证、认证程序。

三、民事诉讼证明的分类

民事诉讼的证明以是否利用法定的证据种类及是否遵循法定的证明程序为标准,分为严格证明与自由证明。

严格证明是指利用法定的证据种类及遵循法定的证明程序所进行的证明。为了防止审判人员滥用自由心证认定事实,各国法律在程序层面普遍实行严格证明。严格证明须遵循公开审理与直接审理(言辞审理)两大原则,审判人员须亲自参与庭审接触证据,当事人需参加审理并发表意见。严格证明适用于诉讼过程中当事人存在争议的实体事实。如无特别指明,本章证明内容皆指严格证明。

自由证明是指无需利用法定的证据种类及无需遵循法定的证明程序所进行的证明。自由证明侧重于快捷证明以避免诉讼迟延。自由证明时,是开庭审理(有时采取召开听证会的形式)还是书面审理,证据是否在法庭上出示,出示之后用何种方式调查,往往由审判人员自由裁量。自由证明主要适用于诉讼程序中程序性事项的裁决,包括诉讼保全、诉讼保全复议及异议、准许或不准许撤诉等法院裁定事项,也包括诉讼费用缓交、减交、免交及是否准予回避申请等法院决定事项,此外还适用于部分非讼程序,如督促程序、公示催告程序。[①]

第二节 证明对象

一、证明对象概述

证明对象,又称为待证事实、证明客体,是指需要证明主体运用证据证明的对审理案件有法律意义的事实。证明对象的确定是诉讼证明的起点。只有确定了证明对象,诉讼证明才有了明确的目标与方向。同时,只有作为证明对象的事实被证明,法官才能以该事实为依据作出裁判。

民事诉讼中,并非所有与案件有关的事实都需要加以证明。构成证明对象的事实需要符合三个条件:(1)当事人主张的事实。在辩论主义诉讼模式下,当事人没有主张的事实,审判人员不得将该事实作为证明对象。(2)待证事实对于案件的审理具有法律意义。如果待证事实对案件裁判没有任何的法律意义,则该事实根本不需要进行证明。(3)待证事实有必要利用证据加以证明。对于真实性已经确定或当事人没有争议的事实,比如自认事实、已被生效裁判及仲裁裁决确认的事实、已被有效公证文书证明的事实等,当事人无需证明,法院应当直接以上述事实作为裁判依据。

二、法律要件事实与主要事实、间接事实、辅助事实

(一)法律要件事实

民事诉讼中,法院最终对双方当事人争议的权利、义务作出裁判,但当事人并不能直接对权利、义务的存在与否加以证明,因为权利、义务只是人们观念中的抽象产物,权利、义务存在与否需通过事实加以判断。裁判三段论中的事实并不是与案件有关的全部事实,而是法律要件事实。法律要件事实,是指民事权利

---

① 《证据规定》第86条第2款规定:"与诉讼保全、回避等程序事项有关的事实,人民法院结合当事人的说明及相关证据,认为有关事实存在的可能性较大的,可以认定该事实存在。"

及法律关系的构成要件所依赖的事实。根据某一实体法规范的规定,当存在一定的法律要件事实时,就会引起某种民事权利义务关系的发生、变更或消灭,而是否存在这些法律要件事实必须由当事人加以证明。

法律要件事实的提出与原告或被告的诉讼地位没有关系。法律要件事实既有可能是原告用来证明支持其诉讼请求的事实,也有可能是被告用来反驳原告诉讼请求的事实。

(二)主要事实、间接事实、辅助事实

诉讼法上的事实分为主要事实、间接事实与辅助事实三种。①

主要事实又称为直接事实,是指在判断出现权利发生、变更和消灭的法律效果中直接且必要的事实。大陆法系认为,主要事实包括权利发生事实、权利妨碍事实、权利阻却事实和权利消灭事实。权利发生事实,即导致某项民事权利发生的事实。比如,被侵权人因侵权行为受到损害,是取得损害赔偿请求权的事实。权利妨碍事实,是指妨碍某项民事权利发生的事实。被告抗辩此事实,能导致原告请求权自始不存在。比如合同纠纷中,被告抗辩合同无效或不成立的事实;侵权纠纷中,被告抗辩免责事由。权利阻却事实,是指永久性或暂时阻却权利行使的事实。被告抗辩此事实,能使权利行使受到限制。比如被告抗辩原告起诉超过法定诉讼时效。权利消灭事实,是指能使权利消灭的事实。被告抗辩此事实,能使已经存在的权利消灭。比如被告抗辩的义务已履行、债务抵销或免除以及合同已解除等事实。

间接事实,是指借助于经验法则及逻辑法则的作用在推定主要事实过程中发挥作用的事实。简言之,间接事实就是证明主要事实的事实。实务中,有些主要事实没有直接证据证明,或虽有直接证据,但主要事实仍然不够确定清晰,此时间接事实即可发挥它的作用。多个相关的间接事实形成一个完整的事实逻辑链条,证明主要事实存在;或通过间接事实的补强作用,证明主要事实确定存在,使对方当事人无法反驳。

辅助事实是指明确证据证明力的事实。比如,证人与当事人存在某种利害关系,证据收集程序不合法等。

间接事实与辅助事实之间有时没有严格的界限。辅助事实往往包含着实体内容,当辅助事实证明的是主要事实证据证明力时,辅助事实的实质作用也是在证明主要事实,此时很难分清辅助事实是在证明案件主要事实,还是在明确主要事实证据的证明力。也可以讲,此时分清间接事实或辅助事实没有实质意义。实务中,对主要事实的界定非常重要,对于间接事实与辅助事实的划分并无太大

---

① 此分类为大陆法系国家对案件事实的分类。英美法系国家将案件事实分为争点事实、与争点有关的事实和附属事实。

实际意义。

(三) 主要事实与法律要件事实的关系

主要事实与法律要件事实的关系为,法律要件事实并非真正的事实,只能称为"构成要件要素",而主要事实才是与法律要件事实相对应的真正事实。简单地讲,构成法律要件的事实称为主要事实。

可以这样来理解,法律要件事实与主要事实是抽象事实与具体事实的关系。比如,在侵害名誉权纠纷中,被侵权人要证明的要件事实之一就是侵权人实施了侵权行为,"侵权人实施侵权行为"是法律要件事实,而"侵权人捏造事实散布诋毁受害人名誉的行为"的具体事实就是主要事实。

三、证明对象

并非当事人主张的全部事实都会成为证明对象。通常情况下,只有主要事实才能够成为当事人权利的基础和法院裁判的对象。裁判三段论中作为小前提的事实是由实体法规范规定的法律要件事实,相对应的就是案件的主要事实,法律要件事实或主要事实就是证明对象。

如果当事人能够提交证据对主要事实加以证明,使法官对主要事实予以确信,当事人就无需再提交其他证据对间接事实与辅助事实加以证明,此时证明对象仅为主要事实。但如果主要事实仍处于真伪不明的状态,法官难以形成确定的内心确信,那么当事人仍然需要对间接事实与辅助事实加以证明,此时,间接事实与辅助事实也是证明对象。

[案例 11-1] 原告黄某诉被告杨某民间借贷纠纷一案。原告黄某诉称,原告于 2014 年 10 月 2 日至 2016 年 3 月 20 日期间多次借款给被告杨某,合计 225400 元,被告事后一并出具总借据一张。被告承诺于 2016 年 9 月 15 日前归还借款,并承诺如到期不归还则按借款本金的 2‰ 支付月利息。被告杨某辩称:原、被告之前是很好的闺蜜,两人可以说是不分你我。借据内容并不真实,是当时原告与其婚外恋男友在外消费支出比较大,被告配合出具借据,目的是方便原告向其老公说明资金的去向。后原被告关系闹僵,原告利用借据向法院提起诉讼。

原告提交的证据有:(1) 借据一份,证明被告向原告借款 225400 元。(2) 原告农业银行银行卡交易明细单。(3) 原告工商银行借记卡历史明细清单。(4) 原告所有的保时捷小型越野汽车机动车登记证书。证据(2)(3)(4) 共同证明原告有足够的经济能力借钱给被告。(5) 原告工商银行借记卡历史明细清单。证明原告于 2014 年 10 月 28 日在工商银行取了 38000 元现金给了被告,这笔借款是借据上的其中一笔。(6) 房产交易记录,显示被告于原告起诉第二日将被告名下房产所有权赠与其母亲,证明被告恶意转移资产。被告则提交了被告从 2013 年 5 月 27 日至 2016 年 3 月 16 日的银行交易流水明细，显示在此期间原告在三家银行一共转账给被告 278635 元，被告转账给原告 260440 元，拟证明债务折抵后，被告尚欠原告 18195 元。

该案的主要事实有多个，主要有：（1）原告与被告签订借款合同；（2）原告已向被告交付借款 225400 元；（3）被告杨某已返还部分借款；（4）被告受原告欺诈出具借据。由于原告提交的借款合同没有对应的转账凭证，原告为了证明其主张事实，又提交了多份证据证明原告具有足够的经济能力对外借款、被告在获悉原告可能起诉后转移其名下房产。这些事实就是该案的间接事实，这些间接事实的作用是证明主要事实存在。另外，原告为了证明借据的证明力，还准备申请原告表弟出庭作证，借款合同签订时原告表弟在场，原告表弟出庭作证陈述的事实就是该案的辅助事实。该事实的提出，是为了证明被告与原告签订借款合同是被告的真实意思表示，该事实的作用是证明原告证据的证明力。

第三节 无需证明的事实

一个具体案件中，涉及的事实可能有多个方面。这些事实并非都需要当事人提出证据加以证明。有些事实，尽管与当事人主张有关，但当事人却没有必要加以证明。

由于需要证明事实的范围过于宽泛，法律通常不会规定哪些事实需要当事人加以证明，而是直接规定哪些事实不需要证明。《民诉法解释》第 93 条列举了无需证明的事实[①]，《证据规定》第 10 条对解释规定进行了局部修改："下列事实，当事人无需举证证明：（一）自然规律以及定理、定律；（二）众所周知的事实；（三）根据法律规定推定的事实；（四）根据已知的事实和日常生活经验法则推定出的另一事实；（五）已为仲裁机构的生效裁决所确认的事实；（六）已为人民法院发生法律效力的裁判所确认的基本事实；（七）已为有效公证文书所证明的事实。前款第二项至第五项事实，当事人有相反证据足以反驳的除外；第六项、第七项事实，当事人有相反证据足以推翻的除外。"《证据规定》将众所周知的事实、根据法律规定推定的事实、根据已知的事实和日常生活经验法则推定出的

---

① 《民诉法解释》第 93 条规定："下列事实，当事人无需举证证明：（一）自然规律以及定理、定律；（二）众所周知的事实；（三）根据法律规定推定的事实；（四）根据已知的事实和日常生活经验法则推定出的另一事实；（五）已为人民法院发生法律效力的裁判所确认的事实；（六）已为仲裁机构生效裁决所确认的事实；（七）已为有效公证文书所证明的事实。前款第二项至第四项规定的事实，当事人有相反证据足以反驳的除外；第五项至第七项规定的事实，当事人有相反证据足以推翻的除外。"

另一事实以及已为仲裁机构的生效裁决所确认的事实等四种事实的除外情形确定为"当事人有相反证据足以反驳的",对于已为法院发生法律效力的裁判所确认的基本事实及已为有效公证文书所证明的事实,除外情形则确定为"当事人有相反证据足以推翻的"。上述规定意味着前四种免证事实提出反证的证明标准要低于后两种免证事实反证的证明标准。换言之,对于众所周知的事实、推定事实及仲裁裁决确认事实,否定方当事人提交的证据只要能够动摇审判人员对免证事实形成的内心确信即达到证明目的,此时免证方当事人仍需对该事实承担举证证明责任;而对于法院裁判文书所确认的基本事实、公证文书所证明的事实,否定方当事人提交证据的证明力需要达到推翻上述事实的证明标准,才发生不能免除对方当事人举证证明责任的效果。需注意,《证据规定》对生效裁判确认事实限定于"基本事实",参照《民诉法解释》第335条的规定,基本事实是指用以确定当事人主体资格、案件性质、民事权利义务等对原判决、裁定的结果有实质性影响的事实。换言之,并非生效裁判文书确认的全部事实均产生免证效果,只有对原判决、裁定的结果有实质性影响的事实才具有免证效果。

另外,当事人自认的事实也属于对方当事人无需举证的事实,因此,本书将当事人自认的事实也放在本小节中一并介绍。

(一)自然规律以及定理、定律

自然规律也称自然法则,是指自然界一切事物发展过程中的本质联系和必然趋势,比如春夏秋冬四季更替。定理、定律是指被科学反复证明、被人们普遍采用作为原则性或规律性的命题或公式,比如几何定理。因为自然规律与定理、定律被人们所认识并反复验证,因此无需证明。同时,既然是自然规律与定理、定律,就不可能被反证推翻。反过来说,能够被反证推翻的都不叫自然规律与定理、定律。因此,自然规律与定理、定律是当事人无需证明的事实中唯一不被反证反驳或推翻的事实。

当事人对自然规律以及定理、定律无需举证证明。比如,在高楼抛物致人损害赔偿纠纷中,被侵权人无需提交证据证明致人损害物从高楼抛出后由高往低落下,因为依据万有引力定理,出于地球引力的作用,自由物体一定是从高处向低处落下的。

(二)众所周知的事实

众所周知的事实,也称显著的事实,是指在一定时间和一定地域范围内为审理案件的审判人员与一般社会成员所共知的事实。[①]

---

① 学界将众所周知的事实、法院依职务所知悉的事实和公证的事实称为司法认知的事实。在英美法系国家,司法认知通常被认为是一种证据形式,而大陆法系国家通常将司法认知定位为一种免证方法。比如德国《民事诉讼法》第291条规定:"对法院显著的事实,不需要加以举证。"日本《民事诉讼法》第257条规定:"显著的事实,无需证明。"

众所周知事实的特征包括：

(1) 具有时间与地域的相对性。时间的相对性是指特定的时间范围内为人们所知晓。比如，珠海市星园路仁恒星园小区附近的区域在20世纪90年代之前还是一座山，叫大环山，山体挖空后，该区域现在成为平地，被若干住宅小区、幼儿园、学校及机关单位所占据。

地域的相对性是指在特定的地域范围内为人们所普遍知晓，离开了地域的相对性，该事实就不再是众所周知的事实。如珠海每当台风季节，临海小区的地下停车库有可能被海水倒灌，这在珠海是众所周知的事实，在内地省份恐怕鲜为人知。美国证据法关于确定众所周知事实的地域范围以法院辖区为界定标准就非常具有可操作性。

(2) 众所周知的事实只要在特定时空范围内为一般社会成员所共知即可，即以具有普通知识与生活经验的一般社会成员的认识为标准，不能以人人皆知为标准。

(3) 众所周知的事实必须为审理案件的审判人员知晓。审判人员是众所周知事实的认定者。如果审判人员对当事人认为的众所周知的事实不知晓，那么主张方应说服审判人员通过查阅资料或自由证明等方式来确定该事实属于众所周知的事实。

(三) 推定的事实

推定，是指根据法律规定或已知事实和生活常理能推断出另一事实存在的一种证明规则。

在证据裁判原则之下，待证事实原则上应当通过证据加以证明。推定则无需运用证据来证明案件事实，类似于证明的替代品，是一种特殊的证明规则。推定是根据逻辑推理的规则来推断未知案件事实的一种逻辑证明方法，主要用来解决诉讼中某些难以证明或无法证明事实的问题。

推定对于提高审判效率、正确分配举证责任具有十分重要的意义，主要表现在：(1) 根据法律规定或已知事实来推定未知事实，待推定事实不需要通过证据来证明，这可以大大简化证明活动，提高审判效率。(2) 待推定事实属于免证事实，因此，主张推定事实的一方当事人可以对待推定事实免除证明责任，相反，否定待推定事实的当事人就应该承担证明责任，从而在当事人之间合理地分配举证责任。

推定以其性质与依据不同可以划分为法律推定和事实推定。

1. 法律推定

法律推定是根据法律的规定从某一事实而推定另一事实存在的一种证明规则。比如，夫妻关系存续期间出生的子女推定为婚生子女。又如，有证据证明一方当事人持有证据无正当理由拒不提供，如果对方当事人主张该证据的内容不利于证据持有人,可以推定该主张成立。国家机关或其他依法具有社会管理职能的组织,在其职权范围内制作的文书所记载的事项推定为真实,但有相反证据足以推翻的除外(《民诉法解释》第 114 条)。

适用法律推定的条件是前提事实的存在和真实,因此,负有举证责任的一方当事人对前提事实承担举证责任。比如,原告主张甲是乙与丙的婚生子女这一待推定事实,原告就需举证证明乙与丙婚姻关系存续及甲在婚姻关系存续期间出生的前提事实。又如,有证据证明一方当事人持有证据无正当理由拒不提供,如果对方当事人主张该证据的内容不利于证据持有人,可以推定该主张成立,主张方对于对方当事人持有证据这一前提事实负有举证责任。

法律推定作为建立在逻辑推理基础上的一种判定,结论有可能是不真实的,应当准许否定推定事实的当事人进行反证。比如夫妻关系存续期间出生的子女可能并非婚姻双方所生,实务中也有大量对经法院委托的亲子鉴定作出否定意见的案例,如果否定方当事人能够提交证据否定法律推定的真实性,则该法律推定不能成立。推定不利方当事人常常从两个方面提交反证否定法律推定的真实性:(1) 证明前提事实具有虚假性;(2) 证明前提事实与推定事实之间没有逻辑性。

2. 事实推定

[导入案例 11-1] 原告张某租赁经营某冷冻厂,被告曹某经常来该厂购冰块。2005 年 11 月 12 日,被告曹某出具一张欠条给张某,内容为为:"欠冰钱 1.800 元整"。原告张某认为,欠条上的"1.800 元"系"1,800 元"的误写,实际上是指曹某欠冰款 1800 元。曹某则认为,欠条上的"1.800 元"意思是 1.8 元而非 1800 元。原告除欠条外无法提交其他证据,法院如何判决?

法院认为,按一般常理,被告作为经常购货的老客户,为欠 1.8 元向原告立欠据不符合情理;按照会计记账习惯,1.800 元应当理解为 1,800 元;被告未能提供欠 1.8 元的证据,故被告称欠条上所写的 1.800 元就是 1.8 元不能成立,不予采信。根据已知事实和日常生活经验法则能推定出的另一事实,当事人无需举证,因此,法院判决被告曹某归还原告张某 1800 元。

事实推定是根据日常生活经验就已知事实推导出未知事实的一种证明规则。

事实推定与法律推定最大的区别在于,事实推定的推定依据不是法律的明确规定,而是经验法则。经验法则也称日常生活经验,是指从社会生活经验中提炼出来的知识或法则,包括一般的日常生活常识,也包括一定的职业、技术及科学知识。在事实推定过程中,审判人员从前提事实推导出未知事实时,必须将经验法则作为桥梁。导入案例11-1中，原告张某提交的欠条可证明被告曹某向其购买冰块并欠货款，但欠条载明金额只有"1.800元"。法院根据日常生活经验，直接推导出欠款金额为原告主张的1800元，原告张某无需就推定事实再提交其他证据。

事实推定的范围与审判人员的日常生活经验有关，经验丰富的审判人员更敢于大胆适用事实推定。当事人代理律师虽然不能决定是否适用事实推定，但是可以在诉讼过程中提出适用事实推定的依据，建议审判人员适用事实推定，从而免除己方的举证责任。

适用事实推定的条件是前提事实的存在和真实，因此，主张推定事实的一方当事人虽然无需证明推定结论事实，但是仍然需对前提事实承担举证证明责任。

事实推定省略了严格的证据调查程序，是建立在逻辑推理基础上的一种判定，结论有可能是不真实的，应当准许否定推定事实的当事人进行反证。否定方当事人就前提事实与推定结论事实的真实性提出的反证成立的，可以推翻事实推定。

（四）已为法院生效裁判所确认的基本事实

已为另案生效裁判文书所确认的基本事实当事人无需举证证明，即对于另案生效裁判中"经审理查明""本院认为"及判决结果部分所确认的基本事实，主张方在本案中直接援引该事实即可，无需再提交证据证明该事实。有观点认为，该规则的根据是判决既判力原理，需注意，这里所指的免除证明责任的效果与法院判决既判力没有关系。

既判力，简单讲，就是生效判决的拘束力。具体讲，是指形成确定终局判决内容的判断的通用力。诉讼是行使国家审判权作出公权性法律判断，一旦判决确定，法院和当事人都必须承受该判决的约束。一份生效判决，其判决结果，即判决主文的内容具有既判力没有争议。而生效判决除判决结果外的其他内容，包括"经审理查明"中对事实的认定及"本院认为"部分说理的内容对其他案件当事人及法院是否有既判力，近年来成为有争议的问题。最有代表性的争议是，另案生效判决已认定合同为无效合同，本案中审判人员是否还需要对同一份合同效力加以认定，如果本案审判人员认为合同为有效合同应如何处理？是否需要通过审判监督程序撤销另案判决？

赞成有既判力的观点认为，如果本案当事人认为另案生效判决中的"经审理查明""本院认为"部分内容有错误，应通过审判监督程序将另案判决撤销来予以纠正。反对者认为："经审理查明""本院认为"部分内容有既判力的观点理解有误，且实务中可操作性不强（可能会出现众多再审案件，且再审费时费力，立案也很困难）；另案中"经审理查明""本院认为"部分对事实的认定对本案没有拘束力，只有对诉讼标的部分的裁判即判决结果对本案才有拘束力。

"已为人民法院发生法律效力的裁判所确认的基本事实",当事人无需举证。从条文文义来理解,确认的事实应包括"经审理查明"部分内容,即本案所涉及的事实已经在另案判决中被确认,本案中主张该事实的一方当事人无需就该事实举证。上述事实之所以无需举证,不是因为另案判决的既判力,而是因为已确认事实的预决效力。由于该事实已在另案中被确认,而另案判决已发生法律效力,主张该事实的当事人没必要在本案中费时费力去加以证明,因此就免除该当事人的证明责任。①

本案中,如果否认该事实的当事人有相反的证据足以推翻已为另案生效判决所确认的基本事实,由于另案查明事实对本案不具有拘束力,法院不需要通过再审去撤销另案判决,本案主张该事实的当事人仍然要对该基本事实承担举证证明责任。

当然,另案判决的全部内容对另案当事人及法院仍然具有拘束力,即另案判决中包括法院"经审理查明""本院认为"部分认定事实与理由以及判决主文对另案当事人及法院均具有既判力。

以上关于既判力的观点可归纳如下:

另案判决主文部分即判决结果(判项)对本案及其他案件当事人及法院均具有既判力。另案判决"经审理查明""本院认为"部分内容对另案当事人及法院具有既判力,对包括本案在内的其他案件当事人及法院均不具有既判力。

(五)已为生效仲裁裁决所确认的事实

仲裁裁决与法院判决具有同样的法律效力,因此,已为生效仲裁裁决确认的事实对诉讼中的事实具有预决效力,主张该事实的当事人没必要在本案中费时费力去加以证明,所以可以免除该当事人的证明责任。如果否定方当事人提交的反驳证据能够动摇法官对免证事实形成内心确信的,此时已为生效仲裁裁决所确认的事实不具有免证效果,主张该事实的当事人仍然要对该事实承担举证证明责任。

(六)已为生效公证文书所证明的事实

公证文书是公证机关依照法定程序对有关法律行为、法律事实、文书加以证明的法律文书。

《民诉法》第69条规定,经过法定程序公证证明的法律事实与文书,人民法院应当作为认定事实的根据,但有相反证据足以推翻公证证明的除外。《公证法》第36条亦规定,经公证的民事法律行为、有法律意义的事实和文书,应当作

---

① 所谓已确认事实的预决力,是指已确认事实对涉及该事实的后诉法院、当事人的拘束力,即在涉及已确认事实的后诉中,对于已确认事实,当事人是否需要举证证明、法院能否直接认定以及是否须作出一致认定的问题。已确认事实的预决力是事实证明问题,不属于法律问题。对于已确认事实,后诉法院既可以作出同一认定,也可以作出不同的认定,另外,当事人还可以举证推翻。

为认定事实的根据,但有相反证据足以推翻该项公证的除外。根据上述规定,当事人对已为有效公证文书所证明的事实无需举证证明。

(七) 自认的事实

所谓自认,是指诉讼中,一方当事人陈述于己不利的事实,或对另一方当事人主张的于己不利的案件事实予以承认。自认包括两种情形,一种是一方当事人在诉讼中陈述于己不利的事实,第二种是一方当事人对于对方当事人陈述的于己不利事实予以承认。诉讼中当事人所陈述的于己不利的案件事实以及所承认的于己不利的案件事实就是自认的事实。

设立自认制度的主要依据是《民诉法》规定的处分原则,目的在于减少当事人的诉讼成本。其原理在于既然一方当事人已经陈述或承认对己不利的案件事实,主张该事实的对方当事人就无需再费时费力去举证证明该事实,因此免除对方当事人对自认事实的举证证明责任。《民诉法解释》第92条规定,一方当事人在法庭审理中,或者在起诉状、答辩状、代理词等书面材料中,对于己不利的事实明确表示承认的,另一方当事人无需举证证明。《证据规定》第3条规定,在诉讼过程中,一方当事人陈述的于己不利的事实,或者对于己不利的事实明确表示承认的,另一方当事人无需举证证明。在证据交换、询问、调查过程中,或者在起诉状、答辩状、代理词等书面材料中,当事人明确承认于己不利的事实的,适用前款规定。《证据规定》对于"一方当事人在诉讼中陈述的于己不利的事实"同样构成自认事实予以明确,同时增加列举了证据交换、法院询问、调查过程中适用自认制度,从而使自认事实范围规定得更加周延。

1. 自认的条件

(1) 自认需在本次诉讼中作出。本次诉讼中的自认对另案不发生效力,另案中的自认对本案亦不发生效力。实务中,主张事实方当事人可将对方当事人另案自认作为证据在本案中提交,但另案自认只能作为证据在本案中使用,并不产生免除主张事实方举证证明责任的免证效果,是否达到证明标准由审判人员结合其他证据综合判断。① (2) 自认的对象仅限于案件事实,法律法规、经验法则、法律解释等都不属于自认的对象。

2. 自认的范围

(1) 自认不局限于庭审过程中,法院在庭审前进行庭前会议、证据交换及询问、调查所作笔录,以及庭审后进行补充质证、询问调查笔录中当事人对于己不

---

① 法律及司法解释对另案自认事实在本案中不构成自认事实并无明确规定,此规则属于自认概念的应有之义。自认发生于一案审理过程中,其效力也应当仅在本案审理过程中有效;同时,自认属于一方当事人处分(主要是放弃)自己的实体权利与诉讼权利,其效力亦应只限定在本案审理过程中,不应当扩展到另案中。本案审理过程包括一审与二审。至于当事人在另案中是否处分权利,应由当事人在另案中再行决定。

利事实的陈述与承认都可能构成自认。(2)诉讼过程中,当事人在起诉状、答辩状、陈述及其委托代理人的代理词中对己方不利事实的陈述与承认同样构成自认,法院应当予以确认。

[案例 11-2] 原告李某起诉请求被告王某返还借款 200 万元,李某在诉状中称,被告王某除支付过两个月利息外,没有向原告偿还借款。

法院认为:"关于借款利息,被告王某在第二次庭审时称,利息都已经还清,有些利息是以现金方式支付的。庭审后,被告王某又提交书面说明称,其每月均以现金形式向李某支付相应借款利息。李某则称,王某只偿还了 2008 年 11 月 23 日至 2009 年 1 月 23 日两个月的利息共 28 万元。本院认为,如前所述,依据 2001 年《证据规定》第 5 条第 2 款规定,被告王某对其是否履行支付利息义务负有举证责任,但其在本院指定的举证期限内没有提交相关证据。李某自认王某已支付 2008 年 11 月 23 日至 2009 年 1 月 23 日两个月的利息,被告王某对该事实无需举证,但王某对是否支付 2009 年 1 月 24 日至 2009 年 7 月 23 日期间的利息负有证明责任,被告王某未就此提交证据,应承担证据失权①的不利后果。"

本案例中,李某在诉状中陈述的王某已支付两个月利息 28 万元的事实,对李某而言属于不利事实,因此属于自认。

3. 自认的法律效果

陈述或承认对己方不利事实的当事人要受自己承认行为的约束,法院也要受该自认行为的约束,应以自认事实作为裁判依据。不仅一审法院以自认事实为依据,二审法院同样以此作为依据。②

4. 自认的特殊情形

(1) 拟制自认

拟制自认又称默示自认,是指对一方当事人陈述的事实,另一方当事人既未表示承认,也不表示否认,经审判人员充分说明并询问后,其仍不明确表示肯定或否定的,视为对该项事实的承认。

《证据规定》第 4 条规定,一方当事人对于另一方当事人主张的于己不利的事实既不承认也不否认,经审判人员说明并询问后,其仍然不明确表示肯定或者否定的,视为对该事实的承认。审判人员的说明,是指对当事人既未表示承认也

---

① 所谓证据失权,是指负有提交证据责任的一方当事人未能按照法律规定或者在法院指定的期间向法庭提交证据,视为该当事人放弃举证权利,应承担相应的不利后果。

② 《民诉法解释》第 342 条规定:"当事人在第一审程序中实施的诉讼行为,在第二审程序中对该当事人仍具有拘束力。当事人推翻其在第一审程序中实施的诉讼行为时,人民法院应当责令其说明理由。理由不成立的,不予支持。"当事人在第一审程序中实施的诉讼行为,包括当事人在一审期间作出的自认。

未否认法律后果的明确说明。经审判人员说明后,对当事人再次询问,仍然不明确表态的,视为当事人对于对方当事人陈述事实的自认。

(2) 代理人的自认

诉讼中不仅当事人陈述可能构成自认,当事人委托诉讼代理人陈述同样有可能构成自认。

当事人委托诉讼代理人参加诉讼的,除授权委托书明确排除的事项外,诉讼代理人的自认视为当事人的自认。当事人在场对诉讼代理人的自认明确否认的,不视为自认(《证据规定》第5条)。与2001年《证据规定》相比,2019年规定不再考虑诉讼代理人是否经过特别授权,除授权委托书明确排除的事项外,诉讼代理人的自认视为当事人本人的承认。①

(3) 共同诉讼中的自认

普通共同诉讼中,共同诉讼人中一人或者数人作出的自认,仅对作出自认的当事人发生效力,对其他当事人不发生效力。

必要共同诉讼中,共同诉讼人中一人或者数人作出自认而其他共同诉讼人予以否认的,不发生自认的效力。其他共同诉讼人既不承认也不否认,经审判人员说明并询问后仍然不明确表示意见的,视为全体共同诉讼人的自认(《证据规定》第6条)。

(4) 有所限制或附条件的自认

一方当事人对于另一方当事人主张的于己不利的事实有所限制或者附加条件予以承认的,并不当然构成自认,由人民法院综合案件情况决定是否构成自认(《证据规定》第7条)。

5. 自认的撤销

自认对行为人实体权益有重大影响,当事人难免因意思表示错误而作出自认,从保护自认人的角度来说,不允许撤回错误的自认并不合理。自认被撤回后,其法律效果随之消失,等同于自始没有自认,故如果对自认的撤回不加以合理限制,则自认人可能会时而作出自认、时而撤回自认,将会干扰诉讼程序的进行并造成诉讼迟延,因此,必须对自认的撤回予以适当的限制。

《证据规定》第9条规定,有下列情形之一,当事人在法庭辩论终结前撤销自认的,人民法院应当准许:(1) 经对方当事人同意的;(2) 自认是在受胁迫或者重大误解情况下作出的。人民法院准许当事人撤销自认的,应当作出口头或者书面裁定。与2001年《证据规定》相比,2019年规定不仅适当放宽了当事人撤

---

① 2001年《证据规定》第8条第3款规定:"当事人委托代理人参加诉讼的,代理人的承认视为当事人的承认。但未经特别授权的代理人对事实的承认直接导致承认对方诉讼请求的除外;当事人在场但对其代理人的承认不作否认表示的,视为当事人的承认。"

销自认的条件,对于当事人因胁迫或重大误解作出的自认不再要求当事人证明自认的内容与事实不符,而且增加了法院准许撤销自认应当作出口头或书面裁定的规定,对撤回自认的形式要件予以规范。①

6. 不适用自认的情形

(1)自认制度并不适用于所有案件,涉及身份关系的案件如收养关系、婚姻关系案件,由于事关人身权利,当事人不能随意处分或抛弃,不适用自认。(2)为防范虚假诉讼,涉及国家利益、社会公共利益和他人合法权益等应当由法院依职权调查的事实不适用自认。(3)诉讼中当事人为达成调解或和解协议,作出的妥协性的对案件事实的认可,调解或和解不成时,不得在其后的诉讼中(判决时)作为对其不利的证据。(4)探求客观真实是我国民事诉讼追求的目标,当事人自认的事实与查明的事实不符,人民法院不予确认(《民诉法解释》第92条第3款、《证据规定》第8条第2款)。

[案例11-3] 甲与乙系父子关系,二人是某服饰公司股东。某服饰公司在乙与丙离婚并对共同财产分割一个月后,持银行对账单称乙在乙、丙婚姻关系存续期间,尚欠公司55万元债务没有归还,请求法院判令乙、丙二人归还借款本金55万元及利息。法庭上,乙答辩称向公司借款55万元属实,该款用于买结婚戒指、出国旅游、办结婚酒席等,但未提交证据证明已将上述借款情况告知丙。

丙则辩称,本案系乙为了多分财产而捏造的夫妻共同债务,且即使债务真实存在,乙也不能证明借款是用于夫妻共同生活的开支。法院查明,从乙、丙结婚前一年至离婚后,原告公司长期向乙银行卡打入巨额资金,累计超过550万元。法院考虑到原告与乙之间的利害关系,要求原告提交其主张两被告借款的相关财务记账凭证及公司年检报告及审计报告,但原告未能提供。

法院认为:被告乙承认原告诉讼请求的行为不构成自认。原告拒不提供相关财务记账凭证及公司年检报告及审计报告,故原告提交的银行对账单不能证明案涉资金的性质。根据目前证据,原告不能证明其与乙之间存在借贷关系,亦不能认定为乙、丙夫妻共同债务,遂判决驳回原告诉讼请求。

实务中,为避免在诉讼中构成自认,当事人及诉讼代理人应注意:(1)当事人本人应尽可能与诉讼代理人一起出席庭审,以及一起出席庭前会议或法院的调查询问,诉讼代理人陈述与事实不符的,当事人应及时明确予以否认,并确认

---

① 2001年《证据规定》第8条第4款规定:"当事人在法庭辩论终结前撤回承认并经对方当事人同意,或者有充分证据证明其承认行为是在受胁迫或者重大误解情况下作出且与事实不符的,不能免除对方当事人的举证责任。"

记入笔录;(2)诉讼代理人单独出庭的,庭审中审判人员调查时,诉讼代理人对于不确定事实不随意陈述或予以承认,可在庭后向当事人核实后再以书面形式答复法庭;(3)无论是当事人还是诉讼代理人,庭审中忌随意发挥,口无遮拦,发言陈述要尽可能严谨;(4)起诉状、答辩状、代理词措辞要严谨,有代理律师的一定要经律师把关修改后再提交法院;(5)庭审中审判人员释明当事人需就有关事实作出肯定或否定陈述时,不要自以为沉默是金,以防被认定为拟制自认;(6)必要时,当事人可在授权委托书委托事项中特别写明排除诉讼代理人自认。

第四节　证　明　责　任

一、证明责任概述

大陆法系国家证明责任理论分为两个时期,第一时期从罗马法开始,到19世纪末结束。这一时期的证明责任以"当事人举证本位"为基础,从当事人角度出发,强调当事人对提交证据证明其主张事实的存在负有举证责任,以及事实不清时由负有举证责任方承担败诉后果;第二时期自20世纪初至今,德国学者莱昂哈特在1926年出版的《证明责任论》一书中首次区分了客观证明责任与主观证明责任两个概念,之后,德国学者罗森贝克将这一理论予以发展。到20世纪80年代,德国诉讼法学家汉斯·普维庭继承并发展了罗氏理论,强调客观证明责任在证明责任中的主导地位。

证明责任有双重含义:一是当事人为避免败诉,通过自己的行为对争议的事实加以证明的责任,称为行为意义上的证明责任、主观证明责任;二是结果意义上的证明责任、客观证明责任,是一种实体法上的法定的风险分配,当待证事实真伪不明时,结果意义上的证明责任决定哪方当事人承担败诉的风险,法官根据该风险分配作出对负有证明责任一方当事人的不利裁判。

上述含义为大陆法系学者观点,英美法系学者认为证明责任的双重含义为提出证据的责任与法院证明责任(也译为法定证明责任),与大陆法系理论并无太大差异。

主观证明责任与客观证明责任之间的关系为,客观证明责任(结果责任)是主观证明责任(行为责任)存在的前提与动因。由于待证事实真伪不明时法院将根据证明责任的分配规则作出裁判,双方当事人为避免出现待证事实真伪不明的情况,都会积极提交证据证明待证事实,因此,客观证明责任是主观证明责任存在的前提与内在动因。

二、客观证明责任的适用条件

客观证明责任是一种不利后果,这种后果只有在作为裁判基础的主要事实真伪不明时才发生作用。因此,适用客观证明责任的前提是待证主要事实陷入真伪不明的状态。

构成真伪不明的条件是:(1)原告已经提出有说服力的主张;(2)被告也已提出实质性的对立主张;(3)对争议事实需要证明(向法院申请调取证据已获准许及对方当事人自认等无需证明的事实除外);(4)法庭辩论已经终结,包括法律推定、经验法则在内的所有证明手段已经用尽,审判人员仍不能形成心证。

实务中,包括主要事实在内的案件事实都是已发生的事实,这些事实发生时法官都不在现场。主张事实的当事人囿于证据意识及取证能力的限制,在纠纷发生前不注意收集、保存证据,纠纷发生后能够向法院提交的都是片段化、不完整的证据。而对方当事人出于保护自身利益,往往对不利于自己的案件事实一概予以否认,因此,法庭辩论终结,包括事实推定、法律推定在内的所有证明手段用尽后,审判人员对主要事实仍然不能形成心证,主要事实陷入真伪不明状态。"法官不能拒绝裁判",案件审理周期还要接受审理期限的限制,无奈之下,审判人员只能适用客观证明责任的分配规则作出裁判。

[案例11-4] 甲诉称其向乙借款400万元,后乙返还现金100万元,甲请求乙返还借款本金300万元。乙辩称已向甲返还现金200万元,乙提交的其与甲去银行提取现金前两日的微信聊天记录显示:乙称,我预约后天取现金200万元,你和我一起去银行;甲称,好的,取现后我拿走200万元。甲质证称,当日在银行其只提走现金100万元,乙自己提走100万元。甲提交乙的合伙人丙出具的加盖乙名章的还款计划一份,写明乙欠甲300万元。乙质证称其并不清楚还款计划内容,名章由丙加盖。甲还提交起诉后与乙通话录音,乙在通话中称丙认可的欠款金额乙也认。甲提交的证据中,还款计划并非乙本人出具,通话记录中乙也未明确表明欠甲300万元,两份证据均不能证明甲只提走现金100万元。反观乙提交的微信聊天记录,该证据只能证明甲与乙曾经达成甲取走现金200万元的意向,并不能证明两天后甲实际在银行取走现金200万元。由于甲与乙均表示无法提交其他证据,本案主要事实即甲取走的现金究竟是100万元还是200万元真伪不明,审判人员只能适用客观证明责任的分配规则作出判决。

三、客观证明责任的负担

证明责任转移,是指在民事诉讼中,当事人各方提供本证证明自己的事实主张,提出反证反驳对方的事实主张过程中,当事人提供证据的责任在当事人之间的来回转移。诉讼中,承担证明责任的一方当事人在提供证据证明其主张的过程中,令审判人员产生事实趋于明了的心证,而对方当事人为动摇审判人员已经初步形成的内心确信,提供证据反驳该事实主张,又将审判人员的心证状态由"内心确信"拉低到"真伪不明"。为了让审判人员再次形成内心确信,承担证明责任的一方当事人提供新的证据证明自己的主张,故证明责任在诉讼中呈现反复转移的状态。

大陆法系国家证明责任理论认为,所谓证明责任转移仅指主观(行为)证明责任,客观证明责任由哪一方当事人承担是由法律、法规预先设定的,因此,在诉讼中客观证明责任始终在原告或被告一方。我国《民诉法》虽然没有证明责任转移的规定,但实务中有些案件也会出现这种情况,但发生转移的只是主观(行为)证明责任,客观证明责任无论如何不会在原告、被告之间相互转移。比如,根据《民诉法解释》第91条的规定,在借款合同纠纷中,关于合同关系成立事实的证明责任始终都在出借人一方,而借款是否偿还的证明责任始终都在借款人一方。案例11-2中,原告李某诉被告王某返还借款本金200万元,李某对其主张的与王某形成借款关系负有证明责任,李某始终对该事实承担客观证明责任;而王某对其主张已向李某返还借款本金200万元负有证明责任,对该事实的客观证明责任始终在王某一方。

外国法中,实体法对客观证明责任规定较多,也比较明确。我国早期实体法中对客观证明责任规定较少,近年颁布的实体法律中相关规定相对增加。目前,我国关于客观证明责任的规定主要还是在民事诉讼程序法中,以及包括《民诉法解释》在内的最高人民法院民事诉讼司法解释中。

四、客观证明责任与当事人提出证据加以证明的关系

当事人提出证据对自己的主张加以证明是当事人的一项诉讼权利,即使该当事人对特定事实不承担证明责任,当事人也应尽可能对特定事实提出证据加以证明。

比如,借款合同纠纷中,返还借款事实的证明责任在借款人一方,如借款人不能证明已经还款,返还借款的事实陷入真伪不明的状态,借款人要承担败诉的不利后果。这种情况下,出借人本可以不对借款人是否还款提交证据,任由还款事实陷入真伪不明的状态,但出借人为了在诉讼中争取主动,避免待证事实真伪不明,还是应尽可能收集提交证据以证明借款人没有还款,使借款人没有还款成为确定事实,此时,法院也就没有必要适用客观证明责任规则作出判决。如此,判决结果更加明确,更加令人信服,也不易被二审或再审程序改判或撤销。因此,不承担客观证明责任的一方当事人从避免上诉改判、再审撤销判决的角度出发,也应尽可能对特定事实提出证据加以证明。

客观证明责任是一种拟制或假定,拟制负有证明责任的一方当事人不能够证明时,该事实不存在,并让负有客观证明责任的一方当事人承担不利后果,但该事实不一定真的不存在。适用客观证明责任的判决也很容易出问题,因为其认定的事实毕竟不是客观事实,某些时候甚至与客观事实完全背离。比如,负有证明责任的当事人受对证据重要性的认识或收集证据能力所限,在诉讼过程中没有提交重要证据,法院依客观证明责任认定的事实,极有可能与客观真实相背离。因此,法院必须严格执行客观证明责任的适用条件——只有在穷尽各种证明手段,包括法律推定、经验法则在内的所有证明手段已经用尽,主要事实仍然真伪不明时才能适用客观证明责任规则作出判决。

第五节 证明责任的分配

一、证明责任分配概述

所谓证明责任分配,是指法院在诉讼中按照一定规范或标准,将主要事实真伪不明时所要承担的不利后果在双方当事人之间划分。客观证明责任是一种实体法上的法定的风险分配,当案件主要事实陷入真伪不明的状态时,客观证明责任决定由哪一方当事人承担败诉的风险,审判人员根据该风险分配作出对负有证明责任一方当事人的不利裁判。可以看出,客观证明责任实际上的功能在于帮助审判人员克服主要事实真伪不明时的裁判问题,又被称为"法官裁判本位"的证明责任理论。证明责任分配不是纯诉讼法问题,而是涉及诉讼法与实体法两大法域的问题。

证明责任分配,实质上就是法律对客观证明责任的预先分配。对审判人员而言,证明责任的分配,是在主要事实真伪不明时指示法官如何裁判的方法论。无论在哪种诉讼模式下,都可能面临主要事实无法查清的情况,而审判人员又不能以主要事实无法查清为由拒绝裁判,因此,当主要事实无法查清时,必然要由一方当事人承担由此带来的不利后果,这一不利后果由谁承担,这就是证明责任分配要解决的问题。

二、证明责任分配的原则

大陆法系国家客观证明责任理论的原则为:主张权利或法律关系存在的当事人对产生要件的事实负证明责任,无需对不存在要件的妨碍事实负证明责任。凡主张存在的权利或法律关系已经变更或消灭的,需要对存在变更或消灭的事实负证明责任。

《民诉法》第 64 条第 1 款规定:"当事人对自己提出的主张,有责任提供证据。"学界与实务界将该规定笼统地理解为"谁主张,谁举证",即原、被告分别就各自主张承担举证证明责任,否则应承担相应的不利后果。根据本条规定,当事人只要提出主张,无论是请求主张还是反驳抗辩,抑或是原告针对被告反驳抗辩提出的反对主张,只要是"谁主张",就需"谁举证",否则,主张方就应承担不利后果。

2001年《证据规定》第2条借鉴"法律要件分类说",对证明责任分配作出概括性规定:"当事人对自己提出的诉讼请求所依据的事实或者反驳对方诉讼请求所依据的事实有责任提供证据加以证明。没有证据或者证据不足以证明当事人的事实主张的,由负有举证责任的当事人承担不利后果。"换言之,并非当事人对其提出的主张均负有举证责任,只有负有证明责任的一方当事人才承担举证责任,该规则可简化为"谁负有证明责任谁举证"。该规定实质上是对"当事人对自己提出的主张,有责任提供证据"规定的补充与完善,从而使这一证明责任原则更为严谨,实务中也更加具有可操作性。

《民诉法解释》第90条吸收2001年《证据规定》第2条内容,对证明责任分配原则概括规定为:"当事人对自己提出的诉讼请求所依据的事实或者反驳对方诉讼请求所依据的事实,应当提供证据加以证明,但法律另有规定的除外。在作出判决前,当事人未能提供证据或者证据不足以证明其事实主张的,由负有举证证明责任的当事人承担不利的后果。"本条规定中,"当事人对自己提出的诉讼请求所依据的事实或者反驳对方诉讼请求所依据的事实,应当提供证据加以证明,但法律另有规定的除外"的规定即是大陆法系证明责任理论中的行为意义上的证明责任(主观证明责任),实务中也称为举证责任。"在作出判决前,当事人未能提供证据或者证据不足以证明其事实主张的,由负有举证证明责任的当事人承担不利的后果"是关于结果意义上证明责任(客观证明责任)的规定,实务中也称为证明责任。因此,《民诉法解释》中举证责任的概念包括了大陆法系证明责任的双重含义。本条规定再次明确,并非当事人对其提出的主张一律负有举证责任,只有承担证明责任的一方当事人才负有举证责任,没有证据或者证据不足以证明当事人的事实主张时,负有举证证明责任的一方当事人承担证据失权的不利后果。

《民诉法解释》第91条对证明责任分配规则予以细化:"人民法院应当按照以下原则确定举证证明责任的承担,但法律另有规定的除外:(一)主张法律关系存在的当事人,应当对产生该法律关系的基本事实承担举证证明责任。(二)主张法律关系变更、消灭或者权利受到妨害的当事人,应当对该法律关系变更、消灭或者权利受到妨害的基本事实承担举证证明责任。"具体到个案中,原告提起诉讼,主张与被告形成某种法律关系,原告首先对产生该法律关系的基本事实承担举证证明责任。原告完成其举证责任后,被告通常会提出该法律关系没有产生、法律关系已变更或基于该法律关系产生的债权债务关系已全部或部分消灭(已全部或部分履行义务)的抗辩,被告须对其抗辩的基本事实承担举证证明责任。

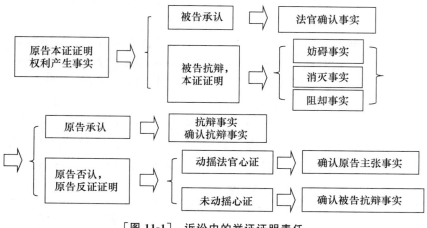

[图 11-1] 诉讼中的举证证明责任

1. 合同纠纷

在《民诉法解释》第 91 条规定之前,2001 年《证据规定》第 5 条曾对合同纠纷的举证证明责任分配原则予以规定,即在合同纠纷案件中,主张合同关系成立并生效的一方当事人对合同订立和生效的事实承担举证责任;主张合同关系变更、解除、终止、撤销的一方当事人对引起合同关系变动的事实承担举证责任。对合同是否履行发生争议的,由负有履行义务的当事人承担举证责任。上述内容系《民诉法解释》第 91 条在合同纠纷中的具体体现,第 91 条实际上囊括了第 5 条规定的全部举证证明责任的分配规则,因此,2019 年《证据规定》删除了 2001 年规定第 5 条,实务中不能再引用该条文,应直接引用《民诉法解释》第 91 条。

2019 年《全国法院民商事审判工作会议纪要》明确了部分合同纠纷举证证明责任分配规则:

(1) 当事人主张违约金过高,请求人民法院予以调整,认定约定违约金是否过高,一般应兼顾合同履行情况、当事人过错程度以及预期利益等因素综合确定。主张违约金过高的违约方应当对违约金是否过高承担举证责任(第 50 条)。

(2) 金融产品发行人、销售者以及金融服务提供者与金融消费者之间因销售各类高风险等级金融产品和为金融消费者参与高风险等级投资活动提供服务而引发的民商事案件,金融消费者应当对购买产品(或者接受服务)、遭受的损失等事实承担举证责任。卖方机构对其是否履行了适当性义务承担举证责任。卖方机构不能提供其已经建立了金融产品(或者服务)的风险评估及相应管理制度、对金融消费者的风险认知、风险偏好和风险承受能力进行了测试、向金融消费者告知产品(或者服务)的收益和主要风险因素等相关证据的,应当承担举证不能的法律后果(第 75 条)。

(3) 营业信托纠纷案件,资产管理产品的委托人以受托人未履行勤勉尽责、公平对待客户等义务损害其合法权益为由,请求受托人承担损害赔偿责任的,应当由受托人举证证明其已经履行了义务。受托人不能举证证明,委托人请求其承担相应赔偿责任的,人民法院依法予以支持(第 94 条)。

2. 侵权纠纷

根据《民诉法解释》第 91 条的规定,一般侵权纠纷的被侵权人应当对侵权行为、损害结果、二者之间的因果关系、行为人过错四个要件承担举证证明责任。若被侵权人只能证明四个要件中的部分要件,则应承担败诉后果。

如果属于法律列举的特殊侵权责任类型的,应按照相应法律规定分配被侵权人与侵权人的举证证明责任。《民法典》侵权责任编集中规定了特殊侵权责任类型,其列举的非证明责任倒置类型主要包括:

(1) 无民事行为能力人在幼儿园、学校或者其他教育机构学习、生活期间受到人身损害的,幼儿园、学校或者其他教育机构应当承担侵权责任;但是,能够证明尽到教育、管理职责的,不承担侵权责任(第 1199 条)。

(2) 民用核设施或者运入运出核设施的核材料发生核事故造成他人损害的,民用核设施的营运单位应当承担侵权责任;但是,能够证明损害是因战争、武装冲突、暴乱等情形或者受害人故意造成的,不承担责任(第 1237 条)。

(3) 民用航空器造成他人损害的,民用航空器的经营者应当承担侵权责任;但是,能够证明损害是因受害人故意造成的,不承担责任(第 1238 条)。

(4) 占有或者使用易燃、易爆、剧毒、高放射性、强腐蚀性、高致病性等高度危险物造成他人损害的,占有人或者使用人应当承担侵权责任;但是,能够证明损害是因受害人故意或者不可抗力造成的,不承担责任。被侵权人对损害的发生有重大过失的,可以减轻占有人或者使用人的责任(第 1239 条)。

(5) 从事高空、高压、地下挖掘活动或者使用高速轨道运输工具造成他人损害的,经营者应当承担侵权责任;但是,能够证明损害是因受害人故意或者不可抗力造成的,不承担责任。被侵权人对损害的发生有重大过失的,可以减轻经营者的责任(第 1240 条)。

(6) 非法占有高度危险物造成他人损害的,由非法占有人承担侵权责任。所有人、管理人不能证明对防止非法占有尽到高度注意义务的,与非法占有人承担连带责任(第 1242 条)。

(7) 未经许可进入高度危险活动区域或者高度危险物存放区域受到损害,管理人能够证明已经采取足够安全措施并尽到充分警示义务的,可以减轻或者不承担责任(第 1243 条)。

（8）饲养的动物造成他人损害的，动物饲养人或者管理人应当承担侵权责任；但是，能够证明损害是因被侵权人故意或者重大过失造成的，可以不承担或者减轻责任（第1245条）。饲养动物致人损害适用无过错原则。受害人对损害结果、造成伤害的动物由加害人饲养或管理负有举证责任。动物饲养人或者管理人若想免责，就要对受害人有过错或第三人有过错负证明责任。实务中，动物饲养人或者管理人免责情形有：受害人或第三人故意投打、挑逗或者投喂动物，或者无视警戒标志、跨越隔离设施接近他人饲养的动物。

（9）违反管理规定，未对动物采取安全措施造成他人损害的，动物饲养人或者管理人应当承担侵权责任；但是，能够证明损害是因被侵权人故意造成的，可以减轻责任（第1246条）。

（10）动物园的动物造成他人损害的，动物园应当承担侵权责任；但是，能够证明尽到管理职责的，不承担侵权责任（第1248条）。

如果属于法律明确规定的证明责任倒置情形的，应由侵权方就法律规定的要件承担举证证明责任，被侵权人只需要对特殊证明责任分配要件之外的其他要件承担举证证明责任即可。①

3. 代理权纠纷

2001年《证据规定》第5条第3款曾规定，对代理权发生争议的，由主张有代理权一方当事人承担举证责任，2019年规定删除了该条款，该条款属于《民诉法解释》第91条确定规则的应有之义。根据"法律要件分类说"，主张权利存在的当事人应当就权利成立的要件事实承担举证证明责任。因此，在代理权纠纷案件中，由主张有代理权的一方承担举证证明责任，证明代理权发生的依据、代理权的范围和表见代理的根据，否认代理权存在的一方对上述事实不承担举证证明责任。

4. 劳动争议纠纷

2001年《证据规定》第6条曾规定，在劳动争议纠纷案件中，因用人单位作出开除、除名、辞退、解除劳动合同、减少劳动报酬、计算劳动者工作年限等决定而发生劳动争议的，由用人单位负举证责任。用人单位如果错误地对劳动者作出开除、除名、辞退等决定，劳动者同用人单位之间的劳动关系终止，劳动者因此而失业，直接关系到劳动者的前途和家庭生活，因此，用人单位作出上述决定时必须符合相应的法律规定并说明理由，同时还应承担相应举证证明责任。上述规则在《最高人民法院关于审理劳动争议案件适用法律若干问题的解释（二）》中已有明确规定，因此，2019年《证据规定》删除了2001年规定第6条。

2020年12月29日，《最高人民法院关于审理劳动争议案件适用法律问题

---

① 证明责任倒置情形参见本章第6节介绍。

的解释(一)》(法释〔2020〕26号),废止了《最高人民法院关于审理劳动争议案件适用法律若干问题的解释(二)》。新解释规定的劳动争议纠纷举证证明责任规则具体包括:

(1) 劳动者主张加班费的,应当就加班事实的存在承担举证责任。但劳动者有证据证明用人单位掌握加班事实存在的证据,用人单位不提供的,由用人单位承担不利后果(第42条)。

(2) 因用人单位作出的开除、除名、辞退、解除劳动合同、减少劳动报酬、计算劳动者工作年限等决定而发生的劳动争议,用人单位负举证责任(第44条)。

5. 法院酌定证明责任分配原则

当法律、司法解释对证明责任分配没有明确规定时,需要法官本着理性和公平原则,对证明责任分配问题予以自由裁量。2001年《证据规定》第7条曾规定,在法律没有具体规定,依本规定及其他司法解释无法确定举证责任承担时,人民法院可以根据公平原则和诚实信用原则,综合当事人举证能力等因素确定举证责任的承担。人民法院自由裁量分配证明责任时,应当从以下角度考量证明责任的具体分配:(1) 公平原则,比如个案中当事人举证的难易程度、情势变更和实体法上的公平责任等;(2) 诚实信用原则,需要综合考量诉讼中存在的恶意诉讼、拖延诉讼、反悔自认、毁灭证据、隐匿证据、不当举证等情形;(3) 当事人的举证能力,主要是考虑当事人的文化程度、年龄、职业等自身客观情况,当事人与案件的客观联系,以及当事人承担证明责任的经济负担能力等因素。2019年《证据规定》删除了该条文。

[案例11-5] 原告陈某起诉称,被告刘某经朋友介绍与本人认识,其于2013年5月6日称因生意周转需向本人借款52.5万元,借款到期后,经原告多方催促仍不还款。原告陈某请求判令被告刘某立即归还借款52.5万元。被告刘某辩称:(1) 被告与原告并不认识,也不存在借款关系,原告陈某是某二手汽车行的员工。刘某因资金周转于2013年5月以汽车转让的形式向某二手车行借款,当时双方签订了汽车转让合同,刘某写下52.5万元的借条一张,其中50万元是本金,2.5万元是一个月的利息,本金50万元是车行通过银行转账至刘某账户上,借条上并没有写陈某名字。(2) 由于资金困难,2014年3月,在车行的要求下,刘某将车过户至车行员工名下抵偿借款。

原告陈某需要承担举证证明责任的事实包括:

陈某举证证明责任	陈某与刘某形成借款合同关系
	陈某向刘某交付借款525000元

原告陈某完成上述举证证明责任后,被告刘某需要承担举证证明责任的事实包括:

```
                          ┌── 与原告不存在借款合同关系
  ┌─────────────┐         │
  │ 刘某举证证明责任 │ ────┼── 已部分或全部返还借款
  └─────────────┘         │
                          └── 债务抵销等方式致债权消灭
```

法院认为:原告与被告没有签订书面借款合同,被告也没有向原告出具收到借款的收条,原告证明被告刘某向原告借款的证据只有刘某出具的借条一份,而借条"出借人"处为空白,是原告在本案立案以后才填写的。原告首先对其与刘某之间形成借款合同关系负有举证证明责任,本院已将原告不能提交相应证据的法律后果向原告释明,但原告在本院指定期限内仍未提交补强证据,且原告陈述经常向朋友出借款项,但依原告的收入状况不足以支撑其资金来源,而被告提交的空白汽车转让合同、2012年12月27日50万元借据等证据证明被告与某二手车行存在抵押车借款的交易习惯,而本案原告所称的抵押车辆是否已被某二手车行变卖以抵偿被告债务尚不确定,因此,原告没有完成其举证证明责任,应承担证据失权的不利后果。法院对原告的诉讼请求不予支持,判决驳回原告陈某的诉讼请求。

第六节 证明责任的倒置

随着社会生活的复杂化,民事案件也日益复杂,在某些案件中由主张方举证非常困难。影响举证能力的因素有两方面:案件事实的性质和当事人取证的难易程度。如在新产品制造侵权、环境污染等诉讼中,由于案件事实具有专业性与保密性,决定了主张方远离证据,约束了主张方收集证据的能力。为了保护这部分诉讼弱势群体的利益,弥补证明责任分配的原则即证明责任"正置"原则的不足,法律针对一些特殊案件,主要是特殊侵权案件,将按照证明责任分配一般原则由主张方承担证明责任,改为由对方当事人承担,称之为证明责任的倒置。

在一般的侵权责任诉讼中,被侵权人应当对侵权行为、损害结果、二者之间的因果关系、行为人过错四个要件承担证明责任。但是,在诸如医疗侵权领域、环境侵权领域等特殊侵权领域,被侵权人对于侵权人主观过错、侵权行为与损害结果因果关系等进行证明可能面临特殊困难,如果一味地要求被侵权人对四个责任构成要件事实承担证明责任,被侵权人可能得不到应有救济,进而有损法律的公平正义,因此,《民法典》侵权责任编及《专利法》明确规定了证明责任倒置情形。

（一）因新产品制造方法发明专利引起的专利侵权诉讼，由制造同样产品的单位或者个人对其产品制造方法不同于专利方法承担举证证明责任。

《专利法》第66条第1款规定，专利侵权纠纷涉及新产品制造方法的发明专利的，制造同样产品的单位或者个人应当提供其产品制造方法不同于专利方法的证明。新产品制造方法在生产制造过程中使用，专利权人远离证据，很难进入对方生产线调查了解，取得直接证据。对于制造同样产品的单位或者个人而言，究竟使用何种方法生产产品自己最清楚，最容易证明该项产品不是用专利方法而是用其他方法生产的。据此，在新产品制造方法发明专利诉讼中，由制造同样产品的单位或者个人对其产品制造方法不同于专利方法承担举证责任，具体举证方法一般有以下几种形式：(1) 依照专利权人在权利要求书中的技术内容为标准，说明自己的产品制造方法在技术方案和技术构思上不同于专利方法；(2) 对自己的产品制造方法进行技术分解，指出该方法从局部到整体均不同于专利方法的技术方案和技术构思；(3) 将自己制造产品的技术方案与专利方法的技术方案进行对应技术的比较分析，通过对比分析，说明自己的产品制造方法不同于专利方法。

（二）因环境污染、破坏生态引起的损害赔偿诉讼，由侵权人就其行为与损害之间不存在因果关系承担举证证明责任。

《民法典》侵权责任编第1230条规定，因污染环境、破坏生态发生纠纷，行为人应当就法律规定的不承担责任或者减轻责任的情形及其行为与损害之间不存在因果关系承担举证责任。环境污染损害、破坏生态赔偿责任适用无过错原则，被侵权人本来应证明：(1) 行为人有环境污染、破坏生态行为；(2) 损害结果；(3) 因果关系。但是，由于环境污染、破坏生态行为的复杂性、渐进性和多因性，以及损害的潜伏性，因果关系较难证明，《民法典》侵权责任编将因果关系的证明责任倒置，从而减轻被侵权人的证明责任。而侵权人就法律规定的不承担责任或者减轻责任的情形承担举证责任则不属于证明责任倒置，属于证明责任的一般分配。

（三）建筑物、构筑物或者其他设施及其搁置物、悬挂物发生脱落、坠落造成他人损害，由所有人、管理人或者使用人对自己没有过错承担举证证明责任。

《民法典》侵权责任编第1253条规定，建筑物、构筑物或者其他设施及其搁置物、悬挂物发生脱落、坠落造成他人损害，所有人、管理人或者使用人不能证明自己没有过错的，应当承担侵权责任。所有人、管理人或者使用人赔偿后，有其他责任人的，有权向其他责任人追偿。该规定是主观过错这一要件事实证明责任的倒置。对于建筑物及其他工作物致人损害赔偿责任的归责原则，适用过错责任原则，且对于侵权人的过错进行法律推定。所谓过错推定原则，是指在适用过错责任原则的前提下,在某些特殊的场合,由损害事实本身推定行为人有过错,从而减轻或免除被侵权人对侵权人过错的证明责任。

过错推定是过错责任的特殊情形,其适用的情形必须由法律明确规定。《民法典》侵权责任编规定在建筑物及其他工作物致人损害诉讼中,被侵权人必须对除侵权人过错外的其他要件事实负证明责任,具体来讲,对人身或财产损害结果,以及损害是建筑物或其他工作物发生脱落、坠落所致的事实负证明责任。上述事实得到证明后,侵权人过错被推定存在,侵权人要想免责,需证明自己没有过错,比如证明建筑物或其他工作物致人损害是不可抗力所致,或是第三人过错所致。

[案例 11-6] 2005 年,甲公司与乙公司签订房屋租赁合同,约定甲公司将其所有的楼房首层租给乙公司作为经营用房,并约定乙公司不得任意设置标牌广告,如需设置,应由甲公司指定位置。之后,经甲公司同意,乙公司在该楼楼顶设置一块大型霓虹灯广告牌,广告牌外挂能移动的维修铁梯。2007 年 1 月 31 日上午 10 时,该铁梯突然坠落,将徒步行走路过的杨女士砸倒,杨女士最终不治身亡。2007 年 5 月,杨女士家属诉至法院,要求甲、乙公司连带赔偿各项损失 50 余万元。

法院审理认为,乙公司作为广告牌及铁梯的所有者,未尽到谨慎注意义务,造成杨女士死亡,应承担民事赔偿责任。甲公司同意乙公司在其楼顶设置广告牌,但未尽到监督、管理义务,对损害后果应承担连带责任。法院最终判决,乙公司赔偿原告 40 余万元,甲公司对其中 80% 承担连带赔偿责任。

本案是典型的建筑物上搁置物致人损害的案件。原告只需证明杨女士受害的事实、杨女士受害是由被告所有或管理的建筑物上搁置物造成即可。而被告甲、乙公司首先被推定为有过错,如乙公司不能证明它没有过错,除了不可抗力——如台风、地震,或是第三人过错——如他人推动铁梯等,以及甲公司不能证明它没有过错——如未同意乙公司设置广告牌等,二被告就不能免除自身责任。

(四) 堆放物倒塌、滚落或者滑落造成他人损害,由堆放人对自己没有过错承担举证证明责任。

《民法典》侵权责任编第 1255 条规定,堆放物倒塌、滚落或者滑落造成他人损害,堆放人不能证明自己没有过错的,应当承担侵权责任。该规定是主观过错这一要件事实证明责任的倒置。此类纠纷中,被侵权人对人身或财产损害结果,以及损害是堆放物倒塌、滚落或者滑落所致的事实负证明责任。上述事实得到证明后,侵权人过错被推定存在,侵权人要想免责,需证明自己没有过错。

（五）林木折断、倾倒或者果实坠落等造成他人损害，由林木所有人或者管理人对自己没有过错承担举证证明责任。

《民法典》侵权责任编第1257条规定，因林木折断、倾倒或者果实坠落等造成他人损害，林木的所有人或者管理人不能证明自己没有过错的，应当承担侵权责任。该规定亦是主观过错这一要件事实证明责任的倒置，侵权人要想免责，需证明自己没有过错。

（六）因医疗行为引起的侵权诉讼，由医疗机构就特殊情形下不存在医疗过错承担举证证明责任。

2001年《证据规定》曾将医疗行为侵权纠纷的过错责任和因果关系两个要件事实的证明责任都予以倒置，无疑加重了医疗机构的证明责任，在一般情况下很难免除赔偿责任，对医疗机构而言非常不利。医疗机构从维护自身利益出发，在治疗中尽量采取保守治疗措施，最终损害的还是患者的权益。2019年《证据规定》删除了该规定。《民法典》侵权责任编第1222条规定："患者在诊疗活动中受到损害，有下列情形之一的，推定医疗机构有过错：（一）违反法律、行政法规、规章以及其他有关诊疗规范的规定；（二）隐匿或者拒绝提供与纠纷有关的病历资料；（三）遗失、伪造、篡改或者违法销毁病历资料。"该规定确定医疗机构只有存在上述三种情形之一，才适用过错推定原则，由医疗机构对自己没有过错承担证明责任。而在其他情形下，仍然由患者就医疗机构的过错承担证明责任。

[表11-1] 证明责任倒置

案件类型	加害方证明责任
专利纠纷	产品制造方法不同于专利方法
环境污染、破坏生态损害赔偿诉讼	无因果关系
建筑物、搁置物、悬挂物脱落、坠落	所有人、管理人或使用人无过错
堆放物倒塌、滚落或者滑落	堆放人无过错
林木折断、倾倒或者果实坠落	林木所有人或者管理人无过错
医疗行为引起的侵权诉讼	特殊情形下无过错

需注意，证明责任倒置并非将按照一般分配原则分配给当事人的证明责任全部加以倒置，而是将某些事实的证明责任予以倒置。上述证明责任倒置的纠纷中，关于损害事实的证明责任并没有倒置，仍然应当由被侵权人承担证明责任。此外，证明责任倒置的情形并非审判人员自由裁量事项，必须由法律、行政法规、司法解释明确规定，审判人员不能在诉讼中将证明责任任意倒置。

第七节 证明标准

法官助理小王是"声音控",开车上下班时被电台某主播的音质所吸引。听着女主播柔美的声音,就算面对着窗外越来越堵的城市与烦躁的人群,小王的上下班也犹如一段轻松的旅程。女主播还是单身,她在节目中经常谈及她的择偶标准——三个"180",即"身高180、双臂伸展长180、手掌长180",每每至此,小王总是伸直左手,会心一笑,无奈地摇摇头。小王很想哪天去电台见见女主播,告诉她,生活中不止有诗与远方,眼前的许多标准并不那么客观,比如,工作中经常困扰小王的民事诉讼证明标准问题。

一、证明标准概述

证明标准是指负有举证证明责任的一方当事人对案件主要事实的证明能够达到审判人员确认其真伪所要求的程度。

案件事实经当事人证明,法律规定的证明方法都已用尽,可能出现的状态有:(1)真:案件事实的真实性得到确定,审判人员的心证形成,审判人员采信该项事实;(2)伪:案件事实的真实性未得到证明,审判人员基本确信该项事实不存在,审判人员未采信该项事实;(3)真伪不明:案件事实真伪不能确定,审判人员对案件事实将信将疑或半信半疑,审判人员未采信该项事实。

对于主张案件事实的一方当事人而言,如果待证事实的证明没有达到证明标准,待证事实就处于"伪"或者"真伪不明"的状态,审判人员不采信该项事实。而待证事实的证明达到证明标准,待证事实处于"真"的状态,审判人员就应该以该事实作为裁判依据。①

负有证明责任当事人提出的用于证明自己所主张事实的证据是本证,不承担证明责任的一方当事人提出的为证明对方主张事实不真实的证据是反证。由于案件基本事实通常由负有证明责任的当事人提交证据来证明,因此,法律对于本证与反证的证明标准的要求不同。对于本证,通常情况下证明标准需达到"真"的标准,审判人员才会采信该项事实。对于反证,证明标准显著降低,只需达到"真伪不明",动摇审判人员即将形成的内心确信即可。

证明标准的意义在于:

(1)对当事人而言,只有了解了证明标准,在纠纷发生以后,才知道具备哪

---

① 《民诉法解释》第108条第2款规定:"对一方当事人为反驳负有举证证明责任的当事人所主张事实而提供的证据,人民法院经审查并结合相关事实,认为待证事实真伪不明的,应当认定该事实不存在。"

些证据或如何证明才能达到证明要求,而不至于证据不足时贸然起诉,或条件具备时仍没有起诉;在诉讼中,当意识到负有证明责任的一方当事人提交的证据已经达到证明标准,审判人员有可能形成明确的心证时,另一方当事人就必须提出反证推翻本证,或动摇审判人员形成的心证,从而避免反证的盲目性。

(2) 对于审判人员而言,只有明确了证明标准,正确把握认定要件事实需要具备何种程度的证据,才能衡量待证事实是否已经得到证明。待证事实达到证明标准时,确认该事实并作出裁判;待证事实未达到证明标准陷入真伪不明状态时,适用证明责任分配规则作出裁判。

二、证明标准的分类

1. "客观真实"证明标准

"客观真实"证明标准在我国证据理论中长期占据主导地位。该标准要求:在刑事、民事、行政三大诉讼中,法院都必须查明案件客观真实;在认定事实时,要达到"事实清楚、证据确实充分"的程度。《民诉法》第7条规定的"人民法院审理民事案件,必须以事实为依据,以法律为准绳",即是"客观真实"的证明标准。

2. "法律真实"证明标准

法律真实的证明标准,是指案件事实是经过法律程序重塑的,对案件事实的认识达到从法律角度衡量为真实的标准。

在诉讼过程中所呈现的冲突事实,实际上不过是审判人员凭借相关证据材料所形成的主观认识。再现案件事实的真实程度,取决于审判人员对这种证据本身的感触与审判人员对证据本身理解的准确性与合理性。案件事实的最终确定是源自证据所形成的法律真实。法律真实像是打了折扣的客观真实,是基于民事诉讼的技术手段及诉讼效率的局限性作出的一种变通性选择。

3. 高度盖然性标准

《民诉法解释》第108条第1款规定:"对负有举证证明责任的当事人提供的证据,人民法院经审查并结合相关事实,确信待证事实的存在具有高度可能性的,应当认定该事实存在。"该规定表明我国民事诉讼亦采用高度盖然性证明标准。

高度盖然性,是指一项事实主张具备非常大的可能性,一个理性的人不再怀疑或看起来其他可能性都被排除了,这种情况足够形成审判人员的心证。高度盖然性标准不要求证明达到没有半点怀疑的程度,而是按照经验法则,并综合对所有证据的审视,使审判人员不再怀疑而确信"事情原本是这样",并且一个理性的人也确信"事情原本是这样""很有可能"。①

高度盖然性标准是大陆法系的证明标准,高度盖然性标准所确信的事实不等于客观真实,因此审判人员在认定事实时只要求接近真实,达到一般社会大众心目中能将其当作客观真实的程度即可。

高度盖然性标准与一般社会大众的日常生活经验保持高度一致,因此,容易被社会大众所认同和信服。以高度盖然性标准认定的事实,能够使法院的判决获得广泛的社会认同感和较强的司法公信力,这在目前我国法院判决公信力普遍不高的背景下具有非常重要的现实意义。

高度盖然性标准能够保障审判人员心证的客观化。高度盖然性是无法直接以量化标准来衡量的,因此,无法以其本身来评价审判人员心证是否达到该标准。审判人员的心证是伴随着审判人员的思想、经验法则等对事实真相的内心确信,审判人员所认定的事实如果不符合高度盖然性标准,必然也不符合一般人的日常生活经验,这样普通民众立刻就能有所感受。因此,审判人员必须将其心证客观化,以接受社会大众的检验。

[案例 11-7] 原告唐某诉温某健康权纠纷案。原告唐某诉称,被告是某门业铺面经营者。唐某向被告买了门,并约定由温某派人上门安装。2016 年 6 月,被告员工上门安装时,因该员工操作失误,导致异物飞进,当场迸伤原告眼睛,急送医院进行处理后,转至广州两次手术治疗,但至今视力未能恢复,构成伤残,并且随时存在视网膜脱落失明的风险,因被告推诿拒绝承担责任,原告诉请:(1) 被告支付残疾赔偿金、误工费、医疗费、后续治疗费等合计 11 万元;(2) 被告支付精神损害赔偿金 2 万元;(3) 被告承担鉴定费 1000 元。被告辩称:(1) 被告没有派人为原告安装门,为原告安装门的人与被告没有劳动关系也没有雇佣关系,此人的行为与被告无关;(2) 原告提交的证据无法证明其所受到的伤害与被告有关系。

法院查明:被告温某于 2016 年 4 月向唐某出具一份收据,内容是:今收到高先生(注:唐某丈夫)交来铝合金门款 1200 元。唐某治疗期间,安装师傅、温某及妻子到广州医院探望唐某。之后,原告及高某等人到温某店铺同温某、安装师傅商谈赔偿事宜,原告的朋友私自录像。商谈过程中,高某陈述了事情发生的前后经过及温某在广州探视时的经过,温某未作否定表示,视频中温某提及"我们也不逃避"。温某主张安装师傅是唐某所请,其报酬不是温某支付。温某还称,原告家买过两次门,一次是原告买,一次是安装师傅代买,但安装师傅买门没有凭据。

---

① 既然是高度的盖然性,因此国外有学者认为,某项事实的可能性达到 80% 时,即达到了高度盖然性的证明标准。

法院认为：被告的主张不能成立，理由是：(1)按照行业惯例，卖门应当是包送货包安装的，被告称原告买门后自行拉回家并自行找师傅安装，与惯常做法不符；(2)被告主张安装时发生事故的门是安装师傅所买，但并无相关凭据；(3)如果门是安装师傅所买，那么，被告没有理由积极探望原告并参与原告赔偿事宜的协商。再结合双方协商过程中的陈述，原告主张安装师傅系被告所雇，具有高度的可能性，本院予以认定。法院最终判决被告向原告支付各项费用共计10万余元。

无论是客观真实还是法律真实证明标准，原告提交的证据都无法证明安装师傅与温某有劳动关系或雇佣关系的待证事实。如果上述要件事实真伪不明，原告唐某要承担败诉后果。法院依据经验法则，认定安装师傅系被告温某所雇具有高度的可能性。应该说，法院认定事实与社会大众的认识基本一致。

4. 盖然性优越标准

英美法系采用的是盖然性优越标准，也有学者称为优势盖然性标准。审判人员通过比较原被告双方提交证据的证明力，认为证明力较大的证据所指向的事实存在的可能性大于不存在的可能性时，即可能性达到51%时，该项事实就被认为真实。美国模范证据法典起草委员会主席摩根对此有一个形象的比喻："审判人员通常解说所谓证据之优势与证人之多寡或证据之数量无关，证据之优势乃在其使人信服的力量。有时并建议陪审团，其心如秤，对双方当事人之证据分置于其左右之秤盘，并从而权衡何者具有较大之重量。"①

三、我国民事诉讼的证明标准

"实现真实"是民事诉讼证明努力实现的价值之一。虽然当事人收集证据的能力不足、途径不多，法院的技术手段有限，但民事诉讼不应放弃追求客观真实的理念。同时，诉讼效率要求法院在一定期限内作出裁判，民事诉讼不能为实现绝对真实而不计成本，这就需要谋求真实与效率之间的平衡。从民事诉讼手段及诉讼效率出发，一味要求达到客观真实的证明标准不太现实。

我国民事诉讼法历来追求客观真实，《民诉法》所规定的诉讼原则、证据规则、证明规则和证明程序，均是围绕使裁判事实尽可能接近客观真实来设计的。同时，高度盖然性证明标准虽然没有确定在《民诉法》中，但从2001年《证据规定》首次规定了这一标准，到《民诉法解释》再次予以明确，可以说，高度盖然性证明标准已得到学界的一致认可，并已在实务中广泛运用。有学者认为，我国《民

---

① 〔美〕摩根：《证据法之基本问题》，李学灯译，台湾世界书局1982年版，第48页。

诉法》中并不存在用法条明文规定有什么证据审判人员就必须作出什么事实认定的制度安排，在"只要不存在法定证据制度，就是允许审判人员对证据进行自由的评价判断并作出事实认定"这种极为宽泛的意义上，可以说民事诉讼制度已经承认了自由心证的存在。申言之，我国民事诉讼的证明标准为无限接近客观真实的高度盖然性标准。

适用高度盖然性证明标准本质上属于审判人员自由心证的范畴，审判人员如果不在裁判文书中公开适用依据及理由，裁判结果无法让当事人及社会大众所信服，也无法在可能发生的第二审程序及审判监督程序中被其他审判人员所认可。因此，审判人员应当按照《民诉法解释》第105条的规定，在判决书中公开说明适用该标准的依据及理由。

第八节 举 证 时 限

一、举证时限概述

举证时限，是指负有举证证明责任的当事人，应当在法律规定、法院指定或双方当事人约定的期限内提供证据，逾期提供证据，将承担证据失权的不利后果。

1991年及2007年《民诉法》均没有规定举证时限。2001年《证据规定》首次对举证时限的内涵、后果、例外情形等作出了比较系统的规定。在此之前，我国民事诉讼实行"证据随时提出主义"，法律对当事人提供证据的时间不作任何限制。

无论大陆法系还是英美法系国家，民事诉讼法均对当事人提出证据的时限予以限制。在英美法系国家，程序正义的价值理念深入人心，程序的正当性被认为是审判公正进行的必要前提和有力保障。以美国为例，《联邦民事诉讼规则》规定，法官可以在审前会议中确定当事人提出证据的合理时间限制。在最后一次审前会议之后，对其与双方律师或当事人之间协商的事项作出决定性命令，该命令控制以后的诉讼程序。在法庭审理中，除非为了防止明显的不公，审判人员发布新命令更改此命令，否则当事人不能提出审前命令中没有的证据与事实，即此时产生证据失权的法律效果。而美国法院的上诉审主要是法律审，对一审认定事实一般不作审查。

确立举证时限制度的意义有：(1) 举证时限制度首先体现了程序公正的基本价值。程序公正意味着双方当事人诉讼地位平等，通过平等基础上的攻击防御以谋求有利于自己的诉讼结果。确立举证时限制度，对于当事人提交证据的期限进行固定，能够有效防止一方当事人利用优势地位对另一方当事人进行证据突袭和拖延诉讼,从而使当事人的攻击防御在公平的程序中展开。(2)举证时限制度是诉讼效率价值的基本要求。诉讼效率的实现必须满足两方面的要求,一是降低司法成本,防止司法资源的浪费;二是加速诉讼进程,防止诉讼的不必要迟延。举证时限制度能够有效防止诉讼拖延与司法资源的浪费,体现了对诉讼效率价值的追求。(3)举证时限制度体现了对民事诉讼诚实信用原则的追求。举证时限制度能够防止和制裁民事诉讼中利用证据突然袭击和干扰正常诉讼秩序、拖延诉讼的不诚信行为,体现了诚实信用原则的基本要求。

2001年《证据规定》确立了比较严格的举证时限及法律后果,但在实务中逐渐暴露出一些弊端。比如第33条规定:"人民法院应当在送达案件受理通知书和应诉通知书的同时向当事人送达举证通知书。举证通知书应当载明举证责任的分配原则与要求、可以向人民法院申请调查取证的情形、人民法院根据案件情况指定的举证期限以及逾期提供证据的法律后果。举证期限可以由当事人协商一致,并经人民法院认可。由人民法院指定举证期限的,指定的期限不得少于三十日,自当事人收到案件受理通知书和应诉通知书的次日起计算。"第34条规定:"当事人应当在举证期限内向人民法院提交证据材料,当事人在举证期限内不提交的,视为放弃举证权利。对于当事人逾期提交的证据材料,人民法院审理时不组织质证。但对方当事人同意质证的除外。当事人增加、变更诉讼请求或者提起反诉的,应当在举证期限届满前提出。"实务中经常出现以下两种情况:(1)在相当部分案件中,由于当事人诉讼能力的限制,尽管无主观上的故意,也会发生逾期提交证据的情况,此时法院往往认定该当事人放弃举证权利;(2)有一部分当事人不理解证据失权的效力,想搞证据突袭,结果提出证据时超过举证期限。上述两种情况下逾期所提出的证据,对方当事人由于"趋利心理"一般不予质证,最终导致法院难以查清案件事实,被迫以证明责任的分配规则作出裁判,实体公正的实现面临巨大挑战,当事人的合法权益得不到有效保护。如果当事人无法接受败诉事实而缠诉上访,导致"案结事不了",可能带来司法资源的更大浪费,并造成新的社会不稳定因素。

二、《民诉法》关于举证时限的规定

2012年《民诉法》在结合我国国情的基础上,合理借鉴了德国、日本和我国台湾地区的相关规定,对2001年《证据规定》中举证时限的不合理部分作出修改。《民诉法》第65条规定:"当事人对自己提出的主张应当及时提供证据。人民法院根据当事人的主张和案件审理情况,确定当事人应当提供的证据及其期限。当事人在该期限内提供证据确有困难的,可以向人民法院申请延长期限,人民法院根据当事人的申请适当延长。当事人逾期提供证据的,人民法院应当责令其说明理由;拒不说明理由或者理由不成立的,人民法院根据不同情形可以不予采纳该证据,或者采纳该证据但予以训诫、罚款。"本条规定放弃了原法条中刚性的"证据失权"规则,以要求当事人及时提出证据的强制性规定,辅以审判人员的自由心证判断,来审视当事人逾期提出的证据是否可以进入审判。事实上这是允许逾期证据进入审判的一种灵活处理,体现出审判人员在程序正义和实体公正发生冲突时的一种价值权衡。而在法律后果上,本条规定赋予审判人员选择权——既可以决定不采纳该逾期提出的证据,也可以决定采纳该证据,但出于程序正义考虑,决定采纳的要对当事人提出训诫或处以罚款。对于相当一部分当事人来说,可能并不能够完全理解证据失权的含义和法律后果,但能够理解训诫和罚款,如此规定对于督促当事人按时提出证据将起到积极的促进作用。

《民诉法》第 65 条规定较为原则,没有细化不同情形下审判人员应当采取的不同处理方法和态度,也没有明确具体训诫的程度和罚款的数额,实务中不宜统一裁判尺度。《民诉法解释》以三条规定对实施细则进一步明确。《民诉法解释》第 99 条规定:"人民法院应当在审理前的准备阶段确定当事人的举证期限,举证期限可以由当事人协商,并经人民法院准许。人民法院确定举证期限,第一审普通程序案件不得少于十五日,当事人提供新的证据的第二审案件不得少于十日。举证期限届满后,当事人对已经提供的证据,申请提供反驳证据或者对证据来源、形式等方面的瑕疵进行补正的,人民法院可以酌情再次确定举证期限,该期限不受前款规定的限制。"第 101 条规定:"当事人逾期提供证据的,人民法院应当责令其说明理由,必要时可以要求其提供相应的证据。当事人因客观原因逾期提供证据,或者对方当事人对逾期提供证据未提出异议的,视为未逾期。"第 102 条规定:"当事人因故意或者重大过失逾期提供的证据,人民法院不予采纳。但该证据与案件基本事实有关的,人民法院应当采纳,并依照民事诉讼法第六十五条、第一百一十五第一款的规定予以训诫、罚款。当事人非因故意或者重大过失逾期提供的证据,人民法院应当采纳,并对当事人予以训诫。当事人一方要求另一方赔偿因逾期提供证据致使其增加的交通、住宿、就餐、误工、证人出庭作证等必要费用的,人民法院可予支持。"

综观《民诉法》及《民诉法解释》的规定,本书对当事人逾期提交证据的法律后果归纳如下:

当事人因客观原因逾期提供证据,或者对方当事人对逾期提供证据未提出异议的,视为未逾期。当事人因故意或重大过失逾期提供的证据与案件基本事实有关的,法院应当在训诫、罚款后采纳。当事人因故意或重大过失逾期提供的证据与案件基本事实无关的,法院不予采纳。当事人非因故意或重大过失逾期提供的证据,法院应当在训诫后采纳。

《证据规定》第 59 条还对罚款金额予以明确:"人民法院对逾期提供证据的

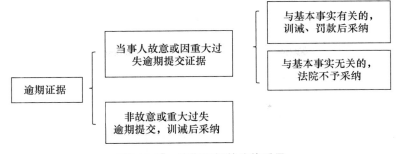

[图 11-2] 逾期证据的法律后果

当事人处以罚款的,可以结合当事人逾期提供证据的主观过错程度、导致诉讼迟延的情况、诉讼标的金额等因素,确定罚款数额。"

三、举证期限的确定与延长

当事人举证期限的确定分为两种情形:当事人协商与法院指定。除《民诉法解释》第 99 条规定之外,《证据规定》第 51 条规定:"举证期限可以由当事人协商,并经人民法院准许。人民法院指定举证期限的,适用第一审普通程序审理的案件不得少于十五日,当事人提供新的证据的第二审案件不得少于十日。适用简易程序审理的案件不得超过十五日,小额诉讼案件的举证期限一般不得超过七日。举证期限届满后,当事人提供反驳证据或者对已经提供的证据的来源、形式等方面的瑕疵进行补正的,人民法院可以酌情再次确定举证期限,该期限不受前款规定的期间限制。"当事人协商举证期限的,不受解释规定的法院指定最短期限的限制,既可多于 15 日,也可少于 15 日,但须经法院准许。如果原被告双方协商时间过长,法院可以干预。实务中当事人协商确定举证期限的比较少见,较为普遍的是由法院指定举证期限。法院指定举证期限的,适用第一审普通程序审理的案件不得少于 15 日,当事人提供新的证据的第二审案件不得少于 10 日,适用简易程序审理的案件不得超过 15 日,小额诉讼案件的举证期限一般不得超过 7 日,自当事人收到举证通知书的次日起分别计算。共同诉讼中不同被告收到应诉通知书的时间不同的,收到举证通知书的时间自然也不相同,应按照收到举证通知书的时间分别计算举证期限。

《民诉法》第 65 条第 2 款规定了当事人在法院确定的举证期限内提供证据确有困难的,可以向法院申请延长举证期限。对于何种情形下提供证据确有困难,实务中认定不一。《证据规定》第 52 条对此予以明确:当事人在举证期限内提供证据存在客观障碍,属于《民诉法》第 65 条第 2 款规定的"当事人在该期限内提供证据确有困难"的情形。前款情形,人民法院应当根据当事人的举证能力、不能在举证期限内提供证据的原因等因素综合判断。必要时,可以听取对方当事人的意见。显然，提供证据困难仅限于客观障碍，由审判人员综合判断。

《证据规定》第54条规定："当事人申请延长举证期限的，应当在举证期限届满前向人民法院提出书面申请。申请理由成立的，人民法院应当准许，适当延长举证期限，并通知其他当事人。延长的举证期限适用于其他当事人。申请理由不成立的，人民法院不予准许，并通知申请人。"该条文与《民诉法解释》第100条完全一致。当事人如在约定或法院指定期限内无法提交或无法充分提交证据，应当在举证期限届满前向法院提出书面延期举证申请，申请书应写明申请延期举证的期限及理由。法院应对申请进行审查，理由成立的予以准许，并再次发出举证通知书或口头通知记入笔录确定延长举证的期限，延长期限应对等适用于没有提出延期申请的其他当事人。比如，原告申请延长举证期限20日，法院经审查准许原告延长举证期限10日，尽管被告没有申请延长举证期限，法院同样应当对等地为被告延长10日举证期限。

1. 证据交换时间与举证期限的确定

《证据规定》第56条规定，人民法院为明确争议焦点，通过组织证据交换进行审理前准备的，证据交换之日举证期限届满。证据交换的时间可以由当事人协商一致并经人民法院认可，也可以由人民法院指定。当事人申请延期举证经法院准许的，证据交换日相应顺延。证据交换时间通常在答辩期届满后、开庭审理前，但"法院组织当事人交换证据的，交换证据之日举证期限届满"如何理解？实务中，法院指定证据交换时间时，应尽量选择在双方举证期限届满之后进行。如果确有必要在举证期限届满前进行的，应向当事人说明，在征得当事人同意后，由当事人协商变更举证期限。

2. 诉讼请求的增加、变更以及反诉与举证期限

《民诉法解释》第232条规定："在案件受理后，法庭辩论结束前，原告增加诉讼请求，被告提出反诉，第三人提出与本案有关的诉讼请求，可以合并审理的，人民法院应当合并审理。"《证据规定》第55条第4项规定，当事人增加、变更诉讼请求或者提出反诉的，人民法院应当根据案件具体情况重新确定举证期限。比较第55条列举的不同情形规定，当事人增加、变更诉讼请求或者提出反诉后举证期限的确定不受"适用第一审普通程序审理的案件不得少于十五日"的限制，由人民法院参考当事人意愿并根据案件具体情况确定。

3. 简易程序转换为普通程序后举证期限的确定

《民诉法解释》规定简易程序举证期限由法院视情况而定。实务中存在大量简易程序转换为普通程序的案件，转换后，适用简易程序已经进行的程序与当事人实施的诉讼行为仍然有效，因此，转换程序后，如简易程序审理时确定的举证期限不足15日的，法院重新指定举证期限时，在原来指定期限的基础上补足15日即可。

4. 鉴定申请提出的时限

《民诉法解释》第121条第1款规定："当事人申请鉴定,可以在举证期限届满前提出。申请鉴定的事项与待证事实无关联,或者对证明待证事实无意义的,人民法院不予准许。"本条之所以规定"可以在举证期限届满前提出",实际上是倡导当事人在举证期限届满前提出鉴定申请。但在实务中,需要以鉴定加以确认的事实通常在庭审中才能确定,而庭审时双方当事人的举证期限都已经届满,因此,解释并未排除当事人在庭审中,甚至法庭辩论终结后提出鉴定申请。《证据规定》第31条对此予以修正,规定为"当事人申请鉴定,应当在人民法院指定期间内提出"。人民法院指定期间,并不局限于举证期限内,庭审中甚至法庭辩论终结后法院都可以指定申请鉴定的时限,逾期不提出申请,视为放弃申请。

5. 证人出庭作证申请提出的时限

《民诉法解释》第117条第1款规定："当事人申请证人出庭作证的,应当在举证期限届满前提出。"对于超过举证期限提出的证人出庭申请,人民法院应当不予准许。但如果证据涉及可能损害国家利益、社会公共利益的,为了查明案件事实,人民法院应当依职权通知证人出庭作证。

6. 当事人主张与法院认定不一致时的举证期限

《证据规定》第53条规定："诉讼过程中,当事人主张的法律关系性质或者民事行为效力与人民法院根据案件事实作出的认定不一致的,人民法院应当将法律关系性质或者民事行为效力作为焦点问题进行审理。但法律关系性质对裁判理由及结果没有影响,或者有关问题已经当事人充分辩论的除外。存在前款情形,当事人根据法庭审理情况变更诉讼请求的,人民法院应当准许并可以根据案件的具体情况重新指定举证期限。"与2001年规定相比,2019年规定强调当事人主张的法律关系性质或者民事行为效力与人民法院根据案件事实作出的认定不一致的,人民法院并不当然告知当事人变更诉讼请求。法律关系性质对裁判理由及结果没有影响的,人民法院可以按照新确定的法律关系继续审理。如果当事人申请变更诉讼请求的,由于当事人需要根据新的诉讼请求重新组织提交证据,因此,人民法院应当重新指定举证期限,但举证期限的确定不受"适用第一审普通程序审理的案件不得少于十五日"的限制,由人民法院参考当事人意愿并根据案件具体情况确定。

7. 发回重审案件的举证期限

发回重审的案件,一审人民法院在重新审理时,可以结合案件的具体情况和发回重审的原因等情况,酌情确定举证期限。如果案件是因遗漏必要共同诉讼当事人或违反法定程序送达致使部分当事人未能参加诉讼被发回重审的,参照《最高人民法院关于适用〈关于民事诉讼证据的若干规定〉中有关举证时限规定的通知》第5条的规定,应当为新参加诉讼的当事人指定举证期限,且举证期限

"不得少于 15 日"。该举证期限按照对等原则适用于其他当事人。如果是除了上述情形外其他程序原因被发回重审的，人民法院在征求当事人意见后，可以不再指定举证期限或酌情指定举证期限。如果案件是因事实不清、证据不足被发回重审的，人民法院可以建议当事人协商举证期限，或酌情指定举证期限，上述举证期限应不受"适用第一审普通程序审理的案件不得少于十五日"的限制。

8. 法院追加当事人或第三人参加诉讼的举证期限

《证据规定》第 55 条第 2 项规定，追加当事人、有独立请求权的第三人参加诉讼或者无独立请求权的第三人经人民法院通知参加诉讼的，人民法院应当为新参加诉讼的当事人确定举证期限，该举证期限适用于其他当事人。由于被追加当事人或参加诉讼的第三人在此之前并未参加本案诉讼，因此，确定举证期限时适用规定第 51 条，即："举证期限可以由当事人协商，并经人民法院准许。人民法院指定举证期限的，适用第一审普通程序审理的案件不得少于十五日，当事人提供新的证据的第二审案件不得少于十日。适用简易程序审理的案件不得超过十五日，小额诉讼案件的举证期限一般不得超过七日。举证期限届满后，当事人提供反驳证据或者对已经提供的证据的来源、形式等方面的瑕疵进行补正的，人民法院可以酌情再次确定举证期限，该期限不受前款规定的期间限制。"

9. 管辖权异议被驳回后的举证期限

《证据规定》第 55 条第 1 项规定，当事人提出管辖权异议的，举证期限中止，自驳回管辖权异议的裁定生效之日起恢复计算。当事人在一审答辩期内提出管辖权异议的，人民法院应当在驳回当事人管辖权异议裁定生效后，继续计算举证期限。《最高人民法院关于适用〈关于民事诉讼证据的若干规定〉中有关举证时限规定的通知》第 3 条规定的"重新指定不少于三十日的举证期限"不再适用。

四、新证据的认定与提交时间

《民诉法》第 139 条第 1 款规定："当事人在法庭上可以提出新的证据。"《民诉法解释》第 231 条规定："当事人在法庭上提出新的证据的，人民法院应当依照民事诉讼法第六十五条第二款规定和本解释相关规定处理。"《民诉法》及《民诉法解释》已对 2001 年《证据规定》第 34 条法院对于逾期证据不组织质证的规定予以修改，当事人超过举证期限同样可以向人民法院提交证据，人民法院应组织对方当事人对逾期证据予以质证，是否采纳视不同情形作出处理，具体内容参见本节前述介绍。

第九节 证据交换

一、证据交换概述

所谓证据交换,是指在法院主持下,当事人在开庭审理前相互明示其持有证据的行为或过程。

我国的证据交换制度吸收了国外民事诉讼中的类似制度,比如美国的证据开示制度,但又有所不同,不同之处在于:美国的证据开示制度是指当事人有权在法庭外直接向对方当事人索取或提供与案件事实有关的信息或证据。[①] 我国的证据交换在法院主持下进行,当事人举证期限较短,且我国的证据交换未规定强制性开示制度。

在辩论主义诉讼模式下,当事人应当在诉讼过程中将己方证据提交给法院,法院将其交换给对方当事人,对方当事人及时提出反驳证据,法院再将反驳证据交换给相对方,如有需要,证据交换可再次进行。审判人员在当事人对证据发表质证意见之后,根据证据形成心证认定事实。但在实务中,有些不负举证证明责任的当事人因故意或重大过失,使负有举证证明责任的一方当事人不能提出证据,从而导致案件主要事实真伪不明,学界将其称为证据妨碍(或证据妨害)。域外诸多民事诉讼法对证据妨碍作出明确规定。比如,德国《民事诉讼法》第444条规定:"一方当事人意图妨害对方当事人使用证书而毁损证书或致使证书不堪使用的,对方当事人关于证书的性质和内容上的主张,视为已得到证明。"日本民事诉讼法也有类似规定。

最高人民法院将证据妨碍称之为书证提出命令。《民诉法解释》对书证提出命令作出原则性规定,第112条规定:"书证在对方当事人控制之下的,承担举证证明责任的当事人可以在举证期限届满前书面申请人民法院责令对方当事人提交。申请理由成立的,人民法院应当责令对方当事人提交,因提交书证所产生的费用,由申请人负担。对方当事人无正当理由拒不提交的,人民法院可以认定申

[①] 美国的律师制度较为成熟,当事人与律师成为证据开示的主体,证据开示不需要法院批准,通过双方要求与答复形式进行。有关证据开示要求的正当性通常通过双方协商解决,如协商不成,可以请求法院裁决(证据开示命令)。证据开示的范围几乎包括了与案件事实有关的一切信息,开示的形式包括了对律师证人的笔录证言、对对方当事人的质问书、查阅对方文件、要求对方当事人作出自认要求等。一方当事人如果不遵守证据开示命令,法院可作出免除另一方当事人证明责任、禁止不遵守命令方提出证据、驳回其诉讼或作出其败诉的缺席判决,甚至可判处该方当事人藐视法庭罪,处以该方当事人罚金或拘留。美国民事诉讼中,当事人交换证据的时间比审判时间长得多,一个案件往往需要一两年,甚至更长的时间来进行证据开示,所以,当事人收集和提交证据的权利能够得到充分保障。也正因为如此,美国律师开庭时往往只需带着小小一沓书面材料甚至一个移动硬盘即可。在法庭上展示的书面材料,可以通过法庭上常备的电子设备呈现在法官和对方当事人面前的电脑屏幕上。

请人所主张的书证内容为真实。"①《证据规定》第 45 条至第 48 条进一步明确了书证提出命令的申请条件、审查程序、书证提出义务范围以及不遵守命令的后果等规则,完善了书证提出命令制度:

(1) 当事人根据《民诉法解释》第 112 条的规定申请人民法院责令对方当事人提交书证的,申请书应当载明所申请提交的书证名称或者内容、需要以该书证证明的事实及事实的重要性、对方当事人控制该书证的根据以及应当提交该书证的理由。对方当事人否认控制书证的,人民法院应当根据法律规定、习惯等因素,结合案件的事实、证据,对于书证是否在对方当事人控制之下的事实作出综合判断。

(2) 人民法院对当事人提交书证的申请进行审查时,应当听取对方当事人的意见,必要时可以要求双方当事人提供证据、进行辩论。当事人申请提交的书证不明确、书证对于待证事实的证明无必要、待证事实对于裁判结果无实质性影响、书证未在对方当事人控制之下或者不符合本规定第 47 条情形的,人民法院不予准许。当事人申请理由成立的,人民法院应当作出裁定,责令对方当事人提交书证;理由不成立的,通知申请人。

(3) 下列情形,控制书证的当事人应当提交书证:控制书证的当事人在诉讼中曾经引用过的书证;为对方当事人的利益制作的书证;对方当事人依照法律规定有权查阅、获取的书证;账簿、记账原始凭证;人民法院认为应当提交书证的其他情形。前款所列书证,涉及国家秘密、商业秘密、当事人或第三人的隐私,或者存在法律规定应当保密的情形的,提交后不得公开质证。

(4) 控制书证的当事人无正当理由拒不提交书证的,人民法院可以认定对方当事人所主张的书证内容为真实。控制书证的当事人存在《民诉法解释》第 113 条规定情形的,人民法院可以认定对方当事人主张以该书证证明的事实为真实。

(5)《证据规定》第 99 条明确了本规定关于书证的规定适用于视听资料及电子数据,将视听资料及电子数据纳入书证提出命令的适用范围,视听资料及电子数据证据在对方当事人控制之下的,当事人可申请人民法院命令对方当事人提交。

[案例 11-8] 原告李某称:原告与被告王某系朋友关系,2017 年 9 月 15 日,被告因资金周转需要向原告借款 10 万元,双方签订《借款合同》,后原告应被告的请求,又向王某陆续转账 600 万,双方未签订借款合同。原告李某请求被告王某偿还借款 610 万元并支付利息。被告王某辩称:2017 年

---

① 有学者认为,对于故意妨碍证据提交的,推定申请人所主张的书证内容为真实较为合理,但对于过失行为一律推定有失公允。

11月起,王某与李某双方共合作投资了3个项目,分别为机油项目40万元,酒精项目300万,剑麻项目1000万。2018年11月,因项目方卷款走人,已投资款项无法收回。李某提起诉讼的目的就是为了移花接木,将投资风险全部转嫁给王某。王某请求驳回李某的诉讼请求。王某称,本来王某手机内保存有与李某关于合作投资项目的微信聊天记录,但李某在起诉前以查看王某手机为由,将双方之间关于投资的微信聊天记录全部删除。王某向法院提出申请,请求李某向法院提交保存在李某手机内的相关聊天记录。

本案中,王某申请李某出示李某手机中与被告的聊天记录,属于2001年《证据规定》第75条规定的行为,依据本条规定,李某如拒绝出示,可推定为原告主张的事实成立。由于庭审时2019年《证据规定》尚未发布,而《民诉法解释》第112条只规定了书证的提出命令,故法院参照《民诉法解释》第112条的规定,责令李某向王某出示两人于2018年9月14日至18日期间的微信聊天记录,并准许被告王某对上述聊天记录予以拍照取证,李某也同意配合出示。

《民诉法解释》第113条还规定了对证据妨碍的行为可以妨害民事诉讼进行处罚,即持有书证的当事人以妨碍对方当事人使用为目的,毁灭有关书证或实施其他致使书证不能使用行为的,法院可以依照《民诉法》第110条规定,对其处以罚款、拘留。

证据交换的功能包括:(1)有助于诉讼争点的整理,明确当事人双方争议的焦点所在。(2)整理证据。证据交换的过程实际上就是当事人与法院一起对证据进行系统整理的过程。审判人员通过主持证据交换,能够查明一部分事实。对于没有争议的证据可以加以认定,对于有争议的证据记录在案,为庭审做好准备。当事人也可通过对证据的整理,适时提出反驳并申请审判人员准许提出新的反驳证据。(3)将双方的证据予以固定,防止诉讼"突袭"。(4)有助于促进当事人庭前和解。当事人通过证据交换了解对方当事人持有证据的情况,评估对方当事人掌握的案件信息,对诉讼结果预期作出判断,从而促进双方和解。

二、证据交换的启动与操作

《民诉法解释》第224条规定,人民法院可以在答辩期届满后,通过组织证据交换、召集庭前会议等方式,作好审理前准备。2001年《证据规定》第37条曾规定,经当事人申请,人民法院可以组织当事人在开庭审理前交换证据。人民法院对于证据较多或复杂疑难的案件,应当组织当事人在答辩期届满后、开庭审理前交换证据。证据交换一般不超过两次,但重大、疑难和案情特别复杂的案件,人民法院认为确有必要再次进行证据交换的除外。2019年《证据规定》删除了该规定,意图应是由审判人员根据案件具体情况决定证据交换的启动与次数。确定证据交换的时间有两种方式,一种是当事人协商一致并经人民法院认可,另一种是人民法院直接指定。

在证据交换的过程中,审判人员对当事人无异议的事实、证据应当记录在卷;对有异议的证据,按照需要证明的事实分类记录在卷,并记载异议的理由。通过证据交换,确定双方当事人争议的主要问题。当事人收到对方的证据后有反驳证据需要提交的,法院应当再次组织证据交换。

需注意,《证据规定》第57条明确了证据交换应当在审判人员的主持下进行,排除了法官助理、书记员单独主持证据交换。

第十节 质 证

一、质证概述

质证,是指当事人、诉讼代理人在审判人员主持下,对当事人提出的证据就其真实性、合法性、关联性以及证明力的有无、大小予以说明、质疑和辩驳的活动和过程。

质证是一个"你来我往"的过程,包括一方当事人就对方与己方其他当事人出示的证据发表质证意见,还包括对方与己方其他当事人对质证意见予以辩驳。而质证意见通常仅指一方当事人就对方与己方其他当事人出示的证据发表的质疑意见。庭审中,一方当事人在对方出示证据并作说明后,陈述"我方发表质证意见如下";质证意见发表完毕后,对方当事人陈述"我方对质证意见回应如下",回应即是对质证意见的辩驳。实务中,当事人尤其是当事人的代理律师就对方发表的质证意见需要辩驳的,应及时向审判人员提出申请,获得准许后发表回应意见。

质证制度的意义在于,通过质证程序使审理更加公开,使法院能够正确地认定证据,保障当事人的诉讼权利。《民诉法解释》第103条第1款规定:"证据应当在法庭上出示,由当事人互相质证。未经当事人质证的证据,不得作为认定案件事实的根据。"

二、质证的主体、客体及内容

质证的主体是当事人及其诉讼代理人,当事人包括原告、被告、第三人等。审判人员是证据认定的主体,不是质证的主体。

质证的客体是进入诉讼程序的各种证据材料,既包括当事人向法院提交的证据,也包括法院根据当事人申请由法院调查、收集的证据,还包括法院依职权调查、收集的证据。

质证的内容为：一方当事人在法庭上出示证据后，对方当事人审查证据的真实性、合法性、关联性，并针对证据证明力的有无、大小予以说明和质疑、辩驳。

三、质证的程序

在法庭审理中，质证按照下列程序进行：

（1）原告出示证据，被告、第三人与原告进行质证；

（2）被告出示证据，原告、第三人与被告进行质证；

（3）第三人出示证据，原告、被告与第三人进行质证。

法院根据当事人申请调查收集的证据，作为提出申请的一方当事人提供的证据。审判人员对调查收集证据的情况进行说明后，由提出申请的当事人与对方当事人、第三人进行质证。

法院依照职权调查收集的证据应当在庭审时出示，听取当事人意见，并应就调查收集该证据的情况予以说明。

质证中需要注意的事项为：

（1）当事人在审理前的准备阶段或者人民法院调查、询问过程中发表过质证意见的证据，视为质证过的证据。

（2）当事人要求以书面方式发表质证意见，人民法院在听取对方当事人意见后认为有必要的，可以准许。人民法院应当及时将书面质证意见送交对方当事人。

（3）涉及国家秘密、商业秘密和个人隐私或者法律规定的其他应当保密的证据不得在开庭时公开质证。不公开质证不等于不质证，具体质证方法为，质证时不得接触涉及的国家秘密、商业秘密和个人隐私的人不能在场。

（4）对书证、物证、视听资料进行质证时当事人有权要求出示证据的原件或者原物。但有下列情况之一的除外：① 出示原件或者原物确有困难并经法院准许出示复制件或者复制品的；② 原件或者原物已不存在，但有证据证明复制件、复制品与原件或原物一致的。

[案例 11-9] 庭审中当事人质证过程记录。

审：下面由原告进行举证，并说明证明的内容。

原代：证据 1：某树公司股东合作协议书，证明：（1）合作协议内容；（2）20 万元借款的源头。

证据 2：2011 年 12 月 19 日的借条，证明被告向原告出具借据的事实，该借据可以证明被告已经同意不再与原告履行涉案股东合作协议书。

证据 3：企业机读档案登记资料，证明某树公司的股权结构。

证据 4：某市质量技术监督局对某树公司的处罚决定，证明光某公司对某树公司的陈述不实,该份证据的事实与法院向公安机关调查取证的内容一致。

审:下面由被告对原告提供的证据进行质证。

被一、二、三代:不需要核对原件。

三被告共同发表质证意见如下:

对于证据1,真实性、合法性、关联性无异议,但是被告认为该份证据不能达到原告的证明目的。

对于证据2,真实性、合法性无异议,关联性有异议,但我方认为该借据与本案案由无关,该借条是民间借贷关系,借贷关系的乙方是太总,另一方是李某,与本案涉及的增资无关。

对于证据3,真实性、合法性无异议,关联性有异议,证明本案李某持有某树公司的股份。

对于证据4,真实性无异议,但与本案无关。

审:下面由被告进行举证,并说明证明的内容。

被一、二、三代:(出示被告提交的证据)

三被告就本诉和反诉共同进行举证:

证据1:原告身份证,证明原告在《某树公司股东合作协议书》中宣告的合同主体身份,被告三方是与中国国籍的王某签订合同。

证据2:投资款凭证,证明太总以王某的身份于2011年11月21日向某树公司汇入入股定金20万元人民币,该增资是增资扩股,不是购买股份,银行收到的是中国人王某投入的投资款。

证据3:报销凭证,证明太总按照《某树公司股东合作协议书》的约定以太总的名义参与某树公司管理。

证据4:贷款审批表,证明因太总迟延履行义务,导致某树公司不得不向银行贷款,产生了经济损失,某树公司其他股东为贷款承担了保证责任。

审:下面由原告对被告提供的证据进行质证。

(被告提供证据2-4原件供原告核对)

原代:对于证据1,真实性、合法性、关联性均有异议,原告是以王某名义出现在合同中,但该名字不能否定原告日本国籍的身份,使用哪个名字不能改变合同性质。

对于证据2,真实性、合法性无异议,关联性有异议,本案借款20万元的来源在原告的起诉状和法院依法调取的公安笔录中都可以得到印证,最开始是购买被告股份的定金,后来性质转化双方的借贷关系。

对于证据3,真实性无异议,合法性、关联性有异议,该案三方签订的股东合作协议书是无效协议,理由我方已经在答辩状中说明,而且股东合作协议书已经由当时协商解除不再履行,此处的证据3不代表说原告参与了公司的经营,跟被告主张的事实无关。

对于证据4,真实性、合法性、关联性不予认可,这与本案无关,即便存在借贷也不能证明是损失。

审:本院依据原告的申请,向某市公安局某分局调取了与本案有关的询问笔录,现向双方出示,双方当事人对本院调取的证据有何意见?

原代:真实性均无异议。2012年1月18日询问笔录,地点是在某公安派出所,该证据证明:(1)原告的主体资格,在询问笔录中载明原告是日本国籍;(2)本案20万元的来源是源于某树公司股东合作协议书,在公安调查笔录中有详细的调查和记录,该协议显示双方当事人之间已经将协议解除了,双方不再履行该协议,被告书写了20万的欠条是事实;(3)证明原告在起诉状中陈述的被告违法经营,"钱汇完后我对某树公司进行调查"等内容与我方陈述印证。对于第二份调查笔录,真实性、合法性、关联性无异议,调查机关是某市公安局某分局,证明内容与上份陈述笔录一致。

被一、二、三代:2012年2月13日笔录的真实性无异议,该证据的背景是王某或原告在春节临近时带领10人左右在被告光某公司破坏经营,被告向某市有关机关反映后,某市公安局某分局对原告进行调查,要求其停止违法行为,该调查笔录是王某的个人陈述,公安机关未作任何认定,但可以证明李某并没有收到借款,而是王某以借款为由骗取了李某写下借条,从而迫使某树公司和光某公司同意其退股。2012年1月18日询问笔录的真实性无异议,但请法庭注意该笔录第二页事实上可以间接证明本案被告李某希望原告借款20万元给被告,但双方并没有实际履行,原告后来诱骗被告写下了本案的借条。

第十一节 认　　证

一、认证概述

所谓认证,又称为证据的审核认定,是指审判人员对经过质证的证据作出审查、判断,确认其能否作为认定案件事实的根据。

《民诉法》没有采用"认证"概念,只使用"审查核实证据"等类似概念,比如:第63条第2款规定:"证据必须查证属实,才能作为认定事实的根据";第64条第3款规定:"人民法院应当按照法定程序,全面地、客观地审查核实证据";第67条第2款规定:"人民法院对有关单位和个人提出的证明文书,应当辨别真伪,审查确定其效力";第71条规定:"人民法院对视听资料,应当辨别真伪,并结合本案的其他证据,审查确定能否作为认定事实的根据。"《证据规定》及《民诉法解释》也没有使用"认证"概念。《民诉法解释》第 105 条规定:"人民法院应当按照法定程序,全面、客观地审核证据,依照法律规定,运用逻辑推理和日常生活经验法则,对证据有无证明力和证明力大小进行判断,并公开判断的理由和结果。"《民诉法解释》第 104 条第 2 款规定:"能够反映案件真实情况,与待证事实相关联、来源和形式符合法律规定的证据,应当作为认定案件事实的根据。"上述规定为认证必须遵循基本要求和原则性规范。

认证与举证、质证既有联系又有区别。其联系在于:举证是质证前提,质证是认证的前提,即举证→质证→认证。其区别在于:举证是一方当事人出示证据并对证据进行说明的诉讼行为;质证是双方当事人、诉讼代理人对证据进行质疑及辩驳的诉讼行为;认证是审判人员对证据的审查判断行为。

认证与认定案件事实亦既有联系又有区别。在民事诉讼中,案件事实需要认定,各种证据材料也需要认定。认证是对证据材料的认定,不是对案件事实的认定,换言之,认证的客体是证据材料,不是案件事实。认证是认定案件事实的基础和手段,认定案件事实是认证的目的和归宿。

实务中,审判人员对于当事人无异议的证据应当当庭予以认证;对于存有异议的证据,一般在听取双方辩论意见后再作认证,并在判决书中公开说明认证的理由。

二、认证的方法

(一)单一证据认证规则

审判人员对单一证据可以从下列方面进行审核认定:(1)证据是否为原件、原物,复制件、复制品与原件、原物是否相符;(2)证据与本案事实是否相关;(3)证据的形式、来源是否符合法律规定;(4)证据的内容是否真实;(5)证人或者提供证据的人与当事人有无利害关系。人民法院认定证人证言,可以通过对证人的智力状况、品德、知识、经验、法律意识和专业技能等的综合分析作出判断(《证据规定》第 87 条、第 96 条)。

公文书证的制作者根据文书原件制作的载有部分或者全部内容的副本,与正本具有相同的证明力。在国家机关存档的文件,其复制件、副本、节录本经档案部门或者制作原本的机关证明其内容与原本一致的,该复制件、副本、节录本具有与原本相同的证明力。私文书证的真实性,由主张以私文书证证明案件事实的当事人承担举证责任。私文书证由制作者或者其代理人签名、盖章或捺印的,推定为真实(《证据规定》第 91 条、第 92 条第 1—2 款)。

当事人在诉讼过程中认可的证据,人民法院应当予以确认。但法律、司法解释另有规定的除外。当事人对认可的证据反悔的,参照《民诉法解释》第 229 条的规定处理(《证据规定》第89条)。法院应当责令其说明理由。必要时,可以责令其提供相应证据。法院应当结合当事人的诉讼能力、证据和案件的具体情况进行审查。理由成立的,可以不予认可反悔证据。

在诉讼中,当事人为达成调解协议或者和解目的作出妥协,所涉及对案件事实的认可不得在其后的诉讼中作为对其不利的证据。以侵害他人合法权益或者违反法律禁止性规定的方法取得的证据,不能作为认定案件事实的依据。

下列证据不能单独作为认定案件事实的依据:(1)当事人的陈述;(2)无民事行为能力人或者限制民事行为能力人所作的与其年龄、智力状况或精神健康状况不相当的证言;(3)与一方当事人或者其代理人有利害关系的证人陈述的证言;(4)存有疑点的视听资料、电子数据;(5)无法与原件、原物核对的复制件、复制品。与2001年《证据规定》相比,2019年《证据规定》增加了"当事人的陈述"及"存有疑点的电子数据"不能单独作为认定案件事实的根据的规定;同时,将"未成年人所作的与其年龄与智力状况不相当的证言"扩展至"无民事行为能力人或者限制民事行为能力人所作的与其年龄、智力状况或者精神健康状况不相当的证言",实务中更具有可操作性。

2001年《证据规定》第70条曾规定,对于一方当事人提出的下列证据,对方当事人提出异议但没有足以反驳的相反证据的,法院应当确认其证明力:(1)书证原件或者与书证原件核对无误的复印件、照片、副本、节录本;(2)物证原物或者与物证原物核对无误的复制件、照片、录像资料等;(3)有其他证据佐证并以合法手段取得的、无疑点的视听资料或者与视听资料核对无误的复制件;(4)一方当事人申请人民法院依照法定程序制作的对物证或者现场的勘验笔录。2019年规定删除了该条文,意图应当是条文内容属于《民诉法解释》第91条举证证明责任的分配规则的应有之义,再占用条文规定有点多余,但该条规定在实务中具有比较重要的参考价值,本书认为新规定应保留该条文。

《证据规定》第93条、第94条还规定了电子数据的认证规则:

(1)人民法院对于电子数据的真实性,应当结合下列因素综合判断:① 电子数据的生成、存储、传输所依赖的计算机系统的硬件、软件环境是否完整、可靠;② 电子数据的生成、存储、传输所依赖的计算机系统的硬件、软件环境是否处于正常运行状态,或者不处于正常运行状态时对电子数据的生成、存储、传输是否有影响;③ 电子数据的生成、存储、传输所依赖的计算机系统的硬件、软件环境是否具备有效的防止出错的监测、核查手段;④ 电子数据是否被完整地保存、传输、提取,保存、传输、提取的方法是否可靠;⑤ 电子数据是否在正常的往来活动中形成和存储;⑥ 保存、传输、提取电子数据的主体是否适当;⑦ 影响电子数据完整性和可靠性的其他因素。人民法院认为有必要的,可以通过鉴定或者勘验等方法,审查判断电子数据的真实性。

(2) 电子数据存在下列情形的,人民法院可以确认其真实性,但有足以反驳的相反证据的除外:① 由当事人提交或者保管的于己不利的电子数据;② 由记录和保存电子数据的中立第三方平台提供或者确认的;③ 在正常业务活动中形成的;④ 以档案管理方式保管的;⑤ 以当事人约定的方式保存、传输、提取的。电子数据的内容经公证机关公证的,法院应当确认其真实性,但有相反证据足以推翻的除外。

一方当事人控制证据无正当理由拒不提交,对待证事实负有举证责任的当事人主张该证据的内容不利于控制人的,法院可以认定该主张成立(《证据规定》第95条)。

(二) 全案证据认证规则

通常来讲,作为证明案件事实的证据并不是单一的证据,而是由原告与被告提交的多组或多种相互对立的证据。审判人员对案件的全部证据,应当从各证据与案件事实的关联程度、各证据之间的联系等方面进行综合审查判断。换言之,审判人员对案件事实的认定,是在对单一证据审核认定的基础之上,通过审核全部证据与案件事实的关联程度、各证据之间的联系,运用逻辑推理和日常生活经验进行综合判断。

2001年《证据规定》第77条曾规定,人民法院就数个证据对同一事实的证明力,可以依照下列原则认定:(1) 国家机关、社会团体依职权制作的公文书证的证明力一般大于其他书证;(2) 物证、档案、鉴定结论、勘验笔录或者经过公证、登记的书证,其证明力一般大于其他书证、视听资料和证人证言;(3) 原始证据的证明力一般大于传来证据;(4) 直接证据的证明力一般大于间接证据;(5) 证人提供的对与其有亲属或者其他密切关系的当事人有利的证言,其证明力一般小于其他证人证言。2019年《证据规定》删除了该条文。

[案例11-10] 与本章案例11-1为同一案例。其民事判决书"本院认为"部分,公开了审判人员的认证过程。

本院认为:一、借据内容是否为被告向原告借款的真实意思表示。根据《民诉法解释》第91条的规定,主张法律关系存在的当事人应当对产生该法律关系的基本事实承担举证证明责任,否认权利存在的当事人应当就权利妨碍、消灭法律要件存在的事实承担举证证明责任。本案中,原告黄某提交了被告杨某出具的借据,被告质证认可该借据是其书写。该借据书写于复印有被告正反面身份证的A4纸上,原被告均签名、捺印,形式齐备;约定了借款金额、还款期限及借款利息等要素,内容具体完整;意思表示明确。该证据作为直接证据可证明原告与被告之间形成民间借贷法律关系,原告已完成权利存在的举证证明责任。被告抗辩借据并非其真实意思表示,而是应原告要求为应付原告丈夫所写,被告对此事实承担举证证明责任。被告提交的对账单汇总显示被告尚欠原告 18195 元,与借据上载明的借款合计 225400 元金额不符。本院认为,就借据内容并非被告真实意思表示的待证事实而言,被告的上述证据为间接证据,且借据也载明借款为现金支付,被告仅提交其与原告银行转账往来记录并不能直接证明其对原告的债务仅有 18195 元,被告上述证据不能形成证据链证明其抗辩事实。另外,借据约定内容明确具体,还约定了借款期限及利息,被告除在签名处捺印外,还在身份证号码及借款金额大写处捺印,假如被告抗辩属实,借据大可不必约定得如此明确具体,捺印也不必如此注重细节。更何况,《合同法》第 54 条第 2 款规定,"一方以欺诈、胁迫的手段或者乘人之危,使对方在违背真实意思的情况下订立的合同,受损害方有权请求人民法院或者仲裁机构变更或者撤销。"被告抗辩理由实质为受原告欺诈书写借据,依据该条规定,被告需申请人民法院或者仲裁机构撤销该借据,而至本案法庭辩论终结前,被告并未提出申请。综上,被告提交证据未能证明权利妨害、消灭事实,被告没有完成其举证证明责任,本院对被告该抗辩不予采纳。二、借款是否实际交付及原告债权金额。《证据规定》第 5 条第 2 款规定,"对合同是否履行发生争议的,由负有履行义务的当事人承担举证责任。"依据该规定,原告对其合计向被告交付借款 225400 元负有举证证明责任。本案中,原告除了提交借据之外,还提交了 2014 年 10 月 28 日取现 38000 元的银行交易明细,同时提交了证明其具有出借款项经济能力的四份证据,上述证据中,借据对小额借款交付金额同时具有直接证明力,而"小额"标准需结合出借人经济能力及出借人与借款人关系确定,原告其他证据均为间接证据。本院认为,原告具有比较好的经济能力,其与被告在借款行为发生期间关系密切,借据也载明借款为现金交付,双方之间存在现金往来尤其是原告向被告出借现金亦符合情理。且被告提交的银行往来汇总显示原告于 2014 年 10 月 2 日至 2016 年 3 月 16 日期间向被告转账金额为 17 万元,扣除被告于 2015 年 2 月 17 日和 18 日分别转账给原告的 4 万元和 3 万元,在此期间原告转账给被告的金额仍有 10 万元,原告当庭也陈述借款交付包括了转账与现金交付。另外,从被告学历及职业分析,被告应当知晓借据的证明力以及出具借据的法律后果,被告于本案受理次日,将其名下房产赠与给其母亲亦可印证被告对原告负有较大数额债务。综合原告提交的借据及上述因素,本院依据《民诉法解释》第 108 条"对负有举证证明责任的当事人提供的证据,人民法院经审查并结合相关事实,确信待证事实的存在具有高度可能性的,应当认定该事实存在"的规定,认定原告于 2014 年 10 月 2 日至 2016 年 3 月 30 日合计向被告交付借款 225400 元具有高度可能性,本院对该事实予以认定。原告向被告交付借款后,被告对返还借款金额负有举证证明责任。被告仅提交向原告转账支付款项的证据,未提交现金交付证据,而其所辩称借款中有约6、7万元是原被告去澳门赌博时原告出借款项亦没有证据证明,被告亦认可在出具借据后再没有向原告返还借款本金及支付利息,被告没有完成其对返还借款的举证证明责任,应承担相应的不利后果。

《民诉法解释》第110条第1款规定:"人民法院认为有必要的,可以要求当事人本人到庭,就案件有关事实接受询问。在询问当事人之前,可以要求其签署保证书。"第3款规定:"负有举证证明责任的当事人拒绝到庭、拒绝接受询问或者拒绝签署保证书,待证事实又欠缺其他证据证明的,人民法院对其主张的事实不予认定。"《证据规定》第65条对保证书内容予以细化,同时增加规定了"宣读保证书"制度,"人民法院应当在询问前责令当事人签署保证书并宣读保证书的内容。保证书应当载明保证据实陈述,绝无隐瞒、歪曲、增减,如有虚假陈述应当接受处罚等内容。当事人应当在保证书上签名、捺印。当事人有正当理由不能宣读保证书的,由书记员宣读并进行说明"。第66条对当事人拒绝到庭、拒绝接受询问或者拒绝签署保证书的法律后果进一步规定:"当事人无正当理由拒不到场、拒不签署或宣读保证书或者拒不接受询问的,人民法院应当综合案件情况,判断待证事实的真伪。待证事实无其他证据证明的,人民法院应当作出不利于该当事人的认定。"

对于自认事实、推定事实的认定,参见本章第三节"无需证明的事实"内容,在此不再赘述。

思 考 题

1. 在一个原告主张以特快专递形式向自然人被告邮寄了单方解除租赁合同通知书,被告对收到通知书予以否认的案件中,原告方提交了特快专递详情单,内件品名为"解除租赁合同通知书",与被告关系不详的案外人签收了邮件;原告还提交了被告在签订租赁合同时交给原告的第二代身份证复印件,身份证领取时间在近三年内,身份证上载明的被告住址为某市某新入住的小区,原告填写的特快专递详情单上地址为身份证住址。根据上述前提事实,法院能否推定被告身份证地址为被告经常居住地址?如可以,推定适用的日常生活经验是什么?

2. 一份判决书的"审理查明"及"本院认为"部分内容是否对另案有既判力?

3. 简述自认的概念及范围。

4. 简述客观证明责任与当事人对自己主张提出证据加以证明的关系。

5. 《民诉法解释》第91条规定的客观证明责任分配规则是什么?

6. 简述我国民事诉讼高度盖然性标准。

7. 根据《民诉法》及《民诉法解释》的规定,我国民事诉讼逾期证据的采纳规则是什么?

8. [**案例**] 南京彭宇案。2006年11月20日上午,两辆83路公交车同时驶进南京水西门公交车站,南京退休工人徐某准备乘坐后面那辆,在走到前一辆公交车后门时,彭宇恰好第一个从公交车后门下车。徐某摔倒并受伤,彭宇发现后将其扶至旁边,后彭宇与闻讯赶来的徐某亲属一起将其送往医院检查治疗,彭宇为其垫付了200元医药费后离去。检查结果表明徐某股骨颈骨折,鉴定后构成八级伤残,需进行人造股骨头置换手术。诊断结果出来后,徐某指认彭宇为撞人者,向彭宇索赔医疗费遭到拒绝。徐某报警后城中派出所出警对在场人作了询问笔录,2007年1月4日,徐某向南京市鼓楼区人民法院提起诉讼,要求彭宇赔偿医疗护理费、残疾赔偿金和精神损害抚慰金等共计13.6万元。

本案第一次庭审时,彭宇未出庭。代理人彭宇妻子称:"原告受伤非被告导致的,不应该承担责任。"第二次庭审质证时彭宇表示:"我下车的时候是与人撞了,但不是与原告相撞。"当被问及扶起原告的目的是,彭宇称"为了做点好事"。彭宇庭后与相关媒体联系,称自己做好事被冤枉。"学雷锋被冤枉"的题材引起了媒体的兴趣。

"彭宇案"在案件事实认定方面遇到了难题:(1)鼓楼区人民法院第一次开庭审理此案后,法院前往接警的城中派出所调取报案材料,派出所告知当时的警察现场笔录原件已经丢失。(2)第二次庭审结束后,城中派出所向法院提交了由徐某的儿子用手机拍摄的彭宇报警后在公安部门所作笔录的电子文档,同时称由于办公室装修,丢失了当初的报案笔录。该电子文档为照片形式,显示制作时间为事发后的第二天即2006年11月21日。(3)彭宇申请出庭的证人陈某春的证人证言对于证明事实真相没有实际意义,陈某春表示没有看到徐某摔倒的过程,只看到了彭宇上前搀扶徐某。法院三次庭审后最终认定,被告彭宇撞到了原告,但原被告均不存在过错。法院依据公平原则判决彭宇赔偿40%的损失费计45876.36元。

徐某无法证明彭宇与其相撞,现有证据只能证明徐某在公交车门外与人相撞倒地,彭宇扶起徐某并与徐某家人一起将徐某送至医院,并垫付医药费200元。此为本案的前提事实。法院判决认为:(1)"彭宇如果是见义勇为做好事,更符合实际的做法是抓住撞到原告的人,而不仅仅是好心相扶";(2)"如果是做好事,在原告的家人到达后,其完全可以在言明事实经过并让原告家人将原告送往医院,然后自行离开……但未作此等选择,显然与情理相悖";(3)对事发当日彭宇主动为原告垫付200元的医药费一直未要求返还的事实,法官认为垫付款不合理,应为撞人的赔偿款。苦于没有警方笔录,也没有目击证人,法院根据上述三点"日常生活经验"与"社会情理"分析认定彭宇撞人事实。

彭宇不服判决,于 2007 年 9 月 18 日向南京市中级人民法院提起上诉。双方当事人在二审开庭前达成了和解协议,彭宇赔偿 1 万元,但签订了保密条款,最后案件以和解撤诉结案。2010 年 9 月,徐某在冤枉好人的指责声中病逝。2011 年 11 月,彭宇案主审法官王某由法院调入街道办事处司法所工作。2012 年,彭宇良心发现,承认自己与徐某相撞。

本案审理过程中及一审判决后由于媒体热炒引起巨大的社会反响,也引起学界及实务界的热烈讨论。由于二审开庭前双方达成的和解协议没有及时公开,多数意见指责一审法院认定事实有误,引用的"日常生活经验"与"社会情理"有失偏颇,甚至认为之后频频出现的"老人倒地不能扶"现象是由于彭宇案不当判决导致。该案的一审主审法官及徐某蒙受了巨大的压力。

你认为法院在该案中的事实推定是否符合我国现行法律、司法解释的规定?判决书中对日常生活经验的表述是否存在瑕疵?如何表述更加准确?

第十二章　民事诉讼的保障机制

民事诉讼的保障机制为概括性表述,主要是针对民事诉讼中一些比较急迫的问题所作的规定,包括保全、先予执行、对妨害民事诉讼的强制措施、对恶意诉讼的强制措施、诉讼费用等内容。本书对恶意诉讼的强制措施在第5章第1节"诉权"中予以介绍,本章介绍除此以外的其他保障机制。

第一节　保　全

2012年《民诉法》引入了行为保全,从而建立起行为保全与财产保全并立的民事诉讼保全制度体系。民事诉讼中的保全包括了财产保全、行为保全与证据保全,有关证据保全的概念、条件等内容已在本书第10章第7节"证据保全"中作了介绍,本节不再赘述。

一、财产保全

(一)财产保全概述

财产保全,是指法院根据利害关系人或当事人的申请,或者由法院依职权对被申请人的财产所采取的限制其处分或者转移的强制性措施。简言之,财产保全就是法院根据申请或依职权对被申请人财产采取的强制性措施。财产保全分为诉前财产保全与诉讼中财产保全。

财产保全制度在当前"执行难"局面还未得到根本性、彻底性扭转的背景下具有非常重要的意义。对当事人尤其是债权人来讲,案件起诉或申请仲裁前,或刚刚启动诉讼或仲裁程序,起诉状或仲裁申请书副本还未送达给被申请人,法院在被申请人毫无防备的情况下控制他们的财产,进入执行程序后直接执行被保全的财产,可以最大程度实现债权。对法院来讲,财产保全工作做得早、做得好,可以减少执行阶段的被执行人无财产可供执行的窘境,从根本上解决"执行难"问题。

由于诉前财产保全的启动条件相对比较严苛,一般情况下诉讼中财产保全即可达到控制被申请人财产的目的,因此,实务中诉前财产保全比例较低,诉讼中财产保全较为普遍。《民诉法》对诉前财产保全、行为保全的申请、裁定与实施、保全救济等程序的规定与诉讼中财产保全的规定基本一致,为了方便学习,本书先着重介绍诉讼中财产保全的相关程序,接下来再介绍诉前财产保全、行为保全的特别规定。

财产保全程序除了规定在《民诉法》及《民诉法解释》中外,最高人民法院于2016年11月7日发布的《最高人民法院关于人民法院办理财产保全案件若干问题的规定》(2020年修正)(以下简称《保全规定》),对保全程序又进一步予以细化。本书结合上述法律、司法解释的规定及实务操作中常见问题,从保全申请人视角出发,以诉讼中财产保全流程为主线展开介绍。

(二)诉讼中财产保全

诉讼中财产保全,又称为诉讼财产保全,是指法院在案件审理过程中,为了防止当事人的行为或其他原因使生效裁判文书不能执行或难以执行,根据当事人申请或法院依职权,对当事人的财产或诉讼标的物所采取的强制性措施。诉讼财产保全的作用与意义除了保障生效裁判文书顺利执行外,在被申请人财产得到控制的情形下也有利于申请人与被申请人达成和解协议,从而一次性解决纠纷。

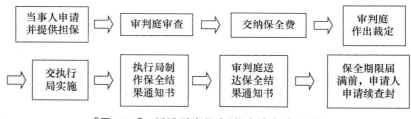

[图12-1] 诉讼财产保全(依申请启动)流程

1. 采取诉讼财产保全的条件

(1)必须是因当事人一方的行为(如当事人可能存在转移、处分、毁损财产的行为)或是当事人之外的其他原因(如天气变化导致特定物变质、腐烂),导致不采取保全措施控制被申请人财产或及时变现被执行人财产的,生效判决可能不能执行或难以执行。

(2)采取诉讼财产保全的案件仅限于有给付内容的案件。采取诉讼财产保全措施的,未来的生效裁判须具有可执行性。给付之诉具有可供执行的内容,以及转移、隐匿财产致使生效判决有不能执行或难以执行的可能,故给付之诉案件可申请诉讼财产保全。单纯的确认之诉,如只请求确认合同无效,以及单纯的变更之诉,如只请求解除婚姻关系,裁判生效即可宣告执行,无需强制执行,故单纯的确认之诉、变更之诉均不得申请诉讼财产保全①。

(3) 启动方式既可以是依当事人申请,也可以是法院依职权采取。诉讼保全的启动方式有两种,通常情况下需要当事人提出申请,法院经审查符合条件的裁定执行,不符合条件的裁定驳回申请。特殊情况下,当事人没有申请,法院认为有必要时也可依职权裁定执行。由于保全错误给被申请人造成财产损失的,需要赔偿被申请人的损失,当事人申请保全错误时由当事人赔偿,依职权保全错误时法院须依照《国家赔偿法》予以赔偿,因此,法院通常不会依职权采取诉讼保全措施。当事人认为有必要采取诉讼保全措施时,应积极主动提出申请。

(4) 采取诉讼财产保全的案件,法院可以责令申请人提供担保,申请人不提供担保的,裁定驳回申请。

2. 诉讼财产保全的申请

诉讼财产保全申请,包括申请人向法院提交书面申请书及相关资料,提供保全财产线索,以及申请人对诉讼保全提供担保、交纳保全费等。

(1) 提交申请及资料

当事人申请财产保全,应当向法院提交申请书,并提供相关证据材料。申请书应当载明下列事项:① 申请保全人与被保全人的身份、送达地址、联系方式;② 请求事项和所根据的事实与理由;③ 请求保全数额或者争议标的;④ 明确的被保全财产信息或者具体的被保全财产线索;⑤ 为财产保全提供担保的财产信息或资信证明,或者不需要提供担保的理由;⑥ 其他需要载明的事项。

当事人在诉讼中申请财产保全,通常在起诉受理阶段提出申请,个别情况下也有可能在一审判决作出后,或对方当事人提起上诉后,以及裁判文书生效后尚未申请执行前提出申请,极个别情况下还有可能在再审阶段提出申请。②《民诉法解释》第 161 条规定,对当事人不服一审判决提起上诉的案件,在第二审法院接到报送的案件之前,当事人有转移、隐匿、出卖或者毁损财产等行为,必须采取保全措施的,由第一审法院依当事人申请或者依职权采取。第一审法院的保全裁定,应当及时报送第二审法院。第 163 条规定,法律文书生效后,进入执行程序前,债权人因对方当事人转移财产等紧急情况,不申请保全将可能导致生效法律文书不能执行或者难以执行的,可以向执行法院申请采取保全措施。债权人在法律文书指定的履行期间届满后 5 日内不申请执行的,法院应当解除保全。

债权人在法律文书生效后执行程序启动前申请财产保全,申请书应当载明生效法律文书的制作机关、文号和主要内容,并附生效法律文书副本。

---

① 实务中,有些案件并非单纯的确认之诉或变更之诉,比如,离婚案件中,原告除了提出解除婚姻关系请求外,通常还有分割夫妻关系存续期间共同财产的请求。对于此类案件,原告仍然可以申请财产保全。

② 《民诉法解释》第 162 条规定了第二审程序及再审程序中财产保全的实施。

(2) 申请人提供担保

诉讼财产保全实施后,如果申请人的诉讼请求被生效判决驳回,被保全人的生活及生产经营可能遭受损失,因此,《民诉法》规定了诉讼保全的担保制度。① 诉讼保全担保不仅可以保护被保全人的合法权益,而且可以通过增加申请人的负担来防止申请人滥用保全程序。《民诉法》第 100 条第 2 款规定,人民法院采取保全措施,可以责令申请人提供担保。《保全规定》第 5 条规定,人民法院责令申请保全人提供财产保全担保的,担保数额不超过请求保全数额的 30%;申请保全的财产系争议标的的,担保数额不超过争议标的价值的 30%。财产保全期间,申请保全人提供的担保不足以赔偿可能给被保全人造成的损失的,人民法院可以责令其追加相应的担保;拒不追加的,可以裁定解除或者部分解除财产保全。

目前,财产保全担保方法有四种:① 申请人提供财产担保;② 第三人提供财产担保;③ 担保公司保函担保;④ 保险公司担保(诉讼保全责任险)。

通常情况下,申请人可以自己名下的银行存款、房产、车辆等财产提供担保。申请人没有担保财产的,或自有财产不方便提供担保的,可与亲属、朋友等案外人协商,由第三人以其名下财产向人民法院提供诉讼保全担保。申请保全人或第三人为财产保全提供财产担保的,应当向人民法院出具担保书。担保书应当载明担保人、担保方式、担保范围、担保财产及其价值、担保责任承担等内容,并附相关证据材料。第三人为财产保全提供保证担保的,应当向法院提交保证书。保证书应当载明保证人、保证方式、保证范围、保证责任承担等内容,并附相关证据材料。对财产保全担保,人民法院经审查,认为违反民法典、公司法等有关法律禁止性规定的,应当责令申请保全人在指定期限内提供其他担保;逾期未提供的,裁定驳回申请(《保全规定》第 6 条)。对申请保全人或者他人提供的担保财产,人民法院应当依法办理查封、扣押、冻结等手续(《民诉法解释》第 164 条)。

如申请人不能提供上述担保财产的,可申请依法成立、符合相应资质的担保公司向人民法院出具财产保全担保函,以担保函方式担保。② 担保公司保函担

---

① 美国民诉法在授予保全裁定时要求申请人有胜诉的可能,担保的意义仅限于在保全有误的情况下,用来弥补被申请人因此遭受的损失。在英国,申请人获得中间禁令只需要证明双方存在严重的争议,仅凭申请人的宣誓声明,无需听审即可被予禁令,通过成就保全担保增加申请人的负担,以防止申请人滥用保全程序。在德国、日本和我国台湾地区,担保不仅仅是为了保护被申请人的合法权益,也可以成为获得保全裁定的要件,在申请人来不及或者暂时无法提供证据的情况下,担保甚至可以替代申请人提供证据证明有保全必要性的释明责任。

② 《保全规定》第 8 条规定:"金融监管部门批准设立的金融机构以独立保函形式为财产保全提供担保的,人民法院应当依法准许。"根据本条规定,金融监管部门批准设立的金融机构可以独立保函形式为财产保全提供担保,但这种担保方式在实践中并不常见,因此,本书未将其列入财产保全担保方式予以介绍。

保表面上设置合理,申请人向担保公司交纳一定的担保费用,担保公司为诉讼保全提供信用担保,保全错误时由担保公司赔偿被申请人损失。但实务中存在一些问题,尤其是人民法院在审查担保公司的担保能力方面困难重重:首先,能成为担保人的基础就在于其良好的资产信用,但是案件诉讼一般要经历几个月甚至几年时间,人民法院无法对担保公司的运行状况进行监测,这期间如发生担保公司倒闭、破产等状况会使信用担保风险加剧,实务中已出现过担保公司倒闭的案例。其次,当前经济活动极为复杂,各个经济主体之间有着千丝万缕的关系,担保公司的关联企业出现风险,会影响担保公司的担保能力。再次,担保公司多次为他人提供担保,其提供担保的份额超过其能力范围,而目前还没有统一的企业对外担保数额的信息共享平台,人民法院无法对此情况进行审查,造成担保的风险增加。最后,实务中有些申请人提供人民法院辖区外的外市或外省担保公司担保,人民法院无法判断这些担保公司的资质信用。如果保全错误需要赔偿被申请人损失,担保公司无法承担担保责任时,保全申请人仍然需要承担赔偿责任,因此,申请人在决定采用担保公司保函担保时,除了审查担保公司是否具备相应资质外,还应慎重审查担保公司的担保能力与信用状况。当然,申请人也可选择更为"保险"的保险公司提供担保。

保险公司为诉讼保全提供担保是近年来兴起的一种担保方式,目前有越来越多的保险公司开办诉讼保全责任险业务。保险公司担保亦为信用担保,是由诉讼保全申请人作为投保人,被申请人作为保险受益人,诉讼保全申请人交纳保险费,在发生保险错误时,财产保全申请人依据保险合同,要求保险公司在保险限额内赔偿被申请人的损失,从而降低保全申请人与被申请人因诉讼财产保全可能带来的风险。《保全规定》第7条规定,保险人以其与申请保全人签订财产保全责任险合同的方式为财产保全提供担保的,应当向人民法院出具担保书。担保书应当载明,因申请财产保全错误,由保险人赔偿被保全人因保全所遭受的损失等内容,并附相关证据材料。①

[表 12-1] 财产保全担保方式比较

	优、缺点	费用
申请人财产担保	需要查封担保财产,担保财产转让时需要置换其他财产供查封	无
第三人财产担保	需要第三人出具担保书,且需要查封担保财产,担保财产转让时需要置换其他财产供查封	无

---

① 诉讼财产保全申请人选择保险公司与购买其他保险产品选择保险公司一样,在比较保费高低的前提下,应尽量选择资质等级较高的大型保险公司,以降低保全风险。

(续表)

	优、缺点	费用
担保公司担保	担保公司担保为信用担保,仅需出具保函,无需查封或置换担保财产;资质等级较差公司担保可能存在担保风险	担保费较高
保险公司担保	亦为信用担保,无需查封或置换担保财产;担保风险相对较低	相比担保公司费用较低

（3）担保责任的免除

《民诉法》第 100 条第 2 款规定,人民法院采取保全措施,可以责令申请人提供担保。实务中,人民法院为了保护被申请人的合法权益,同时也为了防止申请人滥用保全程序,通常会责令保全申请人提供担保,但也有案件免除申请人的担保责任。为了规范人民法院免除担保责任行为,《保全规定》第 9 条对免除担保责任的情形作出规定。当事人在诉讼中申请财产保全,有下列情形之一的,人民法院可以不要求提供担保：① 追索赡养费、扶养费、抚育费、抚恤金、医疗费用、劳动报酬、工伤赔偿、交通事故人身损害赔偿的；② 婚姻家庭纠纷案件中遭遇家庭暴力且经济困难的；③ 人民检察院提起的公益诉讼涉及损害赔偿的；④ 因见义勇为遭受侵害请求损害赔偿的；⑤ 案件事实清楚、权利义务关系明确,发生保全错误可能性较小的；⑥ 申请保全人为商业银行、保险公司等由金融监管部门批准设立的具有独立偿付债务能力的金融机构及其分支机构的。另外,法律文书生效后,进入执行程序前,由于此时债权债务关系已经确定,债权人申请财产保全的,人民法院可以不要求提供担保。

（4）保全财产线索的提供

应当明确,诉讼财产保全提供保全财产线索的责任首先在于保全申请人。当事人申请财产保全,应当向人民法院提供明确的被保全财产信息。① 当事人在诉讼中申请财产保全,确因客观原因不能提供明确的被保全财产信息,但提供了具体财产线索的,人民法院可以依法裁定采取财产保全措施（《保全规定》第 10 条）。财产信息为明确的信息,是指根据该信息可准确确定具体是哪项财产,比如珠海市香洲区星园路 1 号仁恒星园小区 2 栋××房。财产线索是指只能为确定具体财产提供查找线索,并不能准确确定具体是哪项财产,比如珠海市香洲区星园路 1 号仁恒星园小区内一套房屋。

人民法院根据上述具体财产线索作出保全裁定的,在该裁定执行过程中,申请保全人可以向已经建立网络执行查控系统的执行法院,书面申请通过该系统查询被保全人的财产。申请保全人提出查询申请的,执行法院可以利用网络执行查控系统,对裁定保全的财产或者保全数额范围内的财产进行查询,并采取相

---

① 此规定亦适用于诉前财产保全。

应的查封、扣押、冻结措施。人民法院利用网络执行查控系统未查询到可供保全财产的,应当书面告知申请保全人(《保全规定》第 11 条)。

(5) 交纳保全费

财产保全需要收取保全费用,申请人交纳保全费用后,人民法院才可以制作保全裁定书。财产保全费以申请保全金额为基数计算,最高不超过 5000 元,速算公式为:申请保全金额为 1000 元以下的,固定每件 30 元;1000 元至 10 万元的,标的额×0.01+20 元;10 万元以上的,标的额×0.005+520 元。

[图 12-2] 申请财产保全流程

3. 财产保全的裁定与执行

(1) 保全裁定的制作与执行

《民诉法》第 100 条第 3 款规定,人民法院接受财产保全申请后,情况紧急的,必须在 48 小时内作出裁定[①];裁定采取财产保全措施的,应当立即开始执行。《保全规定》第 4 条进一步规定,人民法院接受财产保全申请后,应当在 5 日内作出裁定;需要提供担保的,应当在提供担保后 5 日内作出裁定;裁定采取保全措施的,应当在 5 日内开始执行。申言之,诉讼财产保全裁定与执行时限分为两种情形:情况紧急的,人民法院须于 48 小时内作出裁定并立即开始执行;非紧急情况的,5 日内作出裁定并在保全裁定作出后 5 日内开始执行。

[表 12-2] 诉讼财产保全裁定及实施时限

	裁定时限	实施时限
情况紧急	必须在 48 小时内作出裁定	裁定作出后立即开始执行
非紧急情况	应当在 5 日内作出裁定;需要提供担保的,应当在提供担保后 5 日内作出裁定	裁定采取保全措施的,应当在 5 日内开始执行

(2) 保全的实施

财产保全裁定由人民法院执行机构负责实施。人民法院采取保全措施的方法与措施,依照执行程序相关规定办理(《民诉法解释》第 156 条)。执行人员根据不同的财产采取不同的保全措施。财产保全裁定执行中,人民法院发现保全裁定的内容与被保全财产的实际情况不符的,应当予以撤销、变更或补正(《保全

[①] 法律、司法解释对起算时间未作具体规定。从《保全规定》第 4 条文义以及法院操作的可行性考虑,不应以申请人提交申请书的时间作为起算时间,应从申请人提供担保并交纳保全费后开始起算。非紧急情况也应从申请人提供担保并交纳保全费后开始起算。

规定》第 24 条)。

人民法院查封、冻结保全财产后,应当立即通知被保全财产的被申请人,通知方式通常为人民法院向被申请人送达保全裁定书。

(3) 保全裁定及驳回申请裁定的复议及异议

作为财产保全制度的救济措施,被申请人在收到人民法院的财产保全裁定后,有权申请复议。《民诉法》第 108 条规定,当事人对保全的裁定不服的,可以申请复议一次。复议期间不停止裁定的执行。《保全规定》第 25 条第 1 款进一步明确,申请保全人、被保全人对保全裁定或者驳回申请裁定不服的,可以自裁定书送达之日起 5 日内向作出裁定的人民法院申请复议一次。人民法院应当自收到复议申请后 10 日内审查。①

对保全裁定不服申请复议的,人民法院经审查,理由成立的,裁定撤销或变更;理由不成立的,裁定驳回。对驳回申请裁定不服申请复议的,人民法院经审查,理由成立的,裁定撤销,并采取保全措施;理由不成立的,裁定驳回(《保全规定》第 25 条第 2、3 款)。根据本条规定,不仅被保全人不服保全裁定可申请复议,保全申请人对人民法院驳回申请的裁定不服亦可申请复议。

申请保全人、被保全人、利害关系人认为保全裁定实施过程中的执行行为违反法律规定提出书面异议的,人民法院应当依照《民诉法》第 225 条规定②审查处理(《保全规定》第 26 条)。

人民法院对诉讼争议标的以外的财产进行保全,案外人对保全裁定或者保全裁定实施过程中的执行行为不服,基于实体权利对被保全财产提出书面异议的,人民法院应当依照《民诉法》第 227 条规定③审查处理并作出裁定。案外人、申请保全人对该裁定不服的,可以自裁定送达之日起 15 日内向人民法院提起执行异议之诉。人民法院裁定案外人异议成立后,申请保全人在法律规定的期间内未提起执行异议之诉的,人民法院应当自起诉期限届满之日起 7 日内对该被

---

① 对于保全财产在外地的,受理保全申请人民法院通常委托外地人民法院执行保全裁定。外地人民法院执行后,向委托人民法院反馈保全资料往往滞后,而审判庭送达保全材料通常在先,因此,实践中,被保全人提出复议申请时,审查保全复议的审判庭尚未收到执行机构反馈的保全结果通知书,导致审判庭无法在收到复议申请后 10 日内开始审查。

② 《民诉法》第 225 条规定:"当事人、利害关系人认为执行行为违反法律规定的,可以向负责执行的人民法院提出书面异议。当事人、利害关系人提出书面异议的,人民法院应当自收到书面异议之日起十五日内审查,理由成立的,裁定撤销或者改正;理由不成立的,裁定驳回。当事人、利害关系人对裁定不服的,可以自裁定送达之日起十日内向上一级人民法院申请复议。"

③ 《民诉法》第 227 条规定:"执行过程中,案外人对执行标的提出书面异议的,人民法院应当自收到书面异议之日起十五日内审查,理由成立的,裁定中止对该标的的执行;理由不成立的,裁定驳回。案外人、当事人对裁定不服,认为原判决、裁定错误的,依照审判监督程序办理;与原判决、裁定无关的,可以自裁定送达之日起十五日内向人民法院提起诉讼。"

保全财产解除保全①(《保全规定》第 27 条)。

4. 财产保全的范围

财产保全限于请求的范围,或者与本案有关的财物。"限于请求的范围",是指保全财产的价值与诉讼标的金额大体相当。《查封、扣押、冻结规定》第 19 条第 1 款规定:"查封、扣押、冻结被执行人的财产,以其价额足以清偿法律文书确定的债权额及执行费用为限,不得明显超标的额查封、扣押、冻结。"需注意,保全财产的价值是以变现价值来判断,对于一些难以变现或变现后可能严重贬值的财产,法院可适当超标的保全。另外,保全财产的价值有时难以判断,如查封财产为机器设备、原材料、成品、半成品,其变现价值未经评估分析难以判断,因此,对这些财产应当允许一定范围内超标的查封。"本案有关的财物",通常是指特定物纠纷中,利害关系人之间或当事人之间争议的特定标的物。

实务中,还需注意以下两点:

(1) 到期应得收益或债权可以保全。

《民诉法解释》第 158 条规定,人民法院对债务人到期应得的收益,可以采取财产保全措施,限制其支取,通知有关单位协助执行。所谓收益,就是财产必然能够直接产生出来的经济收益,如商品能够产生利润,存款可以产生利息,机器设备可以产生创收等。收益也包含收入。收入主要指金钱收入,但也不能排除实物收入。收入的形式应当主要是指工资、奖金、劳务报酬、稿费、咨询费、利息、股利(股息或红利)等。房屋租金也应属于这里所说的收入。法院对债务人的到期收益采取诉讼保全具有重大意义,当被申请人没有可供保全的财产或可供保全财产金额不足,但对他人有到期收益时,可通过法院的保全,使他人停止向债务人即被申请人支付收益,从而使债权人实现权利多了一份保障。

被申请人在有关单位的收入尚未支取的,法院应当向有关单位发出协助执行通知书,由有关单位协助扣留。扣留、提取公民的收入,应当注意保留被申请人及其所扶养的家属的生活必需费用。被申请人对被执行人从有关企业中应得的已到期的股息或红利等收益,法院有权裁定禁止被执行人提取和有关企业向被申请人支付。对被申请人预期从有关企业中应得的股息或红利等收益,法院可以采取冻结措施,禁止到期后被执行人提取和有关企业向被申请人支付。对被申请人在有限责任公司、其他法人企业中的投资权益或股权,法院也可以采取冻结措施。冻结投资权益或股权的,应当通知有关企业不得办理被冻结投资权益或股权的转移手续,不得向被申请人支付股息或红利。被冻结的投资权益或

---

① 《保全规定》对案外人提出保全异议由人民法院审判庭还是执行机构审查未予以明确。实务中,如案外人对保全裁定提出异议的,应由作出保全裁定的审判庭负责审查;如对执行机构的执行行为提出异议的,应由执行机构负责审查。

股权,被申请人不得自行转让。有关企业收到法院发出的协助冻结通知后,擅自向被申请人支付股息或红利,或擅自为被申请人办理已冻结股权的转移手续,造成已转移的财产无法追回的,应当在所支付的股息或红利或转移的股权价值范围内向申请人承担责任。

《民诉法解释》第159条规定,债务人的财产不能满足保全请求,但对他人有到期债权的,人民法院可以依债权人的申请裁定该他人不得对本案债务人清偿。该他人要求偿付的,由人民法院提存财物或价款。法院对债务人的到期债权采取诉讼保全同样具有重大意义,当被申请人没有可供保全的财产或可供保全财产金额不足,但被申请人对他人有到期债权时,可通过法院的保全,使他人停止向债务人支付款项,从而使债权人实现权利多了一份保障。实务中,法院对到期债权进行保全时必须把握好以下三点:① 保全必须由当事人申请;② 所保全的债权必须为债务人依据合同所应得的债权利益,且已到期,对未到期的债权原则上不能进行保全。③ 享有到期债权的他人要求偿付的,不得支付或交付给债务人,只能向法院支付或交付,由法院提存财物或者价款。

(2) 抵押物、质押物、留置物可以保全。

《民诉法解释》第157条规定,人民法院对抵押物、质押物、留置物可以采取财产保全措施,但不影响抵押权人、质权人、留置权人的优先受偿权。

实务中,抵押物、质押物、留置物通常情况下由首次查封法院予以处置。为了争取在本辖区法院处置抵押物、质押物、留置物,节省抵押权人、质权人、留置权人的时间及费用,抵押权人、质权人、留置权人也需要对抵押物、质押物、留置物提出财产保全申请。

5. 财产保全的措施

(1) 财产保全的措施

财产保全的措施包括查封、扣押、冻结以及法律规定的其他方法。"法律规定的其他方法"主要是指到期债权的保全方法,即通知有关单位限制其支取或清偿,第三人有偿付要求的,由人民法院提存财物或价款。被保全人有多项财产可供保全的,在能够实现保全目的的情况下,人民法院应当选择对其生产经营活动影响较小的财产进行保全(《保全规定》第13条第1款)

对季节性商品、鲜活、易腐烂变质以及其他不宜长期保存的物品采取保全措施时,人民法院可以责令当事人及时处理,由法院保存价款;必要时,人民法院可予以变卖,保存价款。

对不动产和特定的动产(如车辆、船舶等)进行财产保全,人民法院可以采用扣押有关财产权证照并通知有关产权登记部门不予办理该项财产的转移手续的财产保全措施;必要时,也可以查封或扣押该项财产。

人民法院应当依据财产保全裁定采取相应的查封、扣押、冻结措施。可供保全的土地、房屋等不动产的整体价值明显高于保全裁定载明金额的,人民法院应当对该不动产的相应价值部分采取查封、扣押、冻结措施,但该不动产在使用上不可分或者分割会严重减损其价值的除外。对银行账户内资金采取冻结措施的,人民法院应当明确具体的冻结数额(《保全规定》第15条)。

人民法院在财产保全中采取查封、扣押、冻结措施,需要有关单位协助办理登记手续的,有关单位应当在裁定书和协助执行通知书送达后立即办理。针对同一财产有多个裁定书和协助执行通知书的,应当按照送达的时间先后办理登记手续(《保全规定》第16条)。

(2) 保全财产的保管

人民法院在财产保全中采取查封、扣押、冻结财产措施时,应当妥善保管被查封、扣押、冻结的财产。不宜由人民法院保管的,人民法院可以指定被保全人负责保管;不宜由被保全人保管的,可以委托他人或者申请保全人保管。查封、扣押、冻结担保物权人占有的担保财产,一般由担保物权人保管;由人民法院保管的,质权、留置权不因采取保全措施而消灭(《民诉法解释》第154条)。

由人民法院指定被保全人保管的财产,如果继续使用对该财产的价值无重大影响,可以允许被保全人继续使用;由人民法院保管或者委托他人、申请保全人保管的财产,人民法院和其他保管人不得使用(《民诉法解释》第155条)。人民法院对厂房、机器设备等生产经营性财产进行保全时,指定被保全人保管的,应当允许其继续使用(《保全规定》第13条第2款)。

实务中,对厂房、机器设备、居住房屋等财产,法院往往采取"活查封"措施,即采取保全措施时责令被申请人负责保管被保全财产,其间可以继续使用这些财产。采取"活查封"措施时,人民法院应告知被申请人不得转移、出租、出让这些财产,以及禁止在这些财产上设定抵押。

(3) 轮候查封、扣押、冻结

《民诉法》第103条第2款规定,财产已被查封、冻结的,不得重复查封、冻结。但对已被查封、冻结财产可申请轮候查封、冻结。《查封、扣押、冻结规定》第26条规定,对已被人民法院查封、扣押、冻结的财产,其他人民法院可以进行轮候查封、扣押、冻结。查封、扣押、冻结解除的,登记在先的轮候查封、扣押、冻结即自动生效。根据上述规定,财产保全申请人对已被另案查封、扣押、冻结财产可申请轮候查封、扣押、冻结。另案不仅指其他法院的案件,对于已被本院另案查封、扣押、冻结的财产,申请人同样应该申请轮候查封、扣押、冻结。

轮候查封、扣押、冻结实际上是"排队"查封、扣押、冻结,在轮候时未实际发生查封、扣押、冻结的效果,只有在登记在先的查封、扣押、冻结解除后轮候才自动生效,因此,轮候查封、扣押、冻结与《民诉法》不得重复查封、冻结被保全财产的规定并不矛盾,轮候查封、扣押、冻结只是对被保全财产的保全轮候,并不是重复查封、扣押、冻结。

6. 财产保全的续行申请

实务中,案件从审理到进入执行程序需要较长周期,而法律对财产保全措施效力期限有一定限制。《民诉法解释》第 487 条规定,人民法院冻结被执行人的银行存款的期限不得超过 1 年,查封、扣押动产的期限不得超过 2 年,查封不动产、冻结其他财产权的期限不得超过 3 年。申请执行人申请延长期限的,人民法院应当在查封、扣押、冻结期限届满前办理续行查封、扣押、冻结手续,续行期限不得超过前款规定的期限。人民法院也可以依职权办理续行查封、扣押、冻结手续。

人民法院采取保全措施后,应书面告知当事人保全财产项目、保全期限届满日,书面告知文书通常为《保全结果通知书》。申请人应当在期限届满 7 日前申请续行财产保全,逾期申请或不申请的,自行承担不能续行保全的法律后果。① 申请人需根据不同的保全财产在期限届满前向人民法院申请续行保全申请,银行存款及其他资金需在采取保全措施 1 年内提出续行冻结申请,动产需在 2 年内提出续行查封、扣押申请,不动产及其他财产权需在 3 年内提出续行查封申请。如续行保全期限届满后仍然需要继续采取财产保全措施的,申请人需要在期限届满前再次提出续行保全申请,法律对于续行保全申请次数并无限制。

如果申请续行保全时案件正在第二审人民法院审理的,申请人应当向第二审人民法院提出申请。第二审人民法院裁定对第一审人民法院采取的保全措施予以续保或者采取新的保全措施的,可以自行实施,也可以委托第一审人民法院实施(《民诉法解释》第 162 条第 1 款)。

如果申请续行保全时案件正在依照审判监督程序进行再审的,申请人应当向再审人民法院②提出申请。再审人民法院裁定对原保全措施予以续保或者采取新的保全措施的,可以自行实施,也可以委托原审人民法院或者执行法院实施(《民诉法解释》第 162 条第 2 款)。

7. 财产保全的解除

财产保全的解除分为三种情形:案件审理终结,申请人申请解除;被申请人提供担保财产解除;特殊原因解除。

(1) 案件审理终结解除

案件审理终结,申请人申请解除财产保全的,包括下列情形:当事人双方达

---

① 《保全规定》第 18 条规定:"申请保全人申请续行财产保全的,应当在保全期限届满七日前向人民法院提出;逾期申请或者不申请的,自行承担不能续行保全的法律后果。人民法院进行财产保全时,应当书面告知申请保全人明确的保全期限届满日以及前款有关申请续行保全的事项。"

② 根据《民诉法》审判监督程序的规定,再审法院通常为原审的上级人民法院及原审第二审法院的上级人民法院,但也可能为原审人民法院。

成和解协议,义务人主动履行义务的,原告向人民法院申请撤诉;当事人双方达成调解协议,义务人按照协议约定履行调解协议,申请人申请解除财产保全①;判决生效后,义务人主动履行判决确定的义务等。

(2) 被申请人提供担保财产解除

被申请人提供担保财产解除财产保全措施,也称为保全财产置换,是指被申请人因已保全财产另有用途或急于处置,以本人或案外人未被采取保全措施的财产置换已被采取保全措施的财产。由于案件审理周期普遍较长,保全财产置换在实务中较为常见。

《民诉法》第104条规定:"财产纠纷案件,被申请人提供担保的,人民法院应当裁定解除保全。"以文义理解,财产纠纷案件,只要是财产保全被申请人提供担保,人民法院就应当解除财产保全措施。该规定没有具体设定担保条件,实务中饱受诟病,也非常难以执行。比如,原告针对财产纠纷向人民法院申请保全,人民法院足额或部分冻结了被告的银行账户存款,案外人以住房提供担保,要求人民法院解除保全措施,人民法院是否应当解除保全措施?如解除保全措施,到执行阶段对案外人住房强制执行时,由于受"唯一住房"等因素的影响,担保财产变现可能非常困难,至少与当时冻结的银行账户存款相比,担保物变现需要较长时间,此情形下诉讼保全申请人的合法权益可能受到损害。

《民诉法解释》第167条针对《民诉法》第104条作出限缩性解释。第167条规定:"财产保全的被保全人提供其他等值担保财产且有利于执行的,人民法院可以裁定变更保全标的物为被保全人提供的担保财产。"《保全规定》第22条则进一步规定,财产纠纷案件,被保全人或第三人提供充分有效担保请求解除保全,法院应当裁定准许。被保全人请求对作为争议标的的财产解除保全的,须经申请保全人同意。对于"有利于执行"的界定,通常以执行程序中被保全财产变现的难易程度及变现周期来考量。比如,存款等现金性资产变现最为容易,商品住房次之,厂房、机器设备、成品半成品变现较为困难,股权变现最为困难。如果被保全财产为商品住房,被保全人以存款等现金性资产提供担保,人民法院应当解除对商品住房的查封;如果被保全人以机器设备提供担保请求解除对商品住房的查封,人民法院则不应予以准许。

(3) 特殊原因解除

特殊原因解除,是指上述两种原因之外的解除财产保全措施。《保全规定》第23条第1款规定,人民法院采取财产保全措施后,有下列情形之一的,申请保

---

① 实务中,当事人双方达成调解协议,如协议内容为义务人延期或分期付款的,通常情况下原告不申请解除财产保全措施,待被告全部履行完约定义务后,原告再向人民法院申请解除保全措施。特殊情况下,原告考虑被告的信用状况良好,经济实力较强,解除财产保全风险较小,或被告提出解除财产保全为调解的前提条件的,也可在达成调解后即向人民法院申请解除财产保全措施。

全人应当及时申请解除保全：① 采取诉前财产保全措施后 30 日内不依法提起诉讼或者申请仲裁的；② 仲裁机构不予受理仲裁申请、准许撤回仲裁申请或者按撤回仲裁申请处理的；③ 仲裁申请或者请求被仲裁裁决驳回的；④ 其他人民法院对起诉不予受理、准许撤诉或者按撤诉处理的；⑤ 起诉或者诉讼请求被其他人民法院生效裁判驳回的；⑥ 申请保全人应当申请解除保全的其他情形。

人民法院实施解除财产保全措施的时限为：人民法院收到解除保全申请后，应当在 5 日内裁定解除保全；对情况紧急的，必须在 48 小时内裁定解除保全。申请保全人未及时申请人民法院解除保全，应当赔偿被保全人因财产保全所遭受的损失。被保全人申请解除保全，人民法院经审查认为符合法律规定的，应当在上述规定期间内裁定解除保全（《保全规定》第 23 条第 2—4 款）。

人民法院解除保全措施一般由申请保全人提出申请。实务中，如果申请保全人迟迟不提出申请解除保全措施的，为了保护被申请人的合法权益，人民法院应当依职权裁定解除保全措施。《民诉法解释》第 166 条规定："裁定采取保全措施后，有下列情形之一的，人民法院应当作出解除保全裁定：（一）保全错误的；（二）申请人撤回保全申请的；（三）申请人的起诉或者诉讼请求被生效裁判驳回的；（四）人民法院认为应当解除保全的其他情形。解除以登记方式实施的保全措施的，应当向登记机关发出协助执行通知书。"

8. 财产保全错误的赔偿

财产保全申请有错误，给被申请人造成财产损失的，申请人应当赔偿被申请人因财产保全所遭受的损失。索赔程序并非在本案中一并解决，被申请人应以申请人为被告向人民法院另案提起诉讼，由人民法院以侵权纠纷立案审理后作出判决。

如果是人民法院依职权错误决定采取财产保全措施，被保全人不能以人民法院作为被告提起诉讼。被保全人应当向人民法院申请国家赔偿，人民法院应依据《国家赔偿法》的规定，赔偿被申请人遭受的损失。

（三）诉前财产保全及其特别规定

1. 诉前财产保全概述

实务中，经常出现民事主体发生纠纷后尚未诉诸法院前，义务人一方为了逃避履行义务的责任，预先转移或者处分其财产的情况，这必然给对方当事人的权利实现带来极大的威胁，即使纠纷诉诸法院之后权利人胜诉，生效判决也难以执行。诉前财产保全可以预防或避免这一损害的发生，当利害关系人出现紧急情况时，可以首先向人民法院申请诉前财产保全，然后再依法起诉，使其合法权益及时地得到保护。

诉前财产保全，是指起诉或申请仲裁前，人民法院根据利害关系人的申请，对被申请人的有关财产所采取的强制性措施。《民诉法》第 101 条第 1 款规定，利害关系人因情况紧急,不立即申请保全将会使其合法权益受到难以弥补的损害的,可以在提起诉讼或者申请仲裁前向被保全财产所在地、被申请人住所地或者对案件有管辖权的人民法院申请采取保全措施。申请人应当提供担保,不提供担保的,裁定驳回申请。

人民法院接受诉前财产保全申请后,必须在48小时内作出裁定;裁定采取保全措施的,应当立即开始执行。申请人在人民法院采取保全措施后30日内不依法提起诉讼或者申请仲裁的,人民法院应当解除保全。

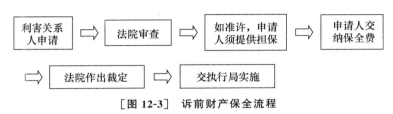

[图12-3] 诉前财产保全流程

2. 采取诉前财产保全的条件

(1) 诉前财产保全的申请应具有给付的内容。换言之,诉前财产保全的未来提起之诉必须属于给付之诉,生效裁判须具有可执行性,单纯的确认之诉、变更之诉不得申请诉前财产保全。

(2) 情况紧急,债务人有可能马上转移、处分财产,或者由于客观原因,财产有可能发生毁损、灭失,如果不采取诉前财产保全措施,申请人的合法权益就会遭到难以弥补的损失。

(3) 必须由利害关系人提出申请,人民法院不能依职权采取诉前财产保全措施,这是诉前财产保全与诉讼财产保全的区别之一。

(4) 申请人应当提供担保。由于申请人与对方之间的民事权利义务未加审理,为了防止错误的保全给对方造成损害,申请人应当提供担保[①],申请人不提供担保的,裁定驳回申请。

(5) 应当向保全财产所在地、被申请人住所地或者对案件有管辖权的人民法院提出申请。《民诉法》赋予了申请人对诉前保全法院的选择权,有利于保护申请人的合法权益。

3. 诉前财产保全的转化

利害关系人申请诉前财产保全,在人民法院采取保全措施后30日内依法提起诉讼或者申请仲裁的,诉前财产保全措施自动转为诉讼或仲裁中的保全措施;

---

① 《民诉法解释》第152条第2款规定:"利害关系人申请诉前保全的,应当提供担保。申请诉前财产保全的,应当提供相当于请求保全数额的担保;情况特殊的,人民法院可以酌情处理。申请诉前行为保全的,担保的数额由人民法院根据案件的具体情况决定。"根据本条规定,诉前财产保全通常应当提供相当于保全数额的担保。

进入执行程序后,保全措施自动转为执行中的查封、扣押、冻结措施。自动转为诉讼、仲裁中的保全措施或者执行中的查封、扣押、冻结措施的,期限连续计算,人民法院无需重新制作裁定书(《保全规定》第 17 条)。

4. 诉前财产保全的解除

诉前财产保全的解除有三种情形:(1)申请人提出申请解除。申请人申请法院采取诉前保全措施后,义务人履行义务的,申请人申请法院解除保全措施。(2)法院依职权解除。诉前财产保全申请人应当在法院采取保全措施后 30 日内提起诉讼或申请仲裁,逾期提出的,法院应当解除保全措施。(3)被保全人担保申请解除。《民诉法》第 104 条规定,财产纠纷案件,被申请人提供担保的,人民法院应当裁定解除保全。诉前保全措施实施后,被申请人提供了足够担保申请解除保全的,人民法院应当解除诉前财产保全。这种情形也称为保全财产的置换。

除了上述特别规定外,诉前财产保全与诉讼财产保全的其他规定完全一致。

[表 12-3] 诉前财产保全与诉讼财产保全比较

	诉前财产保全	诉讼财产保全
申请裁定时间	起诉或申请仲裁前	诉讼中
启动时间	根据利害关系人申请	根据当事人申请或法院依职权
是否担保	申请人应当提供担保	法院可以责令申请人提供担保,也可以不提供担保
裁定时间	法院必须在 48 小时内作出裁定	情况紧急的,法院也必须在 48 小时内作出裁定
担保数额	通常应当提供相当于保全数额的担保;情况特殊的,法院酌情处理	担保数额不超过请求保全数额的 30%

二、行为保全及其特别规定

[导入案例 12-1] 某知名食品公司技术骨干王某突然离职,为了保护自身商业秘密,该公司在提起诉讼的同时向某市中级人民法院提出行为保全申请。事件起源于王某在收到公司续约通知后突然提出离职。王某离职前是公司核心项目技术组的负责人,其所持有的商业秘密资料中既有技术秘密,也有经营秘密。王某在离职前一直刻意收集公司的商业秘密信息,储存在其私人电脑上。公司认为,王某的行为让在其控制之下的大量公司商业秘密处于巨大的泄露风险之中,如不立即采取相应的保全措施,公司极有可能遭受巨大且不可挽回的损失。为让申请获得法院准许,该公司向法院提供了 100 万元的担保金。

法院召开了某公司参加的单方听证会查明,根据王某签署的劳动合同,其对公司商业秘密负保密义务,涉案的电子文件属于该公司商业秘密,相关文件存储于该公司的服务器及相关工作人员的工作电脑中,设置了访问权限及安装了加密系统。王某在离职前转存了上述文件,且不按规定将上述商业秘密资料归还公司,属于以不正当手段获取商业秘密。某市中院认为本案存在侵权可能,某公司的申请应予准许,遂裁定禁止王某对外泄露其掌握的商业秘密,并将相应商业秘密资料归还公司。

建立行为保全制度是我国民事诉讼实务的迫切需要。比如在家庭暴力侵害纠纷中,有时需要立即制止一方当事人对另一方当事人实施侵害行为;在相邻权纠纷中,需要立即制止正在实施或将要实施的侵害;在专利权纠纷中,需要立即制止正在进行的专利侵权;等等。当先予执行的标的是行为时,与行为保全的程序基本一致,法院也经常以先予执行代替行为保全。但先予执行只能适用于诉讼中,且要求当事人权利义务明确,审查较严格,启动较为困难,行为保全的申请及裁定与先予执行相比较为便捷,而法律效果几近相同。

（一）行为保全概述

行为保全,是指法院在诉讼或仲裁前根据利害关系人的申请,或在诉讼中根据当事人的申请,或者由法院依职权对被申请人的行为所采取的强制性措施。行为保全分为诉前行为保全与诉讼中行为保全。保全的行为包括作为与不作为,即责令被申请人作出一定行为或禁止作出一定行为。导入案例中,法院在诉讼中根据某公司申请,裁定禁止王某对外泄露其掌握的商业秘密,并将相应商业秘密资料归还公司。法院裁定保全的对象不是财产,也不是证据,而是王某的行为,属于诉讼中行为保全。裁定保全的行为既包括不作为,即禁止王某对外泄露其掌握的商业秘密;也包括作为,即王某须将相应商业秘密资料归还公司。

申请人申请行为保全的目的是为了避免遭受不可弥补的损害,立即制止被申请人正在实施的侵权行为,或者要求被申请人实施一定行为予以补救,可见,行为保全的核心是限制被申请人的行为。

《民法典》第997条规定:"民事主体有证据证明行为人正在实施或者即将实施侵害其人格权的违法行为,不及时制止将使其合法权益受到难以弥补的损害的,有权依法向人民法院申请采取责令行为人停止有关行为的措施。"本条规定又称为停止侵害人格权禁令,是指侵害他人生命、身体、健康、名誉、荣誉、隐私等人格权的行为已经发生或即将发生,如果不及时制止,将导致损害后果迅速扩大或难以弥补,在此情形下,被侵权人有权申请行为保全,由法院颁发禁止令,责令行为人停止侵权行为。本规定对遏制互联网时代层出不穷的网络侵权、网络暴力具有积极意义,无论是企业还是自然人,当其名誉、荣誉受到网络侵权之害时,应及时向法院申请禁令,由法院责令相关互联网平台对侵权信息采取删除、屏蔽、断开链接等紧急措施。

对于诉前行为保全,与诉前财产保全一致,保全申请人必须提供担保。但保全的对象是被申请人必须为或者不为一定行为,不存在具体的财产数额,提供担保的数额也无法与保全数额挂钩。为确保被申请人因保全所遭受的损失得到赔偿,法院只能根据具体情况,主要是根据被申请人可能因行为保全带来的后果来决定担保数额。与诉讼中财产保全一致,诉讼中行为保全,是否需要提供担保以及担保的数额,由法院根据具体案情决定,既可以要求申请人提供担保,也可以不要求申请人提供担保。比如在人格权纠纷中申请对人身行为实施保全的,可以不提供担保;在知识产权纠纷中申请行为保全的,一般要提供担保。同样,法院决定由申请人提供担保的,担保金额也是法院根据具体情况,主要是根据被申请人可能因行为保全带来的后果来决定。导入案例中,法院根据具体情况,决定某公司对行为保全的担保金额为100万元。

行为保全与财产保全除了上述共同点之外,还有启动方式都包括当事人申请与法院依职权启动。二者的区别在于:

(1) 保全案件的类型不同。

财产保全的对象是双方争执的标的物,或者与争议有关的财物,提出财产保全的案件必须是给付之诉,或者包含给付之诉的诉讼,如离婚案件,离婚之诉属于变更之诉,但离婚案件中通常涉及夫妻共同财产的分割,因此,离婚案件往往包含给付内容,当事人可申请财产保全。行为保全的案件类型则包括给付之诉、确认之诉及形成之诉,当事人在三种诉中都可以申请行为保全。

(2) 申请的目的不同。

申请财产保全的目的在于保证将来的生效判决能够得以执行,顺利实现债权,防止被申请人转移、隐匿其名下的财产。申请行为保全的目的主要在于避免申请人遭受其他不可弥补的损害,立即制止被申请人正在实施的侵权行为,或者要求被申请人实施一定行为进行补救,有时也在于保证将来的判决或裁定能够得以执行。

(3) 执行内容不同。

财产保全的核心是防止被申请人处分财产,最常见的执行措施是查封、扣押、冻结。对不动产实施查封,对动产实施扣押,对存款账户、证券账户等金融资产实施冻结。行为保全的核心是限制被申请人的行为,裁定被申请人必须为或者不为一定行为,被申请人一旦违反裁定确定的义务,应当承担一定的法律责任,如罚款、拘留直至刑事责任。导入案例12-1中,如王某对外泄露其掌握的商业秘密,或未将相应商业秘密资料归还公司,即王某如不履行行为保全裁定确定的义务,可能被法院罚款、拘留,情节严重的,还有可能承担刑事责任。

(二) 行为保全的适用条件

行为保全适用于金钱请求之外的请求权,如停止侵害、排除妨碍、消除危险

及特定标的物返还的案件,行为保全的适用条件有:

(1) 当事人之间存在民事权利义务争议。申请人应当证明其合法权益正在或者即将遭到侵犯或损害。申请人须为本案的适格当事人,具有保全的请求资格。

(2) 有作出行为保全的必要。申请人须证明,如法院不采取行为保全措施,将来的判决或裁定将难以执行或者申请人将遭受难以弥补的损害。需注意,如果被申请人的行为不影响将来判决或裁定的执行或者虽然影响但不会导致无法执行或难以执行,以及造成的损害日后可以挽回的,法院则不应作出行为保全裁定。导入案例12-1中,如法院不采取行为保全措施,某公司包括技术秘密与营销秘密在内的商业秘密随时可能被王某泄露给竞争对手,一旦泄露,损失巨大且难以挽回,因此,该案具有作出行为保全的必要性。

(3) 原告有胜诉可能。行为保全在关注对权利人利益保护的同时,还应当在原告与被告的利益之间保持适当平衡,防止申请人利用保全制度影响被申请人的正当生活与生产经营,因此要求法院对原告胜诉的可能性应有所考虑。毕竟行为保全相对于财产保全是更为严厉的强制措施,对被申请人的生活、生产经营影响很大,一旦发生错误对被申请人的损害也更大,且很难恢复原状。导入案例中,某市法院召开某公司参加的单方听证会之目的之一,就是评估某公司作为原告胜诉的可能性。法院查明根据王某劳动合同,王某对公司商业秘密负保密义务,王某在离职前转存了商业秘密文件,且不按规定将上述商业秘密资料归还公司,属于以不正当手段获取商业秘密,某公司胜诉可能性较大,因此,法院作出行为保全裁定。

(4) 对公共利益的保护。在涉及公共利益的案件中,法院应当更多考虑对公共利益的促进。比如环境污染案件,法院在裁定是否作出禁止企业继续排放污染物的行为保全时,由于企业的经济效益是可以测量的,而对环境的污染则难以测算,法院应当从更有效保护社会公共利益的立场出发进行裁量。

(三) 行为保全的措施

行为保全时,法院应根据当事人的请求目的,结合具体案情灵活确定保全措施。导入案例12-1中,法院可以采取扣留保存有公司商业秘密的王某的电脑、责令王某交出涉及某公司商业秘密的文件等具体措施。

行为保全措施既要保护申请人的合法权益,防止损害的继续发生与扩大,又要防止对被申请人造成过重负担,损害被申请人的合法权益。比如股东权纠纷中,申请人经常提出扣押被申请人公章、营业执照、会计账簿等保全申请,但上述保全措施很有可能影响到被申请人公司的正常经营,因此,需要慎重选择采取措施的方式。

行为保全的裁定与执行、解除、救济等与财产保全规定一致,具体参见本章

第一节 相关规定。

第二节 先予执行

[导入案例12-2] 2016年5月19日，陈某驾驶的无牌二轮电动车与黄某驾驶的重型自卸货车相撞，致陈某受重伤住院治疗。交警认定黄某负事故主要责任，陈某负次要责任。陈某将黄某诉至法院，请求判令黄某支付医药费、残疾补偿金等共计95万元。诉讼过程中，陈某因住院治疗欠费向法院申请先予执行，要求黄某先行支付医疗费20万元。法院经审查认为，申请人陈某因交通事故而遭受严重的身体伤害，急需手术治疗，陈某无力负担医疗费用，如不先予执行，必然耽误陈某的治疗时间，极有可能造成严重后果，陈某的申请符合先予执行的条件。法院作出先予执行裁定书，裁定被申请人黄某向申请人陈某支付住院费20万元。先予执行裁定下达后，如黄某不履行义务，法院可对被黄某的房屋、车辆采取拍卖、变卖的执行措施。

一、先予执行概述

先予执行，顾名思义，就是先于判决的执行。具体讲，先予执行是指法院在案件受理之后、终审判决作出之前，根据一方当事人的申请，裁定对方当事人向其支付一定数额的金钱或其他财产、实施或停止某种行为，并立即付诸执行的制度。先予执行的申请人通常为原告、上诉人及再审申请人。

先予执行是相对于终审判决生效之后的强制执行而言的。通常来讲，债务人的义务应当由终审判决确定并在终审判决生效之后履行。但现实生活中，多数案件审理周期较长，而一方当事人生活或者生产又存在急迫困难，如果只能在终审判决生效以后履行义务，可能会对生活或生产急迫困难方当事人造成无法挽回的严重影响，甚至影响诉讼的顺利进行。先予执行的意义就在于解决这部分当事人在生活或者生产方面的紧迫需求，保障诉讼的顺利进行。

由于先予执行是以裁定形式解决当事人之间的实体权益，而实体权益应当由判决加以确定，因此，先予执行后，法院应当在判决书中对先予执行的内容予以认定并在判项中予以交代，并注明已先予执行的判项。

二、先予执行的适用范围

先予执行这一诉讼制度，是针对特定案件的特殊情况确立的，不是任何民事案件在任何情况下都可以适用。因此，适用先予执行必须严格依照法律规定，否则不仅达不到先予执行的目的，反而会损害另一方当事人的合法权益，甚至为案件判决后的执行带来障碍。《民诉法》第106条规定："人民法院对下列案件，根据当事人的申请,可以裁定先予执行:(一)追索赡养费、扶养费、抚育费、抚恤金、医疗费用的;(二)追索劳动报酬的;(三)因情况紧急需要先予执行的。"

《民诉法》第 106 条规定的前两种情形均系申请人存在生活急需,不采取先予执行措施会使申请人的合法权益受到严重的侵害。而第三种情形属于列明情形以外的其他情形,由法院根据审判实践的复杂情况决定是否裁定先予执行。为了规范法院的自由裁量,《民诉法解释》第 170 条进一步明确,"紧急情况"包括:(1)需要立即停止侵害、排除妨碍的;(2)需要立即制止某项行为的;(3)追索恢复生产、经营急需的保险理赔费的;(4)需要立即返还社会保险金、社会救助资金的;(5)不立即返还款项,将严重影响权利人生活和生产经营的。需特别注意,第 170 条列明的"紧急情况"没有规定兜底条款,实际上排除了法院对紧急情况的自由裁量权。换言之,先予执行的适用范围只有《民诉法》第 106 条规定的两种情形与《民诉法解释》第 170 条规定的五种情形。

三、先予执行的适用条件

对于符合先予执行范围的案件,并非一概可以采取先予执行措施。根据《民诉法》第 107 条的规定,法院裁定先予执行,还应当符合下列条件:

(1)当事人之间的权利义务关系明确。

先予执行实质是在法院生效裁判确定前,实现申请人的全部或部分实体权利,其适用前提是申请人的胜诉可能性很大,申请人的诉讼请求在未来的生效裁判中会得到支持,先予执行的内容与未来生效裁判的内容基本一致。因此,先予执行应当以当事人之间的权利义务关系明确为条件。权利义务关系明确,是指案件受理后至生效裁判作出前,基本可以判断哪一方应当享有权利,哪一方应当履行义务。比如,追索赡养费纠纷中,原、被告对于母子关系没有争议,被告未尽赡养义务导致原告生活困难的事实明确,即当事人之间的权利义务关系明确。如果双方对案件事实、证据存在争议,被告是否存在给付义务不明确,或者双方存在对待给付①的问题,被告主张抗辩权等,这些情况下,双方的权利义务关系并不明确,法院不宜裁定先予执行。

(2)不先予执行将严重影响申请人的生活或者生产经营。

该项条件是对先予执行紧迫性、必要性的要求,即先予执行应满足申请人生活和生产经营的迫切需要。对申请人生活或者生产经营造成严重影响,是指申请人的生活无法维持,或者其生产经营活动无法继续。比如,申请人年老或伤残,丧失劳动能力、没有生活来源,如果不先予执行,其生活必然面临严重困难;劳动者的劳动报酬是其生活的主要来源,用人单位无故拖欠,造成劳动者无法维

---

① 所谓对待给付,是指民事主体之间存在相互给付义务。

持本人及家人日常生活;企业遭受火灾损失后,急需保险理赔费用于购买原料、恢复生产,如不先予执行,企业可能面临停产、无法继续经营的境地等。

(3) 被申请人有履行能力。

裁定先予执行,客观上要以被申请人有履行义务能力为前提。所谓被申请人有履行能力,是指被申请人实际上具有给付、返还或者赔偿申请人实体权利请求的能力。如果被申请人没有履行义务的能力,即使法院裁定先予执行,也没有实际意义,还可能给被申请人的生活或者生产经营带来不利影响。在被申请人有履行能力的基础上裁定先予执行,也是充分考虑了被申请人的实际情况,防止先予执行给被申请人造成损害。

总之,法院接到当事人申请后,应当根据先予执行的适用范围和条件及时审查申请是否合法。如裁定先予执行,须同时满足先予执行的适用范围与适用条件。只有案件基本事实清楚,当事人之间的权利义务关系明确,被申请人负有给付、返还或赔偿义务,先予执行的财产为申请人生产、生活所急需,不先予执行将严重影响申请人的生活或者生产经营的,才能采取先予执行措施。

先予执行应当限于当事人诉讼请求的范围,并以当事人的生活、生产经营的急需为限(《民诉法解释》第 169 条)。比如,原告请求被告支付货款 20 万元,案件审理过程中,原告住院急需手术费 5 万元,法院经审查,认为原告的申请符合先予执行的范围与条件,先予执行裁定应限于 20 万元的范围,并以原告急需的 5 万元为限,即法院裁定被告向原告先行支付货款 5 万元。

[表 12-4]　先予执行的适用范围及适用条件

适用案件	适用范围	适用条件
婚姻家庭及特殊侵权案件	追索赡养费、扶养费、抚育费、抚恤金、医疗费用的	被申请人有履行能力;不先予执行将严重影响申请人的生活或者生产经营;当事人之间的权利义务关系明确
劳动争议案件	追索劳动报酬的	
其他案件情况紧急需要先予执行的	需要立即停止侵害、排除妨碍的	
	需要立即制止某项行为的	
	追索恢复生产、经营急需的保险理赔费的	
	需要立即返还社会保险金、社会救助资金的	
	不立即返还款项,将严重影响权利人生活和生产经营的	

四、先予执行的程序

(1) 当事人提出书面申请。申请书应写明申请先予执行的请求事项,以及先予执行的理由和根据,并提供对方当事人有履行能力的证据。

(2) 法院审查确定是否责令申请人提供担保。由于先予执行的申请人急需生活与经营费用,故《民诉法》未规定先予执行必须提供担保,而是由法院根据案件的具体情况,决定是否提供担保。对于符合申请条件的追索赡养费、扶养费、抚育费、抚恤金、追索劳动报酬案件的申请人,法院一般不必责令申请人提供担保。对于其他案件的申请人,法院认为有必要的,可以责令其提供担保。一旦法院决定责令申请人提供担保,提供担保即为先予执行申请的必备要件,不提供担保的,法院应当裁定驳回申请。

(3) 法院作出先予执行裁定并立即执行。经法院审查,对于符合先予执行适用范围和条件的申请,法院应作出先予执行裁定,并立即开始执行。对于被申请人不主动履行先予执行裁定确定义务的,法院应尽快采取强制执行措施。

(4) 被申请人对先予执行裁定不服的,可以申请复议一次,复议期间不停止裁定的执行。法院对复议申请应当在收到后10日内及时完成审查。裁定正确的,通知驳回被申请人的申请;裁定不当的,作出新裁定变更或撤销原裁定。利害关系人对先予执行裁定不服申请复议的,由作出裁定的法院依照《民诉法》第108条的规定处理①。

[图 12-4] 先予执行程序

五、被申请人遭受损失的赔偿

先予执行裁定执行后,人民法院判决申请人败诉的,申请人应当返还因先予执行所取得的利益。申请人拒不返还的,适用执行回转(《民诉法解释》第173条)。

被申请人请求申请人赔偿损失的,应当以申请人作为被告另案提起诉讼,人民法院以侵权纠纷立案审理后作出判决。

六、先予执行裁定的时间效力

法院裁定先予执行,其实质是使原告提前实现将来判决可能确认的部分权利,使被告提前履行将来可能履行的部分义务,因此,先予执行裁定的效力自送达当事人后立即生效,其时间效力一直维持到判决生效时止。

---

① 《民诉法》第108条规定:"当事人对保全或者先予执行的裁定不服的,可以申请复议一次。复议期间不停止裁定的执行。"

第三节 对妨害民事诉讼的强制措施

一、概述

对妨害民事诉讼的强制措施,是指在民事诉讼中,法院为了维护正常的诉讼秩序,保障民事诉讼和执行活动的正常进行,对实施妨害民事诉讼秩序的行为人所采取的具有制裁性质的强制手段。简言之,对妨害民事诉讼的强制措施就是法院在案件审理与执行阶段对妨害诉讼的人采取的强制手段。

实务中,有些人法制观念淡薄,在诉讼过程中违反法庭规则,甚至哄闹冲击法庭,比如,在法庭审理时大喊大叫,未经审判人员许可中途退庭,故意打断其他诉讼参与人的陈述或者答辩,甚至当庭起哄、撕毁法院判决书、谩骂审判人员等。对于妨害法庭秩序的人,应当视其行为的严重程度,适用不同的强制措施,比如,当事人因为情绪激动,用粗话、脏话侮辱了对方当事人、证人,违反了法庭规则,对此可以予以训诫,仍不改正的,可以予以罚款。

对妨害民事诉讼的强制措施的特征有:(1) 适用于民事诉讼全过程,既包括案件审理阶段,也包括执行阶段。(2) 适用对象比较广泛,既包括当事人、诉讼代理人、证人、鉴定人、翻译人员及专家辅助人,也包括案外人,如旁听群众、采访记者等。(3) 既可以单独适用一种强制措施,也可以合并适用两种及两种以上强制措施。

《民诉法》第117条规定,采取对妨害民事诉讼的强制措施必须由人民法院决定。任何单位和个人采取非法拘禁他人或者非法私自扣押他人财产追索债务的,应当依法追究刑事责任,或者予以拘留、罚款。

二、妨害民事诉讼行为的构成

行为人的行为同时符合以下三个条件,即构成妨害民事诉讼行为:

(1) 必须有妨害民事诉讼的行为发生,并且该行为达到一定程度,足以妨害民事诉讼的进行。此种行为包括作为,如毁灭重要证据等,也包括不作为,如拒不履行生效判决等。需注意,妨害民事诉讼行为程度一般,不足以妨害民事诉讼正常进行的,不构成妨害民事诉讼的行为。比如,开庭审理前书记员宣读法庭纪律后,当事人未将手机铃声调至静音状态,庭审中响铃后当事人拒接,后主动调整手机铃声至静音。当事人的行为违反了法庭纪律,但不足以妨害民事诉讼程序进行,不应认为妨害民事诉讼的行为。

(2) 妨害民事诉讼的行为通常在诉讼过程中实施,既包括案件审理阶段,也包括案件执行阶段。特殊情形下也可能在诉讼前实施,如原告在诉讼前伪造重要证据提起诉讼。

(3) 必须出于行为人的主观故意,过失行为不构成妨害民事诉讼行为。即行为人明确意识到或应当意识到其行为能够妨害民事诉讼,却依然实施了妨害民事诉讼的行为。

三、妨害民事诉讼行为的种类

(1) 必须到庭的被告,经两次传票传唤,无正当理由拒不到庭。

"必须到庭的被告",是指负有赡养、抚育、扶养义务和不到庭就无法查清案情的被告以及给国家、集体或他人造成损害的未成年人的法定代理人。此外,在执行程序中,必须到法院接受询问的被执行人或被执行人的法定代表人或负责人,也视为必须到庭的被告。

(2) 诉讼参与人和其他人违反法庭规则的行为,表现为哄闹、冲击法庭,侮辱、诽谤、威胁、殴打审判人员等严重扰乱法庭秩序的行为。《民诉法解释》第176条还特别规定了诉讼参与人未经批准对庭审活动录音、录像及传播的处罚。该条规定,诉讼参与人或者其他人有下列行为之一的,人民法院可以适用《民诉法》第110条规定处理:第一,未经准许进行录音、录像、摄影的;第二,未经准许以移动通信等方式现场传播审判活动的;第三,其他扰乱法庭秩序,妨害审判活动进行的。有上述规定情形的,人民法院可以暂扣诉讼参与人或者其他人进行录音、录像、摄影、传播审判活动的器材,并责令其删除有关内容;拒不删除的,人民法院可以采取必要手段强制删除。

(3) 诉讼参与人或其他人伪造、毁灭重要证据,妨碍法院审理案件,但尚未构成犯罪的行为。

伪造证据是指行为人故意虚造原本不存在的证据。毁灭证据,是指行为人故意将真实存在的证据予以销毁。伪造、毁灭证据会扰乱司法审判活动,导致审判人员无法准确认定案件事实,甚至裁判错误,因此必须采取相应的强制措施来排除妨害。

认定该行为时需要注意以下两点:第一,行为人伪造、毁灭证据必须具有主观故意,才可被认定为妨害民事诉讼行为。倘若行为人提交虚假的证据是出于无心之失,或者行为人只是不小心损毁、遗失了证据,则不构成妨害民事诉讼的行为。第二,只有行为人伪造、毁灭了重要证据,妨碍法院审理案件的,才构成妨害民事诉讼行为。重要证据指的是对审判人员认定案件主要事实、准确把握案件性质至关重要作用的证据。审判人员认定事实、确认当事人权利义务关系时,主要依据是当事人提供的证据,如果当事人在重要证据上作假或者恶意销毁对己不利的有关证据,必然会增加法院在审理案件中的困难,造成民事诉讼无法正常进行,所以应当对行为人采取相应强制措施。

（4）诉讼参与人或其他人以暴力、威胁、贿买方法阻止证人作证或者指使、贿买、胁迫他人作伪证，但尚未构成犯罪的行为。

实务中，诉讼参与人或者其他人可能以暴力、威胁、贿买等各种方式对证人施加压力或进行收买，阻挠证人出庭作证，或者指使、胁迫、贿买证人，令其出庭作出对己有利或者对对方当事人不利的伪证，这些干扰证人作证、弄虚作假的行为都会严重影响法院正常的审判活动，必须给予严厉处罚。

（5）诉讼参与人或其他人隐藏、转移、变卖、毁损已被查封、扣押的财产，或者已被清点并责令其保管的财产，转移已被冻结的财产，但尚未构成犯罪的行为。

查封、扣押、冻结财产，是法院为保证将来生效的民事裁判得以顺利执行，避免当事人的合法权益遭受无法弥补的损害而对特定财产采取的强制措施。未经法定程序，任何人不得擅自处分已被法院查封、扣押、冻结的财产。未经过法院允许而私自隐藏、转移、变卖、毁损、转移已被查封、扣押、冻结、经法院清点后由有关人员保管的财产的行为，必将影响法院未来的生效判决的顺利执行，妨害到民事诉讼和民事执行活动的正常进行。

（6）诉讼参与人或其他人对司法工作人员、诉讼参加人、证人、翻译人员、鉴定人、勘验人、协助执行的人，进行侮辱、诽谤、诬陷、殴打或者打击报复，但尚未构成犯罪的行为。

这种行为针对的必须是参与案件的司法工作人员、诉讼参加人、证人、翻译人员、鉴定人、勘验人、协助执行的人。这些人员对诉讼的正常进行都具有重要的作用，行为人针对他们实施侮辱、诽谤、诬陷、殴打或者打击报复行为，可能造成司法人员无法正常进行审判活动，诉讼参与人的合法权益得不到保障，证人不愿出庭作证，翻译人员、鉴定人、勘验人无法参加案件审理，协助执行的人不愿协助执行等一系列不良后果，势必妨害到民事诉讼的顺利进行，故应当根据行为人情节轻重采取适当的强制措施。

（7）诉讼参与人或其他人以暴力、威胁或者其他方法阻碍司法工作人员执行职务，但尚未构成犯罪的行为。

这种行为需要满足三个条件：第一，以执行职务的司法工作人员为对象。司法工作人员包括审判人员、书记员、法警、执行人员。第二，行为人采取暴力、威胁或哄闹、围攻等方式。第三，行为阻碍了司法工作人员执行公务。比如，行为人以暴力手段抗拒司法工作人员的合法搜查、以暴力方式阻挠司法人员对其财产进行合法查封、扣押，都属于这种行为。无论在案件审判过程中，还是在执行过程中，干扰、阻挠司法工作人员依法执行职务的行为不但会妨害民事诉讼，而且威胁司法工作人员的人身安全，应当对其采取强制措施加以制裁。

《民诉法解释》第187条列举了以暴力、威胁或者其他方法阻碍司法工作人员执行职务的行为,具体包括:① 在人民法院哄闹、滞留,不听从司法工作人员劝阻的;② 故意毁损、抢夺人民法院法律文书、查封标志的;③ 哄闹、冲击执行公务现场,围困、扣押执行或者协助执行公务人员的;④ 毁损、抢夺、扣留案件材料、执行公务车辆、其他执行公务器械、执行公务人员服装和执行公务证件的;⑤ 以暴力、威胁或者其他方法阻碍司法工作人员查询、查封、扣押、冻结、划拨、拍卖、变卖财产的;⑥ 以暴力、威胁或者其他方法阻碍司法工作人员执行职务的其他行为。

[案例12-1] 2017年6月12日,原告张某以占股45%的股东身份起诉被告某家具公司主张股东知情权。被告公司登记成立于2012年,注册资金为100万元,现股东为原告张某,第三人彭某(持股比例为55%),法定代表人为彭某,张某负责公司销售。张某因在经营过程中与彭某出现分歧,怀疑彭某侵犯其股东权益,遂向法院起诉要求查阅有关的会计账簿等资料。2017年6月15日,法院以法院专递向被告公司送达起诉状、开庭传票、证据材料等诉讼材料。不料,张某作为本案的原告,却以被告公司负责人的身份代收了本应由被告公司收取的诉讼材料,且代收后并没有将材料转交给被告公司。6月20日,原告张某以"个人原因"为由从被告公司辞职。被告公司由于没有收到传票及其他相关诉讼材料,对于原告张某的起诉完全不知情。直至开庭前几天,承办法官尝试联系被告征询调解意愿时,被告公司才知道自己已经成为被告。庭前调解时,被告公司向合议庭提出,在接到法官的电话之前并不知道有该诉讼,并提交了邮政公司提供的签有原告姓名的快递单据。某法院为此前后数次开庭,原告张某在证据面前不得不承认自己代收并保管了本应由被告收取的诉讼材料的事实。2017年11月22日某法院决定:(1)对张某拘留15日;(2)对张某罚款10万元。张某的行为属于以暴力、威胁之外其他方法阻碍司法工作人员执行职务,但尚未构成犯罪的行为。

(8) 诉讼参与人或其他人拒不履行法院已经发生法律效力的判决、裁定,但尚未构成犯罪的行为。

根据《民诉法解释》第188条的规定,当事人的这类行为包括:① 在法律文书发生法律效力后隐藏、转移、变卖、毁损财产或者无偿转让财产,以明显不合理的价格交易财产、放弃到期债权、无偿为他人提供担保等,致使人民法院无法执行的;② 隐藏、转移、毁损或者未经人民法院允许处分已向人民法院提供担保的财产的;③ 违反人民法院限制高消费令进行消费的;④ 有履行能力而拒不按照人民法院执行通知履行生效法律文书确定的义务的;⑤ 有义务协助执行的个人接到人民法院协助执行通知书后,拒不协助执行的。

(9) 有义务协助调查、执行的单位拒绝或者妨碍法院调查取证的行为。

案件审判过程中,法院可以根据当事人的申请或者依职权调查取证,比如向医院调取当事人的病历、向通信公司调取当事人的通信记录等。为保证法院及时查明案情,有义务协助调查的单位应当对法院依法调查取证的工作予以积极配合,不得拒绝、妨碍。有关单位拒绝向法院提供其所掌握的证据或者故意找借口妨碍法院调查取证的,构成妨害民事诉讼行为,法院可以采取相应的强制措施。

(10) 有义务协助调查、执行的银行、信用合作社和其他有储蓄业务的单位接到法院协助执行通知书后,拒不协助查询、冻结或者划拨存款的行为。

法院需要有关单位配合协助查询、扣押、冻结、划拨有关财产的,应当向有关单位发出协助执行的通知书。有关单位接到通知书后,不得找借口拒不协助法院采取保全措施或者强制措施。拒不协助法院查询、扣押、冻结、划拨财产的,构成妨害民事诉讼行为,法院可以采取相应的强制措施。

(11) 有关单位接到法院协助执行通知书后,拒不协助扣留被执行人的收入、办理有关财产权证照转移手续以及转交有关票证、证照或者其他财产的。

在法院执行过程中,还需要有义务协助执行的单位配合法院扣留被执行人的收入、办理有关财产权证照转移以及转交有关票证、证照或其他财产。如果这些单位不予积极配合,法院的执行工作也无法顺利进行,权利人的债权将无法实现。法院向有关单位发出协助执行通知后,有关单位必须予以协助。拒不协助法院执行工作的,法院可以依法进行罚款、拘留。

(12) 有义务协助调查、执行的单位所实施的其他拒绝协助执行的行为。

除了第9项至第11项行为外,其他在性质上属于拒绝协助法院调查、执行行为的,都属于妨碍民事诉讼的行为,法院可以依法对行为人采取强制措施。

《民诉法解释》第189条还规定,诉讼参与人或者其他人有下列行为之一的,法院可以适用《民诉法》第111条的规定处理:(1)冒充他人提起诉讼或者参加诉讼的;(2)证人签署保证书后作虚假证言,妨碍人民法院审理案件的;(3)伪造、隐藏、毁灭或者拒绝交出有关被执行人履行能力的重要证据,妨碍人民法院查明被执行人财产状况的;(4)擅自解冻已被人民法院冻结的财产的;(5)接到人民法院协助执行通知书后,给当事人通风报信,协助其转移、隐匿财产的。

对妨害民事诉讼的个人、单位主要负责人或者直接责任人员可以予以罚款、拘留;构成犯罪的,依法追究刑事责任。对上述第9至12项的情形,法院可以责令其履行协助义务,并可以予以罚款;法院也可以对有关单位的主要负责人或者直接责任人员处以罚款;对仍不履行协助义务的,可以予以拘留。同时,法院还可以向监察机关或者有关机关提出予以纪律处分的司法建议。法院对有关单位的责任人员采取强制措施时,通常应当先予以罚款,罚款后其仍不履行协助义务的,可以对其采取拘留措施。

四、对妨害民事诉讼的强制措施的种类及适用

(一) 拘传

拘传是法院派出司法警察依法强制有关人员到庭参加诉讼的强制措施。《民诉法》第 109 条规定:"人民法院对必须到庭的被告,经两次传票传唤,无正当理由拒不到庭的,可以拘传。"一般来讲,出庭不是被告的强制义务,然而在特定案件中,只有被告到庭才能查清案件事实、及时解决争议,所以法律规定了这些案件中被告必须到庭参加诉讼。实务中,有些法定的必须到庭的被告拒不出庭,延误了司法程序,妨害了民事诉讼的正常进行。为了排除这种妨害行为,保证民事诉讼程序正常进行,《民诉法》规定了对必须到庭的被告拒不到庭的,人民法院可以进行拘传。

拘传是对被告人身自由的一定限制,属于比较严厉的强制措施,因而在适用时必须严格遵循法定条件和程序,以防司法人员滥用权力,侵害被告的合法利益。其适用条件有:(1) 适用对象包括三类人:负有赡养、抚育、扶养义务和不到庭就无法查清案情的被告;给国家、集体或他人造成损害的未成年人的法定代理人;执行程序中,必须到法院接受询问的被执行人或被执行人的法定代表人或负责人。(2) 适用前提是上述人员经两次传票传唤,无正当理由拒不到庭。(3) 在拘传前,法院应向被拘传人说明拒不到庭的后果,经批评教育被拘传人仍不到庭。(4) 拘传必须经院长批准,并使用拘传票,在采取措施时直接送达给被拘传人。

(二) 训诫

训诫,是指法院对妨害民事诉讼行为较轻的人,通过批评教育的方式,指出其违法之处并责令加以改正的强制措施。简言之,训诫就是法院批评教育与当事人保证改正。训诫适用于诉讼参与人和其他人违反法庭规则且情节显著轻微,尚不需采取责令退出法庭、罚款、拘留措施的情形。训诫强制力最弱,也最常用。

训诫是即时性的强制措施,其适用对象是违反法庭规则的人,因此在适用措施时首先应注意及时性和有效性,如果对违反法庭规则的人在采取训诫措施无效的情况下,即应进一步采取责令退出法庭、罚款、拘留等措施,而不宜反复训诫,影响庭审活动的严肃性和权威性。其次,训诫要有针对性,要简明扼要,同时要让被训诫人知晓其行为的违法性和对庭审秩序造成的损害,并责令其认识和改正错误,作出不再实施扰乱法庭秩序行为的承诺。

训诫由审理案件的合议庭决定;适用简易程序审理的,由独任审判员决定。训诫的内容和违反法庭秩序的事实应当记入庭审笔录,以确保对强制措施的适用有据可查。

(三) 责令退出法庭

责令退出法庭,是指法院命令违反法庭规则、扰乱法庭秩序的人离开法庭或者依法强制其离开法庭。责令退出法庭与训诫的区别是:训诫只是口头的批评、教育,还允许行为人留在法庭;责令退出法庭则是强行命令行为人退出法庭,其严厉程度和制裁力度要强于训诫。训诫和责令退出法庭这两种强制措施均要当场进行,以达到纠正行为人违反法庭规则行为的目的。

如果被责令退出法庭者不主动退出法庭的,应由司法警察强制其退出。责令退出法庭由审理案件的合议庭决定;适用简易程序审理的,由独任审判员决定。责令退出法庭和违反法庭秩序的事实和经过应当记入庭审笔录,以确保对强制措施的适用有据可查。

《民诉法》第110条第2款规定:"人民法院对违反法庭规则的人,可以予以训诫,责令退出法庭或者予以罚款、拘留。"根据本条规定,人民法院对违反法庭规则的人可以责令其退出法庭,而不是必须适用。实务中,对于当事人、诉讼代理人等违反法庭规则而不适宜采取责令退出法庭措施的,人民法院可以采取训诫、罚款等其他强制措施来制止和制裁妨害民事诉讼的行为。①

(四) 罚款

罚款,是指法院强制妨害民事诉讼的行为人缴纳一定数额金钱的强制性措施。罚款的强制力轻于拘留,重于训诫和责令退出法庭。除必须到庭的被告经两次传票传唤后无正当理由仍拒不到庭这种妨害民事诉讼的行为不适用罚款之外,法院对其他各类妨害民事诉讼的行为都可以适用罚款措施。

适用罚款措施时应注意:

(1) 个人罚款金额为10万元以下,没有下限;单位罚款金额为5万元以上100万元以下。法院对个人或者单位采取罚款措施时,应当根据其实施妨害民事诉讼行为的性质、情节、后果,当地的经济发展水平,以及诉讼标的额等因素,在上述限额内确定相应的罚款金额。

(2) 适用罚款必须经院长批准,并适用决定书。适用罚款,应当先由合议庭或独任审判员提出意见,报院长审批,然后制作罚款决定书。

被罚款的人不服罚款决定的,可以向上一级人民法院申请复议一次。② 为

---

① 有学者认为,责令退出法庭不得适用于当事人。当事人是民事诉讼程序的启动者和推动者,如果当事人被责令退出法庭,民事诉讼也没有进行的必要。责令退出法庭也不适用于证人,这是由证人的不可替代性决定的。如果诉讼当事人、证人违反法庭秩序,可以对其予以训诫、罚款或拘留。

② 通常当事人对法院作出的诉讼行为不服是向作出法院申请复议,但拘留与罚款属于处罚比较严厉的措施,为了维护被处罚人的合法权益,《民诉法》第116条特别规定对拘留与罚款决定不服的,可以向上级人民法院申请复议一次。

了保证强制措施的有效性,复议期间不停止执行。被罚款的人不服罚款决定的,应当在收到决定书之日起3日内申请复议,上级人民法院应在收到复议申请后5日内作出决定,并将复议结果通知下级人民法院和当事人(《民诉法解释》第185条)。上级人民法院复议时认为强制措施不当的,应当制作决定书,撤销或变更下级人民法院的罚款决定。情况紧急的,上级人民法院可以首先用口头形式通知下级人民法院改变错误决定,然后在3日之内发出撤销或者变更原拘留或者罚款的决定书。

（五）拘留

拘留,是指法院对强制妨害民事诉讼行为严重者,在一定期限内限制人身自由的强制措施。与其他四种强制措施相比,拘留的强制力度最强。所以,适用拘留时必须十分慎重,只对性质严重、适用其他强制措施不足以排除妨害,同时又未构成犯罪的妨害民事诉讼行为才采取拘留这一强制措施。

我国法律规定了三种拘留,分别为刑事拘留、行政拘留和司法拘留,在理解适用上应当将三者加以区别。

(1) 性质不同。刑事拘留是刑事诉讼中的保障性措施,其目的是保证刑事诉讼的顺利进行,本身不具有惩罚性;行政拘留是治安管理的一种处罚方式,实质上是一种行政制裁,其目的是惩罚和教育有一般违法行为的人;司法拘留的目的是一种排除性措施,是针对已经出现的妨害诉讼活动的严重行为而采取的。

(2) 法律根据不同。刑事拘留是依据刑事诉讼法的规定而适用的;行政拘留是根据行政处罚法、治安管理处罚法等法律采用的;司法拘留则是分别根据刑事诉讼法、民事诉讼法和行政诉讼法的规定适用的。

(3) 适用对象不同。刑事拘留适用于刑事案件中涉嫌犯罪的现行犯或者重大嫌疑分子;行政拘留适用于有一般违法行为的人;司法拘留则适用于所有在诉讼过程中实施了妨害诉讼行为的人,既包括诉讼当事人、其他诉讼参与人,也包括案外人。

(4) 权力主体不同。刑事拘留依法由公安机关、人民检察院决定,并由公安机关执行;行政拘留由具有行政处罚权的行政机关在法定职权范围内实施,并由公安机关执行;司法拘留依法由法院决定并由公安机关执行。①

(5) 羁押期限不同。对于一般现行犯的刑事拘留最长期限为14日;行政拘留的最长期限为15日;司法拘留的最长期限为15日。

适用拘留措施时应注意：

---

① 司法拘留决定虽然由法院作出,但被拘留人是被羁押在公安拘留场所内,因此,拘留的执行机关是公安机关。

(1) 拘留的期限为 15 日以下，没有下限。法院采取拘留措施时，应当根据妨害民事诉讼行为人实施妨害民事诉讼行为的性质、情节、后果等因素，在 1 日至 15 日范围内确定相应的拘留期限。

(2) 适用拘留必须经院长批准，并适用决定书。适用拘留的，通常情况下应当先经院长批准，但有紧急情况必须立即采取拘留措施的，可以在拘留后立即报告院长补办批准手续。《民诉法解释》第 181 条规定，因哄闹、冲击法庭，用暴力、威胁等方法抗拒执行公务等紧急情况，必须立即采取拘留措施的，可在拘留后，立即报告院长补办批准手续。院长认为拘留不当的，应当解除拘留。

(3) 法院对被拘留人采取拘留措施后，应当在 24 小时内通知其家属；确实无法按时通知或者通知不到的，应当记录在案（《民诉法解释》第 180 条）。

(4) 被拘留人不在本辖区的，作出拘留决定的人民法院应当派员到被拘留人所在地的人民法院，请该院协助执行，受委托的人民法院应当及时派员协助执行。被拘留人申请复议或者在拘留期间承认并改正错误，需要提前解除拘留的，受委托人民法院应当向委托人民法院转达或者提出建议，由委托人民法院审查决定（《民诉法解释》第 179 条）。

(5) 被拘留人不服拘留决定的，可以向上一级人民法院申请复议一次。为了保证强制措施的有效性，复议期间不停止执行。被拘留人申请复议的①，应当在收到决定书之日起 3 日内申请复议，上级人民法院应在收到复议申请后 5 日内作出决定，并将复议结果通知下级人民法院和当事人。上级人民法院复议时认为强制措施不当的，应当制作决定书，撤销或变更下级人民法院的拘留决定。情况紧急的，上级人民法院可以首先用口头形式通知下级人民法院改变错误决定，然后在 3 日之内发出撤销或者变更原拘留或者罚款的决定书。这样规定主要是为了保护当事人免受不当强制措施的继续侵害。

(6) 被拘留人由司法警察送交拘留地公安机关看管。被拘留人在拘留期间认错悔改的，可以责令其具结悔过，提前解除拘留。提前解除拘留，应报经院长批准，并作出提前解除拘留决定书，交负责看管的公安机关执行（《民诉法解释》第 182 条）。②

---

① 由于复议期间不停止执行。被拘留人申请复议的，可通过拘留场所向法院转交复议申请书，也可委托律师提交复议申请书。

② 《民诉法解释》第 179 条规定："被拘留人不在本辖区的，作出拘留决定的人民法院应当派员到被拘留人所在地的人民法院，请该院协助执行，受委托的人民法院应当及时派员协助执行。被拘留人申请复议或者在拘留期间承认并改正错误，需要提前解除拘留的，受委托人民法院应当向委托人民法院转达或者提出建议，由委托人民法院审查决定。"根据此规定，被拘留人在异地的，法院对其采取拘留措施应当羁押在异地公安看守场所。

[表 12-5] 对妨害民事诉讼的强制措施要点

措施	有权决定主体	文书形式	强制力	重要知识点
训诫	合议庭、独任法官	口头,记入笔录	最弱	批评＋保证
责令退出法庭	合议庭、独任法官	口头,记入笔录	/	对当事人、诉讼代理人不适用
拘传	法院院长	拘传票	/	2次传票传唤 适用4种人
罚款	法院院长	决定书	次强	10万;50万—100万 3日内向上级法院复议
拘留	法院院长	决定书	最强	15日,复议期间在拘留所

五、对妨害民事诉讼的行为采取措施时应注意事项

(1) 五种强制措施可以单独适用,也可以合并适用。罚款与拘留强制措施对于同一妨害民事诉讼行为不能连续适用,但如果同一当事人再次发生妨害民事诉讼的行为,对新发生的行为可以再次适用强制措施。①

(2) 妨害民事诉讼的行为情节严重,构成犯罪的,应当追究刑事责任。针对妨害民事诉讼的行为,《刑法》第307条规定了妨害作证罪,第309条规定了扰乱法庭秩序罪,第313条规定了拒不执行法院判决、裁定罪,第314条规定了非法处置查封、扣押、冻结的财产罪。

对于妨害民事诉讼的行为情节严重的认定。情节是否严重,是一般的妨害诉讼行为与构成犯罪的妨害诉讼行为的主要区别,情节是否严重需根据行为的方式、行为所造成的后果等因素确定。最高人民法院对此发布司法解释的,应以司法解释规定的情形来认定。比如,《最高人民法院关于审理拒不执行判决、裁定刑事案件适用法律若干问题的解释》第2条规定,负有执行义务的人有能力执行而实施下列行为之一的,应当认定为有能力执行而拒不执行,情节严重的情形:第一,具有拒绝报告或者虚假报告财产情况、违反人民法院限制高消费及有关消费令等拒不执行行为,经采取罚款或者拘留等强制措施后仍拒不执行的;第二,伪造、毁灭有关被执行人履行能力的重要证据,以暴力、威胁、贿买方法阻止他人作证或者指使、贿买、胁迫他人作伪证,妨碍人民法院查明被执行人财产情况,致使判决、裁定无法执行的;第三,拒不交付法律文书指定交付的财物、票证

---

① 行为人在实施妨害民事诉讼行为之后又实施新的妨害民事诉讼行为的,性质上不属于同一行为,因此,法院可以就新的妨害民事诉讼行为,重新对该行为人予以罚款、拘留。

或者拒不迁出房屋、退出土地,致使判决、裁定无法执行的;第四,与他人串通,通过虚假诉讼、虚假仲裁、虚假和解等方式妨害执行,致使判决、裁定无法执行的;第五,以暴力、威胁方法阻碍执行人员进入执行现场或者聚众哄闹、冲击执行现场,致使执行工作无法进行的;第六,对执行人员进行侮辱、围攻、扣押、殴打,致使执行工作无法进行的;第七,毁损、抢夺执行案件材料、执行公务车辆和其他执行器械、执行人员服装以及执行公务证件,致使执行工作无法进行的;第八,拒不执行法院判决、裁定,致使债权人遭受重大损失的。

[案例 12-2] 2015 年 7 月,何某及其妻子向陈某借款 27 万元,因何某及其妻子未按时还款,陈某将二人诉至法院。2016 年 7 月,依据原告陈某的申请,法院依法查封了何某名下已抵押给银行的某花园小区 38—41 号四间商铺。何某偿还银行贷款后,便以查封的 38—41 号四间商铺价值超过涉案债务为由,申请解除 38—40 号商铺的查封。经审查,法院依法裁定解除 38—40 号商铺的查封,保留查封 41 号商铺。2016 年 9 月,法院经审理后判决何某及妻子偿还陈某借款本金 27 万元及利息。判决生效后,何某及其妻子仍不履行债务,案件进入执行阶段。执行过程中,法院依法查询银行、房产登记管理部门、车辆登记管理部门及工商管理行政部门等,发现何某已将上述 38—40 号商铺以赠与的形式转到其母亲名下,除保留查封的 41 号商铺外,何某没有其他可供执行的财产。法院多次联系何某到法院处理,却找不到其行踪。于是,法院决定对 41 号商铺进行现场评估,勘查现场发现 41 号商铺与 40 号商铺的中间分隔墙已经被打通,且被改造后无法分割,也无法单独处置,导致法院生效判决无法执行。

截至 2018 年 5 月,除上述案件,何某另有 8 件执行案件标的额共计 200 余万元未执行到位,于是法院将何某涉嫌拒不执行判决、裁定罪移送公安机关立案侦查,公安机关对其进行网上追逃。2018 年 9 月 6 日,公安机关将何某抓获。法院经审理认为,何某在明知自身有诉讼案件判决已生效并处于执行阶段的情况下,将其名下 38—40 号商铺以赠与的形式转到其母亲名下,并将 41 号商铺与 40 号商铺的中间分隔墙打通,导致 41 号商铺无法处置,致使多个判决、裁定无法执行。

被告人何某经法院多次传唤,均未到法院,也未按生效判决履行还款义务,对法院的判决、裁定有能力执行而拒不执行,情节严重,其行为已构成拒不执行判决、裁定罪。最终,法院根据被告人何某犯罪的事实、犯罪的性质、情节和对于社会的危害程度,判处何某有期徒刑 1 年。

第四节 诉讼费用

一、概述

诉讼费用是当事人进行民事诉讼,依法律规定应向法院交纳和支付的费用。世界上大部分国家都收取诉讼费用,只有少数国家如法国、西班牙不收取诉讼费用。我国的趋势也是逐渐降低诉讼费用的收费标准。以劳动争议案件为例,《人民法院诉讼收费办法》规定劳动争议案件的受理费为30元至50元,《诉讼费用交纳办法》将案件受理费降为10元,若适用简易程序审理,案件受理费减半交纳只需交纳5元。

目前,我国诉讼费用收取标准的主要依据为2007年4月1日起施行的《诉讼费用交纳办法》。

二、诉讼费用的分类

《民诉法》第118条第1款规定,当事人进行民事诉讼,应当按照规定交纳案件受理费。财产案件除交纳案件受理费外,并按照规定交纳其他诉讼费用。我国诉讼费用分为程序启动费与其他诉讼费用。程序启动费,是指法院诉讼程序和非讼程序启动收取的费用。其他诉讼费用,是指在诉讼过程中,证人、鉴定人、翻译人员、理算人员在法院指定日期出庭发生的交通费、住宿费、生活费和误工补贴等[①]。

程序启动费包括以下费用:

1. 案件受理费

除法律另有规定外,民事案件原则上都要征收案件受理费。案件受理费,是指法院受理案件后,当事人向法院交纳的费用。案件受理费包括第一审案件受理费、第二审案件受理费和再审案件受理费。案件受理费根据案件性质又分为非财产案件受理费和财产案件受理费。非财产案件受理费,是指当事人因人身权利或人身非财产权益的争议提起诉讼,应该交纳的费用,如离婚、收养等案件的案件受理费。财产案件受理费,是指当事人因财产权益争议提起诉讼,应该交纳的费用,比如合同纠纷、侵权赔偿等案件的案件受理费。

部分再审案件收取案件受理费是《诉讼费用交纳办法》的规定,在此之前,再审案件一律不收取案件受理费。部分再审案件包括:(1)当事人有新证据,足以

---

① 《诉讼费用交纳办法》第6条规定:"当事人应当向人民法院交纳的诉讼费用包括:(一)案件受理费;(二)申请费;(三)证人、鉴定人、翻译人员、理算人员在人民法院指定日期出庭发生的交通费、住宿费、生活费和误工补贴。"

推翻原判决、裁定,申请再审的案件;(2)当事人对一审判决、裁定未上诉,一审判决、裁定或调解书生效后申请再审的案件。需注意,当事人申请对调解书再审的应收取案件受理费。

按照《民诉法解释》第194条的规定,诉讼标的是同一种类、当事人一方人数众多在起诉时人数尚未确定的案件,当事人在起诉时不预交案件受理费,结案后按照诉讼标的额由败诉方交纳。

2. 申请费

申请费,是指当事人依法申请法院强制执行或审理非讼程序案件应当交纳的费用。由此可见,申请费分为执行申请费与非诉程序申请费。

当事人依法向法院申请下列事项,应当交纳申请费:(1)申请执行法院发生法律效力的判决、裁定、调解书,仲裁机构依法作出的裁决和调解书,公证机构依法赋予强制执行效力的债权文书;(2)申请保全措施;(3)申请支付令;(4)申请公示催告;(5)申请撤销仲裁裁决或者认定仲裁协议效力;(6)申请破产;(7)申请海事强制令、共同海损理算、设立海事赔偿责任限制基金、海事债权登记、船舶优先权催告;(8)申请承认和执行外国法院判决、裁定和国外仲裁机构裁决。

根据《民诉法解释》第195条的规定,当事人按照督促程序申请支付令的,支付令失效后如果直接转入诉讼程序,债权人应当按照《诉讼费用交纳办法》补交案件受理费。支付令被撤销后,债权人另行起诉的,按照《诉讼费用交纳办法》交纳诉讼费用。

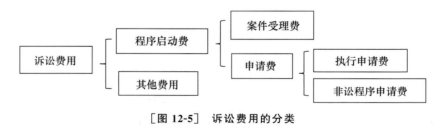

[图12-5] 诉讼费用的分类

三、收费标准

案件受理费分为财产案件受理费与非财产案件受理费。案件性质不同,案件受理费的征收方法也不相同。财产案件按标的额的一定比例征收案件受理费,非财产案件受理费则按件征收。

(一)非财产案件受理费

非财产案件指不直接涉及财产权益争议的案件,如人身关系争议等诉讼案件。如果诉讼标的既有财产部分,又有非财产部分,需要分别交纳两种案件受理费。

(1) 离婚案件 50—300 元，涉及财产分割，财产总额不超过 20 万元的，不另行交费，超过 20 万元的部分，按照财产总额的 0.5% 交纳。

(2) 侵害姓名权、名称权、肖像权、名誉权、荣誉权及其他人格权的案件，每件交纳 100—500 元。涉及损害赔偿金额不超过 5 万元的，不另行交费；5—10 万元按照 1% 交费，超过 10 万元的部分，按照 0.5% 交纳。

(3) 劳动争议案件每件 10 元。

(4) 管辖权异议案件，异议不成立的，每件交纳 50—100 元。异议成立的或管辖权异议上诉案件不收费。

(5) 其他非财产案件每件交纳 50—100 元。

(二) 财产案件受理费

财产案件，是指因财产权益争议提起诉讼的案件。财产案件受理费根据诉讼请求的金额即标的额，按比例分段计算。由于分段计算比较烦琐，实务中，通常采用以下速算公式，以标的额乘以不同的百分比直接计算出案件受理费。

[表 12-6]　财产案件受理费速算公式

标的额	计算公式
1 万元以下	固定 50 元
1 万元—10 万元	标的额×0.025－200 元
10 万元—20 万元	标的额×0.02＋300 元
20 万元—50 万元	标的额×0.015＋1300 元
50 万元—100 万元	标的额×0.01＋3800 元
100 万元—200 万元	标的额×0.009＋4800 元
200 万元—500 万元	标的额×0.008＋6800 元
500 万元—1000 万元	标的额×0.007＋11800 元
1000 万元—2000 万元	标的额×0.006＋21800 元
超过 2000 万元	标的额×0.005＋41800 元

关于案件受理费的交纳，还应当注意：

(1) 下列三种案件不交纳案件受理费：① 依照特别程序审理的案件；② 裁定不予受理、驳回起诉、驳回上诉的案件；③ 对不予受理、驳回起诉和管辖权异议裁定不服提起上诉的案件。

(2) 以调解方式结案或当事人申请撤诉的，减半交纳案件受理费。

(3) 适用简易程序审理的案件减半交纳案件受理费。

(4) 对财产案件提起上诉的，按照不服一审判决部分的上诉请求数额交纳案件受理费。

(5) 被告提起反诉、有独立请求权的第三人提出与本案有关的诉讼请求，法院合并审理的,减半交纳案件受理费。

(6) 需要交纳案件受理费的再审案件,按照不服原判决部分的再审请求数额交纳案件受理费。

需注意,如果一个案件存在多次减半交纳诉讼费用情形,是否允许多次减半,《诉讼费用交纳办法》并没有明确规定。① 为保障当事人行使诉讼权利,维护法院正常诉讼秩序,制裁违法行为,发挥诉讼费用的调节功能,《民诉法解释》第206条规定:"人民法院决定减半收取案件受理费的,只能减半一次。"即减半交纳诉讼费用应当以一次为限,比如,适用简易程序审理的案件,案件受理费减半收取,如原告申请撤诉的,不应在50%的基础上再减半收取。

(三) 申请费

1. 申请执行费[2]速算公式

[表 12-7] 申请执行费速算公式

标的额	计算公式
1 万元以下	固定 50 元
1 万元—50 万元	标的额×0.015－100 元
50 万元—500 万元	标的额×0.01＋2400 元
500 万元—1000 万元	标的额×0.005＋27400 元
1000 万元以上	标的额×0.001＋67400 元

2. 财产保全费速算公式

[表 12-8] 财产保全理费速算公式

标的额	计算公式
1000 元以下	固定每件 30 元
1000 元—10 万元	标的×0.01＋20 元
10 万元以上	标的×0.005＋520 元
财产保全费最高收取 5000 元,即 5000 元封顶	

3. 申请支付令的,按照财产案件受理费标准的 1/3 交纳。

4. 公示催告案件每件交纳 100 元。

---

① 如允许多次减半,以劳动争议案件为例,案件受理费现行规定为 10 元,若适用简易程序审理,案件受理费减半交纳则为 5 元,如调解结案或当事人撤诉,再减半交纳则为 2.5 元。此费用太过低廉,难以弥补人民法院办案经费的不足,且与国家司法资源的付出不成比例,也不能发挥诉讼费用调节案件、惩罚违法者的功能。

② 需注意,虽然执行案件收取申请执行费,但申请费无需申请执行人预交,在执行结案后由法院直接向被执行人征收。

5. 申请撤销仲裁裁决或认定仲裁协议效力的,每件交纳 400 元。

6. 破产案件依照破产总额计算,按照财产案件受理费减半收取,最高不超过 30 万元。

[表 12-9] 固定标的额三费对比

	案件受理费	执行费	保全费
10 万元	2300 元	1400 元	1020 元
50 万元	8800 元	(略)	(略)
100 万元	13800 元	12400 元	5000 元
200 万元	22800 元	(略)	(略)
1000 万元	81800 元	77400 元	5000 元

四、诉讼费用的负担

案件诉讼费用的负担,分为案件受理费的负担与其他诉讼费用的负担。

1. 败诉人承担

诉讼费用由败诉方负担是世界各国民事诉讼立法的通例。《诉讼费用交纳办法》第 29 条第 1 款规定,诉讼费用由败诉方负担,胜诉方自愿承担的除外。该规定确定了败诉方负担诉讼费用的基本原则。无论何种原因导致的败诉,当事人都有过错和责任,因诉讼产生的费用就应当由其负担。

部分胜诉、部分败诉的,法院根据案件的具体情况决定当事人各自负担的诉讼费用数额。实务中,法院通常按照原告、被告胜诉比例决定各自诉讼费用的负担数额。所谓胜诉与败诉,是相对于当事人的诉讼请求是否得到法院支持而言的。比如,原告起诉请求被告支付货款 100 万元,法院判决被告支付货款 80 万元,原告的诉讼请求未得到全部支持,原告部分胜诉,部分败诉。反过来讲,被告也是部分胜诉,部分败诉。

共同诉讼当事人败诉的,法院根据其对诉讼标的的利害关系,决定当事人各自负担的诉讼费用数额。《民诉法解释》第 203 条规定,承担连带责任的当事人败诉的,应当共同负担诉讼费用。本条是关于连带责任当事人对诉讼费用共同负担的规定。连带责任是指具有特定法律关系的多数债务人中的任何一人,均须对债权人承担违反法律规定或约定义务后所产生的全部强制性法律后果的一种共同责任。连带责任当事人在实体法上承担连带责任,则意味着共同诉讼案件败诉的,当事人在诉讼程序上也应承担连带责任。因此,连带责任当事人应对诉讼费用负有连带承担义务。在裁判文书的表述上,确定具体诉讼费用数额由败诉方承担的同时,应明确承担连带责任的当事人共同负担诉讼费用。

[案例12-3] 原告李某诉被告王某、被告梁某（两被告系夫妻关系）民间借贷纠纷，原告李某的诉讼请求为：1. 判令两被告向原告偿还拖欠的借款本金人民币570万元；2. 判令两被告向原告支付自借款之日起至还清之日的借款利息人民币856700元（按月利率2‰计算，暂算至2019年3月6日），以上合计6556700元；3. 判令两被告承担本案诉讼费及保全费。法院最终判决结果为：1. 被告王某向原告李某返还借款本金10万元，并自2018年12月14日开始至付清之日向原告支付按照月息2‰计算的利息；2. 被告梁某对被告王某上述债务承担连带清偿责任；3. 被告王某另向原告李某返还借款本金5391000元，并支付自2019年2月19日起至付清之日，按照年利率6‰计算的利息；4. 驳回原告李某的其他诉讼请求。

原告李某部分胜诉、部分败诉，按照"败诉方负担"的原则，法院对诉讼费用负担决定如下：案件受理费57697元，由原告李某负担7697元，被告王某负担5万元（被告梁某共同负担其中2500元）；保全费5000元，原告李某负担600元，被告王某负担4400元。

2. 协商负担

《诉讼费用交纳办法》第31条、第33条、第38条规定了三种诉讼费用协商负担的案件类型：(1) 经法院调解达成协议的案件，诉讼费用的负担由双方当事人协商解决；协商不成的，由人民法院决定。(2) 离婚案件诉讼费用的负担由双方当事人协商解决；协商不成的，由人民法院决定。(3) 执行中当事人达成和解协议的，申请费的负担由双方当事人协商解决；协商不成的，由人民法院决定。

3. 申请人负担

应当交纳案件受理费的再审案件，诉讼费用由申请再审的当事人负担；双方当事人都申请再审的，诉讼费用依照《诉讼费用交纳办法》第29条"诉讼费用由败诉方负担，胜诉方自愿承担的除外。部分胜诉、部分败诉的，人民法院根据案件的具体情况决定当事人各自负担的诉讼费用数额"的规定负担。原审诉讼费用的负担由人民法院根据诉讼费用负担原则重新确定。换言之，一方当事人申请再审的，再审申请费由申请方负担，无需败诉方承担；双方当事人申请再审的，再审申请费由败诉方承担。原审诉讼费用由人民法院按再审判决结果依"败诉方负担"原则重新确定。

公示催告的申请费由申请人负担。原告或上诉人申请撤诉的，减半收取的案件受理费由申请方负担。

当事人在法庭调查终结后提出减少诉讼请求数额的，减少请求数额部分的案件受理费由变更诉讼请求的当事人负担。

五、诉讼费用的交纳与退还

案件受理费由原告、有独立请求权的第三人、上诉人预交,被告提起反诉的应预交反诉费。破产申请费不需要预交,破产申请费由破产企业在破产清算后交纳。

原告自接到人民法院交纳诉讼费用通知次日起 7 日内交纳案件受理费,反诉案件由提起反诉的当事人自提起反诉次日起 7 日内交纳案件受理费。

适用简易程序审理的案件转为普通程序的,原告自接到人民法院交纳诉讼费用通知之日起 7 日内补交案件受理费。原告无正当理由未按期足额补交的,按撤诉处理,已经收取的诉讼费用退还一半(《民诉法解释》第 199 条)[①]。

上诉案件的案件受理费由上诉人在向人民法院提交上诉状时预交。双方当事人都提起上诉的,分别预交。上诉人在上诉期内未预交诉讼费用的,人民法院应当通知其在 7 日内预交。

申请费由申请人在提出申请时或者在人民法院指定的期限内预交。人民法院审理民事案件过程中发现涉嫌刑事犯罪并将案件移送有关部门处理的,当事人交纳的案件受理费予以退还;移送后民事案件需要继续审理的,当事人已交纳的案件受理费不予退还。

第一审法院裁定不予受理或者驳回起诉的,应当退还当事人已交纳的案件受理费;当事人对第一审法院不予受理、驳回起诉的裁定提起上诉,第二审法院维持第一审法院作出的裁定的,第一审法院应当退还当事人已交纳的案件受理费。

逾期不交纳的法律后果:当事人逾期不交纳诉讼费用又未提出司法救助申请,或者申请司法救助未获批准,在人民法院指定期限内仍未交纳诉讼费用的,由人民法院按自动撤诉或自动撤回申请处理。

六、对诉讼费异议的处理

当事人不得单独对人民法院关于诉讼费用的决定提起上诉。

当事人单独对人民法院关于诉讼费用的决定有异议的,可以向作出决定的人民法院院长申请复核。复核决定应当自收到当事人申请之日起 15 日内作出。所谓诉讼费用的决定,是指诉讼费用由原告还是被告负担,以及原告与被告分担的比例。

[①] 按此规定,简易程序按自动撤诉处理的,相当于两次减半收取案件受理费(简易程序本身也是减半收取案件受理费),该规定似乎与《民诉法解释》第 206 条规定减半收取诉讼费用以一次为限有冲突。

当事人对人民法院决定诉讼费用的计算有异议的,可以向作出决定的人民法院请求复核。计算确有错误的,作出决定的人民法院应当予以更正。所谓诉讼费用的计算,是指对诉讼费用计算的金额。

[案例12-4] 原告李某与某电子科技有限公司、刘某民间借贷纠纷一案,李某提出四项诉讼请求:1.被告某电子科技有限公司立即向原告李某偿还借款人民币30万元及资金占用期间利息(以30万元为本金,自2019年1月14日起按年利率6%计算至两被告实际支付之日止,暂计至2019年3月10日为人民币2750元);2.被告刘某承担连带还款责任;3.撤销原告李某与两被告于2019年1月14日签订的《说明函》;4.本案诉讼费用由两被告承担。该案判决后,李某向法院提出诉讼费用复核申请,认为法院在该案诉讼费的收取上计算有误,多收取了李某案件受理费。

经复核,法院认为,根据《民诉法解释》第201条第2款"有多个财产性诉讼请求的,合并计算交纳诉讼费;诉讼请求中有多个非财产性诉讼请求的,按一件交纳诉讼费"的规定,李某提出的第1项、第3项诉讼请求是财产性诉讼请求,应合并计算交纳诉讼费。当事人起诉请求确认合同效力或者变更、解除、撤销合同的,诉讼请求的金额实质上就是合同标的金额,按照财产案件标准交纳案件受理费,第3项请求中的《说明函》涉及李某入股及赔偿损失事项,具有合同性质,该《说明函》所涉金额为52万,因其中的30万在第1项请求中已提及,予以扣减,故第3项请求确定的金额为22万元。第1项与第3项请求合并计算总的请求金额为522750元,计算出诉讼费为9028元,按简易程序减半预交4514元。法院作出决定书,驳回申请人李某的复核申请,维持该案的案件受理费为4514元。

本案李某提出的异议为对诉讼费用计算的异议,李某可以向作出决定的法院请求复核。由于诉讼费用属于法院决定事项,法院复核后,应以民事决定书形式驳回复核申请。

七、诉讼费的缓交、减交、免交

诉讼费用的缓交、减交和免交,是指依照法律规定应当交纳诉讼费用的当事人,因经济上确有困难,无力负担或者暂时无力交付时,经当事人申请,由法院决定缓交、减交和免交的制度。诉讼费用的缓交、减交和免交制度,有利于保障那些经济上确有困难的当事人切实行使自己的诉讼权利,避免了因交纳不起诉讼费而无力涉诉的情况。根据《诉讼费用交纳办法》,当事人交纳诉讼费用确有困难的,可以依照该办法向法院申请缓交、减交或者免交诉讼费用的司法救助。①

1. 免交诉讼费

免交诉讼费只适用于自然人当事人。

当事人申请司法救助,符合下列情形之一的,法院应当准予免交诉讼费用:(1)残疾人无固定生活来源的;(2)追索赡养费、扶养费、抚育费、抚恤金的;(3)最低生活保障对象、农村特困定期救济对象、农村五保供养对象或者领取失业保险金人员,无其他收入的;(4)因见义勇为或者为保护社会公共利益致使自身合法权益受到损害,本人或者其近亲属请求赔偿或者补偿的;(5)确实需要免交的其他情形。

2. 减交诉讼费

当事人申请司法救助,符合下列情形之一的,法院应当准予减交诉讼费用:(1)因自然灾害等不可抗力造成生活困难,正在接受社会救济,或者家庭生产经营难以为继的;(2)属于国家规定的优抚、安置对象的;(3)社会福利机构和救助管理站;(4)确实需要减交的其他情形。

法院准予减交诉讼费用的,减交比例不得低于30%。

3. 缓交诉讼费

当事人申请司法救助,符合下列情形之一的,法院应当准予缓交诉讼费用:(1)追索社会保险金、经济补偿金的;(2)海上事故、交通事故、医疗事故、工伤事故、产品质量事故或者其他人身伤害事故的受害人请求赔偿的;(3)正在接受有关部门法律援助②的;(4)确实需要缓交的其他情形。

4. 缓交、减交、免交诉讼费用的申请及审批

当事人申请司法救助,应当在起诉或者上诉时提交书面申请、足以证明其确有经济困难的证明材料以及其他相关证明材料。因生活困难或者追索基本生活费用申请免交、减交诉讼费用的,还应当提供本人及其家庭经济状况符合当地民政、劳动保障等部门规定的公民经济困难标准的证明。

法院对当事人的司法救助申请不予批准的,应当向当事人书面说明理由。

---

① 《诉讼费用交纳办法》第44条第1款规定:"当事人纳诉讼费用确有困难的,可以依照本办法向人民法院申请缓交、减交或者免交诉讼费用的司法救助。"该办法使用了"司法救助"的概念,将诉讼费用的缓交、减交、免交作为法院向当事人提供的司法救助。实务中,司法救助(也称为国家司法救助)主要指法院向强制执行无法到位的生活困难申请执行人提供的救助。

② 法律援助,是指在国家设立的法律援助机构的指导和协调下,法律服务人员为经济困难或特殊案件的当事人给予无偿法律帮助的一项法律制度。建立和实施法律援助制度,是国家为保障实现"公民在法律面前一律平等"的基本权利而履行的宪法义务。我国《刑事诉讼法》《未成年人保护法》《妇女权益保障法》《老年人权益保障法》等多部法律都对法律援助制度作出明确规定。1996年通过的《律师法》设专章对法律援助作出规定。2003年7月,国务院颁布《法律援助条例》,对我国法律援助制度作出全面、系统的规定,标志着我国法律援助制度体系的基本形成。

法院应当在决定立案之前作出准予缓交的决定。

需注意,法院对一方当事人提供司法救助,对方当事人败诉的,诉讼费用由对方当事人负担;对方当事人胜诉的,可以视申请司法救助的当事人的经济状况决定其减交、免交诉讼费用。换言之,诉讼费用的缓交、减交、免交只适用于申请司法救助的一方当事人,法院判决对方当事人败诉的,对方当事人应负担诉讼费用。

法院准予当事人减交、免交诉讼费用的,应当在法律文书"诉讼费用"负担部分载明减交、免交的具体金额。

思 考 题

1. 先予执行申请可否在案件二审阶段提出,并由二审法院裁定并实施?

2. 案外人基于实体权利对被保全财产提出书面异议,法院裁定驳回异议后,案外人应如何救济?

3. 简述法院裁定诉前保全措施的条件。利害关系人在法院采取保全措施后提起诉讼的,是否需要就诉前保全的财产向法院再次申请诉讼保全?

4. 对妨害民事诉讼的强制措施分别是哪些?

5. 简述罚款与拘留措施的共同点与不同点。

6. 李阿姨生活困难,向法院提起诉讼后,没有能力交纳诉讼费用,听邻居说可以向法院申请免交诉讼费用。李阿姨应当如何向法院提出申请?同时应当提交哪些资料?

第十三章 诉讼调解与和解

诉讼调解是我国重要的诉讼制度,也是法院行使审判权的重要方式。诉讼调解具有快速终结纠纷的独特优势,有助于及时化解矛盾,彻底解决纠纷,维护社会的和谐稳定,被国际司法界称为"东方之花""东方经验"。此外,在诉讼过程中,双方当事人也可不经法院主持调解自行磋商,通过达成和解协议解决纠纷。

第一节 诉 讼 调 解

一、诉讼调解概述

诉讼调解,也称法院调解,是指在法院审判人员主持下,双方当事人通过协商达成调解协议,从而解决民事争议的活动。诉讼调解的重要性从法律、司法解释规定的条文数量就可见一斑:《民诉法》第93条至第99条共7条;《民诉法解释》第142条至第151条共10条;《调解规定》共20条。此外,其他司法解释中也散见诸多关于调解程序的规定。

《民诉法》第93条规定,人民法院审理民事案件,根据当事人自愿的原则,在事实清楚的基础上,分清是非,进行调解。诉讼调解要在审判人员的主持下进行;对当事人达成的调解协议,法院要进行审查,符合规定的才予以确认,可见诉讼调解是法院依法行使审判权的一种方式。诉讼调解过程中,当事人互谅互让,通过处分(主要是放弃)自己的部分实体权利自愿达成调解协议,可见诉讼调解也是当事人行使处分权的产物。因此,诉讼调解是当事人行使处分权与法院行使审判权相结合的产物,包含了公权裁决与私权合意处分两种性质。

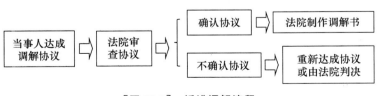

[图13-1] 诉讼调解流程

诉讼调解的意义包括：(1)有利于及时、彻底地解决当事人之间的纠纷。诉讼调解是在法院审判人员的主持下，在双方当事人自愿基础上以平等协商方式解决纠纷，调解的结果体现着双方当事人的合意，有利于纠纷的及时、彻底解决，从而实现"案结事了"。(2)有利于减少诉讼，节约诉讼成本，提高办案效率。诉讼调解具有简便快捷的特点，只要当事人达成调解协议，就能迅速解决纠纷，从而节约诉讼成本、提高办案效率。由于调解书生效后，当事人不得上诉或再行起诉，诉讼调解可以减少后续诉讼。(3)有利于促进当事人相互谅解，握手言和。诉讼调解让本准备兵戎相见、在法庭上一决高低上下的当事人最终"化干戈为玉帛"，有利于促进社会的稳定、和谐。

诉讼调解贯穿于民事诉讼的整个过程。法院解决民事纠纷的主要方式为调解与判决，调解和判决各有所长，在定分止争方面相辅相成。实务中，法院对于能调解的案件要尽力调解，调解不成的应当及时判决，防止出现案件"久调不决"。

二、诉讼调解的原则

（一）自愿原则

自愿原则，是指法院必须在双方当事人自愿的基础上进行调解。诉讼调解不仅是一种司法权力的运行方式，更是一种当事人合意解决纠纷的方式。在角色的扮演中，当事人是其中真正的"主角"，审判人员是"配角"。诉讼调解的最大目的是为当事人化解纠纷。调解的启动、权利的处分、协议内容的表述与记载等要充分尊重当事人的主体地位，要坚决贯彻当事人意思自治原则，审判人员的主要任务是为当事人提供好引导、指导、辅助、释明等工作，而非将自身的意志强加给当事人，也不能采取诱导、欺骗、隐瞒等方式让当事人形成错误的意思表示，要确保当事人是在内部的信息公开、过程透明的基础上发自内心自愿达成协议、解决纠纷，真正做到互谅互让，和谐相处。

当事人自愿，包括程序上的自愿与实体上的自愿。程序上的自愿，指诉讼调解必须征求双方当事人的同意，当事人拒绝调解或不同意以调解方式结案的，法院不能强迫当事人接受调解。实体上的自愿，是指调解协议的内容必须是双方当事人互谅互让，自愿达成。

（二）合法原则

合法原则，包括程序合法与实体合法。程序合法是指调解要依照法定程序开展，审判人员要从程序上保障当事人签订调解协议的自由，维护调解协议的公正性，同时还要对协议的合法性予以审查；实体合法是指调解协议的内容不能违反法律、行政法规的禁止性规定，不能损害国家、集体和他人的合法权益。

在诉讼调解中，法院不仅要注意审查调解协议内容的合法性，而且还应当注重诉讼调解的程序和方法应当符合法律和司法解释的规定。在程序上，调解前的权利告知程序，对没有律师代理的当事人释明有关的法律、法规，让当事人自主选择是否调解。通过上述规定来保障调解的正当性、简易性和可操作性，避免调解的随意性。对合法性而言，需要考察协议是否违反法律、行政法规的强制性规定，是否侵害国家利益和社会公共利益；协议内容是否属于当事人处分权的范畴；当事人争议的法律关系是否涉及案外人的权益；协议指定转移的财产上是否存在案外人权利；协议内容是否严重违背善良风俗和公共道德；调解是否存在明显违反当事人真实意思等情形。

(三) 保密原则[①]

保密原则也是诉讼调解应当遵从的重要原则之一。调解成功的基本前提是要消除当事人的一切后顾之忧，给当事人创造一个和谐可信赖的环境和氛围。调解当事人主要通过谈判协商来解决争议，往往涉及彼此各方面的商业秘密和个人隐私，即使构不成商业秘密和个人隐私的一些情况，当事人通常也不愿意对外公开。各国司法实践中，均采取多种措施来保障调解内容在保密的条件下进行。

《民诉法解释》第146条规定，人民法院审理民事案件，调解过程不公开，但当事人同意公开的除外。调解协议内容不公开，但为保护国家利益、社会公共利益、他人合法权益，人民法院认为确有必要公开的除外。主持调解以及参与调解的人员，对调解过程以及调解过程中获悉的国家秘密、商业秘密、个人隐私和其他不宜公开的信息，应当保守秘密，但为保护国家利益、社会公共利益、他人合法权益的除外。根据本条规定，不仅调解过程原则上不公开，调解协议内容原则上也不公开。另外，根据《最高人民法院关于人民法院在互联网公布裁判文书的规定》，各级人民法院作出的民事判决书、裁定书、支付令等裁判文书都应当在互联网上公布，但民事调解书（为保护国家利益、社会公共利益、他人合法权益确有必要公开的除外，主要指民事公益诉讼调解书）不在互联网上公布。可见，调解保密已成为诉讼调解的原则之一。

(四) 灵活调解原则

灵活调解原则是指调解活动在法律规定的程序范围内可以灵活安排。调解活动本身是非强制的，因此创造一个和谐、信任、宽松的气氛有利于调解的成功。2012年《民诉法》规定了先行调解制度以及在"审理前准备"阶段进行开庭前调

[①] 2004年9月，《调解规定》发布答记者问时，最高人民法院负责人阐述的调解工作四原则包括自愿、合法、保密原则及灵活调解原则。

解。《调解规定》《民诉法解释》则进一步规定,当事人对调解启动时间、调解方式[①]、调解地点、主持调解的人员、调解协议的生效方式以及是否制作调解书可以自由选择,因此,当事人可在诉讼中任何阶段选择启动调解,以及选择调解方式、调解地点、主持调解的人员、调解协议的生效方式、是否制作调解书,法院也可在诉讼中任何阶段主持双方当事人调解,灵活调解已成为诉讼调解的原则之一。

此外,有学者认为应将"查明事实、分清是非"作为诉讼调解的原则之一。"查明事实、分清是非"是指法院调解应当在查明事实、分清是非的基础上进行调解,其法律依据在于《民诉法》第93条"在事实清楚的基础上,分清是非,进行调解"的规定。

对此,理论界有三种不同的观点。否定说认为调解应强调自愿,不应或没有必要查明事实、分清是非。其依据是:(1)查明事实、分清是非是判决的前提条件而不应成为调解的前提条件。调解是当事人行使处分权,是通过当事人互谅互让解决纠纷,是对纠纷的"调和解决",而"调和解决"本身就包括对某些界限不清的事实和责任问题进行模糊处理。(2)选择调解的目的之一是提高诉讼效率,如果要求所有的案件都必须查明事实、分清是非,调解的效率优势就会丧失,还不如判决快捷。(3)如果双方当事人不计较事实和是非责任,愿意在事实未查清、是非未分明的情况下达成调解协议,这属于当事人行使处分权的范围,法院没有必要干涉。(4)《民诉法》允许法院在包括法庭调查结束前的各个诉讼阶段进行调解,而查明事实、分清是非要等到法庭调查和法庭辩论结束后才能实现,因此允许在开庭前及法庭调查终结前先行调解本身就意味着在一定范围内可以在事实和是非不清的情况下调解。肯定说认为,我国实行调审适度分离的诉讼体制,调解是法院行使审判权的方式之一,在调审合一的调解方式中,法官在调解中对当事人拥有较大的影响力,当事人在调解中的妥协和让步可能是在法官的压力下作出的,并非真正出于当事人的自愿。在此情况下,若取消"查明事实、分清是非"的原则,放宽对法官行为的约束,法官的随心所欲和恣意擅断就会使调解结果出现偏差。第三种观点是折中说,或者叫相对肯定说。该说认为对"查明事实、分清是非"原则不应一概肯定或一概否定,而应根据不同情况,区别对待。具体而言,法院在审查起诉阶段、立案后至庭审前进行的调解,不必以"查明事实、分清是非"为前提,但在庭审后进行调解或二审中进行调解,则应当以这一原则为前提。

---

① 《调解规定》第5条第2款规定:"调解时当事人各方应当同时在场,根据需要也可以对当事人分别作调解工作。"诉讼调解既可以在各方当事人在场时进行,也可以根据需要分别对当事人进行调解工作;既可以当面调解,也可以电话调解,具有相当的灵活性。

查明事实、分清是非作为一种理念,是民事诉讼追求的目标。但调解是建立在当事人双方合意基础上的较为灵活的解决纠纷的方式,并非一定要查明事实、分清是非。处分权作为当事人的一项权利,当事人可以选择放弃,而在没有查明事实、分清是非的情况下,当事人即达成调解协议,正是当事人行使自己处分权的一种表现。只要调解协议不违反法律、行政法规的禁止性规定,不侵害案外人的合法权益,就应当允许调解协议内容有一定的弹性。把"查明事实、分清是非"作为诉讼调解的原则,缺乏可操作性。近年来,最高人民法院为强化诉讼调解的作用,发布的《简易程序规定》指出庭审中可先行调解,实际上已开始模糊"查明事实、分清是非"。而《民诉法》在第十二章第一节"起诉和受理"中规定的先行调解制度以及第十二章第二节"审理前的准备"中规定的开庭前调解条文,也有该含义。《民诉法解释》则更加明确,诉讼调解可以在诉讼的任何阶段展开,经当事人同意,甚至可以在答辩期满之前进行,在没有经过实体审理的情况下,要求所有案件必须"查明事实、分清是非"是不现实的。因此,"查明事实、分清是非"在当下可以作为诉讼调解追求的理念,但不应再将它确定为调解的原则。

三、诉讼调解的适用范围

(一)适用的程序范围

诉讼调解适用于民事诉讼的全过程,包括一审程序、二审程序和审判监督程序。第一审程序中,不仅普通程序可以进行调解,简易程序、小额诉讼程序都可以进行调解。在第二审程序中对上诉案件、在审判监督程序中对再审案件均可以进行调解。适用特别程序、督促程序、公示催告程序等非讼程序,有的没有民事权益争议,不存在调解的可能,有的只是法院书面审查后即作出法律文书,没有调解的基础,因此,适用非讼程序审理的案件不适用调解。执行程序由于法院执行的是生效法律文书,为了不影响生效法律文书的稳定性与权威性,执行程序不适用调解,但当事人可自行和解。

(二)适用的案件范围

并非所有的民事案件都可以适用调解。不适宜调解的案件类型包括三类:一是因程序性质不能调解;二是特定案件类型不能调解;三是依案件性质不能调解。根据《民诉法解释》《调解规定》的规定,不能适用调解的案件主要有特别程序、督促程序、公示催告程序案件,婚姻关系、身份关系确认案件,民事行为无效应当给予追缴或民事制裁的案件,可能损害国家、集体、第三人合法利益的案件,以及其他依案件性质不能进行调解的民事案件。另外,对诉讼过程中发现涉及犯罪行为的不得调解,应当按照《最高人民法院关于在审理经济纠纷案件中涉及经济犯罪嫌疑若干问题的规定》,将案件及时移送有管辖权的公安、检察机关处理。

四、诉讼调解的启动与实施

（一）诉讼调解的启动

诉讼调解的启动可以依当事人申请进行，也可以由法院根据案件的具体情况依职权主动进行。法院依职权进行的，应征询双方当事人的意见，当事人不同意进行的，不能强迫进行。

（二）诉讼调解的时间

2004年《调解规定》第1条曾规定："……在征得当事人各方同意后，人民法院可以在答辩期满前进行调解。"[①]《民诉法》第122条规定："当事人起诉到人民法院的民事纠纷，适宜调解的，先行调解，但当事人拒绝调解的除外。"第133条第2项也规定："开庭前可以调解的，采取调解方式及时解决纠纷。"《民诉法解释》第142条更加明确："人民法院受理案件后，经审查，认为法律关系明确、事实清楚，在征得当事人双方同意后，可以径行调解。"表面的零乱规定折射出不同时期立法者与最高人民法院对于调解理念与调解启动时间的态度变化。综合上述规定，各方当事人同意的，诉讼调解并不拘泥于答辩期满后进行，从原告到人民法院递交起诉状、立案受理至裁判作出前均可进行。换言之，诉讼调解贯穿于审理程序的全过程。诉讼调解不仅贯穿于第一审程序的全过程，同样贯穿于第二审程序、再审程序的全过程。

1. 先行调解

《民诉法》第122条规定："当事人起诉到人民法院的民事纠纷，适宜调解的，先行调解，但当事人拒绝调解的除外。"该规定设立了我国民事诉讼的先行调解制度。该规定与上述2004年《调解规定》第1条"……在征得当事人各方同意后，人民法院可以在答辩期满前进行调解"的规定相比，内容相对比较概括，包容性更强，参与调解的主体范围更广，而且理念上更能体现"调解优先"的价值取向。

先行调解是社会矛盾纠纷化解体系中的一环。先行调解仅要求在当事人起诉后调解，至于是立案前还是审理前调解则在所不问；先行调解体现的是诉讼调解与非诉讼调解的结合，在调解主体上可以由社会力量来主持调解。先行调解包括了诉前调解与立案阶段的调解。

（1）诉前调解。《最高人民法院关于进一步贯彻"调解优先、调判结合"工作原则的若干意见》第8条规定，诉前调解是指法院在收到当事人起诉状或者口头起诉之后、正式立案之前，对于未经人民调解、行政调解、行业调解等非诉讼纠纷解决方式调处的案件，引导当事人先行就近、就地选择非诉讼调解组织解决纠

[①] 2020年修正的《调解规定》已经删除了该条规定。

纷,力争将矛盾纠纷化解在诉前的一种调解方式。对于当事人选择非诉讼调解的,应当暂缓立案;当事人不同意选择非诉讼调解的,或者经非诉讼调解未达成协议,坚持起诉的,经审查符合相关诉讼法规定的受理条件的,应当及时立案。诉前调解的通常做法是,在法院立案环节设立非诉讼调解或和解程序,由法院委托社会力量担任调解员主持调解,在征得当事人同意的前提下,为其提供调解服务。如果双方在立案前达成和解或调解协议,就无需立案。同时,诉前调解可根据当事人的选择与特别程序进行衔接,和解或调解协议经法院审核依照《民诉法》"确认调解协议"特别程序确认后可制作民事裁定书,义务人不履行义务时权利人可直接持民事裁定书向法院申请强制执行。

(2) 立案阶段调解。立案阶段调解是指在案件受理后至移送审判庭前,法院组织双方当事人自愿平等协商、达成调解协议,及时解决纠纷的诉讼活动。

2. 庭前调解

《民诉法》第133条中规定了庭前调解制度,即"开庭前可以调解的,采取调解方式及时解决纠纷"。《民诉法解释》第142条规定的范围更加宽泛,所规定的受理案件后调解显然也包括了庭前调解。所谓庭前调解,是指在案件移送审判业务庭后、开庭审理之前,由承办法官或者承办法官指导审判辅助人员主持进行的调解。

3. 庭审中调解

《民诉法》第142条规定,法庭辩论终结,判决前能够调解的,还可以进行调解。庭审中调解属于法庭审理的一个阶段。有些民事案件,诉讼开始时,双方当事人争执很大,互不相让,不愿进行调解。经过法庭调查与法庭辩论阶段后,事实基本查清,是非基本分明,此时在法官主持下趁热打铁,调解更有基础,也更容易达成调解协议。

另外,《简易程序规定》第14条规定,下列民事案件,人民法院在开庭审理时应当先行调解:(1) 婚姻家庭纠纷和继承纠纷;(2) 劳务合同纠纷;(3) 交通事故和工伤事故引起的权利义务关系较为明确的损害赔偿纠纷;(4) 宅基地和相邻关系纠纷;(5) 合伙合同纠纷;(6) 诉讼标的额较小的纠纷。但是根据案件的性质和当事人的实际情况不能调解或者显然没有调解必要的除外。

4. 判决前调解

法庭审理之后,当事人自行协商认为差距不大有调解基础,申请法院调解的,或法院、当事人认为有可能达成调解协议的,可在判决前组织双方当事人调解,调解不成的应尽快判决。

需注意,对于根据法律规定不得调解的案件,根据案件的性质和当事人的实际情况不能调解,或者显然没有调解必要的,不应进行调解。对于当事人之间恶意串通,虚构债权债务关系或者其他争议,企图通过调解方式达到逃避债务,侵占国家、集体、他人财产,或者有其他非法目的的案件,不应进行调解。对于被告假借调解实则拖延诉讼的案件,也不应进行调解。对于上述案件,法院应当及时进行审理和裁判。

(三) 诉讼调解的方式

1. 法官主持调解。《民诉法》第94条第1款规定:"人民法院进行调解,可以由审判员一人主持,也可以由合议庭主持,并尽可能就地进行。"简易程序中,调解由独任审判员一人主持;普通程序中,调解既可以由审判长主持,也可以由案件承办法官或其他法官主持,还可以由合议庭共同主持。需注意,该规定排除了合议庭中的人民陪审员单独主持调解。

2. 邀请特定单位或个人调解。《民诉法》第95条规定:"人民法院进行调解,可以邀请有关单位和个人协助。被邀请的单位和个人,应当协助人民法院进行调解。"《调解规定》第1条第1款也有类似规定。法院可以邀请与当事人有特定关系或者与案件有一定联系的企业事业单位、社会团体或者其他组织,和具有专门知识、特定社会经验、与当事人有特定关系并有利于促成调解的个人协助调解工作。实践中,有人形象地称之为"请进来"协助调解。该调解方式的主持调解人员仍然是法官,特定单位或个人只是协助调解。

3. 委托特定单位或个人调解。委托调解是指在案件受理后裁判作出前,经双方当事人申请或者同意,法院委托有利于促成调解的人民调解、行政调解、行业调解等有关组织或者个人等主持调解,及时化解民商事纠纷的调解方式。《调解规定》第1条第2款规定,经各方当事人同意,人民法院可以委托前款规定的单位或者个人对案件进行调解。委托特定单位或个人调解的主持调解人员为特定单位或个人,即与当事人有特定关系或者与案件有一定联系的企业事业单位、社会团体或者其他组织,和具有专门知识、特定社会经验、与当事人有特定关系并有利于促成调解的个人。委托调解成功,当事人达成调解协议后,法院应当依法审查调解协议,符合规定的予以确认并出具民事调解书。委托调解属于诉讼调解与非诉讼调解有机结合的多元化纠纷解决方式的典型形式,是将一定的社会力量引入到调解程序当中,通过发挥他们的独特优势,来实现纠纷的及时妥善化解。

4. 回避事项。诉讼调解也是一项重要的案件处理程序,故有关回避的规定对诉讼调解同样适用。《调解规定》第3条规定:"人民法院应当在调解前告知当事人主持调解人员和书记员姓名以及是否申请回避等有关诉讼权利和诉讼义务。"《最高人民法院关于审判人员在诉讼活动中执行回避制度若干问题的规定》第6条规定:"人民法院依法调解案件,应当告知当事人及其法定代理人有申请回避的权利,以及主持调解工作的审判人员及其他参与调解工作的人员的姓名、职务等相关信息。"该条规定目前仍然有效,应当继续适用。无论是哪个阶段的诉讼调解,调解开始前应告知当事人主持调解的审判人员及书记员姓名,并告知当事人诉讼权利义务及申请回避的条件,询问当事人是否申请回避,并将上述过程记入笔录。

5. 不公开调解。如调解保密原则所述,《民诉法解释》第 146 条规定了调解过程不公开及调解协议内容不公开,特殊情况除外。实务中,不公开调解也更有利于当事人达成调解协议,这也是公开审判制度之下调解的魅力所在。另外,主持调解以及参与调解的人员,对调解过程以及调解过程中获悉的国家秘密、商业秘密、个人隐私和其他不宜公开的信息,应当保守秘密,但为保护国家利益、社会公共利益、他人合法权益的除外。

6. 代理调解。《民诉法解释》第 147 条规定,人民法院调解案件时,当事人不能出庭的,经其特别授权,可由其委托代理人参加调解,达成的调解协议,可由委托代理人签名。诉讼调解当事人出庭的,当事人应当参加调解,并在调解协议上签名。有委托代理人的,代理人也应签名。离婚案件当事人确因特殊情况无法出庭参加调解的,除本人不能表达意思①的以外,应当出具书面意见。

五、调解协议

所谓调解协议,是指经过法院调解,各方当事人就解决争议、确认彼此之间的民事权利义务关系并结束诉讼而达成的协议。

(一)法院对于调解协议的审查义务

首先,并非只要当事人达成调解协议,法院就一定予以确认。法院对调解协议负有审查义务,重点对当事人签订协议的自愿性与协议内容的合法性进行审查。法院应当根据审查结果,对调解协议予以确认或不予确认。确认调解协议的,依协议内容制作调解书;不确认的,由当事人重新达成调解协议再次确认,或法院径行作出判决。

1. 不予确认情形

无论是法院审判人员主持达成的调解协议还是当事人自行达成的和解协议,具有下列情形之一的,人民法院均不予确认:(1)侵害国家利益、社会公共利益的;(2)侵害案外人利益的;(3)违背当事人真实意思的;(4)违反法律、行政法规禁止性规定的(《调解规定》第 10 条)。另外,对于违背善良风俗和社会公共道德的调解协议,比如当事人就赌债、打赌债务、情债达成的调解协议,法院同样不应予以确认。

《调解规定》第 8 条第 2 款还规定,调解协议约定一方不履行协议,另一方可

---

① 《民诉法》第 62 条规定:"离婚案件有诉讼代理人的,本人除不能表达意思的以外,仍应出庭;确因特殊情况无法出庭的,必须向人民法院提交书面意见。"《民诉法解释》第 147 条第 2 款则规定为:"离婚案件当事人确因特殊情况无法出庭参加调解的,除本人不能表达意志的以外,应当出具书面意见。"

以请求人民法院对案件作出裁判的条款,人民法院不予准许。

2. 可确认的特殊协议

(1) 调解协议内容超出诉讼请求的,法院可以准许,以便于促进纠纷的一揽子解决。

根据辩论原则,法院不能对超出诉讼请求范围的请求进行审理和裁判,但实践中当事人的纠纷往往不止在一个案件,为了真正实现"案结事了",《调解规定》第7条规定:"调解协议内容超出诉讼请求的,人民法院可以准许。"实务中的问题是,这类案件对于超出诉讼请求的部分是否要追加交纳案件受理费。① 有学者认为,从诉讼法理来讲,对于当事人超出诉讼请求达成的调解协议,也可以看成是一方当事人增加诉讼请求得到了对方当事人的认诺。从此角度来看,法院应当要求当事人追加交纳案件受理费。

(2) 允许当事人在调解协议中设定违约责任,从而通过加大违约成本督促当事人自觉履行调解协议。

《调解规定》第8条第1款规定:"人民法院对于调解协议约定一方不履行协议应当承担民事责任的,应予准许。"但应注意,该违约责任应限定在合理范围之内,同时,应避免违约方重复承担违约责任。该规定第15条第2款规定:"不履行调解协议的当事人按照前款规定承担了调解书确定的民事责任后,对方当事人又要求其承担民事诉讼法第二百五十三条规定的迟延履行责任的,人民法院不予支持。"

[案例 13-1] 原、被告达成调解协议,约定被告不履行协议时,须向原告支付固定违约金。协议如下:一、被告在本协议签署之日起10日内向原告支付货款人民币8万元及本案诉讼费用人民币1427元。二、原告承诺在收到上述款项后不得再就服装辅料货款事宜向被告主张任何权利,原、被告了结本案所涉的全部债权债务关系。同时,原告将本案中所提交的全部证据原件交给被告。三、若被告未能按本协议约定及时足额付款,还应另赔付原告违约金人民币3万元。

[案例 13-2] 原、被告达成调解协议,原告放弃利息请求。如被告不履行协议时,被告须向原告支付原诉讼请求中的利息,且支付延续至履行义务之日的利息。该协议实质也是约定了违约责任,只是违约金非固定金额,迟延履行时间越长,违约责任越重。协议如下:一、原、被告双方一致确认:被告至今尚欠原告借款人民币10万元,该借款由被告于2013年7月7日之前清偿给原告。二、本案案件受理费人民币1150元由被告自愿承担,并于

---

① 《诉讼费用交纳办法》及司法解释对此未明确规定。

2013年7月7日之前付清给原告。原告收款账户为,中国工商银行某分行海滨南路支行,账号:······11288203······,户名:张某。三、若被告未按时足额履行上述第一项还款义务时,则被告除了向原告支付上述第一、二项款项之外,并同意另向原告支付借款利息(以尚欠借款为基数,自2010年9月3日起至借款实际付清之日止,按中国人民银行公布的同期三年期贷款利率四倍计算)。

该协议更加可取的是,约定了原告收款账户,防范原告为了收取违约金,故意躲避导致被告逾期付款。

(3) 允许当事人在调解协议中设定担保。

《调解规定》第9条规定,调解协议约定一方提供担保或者案外人同意为当事人提供担保的,人民法院应当准许。案外人提供担保的,人民法院制作调解书应当列明担保人,并将调解书送交担保人。担保人不签收调解书的,不影响调解书生效。当事人或者案外人提供的担保符合《民法典》规定的条件时生效。调解书确定的担保条款成就时,当事人申请执行的,人民法院应当依法执行。

[案例13-3] 原告:鲍某;被告:王某;担保人:孙某。原告鲍某、被告王某及担保人孙某达成协议如下:一、被告王某向原告返还定金人民币10万元及截至2012年9月28日的利息人民币2万元,合计人民币12万元;该款由被告王某向原告分期支付如下:1. 于2012年10月31日之前支付人民币6万元;2. 于2012年11月30日之前支付余款人民币6万元;上述款项由被告王某存入原告鲍某开设的中国农业银行珠海分行口岸支行的账户内(具体账号为:······,户名:鲍某);二、原告收到被告王某交来的上述第一项款项后,放弃2012年9月29日之后的利息及本案其他诉讼请求,本案纠纷全部了结;三、案件受理费3548元由被告王某负担,于2012年11月30日之前支付被原告鲍某;四、担保人孙某就被告王某上述债务承担连带保证责任。

被告王某不履行上述债务时,原告鲍某可请求法院执行担保人王某名下的财产。

(二) 当事人部分达成调解协议的处理

(1) 诉讼费用的负担本属于法院决定事项,当事人不能对诉讼费用如何承担达成协议的,不影响调解协议的效力。人民法院可以直接决定当事人承担诉讼费用的比例,并将决定记入调解书(《调解规定》第11条)。

(2) 当事人就部分诉讼请求达成调解协议的,人民法院可以就此先行确认并制作调解书(第14条第1款)。

(3) 当事人就主要诉讼请求达成调解协议,请求人民法院对未达成协议的诉讼请求提出处理意见并表示接受该处理结果的,人民法院的处理意见是调解协议的一部分内容,制作调解书的记入调解书(第 14 条第 2 款)。

(三)如何起草调解协议

调解协议的结构与其他民事合同一致,可分为首部、主文及尾部三部分。首部包括标题、协议主体、协议由来。主文包括双方确定的全部债权金额、债务履行方式(一次性、分期)、诉讼费用与律师费负担等。尾部由协议各方签名、盖章及签署落款时间。

起草调解协议最重要的要求是协议不能有任何歧义。调解协议一经法院确认并制作调解书后,执行过程中对调解书确定的义务理解有歧义的,需启动审判监督程序将调解书予以撤销。原审调解书撤销后,当事人在再审程序中重新达成协议的,法院出具调解书;当事人无法达成调解协议的,法院予以判决。

[案例 13-4] 原告某投资有限公司与被告刘某、被告某废旧物资回收再生有限公司达成调解协议,付款方式为分 24 期还款。由于分期付款期间本金逐月在减少,违约金计算基数在变化,协议约定的本金、违约金付款金额需严谨、有条理地表述。调解协议如下:一、被告刘某、被告某废旧物资回收再生有限公司同意分 24 期偿还原告某投资有限公司借款本金 49999.92 元及 2017 年 10 月 14 日至 2018 年 10 月 13 日违约金人民币 12000 元(以借款本金 49999.92 元为基数,按照年利率 24% 计算)。自 2018 年 10 月起每月 16 日偿还借款本金 2083.33 元,每月偿还违约金 500 元。自 2018 年 11 月 16 日起每月两被告另行支付以尚欠借款本金为基数,按月利率 2% 计算的违约金,2018 年 11 月 16 日需支付违约金金额为 958.33 元,计算公式为(49999.92 元-已还借款本金)×月利率 2%,以后违约金计算公式以此类推,直至两被告还清借款本金止。二、如被告刘某、被告某废旧物资回收再生有限公司有一期逾期还款,则原告某投资有限公司有权要求两被告一次性还清所有剩余本金及违约金。三、本案诉讼费减半收取 651 元,由两被告负担。原告已预交,两被告于 2018 年 10 月 16 日径付给原告某投资有限公司。

六、民事调解书

所谓民事调解书,是指法院记载当事人达成的调解协议的法律文书。调解书与判决书具有同等的效力。

(一)调解书的内容

调解书应当载明诉讼请求、案件事实和调解结果,一般包括首部、正文和尾部三部分。

首部:人民法院名称、案号;当事人、诉讼代理人的基本情况;案由和原告的诉讼请求。

正文:主要写明案件事实和调解结果两部分。

案件事实,即当事人之间的法律关系发生争议的事实。能够分清楚双方责任的,还应写明双方的责任。如果是开庭前调解或简易程序庭审中先行调解达成协议的,由于还没有查清案件事实,因此,上述调解书不写明案件事实,直接写明调解结果即可。

调解结果,即双方调解协议的内容,调解结果必须明确、具体,内容不能有歧义。

如果调解协议表述不够条理、不够准确,或者有部分内容法院无法确认,审判人员可在当事人双方同意的基础上对调解协议予以整理、规范,或者要求当事人重新提交符合要求的调解协议,以免送达调解书时当事人以此为由拒收,或调解书送达后当事人提出异议。

尾部:调解书由审判人员、书记员署名,加盖人民法院印章,并写明制作时间。如调解书以双方当事人签收作为生效条件,应载明调解书经双方当事人签收后,即具有法律效力。

调解书出现文字笔误如何处理?

《民诉法》第154条[①]只规定了裁定书适用于补正判决书中笔误,没有规定适用于补正调解书书中的笔误,但适用范围第11项规定了"其他需要裁定解决的事项"的兜底条款。《调解规定》第13条也规定,当事人以民事调解书与调解协议的原意不一致为由提出异议,人民法院审查后认为异议成立的,应当根据调解协议裁定补正民事调解书的相关内容。因此,调解书出现文字笔误时,应以适用民事裁定书形式裁定补正笔误。

(二)不需要制作调解书的情形

《民诉法》第98条规定:"下列案件调解达成协议,人民法院可以不制作调解书:(一)调解和好的离婚案件;(二)调解维持收养关系的案件;(三)能够即时履行的案件;(四)其他不需要制作调解书的案件。对不需要制作调解书的协议,应当记入笔录,由双方当事人、审判人员、书记员签名或者盖章后,即具有法律效力。"该规定前三项情形均不存在强制执行问题,因此,没有必要制作调解书,但适用第四项规定调解后需要强制执行的,由于调解协议并不能成为执行依据,原告应申请由人民法院出具调解书。

(三)调解书的效力

调解书与判决书具有同等效力,表现在:(1)确定当事人之间民事法律关系

---

① 《民诉法》第154条规定:"裁定适用于下列范围:……(七)补正判决书中的笔误;……(十一)其他需要裁定解决的事项。对前款第一项至第三项裁定,可以上诉。裁定书应当写明裁定结果和作出该裁定的理由。裁定书由审判人员、书记员署名,加盖人民法院印章。口头裁定的,记入笔录。"

的效力。调解书与不需要制作调解书的调解笔录生效后,双方当事人不得再对其上载明的法律关系发生争议。(2)结束诉讼的效力。调解书与不需要制作调解书的调解笔录生效后,当事人的争议在法律上已经最终解决,当事人不得就此再行起诉,也不得对调解书或调解笔录提起上诉。(3)强制执行的效力。如果调解书有给付内容,一方当事人拒不履行调解书确定义务的,另一方当事人有权向法院申请强制执行。调解书约定给付特定标的物的,调解协议达成前该物上已经存在的第三人的物权和优先权不受影响。

(四)调解书的生效

1. 调解书的生效时间

调解书经双方当事人签收后,即具有法律效力。一方当事人不履行调解协议的,另一方可依据调解书向法院申请强制执行。调解书应送达双方当事人,当事人一方拒绝签收调解书的,不适用留置送达,调解书不发生法律效力,法院要及时通知对方当事人。对调解书的内容既不享有权利又不承担义务的当事人不签收调解书的,不影响调解书的效力。

2.《调解规定》与《民诉法》关于调解书生效时间冲突

《民诉法》第98条规定:"下列案件调解达成协议,人民法院可以不制作调解书:(一)调解和好的离婚案件;(二)调解维持收养关系的案件;(三)能够即时履行的案件;(四)其他不需要制作调解书的案件。对不需要制作调解书的协议,应当记入笔录,由双方当事人、审判人员、书记员签名或者盖章后,即具有法律效力。"《民诉法解释》第151条规定:"根据民事诉讼法第九十八条第一款第四项规定,当事人各方同意在调解协议上签名或者盖章后即发生法律效力的,经人民法院审查确认后,应当记入笔录或者将调解协议附卷,并由当事人、审判人员、书记员签名或者盖章后即具有法律效力。前款规定情形,当事人请求制作调解书的,人民法院审查确认后可以制作调解书送交当事人。当事人拒收调解书的,不影响调解协议的效力。"该司法解释是最高人民法院对《民诉法》第98条规定的创设性解释,与《民诉法》第99条关于"调解未达成协议或者调解书送达前一方反悔的,人民法院应当及时判决"的规定有冲突,实务中应该执行司法解释的创设性规定。[①]

适用《民诉法解释》第151条的前提条件是当事人明确同意调解协议经签名

---

① 实务中,为了避免这种冲突,法官一般都会在当事人签订调解协议之后当天出具调解书并送达给双方当事人。换言之,法官会尽量让调解协议的生效时间与调解书的生效时间保持一致。对于当天无法制作并送达调解书的,法官一般会在第二天或尽快把调解书送达给原、被告。对于涉外案件、涉及身份关系的案件或当事人可能在调解后反悔的案件应尽量避免在调解协议中约定签名或者盖章后生效。

或者盖章后发生效力,以此放弃由人民法院制作调解书并经签收后生效的权利。调解协议生效后,案件即为终结。由于当事人并没有取得案件已经终结的法律文书,为避免此后当事人对调解结案的纠纷再生争议,也为方便当事人申请强制执行调解协议,《民诉法解释》又规定当事人要求制作调解书的,人民法院可以制作调解书,但该调解书制作之时已经生效,不以当事人签收作为生效要件,只是作为强制执行的依据。如果当事人未要求制作调解书,调解协议中包括了将来履行债务的内容,而债务人于履行期届满未履行债务的,债权人是否可以直接持生效的调解协议向人民法院申请执行?《最高人民法院关于进一步发挥诉讼调解在构建社会主义和谐社会中积极作用的若干意见》(以下简称《若干意见》)第16条第1款对此予以明确:"《最高人民法院关于民事调解工作若干问题的规定》第13条[1]规定的当事人、审判人员、书记员签名或者盖章后发生法律效力的调解协议,当事人未申请制作调解书,一方当事人不履行调解协议的,另一方持生效的调解协议申请强制执行的,人民法院应当受理。"《若干意见》第16条第1款属于特殊安排,实务中应尽量避免适用,当事人在调解协议生效后还是要请求人民法院制作民事调解书,义务人不履行义务时,债权人持调解书向人民法院申请强制执行[2]。

第二节 诉讼和解

一、诉讼和解概述

诉讼和解,也称当事人和解,是指当事人在诉讼进行中自愿协商达成协议,从而解决纠纷的活动。诉讼和解是当事人在诉讼中对自己诉讼权利与实体权利行使处分权的产物。广义的诉讼和解既适用于审判程序,又适用于执行程序。有关执行和解本书将在"执行程序总论"一章介绍,本节只介绍审判程序中的诉讼和解。审判程序中的诉讼和解包括第一审程序、第二审程序与审判监督程序中的诉讼和解。

诉讼调解与诉讼和解是不同性质的行为。二者的根本区别在于,诉讼调解是在审判人员主持下当事人协商达成协议,而诉讼和解的全过程都没有审判人员的参与。

---

[1] 由于《民诉法解释》第151条已有相同规定,故2020年修正的《调解规定》删除了原第13条的规定。

[2] 《最高人民法院关于进一步发挥诉讼调解在构建社会主义和谐社会中积极作用的若干意见》于2007年3月1日施行,目前仍然有效,但《民诉法》及《民诉法解释》在执行程序规定中均未将调解协议规定为执行依据的一种,即并不支持债权人持调解协议向法院申请执行。

诉讼和解是解决民事案件的一种方式,当事人达成和解协议是其核心内容。诉讼和解协议与法院调解协议相比具有以下主要特征:(1)和解协议中的权利义务主体是案件的各方当事人,包括原告、被告和第三人,和解协议内容反映的是当事人之间的民事权利义务关系,只在当事人之间产生法律上的约束力。(2)和解协议本身不具有生效法律文书的强制执行力,依赖于当事人双方自觉履行,不能作为法院的执行根据;但经法院依法确认后,便产生生效调解书的法律效力。债权人可持法院出具的调解书申请强制执行。(3)和解协议发生在诉讼过程中,是当事人自己协商解决纠纷,没有法院的主持和参与,当事人达成和解协议的目的是为了终结已经启动的民事诉讼程序,但和解协议的达成并不直接产生终结民事案件诉讼程序的后果,当事人可以申请法院对和解协议进行审查确认,民事案件以调解方式结案,也可以由当事人自觉履行和解协议,以原告申请撤诉的方式结案。

二、诉讼和解的结案方式

诉讼和解有两种结案方式。当事人达成和解协议的,法院可以根据当事人的申请依法确认和解协议并制作调解书,以调解方式结案;原告也可以选择撤诉,经法院审查裁定准许撤诉的,以撤诉方式结案。

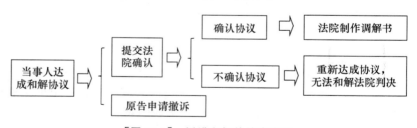

[图13-2] 诉讼和解的结案方式

对于第一审程序中的诉讼和解,原告撤诉后,被告不履行和解协议义务的,原告可再次提起诉讼。对于第二审程序中的诉讼和解,义务人(通常是一审被告)不履行和解协议,上诉人(指一审原告)申请撤回上诉的,第二审法院裁定准许撤回上诉后,一审判决即自动生效,一审原告可持一审判决申请强制执行,可能对一审被告产生不利后果。

[**案例13-5**] 某市甲公司与乙公司建筑工程施工合同工程款纠纷,一审法院作出民事判决,判决甲公司向乙公司支付工程款1954254.15元及利息。甲公司不服判决提起上诉,二审审理期间,甲公司(甲方)与乙公司(乙方)签订和解协议书,约定:1. 经甲乙双方核对,扣除甲方已支付乙方的配合费296624元和施工过程中垫付的水电费8万元,甲方尚欠乙方工程款本

金 1577630.15 元,加上欠款利息,合计 170 万元。该款项由甲方分两期支付,首期 100 万元于协议签订之日起一周内支付给乙方,余款 70 万元于 2009 年 9 月 30 日前支付给乙方。2. 协议签订后,甲乙双方不再因本案向乙方主张其他任何权利,甲方违反协议第 3 条的除外。3. 若甲方未按协议第 1 条任何一期约定付款,则甲方需支付乙方 1577630.15 元本金,并向乙方支付该款项自 2005 年 1 月 1 日起至付清之日止,按同期中国人民银行规定的同期流动资金贷款利率计算的利息。协议签订后,甲公司未将此协议提交法院。同日,甲公司向法院提出了撤诉申请,法院裁定予以准许。2009 年 6 月 23 日,甲公司向乙公司支付 100 万元,10 月 30 日又支付 20 万元。

2009 年 10 月 27 日,乙公司向法院申请执行,请求甲公司履行一审民事判决书确定义务,向其支付剩余工程款 954254.15 元及利息 625868.51 元。甲公司提出异议,认为和解协议确定的义务为 170 万元,甲公司只需再向乙公司支付 50 万元,最多再支付逾期付款期间产生的利息。

法院的执行依据是生效的法律文书。一审判决书在甲公司提起上诉后不发生法律效力,但甲公司撤回上诉并被二审法院裁定准许撤回上诉后,一审判决发生法律效力。和解协议虽然在二审审理期间签订,但当事人并未将其提交至法院制作民事调解书,因此该协议只是民事合同性质。当事人未在和解协议中约定协议签订后乙公司丧失按照一审判决申请执行的权利,我国相关法律也未规定当事人在执行前达成和解协议的债权人丧失申请强制执行的权利,因此,虽然和解协议是当事人双方真实意思的表示,但其不能取代生效法律文书,乙公司在甲公司未按协议履行第二期付款义务的情况下向法院申请执行,法院按照生效法律文书确定义务有法律依据。本案最终结果为,甲公司因为二审程序中达成和解协议后未申请法院制作民事调解书而付出 100 余万元的代价。

最高人民法院曾于 2011 年 12 月发布指导案例(吴梅诉四川省眉山西城纸业有限公司买卖合同纠纷案,最高人民法院第一批指导案例第 2 号),吴梅案的裁判要点确认:民事案件二审期间,双方当事人达成和解协议,法院准许撤回上诉,该和解协议未经法院依法制作调解书的,属于诉讼外达成的协议。一方当事人不履行和解协议,另一方当事人申请执行一审判决的,法院应予支持。

思 考 题

1. 依据《调解规定》,下列调解协议增加哪些约定可更好地保护原告梁某的合法权益?

原告梁某与被告李某就原告诉被告借款合同纠纷一案,经法院主持调解达成如下调解协议：一、原、被告一致确认：被告至今尚欠原告借款本金港币30万元，折算成人民币为24万元，由被告分两期偿还，第一期由被告于2013年1月7日之前向原告偿还借款人民币3万元，第二期由被告于2013年4月7日之前向原告偿还借款人民币21万元。二、本案案件受理费2450元及保全费1720元均由被告自愿负担，并于2013年4月7日之前向原告付清。三、原、被告一致同意本调解协议的内容自各方当事人在调解协议书上签名或者捺印后即生效。

2. 诉讼调解保密原则包括哪些内涵？
3. 简述诉讼调解的意义。
4. 哪些案件类型不适宜调解？
5. 为什么执行程序不适用调解，但当事人可以自行和解？
6. 调解协议具有哪些情形的，法院不予确认？

第十四章 普通程序

我国《民诉法》规定的审判程序包括诉讼程序与非讼程序。其中,诉讼程序包括普通程序、简易程序、小额诉讼程序、第二审程序和审判监督程序,非讼程序包括特别程序、督促程序和公示催告程序。普通程序是民事案件审理的基本程序,简易程序是相对于普通程序更为简便易行的第一审程序。小额诉讼程序比较特殊,《民诉法》将其规定在简易程序中,但它又是相对独立的审判程序。

第一节 普通程序概述

普通程序,是指法院审理第一审民事案件所适用的基本程序。①

普通程序的特点有:

(1)普通程序具有程序的完整性。

与其他诉讼程序相比,普通程序是民事诉讼法体系最完整、内容最丰富的程序。从体系上看,普通程序包括了当事人起诉、法院受理、审理前准备、开庭审理、裁判等各个法定诉讼阶段,每一个诉讼阶段按顺序相互衔接,体系完整科学,反映了审判活动和诉讼活动的基本规律。从内容上看,普通程序对各个诉讼环节的具体内容均予以明确规定,并且对一些必要的诉讼制度也作出规定,如撤诉、缺席判决、诉讼中止和诉讼终结等,这些诉讼制度虽不属于某一个诉讼阶段,但对于处理诉讼中可能出现的特殊问题,却是必不可少的。

(2)普通程序具有广泛的适用性。

普通程序适用于各级、各类法院审理诉讼案件。中级及中级以上人民法院和各专门法院审理第一审民事案件,必须适用普通程序;基层人民法院除审理简单民事案件适用简易程序以及小额诉讼程序外,审理其他案件也必须适用普通程序。

---

① 《民诉法》第12章规定了"第一审普通程序",包括起诉和受理、审理前的准备、开庭审理、诉讼中止和终结、判决和裁定共计五节。《民诉法解释》第208条至第255条也集中规定了第一审普通程序。

此外,《民诉法》规定的简易程序、小额诉讼程序、第二审程序、审判监督程序是专门用于处理简单民事案件、上诉案件和再审案件的诉讼程序,这些程序均是一些不完整的特别规定,法院在审理这些案件的过程中,应当优先适用特别规定。凡是法律没有规定的相应程序,就要适用普通程序的有关规定。① 具体表现为:中级及中级以上人民法院在审理第二审程序案件时,除了适用《民诉法》有关第二审程序的专门规定外,还应参照适用普通程序的规定;发回重审的案件都应当适用普通程序,包括原审适用简易程序的案件;再审案件比较特别,既有可能适用第一审程序,也有可能适用第二审程序,适用第一审程序的应当适用普通程序。

人民法院适用普通程序审理的案件,应当在立案之日起6个月内审结。有特殊情况需要延长的,由本院院长批准,可以延长6个月;还需要延长的,报请上级人民法院批准(《民诉法》第149条)。《最高人民法院关于严格执行案件审理期限制度的若干规定》第2条第1款进一步明确,报请上一级人民法院批准,可以再延长3个月。普通程序的审理期限,是指从立案之日起至裁判宣告、调解书送达之日止的期间,但公告期间、鉴定期间、审理当事人提出的管辖权异议以及处理法院之间的管辖争议期间不应计算在内。

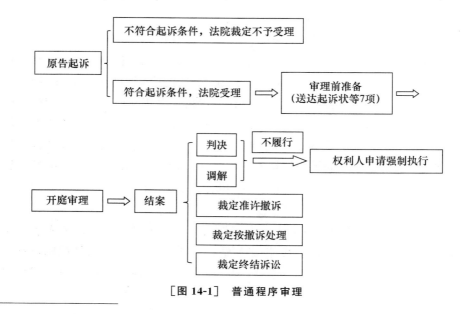

[图14-1] 普通程序审理

---

① 比如,缺席审理制度规定在普通程序中,简易程序、第二审程序、审判监督程序对此均未作规定。法院审理简易程序、第二审程序、审判监督程序案件,被告经传票传唤无正当理由未到庭的,同样适用缺席审理。

第二节 起 诉

一、起诉的概念与条件

起诉,是指公民、法人或其他组织认为自己的民事权益受到侵害或与他人发生争议,以自己的名义向法院提起诉讼,要求法院予以审判的诉讼行为。

根据《民诉法》第119条的规定,起诉的条件包括:

(1) 原告是与本案有直接利害关系的公民、法人和其他组织。

"直接利害关系"是指原告诉请的民事权益是原告自己的民事权益,或依法由自己管理、支配的民事权益。通常情况下,本人的民事权益受到侵害或者与他人发生争议时,为了保护自己的民事权益而提起诉讼的人,才是符合条件的原告。比如,在损害赔偿诉讼中,与本案有直接利害关系的原告,是认为自己的民事权益受到侵害而主张侵权人负赔偿责任的公民、法人和其他组织;因合同纠纷提起诉讼的原告,应当是因合同的相对方不履行合同中的义务,而依合同主张权利的公民、法人和其他组织。又如,在离婚诉讼中,有直接利害关系的原告,是指提出解除婚姻关系的夫妻一方。特殊情况下,依法由自己管理、支配的民事权益受到侵害的人、破产企业管理人、失踪人的财产代管人、遗产权利人、遗嘱执行人等人为保护案外他人的民事权益不被侵害而提起诉讼,这些人也属于与本案有直接利害关系的公民、法人和其他组织,同样是符合条件的原告。

(2) 有明确的被告。

原告提起诉讼,应当明确被告是谁,也就是要知道谁与原告发生了民事争议,或者谁可能承担民事责任。没有明确的被告,只有起诉的人,而无应诉的人,法院无从进行审判活动,因而也就不可能受理。

实务中,有明确的被告并不要求原告必须提供被告的具体详细的身份信息,尤其是被告的居民身份证号码。《民诉法解释》第209条规定:"原告提供被告的姓名或者名称、住所等信息具体明确,足以使被告与他人相区别的,可以认定为有明确的被告。起诉状列写被告信息不足以认定明确的被告的,人民法院可以告知原告补正。原告补正后仍不能确定明确的被告的,人民法院裁定不予受理。"只要是原告提供的被告信息,足以使被告和其他主体分开,使被告能够特定化、具体化,即使原告不知道被告的居民身份证号码,不知道被告的现在居住地,甚至被告下落不明,人民法院也应认定为有明确的被告,予以立案受理。比如,原告起诉张三,只要提供张三性别、大致年龄及所住小区,人民法院就可以认定为有明确的被告,受理原告的起诉。

当然,原告起诉时应尽可能向人民法院提交被告的详细身份信息尤其是居民身份证号码，否则人民法院受理案件后如果无法查清被告的具体信息，也找不到被告，人民法院无法向被告送达起诉状副本，之后的诉讼程序无法正常进行，人民法院最终可能仍然以原告起诉不符合条件为由驳回起诉。实务中，有些被驳回起诉的原告不理解，认为人民法院公告送达起诉状及开庭传票后缺席判决，然后原告申请强制执行同样解决问题。其实，无法查清被告的居民身份证号码，不仅人民法院无法完成正常的送达程序，诉讼保全无法实施，而且执行措施也无法采取，可以说，整个审判程序及执行程序都无法正常进行。因此，原告在与被告正常经济往来时就应当注意收集被告的完整身份信息，最好能有被告的身份证复印件，并且让被告在身份证复印件上签名及签署复印时间。①

《民诉法》第119条规定的起诉条件对原告与被告的"待遇"不同：对原告要求较高，须与本案有直接利害关系；对被告要求较低，只需有明确的被告即可。如此规定固然与起诉时被告信息是由原告提交有关，更重要的是，被告是否与本案有直接的利害关系，须由人民法院经过实体审理之后再行确定，不宜在立案审查阶段有太严苛的要求。

（3）有具体的诉讼请求和事实、理由。

具体的诉讼请求是指，原告必须明确其起诉请求人民法院裁判的事项，也就是向人民法院提出保护自己民事权益的具体内容。原告的诉讼请求主要包括几种类型：一是请求人民法院确认某种法律关系或者法律事实，比如请求确认双方的收养关系，请求确认某公民失踪或者死亡；二是请求对方当事人履行给付义务，比如请求被告支付货款，请求被告返还借款本金并支付利息；三是请求变更或者消灭一定的民事法律关系，比如请求解除婚姻关系。

原告仅提出具体的诉讼请求还不够，还需提出诉讼请求所根据的事实和理由。原告提供的事实主要是纠纷发生的事实经过，即客观情况。有证明客观情况的证据的，应当提供证据，并在事实的基础上，根据法律规定说明提出诉讼请求的理由。需注意，人民法院在受理案件时，并不以要求原告提供足以胜诉的证据作为立案条件。起诉是原告的诉讼权利，至于是否胜诉，人民法院应在审理中根据原、被告双方提供的证据再作出最终认定。

（4）属于人民法院受理民事诉讼的范围和受诉人民法院管辖。

属于人民法院受理民事诉讼的范围，主要是指符合人民法院的主管范围，即《民诉法》第3条规定的属于公民之间、法人之间、其他组织之间以及他们相互之间因财产关系和人身关系提起的民事诉讼。比如，因婚姻、继承、侵权赔偿、抚

---

① 实务中，被告向原告提供虚假身份信息的情形时有发生，此情形会造成生效裁判无法强制执行且案件需再审等后果。被告在身份证复印件上签名及签署提交时间，有助于在发现身份证系伪造时，以被告伪造国家机关印章罪追究刑事责任，从而遏制被告向原告提供虚假身份信息。

养、赡养、相邻关系、合同、劳动以及海事海商等纠纷提起的诉讼都属于民事诉讼的范围。如果起诉事项不属于人民法院受理民事诉讼的范围,受诉人民法院应当告知原告向有关机关申请解决。

属于受诉人民法院管辖,是指原告提起的诉讼,除属于人民法院主管的民事诉讼范围外,还必须是根据《民诉法》管辖的有关规定,属于原告递交起诉状的人民法院管辖。如果起诉事项不属于原告递交起诉状的人民法院管辖,受诉人民法院应当告知原告向有管辖权的人民法院起诉。

原告起诉时必须同时具备以上四个条件,缺一不可。

二、起诉的方式与起诉状内容

1. 起诉的方式

起诉的方式包括书面或口头两种方式。《民诉法》第120条规定:"起诉应当向人民法院递交起诉状,并按照被告人数提出副本。书写起诉状确有困难的,可以口头起诉,由人民法院记入笔录,并告知对方当事人。"原告起诉通常应当向人民法院递交起诉状,并按被告人数提出副本。比如,原告起诉两名被告,需要向人民法院提交起诉状一份正本及两份副本[1],因为正本要附在人民法院审判卷宗内,两份副本需要送达给两名被告各一份。只有当原告不认识字或身体有残疾无法书写起诉状时[2],原告才可以口头起诉,由人民法院工作人员将原告口头起诉内容记入笔录。

2. 起诉状内容

根据《民诉法》第121条的规定,一份起诉状的内容应包括:

(1) 当事人基本信息。

原告的姓名、性别、年龄、民族、职业、工作单位、住所、联系方式,法人或者其他组织的名称、住所和法定代表人或者主要负责人的姓名、职务、联系方式;被告的姓名、性别、工作单位、住所等信息,法人或者其他组织的名称、住所等信息。原告没有工作单位或职业,或原告不知被告的工作单位、职业等信息的,可以不填写。

(2) 诉讼请求和所根据的事实与理由。

原告提出的诉讼请求应当明确具体。起诉状中写明的事实应当是与诉讼请求相关的事实,无关事实无需写明。另外还需注意,原告在事实与理由部分写明的对原告不利的事实,可能被人民法院根据规定认定为原告自认事实。

---

[1] 向人民法院递交的起诉状、答辩状等诉讼文书,通常都是电脑打印件,格式、内容完全一致,提交时并无正本、副本的区别。

[2] 实务中,有原告只会写自己的名字,委托别人代写诉状后由原告签名。如原告完全不会写字也可效仿此方式,落款改为他人代签名,由原告摁指模。

(3) 证据和证据来源,证人姓名和住所。

如证据材料较多,原告应在起诉状后另附证据清单及相应证据的复印件[①],如证据材料不多,原告可以直接将证据和证据来源写在起诉状落款署名之后。对于需要证人出庭以及申请人民法院调查收集证据的,原告应同时将证人出庭作证申请书及调取证据申请书附在起诉状后面。证人出庭作证申请书应载明证人的姓名或单位名称、住所地等基本情况,以及申请证人出庭作证的内容、证明目的等。申请人民法院调查收集证据的,申请书应当载明被调查人的姓名或单位名称、住所地等基本情况,申请调查、收集证据的名称,需要人民法院调查收集证据的原因及证明目的。

起诉状除写明上述内容外,还应写明受诉人民法院的全称及起诉的具体日期,并由原告签名或盖章。另外,原告还需按照被告人数提出证据副本,以便人民法院向被告送达证据材料。

3. 原告应提供的资料

根据《最高人民法院关于人民法院登记立案若干问题的规定》(以下简称《立案规定》)[②]第6条的规定,当事人提出起诉的,应当提交以下材料:

(1) 起诉人是自然人的,提交身份证明复印件;起诉人是法人或者其他组织的,提交营业执照或者组织机构代码证复印件、法定代表人或者主要负责人身份证明书;法人或者其他组织不能提供组织机构代码的,应当提供组织机构被注销的情况说明。

(2) 委托他人代为起诉的,应当提交当事人本人签名的授权委托书、代理人身份证明等相关材料。代理人身份证明通常指身份证复印件,起诉时出示原件交法院工作人员核对后提交复印件附卷。

(3) 具体明确的足以使被告与他人相区别的姓名或者名称、住所等信息。

(4) 起诉状原本和与被告及其他当事人人数相符的副本。其他当事人指第三人,如果有第三人的,原告同样须提交与第三人人数相符的起诉状副本。

(5) 与诉讼请求相关的证据材料。《证据规定》第19条第1款规定,当事人应当对其提交的证据材料逐一分类编号,对证据材料的来源、证明对象和内容作简要说明,签名盖章,注明提交日期,并依照对方当事人人数提出副本。

三、先行调解

《民诉法》第122条规定:"当事人起诉到人民法院的民事纠纷,适宜调解的,

[①] 实务中,原告在法院立案时需出示证据材料原件,法院工作人员审核后只收取证据材料复印件、复制品,开庭审理时再由当事人提交证据材料原件、原物、原始载体供对方当事人及审判人员核对。

[②] 该司法解释条文包括了民事起诉、刑事自诉及行政起诉,本书引用内容仅涉及民事起诉部分。

先行调解，但当事人拒绝调解的除外。"《民诉法》该规定设立了我国民事诉讼的先行调解制度。

先行调解包括了诉前调解与立案阶段的调解。

（1）诉前调解。根据《最高人民法院关于进一步贯彻"调解优先、调判结合"工作原则的若干意见》第8条的规定，诉前调解是指人民法院在收到当事人起诉状或者口头起诉之后、正式立案之前，对于未经人民调解、行政调解、行业调解等非诉讼纠纷解决方式调处的案件，引导当事人先行就近、就地选择非诉讼调解组织解决纠纷，力争将矛盾纠纷化解在诉前的一种调解方式。对于当事人选择非诉讼调解的，应当暂缓立案；当事人不同意选择非诉讼调解的，或者经非诉讼调解未达成协议，坚持起诉的，经审查符合相关诉讼法规定的受理条件的，应当及时立案。诉前调解的通常做法是，在人民法院立案环节设立非诉讼调解或和解程序，由人民法院委托社会力量担任调解员主持调解，在征得当事人同意的前提下，为其提供调解服务。如果双方在立案前达成和解或调解协议，就无需立案。同时，诉前调解可根据当事人的选择与特别程序进行衔接，和解或调解协议经人民法院审核依照《民诉法》规定的"确认调解协议"特别程序确认后可制作民事裁定书，义务人不履行义务时权利人可直接持民事裁定书向人民法院申请强制执行。

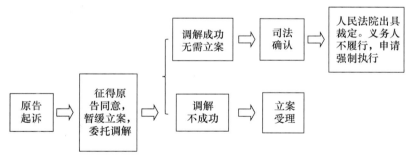

[图14-2] 诉前调解流程

（2）立案阶段调解。立案阶段调解是指在案件受理后至移送审判庭前，人民法院组织双方当事人自愿平等协商、达成调解协议，及时解决纠纷的诉讼活动。

四、审查起诉

2015年4月1日，中央全面深化改革领导小组第十一次会议审议通过《关于人民法院推行立案登记制改革的意见》。2015年4月15日，最高人民法院发布《立案规定》，明确从2015年5月1日起，全国法院实行立案登记制。

《民诉法解释》第208条规定："人民法院接到当事人提交的民事起诉状时，

对符合民事诉讼法第一百一十九条的规定,且不属于第一百二十四条规定情形的,应当登记立案;对当场不能判定是否符合起诉条件的,应当接收起诉材料,并出具注明收到日期的书面凭证。需要补充必要相关材料的,人民法院应当及时告知当事人。在补齐相关材料后,应当在七日内决定是否立案。立案后发现不符合起诉条件或者属于民事诉讼法第一百二十四条规定情形的,裁定驳回起诉。"依据上述规定,立案登记制的内涵为:(1)原告起诉的,人民法院一律接收起诉状,并出具注明收到日期的书面凭证,符合起诉条件的,应当当场登记立案;(2)对当场不能判定是否符合起诉条件的,应当在7日内立案,并通知当事人;(3)认为不符合起诉条件的,应当在7日内裁定不予受理;(4)7日内仍不能判定是否符合条件的,应当先行立案。

立案登记制并非法院一律不对原告起诉进行审查。原告向人民法院提起诉讼后,人民法院须对起诉进行审查以便决定是否受理,审查内容既包括对起诉的形式要件进行审查,比如起诉状是否符合基本的形式要求,也包括进行实质要件审查,即原告起诉是否同时符合起诉的四个条件。具体审查内容如下:

(一)审查起诉的内容

1. 对起诉的形式要件进行审查

起诉状是否符合基本的形式要求,即是否记明原告姓名、性别、联系方式及被告姓名、性别等能够确定其身份的信息,是否记明诉讼请求和所根据的事实,是否记明证据和证据来源等。另外,人民法院还需审查原告是否按被告与其他当事人人数提交了足够的副本。如果起诉状不符合形式要求,人民法院可以要求原告补齐相应的事项信息。[①]

2. 对起诉的实质要件进行审查

人民法院须审查原告起诉是否同时符合起诉的四个条件,即原告是否是与本案有直接利害关系的公民、法人和其他组织,是否有明确的被告,是否有具体的诉讼请求和事实、理由,是否属于人民法院受理民事诉讼的范围和受诉法院管辖。不符合起诉实质要件的,人民法院应当在7日内作出裁定书,裁定不予受理原告的起诉。原告不服不予受理裁定的,可向上一级人民法院提起上诉。

原告在诉状中有谩骂和人身攻击之词,送达副本可能引起矛盾激化,不利于案件解决的,人民法院应当说服当事人予以修改。坚持不改的,可以送达起诉状副本,由此造成的后果由原告承担。

根据《立案规定》第7条的规定,当事人提交的诉状和材料不符合要求的,人

---

① 对起诉状的形式审查,其他国家民事诉讼法都有相应的规定,如日本《民事诉讼法》第133条就详细列举了诉状必须记载的事项,包括原被告姓名、代理人姓名、事件经过和原告诉讼请求。如果诉状中缺乏上述内容,法官将要求原告补正;原告拒绝补正的,审判长可以诉状驳回命令的形式驳回起诉。

民法院应当一次性书面告知其在指定期限内补正。当事人在指定期限内没有补正的,退回诉状并记录在册;坚持起诉的,裁定不予受理。经补正仍不符合要求的,裁定不予受理。

(二) 审查期限

人民法院收到起诉状或者口头起诉后审查期限为7日,应当在7日内决定立案受理或裁定不予受理。审查期限起算日期为人民法院接到当事人起诉状的次日。原告起诉状的内容有欠缺的,可以限期令原告补正或补充。限期令原告补正或补充的,审查期限从补正后提交给法院的次日起计算。由上级人民法院转移给下级人民法院受理的案件,从受诉人民法院收到起诉状次日起计算。

(三) 对不符合法定条件起诉的处理

人民法院对符合《民诉法》第119条规定的起诉,必须受理。根据《民诉法》第124条的规定,对下列起诉,分别情形,予以处理:

(1) 依照行政诉讼法的规定,属于行政诉讼受案范围的,告知原告提起行政诉讼。

(2) 依照法律规定,双方当事人达成书面仲裁协议申请仲裁、不得向人民法院起诉的,告知原告向仲裁机构申请仲裁。

(3) 依照法律规定,应当由其他机关处理的争议,告知原告向有关机关申请解决。

(4) 对不属于本院管辖的案件,告知原告向有管辖权的人民法院起诉。是否属于本院管辖应审查级别管辖、地域管辖,特别注意专门管辖的海事海商案件及集中管辖的涉外商事案件及知识产权案件。

(5) 对判决、裁定、调解书已经发生法律效力的案件,当事人又起诉的,告知原告申请再审,但人民法院准许撤诉的裁定除外。2012年《民诉法》增加了对于调解书不得重新起诉的规定,实务中,应注意关于可以不制作调解书情形,除调解和好的离婚案件与调解维持收养关系的案件外,即时履行与其他不制作调解书案件亦适用该规定。[①]

(6) 依照法律规定,在一定期限内不得起诉的案件,在不得起诉的期限内起诉的,不予受理。比如《民法典》第1082条规定,女方在怀孕期间、分娩后1年内或者终止妊娠后6个月内,男方不得提出离婚;但是,女方提出离婚或者人民法院认为确有必要受理男方离婚请求的除外。

---

① 《民诉法》第98条规定:"下列案件调解达成协议,人民法院可以不制作调解书:(一) 调解和好的离婚案件;(二) 调解维持收养关系的案件;(三) 能够即时履行的案件;(四) 其他不需要制作调解书的案件。对不需要制作调解书的协议,应当记入笔录,由双方当事人、审判人员、书记员签名或者盖章后,即具有法律效力。"

(7)判决不准离婚和调解和好的离婚案件,判决、调解维持收养关系的案件,没有新情况、新理由,原告在6个月内又起诉的,不予受理。但如果是被告在6个月内起诉的,人民法院应当受理。应注意,原告撤诉或按撤诉处理的离婚案件,没有新情况、新理由,6个月内又起诉的,不予受理。

《立案规定》第10条还规定,人民法院对下列起诉不予登记立案:(1)违法起诉或者不符合法律规定的;(2)涉及危害国家主权和领土完整的;(3)危害国家安全的;(4)破坏国家统一和民族团结的;(5)破坏国家宗教政策的;(6)所诉事项不属于人民法院主管的。

第三节 受 理

一、受理的概念及法律效果

受理,是指法院认为原告的起诉符合法定条件,决定立案审理的一种诉讼活动。

民事案件已经受理,将产生相应的法律效果,具体包括:

(1)当事人与受诉法院产生诉讼系属。诉讼系属是指因为诉的提起,在特定的当事人之间,就有争议的法律关系受有管辖权的法院审判的状态。在诉讼已经发生诉讼系属后,到诉讼终结时止,称为在诉讼系属中。一旦诉讼成立,系属于法院,就当事人而言,不允许该诉讼的原告或被告以对方为被告,以同一案件再次向同一法院或其他法院提起诉讼;从法院行使职权的角度而言,其应受前诉的限制,不允许其再次受理后诉的案件,即受诉法院取得对案件的审判权,非经法定原因,不得中止对该案件的审判。此外,受诉法院依法受理,也排除了其他法院对该案行使审判权的可能。

(2)起诉一经法院受理,双方当事人即分别取得了原告与被告的诉讼地位,依法享有法律赋予的诉讼权利,并承担相应的诉讼义务。

(3)诉讼时效中断。诉讼时效因提起诉讼而中断。《民法典》第195条规定:"有下列情形之一的,诉讼时效中断,从中断、有关程序终结时起,诉讼时效期间重新计算:(一)权利人向义务人提出履行请求;(二)义务人同意履行义务;(三)权利人提起诉讼或者申请仲裁;(四)与提起诉讼或者申请仲裁具有同等效力的其他情形。"从中断时起,诉讼时效期间重新计算。应注意,法院裁定不予受理、受理后法院驳回起诉或原告撤诉、法院按撤诉处理的,是否发生诉讼时效中断,实践中存有争议。多数观点认为,上述情形说明权利人曾经想提起或提起过诉讼,应引起诉讼时效中断的效果。

二、应予受理的特殊情形

根据《民诉法解释》以及相关法律规定,下列案件人民法院应予受理:

(1) 裁定不予受理、驳回起诉的案件,原告再次起诉的,如果符合起诉条件,人民法院应当予以受理(《民诉法解释》第212条)。

(2) 原告撤诉和人民法院按撤诉处理后,原告以同一诉讼请求再次起诉的,人民法院应当予以受理(《民诉法解释》第214条)。

(3) 裁判发生法律效力后,发生新的事实,当事人再次提起诉讼的,人民法院应当依法受理(《民诉法解释》第248条)。裁判发生法律效力后,如果发生新的事实,当事人提起诉讼不受既判力的消极作用即"一事不再理"原则的影响,当事人可就同一诉讼标的再次提起诉讼。

(4) 当事人达成的仲裁条款无效、失效或内容不明无法执行,当事人在仲裁协议中选择的仲裁机构不存在,或者仲裁裁决的事项超过仲裁机构权限的,人民法院有权受理一方当事人的起诉。比如,《最高人民法院关于适用〈中华人民共和国仲裁法〉若干问题的解释》第7条规定:"当事人约定争议可以向仲裁机构申请仲裁也可以向人民法院起诉的,仲裁协议无效。但一方向仲裁机构申请仲裁,另一方未在仲裁法第二十条第二款规定期间内提出异议的除外。"实务中,有些仲裁条款约定,发生争议既可以起诉,也可以申请仲裁,该仲裁条款应归于无效,当事人向人民法院起诉的,人民法院应予受理,但一方当事人申请仲裁,另一方未在仲裁庭首次开庭前提出异议的除外。此外,一方当事人向人民法院起诉时未声明有仲裁协议,人民法院受理后,对方当事人应诉答辩的,应视为该人民法院有管辖权,即人民法院有权受理该案。

应注意,如仲裁协议约定的仲裁机构名称不准确,但能够确定具体的仲裁机构的,应当认定选定了仲裁机构。比如某特许经营合同纠纷案中,当事人约定"中国国际经济贸易仲裁委员会华东分会"管辖,但中国国际经济贸易仲裁委员会没有华东分会的分支机构,华东地区只有上海分会分支机构,应当认定为当事人选定了仲裁机构。

当事人在书面合同中订有仲裁条款,或者在发生纠纷后达成书面仲裁协议,一方向人民法院起诉的,人民法院应当告知原告向仲裁机构申请仲裁,其坚持起诉的,裁定不予受理,但仲裁条款或者仲裁协议不成立、无效、失效、内容不明确无法执行的除外(《民诉法解释》第215条)。

(5) 夫妻一方下落不明,另一方诉至人民法院,只要求离婚,不申请宣告下落不明人失踪或死亡的案件,人民法院应当受理,对下落不明的人用公告送达诉讼文书(《民诉法解释》第217条)。

(6) 赡养费、扶养费、抚育费案件,裁判发生法律效力后,因新情况、新理由,一方当事人再行起诉要求增加或减少费用的①,人民法院应当作为新案受理(《民诉法解释》第 218 条)。

[案例 14-1] 郭某诉郭某明(郭某生父)抚养费纠纷案。郭某明与郭某之母于 2006 年离婚,离婚协议约定郭某跟随母亲生活,郭某明每月支付抚养费 1100 元。郭某于 2008 年随母亲赴美定居,生活开支激增。郭某于 2012 年起诉郭某明,请求每月增加抚养费人民币 2800 元,法院予以受理。

(7) 判决不准离婚、调解和好的离婚案件以及判决、调解维持收养关系的案件的被告在 6 个月内向人民法院起诉的,应予受理。

(8) 当事人超过诉讼时效起诉的,人民法院应予受理。

《民法典》第 192 条第 1 款规定,诉讼时效期间届满的,义务人可以提出不履行义务的抗辩。第 193 条规定,人民法院不得主动适用诉讼时效的规定。超过诉讼时效的,原告有起诉权,但如果受理后被告提出诉讼时效抗辩,人民法院查明无中断、中止、延长事由的,应当判决驳回原告的诉讼请求。根据辩论原则的基本要求,当事人没有提出主张的,人民法院不应将该主张作为裁判对象,因此,被告没有提出诉讼时效抗辩的,人民法院不应依职权对诉讼时效予以审查。

对于第二审程序中被告能否提出诉讼时效抗辩的问题。《最高人民法院关于审理民事案件适用诉讼时效制度若干问题的规定》第 3 条规定:"当事人在一审期间未提出诉讼时效抗辩,在二审期间提出的,人民法院不予支持,但其基于新的证据能够证明对方当事人的请求权已过诉讼时效期间的情形除外。当事人未按照前款规定提出诉讼时效抗辩,以诉讼时效期间届满为由申请再审或者提出再审抗辩的,人民法院不予支持。"该规定包括两层含义:第一,一般情形下,原审被告在一审期间未提出诉讼时效抗辩,在二审期间提出的,人民法院不应支持。根据民事诉讼法法理,民事诉讼的标的是当事人争议的民事法律关系,即当事人之间的实体权利义务关系,其在诉讼中的体现,即为当事人的诉讼请求和抗辩理由。一般而言,当事人应在一审审理过程中提出诉讼请求和抗辩理由,以固定诉争焦点。依据对等原则,对答辩权的行使应与请求权的行使作同样的限制,作为诉讼时效答辩,原则上也应在一审期间提出,一审期间未提出、二审期间提出的,法院不应予以支持。第二,例外情形下,当事人一方在一审期间未提出诉讼时效抗辩,如果在二审期间该当事人有新的证据足以证明权利人的请求权已过诉讼时效期间而提出诉讼时效抗辩的,法院应予支持。在二审期间,存在原审被告基于二审新证据推翻原审原告在一审期间提交的、证明诉讼时效期间中断

---

① 《民法典》第 1085 条规定:"离婚后,子女由一方直接抚养的,另一方应当负担部分或者全部抚养费。负担费用的多少和期限的长短,由双方协议;协议不成,由人民法院判决。前款规定的协议或者判决,不妨碍子女在必要时向父母任何一方提出超过协议或者判决原定数额的合理要求。"

的证据的情形。在该情形下,如果原审被告系基于对原审原告所提交未超过诉讼时效期间的证据的错误认识,认为诉讼时效期间确未超过而无需提出诉讼时效抗辩,故在一审期间未提出诉讼时效抗辩,而在二审期间其有新证据足以推翻该事实的,为实现程序法保护实体公正的立法目,人民法院应对原审被告的诉讼时效抗辩权予以支持。

(9) 同一当事人因不同事实分别发生民商事纠纷和涉嫌刑事犯罪的,民商事案件与刑事案件应当分别审理,主要有下列情形:第一,主合同的债务人涉嫌刑事犯罪或者刑事裁判认定其构成犯罪,债权人请求担保人承担民事责任的;第二,行为人以法人、非法人组织或者他人名义订立合同的行为涉嫌刑事犯罪或者刑事裁判认定其构成犯罪,合同相对人请求该法人、非法人组织或者他人承担民事责任的;第三,法人或者非法人组织的法定代表人、负责人或者其他工作人员的职务行为涉嫌刑事犯罪或者刑事裁判认定其构成犯罪,受害人请求该法人或者非法人组织承担民事责任的;第四,侵权行为人涉嫌刑事犯罪或者刑事裁判认定其构成犯罪,被保险人、受益人或者其他赔偿权利人请求保险人支付保险金的;第五,受害人请求涉嫌刑事犯罪的行为人之外的其他主体承担民事责任的。

近年来,在民间借贷、P2P等融资活动中,与涉嫌诈骗、合同诈骗、票据诈骗、集资诈骗、非法吸收公众存款等犯罪有关的民商事案件的数量有所增加。在上述情形下,有的法院仍然以民商事案件涉嫌刑事犯罪为由不予受理,已经受理的,直接裁定驳回起诉。对此,2019年《全国法院民商事审判工作会议纪要》第128条特别指出,上述做法应予纠正,法院应当受理上述情形之下原告提起的诉讼。

(10) 病员及其亲属对医疗事故技术鉴定委员会作出的医疗事故结论没有意见,仅要求医疗单位就医疗事故赔偿经济损失向法院提起诉讼的,应予受理。

根据《立案规定》第8条,对当事人提出的起诉,人民法院当场不能判定是否符合法律规定的,应当作出以下处理:(1) 对民事起诉,应当在收到起诉状之日起7日内决定是否立案;(2) 对第三人撤销之诉,应当在收到起诉状之日起30日内决定是否立案;(3) 对执行异议之诉,应当在收到起诉状之日起15日内决定是否立案。人民法院在法定期间内不能判定起诉是否符合法律规定的,应当先行立案。

《民诉法》第123条规定,人民法院应当保障当事人依照法律规定享有的起诉权利。对符合《民诉法》第119条的起诉,必须受理。符合起诉条件的,应当在7日内立案,并通知当事人;不符合起诉条件的,应当在7日内作出裁定书,不予受理;原告对裁定不服的,可以提起上诉。《立案规定》第9条进一步明确,人民法院对起诉不予受理的,应当出具书面裁定,并载明理由。

2017年11月1日发布的《最高人民法院关于人民法院全面深化司法改革

情况的报告》显示,2015年5月至2017年9月,全国法院登记立案数量超过3900万件,当场登记立案率超过95%。积极构建全覆盖、立体式、多元化的登记立案新模式,以当场立案为主体,以网上立案、自助立案、跨域立案、协作立案等为支撑的立案新格局已经形成,老百姓打官司更加方便快捷。努力提升当场立案效率,畅通大厅立案、预约立案、上门立案等常规立案渠道,有的法院对符合条件的起诉,10分钟内完成全部立案流程。全面推行网上立案,全国已有2605个法院开通网上立案或网上预约立案,当事人足不出户即可完成立案手续。积极探索跨域立案,截至2017年9月,已有近1200家法院推行跨域立案服务。2019年12月25日,最高人民法院举行跨域立案服务新闻发布会,宣布跨域立案服务已经在全国中基层人民法院全面实现。

《立案规定》第11条、第12条还规定,登记立案后,当事人未在法定期限内交纳诉讼费的,按撤诉处理,但符合法律规定的缓、减、免交诉讼费条件的除外。登记立案后,人民法院立案庭应当及时将案件移送审判庭审理。

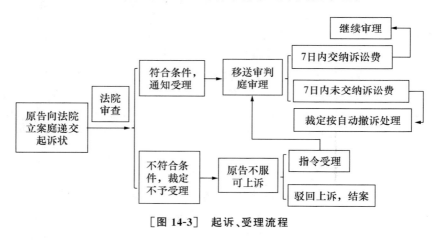

[图14-3] 起诉、受理流程

第四节 审理前的准备

审理前的准备,是指人民法院受理原告起诉后至审判人员决定开庭审理①之前,由案件承办法官及法官助理、书记员所做的一系列准备工作的总称。审理前的准备是普通程序开庭审理前的一个必经阶段。

根据《民诉法》第125条至第133条的规定,审理前的准备包括下列工作。

---

① 《民诉法》第12章第2节为"审理前的准备",第3节"开庭审理"阶段又规定了庭审准备程序,鉴于此,"审理前的准备"指法院受理原告起诉后到审判人员决定开庭前(并非正式开庭审理前)。本节内容按照《民诉法》第12章第2节的规定编写。

需说明的是,不是每一个案件都要进行这些工作,有些可能只需要做其中部分工作。

一、在法定期限内送达诉讼文书

《民诉法》第 125 条规定:"人民法院应当在立案之日起五日内将起诉状副本发送被告,被告应当在收到之日起十五日内提出答辩状。答辩状应当记明被告的姓名、性别、年龄、民族、职业、工作单位、住所、联系方式;法人或者其他组织的名称、住所和法定代表人或主要负责人的姓名、职务、联系方式。人民法院应当在收到答辩状之日起五日内将答辩状副本发送原告。被告不提出答辩状的,不影响人民法院审理。"2012 年《民诉法》特别在"被告在收到之日起十五日内提出答辩状"规定中增加了"应当"两字,首次明确了被告提交答辩状的诉讼义务。[①] 实务中,人民法院将起诉状及原告立案提交的证据一起送达给被告。被告应当在收到之日起 15 日内,也就是答辩期间届满前向人民法院提交书面答辩状及证据,人民法院再将答辩状及证据一起送达给原告。如果有第三人的,同样一并送达。被告不提出答辩状的,不影响案件进入庭审程序。

二、通知必须共同进行诉讼的当事人参加诉讼

《民诉法解释》第 73 条规定,必须共同进行诉讼的当事人没有参加诉讼的,人民法院应当依照《民诉法》第 132 条的规定,通知其参加;当事人也可以向人民法院申请追加。此处的"必须共同进行诉讼的当事人"应是固有的必要共同诉讼人[②],因此,对于固有的必要共同诉讼人,起诉时没有列为当事人的,人民法院应当依职权通知其参加诉讼。对于类似的必要共同诉讼人及牵连性的必要共同诉讼人,则要看原告是否申请追加。如原告没有申请追加,人民法院亦不应依职权主动追加,二审亦不能以原审遗漏必要共同诉讼人为由发回原审人民法院重新审理。

如果当事人在接到通知后不愿意参加诉讼的,人民法院按下列情况处理:(1)如共同原告在接到通知后表示放弃实体权利,可以不追加其为原告,诉讼继续进行。如该原告未表示放弃实体权利,又不参加诉讼,且经传票传唤不到庭的,可以缺席判决。(2)如通知的共同被告不是必须到庭的被告,经传票传唤不到庭,可缺席判决。

三、告知当事人有关诉讼权利义务、合议庭组成人员

《民诉法》第 128 条规定,合议庭组成人员确定后,应当在 3 日内告知当事

---

① 1991 年《民诉法》及 2007 年修改时均规定为"被告在收到之日起十五日内提出答辩状"。
② 有关必要共同诉讼人分类见本书第七章中"必要共同诉讼"部分内容。

人。实务中，人民法院向原告、被告送达合议庭成员告知书，告知合议庭组成人员。对"3日内"的理解，依本条规定文义来看，应该是合议庭成员确定后3日内，换言之，既然《民诉法》未规定开庭3日前告知合议庭成员，当庭告知也可以。但从立法本意来看，为了便于当事人在开庭审理前提出回避申请，人民法院应尽可能在开庭3日前告知合议庭组成人员。

四、审查有关的证据材料、调查收集必要的证据

《民诉法》第129条规定："审判人员必须认真审核诉讼材料，调查收集必要的证据。"这里的诉讼材料，是指原、被告双方向法院提交的起诉状、答辩状以及有关的证据材料。人民法院应在开庭审理前审查核实这些材料，确定双方当事人争执的焦点所在。调查收集必要的证据，是指当事人及其诉讼代理人因客观原因不能自行收集，按规定程序向人民法院申请调查收集证据，或者人民法院根据《民诉法解释》第96条的规定主动调查收集审理案件所需要的证据。有关人民法院调查收集证据的具体程序参见本书第10章第8节的介绍。

五、民事案件审理程序分流

《民诉法》第133条规定："人民法院对受理的案件，分别情形，予以处理：（一）当事人没有争议，符合督促程序规定条件①的，可以转入督促程序；（二）开庭前可以调解的，采取调解方式及时解决纠纷；（三）根据案件情况，确定适用简易程序或者普通程序；（四）需要开庭审理的，通过要求当事人交换证据等方式，明确争议焦点。"

实务中，程序分流时应注意：(1)已受理的案件如果符合上述第一项条件，在征得当事人同意后，人民法院可将案件转入督促程序审理，但原告需另行提交支付令申请书。(2)开庭前可以采取调解方式解决纠纷。(3)人民法院确定适用简易程序的案件，当事人可提出异议，审查后异议成立的，裁定转换为普通程序审理，并将合议庭的组成人员及相关事项以书面形式通知双方当事人；异议不成立的，通知双方当事人。转入普通程序审理的民事案件的审理期限自人民法院立案的次日起开始计算，而不是从转入普通程序之日起计算，即原来按照简易程序审理案件经过的时间仍然计算在案件审理期限内。(4)已经适用普通程序审理的案件，人民法院不宜主动将案件裁定转为简易程序审理。人民法院在审理民事案件时，应当特别尊重当事人的程序选择权，普通程序转换一般应以当事

---

① 督促程序，又称为支付令程序，是指人民法院根据债权人提出的给付金钱或者有价证券的申请，不经过开庭审理就直接向债务人发出支付令，如果债务人未在法定期间内提出异议或经审查异议不成立，该支付令就具有强制执行力的程序。督促程序适用条件：债权人请求债务人给付金钱、有价证券；债权人与债务人没有其他债务纠纷；支付令能够送达债务人。

人双方有约定为前提,不得通过自行决定方式强迫当事人适用简易程序,《简易程序规定》第2条第2款"人民法院不得违反当事人自愿原则,将普通程序转为简易程序"的规定即为例证。(5)无论是简易程序转换为普通程序,还是普通程序转换为简易程序,人民法院进行程序转化必须以口头或书面裁定形式作出,而不能以决定、通知等形式告知当事人。这是因为,程序转化涉及当事人重大程序利益,如果以决定、通知等形式告知程序转化,一是过于随意,不够严谨;二是可能会变相剥夺当事人寻求救济的权利。①

六、证据交换与庭前会议

《民诉法解释》第224条规定,人民法院可以在答辩期届满后,通过组织证据交换、召集庭前会议等方式,作好审理前的准备。证据交换和庭前会议的主要目的是整理争点,为开庭审理顺利快速进行做好准备。

(一)证据交换

最高人民法院在2001年《证据规定》中首次明确了证据交换制度。证据交换,是指开庭审理之前,在法院审判人员的主持下,双方当事人相互交换所持有的证据的诉讼活动。证据交换是审理前准备的核心内容。证据交换有广义与狭义之分。广义的证据交换是指人民法院将一方当事人提交的证据送达给对方当事人,实务中,人民法院通常在送达起诉状时即将原告提交的证据送达给被告,被告提交证据后,人民法院再将被告提交的证据送达给原告,双方多次提交证据的,人民法院多次送达。狭义的证据交换,仅指法院召集原、被告一起在人民法院交换证据。广义的证据交换也包括了人民法院召集原、被告一起在人民法院交换证据。

证据交换制度具有以下作用:(1)促进案件的集中审理。证据交换的对象不仅是双方当事人所持有的证据,同时也是各自的主张和抗辩。通过证据交换,固定证据,明确争议的焦点,使开庭审理能够围绕已确定的争议焦点与证据展开辩论,促进庭审的集中和有序进行。(2)防止诉讼突袭,确保程序公正。证据交换使当事人能够彼此了解对方所持有的证据,防止庭审中的证据突袭,是当事人平等原则的体现,有利于实现程序公正。(3)有助于当事人达成调解协议。在人民法院主持下的证据交换过程,也是人民法院与当事人双方了解案情的过程。通过证据交换,在案件的争点与证据基本明确以后,诉讼的胜负已大致可以预料,当事人往往会斟酌实体利益与程序利益的大小轻重,权衡判决与和解的利弊得失,而选择合意的纠纷解决方式。

---

① 《民诉法》第163条规定:"人民法院在审理过程中,发现案件不宜适用简易程序的,裁定转为普通程序。"

（二）庭前会议

庭前会议制度由《民诉法解释》首次规定。庭前会议包括了狭义的证据交换的所有功能，同时又增加了证据交换所没有的功能，实务中也大有取代狭义的证据交换之势。人民法院可以在答辩期届满后，召集庭前会议。根据《民诉法解释》第225条、第226条的规定，根据案件具体情况，庭前会议可以包括下列内容：(1) 明确原告的诉讼请求和被告的答辩意见；(2) 审查处理当事人增加、变更诉讼请求的申请和提出的反诉，以及第三人提出的与本案有关的诉讼请求；(3) 根据当事人的申请决定调查收集证据，委托鉴定，要求当事人提供证据，进行勘验，进行证据保全；(4) 组织交换证据；(5) 归纳争议焦点；(6) 进行调解。人民法院应当根据当事人的诉讼请求、答辩意见以及证据交换的情况，归纳争议焦点，并就归纳的争议焦点征求当事人的意见。当事人在审理前准备阶段（包括证据交换、庭前会议等）认可的证据，经审判人员在庭审中说明后，视为当事人已经质证的证据。

[案例14-2] 2015年2月，某区人民法院受理原告阮某龙诉被告某小区业主委员会业主撤销权纠纷一案。该案件属于新类型案件，承办法官在阅卷后发现，该案双方争议较大、案情比较复杂，而原、被告提交的证据零乱繁杂，为避免事实难以查清、多次开庭审理造成司法资源的浪费，法官决定召开庭前会议。3月16日，人民法院召开庭前会议，首先由被告发表口头答辩意见，接着原、被告交换了证据，并发表了详细的质证意见。承办法官根据双方的诉辩意见以及举证、质证意见归纳了争议焦点，要求原告在庭前会议后3日内书面提交其提出诉讼请求依据的具体规范性法律文件的名称及条款，并对双方当事人分别给予延长举证期限7日，要求双方就本案争议焦点补充提交证据。

实务中，部分案件需要多次开庭才能查清事实，主要原因有三方面：一是被告不提交书面答辩意见，仅当庭口头答辩，原告据此要求延长举证期限导致无法开庭；二是由于当事人法律知识欠缺，举证不充分，关键事实难以查清；三是案件确实疑难复杂，需要多次开庭。在正式庭审前召开庭前会议，不失为解决多次开庭难题、提高审判效率的好办法。

七、处理管辖权异议

《民诉法》第127条第1款规定："人民法院受理案件后，当事人对管辖权有异议的，应当在提交答辩状期间提出。人民法院对当事人提出的异议，应当审查。异议成立的，裁定将案件移送有管辖权的人民法院；异议不成立的，裁定驳回。"人民法院对管辖权异议审查后确定有管辖权的，不因当事人提起反诉、增加或者变更诉讼请求等改变管辖,但违反级别管辖、专属管辖规定的除外。

第五节 开庭审理

开庭审理,是指法院在当事人与其他诉讼参与人的参与下,对民事案件进行审理和裁判的诉讼活动。开庭审理的地点,一般在受理法院审判法庭进行。根据需要,也可以巡回审理,就地办案,到当事人所在地、案件发生地进行。

巡回审理、就地办案是我国民事审判工作的优良传统,是人民法院审理民事案件的一种行之有效的工作方法和制度。巡回审理,首先是为了方便当事人及其他诉讼参与人,方便人民法院就地调查取证,有利于纠纷的解决和对生效法律文书的执行。其次,还有利于对周围群众进行法制宣传教育,通过审判案件,普及宣传法律,使群众从自己身旁所发生的案件中汲取经验教训,从法律的角度分清是非,避免类似的纠纷再次发生,达到审理一案、教育一片的效果。巡回审理、就地办案,不仅适用于基层人民法院,而且适用于中级人民法院、高级人民法院及最高人民法院;不仅适用于第一审普通程序,而且适用于简易程序、第二审程序以及审判监督程序。

一、庭审准备

(一) 决定案件是否公开审理

人民法院审理民事案件,除涉及国家秘密、个人隐私或者法律另有规定的以外,应当公开进行。离婚案件、涉及商业秘密的案件,当事人申请不公开审理的,可以不公开审理。不论是否公开审理,因为涉及是否发布开庭公告,原则上应在开庭审理前作出决定。如庭审前当事人申请不公开审理,人民法院同意的,应宣布转入不公开审理。

[案例14-3] 徐某诉王某离婚案,两人同在澳门某酒店工作,户籍及居住地在珠海。徐某称,王某与澳门酒店同事李小姐经常在珠海酒店开房同居,请求判令离婚。徐某提交了其弟弟拍摄的王某勾着李小姐的腰深夜时分在珠海大街上非常亲密地行走以及一同在酒店房间内的照片4张。庭审前,王某申请不公开审理,法院审查认为庭审中可能会涉及个人隐私,决定由公开审理程序转入不公开审理。

(二) 传唤、通知当事人和其他诉讼参与人

为了给当事人准备开庭审理留有必要的时间,人民法院审理民事案件,应当依法告知当事人和其他诉讼参与人出庭日期。鉴于开庭日期由人民法院根据审

理前准备情况单方决定,人民法院应当在开庭 3 日前[①]将开庭传票送达给当事人,并且用通知书形式通知诉讼代理人、证人、鉴定人及翻译人员出席庭审。

对于开庭时间的确定,已失效的《最高人民法院关于民事经济审判方式改革问题的若干规定》第 7 条曾规定,按普通程序审理的案件,开庭审理应当在答辩期届满并做好必要的准备工作后进行。当事人明确表示不提交答辩状,或者在答辩期届满前已经答辩,或者同意在答辩期间开庭的,也可以在答辩期限届满前开庭审理。

(三)发布公告

为了使公开审判制度落到实处,方便公众旁听庭审和记者采访报道,对于公开审理的案件,人民法院应当在开庭 3 日前发出公告。公告应当注明当事人姓名、案由、开庭的时间和地点。公告的地点一般在人民法院门前的公告栏,巡回审理的也应在巡回审判地张贴公告。

(四)庭审当日准备工作

庭审前,书记员应核对自然人当事人、无诉讼行为能力人的法定代理人、单位当事人的法定代表人的身份证,代理律师的律师证,其他委托诉讼代理人的身份证及相关证明材料,查明当事人和其他诉讼参与人是否到庭,并报告审判长,由审判长根据不同情况作出决定。如审判长决定开庭的,书记员宣布法庭纪律,审判人员进入法庭开始法庭审理。

二、审理开始

审理开始时,首先由审判长宣布开庭,然后依次核对当事人,并审查核对诉讼代理人的代理资格和代理权限。律师担任代理人时,只审查代理权限。

普通程序审理开始阶段流程图

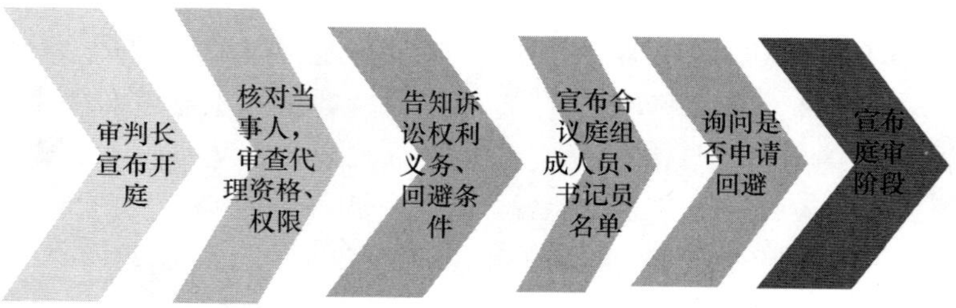

审判长宣布开庭 → 核对当事人,审查代理资格、权限 → 告知诉讼权利义务、回避条件 → 宣布合议庭组成人员、书记员名单 → 询问是否申请回避 → 宣布庭审阶段

[图 14-4] 普通程序审理开始阶段流程

---

① 对于"3 日前"的计算,实务中存在误区。比如,开庭时间为 2019 年 7 月 26 日,根据《民诉法》第 82 条的规定,期间开始的时和日,不计算在期间内,3 日前应从 7 月 26 日的前一日即 7 月 25 日开始计算,故最晚不应超过 7 月 22 日。

其次,审判长宣布案由,宣布审判人员和书记员名单,告知当事人的有关诉讼权利和义务,询问当事人是否提出回避申请。如果当事人提出回避申请,审判长应宣布休庭,以决定是否准予回避。当事人不提出回避申请或有权人员决定驳回回避申请的,继续开庭。

[庭审笔录]　审理开始阶段(节选)

书记员:请当事人、委托代理人入庭。

书记员:(查明当事人、委托代理人到庭情况并报告审判长)

书记员:宣布法庭纪律(略)。

书记员:请全体起立,请审判长、审判员、人民陪审员入庭。

书记员:请坐下。报告审判长,当事人、委托代理人到庭情况已经查明,原告、被告及其委托代理人均已到庭。

审:(敲法槌)现在开庭。

审:依照《中华人民共和国民事诉讼法》第一百三十四条"人民法院审理民事案件,除涉及国家秘密、个人隐私或者法律另有规定的以外,应当公开进行"的规定,某市某区人民法院现在对原告XX诉被告XX买卖合同纠纷一案进行公开审理。

审:现在核对出庭人员身份、诉讼代理人的代理权限。

审:双方当事人对对方的出庭人员有无异议?

原代:无异议。

被一代:无异议。

被二代:无异议。

被三代:无异议。

审:双方当事人及其诉讼代理人经核对,符合法律规定,可以参加本案的庭审活动。

审:当事人的诉讼权利义务及回避条件已于庭前以书面形式告知双方当事人,双方当事人是否清楚你们的诉讼权利义务及回避条件?

原代:清楚。

被一、二、三代:清楚。

审:原、被告是否申请回避?

原代:不申请回避。

被一、二、三代:不申请回避。

审:本案审理分为四个阶段,即(1)法庭调查,(2)法庭辩论,(3)法庭调解,(4)评议和宣判。今天只进行前三个阶段,评议和宣判另行通知。现在首先进行法庭调查,下面由原告陈述起诉的事实、理由和诉讼请求。

三、法庭调查

［图 14-5］　法庭调查阶段流程

根据《民诉法》第 138 条的规定，法庭调查按照下列顺序进行：

（1）当事人陈述。当事人陈述的顺序是：原告口头陈述事实或宣读起诉状，说明具体诉讼请求和理由；被告口头答辩或宣读答辩状，陈述具体请求与理由。如有第三人参加诉讼，有独立请求权的第三人陈述诉讼请求与理由，无独立请求权的第三人针对原被告陈述提出肯定或否认的表示或其他意见。

（2）到庭证人签署并宣读保证书，法官告知证人的权利义务，证人作证。证人有正当理由未到庭的，宣读未到庭的证人证言。各方当事人对证人证言及书面证词发表质证意见。证人作证的流程参见本书第 10 章第 6 节的介绍。

（3）出示书证、物证、视听资料和电子数据，对方当事人质证。顺序为：第一，原告出示证据，被告、第三人与原告进行质证；第二，被告出示证据，原告、第三人与被告进行质证；第三，第三人出示证据，原告、被告与第三人进行质证。法院依照当事人申请调查收集的证据，作为提出申请的一方当事人提供的证据。法院依照职权调查收集的证据应当在庭审时出示，听取当事人意见，并可就调查收集该证据的情况予以说明。

（4）审判人员宣读鉴定意见，宣读勘验笔录，当事人依次发表质证意见。鉴定意见、勘验笔录都属于证据，当事人发表质证意见后才可以作为法院认定案件事实的依据。

（5）审判人员就相关事实向当事人进行询问和调查。询问时，审判人员提出问题，由当事人或诉讼代理人回答。提问要明确、具体，对一些重要事实和关键性问题，可要求当事人本人亲自回答。在询问中如果发现当事人陈述的内容与本案无关，应及时加以引导；发现他们彼此间对事实的陈述不一致时，应即时进行询问,以便揭示出事实真相,判明孰真孰假。审判人员对于任何一方的陈述,都应当认真听取,审慎地分析,不能先入为主、偏听偏信,更不能感情用事,随便打断、制止当事人陈述。

(6) 当事人就事实进行补充说明。法官询问调查完毕后,应询问当事人是否还有对事实部分的补充说明,如有,由当事人依次作出陈述。如当事人申请,审判人员可允许当事人之间相互发问。

《民诉法解释》第228条规定,法庭审理应当围绕当事人争议的事实、证据和法律适用等焦点问题进行。同时,审判人员应注意时刻保持中立形象。审判人员不对当事人陈述随意发表评论;不提出与本案无关的询问调查,更不能与当事人发生争执、辩论。

四、法庭辩论

法庭调查终结后,接下来就进入到法庭辩论阶段。法庭辩论开始后,审判人员应总结辩论焦点,当事人首先对辩论焦点发表意见,之后再对其他问题发表意见。法庭辩论按照下列顺序进行:(1) 原告及其诉讼代理人发言;(2) 被告及其诉讼代理人答辩;(3) 第三人及其诉讼代理人发言或者答辩;(4) 互相辩论。

囿于庭审时间的限制,法庭辩论通常只进行两轮,重大、疑难复杂及新类型案件可进行多轮辩论。辩论过程中如审判人员发现有需要调查的事实,审判长应宣布停止法庭辩论,恢复法庭调查,待事实查清时再继续进行法庭辩论。法庭辩论终结,由审判长按照原告、被告、第三人的先后顺序征询各方最后意见。

法庭调查与法庭辩论通常是两个独立进行的阶段,但有时将两个阶段合并进行可能更有利于查清事实,基于此,《民诉法解释》第230条规定,人民法院根据案件具体情况并征得当事人同意,可以将法庭调查和法庭辩论合并进行。

五、法庭调解

《民诉法》第142条规定:"法庭辩论终结,应当依法作出判决。判决前能够调解的,还可以进行调解,调解不成的,应当及时判决。"经过法庭调查和辩论,事实基本清楚,是非基本分明,当事人对裁判结果有了预判,调解更有基础。法庭应按原告、被告、有独立请求权的第三人顺序询问当事人是否愿意调解。无独立请求权的第三人需要承担义务的,在询问原、被告之后,还应询问其是否同意调解。一方或双方当事人均表示不同意调解的,或当事人本人未到庭,委托代理人为一般代理权限的,可不进行法庭调解。

当事人愿意调解的,可以当庭进行调解,也可以休庭后进行调解。调解时,可以先由义务方当事人提出调解方案,再询问权利方当事人意见。当事人意见不一致时,审判人员要释明法律规定,分清责任,促使双方当事人达成协议。必要时,审判人员可以根据双方当事人的请求提出调解方案,供当事人考虑,也可以分别征询各方当事人意见,然后进行调解。

六、合议庭评议

经过法庭调解,当事人不能达成调解协议的,审判长宣布休庭。当庭宣判的,合议庭立即开始评议;定期宣判的,合议庭既可以立即开始评议,也可以定期评议。需注意,合议庭评议案件需秘密进行,只能由合议庭成员参加评议,书记员负责记录,其他人员不能参加。

合议庭评议时,承办法官介绍案情、案件争议焦点后,非承办法官首先发表意见,接下来承办法官发表意见,最后由审判长发表意见。审判长作为承办法官的,审判长最后发表意见。有人民陪审员参与审判的案件,人民陪审员在承办法官介绍案情后先发表意见①。合议庭必须针对案件的证据采信、事实认定、法律适用、裁判结果以及诉讼程序等问题充分陈述意见,不能只发表结论性意见。有关合议庭评议案件具体规则参见本书第4章中关于合议制度的介绍。

七、宣判

《民诉法》第148条规定,人民法院对公开审理或者不公开审理的案件,一律公开宣告判决。当庭宣判的案件,应当在10日内发送判决书;定期宣判的,宣判后立即发给判决书。宣告判决时,必须告知当事人上诉权利、上诉期限和上诉的法院。宣告离婚判决,必须告知当事人在判决发生法律效力前不得另行结婚。根据本条规定,法院宣判时应注意:

(1) 根据《民诉法解释》第253条的规定,当庭宣判的案件,除当事人当庭要求邮寄发送裁判文书的外,人民法院应当告知当事人或其诉讼代理人领取裁判文书的时间、地点以及逾期不领取的法律后果,上述情况,应当记入笔录。当事人在指定期间内领取裁判文书之日即为送达之日。当事人在指定期间内未领取的,指定期间届满之日即为送达之日。上诉期从送达之日的次日起开始计算。②当事人因交通不便或者其他原因要求邮寄送达裁判文书的,人民法院可以按照

---

① 需注意,根据《人民陪审员法》第22条"人民陪审员参加七人合议庭审判案件,对事实认定,独立发表意见,并与法官共同表决;对法律适用,可以发表意见,但不参加表决"的规定,三人制合议庭中,人民陪审员对事实认定、法律适用独立发表意见,并行使表决权。七人制合议庭中,人民陪审员对事实认定发表意见并表决,对法律适用可以发表意见,但不参加表决。

② 《民诉法解释》第253条只规定了普通程序当庭宣判的,人民法院应当告知当事人或其诉讼代理人领取裁判文书的时间、地点以及逾期不领取的法律后果,未对当事人未在指定期间内领取裁判文书的法律后果予以明确规定,实务中,应参照《简易程序规定》第28条,即"当事人在指定期间内未领取的,指定领取裁判文书期间届满之日即为送达之日,当事人的上诉期从人民法院指定领取裁判文书期间届满之日的次日起开始计算"的规定处理。

当事人自己提供的送达地址邮寄送达,邮件回执上注明收到或者退回之日即为送达之日。按撤诉处理或者缺席判决的,人民法院应当按照当事人自己提供的送达地址将裁判文书送达给未到庭的当事人。

(2)定期宣判的,定期宣判之日即为送达之日。在定期宣判之日,当事人确有正当理由不能到庭,并在定期宣判前已经告知人民法院的,人民法院应当按照该当事人自己提供的地址送达裁判文书。

第六节 撤诉和缺席判决

一、撤诉

撤诉,顾名思义,就是原告撤回起诉的诉讼行为。广义的撤诉不仅指申请撤诉,还包括人民法院按原告撤诉处理。撤诉结案是人民法院的结案方式之一,人民法院裁定原告撤诉或裁定按原告撤诉处理之后,民事案件即告审理终结。

(一)申请撤诉

申请撤诉,是指案件受理后一审判决宣告前,原告向人民法院申请撤回其起诉的一种诉讼行为。案件审理过程中,由于各种原因,原告觉得诉讼没有必要继续进行,就有可能向人民法院提出撤诉申请。比如,被告方已全部或部分履行义务,双方商定原告向人民法院申请撤诉;再如,原告在被告答辩后感觉目前证据对自己不利,还需要较长时间继续收集证据,故向人民法院提出撤诉申请。

有权申请撤诉的只能是原告或具有原告地位的当事人,包括原告、反诉原告、有独立请求权第三人。原告有权撤回起诉,反诉原告有权撤回反诉,有独立请求权第三人享有原告的诉讼地位,有权撤回第三人参加之诉。除此以外的其他当事人无权提出撤诉申请。

《民诉法》第145条规定:"宣判前,原告申请撤诉的,是否准许,由人民法院裁定。人民法院裁定不准许撤诉的,原告经传票传唤,无正当理由拒不到庭的,可以缺席判决。"当事人申请撤诉,应当向人民法院递交撤诉申请书,简易程序可以口头申请撤诉。人民法院对当事人的撤诉申请应当进行审查,是否准许,由人民法院裁定。

《民诉法解释》第238条规定,当事人申请撤诉或者依法可以按撤诉处理的案件,如果当事人有违反法律的行为需要依法处理的,人民法院可以不准许撤诉或者不按撤诉处理。法庭辩论终结后原告申请撤诉,被告不同意的,人民法院可以不予准许。比如,原、被告恶意串通提起虚假诉讼损害案外人合法权益,人民法院查明后应对原、被告予以处罚,原告申请撤诉的,人民法院不予准许。

撤回起诉适用于任何审级,包括第一审程序、第二审程序及审判监督程序。

第一审程序中原告撤回起诉仅为原告对自身权利的处分,而第二审程序、审判监督程序中撤回起诉,势必对有关当事人的权利义务产生影响,若相关当事人只能对原告的起诉、撤诉被动接受而无任何异议的权利,双方权益显然有所失衡,故在第二审程序、审判监督程序中原审原告申请撤回起诉,应经其他当事人同意。比如,一审判决驳回原告诉讼请求,原告不服提起上诉,二审过程中,原审原告预感结果不妙,向二审人民法院申请撤诉(非撤回上诉)。原审原告在第二审程序中撤诉与一审程序中撤诉的最大不同就是有一审判决存在,且很快就要两审终审,原、被告之间的争议很快就要有终审结果。如果任由原审原告撤回起诉,可能会损害被告的权益,因此,需要征得原审被告同意。再审程序中原审原告撤诉也同理。《民诉法解释》第338条规定,在第二审程序中,原审原告申请撤回起诉,经其他当事人同意,且不损害国家利益、社会公共利益、他人合法权益的,人民法院可以准许。准许撤诉的,应当一并裁定撤销一审裁判。原审原告在第二审程序中撤回起诉后重复起诉的,人民法院不予受理。第410条规定,一审原告在再审审理程序中申请撤回起诉,经其他当事人同意,且不损害国家利益、社会公共利益、他人合法权益的,人民法院可以准许。裁定准许撤诉的,应当一并撤销原判决。一审原告在再审审理程序中撤回起诉后重复起诉的,人民法院不予受理。

(二)按撤诉处理

按撤诉处理,是指人民法院依据法律的明确规定,对于当事人的某些行为裁定按照申请撤诉处理。按撤诉处理是人民法院根据当事人所实施的行为作出的法律上的推断,按撤诉处理产生与申请撤诉完全相同的法律后果。

按撤诉处理包括四种情形:

(1)原告经传票传唤,无正当理由拒不到庭的,或者未经法庭许可中途退庭的,可以按撤诉处理(《民诉法》第143条);反诉原告经传票传唤,无正当理由拒不到庭的,或者未经法庭许可中途退庭的,反诉可以按撤诉处理。

(2)无民事行为能力的当事人的法定代理人,经传票传唤无正当理由拒不到庭的,如属原告方,可以按撤诉处理(《民诉法解释》第235条)。

(3)有独立请求权的第三人经人民法院传票传唤,无正当理由拒不到庭的,或者未经法庭许可中途退庭的,第三人参加之诉可以按撤诉处理(《民诉法解释》第236条)。

(4)原告应当预交而未预交案件受理费,人民法院应当通知其预交,通知后仍不预交或者申请减、缓、免未获人民法院批准而仍不预交的,裁定按撤诉处理(《民诉法解释》第213条)。

(三)撤诉(按撤诉处理)的法律后果

(1)诉讼程序终结。撤诉被人民法院准许后,对当事人而言,不能再请求人民法院按原诉讼程序继续审理此案;对人民法院而言,无需再对案件进行审理并作出裁判。

(2) 除法律或司法解释明确规定撤诉后原告不得再次起诉的情形外,当事人可以再次起诉。撤诉被法院准许后,诉讼就视为自始没有发生,诉讼系属发生溯及性的消灭。《民诉法解释》第 214 条规定,原告撤诉或者人民法院按撤诉处理后,原告以同一诉讼请求再次起诉的,人民法院应予受理。原告撤诉或者按撤诉处理的离婚案件,没有新情况、新理由 6 个月内又起诉的,人民法院不予受理。原告撤诉或人民法院按撤诉处理后,之所以原告还可以起诉,是因为当事人撤诉(按撤诉处理)只处分了自己的诉讼权利,并未处分自己的实体权利,人民法院也未对实体权利义务作出认定,因此,原告撤诉或按撤诉处理后可以另行提起诉讼。

(3) 诉讼时效重新开始计算。原告撤诉被人民法院准许,自人民法院裁定准许撤诉之日起,诉讼时效重新起算。

[表 14-1] 原告在不同诉讼阶段申请撤诉的区别

阶段	准许或不予准许情形	撤诉后可否再次起诉
一审	当事人有违反法律的行为需要依法处理的,法院可以不予准许	通常可以
一审	法庭辩论终结后原告申请撤诉,被告不同意的,法院可以不予准许	离婚案件没有新情况、新理由,6 个月内又起诉的,不予受理
二审 再审	经其他当事人同意,且不损害国家利益、社会公共利益、他人合法权益的,法院可以准许	不予准许

二、缺席判决

(一) 缺席判决的概念

缺席判决,是指人民法院在一方当事人没有到庭或中途退庭①的情况下,开庭审理案件作出的判决。缺席判决是与对席判决相对的一项制度,是对对席判决的补充。缺席判决作出后,与对席判决具有同等的法律效力。民事诉讼过程中,为了保障自己的合法权益,被告应当配合人民法院的工作,在人民法院传票传唤之后按时出庭,以便人民法院及时查明案情,正确适用法律作出裁判。被告确有不能按时到庭的事由的,应当及时向人民法院提出,人民法院可以视情况决定是否延期审理。如果被告经人民法院传票传唤,无正当理由拒不到庭,或者被

---

① 实务中,被告未经法庭允许中途退庭的形式多样,比如,庭审过程中,被告预感可能败诉,恼羞成怒,以原告态度不好等借口离开法庭;再如,被告在法庭休庭期间悄悄离开法院等。

告虽然到庭,但在审理过程中,未经法庭许可中途退庭的,人民法院可以缺席判决。

缺席判决是《民诉法》规定的一种重要审判形式,是人民法院对那些无故不到庭(或到庭后未经法庭许可中途退庭)、藐视国家法律的当事人及时行使审判权的一种法律手段,也是促使案件当事人积极参加庭审,充分行使诉讼权利的重要措施。缺席判决在公平保护当事人的合法权益、保证庭审正常进行、提高审判效率和维护司法权威等方面起着重要作用。

(二)缺席判决的适用情形

根据《民诉法》以及相关司法解释的规定,下列情形之一,人民法院可以缺席审理:(1)被告经传票传唤,无正当理由拒不到庭,或者未经法庭许可中途退庭的;(2)原告在被告反诉情况下(实质是反诉被告),经传票传唤,无正当理由拒不到庭,或者未经法庭许可中途退庭的;(3)原告提出撤诉申请,人民法院裁定不准许撤诉,原告经传票传唤,无正当理由拒不到庭的;(4)无诉讼行为能力的被告的法定代理人,经传票传唤,无正当理由拒不到庭,又不委托诉讼代理人的;(5)必须共同参加诉讼的原告在接到人民法院通知后,未表示放弃实体权利,又不参加诉讼,且经传票传唤不到庭的。

从上述情形可以看出,对我国的缺席审判制度可以从两个方面加以把握:首先,缺席的主体为被告(含反诉被告、无诉讼行为能力被告的法定代理人)和被拒绝撤诉及必要共同诉讼中不参加庭审的原告;其次,缺席的形式主要指的是在庭审中的缺席,而不考虑庭审前的情况,如缺席庭前会议、缺席定期宣判。换言之,在我国只能是开庭审理期间的被告和[表14-2]列举的两种情形下的原告没有到庭,或两者未经允许中途退庭,才按缺席审理处理,当事人在其他诉讼阶段的缺席不构成缺席审判的要件。

[表14-2] 缺席判决的适用情形

当事人	适用情形
原告	原告提出撤诉申请,法院不予准许,原告经传票传唤,无正当理由拒不到庭的
	必须共同参加诉讼的原告在接到法院通知后,未表示放弃实体权利,又不参加诉讼,且经传票传唤不到庭的
被告	被告经传票传唤,无正当理由拒不到庭,或者未经许可中途退庭的
	反诉被告经传票传唤,无正当理由拒不到庭,或者未经许可中途退庭的
	无诉讼行为能力的被告的法定代理人经传票传唤,无正当理由拒不到庭,又不委托诉讼代理人的

(三)缺席判决的审理程序

《民诉法解释》第241条规定,被告经传票传唤无正当理由拒不到庭,或者未经法庭许可中途退庭的,人民法院应当按期开庭或者继续开庭审理,对到庭的当事人诉讼请求、双方的诉辩理由以及已经提交的证据及其他诉讼材料进行审理后,可以依法缺席判决。

对被告缺席判决分为两种情况:一种为被告既未提出答辩意见,也未提交证据;另一种是被告或提出答辩或提交证据或二者兼而有之,只是被告未出席庭审或中途退庭。在被告提交证据的情况下,法庭调查阶段原告仍然要对被告提交的证据发表质证意见。由于被告缺席,对于庭审中是否进行法庭辩论,实务中做法不一。本书认为,辩论权是当事人的重要诉讼权利,法庭辩论是当事人行使辩论权的最重要阶段。尽管当被告缺席时,原告不能与被告相互辩论,但原告仍有可能针对法庭调查事实与法律适用发表辩论意见[1],因此,被告缺席,法庭辩论阶段应当正常进行,原告对其请求是否成立、被告抗辩是否成立(在被告提出答辩情况下)、证据的证明力有无、证据的证明力大小(被告提交证据情况下)发表辩论意见。至于法庭调解,则由于被告缺席无法进行。

需注意,在我国,一方当事人缺席时,并非一律判决另一方当事人胜诉。如原告提出的证据不能支持其诉讼请求,人民法院仍然要判决原告败诉。实务中,应尽量避免在缺席审理的判决书中出现"被告经传票传唤无正当理由未到庭,放弃举证、质证的权利,应视为对原告起诉的认可""因被告未到庭,放弃质证权利,人民法院对原告提供的证据应予以认定"等类似内容的表述。[2] 被告经传票传唤无正当理由未到庭,可以视为其放弃了当庭陈述、举证和质证的权利,但并不能视为其对原告的诉讼请求或主张的事实的承认,也不能视为对自己实体权利的处分,人民法院不能当然地据此对原告提供的证据予以认定,完全按照原告主张作出判决,仍然需要结合到庭当事人和双方已经提交的证据及其他诉讼材料进行审理。本书认为,对于被告在收到人民法院传票后无正当理由缺席庭审的,判决书"本院认为"可表述为,被告经本院传票传唤无正当理由未到庭,视为其放弃当庭陈述及举证、质证的权利,应承担相应的不利后果;对于被告经公告送达开庭传票缺席庭审的,由于公告送达为推定送达,多数被告并不知悉案件存在及庭审时间,因此,判决书中不宜作出类似表述。

第七节　延期审理、诉讼中止与诉讼终结

一、延期审理

延期审理,是指人民法院决定了开庭审理的日期后,或者在开庭审理过程

---

[1] 尤其是原告自我感觉可能全部或部分败诉,原告为了说服审判人员一般都会发表辩论意见。
[2] 这种表述推理过程错误,容易让社会公众发生误解。

中,由于出现了某种法定事由,使诉讼不能如期进行,或者已经开始的诉讼无法继续进行,从而决定推延审理的一种诉讼制度。简言之,延期审理就是庭审日期的推延。

延期审理与休庭不同。休庭是指在开庭审理过程中,出现突发情况需处理(比如旁听人员哄闹法庭)或处理特定诉讼活动需要(比如合议庭评议),而短暂停止审理活动。休庭时间结束后,法庭应当继续开庭审理;延期审理则是当日的庭审无法正常进行,人民法院需要重新确定下次开庭时间。

根据《民诉法》第146条的规定,符合以下情形之一的,可以延期审理:

(1) 必须到庭的当事人和其他诉讼参与人有正当理由没有到庭的。

必须到庭的当事人一般指追索赡养费、扶养费、抚育费、抚恤金、医疗费、劳动报酬以及解除婚姻关系案件的当事人。其他诉讼参与人一般指必须到庭的证人、翻译人员等。必须到庭的当事人和其他诉讼参与人有正当理由没有到庭的,庭审无法正常进行,因此,人民法院可以延期开庭审理。对必须到庭的被告[①]无正当理由拒不到庭的,经两次传票传唤后,可以适用拘传。

不是必须到庭的当事人无正当理由没有到庭的,对于原告可以按自动撤诉处理,对于被告可以缺席判决。不论是否必须到庭的当事人有正当理由没有到庭的,人民法院都应当决定延期审理。

(2) 当事人临时提出回避申请的。

当事人有申请回避的权利。开庭审理时,审判长要宣布审判人员、书记员名单,并询问当事人是否申请回避。回避事由是在案件开始审理后知道的,当事人或诉讼代理人也可以在法庭辩论终结前提出申请。如果人民法院无法立即作出是否准许决定,或者决定回避后,需要重新指定审判人员、书记员和其他人员参与本案审理,本次开庭审理无法继续进行,人民法院就应当决定延期审理。

(3) 需要通知新的证人到庭,调取新的证据,重新鉴定、勘验,或者需要补充调查的。

当事人申请新的证人到庭、调取新的证据、重新鉴定及勘验,人民法院审查准许的,或者人民法院依职权决定上述事项,以及决定补充调查的,开庭审理均无法继续进行,而且获取新证据后还需要重新进行法庭调查,因此人民法院应当决定延期审理。

(4) 其他应当延期的情形。

由于法律不可能穷尽延期审理的情形,因此规定了兜底性条款,由人民法院在实务中灵活适用。

---

① 审判程序中拘传适用对象为负有赡养、抚育、扶养义务和不到庭就无法查清案情的被告及给国家、集体或他人造成损害的未成年人的法定代理人。

庭审中出现上述情形的,人民法院应当决定延期审理。当事人也可申请延期审理,当事人申请延期的,由人民法院决定是否延期审理。人民法院确定了下次开庭审理的日期和地点后,应及时通知当事人和其他诉讼参与人。

二、诉讼中止

(一)诉讼中止概述

诉讼中止,是指在诉讼进行中,由于某种法定事由的出现,使诉讼无法继续进行,由人民法院裁定暂时停止诉讼程序,待引起中止的原因消除后再恢复诉讼程序的制度。简言之,诉讼中止就是诉讼暂时停止,待原因消除再恢复进行。

诉讼中止与延期审理的区别有:(1)诉讼中止是诉讼程序的暂时停止,在诉讼中止期间,当事人实施的诉讼行为不发生法律效力,如向人民法院提出调查、收集证据的申请,人民法院也不能实施与本案有关的审理行为,但当事人在诉讼中止之前实施的诉讼行为在诉讼中止期间及恢复审理之后仍然有效,比如财产保全、证据保全等;延期审理则不存在上述情形。(2)诉讼中止一般期限较长,且恢复诉讼的时间难以确定;延期审理指庭审日期的推延,时间较短,且决定延期审理时一般可以确定下次庭审的时间。(3)诉讼中止适用裁定形式;延期审理则是由人民法院决定,一般适用另行指定开庭时间或另行送达开庭传票的形式。

(二)诉讼中止的法定情形

根据《民诉法》第150条的规定,符合下列六种情形之一的,人民法院可以中止诉讼:

(1)一方当事人死亡,需要等待继承人表明是否参加诉讼的。

这类案件往往涉及财产关系。一方当事人死亡,其诉讼权利能力终止,不能再作为诉讼当事人进行诉讼,如果其继承人能及时参加诉讼的,诉讼无需中止。但如果尚需查明死亡当事人有无继承人和等待继承人表明是否参加诉讼的,诉讼程序便不能继续进行下去,应暂时停止。

(2)一方当事人丧失诉讼行为能力,尚未确定法定代理人的。

在诉讼进行中,一方当事人丧失诉讼行为能力后,虽依然具有当事人资格,但不能亲自行使诉讼权利,履行诉讼义务,需要由其法定代理人代理其进行诉讼。如果法定代理人一时不能确定的,只能中止诉讼。

(3)作为一方当事人的法人或者其他组织终止,尚未确定权利义务承受人的。

在诉讼进行中,作为一方当事人的法人或其他组织,如果因合并、撤销、解散而终止的,其诉讼权利能力随之终止,不能再继续作为当事人参加诉讼,而需由其权利义务承受人承担诉讼。在确定权利义务承受人之前,应当中止诉讼。

(4) 一方当事人因不可抗拒的事由,不能参加诉讼的。

不可抗拒的事由,主要指当事人不能预料、无法抗衡,且短时间内无法委托诉讼代理人代为参加诉讼的事由。比如,一方当事人因交通事故昏迷不醒,正在医院抢救,可能需要较长时间才能确定是否丧失诉讼行为能力,进而确定是当事人本人继续参加诉讼,还是委托诉讼代理人参加诉讼,或者由法定代理人代为参加诉讼,此时用延期审理无法解决审理期限过长的问题,人民法院应当裁定中止诉讼。

(5) 本案必须以另一案的审理结果为依据,而另一案尚未审结的。

"另一案"通常为民事案件,但也不排除是刑事案件或行政案件。

实务中,可能出现本案的民事责任与另案的刑事责任相竞合的情形。比如,犯罪嫌疑人持伪造的信用卡取现或消费,受害人本可以待刑事案件侦破后等待公安机关追赃,但由于案件短时间内无法侦破且赃款往往被挥霍一空,受害人一般以储蓄合同的一方当事人身份或侵权责任受害方身份起诉发卡银行,或以侵权责任受害方身份起诉特约商户,要求其赔偿被盗刷的损失。有些法院遇到上述问题时,一律采取将民事案件中止审理,待刑事问题解决之后,再恢复民事案件审理,即"先刑后民"的做法。《最高人民法院关于在审理经济纠纷案件中涉及经济犯罪嫌疑若干问题的规定》第1条规定:"同一自然人、法人或非法人组织因不同的法律事实,分别涉及经济纠纷和经济犯罪嫌疑的,经济纠纷案件和经济犯罪嫌疑案件应当分开审理。"第10条规定:"人民法院在审理经济纠纷案件中,发现与本案有牵连,但与本案不是同一法律关系的经济犯罪嫌疑线索、材料,应将犯罪嫌疑线索、材料移送有关公安机关或检察机关查处,经济纠纷案件继续审理。"根据上述规定,此类民事案件是否应中止审理,关键要看所涉刑事案件的审理结果是否是本案审理的依据或前提,即本案审理是否以刑事案件的审理结果为依据,如本案审理以刑事案件的审理结果为依据,则裁定本案中止审理;否则,不应中止本案审理。

实务中还经常遇到,本案被告在起诉后涉嫌犯罪被采取强制措施或已被判刑入狱,此类民事案件不应中止审理。人民法院可通过看守所或监狱转交送达诉讼文书及开庭传票,被告可委托诉讼代理人参与诉讼。同理,原告涉嫌犯罪被采取强制措施或已被判刑入狱也不应中止本案审理。

(6) 其他应当中止诉讼的情形。

对于中止诉讼,法律规定了兜底性规定,由人民法院根据审理过程中出现的具体情况灵活掌握,用以解决法律没有规定而在实务中可能出现的需要中止诉讼的其他情形。

出现上述诉讼中止事由时,当事人可以向人民法院申请中止审理,是否中止由人民法院裁定。人民法院也可以依职权裁定中止审理。

（三）诉讼中止的裁定与恢复审理

诉讼中止裁定一般采用书面形式，也可以采用口头形式，但口头形式必须记入笔录。诉讼中止裁定一经作出即发生法律效力，当事人不得提起上诉。

中止诉讼的原因消除后，人民法院应当恢复诉讼。恢复诉讼程序时，不必撤销原裁定，从人民法院通知或准许当事人双方继续进行诉讼时起，中止诉讼的裁定即失去效力（《民诉法解释》第246条）。

三、诉讼终结

（一）诉讼终结概述

诉讼终结，是指诉讼过程中，出现某种法定事由，导致诉讼无法进行或没有必要进行，从而由人民法院裁定终结诉讼程序。简言之，诉讼终结就是诉讼程序的结束。通常情况下，民事诉讼因法院对案件作出裁判而终结，但在诉讼进行中如果发生了法律规定的某种特殊情况，使得案件的审理不可能进行下去或者进行下去没有意义时，就要以裁定终结诉讼的方式结束诉讼程序。

（二）诉讼终结适用情形

根据《民诉法》第151条的规定，有下列四种情形之一的，终结诉讼：

（1）原告死亡，没有继承人，或者继承人放弃诉讼权利的。

民事诉讼因原告提出诉讼请求、主张一定权利而引起，如果原告死亡，没有继承人，或者继承人放弃诉讼权利，就使诉讼失去了权利主张人，诉讼继续进行既无可能也没有意义，人民法院应当终结诉讼。

（2）被告死亡，没有遗产，也没有应当承担义务的人的。

被告死亡，没有遗产，也没有应当承担义务的人的，原告的诉讼请求不可能得到满足，诉讼继续进行既无可能也没有意义，人民法院应当终结诉讼。

（3）离婚案件一方当事人死亡的。

离婚案件是为了解除当事人之间的婚姻关系。一方当事人死亡，婚姻关系自然消灭，诉讼要解决的问题已经不复存在，人民法院应当终结诉讼。

（4）追索赡养费、扶养费、抚育费以及解除收养关系案件的一方当事人死亡的。

追索赡养费、扶养费、抚育费案件的一方当事人死亡的，由于上述权利或义务为特定权利义务，不能被继承，因此，出现上述情形，诉讼无法进行。解除收养关系案件的一方当事人死亡的，收养关系自然解除，诉讼同样没有必要进行，人民法院应当终结诉讼。

诉讼终结，案件就不再审理，当事人不得再就同一诉讼标的提起诉讼。由于诉讼终结关系到另一方当事人的民事权益能否得到保护的问题，因此，《民诉法》没有对诉讼终结规定兜底性条款，其用意在于诉讼终结须严格适用，禁止法官自由裁量。

(三) 诉讼终结裁定

出现上述诉讼终结事由时,人民法院应当裁定终结本案审理。裁定一般采用书面形式,也可以采用口头形式,但必须记入笔录。裁定一经作出即发生法律效力,诉讼即告终结,当事人不得对裁定提起上诉。需要注意的是,诉讼终结裁定的法律效力仅仅体现为诉讼程序的终结,并不涉及案件实体权益的归属。

思 考 题

1. 《民诉法》第 119 条规定的起诉的条件有哪些?
2. 立案登记制是否表示法院一律不对原告起诉进行审查?哪些案件应当不予登记?
3. 民事案件受理后,当事人与受诉法院产生诉讼系属的法律效果,简述诉讼系属的内涵。
4. 庭前会议有哪些职能与作用?
5. 开庭审理分为哪几个阶段?简述各阶段的具体流程。
6. 具备哪些情形,法院可以缺席审理?
7. 诉讼中止与延期审理的区别有哪些?简述诉讼中止的适用情形。

第十五章　简易程序和小额诉讼程序

与普通程序相比,简易程序与小额诉讼程序可以简便快捷地处理简单民事案件与小额诉讼案件,提高审判效率,方便当事人诉讼。同时,简易程序与小额诉讼程序均是由审判员一人独任审理,在法官员额有限的背景下更具现实意义。虽然《民诉法》规定普通程序是审理第一审民事案件所适用的基本程序,但在实务中,第一审民事案件简易程序的适用率要高于普通程序。

第一节　简易程序概述

一、简易程序的概念

简易程序,是指基层人民法院及派出法庭审理简单的第一审民事案件所适用的程序。简言之,简易程序就是审理第一审民事案件的简便易行的程序。简便,是针对人民法院而言,程序简单,简易程序在传唤当事人、开庭审理及裁判文书制作等方面较普通程序更为简化;易行,是针对当事人而言,简易程序通过简化程序,使更多欠缺法律知识和诉讼技能的人能够更方便地参加诉讼。

《民诉法》对简易程序的规定只有7条,《民诉法解释》对简易程序的规定共计15条,2003年12月1日施行的最高人民法院《简易程序规定》(2020年12月修正)共计34条,上述规定为我国民事诉讼法简易程序的全部法律渊源。

二、简易程序的功能

(一)有利于降低诉讼成本,节约司法资源

一方面,简易程序通过简化起诉、送达、庭审、裁判文书以及降低诉讼费用等方式,使当事人以较低的诉讼成本尽快从诉讼中摆脱出来,符合诉讼经济及诉讼效率的要求;另一方面,诉讼周期的降低、审判组织的简化可以使有限的司法资源发挥最大潜能,有效缓解法院系统普遍存在的"案多人少"的矛盾。

(二)有利于人民群众参加诉讼

简易程序在程序规则设计上更为灵活、快捷、简便,比如允许当事人以口头方式起诉和答辩,允许法官当即受理案件并立即开始审理等。简易程序通过简化程序,以及加强法官对没有律师代理的当事人的诉讼权利及审理程序的释明力度,使更多欠缺法律知识和诉讼技能的人能够更方便地参加诉讼,从而使他们的诉讼权利得到更好的保障。

三、简易程序的适用范围

(一) 适用法院

基层人民法院及派出法庭可以适用简易程序,中级人民法院及中级以上人民法院无论是审理第一审民事案件还是审理第二审民事案件均不得适用简易程序。①

(二) 简易程序适用方式

1. 法院决定适用

根据《民诉法》第157条的规定,对于事实清楚、权利义务关系明确、争议不大的简单的民事案件可以由人民法院决定适用简易程序。"事实清楚",是指当事人双方对争议的事实陈述基本一致,并能提供充分的证据,无需法院调查收集证据即可认定事实、分清是非;"权利义务关系明确",是指谁是责任的承担者,谁是权利的享有者,关系明确;"争议不大",是指当事人对案件的是非、责任以及诉讼标的争执无原则分歧。

人民法院决定适用简易程序的,当事人可以提出异议。当事人提出异议,人民法院认为异议成立的,或者人民法院在审理过程中发现不宜适用简易程序的,应当在审理期限届满前裁定将案件转入普通程序审理,并将合议庭的组成人员及相关事项以书面形式通知双方当事人。案件转为普通程序审理的,审理期限自简易程序法院立案之日计算。当事人提出异议,人民法院认为异议不成立的,口头告知双方当事人,并将上述内容记入笔录。

实务中,由于符合"事实清楚、权利义务关系明确、争议不大"条件的简单民事案件非常少,如严格适用该条件会导致简易程序适用率过低,背离简易程序的立法初衷,因此,各地基层人民法院普遍对决定适用简易程序的条件予以宽松处理。多数人民法院在立案时除达到本法院制定的一定标的额标准或特定类型案件外,一律先按照简易程序立案受理②,由审判法官在审理时视情况决定是否转换为普通程序审理。

2. 当事人合意选择适用

《民诉法》第157条第2款规定:"基层人民法院和它派出的法庭审理前款规

---

① 《民诉法》第157条第1款规定:"基层人民法院和它派出的法庭审理事实清楚、权利义务关系明确、争议不大的简单的民事案件,适用本章规定。"

② 既然是以简易程序受理,案件受理费也先按50%收取。审理过程中决定转换为普通程序的,再通知原告交纳剩余的50%案件受理费。

定以外的民事案件,当事人双方也可以约定适用简易程序。"根据本条规定,对于"事实清楚、权利义务关系明确、争议不大的简单的民事案件"之外的民事案件,即本来应当适用普通程序的案件,如果不属于《民诉法解释》第 257 条规定的简易程序排除适用的案件类型的,当事人也可合意选择适用简易程序审理。当事人双方约定适用简易程序的,应当在开庭前提出。当事人口头提出的,人民法院记入笔录,由双方当事人签名或者捺印确认。① 根据《民诉法解释》第 260 条的规定,已经按照普通程序审理的案件,在开庭后不得转为简易程序审理。

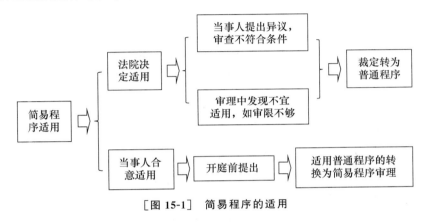

[图 15-1] 简易程序的适用

对按第一审普通程序审理的案件,如果符合小额诉讼的标的额条件,当事人合意选择适用小额诉讼程序的,是否转换为小额诉讼程序审理应慎重。在《民诉法解释》起草过程中,征求意见稿曾规定当事人可以对按第一审普通程序审理的案件选择适用小额诉讼程序审理。赞同者的主要理由是小额诉讼程序是简易程序的再简化,本质仍是简易程序,故可适用《民诉法》第 157 条第 2 款的规定。且"法无禁止即为自由",既然《民诉法》没有明确禁止当事人选择适用小额诉讼程序,那么就应该尊重当事人的程序选择权,准许其选择适用小额诉讼程序。但最高人民法院认为这种转换需慎重处理,故最终没有将其规定在《民诉法解释》的正式文本中。

(三)简易程序的排除适用

《民诉法》规定了简易程序适用于事实清楚、权利义务关系明确、争议不大的简单的民事案件,对于简易程序适用于哪些案件类型,由于范围太广,不方便一一列举,只能列举不能适用简易程序的案件类型。根据《民诉法解释》第 257 条的规定,下列案件不适用简易程序:

---

① 合意选择适用简易程序初衷非常好,但进入诉讼程序中的当事人很难心平气和地协商一致作出选择,因此,实务中当事人合意选择适用简易程序的比例非常低,多数情况还是由法院来决定适用。

(1) 起诉时被告下落不明的。起诉时被告下落不明,需公告送达诉讼文书,周期过长,也无法判断原、被告之间争议的大小,不符合"事实清楚、权利义务关系明确、争议不大"的简易程序适用条件。该规定实质上排除了公告送达案件适用简易程序。

(2) 发回重审的。发回重审案件通常情况下当事人争议较大,不符合简易程序的适用条件,且由于重审案件应当慎重审理并作出裁判,故发回重审案件一律适用普通程序审理,即使是原审适用简易程序审理的案件也不例外。

(3) 当事人一方人数众多的。当事人一方"人数众多"指10人以上。人数众多意味着案件审理难度较大,不适合适用简易程序审理。

(4) 适用审判监督程序的。适用审判监督程序审理的案件是指当事人认为原审生效裁判确有错误,申请法院适用审判监督程序进行再审,或人民法院发现错误,依职权启动再审,以及检察机关发现错误抗诉再审或提出再审检察建议的案件。审判监督程序是为了纠正原审错误,审理结果可能撤销或变更生效裁判文书,显然不适合适用简易程序审理。

(5) 涉及国家利益、社会公共利益的。此类案件比如公益诉讼案件,关乎国家利益、社会公共利益,具有较高的社会关注度,处理不当易引发一定的不良后果,不适合适用简易程序审理。

(6) 第三人起诉请求改变或者撤销生效判决、裁定、调解书的。与适用审判监督程序审理的案件同理,此类案件也是为了纠正原审生效判决、裁定、调解书的错误,显然不适合适用简易程序审理。

(7) 其他不宜适用简易程序的案件。法律规定了兜底性条款,便于人民法院根据具体情况灵活处理。

[表 15-1] 排除适用简易程序案件的类型

案件性质	具体案件类型
撤销或变更生效法律文书	适用审判监督程序的案件
	第三人起诉请求改变或撤销生效裁判文书、调解书的案件
案情重大复杂	涉及国家利益、社会公共利益的案件,比如公益诉讼案件
	发回重审的案件
	当事人一方人数众多的案件,比如代表人诉讼案件
	起诉时被告下落不明,需公告送达的案件
兜底条款	其他不宜适用简易程序的案件

根据《民诉法解释》第 264 条第 2 款的规定,对于排除适用简易程序的案件,当事人约定适用简易程序的,法院不予准许。

第二节 简易程序的特点及适用

简易程序的特点是指简易程序区别于普通程序所具有的特点,这些特点可反映出简易程序的简便易行。

一、起诉与答辩

《民诉法》第 158 条第 1 款规定,对简单的民事案件,原告可以口头起诉。[①]《简易程序规定》第 4 条进一步规定为,原告本人不能书写起诉状,委托他人代写起诉状确有困难的,可以口头起诉。原告口头起诉的,人民法院应当将当事人的基本情况、联系方式、诉讼请求、事实及理由予以准确记录,将相关证据予以登记。人民法院应当将上述记录和登记的内容向原告当面宣读,原告认为无误后应当签名或者按指印。

当事人应当在起诉或者答辩时向人民法院提供自己准确的送达地址、收件人、电话号码等其他联系方式,并签名或者按指印确认。送达地址应当写明受送达人住所地的邮政编码和详细地址;受送达人是有固定职业的自然人的,其从业的场所可以视为送达地址(《简易程序规定》第 5 条)。

《民诉法》第 158 条第 2 款规定,当事人双方可以同时到基层人民法院或者它派出的法庭,请求解决纠纷。基层人民法院或者它派出的法庭可以当即审理,也可以另定日期审理。《简易程序规定》第 7 条进一步明确为,双方当事人到庭后,被告同意口头答辩的,人民法院可以当即开庭审理[②];被告要求书面答辩的,人民法院应当将提交答辩状的期限和开庭的具体日期告知各方当事人,并向当事人说明逾期举证以及拒不到庭的法律后果,由各方当事人在笔录和开庭传票的送达回证上签名或者按指印。

二、传唤、送达

1. 传唤

根据《民诉法解释》第 261 条的规定,适用简易程序审理案件,人民法院可以

[①] 根据《民诉法》第 120 条的规定,普通程序也可口头起诉,但普通程序口头起诉是一种例外情形,条件是原告书写起诉状确有困难。

[②] 实务中,原、被告同时到庭且被告同意口头答辩的非常少见,即使如此,法官还需考虑是否涉及虚假诉讼,这也限制了法院当即开庭审理的适用。

采取捎口信、电话、短信、传真、电子邮件等简便方式传唤双方当事人、通知证人和送达裁判文书以外的诉讼文书。裁判文书仍须以《民诉法》规定的送达方式与程序送达。上述传唤在时间上不受开庭前3日通知当事人和其他诉讼参与人规定的限制，可以随时传唤，但未经当事人确认或没有其他证据足以证明当事人已经收到开庭通知的，不得作为按原告撤诉处理和缺席判决的依据。

2. 送达

原告提供了被告准确的送达地址，但人民法院无法向被告直接送达或者留置送达应诉通知书的，应当将案件转入普通程序审理。原告不能提供被告准确的送达地址，人民法院经查证后仍不能确定被告送达地址的，人民法院不得以被告不明确为由裁定驳回原告起诉，应将案件转入普通程序审理。①

根据《简易程序规定》第9条、第10条的规定，被告到庭后拒绝提供自己的送达地址和联系方式的，人民法院应当告知其拒不提供送达地址的后果。经人民法院告知后被告仍然拒不提供的，被告是自然人的，以其户籍登记中的住所地或者经常居所为送达地址；被告是法人或者非法人组织的，应当以其在登记机关登记、备案中的住所地为送达地址。因当事人自己提供的送达地址不准确、送达地址变更未及时告知人民法院，或者当事人拒不提供自己的送达地址而导致诉讼文书未能被当事人实际接收的，按下列方式处理：(1) 邮寄送达的，以邮件回执上注明的退回之日视为送达之日；(2) 直接送达的，送达人当场在送达回证上记明情况之日视为送达之日。上述内容，人民法院应当在原告起诉和被告答辩时以书面或者口头方式告知当事人。上述《简易程序规定》的内容已被2005年1月1日起实施的《最高人民法院关于以法院专递方式邮寄送达民事诉讼文书的若干规定》所吸收，普通程序审理的案件同样适用上述送达规定。

三、简易程序的审理前准备

《民诉法解释》第267条规定，适用简易程序审理案件，可以简便方式进行审理前的准备。

1. 审判组织及审理期限

简易程序由审判员一人独任审理，书记员担任记录。

依据《民诉法》第161条的规定，人民法院适用简易程序审理案件，应当在立案之日起3个月审结。实务中，大量存在人民法院一开始适用简易程序审理，但

---

① 需注意，2003年《简易程序规定》第8条第2项"原告不能提供被告准确的送达地址，人民法院经查证后仍不能确定被告送达地址的，可以被告不明确为由裁定驳回原告起诉"的规定已不再适用。最高人民法院在2004年12月2日起实施的《关于依据原告起诉时提供的被告住址违法送达应如何处理问题的批复》中规定，此情形时应要求原告补充材料，不能补充或补充后仍不能确定被告地址的，法院应当公告诉讼文书，法院不得仅以原告不能提供真实、准确的被告地址为由裁定驳回起诉或裁定终结诉讼。

在 3 个月审理期限内不能结案,被迫转换为普通程序继续审理的情形。《民诉法解释》第 258 条对此进一步规定,适用简易程序审理的案件,审理期限到期后,双方当事人同意继续适用简易程序的,由本院院长批准,可以延长审理期限。延长后的审理期限累计不得超过 6 个月,即延长期限不超过 3 个月,且只能延长一次。需注意,适用条件是双方当事人同意且本院院长批准[①],原告单方申请不符合条件,不能予以延长。

独任审判员在审理过程中发现案情复杂需要转为普通程序的,应当在审限届满前及时作出裁定,裁定转换为普通程序,由合议庭进行审理,并及时通知双方当事人。转为普通程序后,适用简易程序进行审理的独任审理员一般作为合议庭成员,且往往还是继续作为案件承办法官。这是由于其对案件的进展情况比较了解,适用简易程序时已经对案件的审理做了大量工作,因此,由原来独任审判员继续参与案件审理且作为承办法官最为适宜。由于简易程序转换为普通程序不是案件重新开始审理,而是继续审理,因此,转换后审理期限从简易程序立案的次日起计算。对于转换程序裁定的署名,《民诉法》及司法解释未明确规定,实务中做法也不尽相同。本书认为,由于作出简易程序向普通程序转换裁定的审判组织为独任庭,因此,裁定应由独任庭署名,由转换后的合议庭成员署名没有法律依据。

2. 举证

适用简易程序案件的举证期限由人民法院确定,也可以由当事人协商一致并经人民法院准许,但不得超过 15 日。被告要求书面答辩的,人民法院可在征得其同意的基础上,合理确定答辩期间。人民法院应当将举证期限和开庭日期告知双方当事人,并向当事人说明逾期举证以及拒不到庭的法律后果,由双方当事人在笔录和开庭传票的送达回证上签名或者按指印。当事人双方均表示不需要举证期限、答辩期间的,人民法院可以立即开庭审理或者确定开庭日期。

3. 开庭审理时的先行调解

《简易程序规定》第 14 条规定,下列民事案件,人民法院在开庭审理时应当先行调解:(1) 婚姻家庭纠纷和继承纠纷;(2) 劳务合同纠纷;(3) 交通事故和工伤事故引起的权利义务关系较为明确的损害赔偿纠纷;(4) 宅基地和相邻关系纠纷;(5) 合伙合同纠纷;(6) 诉讼标的额较小的纠纷。但是根据案件的性质和当事人的实际情况不能调解或者显然没有调解必要的除外。调解达成协议并经

---

① 关于适用简易程序能否扣除审限的问题,《民诉法》及司法解释没有明确规定,只规定公告案件不能适用简易程序。从简易程序的设计原理来看,简易程序案件涉及鉴定、审理当事人提出的管辖权异议以及处理法院之间的管辖争议时,说明该案件不宜作为简单民事案件审理,应当转入普通程序组成合议庭进行审理,因此,适用简易程序审理的案件,均不应扣除审限,涉及这些事项的案件如不能在简易程序审理期限内审结的,应当转换为普通程序审理。

审判人员审核后,双方当事人同意该调解协议经双方签名或者按指印生效的,该调解协议自双方签名或者按指印之日起发生法律效力。当事人要求摘录或者复制该调解协议的,应予准许。调解协议符合上述规定且不属于不需要制作调解书的,人民法院应当另行制作民事调解书。调解协议生效后一方拒不履行的,另一方可以持民事调解书申请强制执行。当事人以民事调解书与调解协议的原意不一致为由提出异议,人民法院审查后认为异议成立的,应当根据调解协议裁定补正民事调解书的相关内容(《简易程序规定》第15条、第17条)。①

4. 开庭审理

适用简易程序审理案件,也应当开庭审理,但开庭审理的方式和步骤比普通程序简便,审判人员可根据案件的具体情况,灵活掌握案件审理的进程,不受《民诉法》第136条(即开庭3日前通知及公告)、第138条(即法庭调查阶段顺序)、第141条(即法庭辩论阶段顺序)规定的限制。

为方便没有法律专业知识及诉讼技能的人民群众参与诉讼,适用简易程序开庭审理时,对没有委托律师、基层法律服务工作者代理诉讼的当事人,人民法院在庭审过程中可以对回避、自认、举证证明责任等相关内容向其作必要的解释或者说明,并在庭审过程中适当提示当事人正确行使诉讼权利、履行诉讼义务(《民诉法解释》第268条)。

开庭时,审判人员可以根据当事人的诉讼请求和答辩意见归纳出争议焦点,经当事人确认后,由当事人围绕争议焦点举证、质证和辩论。当事人对案件事实无争议的,审判人员可以在听取当事人就适用法律方面的辩论意见后迳行判决、裁定(《简易程序规定》第21条)。

适用简易程序审理的民事案件,应当一次开庭审结,但人民法院认为确有必要再次开庭的除外。书记员应当将适用简易程序审理民事案件的全部活动记入笔录。对于下列事项,应当详细记载:(1)审判人员关于当事人诉讼权利义务的告知、争议焦点的概括、证据的认定和裁判的宣告等重大事项;(2)当事人申请回避、自认、撤诉、和解等重大事项;(3)当事人当庭陈述的与其诉讼权利直接相关的其他事项(《简易程序规定》第23条、第24条)。

5. 裁判文书及调解书的制作

根据《民诉法解释》第270条的规定,适用简易程序审理的案件,有下列情形之一的,人民法院在制作判决书、裁定书、调解书时,对认定事实或者裁判理由部分可以适当简化:(1)当事人达成调解协议并需要制作民事调解书的;(2)一方

---

① 《民诉法》第122条规定:"当事人起诉到人民法院的民事纠纷,适宜调解的,先行调解……",第133条中规定,"开庭前可以调解的,采取调解方式及时解决纠纷",但《民诉法》在"开庭审理"程序中并未规定普通程序开庭审理时的先行调解,因此,《简易程序规定》第14条规定并未被《民诉法》所吸收,仍应作为简易程序的特别规定予以适用。

当事人明确表示承认对方全部或者部分诉讼请求的;(3)涉及商业秘密、个人隐私的案件,当事人一方要求简化裁判文书中的相关内容,人民法院认为理由正当的;(4)当事人双方同意简化的。①

6. 简易程序的宣判及送达

(1) 当庭宣判

适用简易程序审理的民事案件,除人民法院认为不宜当庭宣判的以外,应当当庭宣判。当庭宣判的案件,除当事人当庭要求邮寄送达的以外,人民法院应当告知当事人或者诉讼代理人领取裁判文书的期间和地点以及逾期不领取的法律后果。上述情况,应当记入笔录。人民法院已经告知当事人领取裁判文书的期间和地点的,当事人在指定期间内领取裁判文书之日即为送达之日;当事人在指定期间内未领取的,指定领取裁判文书期间届满之日即为送达之日,当事人的上诉期从人民法院指定领取裁判文书期间届满之日的次日起开始计算。当事人因交通不便或者其他原因要求邮寄送达裁判文书的,人民法院可以按照当事人自己提供的送达地址邮寄送达。人民法院根据当事人自己提供的送达地址邮寄送达的,邮件回执上注明收到或者退回之日即为送达之日,当事人的上诉期从邮件回执上注明收到或者退回之日的次日起开始计算(《简易程序规定》第 27 条、第 28 条、第 29 条)。

(2) 定期宣判

适用简易程序审理的定期宣判的案件,定期宣判之日即为送达之日,当事人的上诉期自定期宣判的次日起开始计算。当事人在定期宣判的日期无正当理由未到庭的,不影响该裁判上诉期间的计算。当事人确有正当理由不能到庭,并在定期宣判前已经告知人民法院的,人民法院可以按照当事人自己提供的送达地址将裁判文书送达给未到庭的当事人(《简易程序规定》第 31 条)。

[表 15-2] 简易程序与普通程序简化事项对比

	普通程序	简易程序
起诉阶段	应当递交起诉状,书写起诉状确有困难的,可以口头起诉	对简单民事案件,可以口头起诉
	被告应当在 15 日内提出答辩状	双方当事人同时到庭,被告同意口头答辩的,可以当即开庭审理
传唤	采取《民诉法》规定的送达方式送达;开庭传票及通知须在开庭 3 日前送达当事人和其他诉讼参与人	可以采取捎口信、电话等简便方式传唤当事人、通知证人和送达裁判文书以外的诉讼文书,时间上不受开庭前 3 日限制,可以随时传唤

---

① 《简易程序规定》第 32 条规定的裁判文书简化情形因与《民诉法解释》规定相冲突而不再适用。

（续表）

	普通程序	简易程序
开庭审理	遵守庭审程序规定，经原被告同意可将法庭调查、辩论合并进行	不受开庭3日前发布公告、法庭调查及法庭辩论阶段顺序规定限制
	/	加强法官对没有律师代理的当事人诉讼权利及审理程序的释明力度
审判组织	合议庭	独任庭
举证期限	法院确定期限的不得少于15日	约定或法院确定均不得超过15日
审理期限	6＋6＋3（月）	3＋3（累计不超过6个月）
裁判文书制作	/	双方当事人同意等情形下对认定事实或裁判理由部分可适当简化
宣判方式	合议庭决定当庭或定期宣判	除不宜当庭宣判的外应定期宣判

第三节 小额诉讼程序

[导入案例 15-1] 原告李某诉被告某超市买卖合同纠纷一案。原告李某诉称：2015年10月9日，原告在被告某分店购买某品牌"兰花豆"三袋共计3元，食后出现不适。原告认为被告所出售食品不符合质量标准，向人民法院起诉请求判决被告支付原告赔偿金1000元。被告开庭时当庭辩称，涉案产品质量合格，原告没有举证证明其在诉状中提到的人身损害，也没有举证证明涉案产品违反了何种食品安全标准，更没有提出涉案产品的具体问题，属于事实不清。被告没有提交证据。

人民法院经审理查明事实与原告诉称事实一致。法院认为，原告举证的购物小票、发票、图片和实物可以确认双方之间的买卖合同关系成立。依照《最高人民法院关于审理食品药品纠纷案件适用法律若干问题的规定》第6条的规定，被告应当举证证明其所出售食品符合质量标准，但被告没有提交，应承担相应的不利后果，对被告反驳原告的主张不予采信，对原告诉讼请求予以支持。法院判决被告某超市赔偿原告李某1000元，案件受理费减半收取25元，由被告负担。本判决为终审判决。

一、小额诉讼程序概述

小额诉讼程序，是指基层人民法院及其派出法庭、海事法院审理一定标的额以下的民事案件适用的特殊程序。简言之,小额诉讼程序就是人民法院审理小额诉讼适用的特殊程序。《民诉法解释》将小额诉讼程序规定在简易程序之中,专设一节(271条至283条)予以规定。小额诉讼程序虽为简易程序中的特殊程序,是简易程序的再简化,但它在程序设计上具有相对的独立性。

《民诉法》第162条规定,基层人民法院和它派出的法庭审理符合《民诉法》第157条第1款规定①的简单民事案件,标的额为各省、自治区、直辖市上年度就业人员年平均工资30%以下的,实行一审终审。该条规定正式从立法上确立了小额诉讼程序。除该条原则性规定之外,《民事诉讼法》对小额诉讼程序并未具体规定。根据《民诉法解释》第283条的规定,对于小额诉讼程序没有规定的,适用简易程序的其他规定审理。

小额诉讼程序具有简易、便利、快速等特征,其功能与价值主要体现在几个方面:(1)可以降低诉讼成本,提高诉讼效率,方便当事人诉讼;(2)有利于合理配置司法资源,缓解法院"案多人少"的压力;(3)通过建立简便易行的司法解决纠纷机制,实现司法的大众化,树立司法权威。

二、小额诉讼程序的适用范围

《民诉法》规定的小额诉讼程序适用条件采用主观标准加客观标准的模式。主观标准是指事实清楚、权利义务关系明确、争议不大的简单民事案件,上述标准需要审判人员在立案和审理过程中根据案件的具体情况对个案作出判断。客观标准是"标的额为各省、自治区、直辖市上年度就业人员年平均工资百分之三十以下"②。以广东省为例,按照广东省统计局发布的2017年度广东省城镇就业人员年平均工资标准,广东省人民法院适用小额诉讼程序审理案件的标的额上限为23756元。

适用小额诉讼程序审理案件的法院为基层人民法院及其派出法庭,海事法院作为中级法院建制的法院也可适用小额诉讼程序审理案件。《民诉法解释》第273条规定,海事法院可以审理海事、海商小额诉讼案件,案件标的额应当以实际受理案件的海事法院或者其派出法庭所在的省、自治区、直辖市上年度就业人员年平均工资30%为限。

《民诉法解释》还列举了适用小额诉讼程序审理案件的类型。其第274条规

---

① 《民诉法》第157条第1款是针对简易程序适用范围的规定,即基层人民法院和它派出的法庭审理事实清楚、权利义务关系明确、争议不大的简单的民事案件,适用本章规定。
② 《民诉法解释》第272条规定:"民事诉讼法第一百六十二条规定的各省、自治区、直辖市上年度就业人员年平均工资,是指已经公布的各省、自治区、直辖市上一年度就业人员年平均工资。在上一年度就业人员年平均工资公布前,以已经公布的最近年度就业人员年平均工资为准。"

定,下列金钱给付的案件,适用小额诉讼程序审理:(1) 买卖合同、借款合同、租赁合同纠纷;(2) 身份关系清楚,仅在给付的数额、时间、方式上存在争议的赡养费、抚育费、扶养费纠纷;(3) 责任明确,仅在给付的数额、时间、方式上存在争议的交通事故损害赔偿和其他人身损害赔偿纠纷;(4) 供用水、电、气、热力合同纠纷;(5) 银行卡纠纷;(6) 劳动关系清楚,仅在劳动报酬、工伤医疗费、经济补偿金或者赔偿金给付数额、时间、方式上存在争议的劳动合同纠纷;(7) 劳务关系清楚,仅在劳务报酬给付数额、时间、方式上存在争议的劳务合同纠纷;(8) 物业、电信等服务合同纠纷;(9) 其他金钱给付纠纷。根据本条规定,适用小额诉讼程序审理的案件类型为给付金钱的给付之诉,而且这些案件类型具有大众化的特点,是每一个公民都有可能参与其中的案件类型。

《民诉法解释》第 275 条则列举了排除适用小额诉讼程序的案件类型:(1) 人身关系、财产确权纠纷;(2) 涉外民事纠纷;(3) 知识产权纠纷;(4) 需要评估、鉴定或者对诉前评估、鉴定结果有异议的纠纷;(5) 其他不宜适用一审终审的纠纷。

简易程序实行两审终审,小额诉讼程序实行一审终审,与简易程序相比,适用小额诉讼程序对于当事人具有更大的程序利益,考虑到《简易程序规定》中赋予了当事人对适用简易程序的程序异议权,故当事人亦可以对人民法院适用小额诉讼程序提出异议。《民诉法解释》第 281 条规定,当事人对按照小额诉讼案件审理有异议的,应当在开庭前提出。人民法院经审查,异议成立的,适用简易程序的其他规定审理;异议不成立的,告知当事人,并记入笔录。

三、小额诉讼程序的特点

1. 一审终审

我国《民诉法》明确规定小额诉讼程序实行一审终审制度,即当事人对案件处理结果不服的,不得上诉。其他国家与地区对小额诉讼案件一般都实行一审终审,也有原则上实行一审终审,例外情形允许上诉的规定。比如,我国台湾地区"民事诉讼法"在对简易程序修正后增设规定,"小额事件之裁判原则上第一审确定,惟第一审裁判如有违背法令情事时,才准许当事人上诉或抗告"。小额诉讼程序实行一审终审,可以满足小额诉讼的特别要求,具有大众化、成本低廉化、效率最大化的特点,是其与一般简易程序最大的区别。

小额诉讼实行一审终审,不仅体现在对案件最终判决结果不服不得上诉,而且根据《民诉法解释》第 278 条、第 279 条、第 426 条的规定,小额诉讼案件的管辖权异议裁定、驳回起诉裁定,以及除当事人以不应按小额诉讼案件审理为由申请再审外作出的再审判决、裁定,均一经作出即发生法律效力,当事人不得提起上诉。

2. 缩短当事人的举证期限和答辩期

小额诉讼案件的举证期限由法院确定，也可以由当事人协商一致并经人民法院准许，但一般不超过 7 日。被告要求书面答辩的，人民法院可以在征得其同意的基础上合理确定答辩期间，但最长不得超过 15 日。当事人到庭后表示不需要举证期限和答辩期间的，人民法院可立即开庭审理(《民诉法解释》第 277 条)。

3. 简化传唤、送达方式

《民诉法解释》没有对适用小额诉讼程序传唤当事人的方式等作出规定，可适用简易程序的相关规定。一是可采用简便方式传唤或送达除裁判文书以外的诉讼文书，即采取电话、电子邮件、传真、手机短信等方式。对于有证据证明当事人已经简便方式合法传唤，无正当理由拒不到庭的，人民法院可按撤诉处理或缺席判决。但采取简便方式无法传唤或送达的，应依据《民诉法》及有关司法解释规定的方式传唤或送达。二是鼓励运用信息化技术开庭审理。对于当事人或证人有正当理由不能到庭的，经对方当事人同意或人民法院许可，可运用视听传输技术等方式开庭审理或询问。三是可灵活安排庭审程序。庭审程序可不受法庭调查、法庭辩论、最后陈述以及法庭调解等程序限制，庭审程序可灵活安排，争取做到一次开庭，当庭宣判，当庭送达裁判文书。

4. 小额诉讼程序的审理程序

根据《民诉法解释》第 278 条、第 279 条、第 280 条的规定，当事人对小额诉讼案件提出管辖异议的，人民法院应当作出裁定。裁定一经作出即生效。人民法院受理小额诉讼案件后，发现起诉不符合《民诉法》第 119 条规定的起诉条件的，裁定驳回起诉。裁定一经作出即生效。因当事人申请增加或者变更诉讼请求、提出反诉、追加当事人等，致使案件不符合小额诉讼案件条件的，应当适用简易程序的其他规定审理。如案情复杂争议较大应当适用普通程序审理的，亦可直接裁定转换为普通程序审理。① 适用小额诉讼程序审理的案件转换为适用简易程序的其他规定或普通程序审理，只是案件审理的继续，而不是案件重新开始审理。因此，在之前适用小额诉讼程序审理过程中，双方当事人经过举证、质证确认的事实，可以不再进行举证、质证。需注意，《民诉法解释》第 280 条规定为"可以"而不是"必须"，意味着如果当事人认为其确有新证据足以推翻之前确认的事实，人民法院也可再次组织进行举证、质证。

此外，多数国家小额诉讼程序禁止反诉，但我国《民诉法》没有明确禁止在小

---

① 简易程序转换为普通程序意味着审判程序质的变化，属于重大程序事项，应当适用裁定。既然小额诉讼属于简易程序范畴，那么其转换为普通程序，自然也应适用裁定。至于小额诉讼程序转换为简易程序，属于简易程序内部的调整，不属于程序变更，且从简易程序强调诉讼效率出发，也没有必要适用裁定，故转换时无需作出裁定，直接适用简易程序的其他规定审理即可。

额诉讼程序中提出反诉。因此,当事人在进行小额诉讼时,可以提出反诉,提出反诉时,符合小额诉讼程序适用条件的,同样适用小额诉讼程序进行审查。但如果因当事人提出反诉致使案件不符合小额诉讼案件条件的,应当适用简易程序的其他规定审理,如果应当适用普通程序审理的,则直接裁定转换为普通程序审理。

5. 简化裁判文书的制作

《民诉法解释》第282条规定,小额诉讼案件的裁判文书可以简化,主要记载当事人基本信息、诉讼请求、裁判主文等内容。① 实务中,人民法院可适当简化小额诉讼案件裁判文书,重点载明当事人姓名、事实要点、裁判基本理由、给付数额及期限等内容;亦可采取表格式文书,或者仅记载当事人基本情况、争议事项、裁判主文的令状式文书,以进一步简化裁判文书,提高审判效率。

[表15-3] 小额诉讼程序与简易程序简化事项对比

	小额诉讼程序	简易程序
审级制度	判决、裁定一审终审,再审区别对待	两审终审
适用案件	金钱给付案件	简单民事案件
举证期限	一般不超过7日	不得超过15日
答辩期	被告要求书面答辩的,法院征得其同意合理确定答辩期间,但最长不得超过15日	被告要求书面答辩的,法院征得其同意合理确定答辩期间
	当事人到庭后表示不需要举证期、答辩期的,法院可立即开庭审理	
文书简化	主要记载当事人基本信息、诉讼请求、裁判主文等内容	双方同意等情形下对认定事实或裁判理由部分适当简化

四、小额诉讼案件的再审

小额诉讼程序审理的案件,当事人可以申请再审。《民诉法解释》第426条规定,对小额诉讼案件的判决、裁定,当事人以《民诉法》第200条规定的事由向原审人民法院申请再审的,人民法院应当受理。申请再审事由成立的,应当裁定再审,组成合议庭进行审理。作出的再审判决、裁定,当事人不得上诉。当事人以不应按小额诉讼案件审理为由向原审人民法院申请再审的②,人民法院应当受理。理由成立的,应当裁定再审,组成合议庭审理。作出的再审判决、裁定,当

---

① 相对于简易程序判决书、裁定书、调解书对认定事实或者裁判理由部分可以适当简化,小额诉讼程序裁判文书则更加简化。

② 可以这样理解,当事人以不应按小额诉讼案件审理为由向原审人民法院申请再审的,是针对法院适用小额诉讼程序本身申请再审,不应适用小额诉讼程序中的相关规定,当然不能适用一审终审。

事人可以上诉。

[表 15-4] 小额程序申请再审判决上诉权

是否有上诉权	再审事由	司法解释具体规定
可以上诉	以适用程序本身为由申请再审	《民诉法解释》第 426 条第 2 款：当事人以不应按小额诉讼案件审理为由向原审人民法院申请再审的，人民法院应当受理。理由成立的，应当裁定再审，组成合议庭审理。作出的再审判决、裁定，当事人可以上诉。
不可以上诉	非对不应适用小额诉讼程序申请再审	《民诉法解释》第 426 条第 1 款：申请再审事由成立的，应当裁定再审，组成合议庭进行审理。作出的再审判决、裁定，当事人不得上诉。

思 考 题

1. 简易程序与普通程序相比，其简便快捷表现在哪些地方？
2. 适用普通程序审理的案件可否转换为简易程序审理？
3. 哪些案件不能适用简易程序审理？
4. 小额诉讼程序与简易程序不同的程序规定有哪些？
5. 小额诉讼程序的一审终审包括哪些法律文书？

第十六章 民事判决、裁定与决定

原告向法院提起诉讼，法院要对原告的起诉予以回应，回应的方式为作出裁判。在民事诉讼中，法院裁判是指法院对民事案件的实体争议、程序争议或者其他特定问题作出判定的诉讼行为。法院对所审理案件的实体争议作出判定的诉讼行为是判决；对所审理案件的程序争议作出判定的诉讼行为是裁定；对所审理案件的其他特定事项作出判定的诉讼行为是决定。法院裁判大都以书面形式呈现，统称为裁判文书。裁判文书包括民事判决书、民事裁定书、民事决定书。而法院作出的其他非裁判文书的书面文件，包括调解书、通知书等，则可与裁判文书一起统称为法律文书。

第一节 民 事 判 决

一、民事判决概述

民事判决，是指法院审理民事诉讼案件和非讼案件终结之时，依据事实与法律对双方当事人之间的民事争议或当事人提出的非讼事件作出的权威性判定。民事判决是法院适用实体法规范解决实体纠纷，其实质是确认权利或法律事实。

民事判决只能以书面形式作为表现形式。法院开庭审理时当庭宣判的，虽然当庭口头宣布了判决结果，但根据《民诉法》第148条的规定，当庭宣判的，应当在10日内发送判决书，因此，当庭宣判与定期宣判一致，判决同样都是以书面形式表现。民事判决的书面形式即是民事判决书。

在我国，人民法院是代表国家行使审判权的唯一机关，其他任何机关都无权审理和作出民事判决。民事判决是法院代表国家对争议的民事实体问题所作出的判定，旨在明确特定当事人之间的民事权利、义务的具体内容或最终归属。民事判决是对可诉性纠纷的事后性解决，即民事纠纷发生后只有经过起诉，法院才能以判决解决。

民事判决是终局判定。一旦法院对争议的权利义务关系作出终局判定，当事人便不能再对已经确定的民事权利义务进行争议。其他任何国家机关、社会团体和公民个人亦无权通过其他程序撤销或变更法院的终局判定。①

二、民事判决的分类

依据不同的标准,民事判决可分为不同的种类。

(一)依据案件的性质,民事判决可分为诉讼案件判决与非讼案件判决

诉讼案件判决一般是解决双方当事人民事权益争议的判决,比如合同纠纷判决、侵权纠纷判决;非讼案件判决是确认某项法律事实的判决,比如认定公民无民事行为能力判决、公示催告程序中的除权判决。

(二)依据民事判决性质的不同,民事判决可分为给付判决、确认判决和形成判决

给付判决是在认定原告请求权存在或部分存在的基础上,判令对方履行义务的判决。给付判决与给付之诉相对应,但法院审理给付之诉案件的结果不一定全部形成给付判决,比如给付之诉中,由于法院确认了原告主张的权利或法律关系不存在,判决驳回了原告的诉讼请求,通常认为该判决并非给付判决,而是确认判决。

确认判决是单纯确认当事人之间法律关系存在或不存在的判决,比如确认合同无效的判决、确认亲子关系的判决。如前所述,确认判决除了对应确认之诉外,还有可能对应给付之诉。

形成判决是指变更现存法律关系的判决。一般情况下形成判决的效果是使已经存在的法律关系不再存在,比如解除或撤销合同的判决、解除婚姻关系的判决。在形成之诉中,也有可能法院确认了原告主张的权利或法律关系不存在,从而形成确认判决。比如,原告起诉请求解除与被告签订的合同,解除合同的前提是合同有效,但法院经审理认为合同无效,从而判决驳回了原告的诉讼请求。

(三)依据双方当事人的出庭情况,民事判决可分为对席判决与缺席判决

所谓对席,顾名思义,就是原、被告在法庭上相对而坐。对席判决,是指法院在双方当事人均到庭参与案件开庭审理的基础上作出的判决。当事人到庭,不仅指当事人本人到庭。当事人本人未到庭,当事人的诉讼代理人到庭的,法院作出的判决也是对席判决。

缺席判决,是指法院在一方当事人(通常为被告)未到庭诉讼或者未经法庭许可中途退庭的情况下所作出的判决。缺席判决的用意并不在于惩罚被告,而

---

① 判决原则上都可导致诉讼程序的彻底终结,而同为裁定、决定的裁判对诉讼程序则不具有终局性,因此,一审判决、二审判决、再审判决都可称为终局判决。需注意,终局判决与终审判决的概念不同。通常第二审判决为终审判决,是指第二审判决作出后,两审终审,纠纷彻底解决,终审判决强调的是对纠纷解决的终局性。而终局判决强调的是诉讼程序的终局性,第一审判决(小额诉讼程序和非讼程序判决除外)作出后,虽然不是终审判决,但它终结了第一审程序,因此,第一审判决也是终局判决。

是为了不使诉讼因被告缺席而半途而废,并使案件所涉争议及时得到解决。法院在缺席判决时,仍应以事实为根据,对原告方提交的证据进行审核,并对原告就相关案件事实进行调查询问。被告方虽未出席庭审但提交了答辩意见及证据材料,或只提交答辩意见或证据材料的,也要让原告就被告所提交的答辩意见及证据材料发表意见,然后法院再对此进行细致的审核,要注意使缺席被告的合法权益得到应有的保障。缺席判决尽管在判决内容上与对席判决有所差异,但是二者具有完全相同的法律效力。

(四)依据已判决内容,民事判决可分为全部判决与部分判决[①]

全部判决,是指法院在案件审理终结后,对当事人的全部诉讼请求一并作出裁判的判决。实务中,法院作出的判决通常为全部判决。部分判决,是指法院在审理民事案件的过程中,基于已经查清的一部分事实,针对当事人的一部分诉讼请求或者一部分当事人的诉讼请求先行作出的判决。《民诉法》第153条规定:"人民法院审理案件,其中一部分事实已经清楚,可以就该部分先行判决。"部分判决是一种例外,是否作出部分判决由法院裁量。部分判决有利于及时确认和实现当事人的一部分合法权益或者一部分当事人的合法权益,避免诉讼过分迟延。部分判决所涉及的事实,必须在案件的全部事实中具有相对独立性,且判决后不至于影响对案件其他部分的审理与判决。当事人对部分判决可独立提起上诉。[②]

(五)依据判决的法律效力,民事判决可分为已生效判决与未生效判决

已生效判决是指已经发生法律效力的判决,通常指一审上诉期届满全部当事人都没有上诉的判决及二审判决。未生效判决是指判决已作出、但还没有发生法律效力的判决,未生效判决专指一审法院作出后仍在上诉期内的判决。

此外,依据审理程序的不同,民事判决可分为一审判决、二审判决、再审判决;依据判决结果与原告诉讼请求的关系,民事判决还可分为胜诉判决、败诉判决、部分胜诉判决。

三、民事判决的制作要求

有人形象地把判决书比喻为"法官的脸面",其实,判决书不仅是法官的脸面,也是法院、国家的脸面。民事判决书是司法公正的载体,其权威性和严肃性

[①] 与此种分类相近的,是大陆法系对判决的另一种分类,称为中间判决与终局判决。我国民事诉讼没有引入中间判决制度。所谓中间判决,是指在诉讼进行中,就某个实体上或程序上的争议所作出的判决,中间判决是为终局判决作准备,之后还有终局判决。

[②] 实务中,法院适用部分判决情形几乎为零,部分判决制度形同虚设。原因有二,一是《民诉法》关于部分判决制度设计粗糙,可操作性不强,《民诉法解释》也未进一步规定;二是由于司法统计原因,案件只有在全部判决终结时才能报结案,法官对适用部分判决的积极性不高。

决定了它在内容和形式上都要讲求规范和质量。不能只是简单堆砌证据,不完整地叙述案件事实;也不能无的放矢,说理缺乏针对性,不围绕诉争焦点展开论述;更不能出现引用法条错误、错漏字等严重的低级错误。制作民事判决应当符合以下要求:

(1)《民诉法》第152条规定:"判决书应当写明判决结果和作出该判决的理由。判决书内容包括:(一)案由、诉讼请求、争议的事实和理由;(二)判决认定的事实和理由、适用的法律和理由;(三)判决结果和诉讼费用的负担;(四)上诉期间和上诉的法院。判决书由审判人员、书记员署名,加盖人民法院印章。"适用小额诉讼程序作出的判决可以简化,主要记载当事人基本信息、诉讼请求、裁判主文等内容,其他民事判决通常需按照本条规定的基本框架制作,不应随意变动。

(2)对于审理案件的重要程序事项和诉讼活动要明确表述,包括原告起诉时间、被告答辩情况,以及法院开庭次数及时间,当事人及委托代理人到庭情况等。如有因管辖异议、中止诉讼、委托鉴定等导致审理时间延长的程序性事实的也要一并表述。

(3)突出对重点争议证据的认证说理以及对当事人诉讼请求的辨法析理,对相关证据的分析和认证要围绕当事人争议的焦点进行。对当事人无争议的事实部分只作简单陈述即可,防止证据的简单罗列和重复。

(4)要增强判案的说理性,努力做到"辨法析理、胜败皆明"。针对当事人争议的焦点,要详尽地阐述裁判的理由,不仅应当对实体判决的理由进行阐述,而且要对证据采信和法律适用阐述理由,尤其是对经验法则、高度盖然性等自由心证的依据和推理过程要公开说明,这样才能让当事人信服,最终达到让当事人"心服口服"的效果。

(5)要强调案件事实的公开性和完整性,证据认定的逻辑性,判案的说理性,以及文字语言的准确性;要根据案件的具体情况区别对待,做到该繁则繁,能简则简;对于难以通过文字表述的内容,可以通过制作图、表等形式予以表达;对于涉及个人隐私、商业秘密等不宜直接公开的内容,可以采用附件等形式予以表述,对外不宜公开。

四、民事判决书的内容

一份民事判决书,应包括以下内容:

1. 诉讼参加人的基本情况

《民诉法》第121条规定,起诉状应当记明下列事项:(1)原告的姓名、性别、年龄、民族、职业、工作单位、住所、联系方式,法人或者其他组织的名称、住所和法定代表人或者主要负责人的姓名、职务、联系方式;(2)被告的姓名、性别、工作单位、住所等信息,法人或者其他组织的名称、住所等信息。民事判决书应写明当事人的上述基本信息,有诉讼代理人的应写明诉讼代理人的基本信息。当事人是法人或其他组织的,应写明法人或其他组织的全称、住所以及统一社会信用代码①,以及法定代表人或主要负责人的姓名和职务。

当事人人数众多的代表人诉讼,为了防止因当事人列项过多,而增加民事判决书首部的篇幅,导致判决书"头重脚轻",当事人项可采用附页的方式列明,判决书首部当事人项只作简要交代,列明诉讼代表人项即可。

[案例16-1] 判决书诉讼参与人的基本信息表述。

原告:陈某,女,汉族,1969年6月4日出生,住广东省××市××区××路15号×栋××房,身份证号码:(略)。

委托诉讼代理人:李某,广东××律师事务所律师。

被告:李某,男,汉族,1965年10月2日出生,住广东省××市××区××路122号×单元××房,身份证号码:(略)。

被告:珠海市××房产开发有限公司,住所地:珠海市××区××路43号花园酒店五层。统一社会信用代码:(略)。

法定代表人:李某,总经理。

被告:珠海市某融资担保有限公司,住所地:珠海市××区××花园会所一楼,统一社会信用代码:(略)。

法定代表人:李某,执行董事。

三被告共同委托诉讼代理人:王某,北京市××律师事务所律师。

2. 审理经过、诉讼请求、争议的事实与理由

民事判决书首部后,有一段关于案由、审理程序、是否公开审理及当事人到庭情况等审理经过的表述。案由,是指案件法律关系的性质。经审理后确定的案由与立案时确定的案由不一致的,应写明审理后确定的案由。审理程序,是指审理案件适用普通程序、简易程序,还是适用小额诉讼程序。

诉讼请求通常为原告的诉讼请求,如有被告反诉或有独立请求权第三人参加之诉合并审理的,同时列明被告的反诉请求及有独立请求权第三人的诉讼请求。原告在提交起诉状后如变更诉讼请求的,在该部分要同时写明变更前及变更后的诉讼请求。

争议的事实与理由,是指各方当事人各自对案件所认识的争议事实与理由,

---

① 法人或其他组织的统一社会信用代码,是国家为每个法人或其他组织发放的唯一的、终身不变的主体识别代码,类似于居民身份证号码。2015年6月4日,国务院常务会议决定实施法人或其他组织的统一社会信用代码制度,管理部门为各地技术监督局,当事人及其诉讼代理人可向当地技术监督局查询对方当事人的统一社会信用代码。

即原告诉称、被告辩称、第三人述称的事实与理由。

[案例 16-2] 民事判决书审理经过部分的表述。

原告陈某与被告容某、被告盘某民间借贷纠纷一案,本院于 2017 年 5 月 16 日作出(2016)粤××民初 1245 号民事判决书,原告陈某提起上诉后,某市中级人民法院于 2017 年 12 月 28 日将本案发回本院重审。本院依法另行组成合议庭,适用普通程序,于 2018 年 4 月 10 日、4 月 22 日两次公开开庭进行了审理。原告陈某及其委托代理人邓某、被告盘某及其委托代理人刘某到庭参加诉讼。被告容某经本院传票传唤无正当理由未到庭参加诉讼,本院依法缺席审理。本案现已审理终结。

3. 判决认定的事实、理由与法律依据

判决认定的事实、理由与法律依据,即判决书的"审理查明"与"本院认为"部分内容。《民诉法》第 152 条规定,判决书应当写明判决结果以及作出该判决的理由。确定事实和适用法律是司法裁判的两项重要内容,对解决纠纷起着至关重要的作用。在事实认定方面,经过法庭调查、法庭辩论等审理过程后,对于哪些事实予以认定采信,哪些事实不予认定采信,法院在判决书中都要作出具体说明;还要针对当事人争议的焦点,说明对相关事实予以认定或者不予认定的理由,这样才能最大限度地回应当事人的主张及反驳,增强法院判决的规范性和公开性。

判决书应当明确写明判决所适用的法律,让当事人知悉作出该判决的标准。适用哪些法律以及如何适用法律是法院在作出判决时需要考虑的重要内容。有时针对同一个纠纷,适用不同的法律甚至会对当事人的权利义务产生截然不同的结果,因此,有的当事人对事实的认定没有争议,而对适用哪些法律却存在较大争议。实务中,有的法官在认定事实后,直接引用相关法条作出判决,而不说明适用该法条的依据,体现不出对当事人争议法律问题的分析和说明,缺乏说服力。因此,判决书的说理部分,不仅要写明认定事实的理由,还应当写明适用法律的理由。

具体来讲,判决理由的公开应当包括以下方面内容:

(1) 事实认定的分析。在民事诉讼中,法官必须要能够针对特定的事实,借助对法律规则的准确理解,即法律规则是否可运用于特定事实作出准确判断,才能产生法律调整的最佳效果。根据"法官不得拒绝裁判"和"有诉必理"原则,当事人有权请求法官对案件事实进行分析认定,法官应当在判决中将如何认定事实的详细过程充分地表述出来。对于如何认定事实和适用法律,法官应当告知当事人下列内容:① 当事人之间的争点是什么? ② 对于当事人之间的争议,由哪方当事人承担证明责任? 法律依据是什么? ③ 当事人举证是否已达证明要求,法官是否形成心证?逻辑分析过程如何?如不能形成心证,其最基本的事实障碍何在?④ 解决本案纠纷,法官拟适用何种实体法规范?其基本依据是什么?

(2) 对证据采信的论证。在判决书中必须要对证据采信、认定的理由进行严格的论证和说理。① 对于存在较大争议的案件,除了列举原、被告双方提供的证据种类及其证明目的外,还应当根据证明责任原理,对各自证据的证据能力、证明能力、采信理由等,予以详细分析。② 如同一事实存在不同证据以及同一证据项下存在不同证明目的,必须进行有理有据的详细解读,包括事实有何异同,相抵触的证据证明力如何,采信或不采信某证据的法理依据是什么,是否符合证明标准等。③ 根据证明责任规则和证据裁判原则,证据与事实之间应当能够前后呼应、相互衔接,避免简单列举完各类证据种类后,"综上所述"直接得出事实结论,证据与事实之间应当具有严密的逻辑性,法官应当将这种因果关系的心证过程详细阐明在判决中。④ 对于适用推定、经验法则、司法认知或自认的,法官也应当将其详细内容写明在判决书中。法官应当按照证据规则的要求,对于推定过程予以详细解读,由于推定具有盖然性,因此适用推定应充分考虑到反驳意见。对于符合自认规则或者司法认知的,判决理由应当具体说明适用的法理依据,将它们在心证中的运用加以公开,让公众以一般人的标准来评判法官心证的理由是否得当。另外,在判决书列举当事人举证时,应当写明当事人提供的证据种类与形式,以及具体写明哪些属于直接证据或间接证据、原始证据或传来证据、单一证据或综合证据;这些证据各自所要证明的主张或目的是什么,是否达到了证明标准所要求的证明充分或不充分的程度,综合证明责任与证明标准后,哪一方的证据证明力更具有充分性;综合全案的证据是否可以形成排除合理怀疑或达到高度盖然性的证明标准;按照逻辑三段论的演绎过程,某些证据为何不可采信等。

(3) 适用法律的说明。根据逻辑三段论的原理,基于法律规定的大前提与具体案件事实的小前提,必须得出符合逻辑经验的结论,因此,在判决中应当准确详尽地列明案件所依据的法律依据(大前提),对争议的案件事实应当适用或不适用哪类法律规范,为何要适用或者不适用某项法律条文,适用的法律规范如何对应案件事实与证据(小前提),以及如何推导出裁判结果(结论)。

适用法律依据时应当注意:① 所适用法律是否存在已经被明令废止的情况;② 法律与行政法律等法律冲突问题;③ 各项法律依据中的立法层级问题,避免依据"下位法"否定或改变"上位法";④ 适用的法律依据应当是明确的、直接的,而不是概括性的、笼统的;⑤ 司法解释与判例的适用规范;⑥ 地方性规范等规范性文件不得作为法律依据引用。

最高人民法院于2009年10月26日发布《最高人民法院关于裁判文书引用

法律、法规等规范性法律文件的规定》(法释〔2009〕14号),规定裁判文书应当依法引用相关法律、法规等规范性法律文件作为裁判依据。引用时应当准确完整地写明规范性法律文件的名称、条款序号,需要引用具体条文的,应当整条引用。并列引用多个规范性法律文件的,引用顺序如下:法律及法律解释、行政法规、地方性法规、自治条例或者单行条例、司法解释。同时引用两部以上法律的,应当先引用基本法律,后引用其他法律。引用包括实体法和程序法的,先引用实体法,后引用程序法。民事裁判文书应当引用法律、法律解释或者司法解释。对于应当适用的行政法规、地方性法规或者自治条例和单行条例,可以直接引用。对于其他规范性文件,根据审理案件的需要,经审查认定为合法有效的,可以作为裁判说理的依据。换言之,其他规范性文件可以在"本院认为"说理部分具体阐明,但不得在其后"引用条文"中列明具体文件名称及条文。

[案例 16-3] 民事判决书引用法条表述。
依照《中华人民共和国民法典》第一百八十八条、第二百七十八条,《中华人民共和国民事诉讼法》第六十四条第一款,国务院《物业管理条例》第十一条、第十二条第三款,《珠海市物业管理条例》第二十三条第二款的规定,……

最高人民法院还分别于2010年与2015年发布了《最高人民法院关于案例指导工作的规定》与《〈最高人民法院关于案例指导工作的规定〉实施细则》,其中,实施细则规定,各级法院正在审理的案件,在基本案情和法律适用方面,与最高人民法院发布的指导性案例相类似的,应当参照相关指导性案例的裁判要点作出裁判。各级法院审理类似案件参照指导性案例的,应当将指导性案例作为裁判理由引述,但不作为裁判依据引用。在办理案件过程中,案件承办人员应当查询相关指导性案例。在裁判文书中引述相关指导性案例的,应在裁判理由部分引述指导性案例的编号和裁判要点。根据上述规定,最高人民法院发布的指导案例可以作为裁判理由引述,但不作为裁判依据引用。

4. 判决结果及诉讼费用的负担

判决结果又称为判决书的主文或判项。判决的目的在于定分止争,判决结果直接决定了当事人权利义务的归属,是判决书的重要内容。判决书应当写明判决结果,使当事人在收到判决书后可以非常明确地知道纠纷的处理结果。判决结果应明确、具体,判项理解上没有任何歧义。

判决结果表述应当符合以下要求:(1)对判决结果的内容要求。判决结果应当与认定的事实、理由及当事人的诉讼请求相对应,其内容要求明确、具体、完整;对当事人的称谓要准确,要使用全称;判决结果必须针对当事人的诉讼请求作出,不能遗漏诉讼请求,也不能超出诉讼请求的范围。(2)对判决结果的文字表述要求。判决结果应简明扼要,用语要准确、精练,意思明确,不得产生歧义或模棱两可。案件当事人不多或给付内容不复杂的,判决主文条款不应过多,可按给付主体或给付义务性质等进行适当归纳、合并。①（3）对判决结果的顺序要求。仅涉及单一财产关系的,主债权在前,从债权在后;既涉及人身关系又涉及财产关系的,人身关系在前,财产关系在后。

诉讼费用的负担不属于法院判决事项,而属于法院决定事项。判决原告或被告败诉的,诉讼费用由败诉方承担;部分胜诉、部分败诉的,由法院根据案件的具体情况,给付金钱案件中主要是根据败诉标的额占全部诉讼标的额的比例,决定当事人各自负担的诉讼费用数额。

[案例16-4] 适用简易程序、将本诉与反诉合并审理的判决书诉讼费用负担的表述。

本诉受理费减半收取 10898 元,由本诉原告李某珊负担 3898 元,本诉被告李某涛、张某共同负担 7000 元;本诉保全费 5000 元,由本诉被告李某涛、张某共同负担;反诉受理费减半收取 5648.41 元,由反诉原告李某涛、张某共同负担 648.41 元,反诉被告李某珊负担 5000 元。

5. 上诉权利、上诉期限与上诉法院

除了最高人民法院作出的一审判决和适用非讼程序审理作出的判决,以及依据小额诉讼程序审理作出的判决外,其他一审判决均是可以上诉的判决。可上诉的判决书应写明上诉权利、上诉期限与上诉法院。属于终审判决的,应写明"本判决为终审判决"。

判决书落款部分由独任审判员（或合议庭成员）、书记员署名,写明制作时间②,并加盖法院印章。

五、民事判决书的效力

民事判决的效力,是指法院的生效判决在法律上具有的效果。

1. 拘束力

民事判决的拘束力,是指民事判决在何时对何人何事产生法律上的约束力。(1)生效判决对当事人的拘束力。生效判决确定的义务人必须在判决书确定的履行期限内履行义务,否则,另一方当事人可向法院申请强制执行。(2)生效判决对法院的拘束力。法院要切实维护生效判决的权威与稳定,非经法定程序不

---

① 实务中,有些案件原告将给付货币请求按不同的履行时间分别列明,诉讼请求有多项甚至 10 多项,判决书中判决结果表述时需归纳合并,切不可对照诉讼请求一一列明。

② 判决书有内部审批手续的,落款时间应与审批时间一致;判决书由独任审判员或审判长签发的,落款时间应与签发时间一致。

得随意更改,并不得受理当事人的重复起诉。《民诉法解释》第 242 条的规定即蕴含了判决对法院的拘束力,一审宣判后,一审法院发现判决有错误,不能自行作出更正,当事人上诉的,一审法院可以提出原判决有错误的意见,报送第二审法院处理,当事人不上诉的,按照审判监督程序处理。(3)生效判决对社会的拘束力。机关团体、其他组织与个人必须尊重和维护生效判决,有协助义务的单位和个人必须协助法院执行,不得拒绝和推诿。

2. 执行力

民事判决的执行力,是指可通过法院强制执行等方法来实现判决确定内容的效力。通常情况下,只有给付判决才具有执行力。

3. 形成力

民事判决的形成力,是指依确定判决的宣告而引起法律关系变更或消灭的效力。确认判决仅仅确认某种民事法律关系是否存在,因此,确认判决没有形成力;给付判决中的请求权也是事先存在的,给付判决也没有形成力;只有形成判决变更了现存的法律关系,形成判决才具有形成力。

4. 确定力

民事判决的确定力包括了形式上的确定力和实质上的确定力。前者指一旦判决确定,当事人便不得通过上诉,请求法院撤销或变更判决的效力;后者指判决的既判力。

六、判决的既判力

判决的既判力,是指形成确定终局判决内容的判断的通用力。诉讼是行使国家审判权作出的公权性法律判断,一旦判决确定,法院和当事人都必须受到该判决的约束。这种确定判决所作出的判断不论对当事人还是对法院都有强制性的通用力,不得违反它的判断的效果就是既判力。

(一)既判力的作用

既判力的作用表现在积极作用与消极作用两个方面。

既判力的积极作用,表现在后诉中,当事人不得就前诉法院既判事项提出相反或不同的主张,法院在后诉中也不得对既判事项作出与前诉不同的判决。即后诉法院须以前诉判决中发生既判力的判断为基础,对后诉作出判决。简言之,既判力的积极作用就是前诉判决对后诉判决的影响力。

既判力的消极作用,是指前后两个诉在诉讼标的相同的情况下,由于法院对前诉已经作出判决,所以当事人再提起后诉程序不合法,违反了"一事不再理"原则,法院也不能再受理后诉。《民诉法》第 124 条第 5 项"对判决、裁定、调解书已经发生法律效力的案件,当事人又起诉的,告知原告申请再审,但人民法院准许撤诉的裁定除外"的规定体现的就是既判力消极作用。简言之,既判力的消极作用就是前诉判决对提起后诉的影响力。

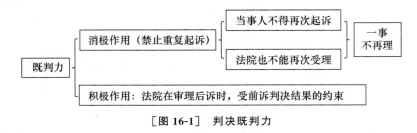

[图 16-1] 判决既判力

既判力制度的作用在于,既判力既保证纠纷解决的终局性和生效裁判的稳定性,又使得当事人受到判决的拘束,使得法院免于对同一事项再次审理与作出前后矛盾的判决。德国学者罗森贝克将既判力的作用描述为:"实质既判力是要求法院提供权利保护的必然后果,它的宪法依据在于法治国家原则。为了维护当事人之间的法律和平,每一个纠纷都必须有一个尽头;从照顾法院的角度出发,它们不应重新卷入已经不可辩驳地裁判了的纠纷;为了维护法院的声望,也需要避免出现相互矛盾的裁判。只有通过禁止再次审理和裁判以及使当事人受裁判的拘束,这一目的才能得到最完美的实现。"①

我国《民诉法》没有使用"一事不再理"的概念,《民诉法解释》第247条规定的禁止重复起诉即是"一事不再理"原则的体现。第247条规定:"当事人就已经提起诉讼的事项在诉讼过程中或者裁判生效后再次起诉,同时符合下列条件的,构成重复起诉:(一)后诉与前诉的当事人相同;(二)后诉与前诉的诉讼标的相同;(三)后诉与前诉的诉讼请求相同,或者后诉的诉讼请求实质上否定前诉裁判结果。当事人重复起诉的,裁定不予受理;已经受理的,裁定驳回起诉,但法律、司法解释另有规定的除外。"本条规定的"禁止重复起诉"或"一事不再理"原则实际上体现了判决既判力的消极作用,同时也包含了诉讼系属效力,即"当事人就已经提起诉讼的事项在诉讼过程中或者裁判生效再次起诉,同时符合下列条件的,构成重复起诉",换言之,当事人不得在前诉审理过程中对同一诉讼标的再次起诉,法院也不得再受理相同的诉讼。

诉讼系属是指因为诉的提起,在特定的当事人之间,就有争议的法律关系受有管辖权的法院审判的状态。王亚新教授指出,"诉讼系属"大致相当于我国民事诉讼中的"立案",但"诉讼系属意味着一系列程序和实体上的法律效果发生,是包括程序上二重起诉的禁止和实体上的时效的中断等效果发生的起点"②。在诉讼已经发生诉讼系属后,到诉讼终结的时候止,称为在诉讼系属中。诉讼系

---

① 〔德〕罗森贝克等:《德国民事诉讼法》(下),李大雪译,中国法制出版社2007年版,第1151页。
② 王亚新:《对抗与判定——日本民事诉讼的基本结构》,清华大学出版社2002年版,第33页。

属的效力表现为:一旦诉讼成立,案件系属于法院,就当事人而言,不允许该诉讼的原告或被告以对方为被告,以同一案件再次向同一法院或其他法院提起诉讼;从法院行使职权的角度而言,其应受前诉的限制,不允许法院再次受理后诉的案件。

(二)既判力的作用范围

1. 既判力的客观范围

既判力的客观范围,是指既判力对事的效力范围。一份生效判决,对判决主文内容即判决结果具有既判力没有争议。而生效判决除判决结果外的其他内容,包括审理查明中对事实的认定及本院认为部分说理的内容对其他案件当事人及法院是否有既判力,近年来成为有争议的问题。比如,前诉生效判决理由部分已认定合同为无效合同,后诉法院是否还需要对同一份合同效力加以认定,如果后诉法院认为合同为有效合同应如何处理?通说认为,判决主文部分即判项对本案及其他案件当事人及法院均具有既判力。判决查明事实及本院认为部分内容对本案当事人及法院具有既判力,对另案当事人及法院不具有既判力。①

2. 既判力的主观范围

既判力的主观范围,是指既判力对人的效力范围。既判力原则上仅在当事人之间发生效力,但为了保证判决的实效性,既判力也可扩张至当事人以外的人,既判力扩张主要包括:(1)判决作出后的继承人。诉讼过程中自然人当事人死亡的,法院应当变更死亡当事人的法定继承人为当事人。法院判决后当事人死亡的,继承人同样受判决既判力的拘束。(2)未作为当事人的实体权利义务人。诉讼担当人(包括遗嘱执行人、破产管理人、失踪人的财产代管人等)作为当事人的案件中,判决虽然是针对诉讼担当人作出的,但既判力及于未作为当事人的实体权利义务人。

3. 既判力的时间范围

既判力的时间范围,又称既判力的"基准时",是指既判力的作用力在什么时候产生。我国《民诉法》没有明确的既判力"基准时"规定。②《民诉法解释》第248条规定:"裁判发生法律效力后,发生新的事实,当事人再次提起诉讼的,人民法院应当依法受理。"根据本条规定,最高人民法院倾向于以裁判发生法律效力时为既判力的"基准时",裁判发生法律效力后,如果发生新的事实,当事人提起诉讼不受既判力的消极作用即"一事不再理"原则的影响,当事人可就同一诉讼标的再次提起诉讼。

---

① 德国、日本民事诉讼法明确规定,既判力只限于判决主文。我国《民诉法》对此未作规定。
② 德国、日本等大陆法系国家一般实行三审终审制,第一审、第二审为事实审,第三审为法律审。这些国家将事实审的法庭辩论终结作为既判力的基准时。

七、民事判决书的补正

俗话说,"百密总有一疏",民事判决书有时可能因法官书写疏漏出现误写、误算、遗漏等现象,也可能因判决书在法院内部传输、印刷、校对过程中出现上述现象,致使判决书判项内容与判决原意不一致。

《民诉法》第154条第1款第7项规定了裁定适用于补正判决书中的笔误。《民诉法解释》第245条进一步明确为,判决书中的笔误是指法律文书误写、误算,诉讼费用漏写、误算和其他笔误。根据上述规定,对于民事判决书中的笔误应当用民事裁定书加以补正。

实务中,有的法院在民事判决书出现笔误时,往往收回已经送达给当事人的判决书,在判决书上直接手写修改后,加盖法院校对专用章后再送达给当事人。这样的做法虽然简便易行,但缺乏法律依据,也破坏了民事判决的严肃性。更为严重的是,当事人在交回文书前有可能已经复印了存在笔误的民事判决书,导致两种不同版本的判决书在当事人手中,严重影响法院的公信力,因此,为了维护民事判决的严肃性,法院应当以裁定形式补正判决书笔误,杜绝直接在判决书上更改笔误。

第二节 民事裁定

一、民事裁定概述

民事裁定,是指法院对民事诉讼与执行程序中的程序问题和个别实体问题所作的权威性判定。

民事裁定主要用于解决程序问题[①],包括解决诉讼中的程序问题与执行中的程序问题,比如裁定驳回原告起诉、裁定案件中止执行。特殊情况下,民事裁定也用于解决涉及当事人实体权利义务的问题,比如先予执行的裁定。由于先予执行裁定并不是实体问题的最后认定,最终实体问题的认定还要以判决形式作出,因此,先予执行裁定实质上解决的还是程序问题。

民事裁定与民事判决同属于法院的裁判文书,但二者的区别也较为明显。民事裁定与民事判决的区别表现为:

(1)适用的对象不同。民事裁定实质上解决的是程序问题,而民事判决解决的是实体问题。

(2)适用时间段与使用次数不同。民事裁定在审判阶段与执行阶段均可适用,具体适用的时间段从立案审查开始至执行终结,前者有不予受理裁定书,后

---

① 法院对程序问题作出的安排不止裁定,还包括命令、告知、公告、责令等形式。

者有执行终结裁定书,且民事裁定可以多次使用,但有的案件也可能一次也不需要使用;民事判决只适用于审判阶段,一般情况下只使用一次。

(3) 当事人是否有上诉权不同。一审民事判决(最高人民法院作出的一审判决、适用小额诉讼程序与非讼程序作出的判决除外)当事人都可以上诉,而一审裁定除不予受理、驳回起诉、管辖权异议裁定外,其他民事裁定均不允许上诉。

(4) 上诉期限不同。可以上诉的判决上诉期限为15日,而可以上诉的裁定上诉期限为10日,涉外案件及涉港澳台案件除外。

(5) 形式不同。民事判决必须采用书面形式,而民事裁定既可以采用书面形式,也可以采用口头形式。

二、民事裁定的适用范围

根据《民诉法》第154条的规定,民事裁定的适用范围有:

(1) 不予受理。根据《民诉法》第123条的规定,法院对不符合起诉条件的起诉,应当裁定不予受理。比如,提起诉讼的事项不属于法院行使民事审判权的范围,原告不是与本案有利害关系的公民、法人或者其他组织,没有明确的被告或者没有具体的诉讼请求和事实、理由。对于不予受理的裁定,当事人不服可以提起上诉。

(2) 对管辖权有异议的。当事人认为受诉法院对案件没有管辖权的,可以提出管辖权异议。法院对当事人提出的管辖权异议进行审查,裁定本院是否有管辖权。根据《民诉法》第127条的规定,法院对当事人提出的管辖权异议认为不能成立的,裁定驳回。对于管辖权异议的裁定,当事人不服的可以提起上诉。

(3) 驳回起诉。法院受理了不属于法院受理民事诉讼范围的案件的,应当裁定驳回起诉。法院在审理案件的过程中,发现原告的起诉不符合起诉条件的,亦应当裁定驳回起诉。当事人对驳回起诉的裁定不服的,可以提起上诉。

(4) 保全和先予执行。法院决定保全和先予执行时,应当采用裁定的形式。裁定一经作出,即具有法律效力,当事人不能上诉。对于保全和先予执行的裁定,当事人不服的,可以申请复议一次,但复议期间不停止对该裁定的执行。

(5) 准许或者不准许撤诉。原告起诉、被告反诉、有独立请求权第三人提起第三人撤销之诉后,原告、反诉原告、有独立请求权第三人在宣判前申请撤回起诉的,法院根据法律规定,作出准许或者不准许撤诉的裁定。该裁定一经作出,就具有法律效力,当事人不能上诉,也不能申请复议。

(6) 中止或者终结诉讼。在诉讼过程中,发生了法律规定的中止或者终结诉讼的情况,法院应当作出中止或者终结诉讼的裁定。中止诉讼的障碍消除的,法院应当恢复案件审理。中止或者终结诉讼的裁定一经作出,即具有法律效力,当事人既不能上诉,也不能申请复议。

(7) 补正判决书中的笔误。判决书中的笔误,是指错写了个别的字、词或误算了数字等情况。进行补正时,应当用裁定方式。补正笔误的裁定不涉及当事人实体权利和诉讼权利,没有上诉的必要,也没有复议的意义。

(8) 中止或者终结执行。法院在执行过程中,如果出现了法律规定的中止或者终结执行的情况,应当作出中止或者终结执行的裁定。在中止执行的原因消除后,依法具有恢复执行的条件时,法院应当作出恢复执行的裁定。中止或者终结执行的裁定,送达当事人后立即生效。

(9) 撤销或者不予执行仲裁裁决。《民诉法》与《仲裁法》规定了法院裁定撤销仲裁裁决的制度。当事人可以依法向法院申请撤销仲裁裁决,法院认为仲裁裁决有法律规定情形的,应当裁定撤销仲裁裁决。对当事人申请执行的仲裁裁决,有《民诉法》第 237 条和第 274 条规定情形之一的,经法院审查属实,应当作出不予执行仲裁裁决的裁定。撤销或者不予执行仲裁裁决的裁定一经作出,即具有法律效力,当事人不能上诉,也不能申请复议。

(10) 不予执行公证机关赋予强制执行效力的债权文书。对当事人申请执行公证机关依法赋予执行效力的债权文书,法院认定确有错误,不予执行的,作出不予执行的裁定。不予执行公证机关赋予强制执行效力的债权文书的裁定一经作出,即具有法律效力,当事人不能上诉,也不能申请复议。

(11) 其他需要裁定解决的事项。除上述十种情形外,为解决某些程序问题,对于其他需要裁定的事项法院也应当作出裁定。

[表 16-1] 民事裁定适用范围

	适用情形	是否可以上诉
审判程序	不予受理	可以上诉
	对管辖权有异议的	
	驳回起诉	
	财产保全和先予执行	不可以上诉
	准许或者不准许撤诉	
	中止或者终结诉讼	
	补正判决书中的笔误	
执行程序	中止或者终结执行	
	撤销或者不予执行仲裁裁决	
	不予执行公证机关赋予强制执行效力债权文书	
兜底条款	其他需要裁定解决的事项	

民事裁定是法院对程序问题加以判定的主要形式,在诉讼前、诉讼中以及非讼和执行程序中都有广泛的运用。实务中,除了《民诉法》第154条列举的10种适用情形外,以兜底条款"其他需要裁定解决的事项"为依据适用的情形还包括很多,有些情形在《民诉法》其他条文中有明确规定,比如裁定由简易程序转换为普通程序(第163条)、裁定再审或驳回申请(第204条)等。《民诉法解释》也规定了一些民事裁定的适用情形,如移送和指定管辖、终结本次执行等。此外,还有许多适用裁定解决程序问题的情形,比如:依特别程序审理案件的过程中,发现本案存在民事权利义务争议的,应当裁定终结特别程序;第二审法院对于不服第一审法院裁定的上诉案件的处理,一律使用裁定;法院按照审判监督程序决定再审的,裁定中止原判决、调解书的执行;执行回转中法院还可以依法裁定申请执行人返还已被执行的财产;等等。

三、民事裁定书的形式、内容与补正

民事裁定有两种形式:(1)书面形式,实践中民事裁定通常为书面形式;(2)口头形式,以口头形式作出裁定的,必须记入笔录(《民诉法》第154条第3款)。

书面民事裁定称为民事裁定书。民事裁定书由当事人及诉讼代理人基本情况、事实、理由、裁定结果四部分组成。由于民事裁定解决的是程序问题,因此,其内容应简明、扼要。首部需列明法院全称及案号,尾部由审判人员、书记员署名,并加盖法院印章,以及写明制作的日期。不予受理、驳回起诉、管辖权异议裁定,还要注明上诉期间及上诉法院。

民事裁定书中的笔误应依据《民诉法》第154条第1款第11项裁定适用范围兜底条款"其他需要裁定解决的事项"的规定,采用民事裁定书形式来补正。

四、民事裁定的效力

民事裁定的内容与制作法院不同,其生效时间也不同。最高人民法院和第二审人民法院作出的裁定,一经送达即产生法律效力;地方各级法院制作的第一审民事裁定,除不予受理、驳回起诉、管辖权异议裁定外,其余裁定一经送达即产生法律效力。在上诉期内当事人不上诉且上诉期届满时,不予受理、驳回起诉、管辖权异议裁定产生法律效力。

第三节 民事决定

一、民事决定概述

民事决定,是指法院为保证民事诉讼的顺利进行,对诉讼中某些特殊问题作出的权威性判定。特殊问题一般指阻碍诉讼程序正常进行的特殊事项,另外还包括了诉讼费用缓交、减交、免交等事项。民事决定既可以用书面形式,也可以用口头形式。

民事决定所解决的问题既不是实体问题,也不是诉讼程序问题,而是某些特殊事项,解决这些问题对诉讼程序的正常进行具有相当的紧迫性与特别的重要性。

(一)民事决定与民事判决的区别

(1)适用的对象不同。民事决定解决特殊问题,民事判决解决实体问题。

(2)适用时间段与使用次数不同。民事决定在审判阶段与执行阶段均可适用,具体适用的时间段从立案审查开始至执行终结,且民事决定可以多次使用,但有的案件也可能一次也不需要使用;民事判决只适用于审判阶段,一般情况下只使用一次。

(二)民事决定与民事裁定的区别

(1)民事决定解决特殊问题,民事裁定解决程序问题。

(2)民事决定解决的问题对诉讼程序的正常进行具有相当的紧迫性,因此,民事决定均不允许上诉。对于直接涉及人身自由和财产的民事决定,有的可以申请复议,比如拘留、罚款决定,被拘留人或被罚款人可以申请复议,复议期间不停止执行;对于涉及当事人重要诉讼权利的决定,也可申请复议,比如是否准许回避决定。

[表16-2] 民事判决、裁定、决定的区别

	解决事项	可否上诉	文书形式	使用次数	适用阶段
判决	实体问题	最高人民法院一审判决、适用非讼程序作出的判决、依据小额诉讼程序作出的判决及第二审判决不可以上诉	书面形式	一般情况下只使用一次	审判阶段
		其他一审判决均可上诉			
裁定	程序问题	不予受理、驳回起诉、管辖权异议裁定可上诉	书面形式;口头形式	可多次使用,但一案也可能不用一次	审判阶段与执行阶段均可适用
决定	特殊问题	均不允许上诉;涉及人身、财产等重要权利的可复议			

二、民事决定的适用范围

(1) 解决是否回避的问题。

当事人申请审判人员、执行人员、书记员、翻译人员、鉴定人、勘验人回避的,是否准许,均适用民事决定。如果是当庭决定或休庭后立即请示院长决定驳回回避申请的,为了能够当天继续开庭审理,可以口头形式作出民事决定,并记入开庭笔录,其他民事决定则采用书面形式。

(2) 采取强制措施,排除并制裁妨害民事诉讼的行为。

对不同的妨害民事诉讼的行为采取不同的强制措施,情况紧急的,可以口头形式作出民事决定,一般情况下应记入笔录,但对效力较强的强制措施,比如拘留、罚款决定,应使用民事决定书。

(3) 解决当事人申请顺延诉讼期限的问题。

当事人因不可抗拒的事由或有其他正当理由无法实施某种诉讼行为,且无法预见何时能够实施的,可以在障碍消除后 10 日内,申请顺延期限,是否准许,由法院决定。

(4) 解决当事人申请缓交、减交、免交诉讼费用问题。

法律规定应当交纳诉讼费用的当事人,因经济上确有困难,无力负担或者暂时无力交纳诉讼费用时,经当事人申请,由法院决定缓交、减交和免交。

(5) 对某些重大疑难问题的处理适用决定。

对于实务中出现的其他阻碍诉讼程序正常进行的特殊事项,可以适用民事决定处理。

三、民事决定书的内容与补正

民事决定的书面形式称为民事决定书。

民事决定书由当事人及诉讼代理人基本情况、事实、理由、裁定结果四部分组成,首部还需列明法院全称及案号,由于民事决定通常情况下并非由合议庭或独任庭作出,因此,民事决定书尾部一般无需由审判人员、书记员署名,只需要加盖法院印章,并写明制作的日期即可。

民事决定书中的笔误应依据《民诉法》第 154 条第 1 款第 11 项裁定适用范围兜底条款"其他需要裁定解决的事项"的规定,采用民事裁定书形式来补正。

四、民事决定的法律效力

民事决定一经作出即产生法律效力,当事人申请复议的,不影响民事决定的效力。

思 考 题

1. 简述终局判决与终审判决的区别。
2. 给付之诉、确认之诉和形成之诉是否必然对应给付判决、确认判决和形成判决?
3. 在我国,被告缺席庭审时,法院是否一律判决被告败诉?简述法律规定缺席审判制度的意义。
4. 一份民事判决书由哪些部分构成?判项部分表述有哪些要求?
5. 简述民事判决既判力的概念及内涵。
6. 民事判决、民事裁定与民事决定有哪些区别?
7. 法律文书与裁判文书是否同一概念?裁判文书是否包括调解书?

第十七章 第二审程序

我国民事诉讼实行两审终审制。第一审裁判文书作出后,只要有一名当事人在上诉期内提起上诉,第一审裁判文书就不发生法律效力,案件就进入第二审程序审理。《民诉法》第14章规定的第二审程序属于特别规定,第二审法院审理上诉案件首先应适用本章规定,本章没有规定的,适用第一审普通程序的规定。

第一节 第二审程序概述

一、第二审程序的内涵

第二审程序,又称为上诉程序、终审程序,是指当事人不服第一审法院作出的判决、裁定,依照法定程序与期限,提请上一级法院对案件进行审理所适用的程序。简言之,第二审程序就是裁判文书作出法院的上级法院审理上诉案件(二审案件)所适用的程序。第一审判决、裁定作出后,如果全部当事人在上诉期内都没有提起上诉,第一审判决、裁定就发生法律效力;反之,只要有一方当事人(共同诉讼中只要有一名当事人)在上诉期内提起上诉,第一审裁判文书就不发生法律效力,案件就要进入第二审程序审理。

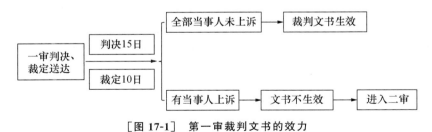

[图17-1] 第一审裁判文书的效力

《宪法》第132条第2款规定:"最高人民法院监督各级人民法院和专门人民法院的审判工作,上级人民法院监督下级人民法院的审判工作。"根据上述规定,上下级法院是审判业务上的监督与被监督的关系,第二审法院通过审理上诉案件监督第一审法院的审判活动,是上级法院对下级法院监督的主要方式。

二、第二审程序与第一审程序的区别

1. 审级不同。第一审程序是民事案件的初审程序,根据《民诉法》的规定,我国的四级人民法院审理第一审民事案件时均可以适用第一审普通程序。其中,基层人民法院除普通程序外还可适用简易程序、小额诉讼程序审理第一审民事案件,中级以及中级以上人民法院则只能适用普通程序审理第一审民事案件。① 第二审程序是民事案件的终审程序,只有中级及中级以上人民法院审理上诉案件时才可以适用。

2. 任务不同。第一审程序的任务是确认当事人之间的民事权利义务关系,解决民事纠纷;第二审程序的任务是不仅要对当事人之间争议的民事法律关系予以确认,而且要对下级法院的审判活动进行监督。

3. 审判程序启动的原因不同。第一审程序是基于当事人之间存在民事权利义务争议,以及原告行使起诉权与法院行使管辖权而启动;第二审程序是基于当事人不服第一审判决、裁定,以及当事人行使上诉权与上级法院行使审判监督权而启动。上诉人既有可能是原告,也有可能是被告,还有可能是有独立请求权的第三人及判决承担民事责任的无独立请求权第三人。虽然起诉权与上诉权均是当事人诉权的具体体现,但两者行使权利的主体、行使权利的期限等均有一定的区别。

4. 审理组织不同。第一审程序的审理组织包括合议庭与独任庭两种,其中,基层人民法院适用简易程序时由审判员一人独任审理,适用普通程序时组成合议庭审理,中级及中级以上人民法院审理第一审民事案件则全部组成合议庭适用普通程序审理。第一审程序实行合议制的,合议庭可以由审判员组成,也可以由审判员与人民陪审员共同组成;第二审程序的审理组织只能是合议庭,而且合议庭只能全部由审判员组成,人民陪审员不能参加第二审程序的合议庭。

5. 审理的对象不同。第一审程序的审理对象是当事人之间的实体权利义务争议;第二审程序的审理对象通常情况下是因当事人不服第一审判决、裁定而提出的具体上诉请求。

6. 审理的方式不同。适用第一审程序审理案件,法院必须开庭审理;适用第二审程序审理上诉案件,法院以开庭审理为原则,不开庭审理为例外。《民诉法》第169条规定,经过阅卷、调查和询问当事人,对当事人没有提出新的事实、证据或者理由,合议庭认为不需要开庭审理的,可以不开庭审理。

7. 审理期限不同。第一审程序中,简易程序审理期限为3个月,双方当事人同意且本院院长批准的可以延长至不超过6个月;普通程序审理期限为6个

---

① 中级法院建制的海事法院也可适用小额诉讼程序审理海事案件。

月,有特殊情况需要延长的,由本院院长批准,可以延长 6 个月,还需要延长的,报请上级法院批准,还可以再延长 3 个月。适用第二审程序审理案件,对判决不服的,审理期限为 3 个月,有特殊情况需要延长的,经本院院长批准,可以延长 3 个月;对裁定不服的,审理期限为 1 个月。

8. 所作裁判的效力不同。地方各级法院适用第一审程序对民事案件经过审理后所作出的第一审判决(小额诉讼程序除外)以及允许上诉的裁定,在法定的上诉期内暂时不发生法律效力。一旦有当事人行使上诉权提出上诉,该第一审判决与裁定就不会发生法律效力。第二审法院适用第二审程序对上诉案件经过审理后所作出的判决与裁定,是发生法律效力的终审裁判,不允许当事人再行上诉。

[表 17-1] 第二审程序与第一审程序的区别

	第一审程序	第二审程序
程序提起原因	基于当事人的起诉权与法院管辖权	基于当事人的上诉权与第二审法院监督权
任务	确认当事人之间的民事权利义务关系,解决民事纠纷	不仅确认民事权利义务关系,而且对下级法院的审判活动进行监督
审理方式	必须开庭审理	以开庭审理为原则,不开庭审理为例外
审理期限	简易程序 3+3 个月	判决 3+3 个月
	普通程序 6+6+3 个月	裁定 1 个月
审级不同	初审	终审
审判组织	合议庭;独任庭	合议庭
审理对象	当事人之间的民事权利义务	通常仅为上诉请求,特殊全案审理
裁判效力	小额诉讼程序之外的一审判决及三种裁定允许上诉	终审裁判,不允许当事人再行上诉

三、第二审程序的意义

1. 有利于保护当事人的合法权益

上诉权是当事人的一项非常重要的程序上的救济权,当事人可以要求上级法院对第一审判决、裁定的正确性、合法性进行审查,以保护自己的合法权益不因一审法院的错判而受到损害。

2. 有利于上级法院对下级法院的审判工作进行有效监督

上级法院通过对上诉案件的审理,可以发现下级法院在认定事实、适用法律上存在的问题,帮助下级法院总结审判工作经验,提高下级法院的审判工作水平与办案质量。对于一审判决遗漏当事人或违法缺席判决等严重违反法定程序的,或一审判决认定基本事实不清的,可以撤销原判决发回原审法院重新审理;对于原判决、裁定认定事实错误或适用法律错误的,可以自行改判。

第二节 上诉的提起与受理

一、上诉的提起

所谓上诉,是当事人对第一审判决、裁定不服,在法定期限内要求上级法院进行审理,以变更或撤销原判决、裁定的诉讼行为。上诉是第二审法院开始第二审程序的根据,提起上诉需具备下列条件:

(1) 提起上诉的客体必须是依法允许上诉的判决或裁定。

根据《民诉法》的规定,可以上诉的判决或裁定包括:① 地方各级人民法院适用普通程序、简易程序作出的判决;② 第二审人民法院发回重审后原审法院重新作出的判决;③ 不予受理、驳回起诉、管辖权异议裁定。除此之外,当事人对其他判决、裁定不得上诉。

(2) 提起上诉的主体必须是依法享有上诉权的人。

其一,享有上诉权的主体的确定。

根据《民诉法》的规定,享有上诉权的主体是第一审程序的当事人,包括原告、被告、有独立请求权的第三人、判决承担义务的无独立请求权的第三人[①],以及共同诉讼人、诉讼代表人。在必要共同诉讼中,其中一人提起上诉的,经其他共同诉讼人同意,对全体共同诉讼人发生效力,但每个共同诉讼人也有权单独提起上诉。《民诉法解释》第321条规定,无民事行为能力人、限制民事行为能力人的法定代理人,可以代理当事人提起上诉。

其二,上诉人与被上诉人的确定。

在第二审程序中,提起上诉的当事人为上诉人,上诉请求所指向的对方当事人为被上诉人。《民诉法解释》第317条规定,双方当事人和第三人都提起上诉的,均为上诉人,人民法院可以依职权确定第二审程序中当事人的诉讼地位。比如,原审被告提起上诉,上诉请求为撤销原审判决、驳回原审原告的诉讼请求,上诉人为原审被告,被上诉人为原审原告。如果原审原告、原审被告都提起上诉,上诉人则为原审原告与原审被告,不列被上诉人。

必要共同诉讼中的一人或部分人提起上诉的,根据《民诉法解释》第319条的规定,按下列情形分别处理:

[①] 并非所有无独立请求权的第三人均有权提起上诉,只有判决承担义务的无独立请求权的第三人才有权提起上诉。

① 上诉仅对与对方当事人之间的权利义务分担有意见,不涉及其他共同诉讼人利益的,对方当事人为被上诉人,未上诉的同一方当事人依原审诉讼地位列明。比如,甲与乙为共同原告起诉丙支付货款与违约金,一审判决作出后,甲上诉,请求第二审人民法院改判增加违约金金额,乙则认为第一审人民法院确定的违约金金额可以接受,没有提出上诉。甲为上诉人,丙为被上诉人,乙为原审原告。

② 上诉仅对共同诉讼人之间的权利义务分担有意见,不涉及对方当事人利益的,未上诉的同一方当事人为被上诉人,对方当事人依原审诉讼地位列明。比如,甲与乙作为共同原告起诉被告丙,一审判决作出后,甲对一审判决确定的丙应支付货款与违约金金额没有异议,但认为一审判决确定的甲与乙享有债权的比例不当,甲提起上诉,请求二审人民法院变更甲与乙之间的债权比例,甲为上诉人,乙为被上诉人,丙为原审被告。

③ 上诉对双方当事人之间以及共同诉讼人之间权利义务承担均有意见的,未提起上诉的其他当事人均为被上诉人。比如,甲与乙作为共同原告起诉被告丙,一审判决作出后,甲认为一审判决确定的丙应支付违约金的金额过低,同时也认为一审判决确定的甲与乙享有债权的比例不当,甲提起上诉,请求第二审人民法院改判增加违约金金额,同时改判甲与乙之间的债权比例,甲为上诉人,乙为被上诉人,丙亦为被上诉人①。

其三,《民诉法解释》第 319 条中对方当事人的确定。

该司法解释中提及了对方当事人,关于对方当事人的确定,涉及民事诉讼的当事人结构特点。对非讼案件以外的第一审民事诉讼而言,两方或者三方对立是基本的当事人结构。离开当事人的对抗便无民事诉讼的存在。在第一审程序中,当事人之间的对立主要体现为原告、被告的对立,存在有独立请求权第三人或被告型无独立请求权第三人的,体现为原告、被告和第三人之间的对立。对于任何一方当事人,其他各方当事人均为对方当事人。在第二审程序中,当事人之间的争议进一步聚焦和深入,第一审程序没有化解的争议可能继续存在,同时,原来同为一方的当事人之间也可能出现新的利益分化和争议,互相成为对方当事人。但无论如何,从两方对抗这一民事诉讼的基本特点出发,严格意义上的对方当事人应仅指存在权益对立的当事人。对于第二审程序中的上诉人而言,其对方当事人应仅指与其上诉请求存在权利和利益对立关系的当事人,亦即上诉人的上诉请求所指向的权利义务承担的相对方。

---

① 确定被上诉人的原则可以通俗地理解为,上诉人对谁有意见,谁就是被上诉人。其他人以原审诉讼地位列明。

（3）上诉人须具有上诉利益。

所谓上诉利益，是指当事人具有利用上诉制度予以进一步救济的必要。上诉人是否具有上诉利益，以其请求是否得到第一审判决支持作为判断标准。具体来讲，若原告在第一审程序中向受诉法院提出的诉讼请求全部得到支持，即诉讼请求与判决主文完全一致，该原告不具有诉讼利益，不得向上一级人民法院提起上诉；被告则具有上诉利益，可以提起上诉。若原告所提诉讼请求全部被驳回，则原告具有上诉利益，可以提起上诉；被告则不具有上诉利益，无权提起上诉。若原告诉讼请求部分得到法院支持，部分被驳回，则原告与被告均具有上诉利益，均可提出上诉。

（4）必须在法定期限内提起上诉。

如果超过法律规定的上诉期限提起上诉，当事人就丧失了上诉权。根据《民诉法》第164条的规定，当事人不服地方人民法院第一审判决的，有权在判决书送达之日起15日内向上一级人民法院提起上诉。当事人不服地方人民法院第一审裁定的，有权在裁定书送达之日起10日内向上一级人民法院提起上诉。裁判文书送达当事人的日期不一致的，从各自收到裁判文书的次日起开始计算上诉期，当事人可在自己的上诉期内提起上诉。上诉期届满后，所有的当事人均未提起上诉的，裁判文书才发生效力。

（5）必须递交书面上诉状。

当事人提起上诉的，必须向法院递交上诉状，当事人口头提出的，不能视为上诉。《民诉法解释》第320条规定，一审宣判时或者判决书、裁定书送达时，当事人口头表示上诉的，人民法院应告知其必须在法定上诉期间内递交上诉状。当事人在法定上诉期间内没有递交上诉状的，视为未提起上诉。

上述五个条件必须同时具备才能提起上诉，缺少其中一个条件都不能提起上诉。

上诉状的内容，应当包括当事人的姓名，法人的名称及其法定代表人的姓名或者其他组织的名称及其主要负责人的姓名；原审法院名称、案件的编号和案由；上诉的请求和理由。其中，上诉请求是上诉人通过上诉所要达到的目的，关系到第二审人民法院在第二审程序中的审理范围，因此，上诉请求必须明确、具体，应明确表明第二审人民法院全部或部分变更一审判决的请求。上诉理由，则是上诉人提出上诉请求的具体根据。

上诉状与起诉状不完全相同，起草上诉状应注意：（1）文书名称为"上诉状"；首部当事人为"上诉人、被上诉人、原审原告、原审被告、原审第三人"。（2）在"当事人基本情况"与"上诉请求"之间部分写明"原审人民法院名称、案件的编号和案由"，比如，上诉人不服Z市X区人民法院（2018）粤×××民初字××号借款合同纠纷案民事判决，特提起上诉。（3）上诉状主文应写明"上诉请求"。上诉请求须明确表明请求第二审人民法院全部或部分变更一审判决的内容。比如,请求撤销(2018)粤××××民初字××号民事判决书,判令被上诉人……(4)落款为"上诉人×××"。

提起上诉通常应当交纳上诉案件受理费,交纳人为上诉人。应当交纳诉讼费的,应在第一审人民法院指定的期间内交纳上诉费[①],逾期不交纳的,按自动撤回上诉处理[②]。对财产案件提起上诉的,按照不服一审判决部分的上诉请求数额交纳案件受理费。原告、被告、第三人部分或全部上诉的,上诉的原告、被告、第三人均应分别交纳上诉案件受理费。比如,甲起诉乙请求返还借款100万元,一审判决认定乙曾经还款20万元,判决乙向甲返还借款80万元,甲否认乙已还款20万,提起上诉请求第二审人民法院改判乙返还全部借款100万元。乙则认为已还款金额为60万元,同时提起上诉,请求第二审人民法院改判只需向甲返还借款40万元。甲交纳上诉案件受理费按标的额20万元计算,乙交纳上诉案件受理费按标的额40万元计算。

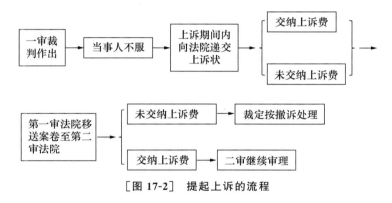

[图17-2] 提起上诉的流程

二、上诉的受理

与第一审程序中原告提起诉讼不同,上诉并非由当事人直接向第二审人民法院立案庭提起,而是先向第一审人民法院提出上诉状,由第一审人民法院通知交纳上诉费后,第一审人民法院再将一审案卷连同上诉状一起移交给第二审人民法院。《民诉法》第166条规定,上诉状应当通过原审人民法院提出,并按照对

[①] 虽然上诉费系第二审人民法院收取,但由于上诉状一般向第一审人民法院提出,提出上诉状时就需要通知上诉人交纳上诉费,因此,上诉费缴费通知书由第一审人民法院制作并送达上诉人。

[②] 根据《民诉法解释》第320条的规定,虽递交上诉状,但未在指定的期限内交纳上诉费的,按自动撤回上诉处理。自动撤回上诉处理的裁定权归第二审人民法院,第一审人民法院没有裁定权。因此,上诉人递交上诉状但没有在法院指定期间内交纳上诉费的,第一审人民法院应将一审案卷移交第二审人民法院处理。

方当事人或者代表人的人数提出副本,这样既便于当事人提起上诉,又便于原审人民法院对包括是否在上诉期内提起上诉等事项进行审查。当事人直接向第二审人民法院上诉的,也产生上诉的效果。第二审人民法院应当在5日内将上诉状移交第一审人民法院,由第一审人民法院通知上诉人交纳上诉费后,再将一审案卷连同上诉状一起移交给第二审人民法院。

原审人民法院收到上诉状,应当在5日内将上诉状副本送达对方当事人,对方当事人在收到之日起15日内提出答辩状。人民法院应当在收到答辩状之日起5日内将副本送达上诉人。对方当事人不提出答辩状的,不影响人民法院审理。原审人民法院收到上诉状、答辩状,应当在5日内连同全部案卷和证据,报送第二审人民法院(《民诉法》第167条)①。

《民诉法》第166条、第167条与《民诉法解释》第319条规定中都引用了"对方当事人"的概念,但二者外延不同。从《民诉法》第166条和第167条关于上诉和答辩程序的规定来看,其立法宗旨包含民事诉讼辩论原则。为了保障当事人的辩论权,对于对方当事人的解释亦应符合该立法宗旨的要求。根据辩论原则的要求,对上诉状进行答辩不仅是被上诉人的辩论权,也是其他当事人的辩论权,因此,《民诉法》第166条和第167条所称的对方当事人应当既包括被上诉人,也包括原审其他当事人。

三、上诉的撤回

上诉的撤回,是指上诉人提起上诉后,在第二审人民法院宣告判决前撤回上诉请求的行为。《民诉法》第173条规定:"第二审人民法院判决宣告前,上诉人申请撤回上诉的,是否准许,由第二审人民法院裁定。"《民诉法解释》第337条进一步规定为,在第二审程序中,当事人申请撤回上诉的,第二审人民法院应当进行审查,两种情形下不应准许撤回上诉:一是第二审人民法院经审查认为一审判决确有错误;二是当事人之间恶意串通损害国家利益、社会公共利益、他人合法权益。② 需特别注意,上诉人在第二审程序中撤回上诉后,第二审程序终结,原审裁判文书发生法律效力,法律效果等同于上诉人没有提起上诉。义务人不履行义务的,权利人可以原审裁判文书为执行依据向法院申请强制执行。

根据上述规定,上诉人在提起上诉后直至第二审判决宣告前的整个审理过程中,都可以向第二审人民法院申请撤回上诉。撤回上诉是上诉人的诉讼权利,但第二审人民法院需对撤回上诉申请予以审查。审查首先应确认撤回上诉是否

---

① 《民诉法》第167条规定的期间可简单表述为"5+15+5+5"。

② 第一审程序中原告撤诉的处理见《民诉法解释》第238条规定,即当事人申请撤诉或者依法可以按撤诉处理的案件,如果当事人有违反法律的行为需要依法处理的,人民法院可以不准许撤诉或者不按撤诉处理。法庭辩论终结后原告申请撤诉,被告不同意的,人民法院可以不予准许。

是当事人真实意思表示,在此基础上再审查是否存在《民诉法解释》第 337 条规定的两种情形。实践中较为常见的为一审法院在认定事实和适用法律方面确实存在错误,包括基本事实认定不清,适用的法律与案件性质明显不符,确定民事责任明显违背当事人约定或者法律规定,适用已经失效或尚未施行的法律,违反法律溯及力规定,违反法律适用规则及明显违背立法本意等。对于当事人之间恶意串通损害国家利益、社会公共利益及他人合法权益情形的审查则需结合当事人申请撤回上诉的动机、各方当事人之间的利益关联、可能产生的诉讼结果及诉讼利益分配、对其他相关权益主体的影响等各方因素综合考量。①

法院对是否准许撤回上诉的处理是对程序问题的确定,应以裁定方式作出,该裁定一经作出即产生法律效力。若第二审法院裁定准予上诉人撤回上诉的,上诉程序随之终结。若撤回上诉存在《民诉法解释》第 337 条规定的两种情形的,需要第二审法院行使监督权,由第二审法院继续审理后撤销或变更原审判决,因此,第二审法院应裁定不准许上诉人撤回上诉,诉讼程序继续进行。

根据《民诉法》第 154 条的规定,裁定分为书面形式与口头形式。第二审法院准许上诉人撤回上诉后,第一审判决、裁定发生法律效力,权利人可向法院申请强制执行。如果第二审法院不制作书面裁定书,一审法院无法判断第一审判决、裁定是否已发生法律效力,因此,对准予上诉人撤回上诉的裁定,第二审法院应当制作书面裁定,由合议庭组成人员署名,并加盖第二审法院印章。

对于上诉人在上诉期间内撤回上诉,在上诉期尚未届满前反悔又提起上诉的问题,目前有两种观点,一种观点认为:上诉人撤回上诉后,上诉人放弃上诉权的处分行为产生法律上的后果,一审裁判已发生法律效力,上诉人不能反悔,即使上诉期未满,上诉人也不能再行上诉;另一种观点认为:在上诉期届满之前,一审裁判不因上诉人撤回上诉而自动生效,只有上诉期届满当事人没有提起上诉时,一审裁判才发生法律效力,因此,上诉人在上诉期间内撤回上诉,应等同于原告在一审程序中撤回起诉处理,在上诉期尚未届满前应允许其再次提起上诉。本书赞同第二种观点。

四、第二审程序中的撤回起诉

《民诉法解释》第 338 条规定:在第二审程序中,原审原告申请撤回起诉,经其他当事人同意,且不损害国家利益、社会公共利益、他人合法权益的,人民法院可以准许。准许撤诉的,应当一并裁定撤销一审裁判。原审原告在第二审程序

---

① 之所以未参照第一审程序规定撤回上诉需征得其他当事人同意,主要是由于上诉人撤回上诉,原审裁判文书发生法律效力,有利于未提起上诉的其他当事人,因此,其他当事人一定同意上诉人撤回上诉。

中撤回起诉后重复起诉的,人民法院不予受理。关于第二审程序中撤回起诉处理原则,详见本书第 14 章第 6 节关于撤诉的相关介绍。

第三节 上诉案件的审理

《民诉法》第 174 条规定:"第二审人民法院审理上诉案件,除依照本章规定外,适用第一审普通程序。"因此,第二审人民法院审理上诉案件,应首先适用《民诉法》关于第二审程序的特别规定,第二审程序没有规定的,适用第一审普通程序的有关规定。

一、审理前的准备工作

1. 组成合议庭

根据《民诉法》第 40 条第 1 款的规定,第二审人民法院审理上诉案件,应当由审判员组成合议庭进行审理,这是二审审判组织的法定形式,也是唯一形式。合议庭成员人数必须是单数。上诉案件不能由审判员一人独任审理,也不能由审判员和陪审员组成合议庭审理。

2. 阅卷、调查和询问当事人

第二审人民法院组成合议庭后,案件的承办法官及合议庭成员要认真审阅案卷,包括原审案卷与二审案卷,目的是审查当事人提起的上诉是否具备了法定的上诉条件,是否在上诉期内提起上诉,诉讼费是否交纳,上诉人是否提出新的事实、新的证据或新的理由。如果当事人提起上诉的事项有欠缺,法律规定允许其补正的应通知其补正,不允许补正的,则应直接驳回上诉。同时,为了查明事实,第二审人民法院必要时对相关事实和证据还可以进行调查并询问当事人。

二、上诉案件的审理范围

《民诉法》第 168 条规定:"第二审人民法院应当对上诉请求的有关事实和适用法律进行审查。"一般来讲,上诉案件的审理范围以当事人的上诉请求为限,第二审人民法院应受上诉人上诉请求的约束,不应把当事人已经接受的裁判内容在二审程序中重新审理。本条规定要求,第二审人民法院在审理上诉案件时应当对以下两个方面进行审查:(1)上诉请求涉及的有关事实,即针对上诉人提出的原判决、裁定中需要撤销或者变更的部分,以及其主张的民事权利有无事实根据进行审查,如果上诉请求涉及整个案件事实的认定,即应当全面审查第一审人民法院对案件的全部事实是否查明,证据是否充分,是非是否分清。当事人在二审中提出了新的事实和证据的,第二审人民法院应当一并审查核实。(2)对当事人提出上诉请求涉及的一审判决、裁定的内容在适用法律上是否正确进行审查。如果上诉请求涉及一审判决、裁定的所有内容,则对一审判决、裁定所有适用法律的事项都要进行审查。

但上诉审理范围也不是绝对的。《民诉法解释》第 323 条规定,第二审人民法院应当围绕当事人的上诉请求进行审理。当事人没有提出请求的,不予审理,但一审判决违反法律禁止性规定,或者损害国家利益、社会公共利益、他人合法权益的除外。换言之,如一审判决存在违反法律禁止性规定,或者损害国家利益、社会公共利益、他人合法权益情形的,上诉案件的审理范围除上诉请求外,还须对全案进行审理并作出判决。

三、上诉案件的审理方式

《民诉法》第 169 条第 1 款规定:"第二审人民法院对上诉案件,应当组成合议庭,开庭审理。经过阅卷、调查和询问当事人,对没有提出新的事实、证据或者理由,合议庭认为不需要开庭审理的,可以不开庭审理。"根据上述规定,第二审人民法院对于上诉案件原则上都应当开庭审理,只有经过阅卷、调查和询问当事人,对没有提出新的事实、证据或者理由,合议庭认为不需要开庭审理的,才可以不开庭审理。可见,第二审人民法院对上诉案件开庭审理是"常态",不开庭审理是例外。关于庭审的公开与否、法庭调查、法庭辩论、法庭宣判等所应遵循的程序,第二审程序均未作出特别规定,应适用第一审普通程序的相关规定。

1. 开庭审理

为保障当事人的程序参与权以及更好地发挥第二审程序的机能,承办人及合议庭成员经过阅卷、调查、询问当事人后,如果当事人提出新的事实、证据或者理由,第二审人民法院应当开庭审理。通过法庭调查、法庭辩论对相关事实予以查证,对新证据予以质证,进而对一审程序中的事实认定、证据采用或法律适用是否正确作出终审判断。

关于上诉案件的审理地点。为了方便当事人、提高办案效率,《民诉法》第 169 条第 2 款规定,第二审人民法院审理上诉案件,可以在本院进行,也可以到案件发生地或者原审人民法院所在地进行。

2. 书面审理

第二审人民法院审理上诉案件在一定情形下可以采取书面形式审理。所谓书面审理,是指第二审人民法院无需进行法庭调查与法庭辩论程序,只通过审查一审案卷材料即可作出判决的审理方式。采取书面形式审理上诉案件,应给予当事人充分陈述意见的机会。根据《民诉法》第 169 条的规定,书面审理的条件为,经过阅卷、调查和询问当事人,当事人没有提出新的事实、证据或者理由,以及合议庭认为不需要开庭审理。如果当事人提出新的事实、证据或者理由的,第二审人民法院应当开庭审理。

根据《民诉法解释》第 333 条的规定,下列民事案件,第二审法院可采取书面审理的形式:(1) 不服第一审人民法院就不予受理、管辖权异议和驳回起诉作出裁定的案件;(2) 当事人提出的上诉请求明显不能成立的案件;(3) 原审裁判认定事实清楚,但适用法律错误的案件;(4) 原判决严重违反法定程序,需要发回重审的案件。上述四类案件之所以可采取书面审理的形式,共同的原因在于,上述案件即便采取开庭审理的形式,当事人值得保障的程序利益也不多,反而会延误诉讼程序的进行。第一类案件,因其均关系到诉讼要件是否欠缺,而与本案事实的认定无关,无需组织当事人进行言词辩论,在形式上即容易为第二审人民法院确定;第二类案件,当事人的上诉请求明显不能成立,显然为缺乏足够事实支撑的无益的上诉,第二审人民法院迅速作出裁判,亦不为过;第三类案件,因法律的适用是法官的职责,故一审裁判事实认定清楚,仅法律适用有误,第二审人民法院进行开庭审理的意义不大;第四类案件,因其涉及第一审人民法院是否遵守法定程序而进行审理,此种情形依原审卷宗内的诉讼材料即可作出正确且迅速的判断,故无需开庭审理。

《民诉法解释》第 342 条规定,当事人在第一审程序中实施的诉讼行为,在第二审程序中对该当事人仍具有拘束力。当事人推翻其在第一审程序中实施的诉讼行为时,法院应当责令其说明理由。理由不成立的,不予支持。该规定为民事诉讼诚实信用原则中的"禁反言"在第二审程序中的体现,同样适用于一审中当事人作出的自认,即当事人在第一审程序中作出的对己方不利事实的自认亦同样适用于第二审程序。

四、上诉案件的调解与和解

(一) 上诉案件的调解

调解制度作为民事诉讼的基本原则之一,贯穿于民事诉讼的全过程。为了尊重当事人的处分权,二审中的调解也应当遵循自愿、合法的原则,在事实清楚的基础上,分清是非,依法进行调解。上诉案件的调解范围不受上诉请求范围的限制,也不受第一审诉讼请求范围的限制。

《民诉法》第 172 条规定:"第二审人民法院审理上诉案件,可以进行调解。调解达成协议,应当制作调解书,由审判人员、书记员署名,加盖人民法院印章。调解书送达后,原审人民法院的判决即视为撤销。"根据本条规定,第二审人民法院审理上诉案件时,可根据自愿、合法原则主持双方当事人进行调解。调解达成协议后,应当制作调解书,由审判人员、书记员署名,加盖法院印章。调解书一经送达,即与终审判决具有同等的法律效力。与此同时,原审人民法院的判决即视为撤销。之所以是"视为撤销",是因为判决的撤销只能是法院的裁判行为,但第二审人民法院并没有作出撤销第一审裁判的法律文书,调解具有终结诉讼的效力,所以在调解书生效后,原审人民法院的判决就不再有效,视为撤销。

第一审程序调解与第二审程序调解既有相同之处,也有不同点。相同之处为:(1)一审调解与二审调解都是法院结案方式的一种,法院出具调解书后,将终结一审或二审程序。(2)一审调解与二审调解都适用于诉讼程序的全过程。根据《民诉法》及司法解释的规定,法院对受理的第一审、第二审和再审民事案件,可以在答辩期满后裁判作出前进行调解;在征得当事人各方同意后,也可以在立案后先行调解,还可以在答辩期满前进行调解。因此,在征得双方当事人同意调解的情况下,第二审程序可以在立案后到宣判前过程中进行调解。

第一审程序调解与第二审程序调解的区别为:(1)是否必须制作调解书不同。二审调解必须制作调解书,而一审案件经调解达成协议后,法院原则上应当制作调解书,但是某些特殊案件在调解达成协议后,法院可以不制作调解书。(2)调解不成的后果不同。一审调解不成的,应当及时作出判决;而在二审程序中,原则上法院对案件调解不成的,应当及时作出判决。但由于存在《民诉法解释》第326条至329条①规定的例外,故调解不成的,应当根据不同情况区别对待。(3)调解成功的程序后果不同。二审调解达成协议的,调解书送达后,原审法院的判决即视为撤销。

(二)上诉案件的和解

第二审程序中,当事人如自行达成和解协议,当事人应申请第二审人民法院制作调解书,以调解方式结案。当然,上诉人也可以向第二审人民法院提出撤诉申请,但需注意和解协议并不是法律规定的强制执行根据。上诉人提出撤诉申请,第二审人民法院裁定准许撤诉后,一审判决自动生效,一审原告可持一审判决申请强制执行,可能对一审被告产生不利后果。②

最高人民法院曾于2011年12月20日发布指导案例(吴梅诉四川省眉山西城纸业有限公司买卖合同纠纷案,最高人民法院第一批指导性案例第2号),吴梅案的裁判要点确认:民事案件二审期间,双方当事人达成和解协议,法院准许撤回上诉的,该和解协议未经法院依法制作调解书,属于诉讼外达成的协议。一

---

① 《民诉法解释》第326条规定:"对当事人在第一审程序中已经提出的诉讼请求,原审人民法院未作审理、判决的,第二审人民法院可以根据当事人自愿的原则进行调解;调解不成的,发回重审。"第327条规定:"必须参加诉讼的当事人或者有独立请求权的第三人,在第一审程序中未参加诉讼,第二审人民法院可以根据当事人自愿的原则予以调解;调解不成的,发回重审。"第328条规定:"在第二审程序中,原审原告增加独立的诉讼请求或者原审被告提出反诉的,第二审人民法院可以根据当事人自愿的原则就新增加的诉讼请求或者反诉进行调解;调解不成的,告知当事人另行起诉。双方当事人同意由第二审人民法院一并审理的,第二审人民法院可以一并裁判。"第329条规定:"一审判决不准离婚的案件,上诉后,第二审人民法院认为应当判决离婚的,可以根据当事人自愿的原则,与子女抚养、财产问题一并调解;调解不成的,发回重审。双方当事人同意由第二审人民法院一并审理的,第二审人民法院可以一并裁判。"

② 对一审被告产生不利后果的案例详见第13章"诉讼调解与和解"。

方当事人不履行和解协议,另一方当事人申请执行一审判决的,法院应予支持。

需注意:(1)民事案件二审期间,当事人因达成和解协议而撤回上诉,如果和解协议已经履行完毕,当事人又向法院申请恢复执行一审生效判决的,法院不予支持。如果一方当事人已经部分履行和解协议的,在执行一审判决时应当扣除已经履行的部分。(2)当事人在一审判决作出之后,因签订了和解协议而未在法定期限内提出上诉,在履行和解协议过程中,当事人反悔,申请执行一审判决的,参照《民事诉讼法》和司法解释有关执行和解的规定,法院应予支持。此种情况下,因一审判决已经生效,一方当事人可以申请执行原生效判决,另一方当事人如有异议则可以申请再审。法院对这种情况应先依法启动执行程序,然后根据案件的具体处理情况,可以依法裁定中止执行、终结执行或者予以执行回转。

五、第二审程序中增加诉讼请求与反诉

对于原审原告在上诉过程中增加诉讼请求或者原审被告提起反诉,学理上称为"上诉变化"。对于"上诉变化",《民诉法》没有明确规定。《民诉法解释》第328条规定:"在第二审程序中,原审原告增加独立的诉讼请求或者原审被告提出反诉的,第二审人民法院可以根据当事人自愿的原则就新增加的诉讼请求或者反诉进行调解;调解不成的,告知当事人另行起诉。双方当事人同意由第二审人民法院一并审理的,第二审人民法院可以一并裁判。"本规定提供了"上诉变化"可以在二审程序中进行调解、调解不成另行起诉之外的第三种解决方式,即在当事人均同意由第二审人民法院一并审理的情况下,第二审人民法院可以就原审原告新增加的诉讼请求以及原审被告提起的反诉一并进行审理和裁判。如此规定,不仅体现了对当事人处分权和程序选择权的尊重,还有利于及时解决纠纷,提高诉讼效率,节省司法资源,实现程序安定。实务中应当注意:第一,第二审人民法院进行调解必须根据当事人的自愿,并将调解的相关情况制作笔录入卷;第二,对当事人在二审中新提出的诉讼请求一并进行审理是以当事人放弃上诉权和审级利益为前提,因此必须在征得各方当事人明确同意的情况下,才可依此条规定处理。

第四节 上诉案件的裁判

当事人不服一审裁判提起的上诉,分为对判决的上诉与对裁定的上诉。第二审人民法院对上诉案件审理终结,经合议庭合议,应根据案件的不同情况分别作出判决与裁定。根据《民诉法》第170条的规定,第二审人民法院对上诉案件应当按照下列情形,分别处理:

(一) 维持原判决或裁定

第二审人民法院对上诉案件审理结束,确认原审判决或裁定认定事实清楚、适用法律正确的,应当判决驳回当事人的上诉,维持原判决或者裁定驳回当事人的上诉,维持原裁定。

维持原判决或裁定的前提是"认定事实清楚""适用法律正确"两个条件同时具备。实践中,有时可能出现下列情形:(1)原审判决裁定主文正确,但认定事实有误;(2)原审判决裁定主文正确,但判决理由不当;(3)原审判决裁定主文正确,但适用法律不当。出现上述情形如何处理?上述问题涉及对"维持原判"是"维持判决主文"还是"维持整个判决内容"的理解。一般认为,"维持原判"是对判决主文即判决结果的维持,即使原审认定事实、判决理由和适用法律有误,第二审人民法院可以对此在裁判文书中予以纠正,但判决、裁定结果仍然应是维持原判决或裁定,在法条适用上可考虑参照适用《民诉法》第170条第1款第1项的规定。①

[二审法律文书1(维持一审判决,节选)]

上诉人(原审被告):王某。

被上诉人(原审原告):李某。

上诉人王某因与被上诉人李某民间借贷纠纷一案,不服某市某区人民法院(2009)××法民一初字第××号民事判决,向本院提起上诉。本院依法组成合议庭审理了本案,现已审理终结。

本院认为:……上诉人王某的上诉理由不成立,应予驳回。原审判决认定事实清楚,适用法律正确,应予维持。根据(法律根据,略)的规定,判决如下:驳回上诉,维持原判。本案一审受理费3041元,二审受理费3041元,合计6082元,由王某负担。

(二) 依法改判、撤销或变更

第二审人民法院拥有"事实改判权"与"法律改判权",二者共同构成了第二审人民法院对一审裁判的实体改判权,是对一审裁判主文和裁判理由在内的裁判内容进行修改。包括下列两种情形:

(1)原审判决、裁定认定事实错误或认定事实不清,进而导致裁判结果错误的,第二审人民法院应当在查清事实的基础上,依法改变原审判决、裁定。"认定事实错误"主要指以虚假的事实或伪造的事实作为定案根据;"认定事实不清"主

---

① 《民诉法》第170条规定:"第二人民法院对上诉案件,经过审理,按照下列情形,分别处理:(一)原判决、裁定认定事实清楚,适用法律正确的,以判决、裁定方式驳回上诉,维持原判决、裁定;……"

要指事实认定不真实、不够准确或没有将案件事实调查清楚的。

（2）原审判决、裁定适用法律错误的，进而导致裁判结果错误的，第二审人民法院直接以第一审人民法院认定的事实为根据，重新适用法律改变原审判决、裁定。适用法律错误是指原审判决、裁定认定事实正确，仅适用法律存在错误，表现为：① 应该适用甲法却适用了乙法；② 适用了已经失效的法律；③ 适用的法条不正确。改判分为全部改判与部分改判，全部改判的，需要撤销原判决。

二审法院依法改判可否作出不利于上诉人的裁判？根据"不告不理"原则，本来上诉判决不得作出比一审判决更不利于上诉人的判决。比如德国《民事诉讼法》第536条规定："对于第一审的判决，只能在申请变更的范围内变更之。"日本《民事诉讼法》第304条规定："撤销或变更第一审判决，只在声明不服的范围内可以进行。"我国《民诉法》第168条规定："第二审人民法院应当对上诉请求的有关事实和适用法律进行审查。"《民诉法解释》第323条则进一步明确为："第二审人民法院应当围绕当事人的上诉请求进行审理。当事人没有提出请求的，不予审理，但一审判决违反法律禁止性规定，或者损害国家利益、社会公共利益、他人合法权益的除外。"根据本条规定，通常情况下，第二审法院只针对上诉请求进行审理，不会作出比一审判决更不利于上诉人的判决；但如果一审判决违反法律禁止性规定，或者损害国家利益、社会公共利益、他人合法权益的，尤其是损害他人合法权益的范围非常宽泛，第二审法院须全案审理，可能作出比一审判决更不利于上诉人的判决。

［二审法律文书2（部分改判一审判决，节选）］

上诉人（原审被告）：某市甲公司。

被上诉人（原审原告）：黄某。

原审被告：李某。

上诉人某市甲公司因与被上诉人黄某、原审被告李某买卖合同纠纷一案，不服某市某区人民法院（2011）××法民二初字第××号民事判决，向本院提起上诉。本院依法组成合议庭审理了本案，现已审理终结。

本院认为：……综上所述，一审法院判决认定主要事实不清，对黄某与某市甲公司抵销的鱼款145370元再次重复计算有误，本院予以纠正，上诉人某市甲公司的上诉理由成立，本院对其上诉请求予以支持。根据（法律根据，略）的规定，判决如下：一、维持某市某区人民法院（2011）珠香法民二初字第××号民事判决第二项；二、变更第一项为"某市甲公司于本判决发生法律效力起十日内向黄某支付鱼款人民币193800元"。本案一审受理费6387元，二审受理费3207元，合计9594元，由黄某负担4113元，某市甲公司负担5481元。

[二审法律文书 3(全部改判一审判决,节选)]

上诉人(原审原告):某市某公司。

被上诉人(原审被告):王某。

上诉人某市某公司因与被上诉人王某建设工程施工合同纠纷一案,不服某市某区人民法院(2009)××法民二初字第××号民事判决,向本院提起上诉。本院依法组成合议庭审理了本案,现已审理终结。

本院认为:……上诉人某市某公司的上诉理由成立,本院对其上诉请求予以支持。根据(法律根据,略)的规定,判决如下:一、撤销某市某区人民法院(2011)××法民二初字第××号民事判决;二、某市某公司于本判决发生法律效力起十日内向王某支付工程款人民币 993800 元。本案一审受理费 16387 元,二审受理费 3207 元,合计 19594 元,由王某负担 4113 元,某市某公司负担 15481 元。

(三)撤销原判、发回重审

撤销原判、发回重审,是指对于原审判决认定事实不清或者原审判决严重违反法定程序的,可以裁定撤销原审判决、发回原审法院进行重新审理。由于撤销原判、发回重审属于对程序问题的处理,因此采用裁定形式。

撤销原判、发回重审包括下面两种情形:

(1)原审判决认定基本事实不清的,第二审人民法院可以发回重审,也可以在查清事实的基础上进行改判。

此情形下,根据法律规定,第二审人民法院除自行改判外,亦可裁定撤销原判,发回重审。究竟哪些情形应发回重审,哪些情形由上诉法院查清事实后改判,法律未作明确规定。从审判实践看,该项规定较难把握,适用上容易造成混乱。不少第二审人民法院动辄以"原判决认定事实错误",或者"原判决认定事实不清,证据不足"为由将案件发回一审法院重审,甚至反复以此为由将案件发回重审。为了限制反复发回重审的现象,《民诉法》第 170 条第 2 款规定:"原审人民法院对发回重审的案件作出判决后,当事人提起上诉的,第二审人民法院不得再次发回重审。"该规定未对发回重审的"事由"加以区分,即发回重审的"事由"是"事实原因"还是"程序原因",从国外立法来看,对于"事实原因"发回重审的,一般以一次为限,对于"程序原因"则没有次数限制。[①]

(2)原审判决严重违反法定程序的,裁定撤销原判决、发回原审法院重审。

"严重违反法定程序"规定采用了列举加兜底的表述方式,即列举了"原判决

---

① 新修订的《刑事诉讼法》已经对发回重审的"事由"加以区分。

遗漏当事人""违法缺席判决"两种情形,之后又用"等"字将除此之外的其他情形予以概括。根据《民诉法解释》第325条的规定,下列情形,可以认定为《民诉法》第170条第1款第4项规定的严重违反法定程序:① 审判组织的组成不合法的;② 应当回避的审判人员未回避的;③ 无诉讼行为能力人未经法定代理人代为诉讼的;④ 违法剥夺当事人辩论权利的。对于未严重违反法定程序的,第二审人民法院不应撤销原判、发回重审。

根据《民诉法解释》第326条至第330条的规定,下列案件是否发回重审,应当分别不同情况处理:① 对当事人在一审中已经提出的诉讼请求,原审人民法院未作审理、判决的,第二审人民法院可以根据当事人自愿的原则进行调解,调解不成的,发回重审。② 必须参加诉讼的当事人或者有独立请求权的第三人在一审中未参加诉讼,第二审人民法院可以根据当事人自愿的原则予以调解,调解不成的,发回重审。发回重审的裁定书不列应当追加的当事人。③ 在第二审程序中,原审原告增加独立的诉讼请求或原审被告提出反诉的,第二审人民法院可以根据当事人自愿的原则就新增加的诉讼请求或反诉进行调解,调解不成的,告知当事人另行起诉,不应发回重审。④ 一审判决不准离婚的案件,上诉后,第二审人民法院认为应当判决离婚的,可以根据当事人自愿的原则,与子女抚养、财产问题一并调解,调解不成的,发回重审。⑤ 法院依照第二审程序审理的案件,认为依法不应由法院受理的,可以由第二审人民法院直接撤销原判,驳回起诉,不应发回重审。凡决定发回重审的案件,人民法院应当在裁定书中概括地提出发回重审的根据和理由,以便下级法院重新审理。

[表17-2] 二审四种特殊情形的处理

情形	处理原则	特殊规定
一审判决遗漏诉讼请求	先调解,调解不成发回重审	无
一审遗漏必须共同诉讼的原、被告或有独第三人		
二审原告增加诉讼请求或被告反诉	先调解,调解不成,告知另行起诉	双方同意二审一并审理,二审可以一并裁判①
一审判不准离婚,二审认为应判决离婚	与子女抚养、财产分割一并调解,调解不成发回重审	

《民诉法》第40条第2款规定,发回重审的案件,原审人民法院应当按照第

---

① 一审判决遗漏诉讼请求与必须共同参加诉讼当事人的,属于程序错误,故调解不成应发回重审;二审原告增加诉讼请求、被告反诉或认为应判决离婚的,一审没有程序错误,故当事人放弃审级利益同意一并判决的,二审可一并判决。

一审程序另行组成合议庭。原合议庭成员或者独任审判员,不得参加新组成的合议庭。因书记员不属于合议庭成员,故发回重审案件书记员可不更换。原审人民法院对发回重审的案件所作的判决,仍属于第一审判决,当事人如果对重审案件的判决、裁定不服,有权提起上诉。

发回重审的案件,第一审人民法院在重新审理时,可以结合案件的具体情况和发回重审的原因等情况,酌情确定举证期限。如果案件是因遗漏必要共同诉讼当事人或违反法定程序送达致使部分当事人未能参加诉讼被发回重审的,应当为新参加诉讼的当事人指定举证期限,且举证期限"不得少于 15 日"。该举证期限按照对等原则适用于其他当事人。如果是因除了上述情形外其他程序原因被发回重审的,法院在征求当事人意见后,可以不再指定举证期限或酌情指定举证期限。如果案件是因事实不清、证据不足被发回重审的,法院可以建议当事人协商举证期限,或酌情指定举证期限,上述举证期限应不受"不得少于 15 日"的限制。

[二审法律文书 4(发回重审,节选)]

上诉人(原审被告):某市甲房产公司。

被上诉人(原审原告):王某。

上诉人某市甲房产公司与被上诉人王某居间合同纠纷一案,上诉人不服某市某区人民法院(2010)×民二初字第××号民事判决,向本院提出上诉。本院受理后依法组成合议庭进行了审理,现已审理终结。

本院认为:原审判决遗漏了应当参加诉讼的当事人,可能影响到本案的正确审理,本院依法将本案发回原审法院重新审理。依照(法律根据,略)的规定,裁定如下:一、撤销某市某区人民法院(2010)×民二初字第××号民事判决。二、本案发回某市某区人民法院重审。某市甲房产公司预交的二审案件受理费 44500 元,本院予以退还。

(四)撤销原判,直接驳回起诉

《民诉法解释》第 330 条规定,人民法院依照第二审程序审理案件,认为依法不应由人民法院受理的,可以由第二审人民法院直接裁定撤销原裁判,驳回起诉。

(五)撤销原判决并移送有管辖权法院

《民诉法解释》第 331 条规定,人民法院依照第二审程序审理案件,认为第一审人民法院受理案件违反专属管辖规定的,应当裁定撤销原裁判并移送有管辖权的人民法院。

推定管辖(默示协议管辖)允许当事人通过实际应诉行为使原本不具有管辖

权的法院获得管辖权,而专属管辖的内容由《民诉法》直接规定,严格限制当事人的自由选择权,特定的案件必须由《民诉法》规定的特定法院审理。从德国、日本等国的立法情况看,都强调推定管辖不得违反专属管辖的规定。因此,从诉讼理论并结合各国的立法实践来分析,推定管辖是绝对排斥专属管辖的。因此,在第二审程序中,明确规定第一审法院违反专属管辖的后果,即第二审法院撤销一审判决并直接移送有管辖权的法院是符合推定管辖、专属管辖原理的。

第二审人民法院对于不服判决的上诉案件根据不同情况作出不同处理,对于实体争议的裁决用判决,如驳回上诉、维持原判;对于程序问题的处理用裁定,如撤销原判、发回重审或驳回起诉。

第二审人民法院对不服第一审人民法院裁定上诉案件的处理,一律使用裁定。《民诉法解释》第332条规定,第二审人民法院查明第一审人民法院作出的不予受理裁定有错误的,应当在撤销原裁定的同时,指令第一审人民法院立案受理;查明第一审人民法院作出的驳回起诉裁定有错误的,应当在撤销原裁定的同时,指令第一审人民法院审理。

上诉案件审理终结后,第二审人民法院应及时将原审案卷退回给原审人民法院,同时将二审裁判文书一同交由原审人民法院留存。

思 考 题

1. 简述第二审程序与第一审程序的区别。
2. 我国的第二审程序是采复审主义、事后审主义还是续审主义?
3. 上诉的提起条件有哪些?
4. 第二审法院是否有可能作出比一审更不利于上诉人的判决结果?
5. 第二审法院审理上诉案件是否必须开庭审理?
6. 上诉案件的裁判结果有哪些?驳回上诉维持原判是采用裁定书还是判决书?

第十八章 审判监督程序

我国民事诉讼实行两审终审制。一件民事案件经两级法院审理终结,裁判文书就发生法律效力[①],但生效的裁判文书及调解书仍然有可能存在错误,法律仍需给当事人一条救济途径。审判监督程序是一种非正常审判程序,其作为两审终审制的补充,设置用意在于纠正生效裁判文书及调解书的错误。

第一节 审判监督程序概述

一、审判监督程序的概念与特征

审判监督程序,又称再审程序,是指为了纠正已经发生法律效力的裁判文书与调解书的错误而对案件再次进行审理的程序。审判监督程序是民事诉讼中的一种特殊审判程序,它与一审程序、二审程序均有所不同。它不是审理民事案件必经的审判程序,是纠正法院已经发生法律效力的错误裁判的一种补救程序。

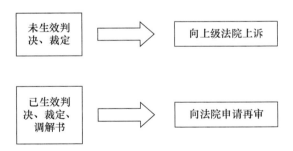

[图 18-1] 当事人的救济途径

《民诉法》及司法解释对审判监督程序没有规定完整的审理程序,内容主要涉及审判监督程序的主体、客体、再审事由及再审启动方式等,条文主要包括:《民诉法》第 198 条至第 213 条共 16 条;《民诉法解释》第 375 条至第 426 条共计 52 条;《最高人民法院关于适用〈中华人民共和国民事诉讼法〉审判监督程序若

[①] 如一审法院判决、裁定后当事人未提出上诉,一审裁判文书在上诉期届满后即发生法律效力。

干问题的解释》(2020年12月修正,以下简称《审判监督解释》)共30条①。

与第一审、第二审程序相比较,审判监督程序的特征有:

(1)审判监督程序的审理对象,是已经发生法律效力的判决书、裁定书和调解书。

审判监督程序重在"监督",是一种事后救济程序。就审理对象而言,审判监督程序审理的对象是法院作出的已经发生法律效力的判决、裁定或者调解书。审判监督程序启动之前,当事人之间争议的民事权利义务关系已经被生效裁判文书、调解书所确定,可见,审判监督程序实质上是为了改变当事人之间民事权利义务关系的既定状态,因此,就当事人权益救济而言,审判监督程序是一种事后救济程序。而第一审程序与第二审程序则是通过正常的审判程序使当事人之间发生争议的民事权利义务关系由不确定状态变为确定状态。

(2)审判监督程序的审理理由,是生效的裁判文书存在错误。

作为一种特殊的对生效法律文书再次审理的程序,提起审判监督程序的理由是法律所规定的特定客观事由,即生效裁判确有错误。而当事人行使起诉权提起第一审程序,以及当事人行使上诉权提起第二审程序,完全是基于当事人的主观意志,只要符合比较简单的条件即可启动。

(3)审判监督程序的启动方式,包括当事人申请再审、案外人申请再审、法院提起再审和检察机关提出抗诉或再审检察建议引起再审。

作为一种民事案件的非正常审判程序,审判监督程序的启动主体首先是依法享有审判权与监督权的特定国家机关,即法院与检察院。当事人虽然没有审判权与监督权,其不能直接启动审判监督程序,但为了完善纠错机制以切实维护当事人的合法权益,《民诉法》赋予当事人再审申请权,且规定当其再审申请符合法定情形时,法院即应当对案件进行再审,因此,当事人申请再审也是审判监督程序的启动方式之一,且是实务中启动审判监督程序的主要方式。案外人符合法定条件时也可申请再审,案外人申请再审也是审判监督程序的启动方式之一。而第一审程序与第二审程序的提起主体则完全是当事人,并且当事人提起相应程序的方式也完全是基于诉权的起诉行为与上诉行为。

(4)审判监督程序没有完整独立的审判程序。审判监督程序启动后,应依法适用第一审程序或第二审程序审理。

审判监督程序虽然是一种非正常的审判程序,但审判监督程序没有具体审理程序的规定,只能根据再审案件的具体情况分别适用第一审普通程序或者第

---

① 需注意,《民诉法解释》部分条款与新修正的《审判监督解释》存在冲突,适用时应优先引用《审判监督解释》的条文。冲突条款包括第385条、第386条、第395条、第397条、第400条、第403条、第406条、第407条、第409条第1款第1项等。

二审程序进行审理。正因为如此,适用审判监督程序作出裁判的效力也因所适用程序的不同而有所不同:适用第一审普通程序再审后作出的裁判是一审裁判,在法定上诉期内不发生法律效力,当事人可提起上诉;适用第二审程序再审后作出的裁判是发生法律效力的终审裁判。

二、审判监督程序与第二审程序的区别

1. 审理对象不同

审判监督程序的审理对象,是已经发生法律效力的判决书、裁定书和调解书,上述裁判文书既包括第一审裁判文书(上诉期内无人上诉而生效的一审判决书、裁定书),也包括第二审裁判文书;第二审程序审理的对象,只能是尚未发生法律效力的第一审判决书、裁定书。

2. 启动主体不同

审判监督程序的启动主体包括:各级人民法院院长和审判委员会;最高人民法院和上级人民法院;最高人民检察院和上级人民检察院;符合再审条件的当事人与案外人。第二审程序的启动主体包括:一审程序中的原、被告;有独立请求权的第三人;被判决承担实体义务的无独立请求权的第三人。

3. 启动期限不同

当事人申请再审的,应当在判决书、裁定书、调解书发生法律效力后6个月内提出,特殊情形自知道或应当知道之日起6个月内提出。而法院或检察院提起再审则不受时间限制,任何时候发现已生效的判决书、裁定书和调解书存在错误的,都可以提起审判监督程序。第二审程序上诉人必须在第一审判决书、裁定书尚未生效的期限内提出上诉。

4. 审理法院不同

按照审判监督程序审理案件的法院不仅包括最高人民法院与上级人民法院,也包括作出生效判决、裁定或者调解书的原审人民法院;第二审程序的审理法院只能是第一审人民法院的上级人民法院。

[表18-1] 审判监督程序与第二审程序的区别

	审判监督程序	第二审程序
审理对象	发生法律效力的判决书、裁定书和调解书,既包括第一审裁判文书,也包括第二审裁判文书	尚未发生法律效力的第一审判决书、裁定书(不允许上诉的判决、裁定除外)
启动主体	各级法院院长和审判委员会;最高人民法院和上级人民法院;最高人民检察院和上级人民检察院;当事人;案外人	一审程序中的原、被告;有独立请求权的第三人;被判决承担实体义务的无独立请求权的第三人

(续表)

	审判监督程序	第二审程序
启动期限	当事人申请再审自法律文书生效后6个月内提出,特殊情形自知道或应当知道之日起6个月内提出	上诉人必须在第一审判决书、裁定书尚未生效期限内提出上诉
	法院或检察院提起再审则不受时间限制,任何时候均可以提起	
审理法院	包括最高人民法院、上级人民法院及原审人民法院	只能是第一审人民法院的上级人民法院

第二节 当事人、案外人申请再审

一、当事人申请再审的内涵

当事人申请再审,是指当事人在判决书、裁定书和调解书发生法律效力后,在法定期限内根据法定事由向法院提出的对案件重新审理并作出新裁判的请求。当事人申请再审是《民诉法》赋予当事人的一项重要诉讼权利,也是当事人依法享有诉权的具体体现。当事人没有审判监督权,不能直接启动审判监督程序,只能向法院申请再审,或向检察院申请抗诉及提出再审检察建议。如果当事人的再审申请符合法定情形,法院应当对案件进行再审。如果当事人向检察院提出的申请符合法定情形,检察院就会向法院提出抗诉或再审检察建议,由法院决定是否启动再审程序。此外,根据《民诉法解释》第383条的规定,当事人申请再审,有下列情形之一的,人民法院不予受理:(1)再审申请被驳回后再次提出申请的;(2)对再审判决、裁定提出申请的;(3)在人民检察院对当事人的申请作出不予提出再审检察建议或者抗诉决定后又提出申请的。

[图18-2] 当事人申请再审

需特别注意,当事人申请再审存在两次"立案"。第一次立案仅为"立案审查",即只是立案审查再审是否符合条件;第二次立案才是正式立案受理再审,即正式启动再审程序。

当事人申请再审与对生效判决提出申诉,均是当事人不服生效裁判向有权机关提出的重新审理请求,但二者有明显区别:(1)权利基础不同。申请再审是当事人基于诉权而产生的诉讼权利;申诉则是当事人对《宪法》所规定的、作为公民基本民主权利之一的申诉权在民事诉讼中的具体行使。(2) 行使对象范围不同。申请再审必须向有管辖权的法院提起;申诉则可以向法院、检察院、人大等机关提起。(3) 行使的条件不同。申请再审必须符合法定期间、主体、事由、管辖及形式等要件;申诉则没有明确的要件要求,不受法定条件限制。(4) 法律效力不同。符合法定条件的申请再审能够直接启动再审审查程序;申诉则只能作为线索,通过检察院抗诉、再审检察建议或法院依职权主动再审等方式启动再审程序。

[表 18-2] 申请再审与申诉的区别

	申请再审	申诉
权利基础	当事人基于诉权而产生的诉讼权利	申诉是《宪法》规定的公民基本民主权利之一的申诉权在民事诉讼中的具体行使
行使对象范围	必须向有管辖权的法院提起	可以向法院、检察院、人大等机关提起
行使条件	必须符合法定期间、主体、事由、管辖及形式等要件	没有明确的要件要求,不受法定条件限制
法律效力	符合法定条件的申请再审能够直接启动再审审查程序	申诉只能作为线索通过检察院抗诉、再审检察建议或法院依职权主动再审等方式启动再审程序

《民诉法》第 199 条规定,当事人对已经发生法律效力的判决、裁定,认为有错误的,可以向上一级人民法院申请再审。根据该条及第 205 条规定,当事人申请再审应当符合下列条件:第一,当事人认为法院已经发生法律效力的判决、裁定有错误;第二,申请再审应当具备法定的事由;第三,在法定期限内申请再审。如前所述,当事人申请再审,应当在判决、裁定、调解书发生法律效力后 6 个月内提出,特殊情形自知道或应当知道之日起 6 个月内提出。

二、申请再审的主体

有权申请再审的主体,即适格的再审申请人包括:

1. 具有再审利益的当事人

享有申请再审权的主体首先应是当事人,包括原告、被告、有独立请求权的第三人、被判决承担民事责任的无独立请求权第三人。当事人认为生效判决、裁定有错误,或提出证据证明发生法律效力的调解书[①]违反自愿原则与合法原则的,当然可以申请再审。其次,申请再审的当事人还应当具有再审利益。所谓再

---

① 《民诉法》第 201 条规定:"当事人对已经发生法律效力的调解书,提出证据证明调解违反自愿原则或者调解协议的内容违反法律的,可以申请再审。经人民法院审查属实的,应当再审。"

审利益,是指当事人具有利用再审制度予以进一步救济的必要。再审申请人是否具有再审利益,以其请求是否得到原审生效裁判的支持作为判断标准。具体来讲,若原审原告的诉讼请求全部得到生效裁判的支持,该原审原告不具有利益,不得申请再审;原审被告则具有再审利益,可以申请再审。若原审原告的诉讼请求全部被驳回,则原审原告具有再审利益,可以申请再审;而原审被告不具有再审利益,无权申请再审。若原审原告的诉讼请求部分得到法院支持,部分被驳回,则原审原告与被告均具有再审利益,均可申请再审。简言之,在原审中全部诉讼请求获得支持的当事人或未被判决承担实体权利义务的当事人不具备再审利益。比如,未被判决承担义务的被告、第三人不具有再审利益,不能申请再审。

2. 具有再审利益的当事人的权利义务承继人(受让债权除外)

《审判监督解释》第29条规定:"民事再审案件的当事人应为原审案件的当事人。原审案件当事人死亡或者终止的,其权利义务承受人可以申请再审并参加再审诉讼。"《民诉法解释》375条第1款亦规定,符合申请再审条件的当事人死亡或终止的,其权利义务承继者享有申请再审的权利。具有再审利益的自然人当事人死亡后,或具有再审利益的单位当事人终止后,如果他们的继承人或权利义务承继者认为生效判决、裁定有错误,或提出证据证明发生法律效力的调解书违反自愿原则与合法原则的,有权申请再审。

《民诉法解释》第375条第2款规定,判决、调解书生效后,当事人将判决、调解书确认的债权转让,债权受让人对该判决、调解书不服申请再审的,人民法院不予受理。实务中,有的当事人在判决生效后,将判决确认的债权予以转让,一些受让人以低廉的价格收购债权后①,还企图通过再审程序谋求超出正常预期的额外利益,在银行不良资产的债权转让中也出现了这个问题。鉴于此,《民诉法解释》排除了债权受让人的再审申请权。主要的法理依据是:(1)保护债务人的诉讼信赖利益。当事人之间的诉讼系基于一定的法律关系,双方当事人在原审诉讼中的诉讼主张和请求、攻击防御方法为双方所知晓,如果更换他人为当事人再行诉讼,将使得法律关系变得不确定,从而损害债务人的诉讼利益。(2)不损害债权转让人、受让人的正当利益。如果作为原审一方当事人的债权出让人对生效裁判不服,其应当对该裁判申请再审,待再审裁判作出后再行转让。由于债权出让人转让的是判决确定的债权,不是原审诉讼争议标的所涉及的债权,因此,债权受让人不能作为申请再审人在其正常的诉讼预期之内,并不损害其正当利益。(3)若对方当事人提出债权转让无效的抗辩,因该项事实系原判生效后新发生的事实,不在原判既判力时间范围之内,不是再审程序能够解决的事项。

---

① 生效裁判文书的"打折出售",严重损害了司法权威与司法公信力。

因此，即使受理债权受让人提出的申请再审，再审程序也可能因债务人提出债权转让无效抗辩而难以正常进行。

3. 两种情形下生效裁判的案外人

并非所有的案外人都可以申请再审，只有司法解释明确规定的下列两种案外人才有权对生效判决、裁定及调解书申请再审。

（1）原审遗漏的必要共同诉讼人。

被遗漏的必要共同诉讼人未在原审中列为当事人，虽然从表面看是原审案外人，但他们与原审案件一方当事人具有共同诉讼标的，是必须共同进行诉讼的主体，本应作为当事人参加到诉讼中来。考虑到被遗漏的必要共同诉讼人不是原审第三人，不能通过第三人撤销之诉获得救济。且在裁判未进入执行程序或者不需强制执行时，他们也难以依据《民诉法》第227条的规定申请再审。为解决被遗漏的必要共同诉讼人的救济程序问题，《民诉法解释》第422条第1款规定，必须共同进行诉讼的当事人因不能归责于本人或者其诉讼代理人的事由未参加诉讼的，可以根据《民诉法》第200条第8项规定①，自知道或者应当知道之日起6个月内申请再审，但符合本解释第423条规定②情形的除外。第2款规定，人民法院因前款规定的当事人申请而裁定再审，按照第一审程序再审的，应当追加其为当事人，作出新的判决、裁定；按照第二审程序再审的，应当首先进行调解。经调解达成协议的，可以出具调解书；不能达成调解协议的，则应撤销一审、二审裁判，将案件发回原一审法院重审。重审时，应当追加该被遗漏的必要共同诉讼人为当事人。

被遗漏的必要共同诉讼人申请再审，应当符合下列条件：

① 再审申请人系被遗漏的必要共同诉讼人。必要共同诉讼人对诉讼标的有共同权利义务，必须共同参加诉讼，一旦遗漏必要共同诉讼人，则原审裁判存在程序错误。因此，再审申请人申请再审需提交初步证据证明其系被遗漏的必要共同诉讼人。

② 再审申请人未参加诉讼系因不能归责于本人或者其诉讼代理人的事由。《民诉法》第132条规定："必须共同进行诉讼的当事人没有参加诉讼的，人民法院应当通知其参加诉讼。"如果法院应当通知而未通知必要共同诉讼人参加诉讼，可能导致其对诉讼无从知晓，不能参加诉讼维护其合法权益，造成诉讼主体

---

① 《民诉法》第200条规定："当事人的申请符合下列情形之一的，人民法院应当再审：……（八）无诉讼行为能力人未经法定代理人代为诉讼或者应当参加诉讼的当事人，因不能归责于本人或者其诉讼代理人的事由，未参加诉讼的；……"

② 《民诉法解释》第423条规定："根据民事诉讼法第二百二十七条规定，案外人对驳回其执行异议的裁定不服，认为原判决、裁定、调解书内容错误损害其民事权益的，可以自执行异议裁定送达之日起六个月内，向作出原判决、裁定、调解书的人民法院申请再审。"

的缺失,不能对诉争权利义务作出正确的判断,有必要通过再审来保障被遗漏的必要共同诉讼人的程序和实体利益。如果再审申请人系因本人或者其诉讼代理人的故意或者过失,没有参加诉讼行使权利的,则不能在裁判生效后以没有参加诉讼为由申请再审。

③ 自知道或者应当知道之日起 6 个月内申请再审。《民诉法》第 205 条规定:"当事人申请再审,应当在判决、裁定发生法律效力后六个月内提出;有本法第二百条第一项、第三项、第十二项、第十三项规定情形的,自知道或者应当知道之日起六个月内提出。"被遗漏的必要共同诉讼人因并未接到参加诉讼的通知,并不知道原审案件审理裁判情况,无法在裁判生效 6 个月内申请再审,有必要作出特别规定,让其从知道或者应当知道之日起 6 个月内申请再审。

④ 案件未进入执行程序。为避免与《民诉法》第 227 条和《民诉法解释》第 423 条关于案外人对执行异议裁定不服申请再审的规定发生冲突,明确不同情形下的救济程序,《民诉法解释》第 422 条第 2 款规定原审案件一旦进入了执行程序,被遗漏的必要共同诉讼人则不能以必要共同诉讼人身份申请再审。此情形下,被遗漏的必要共同诉讼人应当通过提出执行异议主张权利,执行异议被裁定驳回的,则以案外人异议被驳回的案外人身份申请再审。

(2) 案外人异议被驳回的案外人。

《民诉法》第 227 条规定,案外人异议被驳回,认为原判决、裁定错误的,可以依照审判监督程序办理。《民诉法解释》第 423 条进一步明确,案外人对驳回其执行异议的裁定不服,认为原判决、裁定、调解书内容错误损害其民事权益的,可以自执行异议裁定送达之日起 6 个月内,向作出原判决、裁定、调解书的人民法院申请再审。根据上述规定,案外人申请再审的条件有:① 案外人民事权益受到生效裁判损害。② 执行法院已经裁定驳回案外人执行异议。案外人申请再审的前提是案件在执行过程中,且其执行异议被驳回。若案件尚未执行或已经执行终结,或者其未提出执行异议,该程序不能适用。③ 案外人应在执行异议裁定送达之日起 6 个月内提出。④ 应向原审人民法院提出。这与当事人一般应向上一级人民法院申请再审不同。

[表 18-3]　再审申请主体

类别	具体申请主体
当事人	具有再审利益的原告、被告、第三人
	具有再审利益的当事人的权利义务承继人(受让债权除外)
案外人	原审遗漏的必要共同诉讼人
	案外人异议被驳回的案外人

三、申请再审的客体

申请再审的客体必须是已经发生法律效力的判决书、裁定书和调解书,且应注意以下两点:

(1)根据《民诉法解释》第 380 条及第 381 条的规定,适用特别程序、督促程序、公示催告程序、破产程序等非讼程序审理的案件,以及法律明文规定可申请再审裁定之外的其他裁定,当事人不得申请再审。允许申请再审的裁定,应当是对于诉讼程序具有终局效力的裁定,即裁定生效后本次诉讼就终结的裁定,包括不予受理、驳回起诉、按自动撤回起诉处理的裁定。管辖权异议裁定不具有终结本次诉讼的终局效力,因此,管辖权异议裁定也不允许申请再审。

(2)法律与司法解释明确规定不得再审的,当事人再审申请不予受理。就生效的判决、裁定、调解书而言,并非全部都允许当事人申请再审。比如,《民诉法》第 202 条规定:"当事人对已经发生法律效力的解除婚姻关系的判决书、调解书,不得申请再审。"①而根据《民诉法解释》第 382 条的规定,当事人虽然不得对已经发生法律效力的解除婚姻关系的判决申请再审,但可单独就该项判决中的财产分割问题申请再审。当事人就离婚案件中的财产分割问题申请再审的,如涉及判决中已经分割的财产,法院应当依照《民诉法》第 200 条的规定进行审查,符合再审条件的,应当裁定再审;如涉及判决中未作处理的夫妻共同财产,应当告知当事人另行起诉。

[案例 18-1] 张某与刘某结婚多年,因感情不和,张某向法院起诉要求与刘某离婚。经一、二审法院的审理,判决准予离婚。在离婚判决生效两年后,刘某找到一份证据,证明当时张某向法院提交的证明夫妻感情破裂的重要证据是伪造的,于是向法院申请再审。本案中,刘某因发现了新的证据而申请再审,尽管这一申请符合法律规定的再审事由,但是,对于已生效的解除婚姻关系的判决,不能作为再审的对象,因此,刘某不得就离婚判决申请再审。

《民诉法》第 199 条规定,当事人申请再审的,不停止判决、裁定的执行。第 206 条规定,按照审判监督程序决定再审的案件,裁定中止原判决、裁定、调解书的执行,但追索赡养费、扶养费、抚育费、抚恤金、医疗费用、劳动报酬等案件,可以不中止执行。依据上述规定,在是否中止执行问题上,申请再审与决定再审的效果是不同的。实务中,对于有可能再审改判的案件,为避免出现启动再审程序

---

① 解除婚姻关系的判决书、调解书生效后,当事人可能已经再婚,如允许再审撤销原判决、调解书,再婚法律关系将无法处理,因此,《民诉法》规定对已经发生法律效力的解除婚姻关系的判决书、调解书,不得申请再审。

改判后执行回转困难的情况,可以要求申请执行人提供担保后继续执行,或者要求被执行人提供担保后暂缓执行。

四、申请再审的管辖法院

2007年《民诉法》第178条规定,当事人可以向上一级人民法院申请再审,即申请再审案件由中级人民法院以上法院审理。该规定导致高级人民法院与最高人民法院的申请再审案件大幅攀升。2012年《民诉法》修正时确立了以上一级法院管辖为原则、以原审法院管辖为补充的申请再审管辖制度。

《民诉法》第199条规定:"当事人对已经发生法律效力的判决、裁定,认为有错误的,可以向上一级人民法院申请再审;当事人一方人数众多或者双方为公民的案件,也可以向原审人民法院申请再审。当事人申请再审的,不停止判决、裁定的执行。"正确理解上述规定,应注意两个"可以"指向的法院不同。第一个"可以"指可以向原审人民法院的上一级法院申请再审。实务中,这类案件通常应当向上一级人民法院申请再审。第二个"可以"指向原审人民法院申请再审。实务中,这类案件通常应当向原审人民法院申请再审。

所谓"人数众多"应参照代表人诉讼的人数标准规定,即一方为10人以上(含本数)。根据《民诉法解释》第376条第1款的规定,人数众多的一方当事人,包括公民、法人和其他组织。换言之,原告或被告一方包括公民、法人和其他组织在内的当事人为10人以上时,可以向原审人民法院申请再审,但如果是原告与被告人数合计为10人以上则不在此限。对于"双方为公民"的理解,根据《民诉法解释》第376条第2款的规定,是指原告和被告均为公民的案件,并未要求第三人也为公民。比如,某区人民法院作出判决后,当事人均未提起上诉。判决生效后,原告若申请再审,应向某区人民法院的上级法院某市中级人民法院申请。如果该案原告与被告均为自然人(公民),原告也可以选择向某区人民法院申请再审。

《民诉法解释》第379条还规定,当事人一方人数众多或者当事人双方为公民的案件,当事人分别向原审人民法院和上一级人民法院申请再审且不能协商一致的,由原审人民法院受理。

五、当事人申请再审的事由

当事人向法院申请再审,当事人具有再审利益是前提条件,除此之外,当事人还须提出符合法律规定的再审事由。所谓再审事由,又称再审理由,是指当事人据以提出再审申请,请求法院通过再审撤销或者变更生效裁判所必须具备的事实与理由。再审事由应当是重大瑕疵,且应当是立法者认为足以推翻判决既判力的理由。再审事由具有法定性,只能由法律明确规定。当事人不能依据法定事由之外的情形提出再审申请,法院也无权就法定事由之外的情形进行审查。

《民诉法》第 200 条规定了当事人申请再审的事由,这些再审事由既包括了实体性事由,也包括了程序性事由与审判人员违法事由,涵盖了证据采信、事实认定、法律适用、审判组织、审理程序等方面。再审事由没有规定兜底性条款,实务中不允许法院在法定再审事由之外灵活处理。

依据《民诉法》第 200 条的规定,当事人的申请符合下列情形的,法院应当再审:

(一) 有新的证据,足以推翻原判决、裁定的

本条事由有两个要件,一是当事人申请再审提交的新证据必须符合法律和司法解释规定的再审新证据标准,二是新证据的证明力必须达到推翻原判决、裁定的证明力强度。关于再审"新证据",《民诉法解释》第 387 条规定:"再审申请人提供的新的证据,能够证明原判决、裁定认定基本事实或者裁判结果错误的,应当认定为民事诉讼法第二百条第一项规定的情形。对于符合前款规定的证据,人民法院应当责令再审申请人说明其逾期提供该证据的理由;拒不说明理由或者理由不成立的,依照民事诉讼法第六十五条第二款和本解释第一百零二条的规定处理。"第 388 条规定:"再审申请人证明其提交的新的证据符合下列情形之一的,可以认定逾期提供证据的理由成立:(一) 在原审庭审结束前已经存在,因客观原因于庭审结束后才发现的;(二) 在原审庭审结束前已经发现,但因客观原因无法取得或者在规定的期限内不能提供的;(三) 在原审庭审结束后形成,无法据此另行提起诉讼的。再审申请人提交的证据在原审中已经提供,原审人民法院未组织质证且未作为裁判根据的,视为逾期提供证据的理由成立,但原审人民法院依照民事诉讼法第六十五条规定不予采纳的除外。"上述司法解释分别从实质要件和形式要件两方面规定了再审新证据的认定标准。认定再审新证据的实质要件,是能够证明原裁判认定基本事实或者裁判结果错误的。新证据事由成立,并不必然导致原裁判被改判,因为基本事实错误与裁判结果错误并不完全等同。新证据的形式要件,主要从时间上作界定,即为原审庭审结束后一定条件下新发现、新取得或者新形成,但因客观原因未在原审提供的。尽管原审在举证期限届满后至裁判作出前,逾期提交的证据仍有可能被采纳,但还存在不被采纳的证据或者裁判作出之后的"新证据",因此,《民诉法解释》仍然以"原审庭审结束"作为再审新证据的时间节点。

实务中,当事人因无法提交其他新证据,经常以原审庭审结束后其单方委托的"鉴定意见"作为新证据申请再审,此"鉴定意见"非彼鉴定意见,一般不能视为再审新证据,原因是鉴定意见作为法定证据种类,其委托主体只能是法院,当事人单方委托作出的"鉴定意见"并非法定证据种类中的鉴定意见。《民诉法解释》第 399 条规定,审查再审申请期间,当事人申请人民法院委托鉴定的,人民法院

不予准许。之所以作如此循环规定,是基于维护生效裁判的稳定性以及当事人承担举证责任的原则。但单方委托作出的"鉴定意见"可视为书证,如果符合新证据条件,也有可能引发再审。① 案件裁定再审后,如果确实需要鉴定,或者原审应当鉴定而未鉴定的,再审法院可委托鉴定。另外,原审中法院对当事人逾期提供的证据不予采纳的,在再审中一般不认定为新证据。

综合《民诉法》及《民诉法解释》的规定,本书对再审新证据的认定归纳为,能够证明原生效裁判文书认定基本事实或者裁判结果错误的证据,包括原审庭审结束前存在但未发现、发现但未能提供以及庭审后形成的证据都属于再审新证据。对于新证据是否采纳由法院根据《民诉法》第65条决定,具体规则为:当事人因客观原因逾期提供证据,或者对方当事人对逾期提供证据未提出异议的,视为未逾期。当事人因故意或重大过失逾期提供的证据与案件基本事实有关的,法院应当在训诫、罚款后采纳。当事人因故意或重大过失逾期提供的证据与案件基本事实无关的,法院不予采纳。当事人非因故意或重大过失逾期提供的证据,法院应当在训诫后采纳。②

(二) 原判决、裁定认定的基本事实缺乏证据证明的

该事由有两个要件,一是缺乏证据证明的事实是否构成案件基本事实,二是所缺乏的证据是否是认定该基本事实的必须证据。根据《民诉法解释》的规定,基本事实是指对原判决、裁定的结果有实质影响,用以确定当事人主体资格、案件性质、具体权利义务和民事责任等主要内容所依据的事实。案件基本事实缺乏证据证明,裁判结果极有可能存在错误,应当予以再审。

(三) 原判决、裁定认定事实的主要证据是伪造的

该事由有两个要件,一是有充分证据证明原审证据系伪造,二是被伪造的证据是认定案件基本事实的主要证据。

主要证据是指对认定案件事实必不可少、具有足够证明力的证据,没有该证据,案件基本事实就不能认定。主要证据既包括直接证据,也包括间接证据,与主要证据相对应的是次要证据或补强证据。次要证据是指证明主要事实之外的其他事实的证据,补强证据是指不能单独作为认定案件事实的证据,用于补充主要证据以加强和确认其证明力。

(四) 原判决、裁定认定事实的主要证据未经质证的

该事由有两个要件,一是证据未经质证,二是未经质证的证据是认定案件基本事实所需要的主要证据。证据应当在法庭上出示,由对方当事人予以辨认、质

---

① 比如,该"鉴定意见"显示原告主要证据签名系伪造,裁判结果据此可能存在错误。
② 有人戏称,相比于2001年《证据规定》及2008年《审判监督解释》,《民诉法》第65条已经极大弱化了举证期限在证据失权方面的效力。尽管《民诉法》仍然强调举证期限,但限制逾期证据的"诉讼之门"已经由以前"加锁的门"改动为"虚掩的门"。

疑、辩驳，但当事人的质证活动不仅限于在庭审阶段，也可能发生在庭前证据交换阶段或提交书面意见、代理词阶段。对于证据是否经对方当事人质证，应当结合案件的审理程序，通过全面审阅证据交换笔录、庭前会议笔录、庭审笔录、书面意见、代理词等作出认定，只要当事人在上述阶段或书面材料对于证据发表了意见的，均可认定为已经质证。

根据《民诉法解释》第389条的规定，当事人对原判决、裁定认定事实的主要证据在原审中拒绝发表质证意见或者质证中未对证据发表质证意见的，不属于未经质证的情形。实务中常见的是，一方当事人超过举证期限提交的证据，对方当事人在法官进行充分提示的情况下，仍然拒绝发表质证意见，如果该证据被采信，拒绝质证不属于未经质证，当事人不能以证据未经质证为由申请再审。

实务中，当事人在庭审时表示庭后还要提交证据的，如果该证据属于主要证据，法院应再次开庭审理，以便于当事人在法庭上出示证据及发表质证意见，并发表辩论意见。如果该证据不属于主要证据，法庭无需再次开庭审理，可变通为由对方当事人书面发表质证意见。

（五）对审理案件需要的主要证据，当事人因客观原因不能自行收集，书面申请法院调查收集，法院未调查收集的。

该事由构成要件包括：申请调查收集的是主要证据，不包括间接证据或者辅助性证据；当事人因客观原因不能调查收集；当事人已经提交书面申请，并提供证据线索；法院未予调查收集。

民事案件中有些证据当事人因客观原因不能自行收集，但这些证据对于查明案件主要事实至关重要，一旦取得，将成为案件的主要证据。比如，某离婚案件涉及财产分割时，一方当事人主张对方当事人在银行有一笔存款，但因其不能向该银行进行查询而无法提供证据，只能请求法院向该银行进行查询。这笔存款的证据如果取得，将成为分割财产、确定份额的主要依据。根据《民诉法》第67条和第114条的规定，法院有权向金融机构查询当事人的存款状况，而且金融机构必须协助法院进行查询。当法院接到当事人调查证据的申请后，查明该证据是当事人不能自行调查收集的，法院就有义务进行调查收集。如果法院没有调查收集主要证据，就支持或者驳回了当事人的诉讼请求，则该判决、裁定可能存在实体错误，因此可以作为再审事由。

一个案件涉及的证据可能有许多，但对认定案件事实起决定性作用的证据可能只是其中的一部分。如果事无巨细都要求法院去调查收集，不仅会浪费司法资源，而且也无助于案件审理，鉴于此，《民诉法解释》第95条规定，当事人申请调查收集的证据，与待证事实无关联、对证明待证事实无意义或者其他无调查收集必要的，人民法院不予准许。《审判监督解释》第9条进一步明确为："民事诉讼法第二百条第(五)项规定的'对审理案件需要的主要证据',是指人民法院认定案件基本事实所必须的证据。"申言之,只有法院没有调查收集"主要证据",从而影响正确认定当事人权利义务的,才能作为申请再审的事由。

另外需注意,当事人提出申请,由于种种原因,法院未能调查收集成功的,即使该证据是主要证据,也不构成当事人申请再审的事由。

(六)原判决、裁定适用法律确有错误的

根据《民诉法解释》第390条的规定,判决、裁定适用法律确有错误的情形包括:(1)适用的法律与案件性质明显不符。对案件性质认定不准,极有可能影响案件的处理结果,因此,案件性质认定错误是适用法律错误的典型情形。(2)确定民事责任明显违背当事人约定或法律规定的。(3)适用已经失效或尚未施行的法律的。(4)违反法律溯及力规定的。法律溯及力,是指新法颁布后对它生效前所发生的事件与行为可加以适用的效力。一般而言,法不溯及既往,但该原则并非绝对,立法者出于一定目的,有时也赋予新法一定的溯及力,如程序法与司法解释一般有一定的溯及力。(5)违反法律适用规则的。法律适用规则,是指法院在适用相互冲突的法律规范时解决冲突的路径。《立法法》规定的上位法优于下位法、特别法优于普通法、新法优于旧法等就属于法律适用规则。(6)明显违背立法本意的。

(七)审判组织的组成不合法或者依法应当回避的审判人员没有回避的

审判组织不合法的情形有:(1)人民陪审员进行了独任审判;(2)应当组成合议庭审理的案件进行了独任审判;(3)合议庭成员应当全部为审判员的加入了陪审员;(4)发回重审或再审时应当另行组成合议庭的,原审合议庭成员参加了新的合议庭;(5)合议庭组成人员或者独任法官不具有法官资格,以及合议庭组成人员确定且通知当事人后,未经合法手续变更,或者在法律文书上署名的审判人员并非通知当事人的合议庭组成人员等。

依法应当回避的审判人员没有回避的情形包括:(1)审判人员应当主动回避而没有回避的;(2)法院经当事人申请已决定审判人员回避,但该审判人员仍然参加了案件审理的;(3)开庭审理时,应当告知当事人申请回避的权利并询问当事人是否申请回避而未告知并询问意见的。

需注意,当事人提出回避申请,法院审查后作出驳回申请的决定的,当事人通常不能以该事项提出再审申请,除非申请再审人提供充分证据证明被申请回避的审判人员确有应当回避情形而没有回避的。

(八)无诉讼行为能力人未经法定代理人代为诉讼或者应当参加诉讼的当事人,因不能归责于本人或者其诉讼代理人的事由,未参加诉讼的

《民诉法》第57条规定,无诉讼行为能力人由他的监护人作为法定代理人代为诉讼。法定代理是为了维护无诉讼行为能力人的合法权益,主要是维护未成

年人或者精神病人的合法权益。如果民事案件当事人是无诉讼行为能力人，法官在未查明的情况下没有通知他的法定代理人代为诉讼就进行了审理，裁判文书生效以后，无诉讼行为能力的当事人有权通过法定代理人申请再审。法院经过审查发现情况属实的，应当裁定再审。

"应当参加诉讼的当事人"特指固有的必要共同诉讼人。《民诉法》第132条规定，必须共同进行诉讼的当事人没有参加诉讼的，人民法院应当通知其参加诉讼。必须共同进行诉讼的当事人没有参加诉讼，可能导致该当事人对诉讼无从知晓，更无法参加诉讼并维护其合法权益。该情形包括：法院应当通知却没有通知；法院虽然发出了通知，却有其他当事人从中隐匿、破坏甚至勾结其他人制造通知已经被收到的假象等。应当参加诉讼的当事人没有参加诉讼会直接造成诉讼主体缺失，法院作出的裁判文书可能发生错误，因此有必要通过再审予以纠正。应注意，法院发出了通知，而接收通知的当事人因为其自身或者其诉讼代理人的故意或者过失，没有按照通知要求在诉讼中出现并主张自身权利的，就要为自己的不当行为承担责任，不能以自己没有参加为借口申请法院进行再审。

（九）违反法律规定，剥夺当事人辩论权利的

民事诉讼当事人享有辩论权是民事诉讼辩论原则的重要体现。当事人有权就争议的事实与法律问题在法院的主持下进行辩论，说明和论证自己主张的真实性和合法性，反驳对方当事人的意见与主张。辩论原则贯穿于整个诉讼过程中，法院应保障当事人充分行使辩论权。若没有赋予当事人辩论权利，将无法查明事实，无法保障正确适用法律，构成对当事人基本诉讼权利的侵害。

根据《民诉法解释》第391条的规定，原审开庭过程中有下列情形之一的，应当认定为《民诉法》第200条第9项规定的剥夺当事人辩论权利：(1) 不允许当事人发表辩论意见的；(2) 应当开庭审理而未开庭审理的；(3) 违反法律规定送达起诉状副本或者上诉状副本，致使当事人无法行使辩论权利的；(4) 违法剥夺当事人辩论权利的其他情形。并非只要是审判人员在庭审中限制当事人发表意见就构成此要件，只有审判人员的行为明显阻碍、破坏当事人辩论权利的行使或根本不让当事人行使辩论权的，才能构成此要件。① 需注意，该事由适用有两种例外情形，一是缺席审理的，二是二审根据法律规定不开庭审理的。

（十）未经传票传唤，缺席判决的

本项事由是指当事人未经传票传唤而未能参加庭审，未能依法行使诉讼权

---

① 实务中，法庭辩论通常只进行两轮。两轮辩论为连续进行，即原告→被告→原告→被告。两轮辩论结束后，应询问当事人是否有新的辩论意见，并告知当事人如有新的辩论意见，可在庭后以代理词形式提交法庭。

利,法院缺席判决的情形。为了充分保障当事人参与庭审,行使举证、质证、辩论等诉讼权利,经审查确实存在未经传票传唤缺席判决情形的,应裁定再审。

《民诉法》第 136 条规定,人民法院审理民事案件,应当在开庭 3 日前通知当事人和其他诉讼参与人。如果在第一审普通程序和第二审程序中,法院没有在开庭 3 日前通知当事人参加庭审,特别是未以传票的形式通知被告出庭应诉就缺席判决,则被告有权申请对此案进行再审,接受再审申请的法院经审查查证属实的,应当裁定进行再审。因为《民诉法》第 144 条明确规定,只有在被告经传票传唤、无正当理由拒不到庭,或者未经法庭许可中途退庭这两种情况下,法院才能缺席判决。在第一审普通程序或者在第二审程序中,如果法院没有给被告送达传票,或者仅仅以电话等形式简单联系被告,在被告未到庭的情况下,法院也不宜缺席判决。如果违反法定条件,随意缺席判决,就属于严重违反法定程序的行为,属于应当再审的情形之一。另外还需注意开庭 3 日前的计算,比如,开庭时间为 2019 年 7 月 26 日,依据《民诉法》第 82 条的规定,期间开始的时和日,不计算在期间内,3 日前应从 7 月 26 日的前一日即 7 月 25 日开始计算,所以 3 日前最晚至 7 月 22 日。

适用简易程序"未经传票传唤缺席判决的"是否应再审?《民诉法》第 159 条规定,简易程序案件,可以用简便方式传唤当事人,即可以采取捎口信、电话、传真、电子邮件等简便方式随时传唤双方当事人。通知时间不受开庭 3 日前的限制,但未经当事人确认或没有其他证据足以证明当事人已经收到开庭通知的,不得作为缺席判决的依据。因此,简易程序案件未经传票传唤、缺席判决的,或未经当事人确认或没有其他证据足以证明当事人已经收到开庭通知缺席判决的,亦应裁定再审。

(十一)原判决、裁定遗漏或者超出诉讼请求的

《民诉法解释》第 392 条规定:"民事诉讼法第二百条第十一项规定的诉讼请求,包括一审诉讼请求、二审上诉请求,但当事人未对一审判决、裁定遗漏或者超出诉讼请求提起上诉的除外。"原判决遗漏或超出诉讼请求既指遗漏或超出一审原告的诉讼请求、被告的反诉请求,也指遗漏或超出二审上诉人的上诉请求。当事人增加、变更、放弃诉讼请求的,应以变更后的诉讼请求为依据确定原判决、裁定是否遗漏或者超出诉讼请求。

根据《民诉法》第 119 条和第 121 条的规定,当事人提起民事诉讼必须有具体的诉讼请求和事实、理由,并且在起诉状中予以列明。当事人对自己的诉讼请求有责任提供证据。法院应当根据当事人提供的证据和法院调查收集的证据,判断当事人所提供的事实是否为客观事实,以决定是否作出支持当事人诉讼请求的判决。如果法院没有对当事人提出的某项诉讼请求进行法庭调查和法庭辩论,在判决、裁定中遗漏了当事人的这一诉讼请求就草草结案,不仅侵害了当事

人的诉讼权利,也侵害了当事人的实体权利。

当事人的处分原则是民事诉讼法的基本原则之一。根据《民诉法》第 13 条第 2 款的规定,当事人有权在法律规定的范围内处分自己的民事权利和诉讼权利。因此,原告提出以及不提出哪些诉讼请求,是原告处分自己民事权利和诉讼权利的体现;被告是否反诉,也是被告处分自己民事权利和诉讼权利的体现。原则上法院应当在当事人提出诉讼请求的范围内审理案件,不能超出当事人的诉讼请求作出判决、裁定。如果判决、裁定超出诉讼请求的,当事人有权申请再审,法院查证属实后,也应当裁定进行再审。需注意,法院在当事人提出的请求之外认定合同无效,不属于超出当事人的诉讼请求,而是体现了国家对违反法律强制性规定以及公序良俗合同的干预。比如,某媒体为某酒店做的广告中出现了赌博的内容,后因为该酒店未支付全部广告费,该媒体将该酒店告上了法庭。法院在审理该案件时,认定双方的合同违反了广告法不得做赌博广告的强制性规定,从而判决双方的广告合同无效。对于这一判决,如果当事人借口判决认定合同无效是超出诉讼请求,提出再审申请,法院不应认定属于超出诉讼请求判决的情形。

(十二)据以作出原判决、裁定的法律文书被撤销或者变更的

《审判监督解释》第 10 条规定:"原判决、裁定对基本事实和案件性质的认定系根据其他法律文书作出,而上述其他法律文书被撤销或变更的,人民法院可以认定为民事诉讼法第二百条第(十二)项规定的情形。"《民诉法解释》第 393 条规定:"民事诉讼法第二百条第十二项规定的法律文书包括:(一)发生法律效力的判决书、裁定书、调解书;(二)发生法律效力的仲裁裁决书;(三)具有强制执行效力的公证债权文书。"上述法律文书包括法院裁判文书也包括仲裁裁决书、公证文书等。适用本项事由需具备两个要件:一是只有原判决、裁定认定的案件基本事实和案件性质是依据其他法律文书作出的,才能以此为由申请再审;二是据以作出判决、裁定的法律文书被撤销或变更,导致认定案件基本事实或案件性质的法律依据丧失。

实务中,有些民事案件是以另一民事案件的审理结果作为依据而作出的判决。如果另一民事案件的判决后来依照法定程序被撤销或者变更,裁判结果失去了基础,则以这些判决作为依据所作的判决也应当相应地被撤销或者变更。

[案例 18-2] 甲钢铁厂向乙锅炉厂供应钢材,乙厂未按合同约定支付货款。乙厂将生产的锅炉卖给了丙。丙在使用锅炉过程中发生爆炸,并起诉到法院要求乙厂给予赔偿。在案件审理过程中,乙厂提出是钢材的质量问题而引起的爆炸,请求法院对钢材质量进行鉴定,明确是作为第三人的甲厂的责任。此时,甲厂因为乙厂所欠货款问题,将乙厂起诉到法院。乙厂提

出抗辩，认为甲厂的钢材质量不合格，应当对此负责，因而拒绝支付货款；同时也提出需要等待乙厂与丙的案件结果出来以后，才能最终认定甲厂的钢材是否存在质量问题。于是法院中止了甲厂与乙厂的诉讼。乙厂与丙的案件判决结果是：乙厂所使用的钢材质量不存在问题，而是因为乙厂生产的锅炉存在不合理的缺陷，责任在乙厂，因而判决乙厂赔偿丙的损失。在该判决生效后，法院以这个判决为依据，判决乙厂支付甲厂货款并承担相应的违约责任。乙厂后来向法院申请对其与丙的侵权案件进行再审。法院经过再审，认定锅炉爆炸的原因是钢材质量原因所致，虽然乙厂仍需首先对丙承担赔偿责任，但最终责任人应当是第三人甲厂。乙厂拿到这个再审判决后，可以申请对与甲厂的合同纠纷案件进行再审，法院经查证属实后，应当裁定再审。

有些民事案件的判决、裁定是以法院裁判文书以外的其他法律文书为依据作出，如果其他法律文书被撤销或者变更，那么，已经发生法律效力的判决、裁定也应当相应被撤销或者变更。比如，某一民事案件是依据原告提供的经过公证的法律文书判决的。按照规定，经公证的民事法律行为、有法律意义的事实和文书，应当作为认定事实的根据。法院根据公证书证明的法律关系，判决支持了原告的诉讼请求。在该判决生效后，被告认为该公证书存在错误，向出具该公证书的公证机构提出复查。公证机构经过复查，发现公证的内容违法或者与事实不符，撤销了该公证书。因此，被告可以据此向法院申请对该案进行再审，法院经查证属实以后，应当裁定对该案进行再审。

（十三）审判人员审理该案件时有贪污受贿、徇私舞弊、枉法裁判行为的

廉洁是公正办案的必要前提，只有审判人员廉洁，案件才能公正处理，贪赃必然枉法。适用该项事由时需注意，"贪污受贿、徇私舞弊、枉法裁判行为"并非仅指犯罪行为，也包括不构成犯罪的行为，但该行为需要经相关刑事法律文书或纪律处分决定确认，当事人不能以未加确认的审判人员可能存在上述行为作为再审事由。《民诉法解释》第394条规定："民事诉讼法第二百条第十三项规定的审判人员审理该案件时有贪污受贿、徇私舞弊、枉法裁判行为，是指已经由生效刑事法律文书或者纪律处分决定所确认的行为。"该事由构成要件包括：（1）适用对象是审判人员；（2）审判人员实施了贪污受贿、徇私舞弊、枉法裁判行为；（3）审判人员是在审理案件过程中实施了上述行为，该行为与案件处理结果之间存在直接、必然的因果关系。如果审判人员实施的贪污受贿、徇私舞弊、枉法裁判行为与本案没有关系，即使该审判人员被追究刑事责任，本案当事人也不能以此为由对本案申请再审。

《审判监督解释》第11条规定："人民法院经审查再审申请书等材料，认为申请再审事由成立的，应当进行裁定再审。当事人申请再审超过民事诉讼法第二

百零五条规定的期限,或者超出民事诉讼法第二百条所列明的再审事由范围的,人民法院应当裁定驳回再审申请。"第 16 条规定:"人民法院经审查认为申请再审事由不成立的,应当裁定驳回再审申请。驳回再审申请的裁定一经送达,即发生法律效力。"申言之,当事人主张的再审事由成立,且符合《民诉法》和司法解释规定的申请再审条件的,法院应当裁定再审。当事人主张的再审事由不成立,或者当事人申请再审超过法定申请再审期限、法定再审事由范围等申请再审条件的,法院应当裁定驳回再审申请。

[表 18-4] 再审事由

类别	事由
事实(证据)类	(一)有新的证据,足以推翻原判决、裁定的
	(二)原判决、裁定认定的基本事实缺乏证据证明的
	(三)原判决、裁定认定事实的主要证据是伪造的
	(四)原判决、裁定认定事实的主要证据未经质证的
	(五)对审理案件需要的主要证据,当事人因客观原因不能自行收集,书面申请人民法院调查收集,人民法院未调查收集的
	(六)据以作出原判决、裁定的法律文书被撤销或者变更的
程序类	(七)审判组织的组成不合法或者依法应当回避的审判人员没有回避的
	(八)无诉讼行为能力人未经法定代理人代为诉讼或者应当参加诉讼的当事人,因不能归责于本人或者其诉讼代理人的事由,未参加诉讼的
	(九)违反法律规定,剥夺当事人辩论权利的
	(十)未经传票传唤,缺席判决的
	(十一)原判决、裁定遗漏或者超出诉讼请求的
适用法律类	(十二)原判决、裁定适用法律确有错误的
审判人员违纪类	(十三)审判人员审理该案件时有贪污受贿、徇私舞弊、枉法裁判行为的

六、申请再审的期限

申请再审期间本质上属于申请再审案件的受理条件之一,应在再审申请审查阶段进行审查,避免明显超过申请期限的案件进入再审审查程序,给对方当事人带来不当侵扰,影响生效裁判文书的稳定性。《民诉法》第 205 条规定:"当事人申请再审,应当在判决、裁定发生法律效力后六个月内提出;有本法第二百条第一项、第三项、第十二项、第十三项规定情形的,自知道或者应当知道之日起六个月内提出。"另外,根据《民诉法解释》第 384 条的规定,当事人对已经发生法律效力的调解书申请再审,应当在调解书发生法律效力后 6 个月内提出。《审判监督解释》第 2 条进一步明确，申请再审期间不适用中止、中断和延长的规定。根据上述规定，当事人对判决书、裁定书、调解书申请再审，通常应当在法律文书发生法律效力起 6 个月内提出。超期申请再审的，法院应当裁定驳回再审申请。

《民诉法》第 205 条列举的特殊情形包括四项：有新的证据，足以推翻原判决、裁定的；原判决、裁定认定事实的主要证据是伪造的；据以作出原判决、裁定的法律文书被撤销或者变更的；审判人员审理该案件时有贪污受贿、徇私舞弊、枉法裁判行为的。特殊情形自知道或应当知道之日起 6 个月内提出。之所以对申请再审期间的起算时间作出例外规定，是因为存在当事人在 6 个月的申请再审期间届满后才发现某些再审事由的情形，如果一律按照裁判生效后"6 个月内提出"的规定限制当事人申请再审，不利于保护当事人的合法权利。由于这两个"6 个月"的起算点不同，有可能导致已经超过前一个"6 个月"期限的当事人，在援引一般再审事由申请再审的同时，又附带"新证据"等特殊再审事由，从而规避申请再审期限，使再审申请得以受理并获得法院审查。对此，法院应认定当事人申请再审超过法定期间，裁定驳回其再审申请。

根据《民诉法解释》第 422 条第 1 款的规定，必须共同进行诉讼的当事人因不能归责于本人或者其诉讼代理人的事由未参加诉讼的，可以自知道或者应当知道之日起 6 个月内申请再审。《民诉法解释》第 423 条同时规定，案外人对驳回其执行异议的裁定不服，认为原判决、裁定、调解书内容错误损害其民事权益的，可以自执行异议裁定送达之日起 6 个月内，向作出原判决、裁定、调解书的法院申请再审。

实务中，对于超过裁判文书或调解书发生法律效力起 6 个月期限申请再审的案件，一方面法院在受理时，要严格把关，对明显故意以新证据等四项特殊事由规避期限的，不予受理；另一方面，在审查程序中仅审查其是否属于四种特殊再审事由，不再审查其他再审事由。

[表 18-5]　申请再审期限

当事人	裁判文书生效日起 6 个月内	通常情况，以下四种特殊情形除外
	自知道或应当知道之日起 6 个月内（再审事由需符合四种情形之一）	有新的证据，足以推翻原判决、裁定的
		原判决、裁定认定事实的主要证据是伪造的
		据以作出原判决、裁定的法律文书被撤销或者变更的
		审判人员审理该案件时有贪污受贿、徇私舞弊、枉法裁判行为的
案外人	自知道或应当知道之日起 6 个月内（两种案外人均可）	必须共同进行诉讼的当事人因不能归责于本人或者其诉讼代理人的事由未参加诉讼的
		案外人对驳回其执行异议的裁定不服，认为原判决、裁定、调解书内容错误损害其民事权益的

七、申请再审的程序

根据《民诉法》第 203 条的规定,当事人申请再审的,应当提交再审申请书等材料。再审申请书一般包括下列内容:(1)当事人姓名、性别、年龄、民族、职业、工作单位和住所、联系方式等基本情况;法人或其他组织的名称、住所、法定代表人或主要负责人的姓名或职务;(2)作出生效法律文书的原法院名称、案件编号和案由;(3)再审请求和所依据的事实与理由;(4)证据和证据来源、证人的姓名与住所。① 《审判监督解释》第 3 条第 2 款进一步明确,"人民法院应当审查再审申请书是否载明下列事项:(一)申请再审人与对方当事人的姓名、住所及有效联系方式等基本情况;法人或其他组织的名称、住所和法定代表人或主要负责人的姓名、职务及有效联系方式等基本情况;(二)原审人民法院的名称,原判决、裁定、调解文书案号;(三)申请再审的法定情形及具体事实、理由;(四)具体的再审请求。"

法院应当自收到符合条件的再审申请书等材料后 5 日内完成向申请再审人发送受理通知书等受理登记手续,并向对方当事人发送受理通知书及再审申请书副本。对方当事人应当自收到再审申请书副本之日起 15 日内提交书面意见;不提交书面意见的,不影响法院审查。法院可以要求申请人和对方当事人补充有关材料,询问有关事项。

《民诉法》第 204 条第 1 款还规定,法院应当自收到再审申请书之日起 3 个月内审查,符合本法规定的,裁定再审;不符合本法规定的,裁定驳回申请。有特殊情况需要延长的,由本院院长批准。"本法规定"指《民诉法》第 200 条(再审 13 项法定情形的规定)及第 201 条规定。②

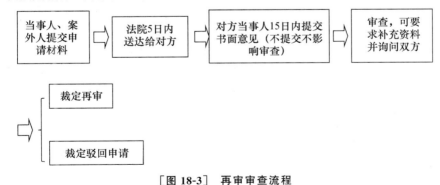

[图 18-3] 再审审查流程

---

① 再审申请书与起诉状相比,多出了第 2 项,即"作出生效法律文书的原法院名称、案件编号和案由"。

② 《民事诉讼法》第 201 条规定:"当事人对已经发生法律效力的调解书,提出证据证明调解违反自愿原则或者调解协议的内容违反法律的,可以申请再审。经人民法院审查属实的,应当再审。"

根据《审判监督解释》第 7 条、第 8 条的规定,再审审查应组成合议庭进行,对再审申请的审查,应当围绕再审事由是否成立进行。

八、再审审查的裁定结果

根据《民诉法解释》第 397 条、第 398 条、第 399 条的规定,人民法院根据审查案件的需要决定是否询问当事人。新的证据可能推翻原判决、裁定的,人民法院应当询问当事人。审查再审申请期间,被申请人及原审其他当事人依法提出再审申请的,人民法院应当将其一并列为再审申请人,对其再审事由一并审查,审查期限重新计算。经审查,其中一方再审申请人主张的再审事由成立的,应当裁定再审。各方再审申请人主张的再审事由均不成立的,一并裁定驳回再审申请。审查再审申请期间,再审申请人申请人民法院委托鉴定、勘验的,人民法院不予准许。

法院对再审申请进行审查之后,分具体情形作出如下裁定:

(1)裁定再审。人民法院经审查再审申请书等材料,认为申请再审事由成立的,应当裁定再审。《审判监督解释》第 11 条第 1 款规定:"人民法院经审查再审申请书等材料,认为申请再审事由成立的,应当进行裁定再审。"当事人主张的再审事由成立,且符合民事诉讼法和司法解释规定的申请再审条件的,人民法院应当裁定再审。《民诉法解释》第 396 条规定,人民法院对已经发生法律效力的判决、裁定、调解书依法裁定再审,依照《民诉法》第 206 条规定,需要中止执行的,应当在再审裁定中同时写明中止原判决、裁定、调解书的执行;情况紧急的,可以将中止执行裁定口头通知负责执行的人民法院,并在通知后 10 日内发出裁定书。

(2)裁定驳回再审申请。《审判监督解释》第 16 条第 1 款规定:"人民法院经审查认为申请再审事由不成立的,应当裁定驳回再审申请。"当事人主张的再审事由不成立,或者当事人申请再审超过法定申请再审期限、超出法定再审事由范围等不符合民事诉讼法和司法解释规定的申请再审条件的,人民法院应当裁定驳回再审申请。驳回再审申请的裁定一经送达,即发生法律效力,当事人无权提起上诉。

(3)裁定准许撤回再审申请。根据《审判监督解释》第 15 条第 1 款及《民诉法解释》第 400 条第 1 款的规定,申请再审人在案件审查期间申请撤回再审申请的,是否准许,由人民法院裁定。

(4)裁定按撤回再审申请处理。根据《审判监督解释》第 15 条第 2 款及《民诉法解释》第 400 条第 2 款的规定,申请再审人经传票传唤,无正当理由拒不接受询问的,可以裁定按撤回再审申请处理。

(5)裁定终结审查程序。根据《民诉法解释》第 402 条的规定,再审申请审查期间,有下列情形之一的,裁定终结审查:第一,再审申请人死亡或者终止,无权利义务承继者或者权利义务承继者声明放弃再审申请的;第二,在给付之诉中,负有给付义务的被申请人死亡或者终止,无可供执行的财产,也没有应当承担义务的人的;第三,当事人达成和解协议且已履行完毕的,但当事人在和解协议中声明不放弃申请再审权利的除外;第四,他人未经授权以当事人名义申请再审的;第五,原审或者上一级人民法院已经裁定再审的;第六,属于人民法院不予受理当事人申请再审情形的,包括再审申请被驳回后再次提出申请的,对再审判决、裁定提出申请的,在人民检察院对当事人的申请作出不予提出再审检察建议或者抗诉决定后又提出申请的。

实务中经常出现当事人以证据不够充分、需要继续调查收集证据或者双方当事人正在协商达成和解协议等理由申请撤回再审申请,却在人民法院作出准许撤回再审申请的裁定后不久再次申请再审的情形。《民诉法解释》第401条规定,人民法院准许撤回再审申请或者按撤回再审申请处理后,再审申请人再次申请再审的,不予受理,但有《民诉法》第200条第1项、第3项、第12项、第13项规定情形,自知道或者应当知道之日起6个月内提出的除外。根据本条规定,人民法院在申请再审人撤回再审申请或按撤回再审申请处理后原则上不再受理其重新提出的再审申请,原因是:一是当事人继续调查收集证据或者协商达成和解协议等,并不影响再审审查程序的正常进行,没有必要以撤回再审申请为前提;二是当事人反复提出再审申请会浪费有限的司法资源;三是反复提出再审申请会使对方当事人疲于应对,造成讼累;四是在6个月的再审申请期限内,当事人在撤回再审申请至重新提出再审申请期间,找到比一、二审程序中更充分的证据的可能性不大。申言之,申请再审人原本没有必要撤回再审申请或被人民法院按撤回再审申请处理,因此,人民法院原则上不同意撤回或按撤回处理后重新提出再审申请。

《民诉法解释》第401条同时规定了应予重新受理再审申请的例外情形。① 若属于《民诉法》第205条规定的四种特殊情形②之一的,人民法院准许撤回再审申请或者按撤回再审申请处理后,再审申请人可在自知道或应当知道上述情形之日起6个月内再次提出再审申请。之所以规定例外处理的原因,是如果一律按照裁判生效后"6个月内提出"的规定限制当事人申请再审,不利于保护例外情形当事人的合法权利。比如,再审申请人在撤回再审申请后,发现了足以推

---

① 即"但有《民诉法》第二百条第一项、第三项、第十二项、第十三项规定情形,自知道或者应当知道之日起六个月内提出的除外"。

② 这四种情形是:有新的证据,足以推翻原判决、裁定的;原判决、裁定认定事实的主要证据是伪造的;据以作出原判决、裁定的法律文书被撤销或者变更的;审判人员审理该案件时有贪污受贿、徇私舞弊、枉法裁判行为的。

翻原判决、裁定的新证据,如果不准许其再次提出再审申请,显然有违公平正义,无法使当事人息诉服判。但是对于何谓"足以推翻原判决、裁定的新证据"应当从严把握,不能任意扩大解释,否则当事人可能利用该条规定来规避撤回再审申请后不得再次申请再审的规定。再如,据以作出原判决、裁定的法律文书被撤销或者变更的,原判决、裁定就丧失了裁判的基础,此时也应受理再审申请人重新提出的再审申请。

本书对于《民诉法解释》第401条规定归纳如下:通常情况下,再审当事人申请再审的,人民法院准许其撤回再审申请或者按撤回再审申请处理后,申请再审人再次申请再审的,人民法院不予受理。但申请再审事由属于"有新的证据,足以推翻原判决、裁定的;原判决、裁定认定事实的主要证据是伪造的;据以作出原判决、裁定的法律文书被撤销或者变更的;审判人员审理该案件时有贪污受贿、徇私舞弊、枉法裁判行为的四种情形之一的,申请再审人自知道或应当知道该情形之日起6个月内再次提出再审申请的,人民法院予以受理。

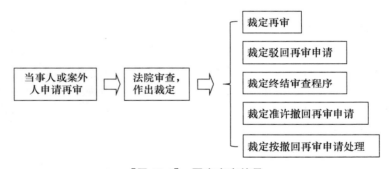

[图18-4] 再审审查结果

根据2007年4月1日施行的国务院《诉讼费用交纳办法》的规定,部分再审案件收取案件受理费,在此之前,再审案件一律不收取案件受理费。部分再审案件包括:(1)当事人有新证据,足以推翻原判决、裁定,申请再审的案件;(2)当事人对一审判决、裁定未上诉,一审判决、裁定生效后申请再审的案件;(3)对调解书申请再审的案件。需要交纳案件受理费的再审案件,按照不服原判决部分的再审请求数额交纳案件受理费。

经过再审审查之后作出的裁定均需载明当事人基本情况,原审法院名称,申请再审的生效裁判文书名称、案号,裁定理由及结果,并由审判人员、书记员署名。

[案例18-3,当事人申请再审案例]

申请再审人(一审原告、二审被上诉人):罗甲。
申请再审人(一审原告、二审被上诉人):罗乙。

被申请人(一审被告、二审上诉人):某股份有限公司广东分公司。

原审被告:某股份有限公司广东广州分公司。

申请再审人罗甲、罗乙因与被申请人某股份有限公司广东分公司、一审被告某股份有限公司广东广州分公司合同纠纷一案,罗甲、罗乙认为某市中级人民法院(2011)穗×法民五终字第××号民事裁定存在错误,向某省高级人民法院申请再审。某省高级人民法院审查认为,罗甲、罗乙主张某市中级人民法院作出的二审裁定错误理据不足,罗甲、罗乙的申请不符合《民诉法》第200条规定的再审情形,故裁定驳回罗甲、罗乙的再审申请。

第三节 法院决定再审

从性质上来讲,虽然法院是国家的审判机关而非法律监督机关,但是基于对民事案件的审判权,基于保障民事审判权正确行使的客观需要,法院也享有对民事审判活动的自我监督权,因此法院有权依法提起审判监督程序。

一、法院决定再审的概念及条件

法院决定再审,是指法院发现本院或下级法院的生效判决、裁定、调解书确有错误的,依职权启动再审程序对原案件进行再审。《民诉法》第198条规定:"各级人民法院院长对本院已经发生法律效力的判决、裁定、调解书,发现确有错误,认为需要再审的,应当提交审判委员会讨论决定。最高人民法院对地方各级人民法院已经发生法律效力的判决、裁定、调解书,上级人民法院对下级人民法院已经发生法律效力的判决、裁定、调解书,发现确有错误的,有权提审或者指令下级人民法院再审。"由此可见,法院提起审判监督决定再审的具体方式分为自行再审、上级提审和指令再审。

根据《民诉法》第198条的规定,法院决定再审,应当具备以下条件:(1)判决、裁定、调解书已经发生法律效力;(2)判决、裁定、调解书确有错误,包括判决、裁定在认定事实与适用法律方面的错误,以及调解书违反合法原则与自愿原则。

二、法院决定再审的程序

1. 自行再审

自行再审,是指各级人民法院院长对本院已经发生法律效力的判决、裁定、调解书发现确有错误,认为需要再审时,经提交审判委员会讨论后决定进行的再审。根据《民诉法》第198条的规定,各级人民法院院长发现本院作出的已生效判决、裁定、调解书确有错误时,应当提交审判委员会讨论,由审判委员会决定是否再审。《审判监督解释》第21条进一步明确:"当事人未申请再审、人民检察院未抗诉的案件,人民法院发现原判决、裁定、调解协议有损害国家利益、社会公共利益等确有错误情形的,应当依照民事诉讼法第一百九十八条的规定提起再审。"自行再审的决定权属于各级人民法院的审判委员会。至于院长,则只有提交讨论权,在审判委员会讨论过程中,院长和其他审判委员会委员一样,就是否启动再审程序均只有一票的表决权利。因此,在任何情况下,院长个人都无权直接决定再审。

2. 上级提审

上级提审,是指最高人民法院对地方各级人民法院已经发生法律效力的判决、裁定、调解书,上级人民法院对下级人民法院已经发生法律效力的判决、裁定、调解书,发现确有错误的,依法将案件提级至本院进行再审。根据《民诉法》第198条的规定,最高人民法院对地方各级人民法院、上级人民法院对下级人民法院已经发生法律效力的判决、裁定、调解书,发现确有错误的,应根据具体情况将案件提到本院自行再审,或者指令下级人民法院再审。最高人民法院自己提审时,应在提审裁定中写明中止原判决、裁定、调解书的执行,并向原审人民法院调取案卷。上级人民法院自己提审时,亦应在提审裁定中写明中止原判决、裁定、调解书的执行,并向原审人民法院调取案卷。为遏制实务中存在的上级人民法院裁定再审后将案件几乎全部发回原审人民法院审理的势头,《审判监督解释》第18条明确,上一级人民法院经审查认为申请再审事由成立的,一般由本院提审。最高人民法院、高级人民法院也可以指定与原审人民法院同级的其他人民法院再审,或者指令原审人民法院再审。

3. 指令再审

指令再审,是指最高人民法院对地方各级人民法院已经发生法律效力的判决、裁定、调解书,上级人民法院对下级人民法院已经发生法律效力的判决、裁定、调解书,发现确有错误时,依法指令下级人民法院进行再审。指令再审与上级提审这两种方式是选择性的,具体采用哪一种方式,应由最高人民法院和上级人民法院根据案件的具体情况酌情而定。《审判监督解释》第19条第1款对此明确为:"上一级人民法院可以根据案件的影响程度以及案件参与人等情况,决定是否指定再审。需要指定再审的,应当考虑便利当事人行使诉讼权利以及便利人民法院审理等因素。"第20条还列举了上级人民法院不得指令原审人民法院再审的四种情形:(1)原审人民法院对该案无管辖权的;(2)审判人员在审理该案件时有贪污受贿、徇私舞弊、枉法裁判行为的;(3)原判决、裁定系经原审法院审判委员会讨论作出的;(4)其他不宜指令原审人民法院再审的。

最高人民法院指令下级人民法院再审的,下级人民法院接到指令后,应当依法再审,并将审判结果上报最高人民法院。上级人民法院发现辖区内的下级人民法院作出的已生效判决、裁定、调解书确有错误的,既可以调取案卷自行审理,也可以指令下级人民法院再审。指令下级人民法院再审的,下级人民法院接到指令后,应当依法再审,并将审判结果上报上级人民法院。

[案例18-4,法院依职权决定再审案例]

原审原告严某与原审被告张某、原审被告汪某房屋买卖合同纠纷一案,某法院于2008年7月判决两原审被告将一套F型回迁房交付给原审原告严某,并协助原审原告严某办理房产过户手续。原审判决已经发生法律效力。案件执行过程中,某法院发现本院另案民事调解书对涉案房屋的权属又作出处理,具体案情为,2008年8月,陈某与张某签订《购房合同》并收取购房款15万元,但张某没有为陈某办理房屋过户手续,陈某提起诉讼,某法院于2008年11月主持调解,张某隐瞒涉案房屋已被判决处理的事实又与陈某达成调解协议,某法院作出调解书确认该协议,涉案房屋现由陈某居住。同一套房屋,出现两份法律文书,导致原审判决无法执行。某法院院长提请审判委员会讨论后,法院裁定对两案进行再审。因两案都涉及同一套房屋,某法院将两案合并审理。

某法院再审认为:张某与严某、张某与陈某签订的两份合同均为无效合同,理由如下:严某与张某签订的《回迁房转让合同书》虽然有汪某签名,但和解协议确认汪某不知房屋转让之事,直到判决生效后才知晓此事。而陈某与张某签订的《购房合同》原本就没有汪某的签名。对于陈某占有房屋的行为,张某一直向汪某表示陈某是租客。陈某明知汪某是张某的妻子,但从来没有向汪某表明其已买下房子,且陈某起诉张某达成调解协议时,陈某也没有告知汪某此事。涉案房屋属于张某、汪某共有,张某采取欺骗、隐瞒手段将房屋转让,损害了共有人汪某的合法权益。原审原告严某与陈某均明知张某隐瞒汪某出售房屋,仍与其签订买卖合同,两人均不能成为善意第三人,因此,对原审被告张某的两次转让行为均认定为无效。依据2001年《证据规定》第35条第1款的规定,某法院向严某与陈某释明后,严某与陈某均明确表示不变更诉讼请求,为此,两人的诉讼请求应予驳回。某法院分别作出判决撤销原审民事判决书与民事调解书,驳回原审原告严某的诉讼请求,并驳回原审原告陈某的诉讼请求。

第四节 检察院抗诉、再审检察建议再审

在我国,检察院是国家的法律监督机关,其有权对法院民事审判活动进行法律监督,监督的主要方式包括提出抗诉及再审检察建议。抗诉,是指上级检察院

对下级法院作出的判决、裁定、调解书,认为符合法定抗诉条件,依法提请法院对案件重新进行审理的一种诉讼行为。再审检察建议,是指检察院认为同级法院作出的判决、裁定、调解书确有错误,依法建议同级法院对案件重新进行审理的一种诉讼行为。

一、当事人向检察机关申诉及申诉审查手段

(一)当事人申请检察建议或抗诉

《民诉法》第 209 条规定:"有下列情形之一的,当事人可以向人民检察院申请检察建议或者抗诉:(一)人民法院驳回再审申请的;(二)人民法院逾期未对再审申请作出裁定的;(三)再审判决、裁定有明显错误的。人民检察院对当事人的申请应当在三个月内进行审查,作出提出或者不予提出检察建议或者抗诉的决定。当事人不得再次向人民检察院申请检察建议或者抗诉。"根据本条规定,当事人认为法院的生效法律文书存在错误的,应当首先向法院申请再审,只有法院驳回再审申请,或逾期未作出处理,或再审作出的判决、裁定有明显错误的,才可以向检察院申请检察建议或者抗诉。因此,我国实行的是"法院纠错先行,检察抗诉断后"的申请再审顺位模式。此外,我国实行有限再审制度,在检察院作出提出或不提出检察建议或抗诉的决定后,当事人不得再次向检察院申诉,也不得再次向法院申请再审。简言之,当事人申请再审是"法院先处理一次、检察院再处理一次"。

(二)检察机关审查申诉手段

《民诉法》第 210 条规定:"人民检察院因履行法律监督职责提出检察建议或者抗诉的需要,可以向当事人或者案外人调查核实有关情况。"依据上述规定,检

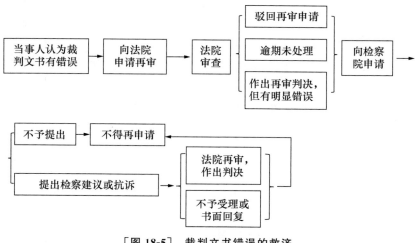

[图 18-5] 裁判文书错误的救济

察院因提出检察建议或者抗诉的需要,可以向当事人或案外人调查核实有关情况,但这种调查取证权与刑事侦查权不同,检察机关仅对生效裁判确定的事实有一定的调查权,仅限于调查与本案有关的情况,且检察机关行使调查权取得的证据,应当在法庭上出示,并回答当事人的质疑,只有经过质证的证据,才能作为法院再审认定事实的依据。

二、提起民事抗诉、再审检察建议的条件及范围

(1) 法院作出的判决、裁定、调解书已经生效。

根据《民诉法》第208条的规定,人民检察院只能对人民法院已经生效的判决、裁定、调解书提出抗诉,尚未生效的判决、裁定、调解书不得抗诉。

(2) 生效判决、裁定、调解书具有法定的抗诉事由。

《民诉法》对人民检察院对生效判决、裁定与调解书的抗诉事由作出不同的规定。《民诉法》第208条第1款规定:"最高人民检察院对各级人民法院已经发生法律效力的判决、裁定,上级人民检察院对下级人民法院已经发生法律效力的判决、裁定,发现有本法第二百条规定情形之一的,或者发现调解书损害国家利益、社会公共利益的,应当提出抗诉。"对于生效判决、裁定,具有《民诉法》第200条规定的13项事由的,人民检察院可提出抗诉,即人民检察院就生效裁判提出抗诉的事由与当事人申请再审的事由完全一致;对于调解书,只有调解书损害国家利益、社会公共利益的,人民检察院才可以提出抗诉。

(3) 检察机关不应对法院在诉讼前或诉讼中作出的先予执行、诉前保全、诉讼保全裁定提出抗诉,也不应对督促程序、公示催告程序、破产程序、执行程序、涉外程序中的生效法律文书提出抗诉,另外,对法院作出的解除婚姻关系的判决、裁定也不应提出抗诉。① 从《民诉法》的体例安排来看,督促程序、公示催告程序、执行程序、涉外程序规定在审判监督程序之后,可见立法者的立法意图为上述程序不属于抗诉范围;而破产案件中的有关裁定,由于破产清算、重组等不能再次审理,故也不属于抗诉范围。

三、抗诉、再审检察建议的提出

(一) 抗诉的提出

相对于法院的自我监督而言,来自检察院的监督是一种外部监督,为了使这种外部监督能够充分地得到实现,应确立并实行自上而下的监督规则,即上一级

---

① 《民诉法解释》第414条规定:"人民检察院对已经发生法律效力的判决以及不予受理、驳回起诉的裁定依法提出抗诉的,人民法院应予受理,但适用特别程序、督促程序、公示催告程序、破产程序以及解除婚姻关系的判决、裁定等不适用审判监督程序的判决、裁定除外。"

检察院对下一级法院的生效裁判文书提出抗诉。《民诉法》第208条第1款、第2款规定:"最高人民检察院对各级人民法院已经发生法律效力的判决、裁定,上级人民检察院对下级人民法院已经发生法律效力的判决、裁定,发现有本法第二百条规定情形之一的,或者发现调解书损害国家利益、社会公共利益的,应当提出抗诉。地方各级人民检察院对同级人民法院已经发生法律效力的判决、裁定,发现有本法第二百条规定情形之一的,或者发现调解书损害国家利益、社会公共利益的,可以向同级人民法院提出检察建议,并报上级人民检察院备案;也可以提请上级人民检察院向同级人民法院抗诉。"该规定中有三个"同级",前两个"同级"指向一致,是指各级人民检察院的同级人民法院。第三个"同级"指上级人民检察院的同级人民法院。需特别注意,根据《民诉法》第208条第2款"也可以提请上级人民检察院向同级人民法院抗诉"的规定,上级人民检察院对下级人民法院的生效判决、裁定、调解书提出抗诉,接受抗诉的法院为上级人民检察院的同级人民法院,不是上级人民检察院直接向下级人民法院提出抗诉。比如:对广州市越秀区人民法院作出的生效判决提出抗诉,应由广州市人民检察院向广州市中级人民法院提出;对于广州市中级人民法院作出的生效判决提出抗诉,应由广东省人民检察院向广东省高级人民法院提出。

最高人民检察院《人民检察院民事诉讼监督规则(试行)》[高检发释字(2013)3号]第84条规定:"符合本规则第八十三条规定的案件有下列情形之一的,地方各级人民检察院应当提请上一级人民检察院抗诉:(一)判决、裁定是经同级人民法院再审后作出的;(二)判决、裁定是经同级人民法院审判委员会讨论作出的;(三)其他不适宜由同级人民法院再审纠正的。"第85条规定:"地方各级人民检察院发现同级人民法院已经发生法律效力的民事判决、裁定具有下列情形之一的,应当提请上一级人民检察院抗诉:(一)原判决、裁定适用法律确有错误的;(二)审判人员在审理该案件时有贪污受贿、徇私舞弊、枉法裁判行为的。"第89条规定:"人民检察院提请抗诉,应当制作《提请抗诉报告书》,在决定提请抗诉之日起十五日内将《提请抗诉报告书》连同案件卷宗报送上一级人民检察院,并制作决定提请抗诉的《通知书》,发送当事人。"

(二)再审检察建议的提出

根据《民诉法解释》第416条的规定,地方各级人民检察院依当事人的申请对生效判决、裁定向同级人民法院提出再审检察建议。抗诉是上级人民检察院对下级人民法院的生效裁判文书及调解书向上级人民检察院的同级人民法院提出,再审检察建议是同级人民检察院就同级人民法院作出的生效裁判文书及调解书向同级人民法院提出。

《人民检察院民事诉讼监督规则(试行)》第83条规定:"地方各级人民检察院发现同级人民法院已经发生法律效力的民事判决、裁定有下列情形之一的,可以向同级人民法院提出再审检察建议:(一)有新的证据,足以推翻原判决、裁定的;(二)原判决、裁定认定的基本事实缺乏证据证明的;(三)原判决、裁定认定事实的主要证据是伪造的;(四)原判决、裁定认定事实的主要证据未经质证的;(五)对审理案件需要的主要证据,当事人因客观原因不能自行收集,书面申请人民法院调查收集,人民法院未调查收集的;(六)审判组织的组成不合法或者依法应当回避的审判人员没有回避的;(七)无诉讼行为能力人未经法定代理人代为诉讼或者应当参加诉讼的当事人,因不能归责于本人或者其诉讼代理人的事由,未参加诉讼的;(八)违反法律规定,剥夺当事人辩论权利的;(九)未经传票传唤,缺席判决的;(十)原判决、裁定遗漏或者超出诉讼请求的;(十一)据以作出原判决、裁定的法律文书被撤销或者变更的。"第86条规定:"地方各级人民检察院发现民事调解书损害国家利益、社会公共利益的,可以向同级人民法院提出再审检察建议,也可以提请上一级人民检察院抗诉。"第88条规定:"人民检察院提出再审检察建议,应当制作《再审检察建议书》,在决定提出再审检察建议之日起十五日内将《再审检察建议书》连同案件卷宗移送同级人民法院,并制作决定提出再审检察建议的《通知书》,发送当事人。人民检察院提出再审检察建议,应当经本院检察委员会决定,并将《再审检察建议书》报上一级人民检察院备案。"

[案例 18-5,检察院提出再审检察建议案例]

申诉人王某与被申诉人某物业管理公司物业服务合同纠纷一案,某区人民法院判决王某向某物业管理公司支付物业管理费34450元。申诉人王某不服该民事判决书,向某区人民检察院申诉,某区人民检察院向某区人民法院提出再审检察建议,认为某区人民法院在该案中未穷尽送达途径就公告送达,致使王某因不能归责于本人的原因,未能参加诉讼,应认定为程序违法,根据《民诉法》第200条第8项、第208条第2款的规定提出再审检察建议。某区人民法院予以立案审查。

四、抗诉、再审检察建议的受理与审理

(一)抗诉的受理与审理

根据《民诉法》第211条的规定,人民检察院提出抗诉的案件,接受抗诉的人民法院应当自收到抗诉书之日起30日内作出再审的裁定。人民法院收到抗诉书后应当对抗诉进行形式性审查,审查抗诉是否必要的材料、裁判文书是否有可抗诉性等内容。[①]《民诉法解释》第417条规定,人民检察院依当事人的申请对生效判决、裁定提出抗诉,符合下列条件的,人民法院应当在30日内裁定再

[①] 据统计,2008—2011年全国法院审查后不予受理的抗诉共计385件,占全部抗诉案件的1.1%,因此,条文中的"三十日内作出再审的裁定"也可理解为"三十日内作出是否再审的裁定"。

审:(1)抗诉书和原审当事人申请书及相关证据材料已经提交;(2)抗诉对象为依照《民诉法》和本解释规定可以进行再审的判决、裁定;(3)抗诉书列明该判决、裁定有《民诉法》第208条第1款规定情形;(4)符合《民诉法》第209条第1款第1项、第2项规定情形。不符合前款规定的,人民法院可以建议检察院予以补正或者撤回;不予补正或者撤回的,人民法院可以裁定不予受理。人民法院裁定再审的,应当同时裁定中止原判决的执行,开始启动审判监督程序。

因抗诉而启动再审程序的案件通常应由受理抗诉的人民法院审理。根据《民诉法解释》第418条的规定,当事人的再审申请被上级人民法院裁定驳回后,人民检察院对原判决、裁定、调解书提出抗诉,抗诉事由符合《民诉法》第200条第1项至第5项规定情形之一的①,受理抗诉的人民法院可以交由下一级人民法院再审。

对于人民检察院提出抗诉的案件,人民法院进行再审时,应当通知人民检察院派员出庭。《民诉法解释》第421条规定,人民法院开庭审理抗诉案件,应当在开庭3日前通知人民检察院、当事人和其他诉讼参与人。同级人民检察院或者提出抗诉的人民检察院应当派员出庭。人民检察院因履行法律监督职责向当事人或者案外人调查核实的情况,应当向人民法庭提交并予以说明,由双方当事人进行质证。

根据《人民检察院民事诉讼监督规则(试行)》第94条、第95条、第96条的规定,人民检察院提出抗诉的案件,人民法院再审时,人民检察院应当派员出席法庭。受理抗诉的人民法院将抗诉案件交下级人民法院再审的,提出抗诉的人民检察院可以指令再审人民法院的同级人民检察院派员出庭。检察人员出席再审法庭的任务是:(1)宣读抗诉书;(2)对依职权调查的证据予以出示和说明。检察人员发现庭审活动违法的,应当待休庭或者庭审结束之后,以人民检察院的名义提出检察建议。

（二）再审检察建议的受理与审理

《民诉法解释》第416条规定,地方各级人民检察院依当事人的申请对生效判决、裁定向同级人民法院提出再审检察建议,符合下列条件的,应予受理:(1)再审检察建议书和原审当事人申请书及相关证据材料已经提交;(2)建议再审的对象为依照《民诉法》和本解释规定可以进行再审的判决、裁定;(3)再审检察建议书列明该判决、裁定有《民诉法》第208条第2款规定情形;(4)符合《民诉法》第209条第1款第1项、第2项规定情形;(5)再审检察建议经该人民检察院检察委员会讨论决定。不符合前款规定的,人民法院可以建议人民检察院予以补正或者撤回;不予补正或者撤回的,应当函告人民检察院不予受理。第419条亦规定,人民法院收到再审检察建议后,应当组成合议庭,在3个月内进

---

① 《民诉法》第200条第1项至第5项规定情形为:(1)有新的证据,足以推翻原判决、裁定的;(2)原判决、裁定认定的基本事实缺乏证据证明的;(3)原判决、裁定认定事实的主要证据是伪造的;(4)原判决、裁定认定事实的主要证据未经质证的;(5)对审理案件需要的主要证据,当事人因客观原因不能自行收集,书面申请人民法院调查收集,人民法院未调查收集的。

行审查,发现原判决、裁定、调解书确有错误,需要再审的,依照《民诉法》第198条规定裁定再审,并通知当事人;经审查,决定不予再审的,应当书面回复人民检察院。

[表18-6] 抗诉、再审检察建议的比较

	抗诉	再审检察建议
提出检察机关	上级检察院对下级法院文书	同级检察院对同级法院文书
适用法律文书	抗诉书	再审检察建议
接受法院	上级检察院的同级法院	同级检察院的同级法院
受理规定	符合条件的应当在30日内裁定再审	符合条件的应予受理,3个月内审查,法律文书确有错误的裁定再审
不符合条件的处理	建议检察院予以补正或者撤回;不予补正或者撤回的,法院可以裁定不予受理	建议检察院予以补正或者撤回;不予补正或者撤回的,应当函告检察院不予受理

《民诉法解释》第413条、第414条规定,人民检察院依法对损害国家利益、社会公共利益的发生法律效力的判决、裁定、调解书提出抗诉,或者经人民检察院检察委员会讨论决定提出再审检察建议的,人民法院应予受理。人民检察院对已经发生法律效力的判决以及不予受理、驳回起诉的裁定依法提出抗诉的,人民法院应予受理,但适用特别程序、督促程序、公示催告程序、破产程序以及解除婚姻关系的判决、裁定等不适用审判监督程序的判决、裁定除外。

[案例18-6,检察院抗诉再审案例]

抗诉机关:某市人民检察院。

原审原告:某市某公司。

原审被告:李某。

原审原告某市某公司与原审被告李某不当得利纠纷一案,某市某区人民法院于2003年6月判决原审被告李某向原审原告某市某公司返还棕榈油135.85吨(逾期则由原审被告李某按每吨棕榈油人民币6580元计算向原审原告返还人民币893893元),该判决已经发生法律效力。2010年1月,某市人民检察院作出民事抗诉书向某市中级人民法院提出抗诉。某市中级人民法院于2010年2月裁定指令某区人民法院对本案进行再审。某区人民法院依法另行组成合议庭,公开开庭对本案进行了再审。某区人民检察院检察员××、××出庭支持抗诉。

某区人民法院再审认为,原审判决对李某借某市南方食油工业有限公司名义于1996年10月13日、10月16日在某市某公司处领走715桶棕榈

油的行为属于不当得利的认定,属于认定事实错误,原审原告的诉讼请求没有事实和法律依据,依法应予驳回。判决如下:1.撤销本院原审民事判决;2.驳回原审原告某市某公司的诉讼请求。

五、检察机关对审判人员违法行为的检察建议

《民诉法》第208条第3款规定:"各级人民检察院对审判监督程序以外的其他审判程序中审判人员的违法行为,有权向同级人民法院提出检察建议。"根据本条规定,各级人民检察院对同级人民法院审判人员的违法行为有权提出检察建议。

《人民检察院民事诉讼监督规则(试行)》第99条规定:"人民检察院发现同级人民法院民事审判程序中有下列情形之一的,应当向同级人民法院提出检察建议:(一)判决、裁定确有错误,但不适用再审程序纠正的;(二)调解违反自愿原则或者调解协议的内容违反法律的;(三)符合法律规定的起诉和受理条件,应当立案而不立案的;(四)审理案件适用审判程序错误的;(五)保全和先予执行违反法律规定的;(六)支付令违反法律规定的;(七)诉讼中止或者诉讼终结违反法律规定的;(八)违反法定审理期限的;(九)对当事人采取罚款、拘留等妨害民事诉讼的强制措施违反法律规定的;(十)违反法律规定送达的;(十一)审判人员接受当事人及其委托代理人请客送礼或者违反规定会见当事人及其委托代理人的;(十二)审判人员实施或者指使、支持、授意他人实施妨害民事诉讼行为,尚未构成犯罪的;(十三)其他违反法律规定的情形。"

第五节 再审案件的审理

一、再审案件的中止执行

《民诉法》第206条规定:"按照审判监督程序决定再审的案件,裁定中止原判决、裁定、调解书的执行,但追索赡养费、扶养费、抚育费、抚恤金、医疗费用、劳动报酬等案件,可以不中止执行。"根据本条规定,法院裁定再审的,由于原审案件裁判文书或调解书有可能被撤销或变更,因此,应当裁定中止原判决、裁定、调解书的执行。但追索赡养费、扶养费、抚育费、抚恤金、医疗费用、劳动报酬等六种案件的申请执行人急需相关费用的,可以不中止执行。

二、合议庭的组成及审理程序

(一)再审案件合议庭的组成

法院审理再审案件一律组成合议庭审理,包括原审适用简易程序、小额诉讼

程序审理的案件。① 如果是原审法院再审,需另行组成合议庭,原合议庭成员或独任审判员不得参加新组成的合议庭。再审案件适用第一审程序审理的,人民陪审员可以作为合议庭成员;适用第二审程序审理的,全部由审判员组成合议庭。

(二) 再审案件的审理程序

《民诉法》第 207 条第 1 款规定:"人民法院按照审判监督程序再审的案件,发生法律效力的判决、裁定是由第一审法院作出的,按照第一审程序审理,所作的判决、裁定,当事人可以上诉;发生法律效力的判决、裁定是由第二审法院作出的,按照第二审程序审理,所作的判决、裁定,是发生法律效力的判决、裁定;上级人民法院按照审判监督程序提审的,按照第二审程序审理,所作的判决、裁定是发生法律效力的判决、裁定。"需注意,关于发生法律效力的判决、裁定是哪一级人民法院作出的:第一审人民法院作出判决、裁定后当事人没有上诉的,第一审人民法院是生效裁判的作出法院;第一审判决、裁定作出后当事人提起上诉,第二审人民法院作出裁判的,第二审人民法院是生效判决、裁定的作出法院。即使第二审人民法院维持原判的,生效判决、裁定的作出法院也是第二审人民法院,再审时应当按照二审程序审理,所作出的判决、裁定是发生法律效力的判决、裁定。比如,广州市越秀区人民法院作出一审判决后当事人提起上诉,广州市中级人民法院二审维持越秀区人民法院的判决,该案生效裁判的作出法院为广州市中级人民法院。

[案例 18-7] 再审申请人(原审被告):陈某。再审被申请人(原审原告):尹某。

陈某因与被申请人尹某房屋租赁合同纠纷一案,不服某区人民法院(2015)L 民一初字第××号民事判决,向某市中院申请再审。陈某称:原审法院给陈某送达开庭传票程序违法,且原审法院认定事实的主要证据不足。某市中院审查认为,再审申请人陈某所提出的再审申请符合《民诉法》第 200 条规定的再审条件,裁定如下:1. 本案由本院提审;2. 再审期间,中止原判决的执行。该案例中,某市中院裁定提审,应当适用第二审程序审理,所作的判决、裁定是发生法律效力的判决、裁定。

法院审理再审案件应当开庭审理。按照第二审程序审理的,双方当事人已经其他方式充分表达意见,且书面同意不开庭审理的,可以不开庭审理。

开庭审理时,应视再审启动方式分别进行:

---

① 《民诉法解释》第 426 条规定:"对小额诉讼案件的判决、裁定,当事人以民事诉讼法第二百条规定的事由向原审人民法院申请再审的,人民法院应当受理。申请再审事由成立的,应当裁定再审,组成合议庭进行审理。作出的再审判决、裁定,当事人不得上诉。当事人以不应按小额诉讼案件审理为由向原审人民法院申请再审的,人民法院应当受理。理由成立的,应当裁定再审,组成合议庭审理。作出的再审判决、裁定,当事人可以上诉。"

(1) 当事人申请启动再审的,先由再审申请人陈述再审请求与事实、理由,然后由被申请人答辩,以及其他原审当事人发表意见;

(2) 因抗诉再审的,先由抗诉机关宣读抗诉书,再由申请抗诉的当事人陈述,后由被申请人答辩、其他原审当事人发表意见;

(3) 法院依职权再审,有申诉人的,先由申诉人陈述再审请求及理由,后由被申诉人答辩、其他原审当事人发表意见;

(4) 法院依职权再审,没有申诉人的,先由原审原告或者原审上诉人陈述,后由原审其他当事人发表意见。对前述第 1 项至第 3 项规定的情形,法院应当要求当事人明确其再审请求。

(三) 再审案件的审理范围

《民诉法解释》第 405 条规定:"人民法院审理再审案件应当围绕再审请求进行。当事人的再审请求超出原审诉讼请求的,不予审理;符合另案诉讼条件的,告知当事人可以另行起诉。被申请人及原审其他当事人在庭审辩论结束前提出的再审请求,符合民事诉讼法第二百零五条规定的,人民法院应当一并审理。人民法院经再审,发现已经发生法律效力的判决、裁定损害国家利益、社会公共利益、他人合法权益的,应当一并审理。"根据本条规定,再审案件的审理原则上围绕再审请求进行,被申请人及原审其他当事人在再审庭审辩论结束前提出的再审请求,由于是在申请再审期限内提出的,应当一并审理。例外情形为,如发现已经发生法律效力的判决、裁定损害国家利益、社会公共利益、他人合法权益的,应当全案一并审理。

三、再审案件的裁判与调解

《审判监督解释》第 26 条规定:"人民法院经再审审理认为,原判决、裁定认定事实清楚、适用法律正确的,应予维持;原判决、裁定在认定事实、适用法律、阐述理由方面虽有瑕疵,但裁判结果正确的,人民法院应在再审判决、裁定中纠正上述瑕疵后予以维持。"第 27 条规定:"人民法院按照第二审程序审理再审案件,发现原判决认定事实错误或者认定事实不清的,应当在查清事实后改判。但原审人民法院便于查清事实,化解纠纷的,可以裁定撤销原判决,发回重审;原审程序遗漏必须参加诉讼的当事人且无法达成调解协议,以及其他违反法定程序不宜在再审程序中直接作出实体处理的,应当裁定撤销原判决,发回重审。"法院审理再审案件,应当对原审判决、裁定在认定事实、适用法律以及审理中适用程序等问题进行全面审查,审理后作出如下处理:(1) 原判决、裁定认定事实清楚、适用法律正确的,应予维持。(2) 原判决、裁定认定事实、适用法律虽有瑕疵,但裁判结果正确的,应当在再审判决、裁定中纠正瑕疵后予以维持。(3) 原判决、裁定认定事实错误或者认定事实不清,导致裁判结果错误的,应当依法改判。

(4)原判决认定事实错误或者认定事实不清,原审法院便于查清事实,化解纠纷的,可以裁定撤销原判决,发回重审;原审程序遗漏必须参加诉讼的当事人且无法达成调解协议,以及其他违反法定程序不宜在再审程序中直接作出实体处理的,裁定撤销原判决,发回重审。(5)法院经审理认为不符合《民诉法》第 119 条规定的起诉条件或者属于《民诉法》第 124 条规定的不予受理情形的,应当裁定撤销一、二审判决,驳回起诉。

根据《民诉法解释》第 409 条、《审判监督解释》第 28 条的规定,法院对调解书裁定再审后,按照下列情形分别处理:(1)当事人提出的调解违反自愿原则的事由不成立,且调解书的内容不违反法律强制性规定的,裁定驳回再审申请,并恢复原调解书的执行。(2)检察院抗诉或者再审检察建议所主张的损害国家利益、社会公共利益的理由不成立的,裁定终结再审程序。原调解书需要继续执行的,自动恢复执行。当然,如调解违反自愿或合法原则,法院应判决撤销原调解书,同时对原诉讼一并作出判决。

《审判监督解释》第 25 条规定:"当事人在再审审理中经调解达成协议的,人民法院应当制作调解书。调解书经各方当事人签收后,即具有法律效力,原判决、裁定视为被撤销。"适用审判监督程序审理的案件可以进行调解,调解时仍然按照一、二审程序有关调解的规定进行,但均应制作调解书。调解书送达后,原判决、裁定即视为撤销。部分当事人到庭并达成调解协议,其他当事人未作出书面表示的,法院应当在判决中对该事实作出表述;调解协议内容不违反法律规定,且不损害其他当事人合法权益的,可以在判决主文中予以确认(《民诉法解释》第 412 条)。

当事人提交新的证据致使再审改判,因再审申请人或者申请检察监督当事人的过错未能在原审程序中及时举证,被申请人等当事人请求补偿其增加的交通、住宿、就餐、误工等必要费用的,法院应予支持(《民诉法解释》第 411 条)。

再审案件按照第一审程序或者第二审程序审理的,适用《民诉法》第 149 条[①]、第 176 条[②]规定的审理期限。审限自决定再审的次日起计算。

[案例 18-8] 再审申请人廖某因与被申请人钱某、原审被告赖某民间借贷纠纷一案,不服某区人民法院作出的原审民事调解书(调解协议内容为赖某、廖某分期向钱某返还借款本金 12086600 元并支付利息),向某区人民

[①] 《民诉法》第 149 条规定:"人民法院适用普通程序审理的案件,应当在立案之日起六个月内审结。有特殊情况需要延长的,由本院院长批准,可以延长六个月;还需要延长的,报请上级人民法院批准。"

[②] 《民诉法》第 176 条规定:"人民法院审理对判决的上诉案件,应当在第二审立案之日起三个月内审结。有特殊情况需要延长的,由本院院长批准。人民法院审理对裁定的上诉案件,应当在第二审立案之日起三十日内作出终审裁定。"

法院申请再审,请求撤销原审民事调解书中关于要求廖某承担责任的内容,即涉案债务为赖某个人债务,由赖某个人承担责任。赖某于再审审查调查中承认原审廖某委托赖某代为处理案涉纠纷的授权委托书均系赖某代廖某签名及捺印,钱某对此亦予以认可。据此,某区人民法院作出民事裁定,裁定对本案进行再审。

某区人民法院再审认为:根据赖某于再审审查阶段的陈述,原审民事调解书系基于赖某持有假冒廖某签名的委托书与钱某达成的调解协议所制作,赖某并未取得廖某的委托代理权限。原审据此制作民事调解书程序有误,某区人民法院再审予以纠正,某区人民法院作出判决如下:1. 撤销某原审民事调解书;2. 原审被告赖某向被申请人钱某返还借款本金 841.24 万元并支付利息;3. 驳回原审原告钱某的其他诉讼请求。

思 考 题

1. 简述审判监督程序与第二审程序的区别。
2. 有权对生效判决、裁定及调解书申请再审的案外人有哪些?
3. 当事人可在知道或者应当知道之日起 6 个月内提出再审申请的再审事由分别是什么?
4. 法院决定再审的具体方式有几种?分别是哪些?
5. 简述抗诉、再审检察建议的区别。
6. 哪些生效判决、裁定再审时应当按照第二审程序审理?

第十九章 特 别 程 序

特别程序属于非讼程序,它只适用于法律规定的六类案件。特别程序真的有点"特别",特别之处在于首先它不解决民事权益争议,其次都是一审终审,再次都不适用审判监督程序。学习特别程序要注意,不能以诉讼程序的习惯性思维去思考,应当以特别程序只是"确认某种法律事实与权利是否存在"为视角来理解相关规定。

第一节 特别程序概述

一、特别程序的概念

特别程序,是指法院审理某些非民事权益争议案件所适用的特殊程序。

特别程序是与普通程序、简易程序等通常审判程序对应的非讼程序。世界各国的民事诉讼法基本上都规定了特别程序,并通过特别程序来审理某些特殊案件,但各国对特别程序适用的案件范围却不尽相同。

《民诉法》第15章整章规定了特别程序。其中第177条规定,人民法院审理选民资格案件、宣告失踪或者宣告死亡案件、认定公民无民事行为能力或者限制民事行为能力案件、认定财产无主案件、确认调解协议案件和实现担保物权案件,适用本章规定,即人民法院审理上述六类案件须适用特别程序。六类案件中,前四类属于传统的特别程序案件,具有裁判文书同为民事判决书等诸多共性特点;后两类案件属于2012年《民诉法》新增加的案件类型,它们俩比较接近,比如裁判文书都适用民事裁定书。后两类案件与前四类案件类型具有明显的区别,所以可以"4+2"的视角来理解和学习特别程序规定。

二、特别程序的法律适用与转化

适用特别程序审理案件应当优先适用《民诉法》第15章关于特别程序的规定,只有特别程序没有规定的,才能适用《民诉法》和其他法律的有关规定。

特别程序只适用于解决非民事权益争议,因此法院在依照特别程序审理案件的过程中,发现本案属于民事权益争议的,应当裁定终结特别程序,并告知利害关系人可以另行起诉。另行起诉后,法院适用诉讼程序来审理,只有诉讼程序才能解决当事人之间的民事权益争议。

三、特别程序的特点

(1)特别程序的审理只是确认某种法律事实与权利是否存在,而不解决民事权利、义务争议。特别程序中,宣告失踪或者宣告死亡案件、认定公民无民事行为能力或者限制民事行为能力案件和认定财产无主案件均是确认某种法律事实是否存在,选民资格案件、确认调解协议案件和实现担保物权案件属于确认权利是否存在。

(2)没有原告与被告。特别程序中的选民资格案件是由"起诉人"起诉,其他案件均是由申请人提出申请。六类特别程序案件均既没有原告,也没有被告。

(3)实行一审终审。适用特别程序审理的案件,实行一审终审,判决书一经送达即发生法律效力,申请人或起诉人不得提起上诉。

(4)原则上实行独任制。适用特别程序审理的案件,除选民资格案件和重大、疑难案件由审判员组成合议庭审理外,原则上采用独任制,由审判员一人独任审理。

(5)不适用审判监督程序。适用特别程序审理的案件,不适用审判监督程序,但不适用审判监督程序不代表当事人没有救济途径。适用特别程序作出的判决、裁定也有可能出错,如果发现判决、裁定在认定事实与适用法律方面存在错误,或者在判决、裁定生效后又出现了新情况、新事实,比如,被认定为限制民事行为能力的人经治疗痊愈,恢复了民事行为能力,法院可根据本人或利害关系人的申请,作出新判决撤销原判决,或作出新裁定撤销原裁定。

(6)案件审理期限较短。适用特别程序审理案件,应当自立案之日起30日内或者公告期满后30日内审结,有特殊情况需要延长的,由本院院长批准。但选民资格案件在选举日之前必须审结,不得延长到选举日后审结。

(7)大部分案件免交案件受理费。适用特别程序审理的案件,除实现担保物权案件外,其余案件一律免交案件受理费。实现担保物权案件,法院裁定拍卖、变卖担保财产的,申请费由债务人、担保人负担;法院裁定驳回申请的,申请费由申请人负担。

四、特别程序判决、裁定错误的救济

根据《民诉法解释》第374条的规定,当事人、利害关系人认为判决、裁定有错误的,可以向人民法院提出异议。人民法院经审查,异议成立或者部分成立的,作出新的判决、裁定撤销或者改变原判决、裁定;异议不成立的,裁定驳回。对确认调解协议、准许实现担保物权的裁定,当事人有异议的,应当自收到裁定

书之日起 15 日内提出；利害关系人有异议的，自知道或者应当知道其民事权益受到侵害之日起 6 个月内提出。

第二节 选民资格案件

[导入案例 19-1] 2005 年 11 月 3 日，在某市人大代表选举中，起诉人李某不服某村选举委员会关于王某具备选民资格的决定，向某区人民法院起诉。某区人民法院受理后，为了不影响 11 月 8 日进行的全区选举，于当天下午向起诉人李某送达了传票，并通知了某村选举委员会与王某参加庭审。2005 年 11 月 4 日，法院依法组成合议庭公开开庭审理了本案。起诉人李某诉称，2005 年 10 月，某村选举委员会公布选民名单，认定王某有选民资格。王某身患精神病多年，无法参加选举，故请求法院确认王某不具备选民资格。法院经审理认为：王某提交的病例证明显示王某的精神病经治疗已痊愈，可以参加选举，且经某村民选举委员会审查确认，符合法定程序，因此某村选举委员会的决定正确。起诉人李某起诉无据，本院不予支持。某区人民法院于 11 月 4 日当庭判决确认王某选民资格有效。

一、选民资格案件概述

选民资格案件，是指公民对选举委员会所公布的选民资格名单有不同意见，向选举委员会提出申诉后，不服选举委员会的处理决定，而向法院提起诉讼的案件。简言之，选民资格案件就是公民对选民资格不服选举委员会的申诉决定提起的诉讼。选民资格案件所涉的选举法律关系从性质上来讲并不是民事法律关系，有些国家规定选民资格案件由行政法院或宪法法院来审理。由于我国没有设置宪法法院或行政法院，故将选民资格案件规定在《民诉法》特别程序中，由法院民事审判庭适用特别程序进行审理。

根据《中华人民共和国全国人民代表大会和地方各级人民代表大会选举法》（以下简称《选举法》）的规定，在我国，年满 18 周岁的公民一般都有选举权和被选举权，未满 18 周岁的公民和依法被剥夺政治权利的人没有选举权。而无法行使选举权的精神病患者，也不能列入选民资格名单。选举前，选举委员会应当按选区进行登记，并在选举日的 20 日以前公布选民资格名单，发给选民证。公民对选举委员会所公布的选民资格名单有不同意见，包括公民认为有选民资格的人没有列入选民名单，或没有选民资格的人列入了选民名单的，应首先向选举委员会提出申诉，选举委员会必须在 3 日内对申诉作出决定。申请人对申诉决定不服的，才可以向法院起诉。

法院通过对选民资格案件的审理，保护有选举资格的公民享有选举权与被选举权,同时,也防止没有选举权与被选举权的人非法参加选举。

二、选民资格案件的审理程序

(一)起诉

根据《选举法》和《民诉法》的相关规定,公民对选举委员会所公布的选民资格名单有不同意见的,应首先在选民名单公布之日起5日内向选举委员会提出申诉,选举委员会必须在3日内对申诉作出决定。申请人对申诉决定不服的,可以在选举日的5日以前向法院起诉。

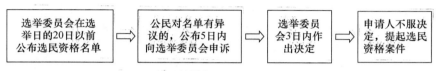

[图19-1] 选民资格案件起诉前置程序

选民资格案件的起诉人,并不当然是选民本人。起诉人既可以是选民本人,也可以是有关组织与其他公民。只要是认为选民名单错误的公民,无论其是否与选民资格直接相关,都具有提起选民资格诉讼的资格。虽然选民资格案件是基于起诉人对选举委员会决定不服,但选民资格案件没有被告或被起诉人,选举委员会不是被告或被起诉人,起诉人认为错列入选民名单的公民也不是被告或被起诉人。

(二)管辖

根据《民诉法》第181条的规定,选民资格案件,由选区所在地基层人民法院管辖。规定选区所在地基层人民法院管辖的目的不仅在于方便申诉人起诉,也在于方便受诉人民法院向选举委员会和相关公民进行调查。

(三)审理和判决

选民资格案件实行一审终审。由于案件涉及公民的政治权利,审理时只能全部由审判员组成合议庭审理,不能实行独任制和陪审制。

选民资格案件解决的是选民是否能够参加选举的问题,因此其只有在选举日前审结才有意义。根据《民诉法》第182条的规定,法院受理选民资格案件后,

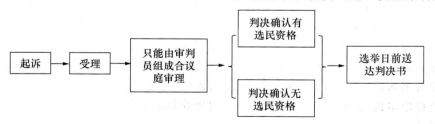

[图19-2] 选民资格案件审理流程

必须在选举日前审结。开庭审理时,起诉人、选举委员会的代表和有关公民必须参加。法院在充分听取意见、查清事实的基础上进行评议和判决。法院的判决书,应当在选举日前送达选举委员会和起诉人,并通知有关公民。判决书一经送达即发生法律效力。

第三节 宣告公民失踪案件

[导入案例19-2] 申请人王某林诉称:被申请人王某梅是我的妹妹,其于2007年5月外出务工,自2008年2月起杳无音讯,经家人多方寻找未果,至今下落不明。王某林申请法院宣告王某梅失踪。法院经审查,王某梅自2008年2月起杳无音讯,经多方寻找未果。2011年10月,王某林向公安机关报案,也未找到王某梅下落。某区人民法院于2013年11月在当地报纸发出寻人公告,公告期间3个月已届满,王某梅仍下落不明。法院认为,申请人与被申请人王某梅系姐妹关系,为利害关系人,现被申请人王某梅下落不明已满2年,其失踪的事实得到确认,符合宣告公民失踪的条件,申请人的申请符合法律规定。判决如下:1. 宣告王某梅为失踪人;2. 指定申请人王某林为失踪人王某梅的财产代管人。本判决为终审判决。

一、宣告公民失踪案件的概念和意义

宣告公民失踪案件,是指公民离开自己的住所下落不明,经过法律规定的期限仍无音讯,经利害关系人申请,法院宣告该公民为失踪人的案件。《民法典》总则编第二章第三节规定了宣告失踪与宣告死亡的若干制度,其中最重要的变化是用"自然人"概念取代了《民诉法》的"公民"概念①,为方便理解和学习,本书仍然沿用"公民"概念。需注意,《民诉法》及司法解释与《民法典》总则编有冲突的,须适用《民法典》的规定。

宣告公民失踪制度的意义在于:(1)公民失踪之后,其财产无人管理,难免遭到毁损、灭失或不法侵害。宣告公民失踪后即可为其指定财产代管人,以保护失踪人的合法权益。(2)通过财产代管人从失踪人的财产中为失踪人支付所欠税款、债务以及应支付的其他费用,避免因公民失踪而对利害关系人的合法权益造成损害。(3)通过财产代管人向失踪人的债务人追偿失踪人的债权,避免失踪人的合法权益受到损害。

---

① 民法观念中的人,包括自然人与法人。自然人既是法律概念,也是生物学概念。《民法典》第12条规定,中华人民共和国领域内的民事活动,适用中华人民共和国法律,自此不再区分民事活动主体是何国籍,因此,《民法典》用"自然人"概念替换了"公民"概念。

二、宣告公民失踪案件的申请

根据《民诉法》第 183 条的规定，申请法院宣告公民失踪，必须具备下列三个条件：

(1) 公民下落不明持续满 2 年。①

"下落不明"，是指公民离开自己的住所地或居住地后去向不明，与任何人都没有联系，杳无音讯。"持续满 2 年"，是指下落不明的时间不能有任何间断，如果有中断，应当从最后一次出走或最后一次有音讯时重新开始计算。

《民法典》第 41 条规定，自然人下落不明的时间从其失去音讯之日起计算。战争期间下落不明的，下落不明的时间自战争结束之日或者有关机关确定的下落不明之日起计算，即下落不明的时间除了从战争结束之日起计算外，还可以选择从"有关机关确定的下落不明之日起计算"。有关机关是指具备此权力或者职责的有权机关，比如，军队上有权对因战争下落不明的人予以认定的机关，地方上民政部门或者公安部门等，有关机关确定自然人下落不明的文件在证据属性上应当是公文书证的一种。依据本条规定，除了有关机关之外的其他证明材料，比如一般的证人证言等都不能作为确定战争期间自然人失去音讯的有效证据。

(2) 由利害关系人向法院提出申请。

利害关系人，是指与下落不明的公民有人身关系或民事权利义务关系的人，包括失踪公民的配偶、父母、成年子女、祖父母、外祖父母、成年兄弟姐妹以及其他有民事权利义务关系（如债权债务关系）的人。宣告公民失踪案件的申请人没有先后顺序，只要是利害关系人均可提出申请。《民诉法解释》第 346 条规定，符合法律规定的多个利害关系人提出宣告失踪申请的，列为共同申请人。

实务中，对债权人而言，法律规定了债务人下落不明时的缺席审理制度；对债务人而言，法律规定了债权人下落不明时的债务人提存制度，因此，利害关系人因债权债务关系直接申请相对人失踪非常少见。

(3) 申请必须采用书面形式。

宣告失踪案件的申请必须采用书面形式，不能以口头方式提出申请。申请书应当写明下落不明的事实、时间和请求，并附有公安机关或者其他有关机关关于该公民下落不明的书面证明。其他有关机关，是指公安机关以外的能够证明公民下落不明的机关。

---

① 《民法典》第 40 条规定："自然人下落不明满二年的，利害关系人可以向人民法院申请宣告该自然人为失踪人。"

三、宣告公民失踪案件的审理

（一）管辖

根据《民诉法》第183条的规定，宣告公民失踪案件由下落不明人住所地基层人民法院管辖。

（二）公告

《民诉法》第185条规定，人民法院受理宣告失踪案件后，应当发出寻找下落不明人的公告，公告期间为3个月。根据《民诉法解释》第347条的规定，寻找下落不明人的公告应当记载下列内容：(1) 被申请人应当在规定期间内向受理法院申报其具体地址及其联系方式。否则，被申请人将被宣告失踪。(2) 凡知悉被申请人生存现状的人，应当在公告期间内将其所知道情况向受理法院报告。

（三）宣告公民失踪案件的判决

人民法院受理宣告失踪案件后，作出判决前，申请人撤回申请的，人民法院应当裁定终结案件，但其他符合法律规定的利害关系人加入程序要求继续审理的除外（《民诉法解释》第348条）。

法院发出寻找下落不明人的公告，公告期间届满的，法院应当根据被宣告失踪、宣告死亡的事实是否得到确认，作出宣告失踪、宣告死亡的判决或者驳回申请的判决。如果该公民仍然下落不明，法院应当确认申请宣告该公民失踪的事实存在，并作出宣告失踪的判决；如果在公告期内该公民出现或者查明下落，法院应当作出驳回申请的判决。

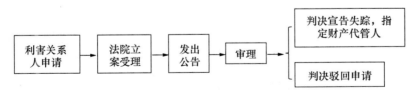

[图19-3] 宣告失踪审理程序流程

四、公民失踪的财产代管人与法律后果

（一）失踪人的财产代管人

法院应在宣告失踪判决书中指定失踪人的财产代管人。失踪人的财产由其配偶、成年子女、父母或其他愿意担任财产代管人的人代管。代管有争议，没有以上规定的人或者以上规定的人无代管能力的，由人民法院指定的人代管

(《民法典》第 42 条)。《民诉法解释》第 343 条规定:"宣告失踪或者宣告死亡案件,人民法院可以根据申请人的请求,清理下落不明人的财产,并指定案件审理期间的财产管理人。公告期满后,人民法院判决宣告失踪的,应当同时依照民法典第四十二条的规定指定失踪人的财产代管人。"失踪人的财产代管人经人民法院指定后,代管人申请变更代管的,比照《民诉法》特别程序的有关规定进行审理。申请理由成立的,裁定撤销申请人的代管人身份,同时另行指定财产代管人;申请理由不成立的,裁定驳回申请。失踪人的其他利害关系人申请变更代管的,人民法院应当告知其以原指定的代管人为被告起诉,并按普通程序进行审理(《民诉法解释》第 344 条)。

财产代管人的职责是管理和保护失踪人的全部财产,清偿失踪人失踪前所欠下的税款、债务和其他费用,"其他费用"是指赡养费、扶养费、抚育费和因代管财产所需的管理费等必要的费用。失踪人的财产代管人向失踪人的债务人要求偿还债务的,可以作为原告提起诉讼;失踪人的财产代管人拒绝失踪人的债权人支付请求,债权人提起诉讼的,法院应当将代管人列为被告。[①]《民法典》第 43 条第 3 款还规定,财产代管人因故意或者重大过失造成失踪人财产损失的,应当承担赔偿责任。

财产代管人不履行代管职责、侵害失踪人财产权益或者丧失代管能力的,失踪人的利害关系人可以向人民法院申请变更财产代管人。财产代管人有正当理由的,也可以向人民法院申请变更财产代管人。人民法院变更财产代管人的,变更后的财产代管人有权要求原财产代管人及时移交有关财产并报告财产代管情况(《民法典》第 44 条)。

(二) 宣告公民失踪的法律后果

公民被宣告为失踪人后,其民事权利能力并不因此而消灭,与失踪人人身有关的民事法律关系,比如婚姻关系、收养关系等不因此发生变化。如在宣告失踪以后涉及继承问题,仍然应当为失踪人保留其应当继承的份额。

五、宣告失踪判决的撤销

法院宣告公民失踪是一种法律推定,如果被宣告失踪的公民重新出现,经本人或利害关系人的申请,法院应当作出新判决,撤销原判决。失踪人重新出现,有权要求财产代管人及时移交有关财产并报告财产代管情况(《民法典》第 45 条第 2 款)。

[①] 《民法典》与《民诉法》规定基本相同,《民法典》第 43 条第 1 款、第 2 款规定:"财产代管人应当妥善管理失踪人的财产,维护其财产权益。失踪人所欠税款、债务和应付的其他费用,由财产代管人从失踪人的财产中支付。"

第四节 宣告公民死亡案件

[导入案例 19-3] 申请人杨某明称,其父亲杨某为广东省某市某村村民。新中国成立后因生活困难,杨某经常往来香港、澳门等地从事小商品买卖以维持生计。1956 年 10 月杨某去香港时,正值香港发生了一场大暴动,死亡人数较多,杨某从此下落不明,至今已有 50 余年。申请人当时年幼,和弟弟跟随奶奶靠叔叔的接济生活。现因杨某在某村的房屋发生继承需确认其已死亡,特向法院申请宣告杨某死亡。某区人民法院受理该案后,于 2012 年 1 月在《人民法院报》发出寻找杨某的公告,公告期间为 1 年。法院认为,申请人向法院提交的证据证明杨某下落不明已满 4 年,法院已发出公告寻找杨某,但杨某仍然下落不明。法院判决宣告杨某死亡,该判决为终审判决。

一、宣告公民死亡案件的概念和意义

宣告公民死亡案件,是指公民下落不明满法定期限,法院根据利害关系人的申请,依法宣告该公民死亡的案件。宣告公民死亡是法律上的推定死亡。公民长期下落不明,虽然可以宣告公民失踪,但失踪人相关民事法律关系没有因此发生变动,失踪人的权利仍然处于一种不确定的状态。财产代管人虽然能够在一定程度上管理和保护失踪人的财产,但毕竟是一种临时性措施。更重要的是,失踪人的婚姻关系并未消灭,失踪人的配偶无法开始新的生活。为了结束这种不确定的状态,保护失踪人和利害关系人的合法权益,维护正常的社会经济秩序和生活秩序,《民法典》与《民诉法》对宣告死亡制度均予以规定。

二、宣告公民死亡的条件

(1) 必须有公民下落不明的事实存在。

公民下落不明的事实,主要分为四种情况:公民离开自己的住所地或经常居住地后下落不明;因战争下落不明;因为意外事故下落不明;因意外事故下落不明,经有关机关证明不可能生存的。

(2) 下落不明的事实必须持续满法定期限。

《民法典》第 46 条规定:"自然人有下列情形之一的,利害关系人可以向人民法院申请宣告该自然人死亡:(一)下落不明满四年;(二)因意外事件,下落不明满二年。因意外事件下落不明,经有关机关证明该自然人不可能生存的,申请宣告死亡不受二年时间的限制。"不同情形中宣告死亡需要满足的下落不明期限和起算时间并不一样:通常情况下落不明需满 4 年,从公民失去音讯之日起计

算;战争期间下落不明的,下落不明的时间自战争结束之日或者有关机关确定的下落不明之日起计算,下落不明需满 4 年;因意外事故下落不明需满 2 年,从意外事件发生之日起计算①;因意外事故下落不明,经有关机关证明该公民不可能生存的,申请宣告死亡不受 2 年时间的限制。

(3) 利害关系人提出书面申请。

宣告公民死亡案件必须由利害关系人提出书面申请,申请书应当写明下落不明的事实、时间和请求,并附有公安机关或者其他有关机关关于该公民下落不明的书面证明。② 只要是失踪人的利害关系人,均可以申请宣告死亡,没有申请宣告死亡的顺位。《民诉法解释》第 346 条规定,符合法律规定的多个利害关系人提出宣告死亡申请的,列为共同申请人。《民法典》第 47 条规定,对同一自然人,有的利害关系人申请宣告死亡,有的利害关系人申请宣告失踪,符合本法规定的宣告死亡条件的,法院应当宣告死亡。③

宣告失踪不是宣告死亡的必须程序。公民下落不明,符合申请宣告死亡的条件的,利害关系人可以不经申请宣告失踪而直接申请宣告死亡。但利害关系人只申请宣告失踪的,应当宣告失踪。

三、宣告公民死亡案件的审理

(一) 宣告公民死亡案件的管辖

宣告公民死亡案件,由下落不明人住所地基层人民法院管辖。

(二) 宣告公民死亡案件的公告

法院受理宣告死亡案件后,应当发出寻找下落不明人的公告。宣告死亡的公告期间为 1 年。因意外事故下落不明,经有关机关证明该公民不可能生存的,宣告死亡的公告期间为 3 个月。根据《民诉法解释》第 347 条的规定,寻找下落不明人的公告应当记载下列内容:(1) 被申请人应当在规定期间内向受理法院申报其具体地址及其联系方式。否则,被申请人将被宣告死亡。(2) 凡知悉被申请人生存现状的人,应当在公告期间内将其所知道情况向受

---

① 对于意外事件的起算时间,《民法典》没有规定,《民法通则》第 23 条第 1 款第 2 项规定的"从意外事件发生之日起满二年的"模式仍然可以继续借鉴。

② 实务中,对于失去音讯,一般以利害关系人向公安机关报案的报警回执来证明。报警回执上记载的报警日期通常作为失去音讯开始之日。

③ 需特别注意,尽管《民法典》没有明确规定,但从总则编第 47 条文义分析,《民通意见》第 25 条"申请宣告死亡的利害关系人的顺序是:(一) 配偶;(二) 父母、子女;(三) 兄弟姐妹、祖父母、外祖父母、孙子女、外孙子女;(四) 其他有民事权利义务关系的人"的规定与《民法典》发生冲突已不再适用。理由是,按《民通意见》的规定,失踪人配偶不同意宣告死亡,只同意宣告失踪的,则父母作为第二顺位,无权申请死亡。但根据《民法典》第 47 条的规定,有的利害关系人申请宣告死亡,有的利害关系人申请宣告失踪,符合本法规定的宣告死亡条件的,法院应当宣告死亡,显然,宣告死亡已没有顺位要求。

理法院报告。

法院判决宣告公民失踪后,利害关系人向法院申请宣告失踪人死亡,自失踪之日起满4年的,法院应当受理,宣告失踪的判决即是该公民失踪的证明,审理中仍应依照《民诉法》第185条的规定进行公告(《民诉法解释》第345条),即通常公告期间为1年,因意外事故下落不明经有关机关证明该公民不可能生存的,公告期间为3个月。

［表 19-1］ 宣告失踪与宣告死亡期间比较

	宣告失踪	宣告死亡
通常期限	2年	4年
因战争	2年	4年,自战争结束之日或者有关机关确定的下落不明之日起计算
因意外事件	2年	2年,从意外事件发生之日起计算
意外发生,有关机关证明不可能生存	/	不受2年或4年的限制
法院公告期间	3个月	1年 因意外事件证明不可能生存的3个月

（三）宣告公民死亡案件的判决

宣告死亡案件,法院可以根据申请人的请求,清理下落不明人的财产,并指定案件审理期间的财产管理人。非经法院宣告,则不能确认自然人被宣告死亡。

法院受理宣告死亡案件后,作出判决前,申请人撤回申请的,法院应当裁定终结案件,但其他符合法律规定的利害关系人加入程序要求继续审理的除外。

公告期间届满,法院应当根据死亡的事实是否得到确认,作出宣告死亡的判决或者驳回申请的判决。判决书除发给申请人外,还应当在被宣告死亡人住所地和法院所在地公告。判决一经宣告,即发生法律效力。

《民法典》第48条规定,被宣告死亡的人,法院宣告死亡的判决作出之日视为其死亡的日期;因意外事件下落不明宣告死亡的,意外事件发生之日视为其死亡的日期。换言之,确定宣告公民的死亡日期分为一般情形的死亡日期与基于意外事件的死亡日期两种。一般情形死亡的死亡日期为判决书作出之日,即判决书上所载明的文书制作时间;基于意外事件死亡的死亡日期为事件发生之日,因此,法院在制作基于意外事件死亡的判决书时,判项应当写明"宣告××于某年某月某日(事件发生之日)死亡"。一般情形死亡的判决书判项则只写明"宣告某某死亡"即可。

[图 19-4] 宣告死亡审理程序流程

四、宣告公民死亡的法律后果

宣告死亡判决具有推定受宣告人死亡的效力，推定死亡致使以死亡为前提清理受宣告人所参加的以其住所地为中心的私法关系，如婚姻关系消灭、子女被收养、财产发生继承等，但并不因此消灭受宣告人的民事权利能力。[①]《民法典》第 51 条规定，被宣告死亡的人的婚姻关系，自死亡宣告之日起消灭。第 49 条规定，自然人被宣告死亡但是并未死亡的，不影响该自然人在被宣告死亡期间实施的民事法律行为的效力。如果并未死亡的自然人实施的民事行为与被宣告死亡的法律后果没有冲突，则简单认定自然人实施的民事行为有效即可。比如，公民被宣告死亡，其财产被依法继承，而该公民并未死亡，生活在别处，购买食物、租住房屋，这些法律关系皆属有效。但也有可能实施的民事行为与被宣告死亡的后果发生了冲突。再如，在并未死亡的公民被宣告死亡期间，其配偶和本人都将同一房屋出卖给不同的人。两人实施的民事行为皆属有效，但房屋只有一套，买受人有两名，且均为善意第三人，究竟应以谁的民事行为效力为准，《民法典》未作具体规定。已失效的《最高人民法院关于贯彻执行〈中华人民共和国民法通则〉若干问题的意见（试行）》第 36 条第 2 款曾规定，本人实施的民事法律行为与被宣告死亡引起的法律后果相抵触的，以本人实施的民事法律行为为准。当然，配偶一方买受人的民事权益可另寻法律途径解决。

五、宣告死亡判决的撤销

宣告死亡是法律上的一种推定死亡。如果被宣告死亡的公民重新出现，经他本人或者利害关系人申请，法院应当作出新判决，撤销原判决。

法院撤销宣告死亡判决以后，该公民因为被宣告死亡而消灭的人身关系可以有条件地恢复：（1）被宣告死亡的人与配偶的婚姻关系，自死亡宣告之日起消灭。死亡宣告被法院撤销，婚姻关系自撤销死亡宣告之日起自行恢复，但是其配偶再婚或者向婚姻登记机关书面声明不愿意恢复的除外。（2）被宣告死亡的人在被宣告死亡期间，其子女被他人依法收养的，在死亡宣告被撤销后，不得以未

---

① 参见王泽鉴：《民法总则》，北京大学出版社 2009 年版，第 118 页。

经本人同意为由主张收养关系无效(《民法典》第 51 条、第 52 条)。

对于财产关系,被撤销死亡宣告的人有权请求依照《民法典》继承编取得其财产的民事主体返还财产。无法返还的,应当给予适当补偿。利害关系人隐瞒真实情况,致使他人被宣告死亡取得其财产的,除应当返还财产外,还应当对由此造成的损失承担赔偿责任(《民法典》第 53 条)。

[表 19-2] 宣告死亡及撤销宣告死亡判决的法律后果

	宣告死亡	撤销宣告死亡
婚姻关系	婚姻关系自死亡宣告之日起消灭	婚姻关系自撤销死亡宣告之日起自行恢复,但是其配偶再婚或者向婚姻登记机关书面声明不愿意恢复的除外
收养关系	子女可能被收养	子女被他人依法收养的,不得以未经本人同意为由主张收养关系无效
继承	继承开始	有权请求通过继承取得财产的人返还财产。无法返还的应给予适当补偿。利害关系人隐瞒真实情况,致使他人被宣告死亡取得其财产的,除应当返还财产外,还应当对由此造成的损失承担赔偿责任

第五节 认定公民无民事行为能力、限制民事行为能力案件

[导入案例 19-4] 申请人邢某申请宣告谢某(系邢某妻子)为限制民事行为能力人案。申请人称:谢某在 2008 年 5 月因受到精神刺激突然发病,光着脚出门乱跑,在家时怕见光,砸东西打人。由于病情严重,行为怪异,被强行三次送进精神病院,至今还在用药控制治疗,是一个不能辨认自己行为的人。某区人民法院经审查查明:申请人与被申请人于 2006 年 5 月登记结婚。经法院委托广东某法医精神病司法鉴定所对被申请人的民事行为能力进行鉴定,鉴定意见为:1. 谢某患"甲状腺功能亢进所致精神障碍",目前处于发病期;2. 谢某目前为限制民事行为能力人。申请人及被申请人代理人对鉴定意见均无异议。被申请人谢某母亲在本案中担任谢某的代理人。法院判决:1. 宣告谢某为限制民事行为能力人;2. 指定邢某为谢某的监护人。该判决为终审判决。

一、认定公民无民事行为能力、限制民事行为能力案件概述

认定公民无民事行为能力、限制民事行为能力案件,是指法院根据利害关系人的申请,对不能辨认自己行为或不能完全辨认自己行为的成年人,按照法定程

序,认定并宣告该公民为无民事行为能力人或限制民事行为能力人的案件。

根据《民法典》的规定,18周岁以上的自然人为成年人,16周岁以上的未成年人,以自己的劳动收入为主要生活来源的,视为完全民事行为能力人。换言之,18周岁以下的自然人为未成年当事人(16周岁以上、以自己的劳动收入为主要生活来源的当事人除外)。不能辨认自己行为的成年人是无民事行为能力人,由其法定代理人代理民事活动。不能完全辨认自己行为的成年人是限制民事行为能力人,可以进行与他的精神健康状况相适应的民事活动,其他民事活动由他的法定代理人代理,或者需征得他的法定代理人的同意。《民法典》第24条第1款规定:"不能辨认或者不能完全辨认自己行为的成年人,其利害关系人或者有关组织,可以向人民法院申请认定该成年人为无民事行为能力人或者限制民事行为能力人。"

法律确定这项制度的意义在于,保护无民事行为能力或限制民事行为能力的成年人的合法权益,保护与他们有民事权利义务关系的利害关系人的合法权益,保障民事活动的正常进行,维护正常的社会、经济秩序。

二、认定公民无民事行为能力、限制民事行为能力案件的申请

申请法院认定公民无民事行为能力、限制民事行为能力,必须具备下列条件:

(1)具备法定事由,即该公民必须有因患病等原因导致不能辨认或不能完全辨认自己行为的事实存在。

(2)必须由近亲属或其他利害关系人提出申请,包括被申请人的配偶、父母、子女、兄弟姐妹、祖父母、外祖父母、孙子女、外孙子女,或者与其关系密切的其他亲属、朋友等愿意承担监护责任,经成年人所在单位或住所地的居民委员会、村民委员会同意的人。

(3)申请应当采用书面形式。申请书的内容包括:申请人的姓名、性别、年龄、住所;与被认定无民事行为能力人、限制民事行为能力人的关系;被申请认定的无民事行为能力人、限制民事行为能力人的姓名、性别、年龄、住所;该公民无民事行为能力、限制民事行为能力的事实与依据。如果有医院出具的诊断证明或者鉴定意见的,申请人应当在提出申请时一并提交给法院。

三、认定公民无民事行为能力、限制民事行为能力案件的审理

(一)认定公民无民事行为能力、限制民事行为能力案件的管辖

认定公民无民事行为能力、限制民事行为能力案件由该公民住所地基层人民法院管辖。

(二) 认定公民无民事行为能力、限制民事行为能力案件的鉴定

《民诉法》第 188 条规定,人民法院受理申请后,必要时应当对被请求认定为无民事行为能力或者限制民事行为能力的公民进行鉴定。申请人已提供鉴定意见的,应当对鉴定意见进行审查。如果对鉴定意见不予采信,人民法院可以重新进行鉴定。

(三) 被申请人的代理

《民诉法》第 189 条第 1 款规定,人民法院审理认定公民无民事行为能力或者限制民事行为能力的案件,应当由该公民的近亲属为代理人,但申请人除外。近亲属互相推诿的,由人民法院指定其中一人为代理人。该公民健康情况许可的,还应当询问本人的意见。

被申请人没有近亲属的,人民法院可以指定经被申请人住所地的居民委员会、村民委员会或者民政部门同意,且愿意担任代理人的个人或者组织为代理人。没有前款规定的代理人的,由被申请人住所地的居民委员会、村民委员会或者民政部门担任代理人。代理人可以是一人,也可以是同一顺序中的两人。(《民诉法解释》第 352 条)。

四、认定公民无民事行为能力、限制民事行为能力案件的判决

(一) 判决

根据《民诉法》第 189 条第 2 款的规定,人民法院经审理认定申请有事实依据的,应当判决该公民为无民事行为能力或者限制民事行为能力人;如果人民法院经审理认定申请没有事实根据的,应当判决予以驳回。

对于无民事行为能力或者限制民事行为能力的判断,基于患有精神病等病症,或其他原因导致该成年人没有判断能力和自我保护能力,不知其行为后果,可以认定为不能辨认自己行为的人。《民法典》第 21 条规定,不能辨认自己行为的成年人为无民事行为能力人。第 22 条规定,不能完全辨认自己行为的成年人为限制民事行为能力人。对于比较复杂的事物或比较重大的行为缺乏判断能力和自我保护能力,并且不能预见行为后果的成年人,可以认定为限制民事行为能力人。已失效的《最高人民法院关于贯彻执行〈中华人民共和国民法通则〉若干问题的意见(试行)》第 7 条曾规定,当事人是否患有精神病,人民法院应当根据司法精神病学鉴定或者参照医院的诊断、鉴定确认。在不具备诊断、鉴定条件的情况下,也可以参照群众公认的当事人的精神状态认定,但应以利害关系人没有异议为限。对于患有其他疾病的被申请人,也可参照上述规定综合判断。

[导入案例 19-5] 申请人王某申请宣告王某光为无民事行为能力人案。申请人称:申请人父亲王某光因长期过量喝酒,加上年老体弱,经医院诊断为脑痴呆、酒精中毒,目前瘫痪在床,神志不清,生活完全不能自理,已

完全不能辨别自己的行为。2014年,被申请人的房屋被拆迁重建,在房屋回迁、补偿等方面都需要被申请人办理手续,鉴于被申请人无法实施民事行为,特向法院申请认定被申请人王某光为无民事行为能力,同时请求指定申请人王某为被申请人的监护人。某区人民法院查明:申请人王某与被申请人王某光系父子关系,王某光与其配偶古某共育有王某等三子女,古某在本案中担任被申请人的代理人。经法院委托某司法鉴定所对被申请人的民事行为能力进行鉴定,鉴定意见为王某光目前诊断为"酒精所致智能损害(痴呆)",申请人及被申请人的代理人对鉴定结论均无异议。申请人王某要求指定其担任被申请人的监护人,古某及其他子女均无异议。法院判决宣告王某光为无民事行为能力人,指定王某为王某光的监护人。该判决为终审判决。

(二)监护人的确定

判决生效以后,根据《民法典》第28条至第30条的规定,无民事行为能力或者限制民事行为能力的成年人,由下列有监护能力的人按顺序担任监护人:(1)配偶;(2)父母、子女;(3)其他近亲属;(4)其他愿意担任监护人的个人或者组织,但是须经被监护人住所地的居民委员会、村民委员会或者民政部门同意。被监护人的父母担任监护人的,可以通过遗嘱指定监护人。依法具有监护资格的人之间可以协议确定监护人。协议确定监护人应当尊重被监护人的真实意愿。

对监护人的确定有争议的,由被监护人住所地的居民委员会、村民委员会或者民政部门指定监护人,有关当事人对指定不服的,可以向人民法院申请指定监护人;有关当事人也可以直接向人民法院申请指定监护人。居民委员会、村民委员会、民政部门或者人民法院应当尊重被监护人的真实意愿,按照最有利于被监护人的原则在依法具有监护资格的人中指定监护人。在人民法院指定监护人前,被监护人的人身权利、财产权利以及其他合法权益处于无人保护状态的,由被监护人住所地的居民委员会、村民委员会、法律规定的有关组织或者民政部门担任临时监护人。监护人被指定后,不得擅自变更;擅自变更的,不免除被指定的监护人的责任。没有依法具有监护资格的人的,监护人由民政部门担任,也可以由具备履行监护职责条件的被监护人住所地的居民委员会、村民委员会担任(《民法典》第31条、第32条)。

《民诉法解释》第351条规定:"被指定的监护人不服居民委员会、村民委员会或者民政部门指定,应当自接到通知之日起三十日内向人民法院提出异议。经审理,认为指定并无不当的,裁定驳回异议;指定不当的,判决撤销指定,同时另行指定监护人。判决书应当送达异议人、原指定单位及判决指定的监护人。有关当事人依照民法典第三十一条第一款规定直接向人民法院申请指定监护人的,适用特别程序审理,判决指定监护人。判决书应当送达申请人、判决指定的监护人。"

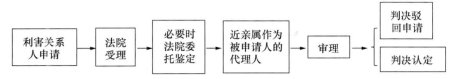

[图 19-5] 认定公民无民事行为能力、限制民事行为能力流程

五、认定公民无民事行为能力、限制民事行为能力判决的撤销

[导入案例 19-6] 被申请人马某系某地税局工作人员，于 2009 年 4 月结识一名"大师"后，深受其思想影响出现言行异常。马某为了却凡尘而与丈夫离婚，并长期追随该大师，精神异常逐渐加重。2012 年 1 月，经马某父亲申请，某区人民法院于 2013 年 1 月判决宣告马某为无民事行为能力人，并指定其父为监护人。

2013 年 11 月，马某父亲向某区人民法院提出申请，要求宣告马某恢复完全民事行为能力。法院依据司法鉴定意见、马某单位出具的证明并结合马某的健康现状，确认马某无民事行为能力原因已消除，作出新判决撤销原判决，并宣告马某为完全民事行为能力的人。

成年人被认定为无民事行为能力人或者限制民事行为能力人以后，可能因病情痊愈而精神恢复正常，能正确辨认自己的行为。此时，本人、监护人或者有关组织①有权向法院提出撤销原判决的申请。《民法典》第 24 条第 1 款、第 2 款规定，不能辨认或者不能完全辨认自己行为的成年人，其利害关系人或者有关组织，可以向人民法院申请认定该成年人为无民事行为能力人或者限制民事行为能力人。被人民法院认定为无民事行为能力人或者限制民事行为能力人的，经本人、利害关系人或者有关组织申请，人民法院可以根据其智力、精神健康恢复的状况，认定该成年人恢复为限制民事行为能力人或者完全民事行为能力人。

《民诉法》第 190 条规定："人民法院根据被认定为无民事行为能力人、限制民事行为能力人或者他的监护人的申请，证实该公民无民事行为能力或者限制民事行为能力的原因已经消除的，应当作出新判决，撤销原判决。"被宣告为无民事行为能力人或者限制民事行为能力人精神状况恢复的程度往往不同，有的是完全恢复，有的是部分恢复。法院在审理恢复公民民事行为能力案件中，应当依据申请，根据该公民精神健康状况恢复的具体情况，宣告公民为完全民事行为能

---

① 有关组织包括居民委员会、村民委员会、学校、医疗机构、妇女联合会、残疾人联合会、依法设立的老年人组织、民政部门等。

力人或者限制民事行为能力人。具体来讲,当被宣告为无民事行为能力人或者限制民事行为能力人的精神健康状况恢复到能够完全辨认自己行为后果的程度时,法院可以宣告该公民为完全民事行为能力人;当被宣告为无民事行为能力人的精神健康状况恢复到能够部分辨认自己行为后果的程度时,法院可以宣告该公民为限制民事行为能力人。从而在法律上恢复该公民的民事行为能力,同时撤销对他的监护。判决一经宣告,立即发生法律效力。

第六节　认定财产无主案件

[导入案例19-7] 申请人某村村民委员会于2010年1月向某区人民法院递交书面申请称,该村村民丁某于2009年8月26日病故,生前无父母、配偶、子女、兄弟姐妹,请求认定丁某死亡后遗留的银行存款共计17673.49元为无主财产,收归申请人某村村民委员会集体所有。法院经审理查明,丁某生前由某村村民委员会派员照顾其生活,在其死亡后由村民委员会负责进行了安葬。丁某在多家商业银行存款余额合计17673.49元。法院在《人民法院报》发出认领上述财产的公告,公告期间为1年。公告期届满后,上述财产无人认领。某区人民法院判决丁某死亡后遗留存款17673.49元为无主财产,收归申请人某村村民委员会集体所有。该判决为终审判决。

一、认定财产无主案件的概念和意义

认定财产无主案件,是指法院根据公民、法人或其他组织的申请,依照法定程序将某项归属不明或者失去所有权人的财产判决认定为无主财产,并将它判归国家或集体所有的案件。

财产一般皆有主,财产所有人享有依法占有、使用、收益、处分财产的权利。但在实际生活中,有时会出现财产与财产所有人相分离的情形,比如财产所有人死亡无人继承,这样就出现了财产无主的事实。财产归属不明或者失去所有权人之后,处于无人管理的状态,此时,法律就有必要对无主财产进行确认,以助于对该财产的管理和保护,做到物尽其用,发挥该财产应有的经济价值,维护社会生产和生活的稳定。

二、认定财产无主案件的条件

(1)必须是有形财产,无形财产不能被认定为无主财产。

(2)该财产的主体不明,财产无主包括以下五种情形:财产的所有人不存在,或者无法确定财产的所有人;属于所有人不明的埋藏物或者隐藏物;无人认

领的遗失物、漂流物以及失散的动物;有关部门指定在一定期限内招领,但无人认领的遗失物、赃物、赃款;无人继承的财产。

(3) 财产没有所有人或者所有人不明的状态应当持续一定的时间。

三、认定财产无主案件的审理与判决

(一) 认定财产无主案件的申请

根据《民诉法》191条的规定,申请认定财产无主,由公民、法人或者其他组织向财产所在地基层人民法院提出。其他组织包括财产的发现人、财产所在地的基层组织或者基层人民政府,以及该继承人死亡后的财产管理人等。实务中,公民申请认定财产无主包括两种情况:一是公民发现了无主财产;二是公民知道财产所有人,但财产所有人已经死亡而该财产又无继承人,无人对财产主张权利。法人或者其他组织提出申请主要有两种情况:一是在其主管范围内发现了无主财产;二是财产的原财产所有人是它的成员或者和它有经济上的联系,而该原财产所有人无继承人等。

认定财产无主案件的申请书应当写明财产的种类、数量以及要求认定财产无主的根据等。

(二) 认定财产无主案件的管辖

根据《民诉法》第191条的规定,认定财产无主案件由财产所在地基层人民法院管辖。由财产所在地基层人民法院管辖方便法院了解财产情况,寻找财产所有人,有利于法院及时裁判。

(三) 认定财产无主案件的公告

法院受理申请后,经审查,认定财产有主的,申请不成立,判决驳回申请,终结审理。如果一时不能查到财产所有人,又不能马上确定是否有财产所有人,应当发出财产认领公告,发布公告的目的,是为财产所有人或继承人提供认领的机会。公告应当写明申请人的姓名或名称、住所,财产的种类、数量、形状,公告期间以及财产所有人或继承人认领财产途径,公告期为1年。公告期间,该项财产处于无主状态,法院可指定专人管理。

(四) 认定财产无主案件的判决

根据《民诉法》第192条的规定,公告满1年,该财产仍然无人认领的,法院应当判决认定财产无主,收归国家或集体所有。《民法典》第318条规定:"遗失物自发布招领公告之日起一年内无人认领的,归国家所有。"判决送达后,立即发生法律效力,交付执行机构执行。如果财产被他人非法占有的,执行机构应当责令非法占有人交出财产,拒不交出的,强制执行。

如果在公告期内,有人对财产提出要求,法院应当裁定终结特别程序,告知申请人另行起诉。由于涉及财产权益的争议,另案应当适用诉讼程序审理,且应

当适用普通程序审理。

四、认定财产无主判决的撤销

法院作出认定财产无主的判决并将财产收归国家或者集体之后,如果原财产所有人或者合法继承人出现,并在法定诉讼时效期间内对财产提出请求的,法院应审查其是否属实,不属实的驳回申请。

《民法典》第188条规定:"向人民法院请求保护民事权利的诉讼时效期间为三年。法律另有规定的,依照其规定。诉讼时效期间自权利人知道或者应当知道权利受到损害以及义务人之日起计算。法律另有规定的,依照其规定。但是,自权利受到损害之日起超过二十年的,人民法院不予保护;有特殊情况的,人民法院可以根据权利人的申请决定延长。"根据本条规定,被判决认定为无主财产的所有人或者继承人,应该在知道或者应当知道自己的所有权或者继承权受到侵害,财产被宣告为无主财产后的3年内向法院提起诉讼,超过3年不提起诉讼的,其所有权或继承权将不受法律保护。如果财产被宣告无主超过20年后提起诉讼的,法院不予保护。

法院对原财产所有人或者继承人在诉讼时效期间对财产提出的请求,经审查属实的,应当作出新判决,撤销原判决。新判决作出后,立即发生法律效力,财产所有人或者继承人有权收回该项财产。被国家或集体取得的财产,原物存在的,应将原物返还给原主人;原物已不存在的,应按其实际价值折价予以赔偿。

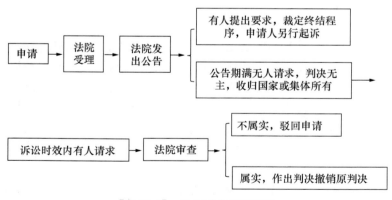

[图19-6] 认定财产无主程序

第七节 调解司法确认程序

[导入案例19-8] 王某与赵某是多年的邻居兼好友。赵某一年前向王某出具借条借款100万元,说好一个月后归还,但到期后编造各种理由就

是不还,前不久还卖掉房子走人。王某请好律师准备到法院起诉赵某,可法院立案庭工作人员说暂缓立案,先委托人民调解委员会调解。赵某一看王某来真格的,赶快与王某达成调解协议,答应一个月后返还借款 100 万元,逾期不还支付 10 万元的违约金。王某有点不放心,说赵某这样的承诺已经有不下十次了,这次又是赵某的缓兵之计。律师劝王某不用再立案起诉,说这次和以前不一样,可以说是"快、好、省"。律师还说王某只需与赵某拿着调解协议,到法院申请司法确认即可。王某将信将疑,觉得还是让法院出具一份判决书较为保险。

一、调解司法确认程序概述

确认调解协议案件又称司法确认案件,是指对于涉及当事人之间民事权利义务的纠纷,经行政机关、人民调解组织、商事调解组织、行业调解组织或者其他具有调解职能的组织调解达成具有民事合同性质的协议后,由双方当事人共同到法院申请确认调解协议法律效力的案件。简言之,就是法院对当事人经调解组织主持达成的调解协议予以确认法律效力的案件。

司法确认的调解是指在有调解职能的第三方调解组织的主持下,促使争议双方就纠纷达成调解协议的纠纷解决方式。由于法院的诉讼调解可直接申请由法院确认调解协议、出具调解书,仲裁机构的仲裁调解亦可由仲裁机构直接出具调解书,因此,司法确认的调解不包括法院的诉讼调解与仲裁机构的仲裁调解。

2010 年 8 月 28 日通过的《人民调解法》第 33 条第 1 款规定:"经人民调解委员会调解达成调解协议后,双方当事人认为有必要的,可以自调解协议生效之日起三十日内共同向人民法院申请司法确认……"该法的实施意味着司法确认制度正式入法。2011 年 3 月,《最高人民法院关于人民调解协议司法确认程序的若干规定》(法释〔2011〕5 号)(以下简称《司法确认规定》)开始实施,对司法确认的程序及效力作出明确规定。2012 年《民诉法》进一步增加了确认调解协议案件的内容,从诉讼法层面上提供了法律依据。

《民诉法》第 194 条规定:"申请司法确认调解协议,由双方当事人依照人民调解法等法律,自调解协议生效之日起三十日内,共同向调解组织所在地基层人民法院提出。""依照人民调解法等法律"的规定为人民调解委员会之外的其他调解组织主持达成的调解协议申请司法确认提供了法律依据,这些组织包括行政机关、商事调解组织、行业调解组织等其他具有调解职能的组织。对于这些调解组织主持达成的调解协议,是否可以申请法院予以司法确认,实务中一直存有争议。一种意见认为,对于人民调解协议的司法确认程序,《人民调解法》已经明确规定,而其他调解组织主持达成的调解协议申请司法确认,没有法律依据。另一种意见认为,在多元化纠纷解决机制当中,具备中立地位的调解组织并非仅限于人民调解委员会,人民调解组织也不能涵盖所有的纠纷案件。目前,除了人民调解组织之外,我国在一些专业性较强领域或行业领域设立了调解组织,这些调解组织在化解相关行业领域的纠纷方面发挥了重要的作用,同样需要司法确认程序为这些调解组织主持达成的调解协议提供法律保障。因此,2012年《民诉法》在规定申请司法确认案件程序规则时,采取了概括性表述的方法,将可以申请司法确认的案件范围扩展到人民调解组织主持达成的调解协议之外,这就为其他调解组织达成的调解协议申请司法确认提供了法律依据。

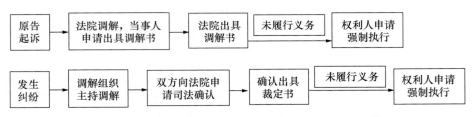

[图 19-7] 诉讼调解(上图)与司法确认(下图)流程比较

二、司法确认案件的申请及受理

（一）司法确认案件的申请

1. 申请主体

当事人双方应当共同向调解组织所在地基层人民法院提出确认申请。一方当事人提出申请,另一方当事人表示同意的,视为共同提出申请。

当事人也可以委托他人代为申请,但必须向人民法院提交由委托人签名或者盖章的授权委托书。

2. 申请期限及形式

调解协议达成后,双方当事人认为有必要的,应当自调解协议生效之日起30日内提出司法确认申请。调解协议书自各方当事人签名、盖章,并由调解员签名或者调解组织盖章之日起生效,口头调解协议自各方当事人达成调解协议之日起生效。

当事人申请司法确认调解协议,可以采用书面形式或者口头形式。当事人口头申请的,人民法院应当记入笔录,并由当事人签名、捺印或者盖章(《民诉法解释》第 355 条)。

3. 申请材料

当事人申请司法确认调解协议,应当向人民法院提交调解协议、调解组织主持调解的证明,以及与调解协议相关的财产权利证明等材料,并提供双方当事人的身份、住所、联系方式等基本信息。当事人未提交上述材料的,人民法院应当要求当事人限期补交(《民诉法解释》第 356 条)。

如果当事人达成的是口头协议,还应当提交调解组织制作的调解记录等能够证明已经达成调解协议的有效证明。

(二)司法确认案件的受理

1. 司法确认案件的管辖

由调解组织所在地基层人民法院管辖司法确认案件,既方便当事人申请司法确认,也方便人民法院审查司法确认案件。而且由基层人民法院管辖,也符合民事诉讼审级制度的要求,便于发挥基层人民法院化解纠纷的主要功能,也有利于将矛盾纠纷化解在基层。

两个以上调解组织参与调解的,各调解组织所在地基层人民法院均有管辖权。双方当事人可以共同向其中一个调解组织所在地基层人民法院提出申请;双方当事人共同向两个以上调解组织所在地基层人民法院提出申请的,由最先立案的人民法院管辖(《民诉法解释》第354条)。

2. 司法确认案件的受理

基层人民法院在收到当事人司法确认申请后,应当在3日内决定是否受理。决定受理的,应当编立"调确字"案号,案由为"申请确认调解协议效力",并向当事人送达受理通知书。

双方当事人同时到法院申请司法确认的,法院可以当即受理。一方当事人到法院申请确认的,法院应当通知另一方当事人到场,并询问其意见,然后决定是否受理确认申请。

3. 不予受理的案件范围

(1) 不属于法院受理民事案件范围的。

对不属于法院受理民事案件范围的,法院应当告知当事人按照相应的程序解决纠纷。有观点认为,根据《人民调解法》的规定,人民调解委员会调解的民间纠纷既包括民事案件,也包括部分轻微刑事案件。因此,双方当事人对人民调解委员会主持轻微刑事案件调解达成的调解协议,也可以申请司法确认。司法确认程序属于《民诉法》所规定的特别程序,申请司法确认案件必须属于法院受理民事案件的范围,而轻微刑事案件不属于"民事调解协议",法院不应受理轻微刑事案件调解协议的司法确认。

(2) 不属于接受申请的法院管辖的。

根据《民诉法》第194条的规定,申请司法确认调解协议,由调解组织所在地基层人民法院管辖。双方当事人向调解组织所在地基层人民法院以外的法院申请司法确认调解协议的,接受申请的法院应当告知当事人向有管辖权的法院提出申请。

(3) 申请确认婚姻关系、亲子关系、收养关系等身份关系无效、有效或者解除的。

公民之间的婚姻、亲子、收养等身份关系比较复杂,而且影响重大,不仅关系到当事人双方的利益,而且可能影响到第三方的利益,甚至影响到社会公共利益和公序良俗等。因此,对于这类调解协议不能简单地通过司法确认程序解决,而应当通过诉讼或其他法定方式解决。

(4) 劳动争议调解协议。

劳动争议调解协议书由双方当事人签名或者盖章,经调解员签名并加盖调解组织印章后生效,对双方当事人具有约束力,当事人应当履行。劳动争议调解协议达成以后,一方当事人在协议约定的期限内不履行调解协议的,另一方当事人可以依照《劳动争议调解仲裁法》申请仲裁;因支付拖欠劳动报酬、工伤医疗费、经济补偿或者赔偿金事项达成调解协议,用人单位在协议约定期限内不履行的,劳动者可以持调解协议书依照《劳动争议调解仲裁法》向法院申请支付令。因此,劳动争议调解协议达成后,无需也不能再申请司法确认。

(5) 涉及法院适用其他特别程序、公示催告程序和破产程序审理的纠纷。

这类纠纷属于法律规定的特定非讼程序处理的案件,也不存在民事调解协议,不应当也没有可能适用申请司法确认程序处理。

(6) 调解协议内容涉及物权、知识产权确权的。

涉及物权、知识产权确权的案件具有比较强的专业性,不适合申请司法确认程序处理。

(7) 当事人在调解协议生效后 30 日后申请的。

法院受理申请后,发现有上述不予受理情形的,应当裁定驳回当事人的申请。对不属于法院受理民事案件范围的,应当告知当事人按照相应的程序解决纠纷;对不属于本院管辖的,法院应告知当事人向有管辖权的法院提出申请。

三、审查程序

《民诉法》第 195 条规定,人民法院受理申请后,经审查,符合法律规定的,裁定调解协议有效,一方当事人拒绝履行或未全部履行的,对方当事人可以向人民法院申请执行;不符合法律规定的,裁定驳回申请,当事人可以通过调解方式变更原调解协议或者达成新的调解协议,也可以向人民法院提起诉讼。

(一) 审查方式

关于司法确认案件的审查方式,《民诉法》没有具体规定。实务中,一般采用书面审查与到庭审查相结合的方式。根据《司法确认规定》第 4 条第 1 款、第 6 条的规定,人民法院收到当事人司法确认申请,应当在 3 日内决定是否受理。双方当事人同时到人民法院申请司法确认的,人民法院可以当即受理并作出是否确认的决定。法院受理司法确认申请后,应当指定一名审判人员对调解协议进行审查。

法院审查司法确认案件时,应当通知双方当事人共同到场对案件进行核实。法院经审查,认为当事人的陈述或者提供的证明材料不充分、不完备或者有疑义的,可以要求当事人限期补充陈述或补充证明材料。必要时,法院可以向调解组织核实有关情况(《民诉法解释》第358条)。当事人无正当理由未按时补充或者拒不接受询问的,可以按撤回司法确认申请处理。审判人员如果认为调解协议符合确认条件,可以在审查当事人申请、调解协议、有关证明材料基础上作出确认调解协议有效或者驳回申请的裁定;审判人员如果认为通过书面审查不能作出裁定的,应当面询问当事人是否理解调解协议内容及法律后果,是否接受通过司法确认程序赋予该协议强制执行的效力。法院还可以调取调解组织留存的相关材料,或者向调解人员调查了解调解时的具体情况,但不得对当事人之间的纠纷再行主持调解。

(二)审查人员的回避

法院进行审查时,应当告知双方当事人及其诉讼代理人申请审判人员回避的权利,并询问双方当事人是否对审判人员申请回避。

(三)审查的具体内容

(1)审查调解协议是否违反自愿原则;

(2)审查调解协议是否违法,对调解协议的合法性审查是指调解协议的内容不能违反法律、行政法规的禁止性规定,不能损害国家、集体和他人的合法权益;

(3)审查调解协议内容是否明确具体,是否具有可强制执行力;

(4)审查调解协议是否损害社会公序良俗;

(5)审查当事人是否具有民事行为能力;

(6)审查调解协议是否公正,是否以合法形式掩盖非法目的;

(7)审查调解协议的内容是否属于当事人处分权的范围;

(8)审查调解组织、调解员是否与案件有利害关系,是否存在强迫调解或者其他违反职业道德准则的行为。

对于调解协议的内容存在瑕疵的,审判人员应当予以释明。当事人同意修改瑕疵内容的,应当在修改后的调解协议书或补正的调解条款上签字或盖章,同时调解组织或调解员也需要盖章或签名,法院按照修改或补正的内容予以确认。需注意,这里的修改仅限于瑕疵内容的修改,除此之外,法院不应予以修改,应建议当事人撤回申请,由调解组织重新调解达成新的调解协议后,再向法院申请司法确认。

(四)审查期限与诉讼费用

《民诉法》没有规定司法确认的审查期限,《司法确认规定》规定人民调解协议司法确认审查期限为15日。参照该规定,法院司法确认案件审查期限应为

15日,因特殊情况需要延长的,经本院院长批准,可以延长10日。

法院审查司法确认案件,不收取诉讼费用。

(五)撤回确认申请

在法院作出是否确认的裁定前,一方或双方当事人撤回司法确认申请的,法院应当准许,并出具终结确认程序通知书。撤回确认申请的,双方当事人仍可以在协议生效30日内向有管辖权的法院重新申请司法确认。

在法院受理确认申请后、作出是否确认的裁定前,一方当事人就调解协议的履行或者调解协议的内容另行提起诉讼的,法院可以告知该当事人对适用何种程序享有选择权,但不能同时适用两种程序。如果当事人坚持起诉,但又不撤回确认申请,法院可以按撤回司法确认申请处理。

四、审查结果

《民诉法》第195条规定,人民法院受理申请后,经审查,符合法律规定的,裁定调解协议有效,一方当事人拒绝履行或者未全部履行的,对方当事人可以向人民法院申请执行;不符合法律规定的,裁定驳回申请,当事人可以通过调解方式变更调解协议或者达成新的调解协议,也可以向人民法院提起诉讼。根据本条规定,司法确认案件的审查结果为两种:

(1)法院经审查认为调解协议符合法律规定,裁定调解协议有效。一方当事人拒绝履行或者未全部履行的,对方当事人可以向法院申请强制执行。须注意的是,向法院申请强制执行的执行依据是法院作出的确认裁定书,而不是民事合同性质的调解协议。

(2)法院经审查认为调解协议不符合法律规定,裁定驳回当事人申请。《民诉法解释》第360条规定,经审查,调解协议有下列情形之一的,人民法院应当裁定驳回申请:① 违反法律强制性规定的;② 损害国家利益、社会公共利益、他人合法权益的;③ 违背公序良俗的;④ 违反自愿原则的;⑤ 内容不明确的;⑥ 其他不能进行司法确认的情形。

裁定驳回当事人申请的,当事人可以选择通过调解方式变更调解协议或者达成新的调解协议,也可以选择向法院提起诉讼。这里的"诉讼"通常是指当事人请求履行调解协议,请求变更、撤销调解协议或者请求确认调解协议无效,法院的审理重点是围绕调解协议的有效性与合法性予以审查。如果当事人的诉讼请求为审理当事人之间的原固有纠纷的,法院应当将调解协议作为一份普通的民事合同,审理范围是对包括调解协议在内的原固有纠纷予以全面审理。

五、司法确认案件的法律文书

根据《民诉法》第195条的规定,司法确认案件的法律文书为民事裁定书。

调解协议符合法律规定的,裁定调解协议有效;调解协议不符合法律规定的,裁定驳回申请。

司法确认案件中,调解协议不符合法律规定的,法院不能直接裁定调解协议无效。理由为:首先,当事人申请确认调解协议有效,并未申请确认无效,确认无效不符合不告不理的原则;其次,确认无效需要更多的实体审查及程序,与司法确认程序便捷特点不符;最后,裁定驳回申请,为以后解决纠纷预留空间,直接裁定无效则无空间可言。另外需注意,《司法确认规定》中规定确认有效适用确认决定书,但决定书这种法律文书仅适用于对诉讼中某些特殊问题作出的权威性判定,司法确认并不属于这种性质的判定,因此,适用民事裁定书更加准确。①

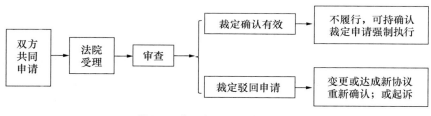

[图 19-8] 确认调解协议流程

六、司法确认裁定的效力

1. 生效时间

确认裁定书与驳回申请裁定书自送达双方当事人后发生法律效力,当事人不能提起上诉,也不能提起复议。

2. 既判力

既判力的作用表现在积极作用与消极作用两个方面。既判力的积极作用,表现在后诉中,当事人不得就前诉法院既判事项提出相反或不同的主张,法院在后诉中也不得对既判事项作出与前诉不同的判决。既判力的消极作用,是指前后两个诉在诉讼标的相同的情况下,由于法院对前诉已经作出判决,所以当事人再提起后诉程序不合法,违反了"一事不再理"原则,法院也不能再受理后诉。司法确认裁定具有"一事不再理"的消极作用,即法院对调解协议内容进行确认后,当事人不得就相关内容再行起诉,法院也不得受理相关内容的起诉。

---

① 《司法确认规定》第 10 条规定:"案外人认为经人民法院确认的调解协议侵害其合法权益的,可以自知道或者应当知道权益被侵害之日起一年内,向作出确认决定的人民法院申请撤销确认决定。"该司法解释规定法院确认调解协议适用决定书,该法律文书与《民诉法》第 195 条规定的裁定书相冲突,应适用裁定书确认调解协议。

七、确认裁定错误的救济

司法确认案件实行一审终审,但实践中可能存在司法确认裁定发生错误的情形,当事人或者利害关系人如何救济?《民诉法》对此没有作出明确规定。《司法确认规定》第 10 条仅规定了案外人在确认裁定错误时的救济途径,而没有规定当事人的救济途径。《民诉法解释》仅规定了所有特别程序裁判文书的救济途径,没有具体规定司法确认裁定的救济途径。《民诉法解释》第 374 条规定:"适用特别程序作出的判决、裁定,当事人、利害关系人认为有错误的,可以向作出该判决、裁定的人民法院提出异议。人民法院经审查,异议成立或者部分成立的,作出新的判决、裁定撤销或者改变原判决、裁定;异议不成立的,裁定驳回。对人民法院作出的确认调解协议、准许实现担保物权的裁定,当事人有异议的,应当自收到裁定之日起十五日内提出;利害关系人有异议的,自知道或者应当知道其民事权益受到侵害之日起六个月内提出。"司法确认裁定的救济途径可直接适用上述规定。

(1)当事人确有证据证明原确认裁定存在错误的,可以提出异议申请法院撤销原确认裁定。提出异议的期限为当事人收到确认裁定之日起 15 日内。

(2)利害关系人认为法院司法确认裁定错误,侵害其合法权益的,可以提出异议申请法院撤销确认裁定。利害关系人提起异议的期限为利害关系人知道或者应当知道其民事权益受到侵害之日起 6 个月内,且必须向作出确认裁定的法院提出。另需注意,利害关系人向法院申请撤销司法确认裁定,只能以调解协议侵害了其自身的合法权益作为申请事由。上述事由可能存在两种情形:第一种情形,利害关系人是与确认的调解协议中处理的涉案财物具有直接利害关系的人。实务中,有时会发生调解协议的双方当事人恶意串通损害第三人利益而谋取自身不正当或者非法利益"恶意调解"的情形。法院在审查调解协议时未发现恶意串通情形,作出了确认调解协议有效的裁定。这时,受损害的利害关系人可以依据《民诉法解释》第 374 条规定向作出确认裁定的法院提出异议,申请撤销确认裁定。第二种情形,在调解过程中利害关系人并未参与,当事人之间达成的调解协议实质上却涉及甚至处分了利害关系人的利益。法院在收到利害关系人主张调解协议侵害其合法权益并申请撤销的书面材料之后,应当告知利害关系人和双方当事人共同到法院接受询问。如果双方当事人均对利害关系人的主张无异议,则法院可以撤销司法确认裁定。如果双方当事人对利害关系人的主张有异议,或者利害关系人一开始即以调解协议双方当事人通谋侵害自身合法权益作为申请事由的,法院应当告知利害关系人作为原告,以调解协议的双方当事人为共同被告,按照诉讼程序处理他们三方之间的争议。

(3)法院发现确认裁定确有错误。《民诉法》和《民诉法解释》对此问题如何处理没有明确规定,但《民诉法解释》第 380 条规定,适用特别程序、督促程序、公示催告程序、破产程序等非诉程序审理的案件,当事人不得申请再审,即发现确认裁定确有错误的,不能启动再审程序予以纠错。实务中的确存在当事人或利害关系人都未提出撤销确认裁定的申请,而法院发现确认裁定错误的情形,法院处理时可以参照其他特别程序的处理方式,比如被宣告失踪、宣告死亡的人重新出现,无民事行为能力人或限制行为能力的原因已经消除,或者财产认定无主后原财产所有人或者继承人出现的,法院应当作出新判决,撤销原判决。同理,法院发现原确认裁定确有错误的,或者出现新情况、新事实的,可以通过审查程序作出新裁定,撤销原裁定。法院发现确认裁定确有错误予以纠正时没有期限限制,即不受当事人 15 日和利害关系人 6 个月的期限限制。

[司法确认法律文书]

广东省××市××区人民法院
民事裁定书

(2016)××民特××号

申请人:程某,男,(基本信息)。

申请人:赵某,女,(基本信息)。

本院于 2016 年 2 月 27 日受理了申请人程某与申请人赵某关于司法确认调解协议的申请并进行了审查。现已审查终结。

申请人因买卖合同纠纷,于 2016 年 2 月 3 日经某市某区某街道人民调解委员会主持调解,达成调解协议如下:

一、申请人赵某至今尚欠申请人程某货款本金及利息共计人民币 22360 元。该款由赵某于 2016 年 3 月 31 日之前向程某付货款人民币 2360 元,从 4 月份开始,每月最后一日之前向程某付货款人民币 5000 元直至付清止(所有款项打入开户行:中国工商银行股份有限公司某市某支行,户名:程某,账号:……)。

二、如申请人赵某未能按照协议足额按时向程某付任何一期货款,即视为余下全部款项到期,程某有权立即向法院申请强制执行,不再分期执行。逾期利息以未归还款项总额为基数,按中国人民银行发布的同期贷款利率的 2 倍计算(从 2016 年 2 月 6 日起至还清货款止)。

本院经审查认为,申请人达成的调解协议,符合司法确认调解协议的法定条件。依照《中华人民共和国民事诉讼法》第一百九十五条的规定,裁定如下:

申请人程某与赵某于 2016 年 2 月 3 日经某市某区某街道人民调解委

员会主持调解达成的调解协议有效。

当事人应当按照调解协议的约定自觉履行义务。一方当事人拒绝履行或者未全部履行的,对方当事人可以向人民法院申请执行。

(独任审判员、书记员姓名、制作时间、院印)

第八节 实现担保物权程序

[导入案例19-9] 2011年11月22日,交通银行某支行与N市某公司签订借款合同一份,约定N市某公司向某支行借款人民币600万元。同日,某支行与某担保公司签订保证合同一份,约定某担保公司为上述借款提供连带责任担保;N市某公司与某担保公司签订委托担保合同一份,约定N市某公司将四名案外人所有的房产设为抵押物,向某担保公司提供反担保。合同签订后,某支行按约放贷。2012年1月13日,某担保公司与朱某(上述四名案外人之一)签订抵押合同一份,约定朱某将其所有的一套房产为反担保抵押,为主合同中的74万元借款提供担保,并办理了抵押物登记。因N市某公司未按约还款,某担保公司为其代偿贷款本息6211560元。某担保公司索要代偿款项未果,遂诉至法院,申请拍卖或变卖被申请人朱某的抵押房产,所得价款由某担保公司优先受偿。

N市G区人民法院经审查认为,案涉借款合同、委托担保合同、抵押合同均合法有效。朱某以其房产为反担保抵押物,并办理了登记,担保金额为74万元,且该房产没有设定其他在先抵押。某担保公司已依约代N市某公司偿还银行借款,有权就反担保抵押房产优先受偿。2013年3月15日,法院裁定:准予拍卖、变卖被申请人朱某所有的抵押房产,申请人某担保公司对所得款项在74万元范围内优先受偿。该裁定为终审裁定。

一、担保物权实现概述

(一)担保物权实现的概念

担保物权,是指以担保债务清偿为目的,在债务人或第三人的特定物或权利上设定的,就担保财产优先受偿的物权。担保物权包括抵押权、质权与留置权。担保物权的实现,是指担保物权人在特定条件下对担保物权行使优先受偿权的行为。

依据是否依赖于国家公权力,担保物权的实现分为自力救济和公力救济两种。自力救济,即担保物权人无需担保人同意,也无需法院或其他国家机关的干预或介入,可自行决定担保物权的处分方式并予以实施。实行自力救济的国家有法国、英国、美国等;公力救济,即担保物权人需要获得法院或其他国家机关签发的裁判或决定来实现担保物权,不允许当事人自力救济实现担保物权。实行公力救济的国家有德国、瑞士、日本等。

(二) 我国立法对担保物权实现方式的演变

我国从1995年10月1日起施行的《担保法》开始对抵押权实现的公力救济程序作出专门规定。《担保法》第53条第1款规定:"债务履行期届满抵押权人未受清偿的,可以与抵押人协议以抵押物折价或者以拍卖、变卖该抵押物所得的价款受偿;协议不成的,抵押权人可以向人民法院提起诉讼。"可见,抵押权人可以与抵押人协商对抵押物折价或拍卖、变卖,协商不成的,提起诉讼。实务中,抵押权人与抵押人通过自行协商方式实现抵押权的少之又少,绝大多数抵押权的实现需要通过诉讼程序解决。

为了解决抵押权人通过诉讼实现抵押权程序复杂、周期过长且成本高昂的问题,2007年10月1日起施行的《物权法》第195条第2款规定:"抵押权人与抵押人未就抵押权实现方式达成协议的,抵押权人可以请求人民法院拍卖、变卖抵押财产。"从上述规定中可见法律规定对抵押权实现方式的变化:从提起诉讼到请求法院拍卖、变卖抵押财产。显然,请求拍卖、变卖抵押财产不是申请法院按照诉讼程序进行实体裁判,而是以一种非讼程序解决。遗憾的是,《物权法》虽然规定以一种非讼程序来实现抵押权,但并未明确规定以何种方式来实现,而《民诉法》也未就这种非讼程序作出规定来予以配合,因此,实务中抵押权的实现还是沿用传统的民事诉讼方式,由抵押权人启动诉讼程序后申请强制执行,《物权法》对抵押权实现方式变化的立法目无法得以实现。

《物权法》第219条第2款还规定:"债务人不履行到期债务或者发生当事人约定的实现质权的情形,质权人可以与出质人协议以质押财产折价,也可以就拍卖、变卖质押财产所得的价款优先受偿。"第236条第1款规定:"留置权人与债务人应当约定留置财产后的债务履行期间;没有约定或者约定不明确的,留置权人应当给债务人两个月以上履行债务的期间,但鲜活易腐等不易保管的动产除外。债务人逾期未履行的,留置权人可以与债务人协议以留置财产折价,也可以就拍卖、变卖留置财产所得的价款优先受偿。"可见,《物权法》对质权及留置权的实现均规定可以协商折价或拍卖、变卖,但并未规定质权人或留置权人可以请求法院拍卖、变卖担保财产来实现质权及留置权。

在上述背景下,2012年《民诉法》从降低担保交易成本,确保担保物权制度的功能有效发挥的角度,在特别程序一章中专节规定了实现担保物权的案件程序,实现了与《物权法》的有效衔接。《民诉法》第196条规定:"申请实现担保物权,由担保物权人以及其他有权请求实现担保物权的人依照物权法等法律,向担保财产所在地或者担保物权登记地基层人民法院提出。"①

《民法典》第642条规定:"当事人约定出卖人保留合同标的物的所有权,在标的物所有权转移前,买受人有下列情形之一,造成出卖人损害的,除当事人另有约定外,出卖人有权取回标的物:(一)未按照约定支付价款,经催告后在合理期限内仍未支付;(二)未按照约定完成特定条件;(三)将标的物出卖、出质或者作出其他不当处分。出卖人可以与买受人协商取回标的物;协商不成的,可以参照适用担保物权的实现程序。"根据本条规定,所有权保留买卖合同中出卖人对合同标的物的取回权,可以参照担保物权实现程序,由出卖人直接向法院提出申请。当然,出卖人亦可选择提起诉讼,由法院按照诉讼程序进行审理。

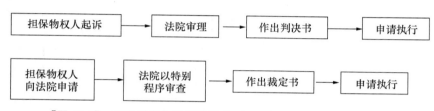

[图19-9] 实现担保物权诉讼程序(上图)与非讼程序(下图)比较

二、实现担保物权案件的申请

(一)申请人

实现担保物权案件的申请人包括担保物权人、其他有权实现担保物权的人以及法律规定参照担保物权实现程序案件的权利人。

1. 担保物权人

担保物权包括抵押权、质权、留置权,担保物权人包括抵押权人、质权人和留置权人。抵押权是指为担保债务的履行,债务人或者第三人不转移财产的占有,将该财产抵押给债权人,在债务人不履行到期债务或者发生当事人约定的实现抵押权的情形,债权人有权就该财产优先受偿。质权是指为担保债务的履行,债务人或者第三人将其动产或者权利证书等出质给债权人占有,在债务人不履行到期债务或者发生当事人约定的实现质权的情形,债权人有权就该动产等优先受偿。留置权是指债权人可以留置已经合法占有的债务人的动产,并有权就该动产优先受偿。

---

① 《民诉法》对实现担保物权案件的规定只有第196条、第197条两条。《民诉法解释》第361条至第374条对实现担保物权案件的特别程序作了具体规定。

2. 其他有权请求实现担保物权的人

实务中可能存在以下情形:一是债务履行期满,债务人未履行债务时,质权人控制着质物,又不马上行使质权,其结果可能是质物价格下跌,甚至发生毁损、灭失等。二是留置权人长期持续占有留置财产而不行使留置权,造成留置财产自然损耗或者贬值,为了避免质权人、留置权人怠于行使权利,侵害出质人、债务人合法权益,《民法典》第 437 条第 1 款规定:"出质人可以请求质权人在债务履行期限届满后及时行使质权;质权人不行使的,出质人可以请求人民法院拍卖、变卖质押财产。"第 454 条规定:"债务人可以请求留置权人在债务履行期限届满后行使留置权;留置权人不行使的,债务人可以请求人民法院拍卖、变卖留置财产。"可见,质押合同中的出质人、留置合同中的债务人可以请求法院拍卖、变卖质押、留置财产。根据《民诉法解释》第 361 条的规定,其他有权请求实现担保物权的人,包括抵押人、出质人、财产被留置的债务人或者所有权人等。

3. 法律规定参照担保物权实现程序案件的权利人

参照担保物权实现程序案件的权利人,包括:《民法典》合同编第 642 条规定的所有权保留买卖合同中请求取回合同标的物的出卖人①;《最高人民法院关于适用〈中华人民共和国民法典〉有关担保制度的解释》第 65 条规定的融资租赁合同中请求承租人支付剩余租金的出租人②;等等。

(二) 申请时应提供的材料

《民诉法解释》第 367 条规定,申请实现担保物权,应当提交下列材料:

(1) 申请书。申请书应当记明申请人、被申请人的姓名或者名称、联系方式等基本信息,具体的请求和事实、理由。

(2) 证明担保物权存在的材料。包括主合同、担保合同、抵押登记证明或者他项权利证书,权利质权的权利凭证或者质权出质登记证明等。

(3) 证明实现担保物权条件成就的材料。包括证明债务清偿期已经届满、

---

① 《最高人民法院关于适用〈中华人民共和国民法典〉有关担保制度的解释》第 64 条规定:"在所有权保留买卖中,出卖人依法有权取回标的物,但是与买受人协商不成,当事人请求参照民事诉讼法'实现担保物权案件'的有关规定,拍卖、变卖标的物的,人民法院应予准许。出卖人请求取回标的物,符合民法典第六百四十二条规定的,人民法院应予支持;买受人以抗辩或者反诉的方式主张拍卖、变卖标的物,并在扣除买受人未支付的价款以及必要费用后返还剩余款项的,人民法院应当一并处理。"

② 《最高人民法院关于适用〈中华人民共和国民法典〉有关担保制度的解释》65 条规定:"在融资租赁合同中,承租人未按照约定支付租金,经催告后在合理期限内仍不支付,出租人请求承租人支付全部剩余租金,并以拍卖、变卖租赁物所得的价款受偿的,人民法院应予支持;当事人请求参照民事诉讼法'实现担保物权案件'的有关规定,以拍卖、变卖租赁物所得价款支付租金的,人民法院应予准许。出租人请求解除融资租赁合同并收回租赁物,承租人以抗辩或者反诉的方式主张返还租赁物价值超过欠付租金以及其他费用的,人民法院应当一并处理。当事人对租赁物的价值有争议的,应当按照下列规则确定租赁物的价值:(一) 融资租赁合同有约定的,按其约定;(二) 融资租赁合同未约定或者约定不明的,根据约定的租赁物折旧以及合同到期后租赁物的残值来确定;(三) 根据前两项规定的方法仍然难以确定,或者当事人认为根据前两项规定的方法确定的价值严重偏离租赁物实际价值,根据当事人的申请委托有资质的机构评估。"

合同约定的实现担保物权情形发生等证据材料。

(4) 担保财产现状的说明。包括担保财产目前的占有人、是否正在使用等情况说明。

(5) 法院认为需要提交的其他材料。

(三) 财产保全

关于实现担保物权案件是否适用财产保全,《民诉法》并未具体规定。有观点认为,由于担保财产上已经设定了抵押等权利负担,通常情况下担保物权人的权利已经得到保障,没有再进行财产保全的必要,如果法院最后准予实现担保物权,申请保全所产生的保全费用是由申请人承担还是由被申请人承担容易引起争议,因此法院对申请人提出的财产保全申请不应支持。但是,从我国审判实践来看,法院"首次查封权"对实际执行效果的影响较大。如果不允许在特别程序中采取财产保全措施,按照目前通行做法,担保财产若被其他执行普通债权的法院查封在先,那么,在特别程序中执行担保财产往往会遇到障碍。换言之,若其他普通债权人通过诉讼程序对担保物进行了财产保全,即使担保物权人通过实现担保物权程序率先取得执行依据,但实现担保物权审理法院由于没有直接处置权,需要和首查封的法院协商,不但增加沟通成本,也会影响担保财产整体处置效率。而且,现实中也确实存在担保人或财产占有人恶意转移财产的情形,如不允许在实现担保物权程序中提起财产保全,不诚信债务人很可能在案件审查期间转移资产,造成申请人难以实现权利。只有允许实现担保物权案件申请人提出保全申请,尤其是对于易于转移、隐匿的财产采取保全措施,才能保障对担保财产的执行,保障准许拍卖、变卖的裁定的效力。基于上述考虑,《民诉法解释》第 373 条规定,法院受理申请后,申请人对担保财产提出保全申请的,可以按照《民诉法》关于诉讼保全的规定办理。

三、实现担保物权案件的审理

(一) 实现担保物权案件的管辖

实现担保物权的案件由担保财产所在地基层人民法院管辖。根据《民诉法解释》第 362 条、第 363 条的规定,实现票据、仓单、提单等有权利凭证的权利质权案件,可以由权利凭证持有人住所地人民法院管辖;无权利凭证的权利质权,由出质登记地人民法院管辖。实现担保物权案件属于海事法院等专门人民法院管辖的,由专门人民法院管辖。

同一债权的担保物有多个且所在地不同,申请人分别向有管辖权的人民法院申请实现担保物权的,人民法院应当依法受理(《民诉法解释》第 364 条)。

(二) 审判组织、审理期限及诉讼费用

《民诉法》第 178 条规定:"依照本章程序审理的案件,实行一审终审。选民资格案件或者重大、疑难的案件,由审判员组成合议庭审理;其他案件由审判员一人独任审理。"第180条规定:"人民法院适用特别程序审理的案件,应当在立案之日起三十日内或者公告期满后三十日内审结。有特殊情况需要延长的,由本院院长批准。但审理选民资格的案件除外。"根据上述规定,实现担保物权的案件在审判组织、审理期限及审级上应遵循:

(1)审判组织。《民诉法解释》第369条规定:"实现担保物权案件可以由审判员一人独任审查。担保财产标的额超过基层人民法院管辖范围的,应当组成合议庭进行审查。"即,实现担保物权案件原则上采取审判员独任审查,对于重大、疑难案件,可以全部由审判员或审判员与人民陪审员组成合议庭审查。审级上,实行一审终审制。

(2)审查期限。原则上,申请实现担保物权案件的审理期限为30日,有特殊情况需要延长的,可以报院长批准后延长。实践中,为了提高效率,要严格控制延长审限,即使要延长,延长期限也不能过长。

(3)实现担保物权案件程序的设立是为了更好地保护担保物权人的合法权益,便利担保物权的实现,节约诉讼资源,但并不意味着不诚信的人可以不受诉讼费用制度的制约;且实现担保物权的案件虽然在特别程序中,但一般标的额较大,完全案件收费不符合司法资源合理使用的实际,因此,《民诉法解释》第204条规定,实现担保物权案件,人民法院裁定拍卖、变卖担保财产的,申请费由债务人、担保人负担;人民法院裁定驳回申请的,申请费由申请人负担。申请人另行起诉的,其已经交纳的申请费可以从案件受理费中扣除。实务中,多数法院以申请实现抵押物权标的额为基数,按照诉讼费用交纳标准的1/2计算收取案件受理费。

(三)实现担保物权案件的审查与裁定

1. 审查

《民诉法》第197条规定:"人民法院受理申请后,经审查,符合法律规定的,裁定拍卖、变卖担保财产,当事人依据该裁定可以向人民法院申请执行;不符合法律规定的,裁定驳回申请,当事人可以向人民法院提起诉讼。"申请实现担保物权程序属于特别程序,人民法院无需实质审查。实务中,应重点核实申请人提供的证据,必要时可以询问当事人,并可以依职权调查证据。人民法院受理申请后,应当在5内向被申请人送达申请书副本、异议权利告知书等文书。被申请人有异议的,应当在收到人民法院通知后的5日内向人民法院提出,同时说明理由并提供相应的证据材料(《民诉法解释》第368条)。

实现担保物权案件应通过听证程序进行审查,无需开庭审理。《民诉法解释》第371条规定,法院应当就主合同的效力、期限、履行情况,担保物权是否有效设立、担保财产的范围、被担保的债权范围、被担保的债权是否已届清偿期等担保物权实现的条件,以及是否损害他人合法权益等内容进行审查。被申请人或者利害关系人提出异议的,人民法院应当一并审查。

《民诉法解释》第 365 条规定:"依照民法典第三百九十二条的规定,被担保的债权既有物的担保又有人的担保,当事人对实现担保物权的顺序有约定,实现担保物权的申请违反该约定的,人民法院裁定不予受理;没有约定或者约定不明的,人民法院应当受理。"对于物的担保和人的担保并存的,担保物权人是否可以向法院申请实现担保物权,应根据《民法典》第 392 条的规定处理。如果当事人对物保和人保的担保范围及实现顺序等有明确约定,担保物权人提出实现担保物权的申请不违反该约定的,法院应当适用担保物权程序。

《民诉法解释》第 366 条还规定,同一财产上设立多个担保物权,登记在先的担保物权尚未实现的,不影响后顺位的担保物权人向人民法院申请实现担保物权。此情形下,在保障先顺位担保物权的前提下,应当允许后顺位担保物权人先行申请实现担保物权。执行法院可将拍卖、变卖款项按顺位在先的担保物权人优先受偿的金额予以留存,剩余款项则可清偿给后顺位担保物权人。[①]

2. 裁定

《民诉法》第 197 条规定,人民法院受理申请后,经审查,符合法律规定的,可以裁定拍卖或变卖抵押财产,当事人依据该裁定可以向人民法院申请执行;不符合法律规定的,裁定驳回申请,当事人可以向人民法院提起诉讼。根据本条规定及《民诉法解释》第 372 条的规定,法院经审查,分别情形作出裁定:

(1)当事人对实现担保物权无实质性争议且实现担保物权条件成就的,裁定准许拍卖、变卖担保财产。

当事人对实现担保物权无实质性争议且实现担保物权条件成就的,法院应当裁定拍卖、变卖担保财产。拍卖是抵押权实现的最为普通的一种方式。以拍卖的方式实现抵押权有很大的优点,因为拍卖是以公开竞价的方式出卖标的物,拍卖的价款能够最大限度地体现拍卖财产的价值,从而充分发挥抵押财产对债权的担保作用。担保标的物不适于拍卖的,法院可以委托有关单位变卖或者自行变卖。变卖是指交由商业部门收购或者代为出售出卖财物,换取现款。为了保障变卖的价格公允,变卖担保财产应当参照市场价格。

(2)当事人对实现担保物权有部分实质性争议的,可以就无争议部分裁定

[①] 由于先顺位担保物权所担保的主债务是否已清偿、是否已到期等问题无法在该实现担保物权案件中一并查清,故实现担保物权裁定主文可表述为:"对被申请人××的××担保财产准予采取拍卖、变卖等方式依法变价,申请人××对变价后所得价款超出顺位在先的××担保物权的部分,在××元的范围内优先受偿。"

准许拍卖、变卖担保财产。

当事人对实现担保物权有部分实质性争议的,意味着有部分没有争议,法院可以就无争议部分裁定准许拍卖、变卖担保财产,有实质性争议部分由当事人另行提起诉讼,通过诉讼程序予以解决。

(3) 当事人对实现担保物权有实质性争议的,裁定驳回申请,并告知申请人向法院提起诉讼。

当事人对实现担保物权有实质性争议的,实际上是实现担保物权的前提条件尚不具备,如果双方对此发生争议,就谈不上实现担保物权的问题。法院应裁定驳回申请,当事人可以向有管辖权的法院提起诉讼。

法院在审查实现担保物权案件时还应注意:(1) 裁定进行拍卖或变卖,不以当事人是否就抵押权实现方式达成协议为前提。(2) 坚持以形式审查为原则,原则上不作实体审查。(3) 处理案件时,法院可以通知抵押人、债务人,抵押人或债务人没有提出有关主债权或担保物权真实性、合法性等提出实体抗辩或者无正当理由不到庭陈述意见的,法院经审查后,可以裁定准许行使担保物权。(4) 如抵押人、债务人提出有关主债权真实性、合法性的抗辩时,法院应当作出裁定,驳回申请人的申请,由申请人另行提出民事诉讼解决。(5) 抵押人、债务人对债权的真实性没有异议,但对担保物权真实性、合法性等提出实体抗辩时,下列情形下,经审查后,可以裁定准许实现担保物权:① 基于抵押登记的公信力,对进行登记的抵押权可以直接作出准许行使抵押权的裁定;② 对于办理登记的质权,如登记证书或相关通知书真实,可以裁定行使质权;③ 没有登记的质权、留置权,被申请人对担保物权的效力和债权效力没有异议的,法院才可以裁定行使担保物权;④ 如债务人对所担保的债权的范围有异议的,法院可以就无异议的部分裁定准许行使担保物权,对于有异议的部分予以驳回,申请人可以另诉。

对于被申请人下落不明,无法送达起诉资料的,法院可不经公告送达,依法酌情作出裁定。主要理由为:首先,采取耗时较长的公告送达方式有悖于担保物权特别程序快速实现权利的立法本意。其次,对于实践中被申请人明显属恶意逃避送达而担保法律关系又非常明确的案件,如果简单地以被申请人下落不明为由一律裁定驳回申请,可能会导致该程序的设立目的落空,为不诚信的被申请人提供了恶意逃避、拖延义务的途径。最后,法院在特别程序中采职权主义审查,有权在形成心证判断的基础上进行自由裁量。当然,如果在被申请人下落不明的情况下,法院经过审查后对于申请人的申请能否成立不能确信,则应该驳回申请,告知申请人另行起诉。总之,对于下落不明的申请人是否公告送达,应由法院经过审查后根据案件事实和具体情况决定,以防止被申请人以下落不明为由恶意逃避义务。

(四)实现担保物权案件的权利救济

实现担保物权案件执行终结后,如果拍卖、变卖担保财产不足以清偿申请人债权的,对于债权人能否就不足部分再次起诉债务人及保证人,司法解释未进一步规定。从法理来讲,债权人对于债务人与保证人仍然具有求偿权,可再行通过提起诉讼,以诉讼程序主张权利。

根据《民诉法解释》第 374 条的规定,当事人对准许实现担保物权的裁定有异议的,可以向作出裁定的法院提出。当事人应当自收到裁定之日起 15 日内提出;利害关系人有异议的,自知道或者应当知道其民事权益受到侵害之日起 6 个月内提出。法院经审查,异议成立或者部分成立的,作出新裁定撤销或者改变原裁定;异议不成立的,裁定驳回。

四、实现担保物权案件的强制执行

实现担保物权案件,法院裁定拍卖、变卖担保财产的,该裁定生效后,可以作为法院的执行依据,申请人可以申请法院强制执行。根据《民诉法解释》第 462 条第 1 款的规定,发生法律效力的实现担保物权裁定,由作出裁定的法院或者与其同级的被执行财产所在地的法院执行。

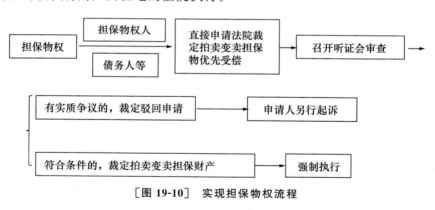

[图 19-10] 实现担保物权流程

[实现担保物权法律文书]

广东省××市××区人民法院
民事裁定书

(2015)××民特××号

申请人:广州某建材有限公司,(基本信息,略)
被申请人:某市某有限公司,(基本信息,略)

申请人广州某建材有限公司与被申请人某市某有限公司申请实现担保物权一案,本院于2015年6月6日立案后,依法适用特别程序进行了审查,现已审查终结。

申请人称,2013年6月15日,申请人与被申请人就减水剂货款一事签订了《还款协议》,协议明确被申请人仍欠申请人货款人民币902208.5元,被申请人应于2013年12月31日前付清全部货款,否则每日按货款总额的1‰计算利息。同时,申请人与被申请人就上述债务的履行签订了《汽车抵押合同》,被申请人同意用三辆混凝土搅拌车提供抵押担保,并于2013年6月15日在某市公安局交警支队车辆管理所办理了车辆抵押登记手续。但被申请人至今没有向申请人清偿上述货款。另查,上述抵押登记车辆处于正常使用状态。申请人请求:1.裁定拍卖、变卖被申请人抵押担保的车辆以优先受偿(抵押车辆信息:车牌、车架号详细信息,略);2.申请费由被申请人承担。

被申请人某市某有限公司称,申请人所称事实属实。

本院经审查认为,申请人与被申请人签订的《还款协议》《汽车抵押合同》均合法有效,双方之间主债权明确,且被申请人未履行到期债务,发生了双方之间约定实现抵押权的情形,故申请人的请求事项符合我国《物权法》第一百七十九条的规定,本院予以支持。依照《中华人民共和国民事诉讼法》第一百九十七条、《最高人民法院关于适用〈中华人民共和国民事诉讼法〉的解释》第三百七十二条第一项、第二项规定,裁定如下:

准许拍卖、变卖被申请人某市某有限公司的下列抵押车辆:(抵押车辆车牌、车架号详细信息,略)。

申请费×××元,由被申请人某市某有限公司负担。

申请人不服本裁定,应当在收到本裁定之日起十五日内,向本院提出异议。

(独任审判员、书记员姓名、制作时间、院印)

思 考 题

1. 特别程序特别在什么地方?

2. 导入案例19-8中,王某律师所说的确认调解协议程序"快、好、省"具体体现在什么方面?

3. 宣告公民失踪案件中,公民下落不明的事实必须持续满多长期限才能达到法定条件?

4. 小明今年 11 岁,非常调皮,经常在外面惹祸。小明父母向法院申请认定小明为限制民事行为能力人,法院是否应该受理小明父母的申请?

5. 公民被宣告死亡后有哪些法律后果?

6. 简述司法确认程序的流程。

7. 同一财产上设立多个担保物权,登记在先的担保物权尚未实现的,后顺位的担保物权人是否可以向法院申请实现担保物权?

第二十章 督促程序

督促程序就是督促债务人快速履行债务的程序。所谓督促,就是法院根据债权人的申请,向债务人发出附条件的支付令,责令债务人在法定期间内履行义务或提出书面异议。督促程序属于非讼程序,主要适用于当事人之间无争议的关于给付金钱、有价证券的债权债务纠纷,法院只作形式审查,省去了答辩、调查、开庭、上诉和二审审理等环节,因此督促程序具有简便、迅速的特点。立法者希望发挥督促程序可以快速解决纠纷的优势,以分流部分诉讼程序案件,缓减我国法院"案多人少"的矛盾。

第一节 督促程序概述

一、督促程序的概念

督促程序,又称为支付令程序,是指法院根据债权人提出的给付金钱或者有价证券的申请,不经过开庭审理就直接向债务人发出支付令,如果债务人未在法定期间内提出异议,或虽提出异议但经审查异议不成立,该支付令就具有强制执行力的程序。[①] 这里的"有价证券"主要指汇票、本票、支票以及股票、债券、国库券、可转让的存款单等。简言之,督促程序就是法院以支付令督促债务人向债权人偿还债务的一种程序。

民事纠纷中,有的债权债务关系明确,只是债务人逾期不履行债务,这类案件如果通过诉讼程序审理,不但会增加诉讼成本,而且会浪费司法资源,这类案件实际上不经过审判程序即可认定,因此,许多国家和地区民事诉讼法中都有关于督促程序的规定。督促程序对于方便当事人诉讼,便于法院快速办案和及时保护债权人的合法权益具有重要意义,它一方面使债权人能够简捷、快速地实现自己的债权,减少讼累,另一方面,它也使法院能够省时省力地处理债权债务纠

---

① 大陆法系的德国是较早适用督促程序的国家之一,德国的司法实践中,适用督促程序最多的案件类型依次为供货买卖合同纠纷、服务合同纠纷和加工承揽合同纠纷。

纷,提高审判效率。

债权人请求债务人给付金钱、有价证券的,法律并没有强制规定必须适用督促程序,当事人可以选择诉讼程序或者督促程序来实现债权。但是,根据《民诉法》第133条第1项的规定,对于当事人提起的诉讼,法院受理后当事人没有争议,符合督促程序规定条件的,可以转入督促程序。债权人选择适用督促程序的,在其申请被驳回,或者债务人在法定期间内提出异议法院裁定终结督促程序后,仍可以通过诉讼程序解决纠纷。立法者的意图非常明确,首先希望引导债权人选择督促程序,其次希望对进入诉讼程序符合督促程序条件的案件在庭前准备阶段再次进行分流。申言之,督促程序并非是解决这类案件的必经程序或者唯一程序,当事人对选择诉讼程序还是非讼程序中的督促程序来实现债权享有选择权。①

二、督促程序的特点

与其他审判程序相比,督促程序具有以下特点:

(1) 督促程序的适用范围具有特殊性。

根据《民诉法》第214条第1款的规定,督促程序仅适用于债权人请求债务人给付金钱、有价证券的案件,即督促程序仅适用于给付之诉。如果债权人请求债务人给付的不是金钱、有价证券,那么不能适用督促程序;如果不是给付之诉,而是确认之诉或形成之诉,也不能适用督促程序。

(2) 督促程序的启动与终结具有特殊性。

2012年《民诉法》修改后,督促程序的启动有两种方式:第一种方式是债权人向法院申请支付令;第二种方式是法院决定将案件由诉讼程序转入督促程序。两种方式的终结方式一致,法院受理申请后,经过形式审查发出支付令,在支付令发出15日后,如果债务人清偿债务,或者向法院提出书面异议,经审查异议成立的,支付令就失去效力,督促程序就告终结。

(3) 督促程序的审理方式具有特殊性。

法院适用督促程序审理案件时,只进行形式上的书面审查,不对案件进行实质审查,也不必传唤债务人到庭。审理时在审判组织上适用独任制,在审级上实行一审终审。法院发出支付令以后,如果债务人没有对支付令提出书面异议,或虽提出异议,经审查异议不成立的,该支付令就具有执行力,债权人可以持支付令向法院申请强制执行。

---

① 已受理的诉讼案件如果符合申请支付令的条件,法院是否需征得当事人同意后方可转入督促程序,法律及司法解释没有明确规定。由于转换时需原告另行提交支付令申请书,因此需要征得原告同意。

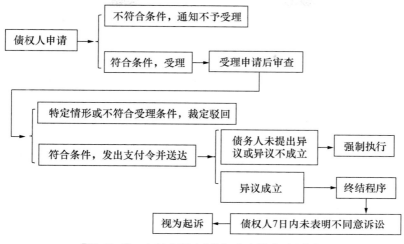

[图 20-1] 支付令程序(债权人申请启动)流程

第二节 支付令的申请与受理

一、申请支付令的条件

申请支付令,是指债权人依法请求法院发出支付令的行为。《民诉法》第214条第1款规定:"债权人请求债务人给付金钱、有价证券,符合下列条件的,可以向有管辖权的基层人民法院申请支付令:(一)债权人与债务人没有其他债务纠纷的;(二)支付令能够送达债务人的。"《民诉法解释》第429条第1款进一步明确了申请支付令的条件[①]:

(1)债权人必须以金钱或者有价证券作为请求给付的标的物。金钱是指可以作为流通手段和支付手段的货币,比如人民币、港币等;有价证券主要指汇票、本票、支票以及股票、债券、国库券、可转让的存款单等。法律将金钱和有价证券作为适用督促程序审理案件的给付请求标的物,主要是考虑到金钱和有价证券的给付请求较为明确,一般不会发生争议,法院在判断是否适用督促程序审理时较为容易识别和判断。

(2)请求给付的金钱或者有价证券已经到期且数额确定。债权已经到履行

---

① 《民诉法解释》第429条第1款规定:"债权人申请支付令,符合下列条件的,基层人民法院应当受理,并在收到支付令申请书后五日内通知债权人:(一)请求给付金钱或者汇票、本票、支票、股票、债券、国库券、可转让的存款单等有价证券;(二)请求给付的金钱或者有价证券已到期且数额确定,并写明了请求所根据的事实、证据;(三)债权人没有对待给付义务;(四)债务人在我国境内且未下落不明;(五)支付令能够送达债务人;(六)收到申请书的人民法院有管辖权;(七)债权人未向人民法院申请诉前保全。"

期,债权人才能请求债务人履行债务。只有债权数额确定,法院才能根据债权人的申请发出支付令。如果数额不确定,法院只根据债权人的申请无法确定应当支付的数额,督促程序也就无从进行。

(3) 债权人和债务人之间没有其他债务,即债权人对债务人没有对待给付义务。对待给付,是指债务人对债权人负有给付义务的同时,债权人也对债务人负有给付义务。对待给付情形下,债权人和债务人双方的给付义务在数量上可能会存在差别,但是在债务给付时间方面,双方存在着同时给付或者一方给付后、另一方才会给付的关系。实务中,有些债权人在申请支付令时向法院隐瞒了其与债务人之间还有其他债务的情况,支付令发出后,债务人一般情况下都会以债权人没有履行相应义务为由提出异议,导致督促程序终结,从而达不到督促程序快速解决纠纷的目的。因此,只有在债权人没有对待给付义务的情况下,法院才会向债务人发出支付令。

(4) 支付令能够送达给债务人。法院能够直接将支付令送达给债务人,或者通过留置方式以及邮寄、委托送达方式,客观上能够送达到债务人手中。只有将支付令实际送达给债务人,才能保障债务人知悉支付令的内容,及时履行自己的债务,从而尽快解决纠纷;同时也便于债务人及时行使异议权,保障债务人的合法权益。如果债务人不在我国境内,或者债务人下落不明需要公告送达的,则债权人不能申请支付令。

(5) 债权人未向法院申请诉前保全。《民诉法》第 101 条规定,利害关系人因情况紧急,不立即申请保全将会使其合法权益受到难以弥补的损害的,可以在提起诉讼或者申请仲裁前向人民法院申请采取保全措施。申请人在人民法院采取保全措施后 30 日内不依法提起诉讼或者申请仲裁的,人民法院应当解除保全。根据本条规定,债权人向人民法院申请诉前保全之后,应向仲裁机构申请仲裁,或向人民法院提起诉讼,因此,不能向人民法院申请支付令。换言之,诉讼程序与非讼程序不能同时进行,只有债权人未向人民法院或仲裁机构申请诉前保全的,才可以向法院申请支付令。

(6) 收到申请书的法院有管辖权。

债权人申请支付令,符合上述条件的,法院应当受理,并在收到支付令申请书后 5 日内通知债权人。

二、支付令的申请与管辖法院

(一) 支付令的申请方式

债权人申请支付令,必须向法院提交书面申请书。申请书应当写明:(1) 当事人基本情况;(2) 请求给付金钱或有价证券的数量;(3) 债权债务关系存在及债务人没有履行债务的事实与依据;(4)申请发出支付令的法院。①

《民诉法解释》第428条规定,人民法院收到债权人的支付令申请书后,认为申请书不符合要求的,可以通知债权人限期补正。人民法院应当自收到补正材料之日起5日内通知债权人是否受理。

(二) 支付令的申请费用及负担

申请支付令的,按照诉讼请求标的额以财产案件受理费标准的1/3交纳,即同样标的额的案件,督促程序案件受理费收费标准只有诉讼程序的1/3。债务人对督促程序未提出异议的,申请费由债务人先行负担;债务人对督促程序提出异议致使督促程序终结的,申请费由申请人负担。申请人同意转入诉讼程序或另行起诉的,可以将申请费作为申请人损失列入诉讼请求,申请费最终由败诉方负担。

(三) 支付令案件的管辖法院

债权人申请支付令,由债务人住所地的基层人民法院管辖。即债务人是公民的,由债务人户籍所在地基层人民法院管辖;债务人是法人或其他组织的,由债务人主要营业地或主要办事机构所在地基层人民法院管辖。

《民诉法解释》第427条规定,两个以上人民法院都有管辖权的,债权人可以向其中一个基层人民法院申请支付令。如果是共同债务人的,债权人可以向对共同债务人中其中任何一个债务人有管辖权的基层人民法院提出支付令申请。债权人向两个以上有管辖权的基层人民法院申请支付令的,由最先立案的人民法院管辖。

需特别注意,根据《民诉法解释》第429条第3款的规定,基层人民法院受理债权人依法申请支付令的案件,不受债权金额的限制,即支付令案件没有级别管辖的限制,不论标的额多大,均由基层人民法院管辖,中级以及中级以上人民法院不受理申请支付令案件,海事法院除外②。

三、支付令申请的受理

债权人提出支付令申请后,人民法院立案庭工作人员应按照《民诉法》第214条第1款以及《民诉法解释》第429条规定的受理条件进行形式审查,主要审查下列事项:

---

① 《民诉法》第214条第2款规定:"申请书应当写明请求给付金钱或者有价证券的数量和所根据的事实、证据。"

② 海事法院为中级法院建制。《海事诉讼特别程序法》第99条规定:"债权人基于海事事由请求债务人给付金钱或者有价证券,符合《中华人民共和国民事诉讼法》有关规定的,可以向有管辖权的海事法院申请支付令。债务人是外国人、无国籍人、外国企业或者组织,但在中华人民共和国领域内有住所、代表机构或者分支机构并能够送达支付令的,债权人可以向有管辖权的海事法院申请支付令。"

(1) 申请手续是否完备,申请书内容是否明确。对于不符合要求的,通知债权人限期补正。

(2) 审查债权人主体资格。包括审查申请人是否是享有债权的公民、法人或其他组织。申请人是公民的,还应当审查其是否有诉讼行为能力,无诉讼行为能力的人由法定代理人以无诉讼行为能力的人名义代为申请;申请人是法人或其他组织的,还用当提交营业执照复印件。

(3) 审查请求事项。包括对请求给付标的物是否是金钱或有价证券、债权债务关系是否明确、债务是否到期、债权是否合法等进行审查。

(4) 审查本院是否有管辖权,即审查本院是否是债务人住所地的基层人民法院。如果是共同债务的,审查本院是否属于共同债务人的其中一个基层人民法院。

(5) 审查支付令能否送达给债务人。申请书应当写明债务人的住所,如申请人无法提供债务人住所的,或债务人住所在境外[①]的,不予受理。

经审查,符合申请条件的,应当在 5 日内立案,登记后转相关审判庭审查,并及时通知债权人;如果申请不符合受理条件,应当在 5 日内通知债权人不予受理,并说明理由。

第三节　支付令申请的审理

一、审理程序

《民诉法解释》第 430 条规定:"人民法院受理申请后,由审判员一人进行审查。经审查,有下列情形之一的,裁定驳回申请:(一)申请人不具备当事人资格的;(二)给付金钱或者有价证券的证明文件没有约定逾期给付利息或者违约金、赔偿金,债权人坚持要求给付利息或者违约金、赔偿金的;(三)要求给付的金钱或者有价证券属于违法所得的;(四)要求给付的金钱或者有价证券尚未到期或者数额不确定的。人民法院受理支付令申请后,发现不符合本解释规定的受理条件的,应当在受理之日起十五日内裁定驳回申请。"支付令申请受理后,应当由审判庭独任审判员对支付令案件进行审理,审理的方式为对支付令申请的内容进行书面审查。

(1) 审查方式。采取书面形式,不需要询问当事人,也不需要开庭审理,仅对支付令申请书及相关证据进行审查。

(2) 审查内容。重点审查当事人之间的债务是否明确、合法,同时也对支付

[①] 债务人住所在国外,或在我国香港、澳门特别行政区以及台湾地区的,均属于债务人住所在境外。

令申请是否符合受理条件再次进行审查。

（3）审查期限及结果。支付令的审查期限为15日。经审查，人民法院认为支付令申请符合法定条件的，应当在受理之日起15日内发出支付令，并将支付令送达给债务人。根据《民诉法解释》第431条的规定，向债务人本人送达支付令，债务人拒绝接收的，人民法院可以留置送达。法院经审查认为不符合法定条件，包括受理错误的，应当在受理之日起15日内裁定驳回申请。对法院驳回支付令申请的裁定，债权人不能提起上诉。

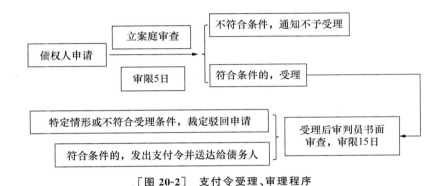

[图20-2] 支付令受理、审理程序

根据《民诉法解释》第432条的规定，债务人收到支付令前，债权人撤回申请的，人民法院应当裁定终结督促程序，已经发出支付令的，支付令自行失效。

《民诉法解释》第436条还规定，对设有担保的债务的主债务人发出的支付令，对担保人没有拘束力。债权人就担保关系单独提起诉讼的，支付令自人民法院受理担保关系案件之日起失效。债权人不能以担保人作为被申请人申请支付令，也不能将主债务人与担保人一起作为被申请人申请支付令，原因是不符合《民诉法》第214条规定的督促程序条件。① 债权人如果对设有担保的债务申请适用支付令，只能对主债务人适用，不能对担保人适用。债权人就担保关系单独提起诉讼的，意味着债权人选择适用诉讼程序，因此，支付令自人民法院受理案件之日起失效。② 当然，债权人可以选择诉讼程序，将主债务人与担保人一起作为共同被告提起诉讼。

---

① 根据《民诉法》第214条的规定，"债权人请求债务人给付金钱、有价证券的"才可以申请支付令，此处的债务人是指主债务人或直接债务人，不包括担保人等从债务人。如果案件涉及担保法律关系，当事人之间存在争议的可能性较大，案情也相对复杂，有悖于设立督促程序快速解决纠纷的立法初衷，因此，担保法律关系不适用督促程序。

② 之所以规定债权人就担保关系单独提起诉讼的，支付令自人民法院受理担保关系案件之日起失效，主要是由于债权人取得了支付令确定的其对主债务人的权利后，又就担保关系提起诉讼的，债权人可能获得双重债权收益。该规定亦可理解为作为非讼程序的支付令程序须让位于诉讼程序。

二、支付令的内容和效力

(一)支付令的概念和内容

支付令,是指法院在督促程序中发布的限令债务人履行义务或提出异议的法律文书。支付令应记明以下事项:(1)债权人、债务人的姓名或名称等基本情况;(2)债务人应当给付的金钱、有价证券的种类、数量;(3)清偿债务或者提出异议的期限,即支付令要写明债务人应当在收到支付令之日起15日内清偿债务,或者向法院提出书面异议;(4)债务人在法定期间不提出异议的法律后果。支付令由审判员、书记员署名,并加盖法院印章。

[法律文书 20-1]

广东省××市××区人民法院
支付令

(2014)××民一督字第××号

申请人:黄某,男,(基本信息,略)。

被申请人:覃某,男,(基本信息,略)。

申请人黄某于2014年6月2日向本院申请支付令。申请人认为,2012年1月24日,被申请人向其借款人民币2000元,被申请人收款后给申请人立有借款借据一张,并写明此借款在10日内一次性还清;之后,被申请人又向申请人借款人民币42000元,并写明此借款在2012年12月30日前归还,但被申请人过了还款期限还没有将借款归还给申请人。申请人据此向本院申请支付令,要求被申请人归还借款人民币44000元。申请人就其申请提供了借条及借据予以证明。

本院经审查认为,申请人的申请符合《中华人民共和国民事诉讼法》第二百一十四条规定的条件。依照《中华人民共和国民事诉讼法》第二百一十四条、第二百一十六条的规定,特发出如下支付令:

被申请人覃某应当自收到本支付令之日起十五日内,给付申请人黄某人民币44000元。

申请费425元,由被申请人覃某负担。

被申请人如有异议,应当自收到本支付令之日起十五日内向本院书面提出。逾期不提出书面异议的,本支付令即发生法律效力。

(独任审判员、书记员姓名、制作时间、院印)

(二)支付令的效力

支付令一经送达给债务人,即具有下列效力:

(1) 要求债务人限期履行债务的效力。

根据《民诉法》第 216 条第 2 款的规定，债务人如果不提出书面异议，应当自收到支付令之日起 15 日内清偿债务。

(2) 强制执行的效力。

债务人自收到支付令之日起 15 日内不提出异议又不履行支付令的，债权人可以向人民法院申请执行(《民诉法》第 216 条第 3 款)。债权人向法院申请执行支付令的期间，适用《民诉法》第 239 条的规定[①](《民诉法解释》第 442 条)。

三、债务人对支付令的异议

支付令异议，是指债务人在收到支付令以后的法定期间内，向发出支付令的法院表明不服支付令所确认的给付义务的诉讼行为。

法院发布支付令前，仅审查了债权人提出的事实，并没有让债务人对债权人的请求答辩。为了平等地保护当事人双方的权益。2007 年《民诉法》曾规定，债务人自收到支付令之日起 15 日内可以提出书面异议。异议可以不附任何理由，债务人也不必提供事实和证据来证明异议成立，只要写明对支付令提出异议即可。2012 年《民诉法》对此予以修改，第 217 条规定："人民法院收到债务人提出的书面异议后，经审查，异议成立的，应当裁定终结督促程序，支付令自行失效。"本条款增加了法院对支付令异议审查的内容，规定法院对异议是否成立加以实质审查。该规定不仅与督促程序的性质、特点和目的并不矛盾，也符合 2012 年《民诉法》增设的民事诉讼诚实信用原则，有利于遏制债务人滥用异议权的现象。

支付令异议成立应当具备下列条件：

(1) 债务人提出的异议必须是针对支付令所确定的债务本身。

其一，债务人对债务本身没有异议，只是提出缺乏清偿能力、延缓债务清偿期限、变更债务清偿方式等异议的，不影响支付令的效力(《民诉法解释》第 438 条第 1 款)。

其二，债权人基于同一债权债务关系，在同一支付令申请中向债务人提出多项支付请求，债务人仅就其中一项或者几项请求提出异议的，不影响其他各项请求的效力(《民诉法解释》第 434 条)。

其三，债权人基于同一债权债务关系，就可分之债向多个债务人提出支付请求，多个债务人中的一人或者几人提出异议的，不影响其他请求的效力(《民诉法解释》第 435 条)。

---

① 《民诉法》第 239 条规定："申请执行的期间为二年。申请执行时效的中止、中断，适用法律有关诉讼时效中止、中断的规定。前款规定的期间，从法律文书规定履行期间的最后一日起计算；法律文书规定分期履行的，从规定的每次履行期间的最后一日起计算；法律文书未规定履行期间的，从法律文书生效之日起计算。"

（2）异议必须在法定期间内提出。

债务人自收到支付令之日起 15 日内可以提出书面异议，超过法定期限提出异议的，视为未提出异议（《民诉法解释》第 433 条第 2 款）。需特别注意，15 日的异议期间为不变期间，不适用中止、中断、延长的规定。

（3）异议必须以书面形式提出，债务人以口头形式提出的异议无效（《民诉法解释》第 438 条第 3 款）。

债务人在提出异议时，还应提交证据证明其异议理由成立，以便于人民法院对其异议是否成立进行审查（《民诉法》第 217 条）。人民法院对支付令异议进行实质审查后，债务人提出的异议符合上述三项条件，异议理由成立的，人民法院应当裁定终结督促程序；经审查认为异议不成立的，应当裁定驳回异议（《民诉法解释》第 438 条第 2 款）。

另外，根据《民诉法解释》第 437 条的规定，人民法院经形式审查，债务人提出的书面异议有下列情形之一的，应当认定异议成立，裁定终结督促程序，支付令自行失效：（1）《民诉法解释》规定的不予受理申请情形；（2）《民诉法解释》规定的裁定驳回申请情形；（3）《民诉法解释》规定的应当裁定终结督促程序情形；（4）人民法院对是否符合发出支付令条件产生合理怀疑的。人民法院经过对支付令申请的审查，认为符合督促程序要件的，应当发出支付令并向债务人送达。但是，如果债务人与债权人的债权债务关系比较复杂，则不宜适用督促程序来解决纠纷。第 4 种情形中的"合理怀疑"主要是指债务人提供的证据，足以使审查法官对债权人的申请条件是否符合支付令的条件和内容产生怀疑，包括对债权人与债务人"可能"会存在其他债务纠纷、支付令是否能够送达债务人等存在疑问以及需要经过诉讼程序予以解决纠纷等情形，具备上述情形的，人民法院应当裁定终结督促程序，支付令自行失效。

人民法院作出终结督促程序或者驳回异议裁定前，债务人请求撤回异议的，应当裁定准许。债务人对撤回异议反悔的，人民法院不予支持（《民诉法解释》第 439 条）。

《民诉法解释》第 433 条第 1 款还规定，债务人在收到支付令后，未在法定期间提出书面异议，而向其他人民法院起诉的，不影响支付令的效力。对于债务人向发出支付令之外的其他人民法院提起诉讼的，债权人可以存在支付令为由，请求受诉法院不予受理或驳回起诉。受诉法院也可以存在具有既判力的支付令为由，裁定不予受理或驳回起诉。需注意，依据该规定文义，如债务人向发出支付令的人民法院起诉，则应视为债务人提出书面异议。

四、督促程序的终结

督促程序的终结，是指在督促程序中，因发生法律规定的情形或因某种特殊原因而结束督促程序的进行。

督促程序的终结包括下列情形：

（1）法院裁定驳回债权人的申请。

法院在受理债权人的支付令申请后，经审判庭独任法官审查认为申请不成立的，应当在受理之日起15日内裁定驳回申请。该裁定作出后，督促程序即告终结。

（2）法院发出支付令前申请人撤回申请。

（3）债务人在法定期间内清偿债务，督促程序终结。

（4）债务人提出符合条件的书面异议，法院裁定终结督促程序，支付令自行失效，债权人同意提起诉讼的，转入诉讼程序。

（5）法院受理支付令申请后，债权人就同一债权关系又提起诉讼的，裁定终结督促程序。

督促程序以假定民事权利义务关系不存在民事争议为前提，直接依债权人的要求向债务人发出支付令，是以非讼程序来解决纠纷。但是，如果债权人提起诉讼，案件即由非讼性质转变为诉讼性质，法院应当裁定终结督促程序。

（6）法院发出支付令之日起30日内无法送达债务人的。

支付令在发出后30日内都无法送达，意味着债务人无法行使异议权，也失去了督促程序快速解决纠纷的价值，因此，法院应裁定终结督促程序，告知债权人按照诉讼程序另行起诉。

五、支付令的撤销

根据《民诉法解释》第443条的规定，人民法院院长对本院已发生法律效力的支付令，发现确有错误，认为需要撤销的，应当提交审判委员会讨论决定后，裁定撤销支付令，驳回债权人的申请。支付令已经强制执行的，按照执行回转处理。

[案例20-1] 王某与赵某近年来感情不好，夫妻已分居三年，为了马上要参加高考的孩子一直未办理离婚手续。债权人李某因王某与赵某多年前作为共同借款人向其借款120万元未还，向法院申请支付令，请求王某与赵某共同返还借款120万元。法院审查后发出支付令，将支付令邮寄送达给王某与赵某，王某替赵某签收了支付令，未在异议期内提出异议。支付令生效后，债权人申请强制执行，法院拟拍卖王某与赵某夫妻共有的房屋。赵某提出异议，称其未收到支付令，因而错过了提出异议，赵某还提出王某已向李某还款80万元，王某与李某有串通卖房的嫌疑。王某经法院询问承认其签收支付令后未转交给赵某，赵某对支付令一事毫不知情。法院院长提交审判委员会讨论决定后，裁定撤销支付令，驳回李某的申请。

第四节 督促程序的后续诉讼

《民诉法》第 217 条规定:"人民法院收到债务人提出的书面异议后,经审查,异议成立的,应当裁定终结督促程序,支付令自行失效。支付令失效的,转入诉讼程序,但申请支付令的一方当事人不同意提起诉讼的除外。"该条规定包换两层含义,一是债务人提出异议,人民法院要审查异议是否成立;二是支付令失效后,只要债权人同意,督促程序就要转入诉讼程序,从而减轻债权人的讼累。这种做法可以促使当事人更加重视督促程序,提高督促程序的适用率,充分合理地保护申请人的合法权益,防止被申请人滥用异议权拖延履行,从而激活督促程序,使其在纠纷解决中发挥应有的作用。

《民诉法解释》第 440 条、第 441 条进一步明确,支付令失效后,申请支付令的一方当事人不同意提起诉讼的,应当自收到终结督促程序裁定之日起 7 日内向受理申请的人民法院提出。申请支付令的一方当事人不同意提起诉讼的,不影响其向其他有管辖权的人民法院提起诉讼。支付令失效后,申请支付令的一方当事人自收到终结督促程序裁定之日起 7 日内未向受理申请的人民法院表明不同意提起诉讼的,视为向受理申请的人民法院起诉。债权人提出支付令申请的时间,即为向法院起诉的时间。上述规定情形可归纳为:(1)支付令失效后,申请支付令的一方当事人不同意提起诉讼的,应当自收到终结督促程序的裁定之日起 7 日内向受理申请的人民法院提出;(2)支付令失效后,申请支付令的一方当事人自收到终结督促程序的裁定之日起 7 日内未向受理申请的人民法院表明不同意提起诉讼的,视为向受理申请的人民法院起诉。

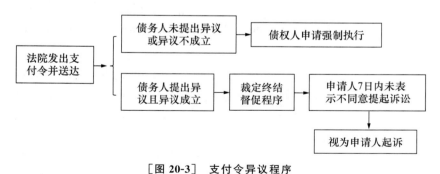

[图 20-3] 支付令异议程序

对于督促程序直接转入诉讼程序是否交纳诉讼费用,《诉讼费用交纳办法》没有规定。《民诉法解释》第 195 条明确,支付令失效后转入诉讼程序的,债权人应当按照《诉讼费用交纳办法》补交案件受理费。因督促程序申请费仅为财产案件受理费的 1/3,因此,债权人应当按照财产案件标准补交不足部分的案件受理费。同时根据《诉讼费用交纳办法》第 36 条的规定,债权人另行起诉的,可以将支付令申请费列入诉讼请求。当然,若债务人败诉的,支付令申请费由债务人负担。如此规定可以在一定程度上制约债务人随意或恶意提出支付令异议。

对于支付令失效转入诉讼程序的案件标的额超过受理申请法院级别管辖标准的,转入诉讼程序案件是否适用级别管辖,《民诉法》及司法解释均没有规定,从《民诉法解释》第 441 条规定文义来理解,此类诉讼的管辖法院在级别上仍然应当是基层人民法院,在地域管辖上应当是受理支付令申请的人民法院。

思 考 题

1. 简述督促程序与简易程序、小额诉讼程序的区别。
2. 督促程序的启动有哪两种方式?
3. 《民诉法解释》第 429 条第 1 款规定的申请支付令的条件有哪些?
4. 法院收到债务人提出的书面异议后,是否当然裁定终结督促程序?
5. 支付令确有错误需要撤销的,是否适用审判监督程序审查处理?
6. 支付令失效后,申请支付令的一方当事人自收到终结督促程序裁定之日起 7 日内未向受理申请的法院表明不同意提起诉讼的,法院应当如何处理?

第二十一章　公示催告程序

公示催告，顾名思义，就是法院发出公告催告利害关系人申报权利。公示催告程序是一种简捷的非讼程序，用于解决可以背书转让的票据等被盗、遗失、灭失后的票据除权及失票人行使权利问题。公示催告程序不解决当事人之间的民事权益纠纷，而只是赋予失票人对支付人一种付款请求权，使失票人重新获得票据权利，以保护失票人的合法权益。

第一节　公示催告程序概述

[导入案例 21-1]　王某给一家酒店做装修工程，工程结算后，酒店一直没有支付工程款。2016年春节前一天，王某终于收到了一张酒店背书转让的承兑汇票，票面金额50万元，酒店一次性将所欠工程款全部结清。王某喜出望外，立马电邀几位好友晚上一起喝酒。酒酣饭足之际，王某起身买单，一摸裤兜，吓出一身冷汗，原本随手装在裤兜里的汇票不见踪影。抽身去找，车上店里都未找到。怎么办？周围的朋友也都没了主意。

一、公示催告程序的概念

公示催告程序，是指法院根据申请人的申请，以公示方式催告不明的利害关系人在法定期间内申报权利，如果逾期无人申报权利，将根据申请人的申请依法作出除权判决的程序。除权判决是指法院作出的宣告票据无效而消灭该票据所载权利的判决。简言之，公示催告程序就是法院通过公示方式催告不明利害关系人申报权利的程序。

公示催告程序并不解决双方当事人之间的实体争议，它只是以公示的形式，从程序上解决票据被盗、遗失或者灭失的有关问题和法律规定的其他事项，最终恢复票据权利人在票据上的权利。

公示催告程序与督促程序同为非讼程序，但它们有明显的区别。督促程序是法院督促特定债务人履行义务，而公示催告程序是法院催告不特定利害关系人向法院申报权利；督促程序中，如果债务人没有在法定期限内提出理由成立的异议或履行债务，申请人可持支付令向法院申请执行，而在公示催告程序中，如果在公告期间内无人申报权利，法院将依据申请对票据等相关有价证券作出除权判决，宣告票据等相关有价证券无效，从而恢复申请人的票据权利。

[表 21-1] 督促程序与公示催告程序的比较

	督促程序	公示催告程序
内涵	法院督促特定债务人履行义务或提出异议	法院催告不特定利害关系人向法院申报权利
当事人	申请人；被申请人	只有申请人，没有被申请人
法律后果	如果债务人没有在法定期限内提出理由成立的异议或履行债务，申请人可持支付令向法院申请执行	如果在公告期间内无人申报权利，法院将依据申请对票据等相关有价证券作出除权判决，宣告票据等相关有价证券无效，从而恢复申请人的票据权利

二、公示催告程序的特点

（1）当事人的特定性。公示催告程序的申请人，必须是按照规定可以背书转让的票据持有人或者法律规定可以申请公示催告的其他事项的拥有人。这里的"票据持有人"指票据的最后持有人，即在票据流转过程中最后占有票据的人，也就是票据记载的最后被背书人。①

（2）适用范围的限定性。公示催告程序仅适用于可以背书转让的票据及法律规定可以申请公示催告的其他事项。

（3）案件的非诉性。公示催告程序没有确定的对方当事人，因此，公示催告案件只有申请人，没有被申请人。

（4）审理方式的特殊性。公示催告案件审理方式的特殊性包括：第一，法院以公告方式来确定票据利害关系人是否存在，以及对申报权利人的主张是否成立，只从程序上予以审查。第二，公示催告程序的进行具有阶段性，分为公示催告和除权判决两个阶段。前一阶段是任何公示催告案件的必经程序，后一阶段是否有必要进行则视具体情况而定。公告期满无人申报权利的，法院不能依职权直接作出宣告票据无效的判决，只有申请人提出宣告票据无效的申请，法院才可以作出除权判决，即公示催告案件的两个阶段申请人均需提出申请。第三，公示催告案件实行一审终审。无论是除权判决还是终结公示催告程序裁定，一经作出立即发生法律效力，申请人和利害关系人均不得提起上诉。

---

① 《民诉法解释》第 444 条规定："民事诉讼法第二百一十八条规定的票据持有人，是指票据被盗、遗失或者灭失前的最后持有人。"

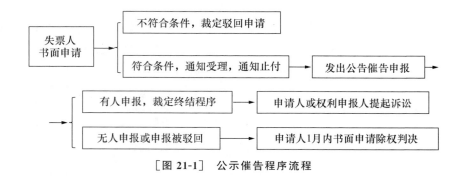

[图 21-1] 公示催告程序流程

三、公示催告程序的适用范围

《民诉法》第 218 条第 1 款对公示催告程序的适用范围作出了规定，包括两种情形：

1. 按照规定可以背书转让的票据

这里的票据指出票人依据《票据法》签发的，由本人或者委托他人在见票时或者在票载日期无条件支付确定金额的金钱给收款人或持票人的一种有价证券。① 可以背书转让的票据包括汇票、本票、支票三种，上述三种票据分为可背书转让与不可背书转让两种，能够申请公示催告的票据，只限于可背书转让的票据。票据的背书转让，是指持票人以背书方式将票据权利转让给他人的单方要式行为，在票据背面或者粘单上签名的转让人称为背书人，接受票据的受让人称为被背书人。②

（1）汇票是出票人签发的，委托付款人在见票时或者在指定日期无条件支付确定金额的金钱给收款人或持票人的票据。

（2）本票是出票人签发的、承诺自己在见票时无条件支付确定金额的金钱给收款人或持票人的票据。本票的一个重要特点是，出票人也是付款人，这是本票与汇票、支票的不同之处。本票可分为银行本票与商业本票，我国《票据法》规定的本票，仅指银行本票。

---

① 票据有广义、狭义之分，广义的票据指商业上的权利凭证，比如、提单、仓单、保险单；狭义的票据指以支付一定金额为目的，可以转让、流通的证券，如汇票、本票、支票。背书转让，指票据持有人在票据背面签名，将票据上的权利转让给他人。即背书人在票据背面签字，写明"仅付给×××"或"付给×××不得转让"。背书的形式很多，有特别背书，又称记名背书，即背书人在票据背面签字，写明"付给×××的指定人"；也有空白背书，又称不记名背书，即背书人在票据背面只有签名，不写付给某人；有附条件背书，指背书上带有条件。

② 《票据法》第 27 条规定："持票人可以将汇票权利转让给他人或者将一定的汇票权利授予他人行使。出票人在汇票上记载'不得转让'字样的，汇票不得转让。持票人行使第一款规定的权利时，应当背书并交付汇票。背书是指在票据背面或者粘单上记载有关事项并签章的票据行为。"

(3) 支票是出票人签发的,委托银行或其他金融机构在见票时无条件支付确定金额的金钱给收款人或持票人的票据。支票分为转账支票和现金支票两种。

2. 根据法律规定可以申请公示催告的其他事项

"其他事项"是指除了可以背书转让的票据以外的其他可以申请公示催告的票据和有价证券。《民诉法》之所以规定其他可以申请公示催告的票据和有价证券也适用公示催告程序,是考虑到新颁布的法律可能会对票据以外的其他有价证券(如提单、仓单、保险单等)作出可申请公示催告的规定,为今后扩大公示催告程序的适用范围留有余地。

目前其他可申请公示催告的事项包括:

(1) 记名股票。《公司法》第143条规定,记名股票被盗、遗失或者灭失,股东可以依据民事诉讼法规定的公示催告程序,请求人民法院宣告该股票失效。可见记名股票就属于根据法律规定可以申请公示催告的其他事项。

(2) 指示提单。《海事诉讼特别程序法》第100条规定,提单等提货凭证持有人,因提货凭证失控或灭失,可以向货物所在地海事法院申请公示催告。

第二节　公示催告的申请与审理

一、公示催告的申请

公示催告的申请,是指享有请求权的持票人,依法向法院请求以公示催告的方式维护其票据权利的法律行为。公示催告程序依失票人提出申请而开始,法院不能依职权提起公示催告程序。

根据《民诉法》第218条的规定,申请公示催告应当具备下列条件:

(1) 申请主体必须是依法享有票据权利的最后持票人。

(2) 申请原因必须是可以背书转让的票据被盗、遗失或者灭失,或法律规定的其他事项。

(3) 必须向票据支付地的基层人民法院申请。票据支付地,是指票据上载明的付款机构所在地或者票据付款人的住所地。《最高人民法院关于审理票据纠纷案件若干问题的规定》(法释〔2020〕18号)第6条第2款对票据支付地的确定予以明确,即票据支付地是指票据上载明的付款地,票据上未载明付款地的,汇票付款人或者代理付款人的营业场所、住所或者经常居住地,本票出票人的营业场所,支票付款人或者代理付款人的营业场所所在地为票据付款地。代理付款人即付款人的委托代理人,是指根据付款人的委托代为支付票据金额的银行、信用合作社等金融机构。

公示催告的申请人,应当以书面形式向法院提出申请。申请书的内容包括:申请人的姓名、名称等基本情况;票据的种类、名称、号码、票面金额、支付日期;出票人(签发票据的人)、持票人、背书人的基本情况;申请的事实与理由(票据被盗、遗失、灭失的经过),并附上相应的证据。

公示催告申请人撤回申请,应在公示催告前提出;公示催告期间申请撤回的,法院可以直接裁定终结公示催告程序。

[法律文书21-1]①

申 请 书

申请人:某市某物资车业有限公司,(基本信息,略)

请求事项:

请求对号码为20286973的银行承兑汇票予以公示催告(汇票出票日期为2015年7月1日,到期日为2016年1月1日,出票人为某市某物资车业有限公司,收款人为某汽车股份有限公司某汽车厂,票面金额为人民币20万元,付款行系交通银行股份有限公司某市分行)。

事实与理由:

申请人因保管不慎,将一张号码为20286973的银行承兑汇票遗失,依据《民诉法》第二百一十八条的规定,特向法院申请对该汇票予以公示催告。

此致
某市某区人民法院

申请人:某市某物资车业有限公司
(申请时间、印章)

二、公示催告程序的审查和受理

(一)审查

人民法院收到申请人的申请后,应当立即审查,并决定是否受理。审查的内容包括本院是否有管辖权、是否具备申请条件。经审查认为符合受理条件的,通知予以受理,并通知支付人停止支付。如果经审查发现不具备申请条件的,应当在7日内裁定驳回申请(《民诉法解释》第445条)。

因票据丧失,申请公示催告的,人民法院应结合票据存根、丧失票据的复印件、出票人关于签发票据的证明、申请人合法取得票据的证明、银行挂失止付通

---

① 为方便读者形象直观地理解公示催告程序,本章特意插入一些公示催告法律文书。

知书①、报案证明等证据,审查判断申请人是否为可以背书转让票据的最后持有人,以及是否符合受理条件,并决定是否受理(《民诉法解释》第 446 条)。

(二)通知止付

通知止付即通知停止支付。停止支付通知,是指人民法院在决定受理公示催告申请后,向支付人发出的停止支付的文书。根据《民诉法》第 219 条、第 220 条的规定,人民法院决定受理申请的,应当同时通知支付人停止支付。支付人收到人民法院停止支付通知后应当立即停止向任何持票人支付,直至公示催告程序终结。

票据被盗、遗失、灭失后,出票人可向票据支付人办理挂失止付。挂失止付只是一种临时性防范措施,停止付款的期限只有 3 日,而人民法院发出的停止支付通知的效力及于整个公示催告期间。另外,挂失止付不是申请公示催告的必经程序,失票人可以不经挂失止付直接向人民法院申请公示催告。

[法律文书 21-2]

广东省××市××区人民法院
停止支付通知书

(2016)××民催××号

某银行股份有限公司××市分行:

申请人某机电设备有限责任公司因银行承兑汇票遗失,向本院申请公示催告,本院决定受理。依照《中华人民共和国民事诉讼法》第二百一十九条、第二百二十条的规定,通知你单位对号码为 3050005321352431 的银行承兑汇票[票面金额为人民币 10000 元,出票人为××市××制药股份有限公司,收款人为××制药(内蒙古)有限公司,付款行为××银行××市分行,出票日期为 2015 年 9 月 4 日,票据到期日为 2016 年 2 月 28 日]立即停止支付,待本院作出裁定或判决后再作处理。

特此通知。

二〇一六年二月二十日

法院发出停止支付通知是为了防止被盗、遗失票据的非法持有人向支付人申请支付。法院在受理公示催告申请后,无需当事人申请就应当立即发出停止支付通知,支付人在收到法院申请后,应当立即停止向任何持票人支付,直至公

---

① 《票据法》第 15 条规定:"票据丧失,失票人可以及时通知票据的付款人挂失止付,但是,未记载付款人或者无法确定付款人及其代理付款人的票据除外。收到挂失止付通知的付款人,应当暂停支付。失票人应当在通知挂失止付后三日内,也可以在票据丧失后,依法向人民法院申请公示催告,或者向人民法院提起诉讼。"

示催告程序终结。支付人收到停止支付通知后拒不支付的,除可依照《民诉法》相关规定以妨害民事诉讼的行为采取强制措施外,在判决后,支付人仍应承担支付义务。公示催告程序终结,停止支付通知的保全措施自行解除。①

根据《民诉法解释》第456条的规定,人民法院通知支付人停止支付,应当符合有关财产保全的规定。《民诉法》第100条第2款规定:"人民法院采取保全措施,可以责令申请人提供担保,申请人不提供担保的,裁定驳回申请。"诉讼保全提供担保的目的在于防止申请人恶意申请采取财产保全措施,损害对方当事人合法权益。根据本条规定,人民法院采取保全措施可以根据案件的具体情况,责令申请人提供担保。关于人民法院发出停止支付通知时公示催告申请人是否应当提供担保,目前实务中存在争议。有观点认为,申请人应当提供担保。理由为,人民法院在受理公示催告申请时主要是进行形式审查,票据是否到期、是否丧失等事实主要基于申请人的陈述,不要求提供担保,会给伪报者以可乘之机,此时对付款人发出停止支付通知书将给合法票据人权利造成损害。《最高人民法院关于审理票据纠纷案件若干问题的规定》第37条也规定:"失票人向人民法院提起诉讼的,应向人民法院说明曾经持有票据及丧失票据的情形,人民法院应当根据案件的具体情况,决定当事人是否应当提供担保以及担保的数额。"另有观点认为,申请人不应规定提供担保。理由为,当事人提供担保需耗费一定的时间,而公示催告的停止支付通知书需要尽快发出,以避免票据被非法兑付而损害失票人的权利。而且,失票人由于失票,不能及时行使票据权利,受到了权利损害,如果再要求其提供担保,则加重了其经济负担。另外,《民诉法解释》只是规定通知支付人停止支付适用财产保全的规定,并未规定应当提供担保,因此,人民法院发出停止支付通知是否由申请人提供担保以及担保的数额,应由人民法院根据案件的具体情况决定。

(三) 公示催告程序的公告

公示催告公告,是指法院在公示催告程序中,公开催告票据利害关系人申报权利的告示。根据《民诉法》第219条的规定,人民法院决定受理申请,应当同时通知支付人停止支付,并在3日内发出公告,催促利害关系人申报权利。公示催告的期间,由人民法院根据情况决定,但不得少于60日。

公示催告公告应当写明下列内容:(1) 公示催告申请人的姓名或名称;(2) 票据的种类、号码、票面金额、出票人、背书人、持票人、付款期限等事项以及其他可以申请公示催告的权利凭证的种类、号码、权利范围、权利人、义务人、行

---

① 《民诉法解释》第456条规定:"人民法院依照民事诉讼法第二百二十条规定通知支付人停止支付,应当符合有关财产保全的规定。支付人收到停止支付通知后拒不支付的,除可依照民事诉讼法第一百一十一条、第一百一十四条规定采取强制措施外,在判决后,支付人仍应承担付款义务。"

权日期等事项；(3)申报权利的期间；(4)在公示催告期间转让票据权利,利害关系人不申报的法律后果。人民法院应当在公告中明确公示催告期间转让票据的行为无效,明确公示催告期间届满,利害关系人仍然不申报权利的,将会导致除权判决等法律后果(《民诉法解释》第447条)。

公告应当在有关报纸或者其他媒体上刊登①,并于同日公布于人民法院公告栏内。人民法院所在地有证券交易所的,还应当同日在该交易所公布。公告期间不得少于60日,且公示催告期间届满日不得早于票据付款日后15日(《民诉法解释》第448条、第449条)。

[法律文书21-3]

广东省××市××区人民法院
公　　告

(2016)××民催××号

申请人××市××物资车业有限公司因遗失号码为20286973的银行承兑汇票,向本院申请公示催告,本院决定受理。依照《中华人民共和国民事诉讼法》第二百一十九条的规定,现予公告。

一、公示催告申请人:××市××物资车业有限公司。

二、公示催告的票据:号码为20286973的银行承兑汇票,出票日期为2011年7月1日,到期日为2012年1月1日,出票人为××市××物资车业有限公司,收款人为××汽车股份有限公司××汽车厂,票面金额为人民币20万元,付款行系××银行股份有限公司××市分行。

三、申报权利的期间:自2016年7月20日起至2016年9月20日止。

四、自公告之日起六十日内,利害关系人应向本院申报权利。届时如果无人申报权利,本院将依法作出判决,宣告上述票据无效。在公示催告期间,转让该票据权利的行为无效。

特此公告。

二〇一六年七月二十日

(四) 申报权利

人民法院发出公示催告后,申请人以外对票据主张权利的人应当在公示催

---

① 《最高人民法院关于人民法院发布公示催告程序中公告有关问题的通知》(法〔2016〕109号)中指出:"为切实规范公示催告程序中公告的发布工作,解决风险票据发布公告平台不统一、不规范的问题,现通知如下:依据《中华人民共和国民事诉讼法》第二百一十九条、最高人民法院《关于适用〈中华人民共和国民事诉讼法〉的解释》第四百四十八条、最高人民法院《关于进一步规范法院公告发布工作的通知》等文件的规定,人民法院受理公示催告申请后发布公告的,应当在《人民法院报》上刊登,《人民法院报》电子版、中国法院网同步免费刊载。"

告期间向人民法院申报,表明自己对该票据享有权利。此时,一张票据就存在至少两个主张权利的人,两人可能因票据权利的归属发生争议。由于公示催告程序只是非讼程序,并非确权程序,因此,只要在公示催告期间有人申报权利(申请人申请公示催告的票据与利害关系人出示的票据不一致的除外),人民法院就应当裁定终结公示催告程序,并通知申请人和权利申报人。申请人和权利申报人可以就票据权利的归属向人民法院提起诉讼,由人民法院适用诉讼程序进行审理。

对申报权利的审查还应当注意:

(1) 申报权利的人,必须是票据的实际持有人,即利害关系人。

(2) 利害关系人必须向发出公示催告的法院申报权利。

(3) 利害关系人必须在公示催告期间或者除权判决送达前申报权利。利害关系人申报权利,一般应当在公示催告期间内提出。如果利害关系人因故未能在公示催告期间内申报权利,最晚应当在除权判决送达前申报权利。

(4) 利害关系人申报权利,人民法院应通知其向法院出示票据,并通知公示催告申请人在指定的期间察看该票据。公示催告申请人申请公示催告的票据与利害关系人出示的票据不一致的,人民法院应当裁定驳回利害关系人的申报(《民诉法解释》第451条)。

(5) 经人民法院对票据进行形式审查,利害关系人申报权利成立的,人民法院应当裁定终结公示催告程序。公示催告申请人或利害关系人向人民法院起诉,因票据权利纠纷①提起的,适用普通程序审理,由票据支付地或者被告住所地人民法院管辖;因非票据权利纠纷提起的,由被告住所地人民法院管辖(《民诉法解释》第457条)。

第三节 除权判决

除权判决,是指人民法院在公示催告期间届满无人申报权利,或者有人申报权利被法院驳回,人民法院依据申请人的申请所作的宣告票据无效的判决。公示催告期间届满没有人申报权利的,人民法院应当根据申请人的申请作出除权判决,宣告票据无效。判决应当公告,并通知支付人。自判决公告之日起,申请

---

① 所谓票据纠纷,是指因行使票据权利或者票据法上的非票据权利而引起的纠纷。《最高人民法院关于审理票据纠纷案件若干问题的规定》第1条规定:"因行使票据权利或者票据法上的非票据权利而引起的纠纷,人民法院应当依法受理。"根据2020年12月14日修正的《民事案件案由规定》的规定,票据纠纷案件的案由主要包括:"340. 票据付款请求权纠纷。341. 票据追索权纠纷。342. 票据交付请求权纠纷。343. 票据返还请求权纠纷。344. 票据损害责任纠纷。345. 票据利益返还请求权纠纷。346. 汇票回单签发请求权纠纷。347. 票据保证纠纷。348. 确认票据无效纠纷。349. 票据代理纠纷。350. 票据回购纠纷。"

人有权向支付人请求支付。

一、除权判决的条件

根据《民诉法》第222条①及《民诉法解释》第452条②的规定，人民法院作出除权判决应当具备以下条件：

（1）公示催告期间届满无人申报权利，或者有人申报权利被人民法院驳回。

（2）申请人在法定期间内提出申请。公示催告申请人应当自公示催告期间届满之日起1个月内申请人民法院作出除权判决。逾期不申请判决的，终结公示催告程序。人民法院裁定终结公示催告程序的，应当通知申请人和支付人。

［法律文书21-4］

申 请 书

申请人：××市××物资车业有限公司，（基本信息，略）。

请求事项：

请求宣告号码为20286973的银行承兑汇票无效（汇票出票日期为2015年7月1日，到期日为2016年1月1日，出票人为××市××物资车业有限公司，收款人为××汽车股份有限公司××汽车厂，票面金额为人民币20万元，付款行系交通银行股份有限公司××市分行）。

事实与理由：

申请人因保管不慎，将一张号码为20286973的银行承兑汇票遗失，申请人已向贵院提出公示催告申请。在贵院公告期间，无人向贵院申报权利，现公告期已满，依据《民诉法》第二百二十二条的规定，特申请贵院作出除权判决，宣告该汇票无效。

此致

××市××区人民法院

申请人：××市××物资车业有限公司
（申请时间、印章，略）

在具备以上两项条件时，人民法院应当作出除权判决，并予以公告。

---

① 《民诉法》第222条规定："没有人申报的，人民法院应当根据申请人的申请，作出判决，宣告票据无效。判决应当公告，并通知支付人。自判决公告之日起，申请人有权向支付人请求支付。"

② 《民诉法解释》第452条规定："在申报权利的期间无人申报权利，或者申报被驳回的，申请人应当自公示催告期间届满之日起一个月内申请作出判决。逾期不申请判决的，终结公示催告程序。裁定终结公示催告程序的，应当通知申请人和支付人。"

[法律文书 21-5]

广东省××市××区人民法院
民事判决书

(2016)××民催××号

申请人：××市××科技股份有限公司，(基本信息，略)

申请人××市××科技股份有限公司申请公示催告一案，本院受理后，依法于2016年1月21日发出公告，催促利害关系人在六十日内申报权利。现公示催告期间已满，无人向本院提出申报。

依照《中华人民共和国民事诉讼法》第二百二十条、《最高人民法院关于适用〈中华人民共和国民事诉讼法〉的解释》第四百五十二条的规定，判决如下：

一、宣告号码为……，票面金额为人民币4000元，出票人为××市××科技股份有限公司，收款人为××环境工程有限公司，出票行系××银行××市支行，出票日期为2006年5月12日的某银行汇票无效；

二、自本判决公告之日起，申请人××市××科技股份有限公司有权向支付人请求支付。

申请费100元、公告费300元，由申请人××市××科技股份有限公司负担。

(合议庭成员、书记员姓名、制作时间、院印)

[法律文书 21-6]

广东省××市×区人民法院
公　　告

(2010)××民催××号

本院于2016年1月6日受理申请人××市××科技股份有限公司的公示催告申请，对其遗失的某银行汇票一张(号码为……，票面金额为人民币4000元，出票人为××市××科技股份有限公司，收款人为××工程有限公司，出票行为××银行××市××支行，出票日期为2006年5月12日)依法办理了公示催告手续。公示催告期间无人申报权利。本院于2016年4月14日判决：一、宣告号码为……，票面金额为人民币4000元，出票人为××市××科技股份有限公司，收款人为××环境工程有限公司，出票行系××银行××市支行，出票日期为2006年5月12日的××银行汇票无效；二、自本判决公告之日起，申请人××市××科技股份有限公司有权向支付人请求支付。

特此公告。

二〇一六年四月十四日

二、除权判决的效力

《民诉法解释》第454条规定,适用公示催告程序审理案件,可由审判员一人独任审理;判决宣告票据无效的,应当组成合议庭审理。该规定意味着,适用公示催告程序审理案件的两个阶段审判组织可能有所不同。第一个阶段的审判组织为独任制,由审判员一人独任审理;第二个阶段如果是判决宣告票据无效的,应当组成合议庭进行审理。

除权判决具有以下效力:(1)票据丧失效力。被催告申报权利的票据丧失效力,即持有该票据的利害关系人不能行使票据上的权利。(2)申请人请求支付效力。公示催告申请人根据除权判决行使票据上的权利,有权向付款人请求支付。当事人对除权判决有异议的,既不能提起上诉,也不能申请再审。

《民诉法解释》第453条规定,判决公告之日起,公示催告申请人有权依据判决向付款人请求付款。付款人拒绝付款,申请人向人民法院起诉,符合《民诉法》第119条规定的起诉条件的,人民法院应予受理。由于公示催告程序并非诉讼程序,除权判决并非经过对权利争议的实质审理后作出,除权判决只是恢复了申请人作为持票人的形式上资格,并非将申请人确定为实质票据权利人。因此,当票据支付人证明获得除权判决的申请人非实质票据权利人时,有权拒绝付款。同时,公示催告程序赋予申请人对支付人一种请求权,但该请求权成立与否,并未经过人民法院审理程序依法确定,在支付人提出抗辩发生争议后,当事人可以通过诉讼程序解决争议。

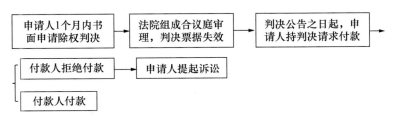

[图21-2] 除权判决流程

三、除权判决的撤销

实务中,票据利害关系人可能因为某种正当理由没有能够及时申报权利,为了保障这部分票据利害关系人的权利,《民诉法》第223条规定:"利害关系人因正当理由不能在判决前向人民法院申报的,自知道或者应当知道判决公告之日起一年内,可以向作出判决的人民法院起诉。"该规定中的"正当理由"包括:(1)因发生意外事件或者不可抗力致使利害关系人无法知道公告事实的;(2)利害关系人因被限制人身自由而无法知道公告事实,或者虽然知道公告事实,但无法自己或者委托他人代为申报权利的;(3)不属于法定申请公示催告情形的;(4)未予公告或者未按法定方式公告的;(5)其他导致利害关系人在判决作出前未能向法院申报权利的客观事由。根据《民诉法解释》第461条的规定,利害关系人请求人民法院撤销除权判决的,应当将申请人列为被告。利害关系人仅诉请确认其为合法持票人的,人民法院应当在裁判文书中写明,确认利害关系人为票据权利人的判决作出后,除权判决即被撤销。

（一）利害关系人撤销之诉的当事人

利害关系人提起撤销之诉,目的在于通过确认自己的合法票据权利人身份以撤销除权判决,换言之,利害关系人认为基于申请人的申请作出的除权判决认定的事实错误,引发该诉的纠纷发生在利害关系人和申请人之间,因此,利害关系人提起的除权判决撤销之诉中,利害关系人是原告,除权判决的申请人是被告。

（二）利害关系人撤销之诉的诉讼请求

利害关系人提出的诉讼请求可以有两种:第一,请求确定利害关系人为票据权利人,并撤销除权判决;第二,只请求撤销除权判决。无论是哪种诉讼请求,利害关系人撤销之诉都应当审理两个问题,即利害关系人是否为票据权利人以及除权判决应否撤销,不同的诉讼请求只是导致判项有所不同。对于第一种请求,如果人民法院支持利害关系人的诉讼请求,则判决中应有两个判项,即确认利害关系人为票据权利人和撤销除权判决。对于第二种请求,由于利害关系人的诉讼请求只有一个,故人民法院的判项只能有一项,即支持或者不支持其撤销除权判决的诉请。在支持其诉讼请求的情况下,由于支持其该项诉请的基础是确定利害关系人的票据权利人身份,因此,人民法院应在本院认为部分写明"确定利害关系人为票据权利人"。

实务中,不排除还存在另外一种诉讼请求,即利害关系人以除权判决申请人为被告,但其只诉请确认自己为票据权利人,而不请求撤销除权判决,在该情形下,由于利害关系人只诉请确认自己为票据权利人,故判项只能是一项,支持或者不支持其此项诉讼请求。在支持其诉讼请求的情形下,人民法院作出判项,确认利害关系人为票据权利人。但由于其并不诉请撤销除权判决,故在判项中不能表述撤销除权判决。此情形下除权判决和确认利害关系人为票据权利人的判决同时存在,但认定的权利人不同,存在矛盾。为了解决这个问题,《民诉法解释》第461条特别规定,利害关系人仅诉请确认其为合法持票人的,人民法院应当在裁判文书中写明,确认利害关系人为票据权利人的判决作出后,除权判决即被撤销。

利害关系人应在自知道或者应当知道判决公告之日起1年内向人民法院起诉。超过法定期间,利害关系人的诉讼请求不再受法律保护。

[表 21-2] 非讼程序救济途径比较

程序	救济途径
特别程序	新判决撤销原判决,新裁定撤销原裁定
督促程序	民事裁定书撤销支付令
公示催告程序	另行起诉,诉讼程序判决撤销除权判决

思 考 题

1. 简述公示催告程序与督促程序的区别。
2. 公示催告案件审理方式的特殊性包括哪些方面?
3. 失票人向法院申请公示催告应当具备哪些条件?
4. 法院发出公示催告后有人申报权利,法院裁定终结公示催告程序,公示催告申请人应当如何继续主张权利?
5. 公示催告期间届满无人申报权利,或者有人申报权利被法院驳回,法院是否可以依职权作出除权判决? 为什么?
6. 票据利害关系人因为某种正当理由没有能够及时申报权利,法院作出除权判决后,票据利害关系人应如何行使救济权?

第二十二章　涉外民事诉讼程序

《民诉法》针对涉外民事诉讼的特点，就涉外民事诉讼程序的原则、管辖、送达、期间等作出特别规定。人民法院在审理涉外民事案件时，《民诉法》有特别规定的，应当适用特别规定；没有特别规定的，适用《民诉法》的其他规定。此外，根据《民诉法解释》第551条的规定，人民法院审理涉及香港、澳门特别行政区和台湾地区的民事诉讼案件，可以参照适用涉外民事诉讼程序的特别规定。

第一节　涉外民事诉讼概述

一、涉外民事诉讼的内涵

（一）涉外民事诉讼的概念

涉外民事诉讼，是指具有涉外因素的民事诉讼。根据《民诉法解释》第522条的规定，有下列情形之一，人民法院可以认定为涉外民事案件[①]：

（1）诉讼主体具有涉外因素，即当事人一方或双方是外国人、无国籍人、外国企业或组织。共同诉讼中，只要有一名当事人是外国人、无国籍人、外国企业或组织，诉讼主体就具有涉外因素。比如，中国公民与美国公民在人民法院进行的离婚诉讼；又如，中国公司与外国公司在人民法院进行的合同纠纷诉讼。[②]

对于第三人具有涉外因素的案件是否属于涉外民商事案件，即《民诉法解释》第522条中当事人是采广义说还是狭义说，司法解释没有具体规定。多数学者认为，第三人是民事诉讼主体的重要组成部分，第三人具有涉外因素的，全案审理适用涉外民事诉讼程序更为妥当，因此，第三人具有涉外因素的案件亦应当认定为涉外民商事案件。

外国自然人参加诉讼，应当向人民法院提交护照等用以证明自己身份的证件。外国企业或者组织参加诉讼，向人民法院提交的身份证明文件，应当经所在

[①] 《最高人民法院关于适用〈中华人民共和国涉外民事关系法律适用法〉若干问题的解释（一）》对涉外因素也有基本相同的规定。

[②] 主体涉外是最容易识别的涉外因素，也是实务中最常见的涉外因素。

国公证机关公证,并经我国驻该国使领馆认证[①],或者履行我国与该所在国订立的有关条约中规定的证明手续。代表外国企业或者组织参加诉讼的人,应当向人民法院提交其有权作为代表人参加诉讼的证明,该证明应当经所在国公证机关公证,并经我国驻该国使领馆认证,或者履行我国与该所在国订立的有关条约中规定的证明手续。上述规定所称的"所在国",是指外国企业或者组织的设立登记地国,也可以是办理了营业登记手续的第三国(《民诉法解释》第523条)。

(2)当事人一方或者双方的经常居所地在我国领域外的。在此情形下,即使该当事人是中国公民,但其经常居所地在我国领域外的,也属于涉外民事诉讼。《最高人民法院关于适用〈中华人民共和国涉外民事关系法律适用法〉若干问题的解释(一)》第13条明确了如何认定自然人的经常居所地,即"自然人在涉外民事关系产生或者变更、终止时已经连续居住一年以上且作为其生活中心的地方,人民法院可以认定为涉外民事关系法律适用法规定的自然人的经常居所地,但就医、劳务派遣、公务等情形除外"。《涉外民事关系法律适用法》第14条第2款明确了法人的经常居所地的确定,即"法人的经常居所地,为其主营业地"。

(3)标的物在我国领域外的,即双方当事人争议的标的物在外国。

(4)争议的民事法律关系具有涉外因素,即产生、变更或者消灭民事关系的法律事实发生在我国领域外的。比如,案涉合同在日本签订或履行;又如,中国公民甲随旅行团在泰国旅游时对同团游客中国公民乙实施了侵权行为,乙回国后在人民法院对甲提起诉讼。

(5)可以认定为涉外民事案件的其他情形。

根据上述规定,实务中可以从三个要素判断是否涉外民事案件:一是案件所涉民事法律关系的主体;二是案件所涉民事法律关系的客体——案件系争的标的物;三是案件所涉民事法律关系的内容——产生、变更或者消灭民事法律关系的法律事实。该三要素只要具备一种涉外因素,则可以认定为"涉外民事案件"。其中,关于主体还可以细分为两种,一是国籍,二是经常居所地。即:一方或者双方当事人是外国人、无国籍人、外国企业或者组织的,可以认定为涉外民事案件;即使当事人均是中国国籍,但当事人一方或者双方的经常居所地在我国领域外的,也可以认定为涉外民事案件。

涉外民事案件有时是复合因素,即具有两个或两个以上涉外因素。有时是单一因素,只要具备其中一个涉外因素,即应当认定为涉外民事案件。

[①] 实务中常称之为办理"公证认证"手续。"公证认证"手续是指从域外向我国人民法院提交身份证明以及授权委托书通常须具备的手续。如果不办理该手续,法官难以识别身份证明与授权委托书的真伪。

[表 22-1] 涉外因素

涉外因素	内涵
主体涉外	只要有一名当事人是外国人、无国籍人、外国企业或组织,诉讼主体就具有涉外因素
	只要有一名当事人经常居所地在中国领域外
法律关系涉外	产生、变更或者消灭民事关系的法律事实发生在中国领域外
标的物涉外	双方当事人争议的标的物在中国领域外
其他涉外	可以认定为涉外民事案件的其他情形

(二)涉外民事诉讼的特点

与国内民事诉讼相比,涉外民事诉讼具有以下特点:

(1)涉外民事诉讼涉及国家主权问题。由于涉外民事诉讼含有涉外因素,在管辖、取证、执行等环节涉及国与国的关系,因此,涉外民事诉讼涉及国家主权问题。在审理涉外民事案件时,既要维护我国的主权,也要尊重外国的主权。

(2)涉外民事诉讼在程序设置上的特殊性。由于存在涉外因素,为方便当事人进行诉讼与更好地保护当事人的合法权益,在管辖、送达、期间、保全等方面,涉外民事诉讼有必要作出不同于国内民事诉讼的特殊规定。

(3)涉外民事诉讼有时需要司法协助。人民法院在审理涉外民事案件时,有时送达法律文书、调查取证不能在我国领域内进行,但基于国家主权原则,人民法院工作人员也不能到外国领域内实施上述司法行为,因此,需要外国法院的协助。此外,人民法院作出的裁判文书有时需要在外国领域内发生法律效力并得到执行,因此需要外国法院的承认与执行。涉外民事诉讼司法协助的内容包括人民法院委托外国法院代为调查取证、代为送达诉讼文书及人民法院裁判的承认与执行等。

(4)涉外民事诉讼存在法律适用的选择问题。涉外民事诉讼法律适用的选择包括程序法的选择与实体法的选择。就程序法而言,原则上应适用我国《民诉法》,但如果我国缔结或参加的国际公约有不同规定的,则应当首先适用该国际公约,我国声明保留的条款除外;就实体法而言,应当按照我国《民法典》等有关实体法规定来选择准据法。

准据法是国际私法特有概念,是指经冲突规范指引来具体确定国际民商事法律关系当事人权利义务的特定实体法。准据法的确定标志着法律适用上的冲突得到解决,国际私法解决法律冲突的使命也已经完成。准据法不是笼统的法律制度或法律体系,而是一项具体的实体法,比如,中国法是笼统的法律,不能称之为准据法,中国《民法典》是具体法律,可以作为准据法。准据法通常依据国家有关冲突规范中连接点的指引可以顺利确定,但当准据法所属国为多法域国家时,如何确定适用哪一个法域法律作为准据法较为复杂,我国采用"最密切联系原则"与"准据法所属国的区际私法原则"来确定准据法。

[**案例 22-1**] 在一件船员劳务合同纠纷案中,法院在判决书"本院认为"部分写明:本案原、被告均为境外主体,本案系涉外船员劳务合同纠纷。根据法律规定,当事人可以选择解决涉外合同纠纷的准据法,当事人没有选择的,适用与合同有最密切联系的国家的法律。因被告经依法传唤未到庭应诉,原、被告未能一致选择解决本案纠纷的准据法,故本案应适用与涉案船员劳务合同有最密切联系的国家的法律。原告受被告雇佣,担任因故滞留在中国海域内的"×××"轮的船员,且原告亦是从中国上海港离船的,涉案船员劳务合同实际履行地在中国,中国系与涉案船员劳务合同有着最密切联系的国家。因此,根据最密切联系原则,本院确定以中华人民共和国相关实体法律作为审理本案纠纷的准据法。

二、涉外民事诉讼程序的概念及法律渊源

(一)涉外民事诉讼程序的概念

涉外民事诉讼程序,是指人民法院受理、审判、执行具有涉外因素的民事案件,以及当事人和其他诉讼参与人进行诉讼活动时所应遵循的法定程序。

我国《民诉法》在前三编中分别对总则、审判程序、执行程序等国内民事诉讼程序作出规定,在第四编集中规定涉外民事诉讼程序的特别规定。

我国的涉外民事诉讼程序并不完全独立于国内民事诉讼程序,涉外民事诉讼程序与国内民事诉讼程序仍然有许多共同点。比如,《民诉法》第 21 条规定的地域管辖"原告就被告",只要涉外民事案件被告的住所在我国境内,不论该被告是外国人还是无国籍人,还是外国企业、组织,人民法院均有管辖权。《民诉法》第四编对涉外民事诉讼程序的规定是特别规定,审理涉外民事案件应首先适用特别规定,第四编没有规定的,适用《民诉法》其他规定。

(二)我国涉外民事诉讼程序的法律渊源

我国涉外民事诉讼程序由国内法与国际法两部分组成,其中,国内法是涉外民事诉讼程序的主要法律渊源,包括《民诉法》第四编、《中华人民共和国涉外民事法律关系适用法》以及最高人民法院关于涉外民事诉讼程序的相关司法解释。国际法渊源包括国际条约与国际惯例。[①]

所谓国际条约,是指两个或两个以上的国家在政治、经济、文化、贸易、法律

---

① 《票据法》第 95 条、《海商法》第 268 条、《民用航空法》第 184 条均对国际条约、国际惯例的适用作出规定。

以及军事等方面规定其相互之间权利和义务的各种协议的总和。国际条约经过法定程序批准生效后即与国内法具有同等约束力,因此,国际条约也是国内法的重要渊源。国际条约的名称包括条约、公约、协定、宣言、声明等。我国涉外民事诉讼程序的国际条约主要有:(1)双边条约,包括我国缔结的有关民事司法协助方面的双边条约,以及其他双边条约中有关涉外民事诉讼程序的规定,比如《中美贸易关系协定》《中美领事条约》等。(2)多边条约,比如我国参加的《维也纳外交关系公约》《维也纳领事关系公约》和《纽约公约》等。

根据国际惯例,为了维护国家主权、国家安全以及社会公共利益,遵循"求大同、存小异"的原则,在缔结和加入某项条约或协定时,作为主权国家往往提出保留条款。我国缔结或参加的国际条约也有一定数量的保留条款。

人民法院在审理涉外民事案件时,有关民事诉讼程序规范的选择适用原则是:有国际条约的首先适用国际条约;没有国际条约的,适用《民诉法》《民诉法解释》关于涉外程序的特别规定,以及其他法律关于涉外程序的特别规定;没有特别规定的,适用《民诉法》《民诉法解释》和其他法律、司法解释等一般规定。

第二节 涉外民事诉讼程序的特殊原则

涉外民事诉讼程序的特殊原则,是指针对涉外民事诉讼程序的特点所规定的对涉外民事诉讼具有指导意义的基本准则。根据《民诉法》第4条、第5条以及第259至264条(第二十三章"一般原则"部分)的规定,涉外民事诉讼程序的特殊原则包括以下内容:

1. 适用我国《民诉法》的原则

本条原则是维护国家主权的一项重要原则,也是一项国际惯例(即"程序法适用法院所在地法")。《民诉法》第4条规定:"凡在中华人民共和国领域内进行民事诉讼,必须遵守本法。"第259条规定:"在中华人民共和国领域内进行涉外民事诉讼,适用本编规定。本编没有规定的,适用本法其他有关规定。"上述规定表明,在我国进行民事诉讼,必须遵守我国《民诉法》。

本条原则具体体现在三个方面:

(1)任何外国人、无国籍人、外国企业或组织,在我国领域内进行民事诉讼,必须遵守我国《民诉法》。

(2)凡属我国人民法院管辖的案件,我国都有司法权,由我国具有管辖权的人民法院管辖。由我国人民法院专属管辖的案件,任何外国法院都无权进行审判。

(3) 任何外国法院的判决、裁定及外国仲裁机构的仲裁裁决,未经我国人民法院的承认,在我国领域内不发生法律效力;只有经过我国人民法院的审查并裁定加以承认后,才具有法律效力;有执行内容的,才能按照我国《民诉法》规定的执行程序予以执行。

2. 同等、对等原则

《民诉法》第 5 条规定:"外国人、无国籍人、外国企业和组织在人民法院起诉、应诉,同中华人民共和国公民、法人和其他组织有同等的诉讼权利义务。外国法院对中华人民共和国公民、法人和其他组织的民事诉讼权利加以限制的,中华人民共和国人民法院对该国公民、企业和组织的民事诉讼权利,实行对等原则。"同等、对等原则是基于国家间的平等互惠关系而确定的诉讼原则。其中,同等原则是国际法中国民待遇原则在民事诉讼中的体现;对等原则是同等原则得以贯彻实施的重要保障,目的同样在于追求平等互惠。

3. 适用我国缔结或参加的国际条约原则

《民诉法》第 260 条规定:"中华人民共和国缔结或者参加的国际条约同本法有不同规定的,适用该国际条约的规定,但中华人民共和国声明保留的条款除外。"根据本条规定,人民法院在审理涉外民事诉讼案件时,应当优先适用我国缔结或参加的国际条约规定,但我国声明保留的条款除外。

4. 司法豁免原则

司法豁免权,是指一个国家或国际组织派驻他国的外交代表免受所驻国司法管辖的权利。《民诉法》第 261 条规定:"对享有外交特权与豁免的外国人、外国组织或者国际组织提起的民事诉讼,应当依照中华人民共和国有关法律和中华人民共和国缔结或者参加的国际条约的规定办理。"这里的我国的"有关法律",主要指 1986 年 9 月 5 日发布的《外交特权与豁免条例》、1990 年 10 月 30 日发布的《领事特权与豁免条例》;我国"缔结或者参加的国际条约",主要指我国于 1975 年 11 月 25 日加入的《维也纳外交关系条约》、1979 年 7 月 3 日加入的《维也纳领事关系条约》。

根据上述法律和国际条约,享有司法豁免权的主体包括:(1) 外交代表及与其共同生活的配偶和未成年子女;(2) 使馆行政技术人员、领事官员和领馆行政技术人员;(3) 来中国访问的外国元首、政府首脑、外交部部长和其他具有同等身份的官员;(4) 其他依我国缔结或者参加的国际条约享有司法豁免权的外国人、外国组织或国际组织。

民事司法豁免权同刑事司法豁免权相比,是不完全、有限制的司法豁免权,主要表现在:(1) 派遣国政府明确表示放弃司法豁免权的,享有司法豁免权的人不再享有司法豁免权;(2) 享有司法豁免权的人因私人事务涉及诉讼的,则不享有司法豁免权。

虽然我国《民诉法》没有规定外国国家的主权豁免,但通说认为,根据"平等者之间无管辖权"的原则,不应当受理以外国国家或政府作为被告的民事诉讼,除非外国政府同意诉讼。即使外国政府同意诉讼,如果外国国家或政府败诉,不经过外国政府的同意,不得对其国家财产强制执行。

5. 使用我国通用的语言、文字原则

《民诉法》第262条规定:"人民法院审理涉外民事案件,应当使用中华人民共和国通用的语言、文字。当事人要求提供翻译的,可以提供,费用由当事人承担。"外国当事人使用受诉法院所在国的语言、文字,是世界公认的一条原则。诉讼是国家司法机关行使主权的具体行为,也是维护法院所在国国家主权的重要内容,因此,诉讼过程中应当使用法院地国的官方语言与文字。《民诉法解释》第527条进一步明确,当事人向人民法院提交的书面材料是外文的,应当同时向人民法院提交中文翻译件。当事人对中文翻译件有异议的,应当共同委托翻译机构提供翻译文本;当事人对翻译机构的选择不能达成一致的,由人民法院确定。根据上述规定,除人民法院审理涉外民事案件,应当使用我国语言、文字外,外国当事人提交的诉讼文书以及外国法院委托我国法院代为送达、协助执行的诉讼文书,也必须附有中文译本。

6. 委托中国律师代理诉讼的原则

《民诉法》第263条规定:"外国人、无国籍人、外国企业和组织在人民法院起诉、应诉,需要委托律师代理诉讼的,必须委托中华人民共和国的律师。"外国当事人可以亲自在我国人民法院起诉或者应诉,进行诉讼活动,也可以委托他人代理诉讼。但是委托律师代理诉讼的,只能委托中国的律师,而不能委托别国律师,包括外国当事人本国的律师以及除我国以外的其他任何一个国家的律师。

外国当事人从我国领域外寄交或托交的授权委托书,必须履行法定的证明手续后,人民法院才接受和承认其效力。《民诉法》第264条规定:"在中华人民共和国领域内没有住所的外国人、无国籍人、外国企业和组织委托中华人民共和国律师或者其他人代理诉讼,从中华人民共和国领域外寄交或者托交的授权委托书,应当经所在国公证机关证明,并经中华人民共和国驻该国使领馆认证,或者履行中华人民共和国与该所在国订立的有关条约中规定的证明手续后,才具有效力。"外国当事人需要办理公证、认证手续,其所在国与我国没有建立外交关系的,可以经该国公证机关公证,经与我国有外交关系的第三国驻该国使领馆认证,再转由我国驻第三国使领馆认证。外国人、外国企业或者组织的代表人在人民法院法官的见证下签署授权委托书,委托代理人进行民事诉讼的,人民法院应予认可(《民诉法解释》第524条、第525条)。

涉外民事诉讼中的外籍当事人，可以委托本国人为诉讼代理人，也可以委托本国律师以非律师身份担任诉讼代理人；外国驻华使领馆官员，受本国公民的委托，可以以个人名义担任诉讼代理人，但在诉讼中不享有外交或者领事特权和豁免（《民诉法解释》第 528 条）。外籍当事人委托本国人作为诉讼代理人，或者委托本国律师以非律师身份担任诉讼代理人，也应当受到《民诉法》第 58 条对公民委托代理人规定的限制，即委托代理人应是当事人的近亲属或者工作人员，或当事人所在社区、单位以及有关社会团体推荐的公民。①

涉外民事诉讼中，外国驻华使领馆授权其本馆官员，在作为当事人的本国国民不在我国领域内的情况下，可以以外交代表身份为其本国国民在我国聘请我国律师或者我国公民代理民事诉讼（《民诉法解释》第 529 条）。

根据上述《民诉法》及《民诉法解释》的规定，涉外民事诉讼中，可以担任外国当事人委托代理人的范围包括：(1) 中国律师；(2) 本国公民、外国公民或中国公民②；(3) 本国律师以非律师身份担任代理人；(4) 外国自然人委托本国驻我国使领馆官员作为代理人。

外国当事人签署授权委托方式有三种：(1) 在我国人民法院承办本案的法官面前签署。(2) 在我国境内的公证机关签署，由我国公证机关出具公证书。③ (3) 在境外办理授权委托书，须办理公证认证手续。

虽然外国律师不能在我国以律师身份代理民事案件，但外国律师可以与我国律师有一定范围内的交流与协作。根据国务院《外国律师事务所驻华代表机构管理条例》(2002 年 1 月 1 日起施行) 的规定，经国务院批准，外国律师事务所可以在我国设立代表机构、派驻代表，上述代表机构与派驻代表只能从事不包括中国法律事务在内的以下五种活动：(1) 向当事人提供该外国律师事务所律师已获准从事律师执业业务的国家法律的咨询，以及有关国际条约、国际惯例的咨询；(2) 接受当事人或者中国律师事务所的委托，办理在该外国律师事务所律师已获准从事律师执业业务的国家的法律事务；(3) 代表外国当事人，委托中国律师事务所办理中国法律事务；(4) 通过订立合同与中国律师事务所保持长期的委托关系办理法律事务；(5) 提供有关中国法律环境影响的信息。

---

① 《民诉法》第 58 条属于一般规定，《民诉法》涉外编对委托代理没有特别规定，涉外编没有特别规定的，应适用《民诉法》的其他规定。

② 虽然《民诉法解释》第 528 条只规定了外籍当事人，可以委托本国人为诉讼代理人，但我国法律及司法解释并未排斥外国当事人委托其他外国公民作为诉讼代理人，也不排斥外国当事人委托中国公民担任代理人。

③ 比如广州某法院审理的涉外案件，外籍当事人可在北京市公证机关签署授权委托书，由公证机关就当事人出具授权委托书行为及文书的真实性出具公证书。外籍当事人将授权委托书及公证书一起邮寄给广州法院，或由委托代理人直接提交给广州法院均可。该方式与在人民法院法官面前签署授权委托书方式相比，省去了外籍当事人本人需出差去法院所在地的麻烦。

7. 不方便管辖原则

所谓不方便管辖原则，也称为不方便法院原则，是指一国法院对于其受理的某一涉外民事案件，认为本国法院不适合审理，更适合在有关外国法院审理时，有权行使自由裁量权而拒绝行使对该案件的管辖权。

英美法系国家有扩大本国涉外案件管辖权限的传统，美国在20世纪中期的判例中以"最低限度的接触"确定美国法院对个案的管辖权，确立了"长臂管辖"原则。由于长臂管辖因被告住所地、证据和证人所在地远离法院地等原因，在审理案件时会给被告带来不必要的困难，或者迫使他付出不必要的超额费用，为了避免这种不公平现象的产生，英美法系判例创立了"不方便管辖原则"，对本国的涉外民商事案件管辖权作出必要的限制。①

不方便管辖原则在我国司法实践中也有借鉴吸收的必要。首先，《民诉法》赋予我国人民法院对涉外及涉港澳台民商事纠纷案件较为宽泛的管辖权，因此不方便管辖原则作为协调国际民商事管辖权冲突的一项工具有其存在的必要性。其次，尽管我国《民诉法》没有规定不方便管辖原则，但是《民诉法》的任务是保护当事人行使诉讼权利，保证人民法院查明事实、分清是非，正确适用法律，保护当事人的合法权益，其蕴含的价值取向是为当事人合法权益提供及时救济以维护司法正义的实现。而不方便管辖原则的基本功能是出于保护当事人合法权益、有效实现司法公正和效益的特殊需要，根据司法礼让原则，使当事人通过更为方便和合适的法院得到救济。其中，该原则的一项重要功能就是从客观上限制原告任意挑选法院造成被告不便及司法资源浪费的滥用诉权行为，从而有效地协调国际民商事管辖权冲突。因此，不方便管辖原则的基本理念与《民诉法》所规定的便于人民法院行使审判权和方便当事人诉讼的精神是相一致的，对该制度予以借鉴吸收，具有法理基础。再次，即使适用不方便管辖原则拒绝行使管辖权，也不存在与司法主权原则相冲突的问题。不方便管辖原则的适用本身就是人民法院对我国司法主权的一种合法处分，其仍然是司法主权的体现。不方便管辖原则的适用表明该国具有国际司法礼让精神，有利于减少重复诉讼和对抗诉讼，维护国际管辖权秩序的一致性和稳定性，所以不方便管辖原则亦是国际司法协助原则的具体体现。最后，不方便管辖原则不仅便利当事人诉讼，有利于实现司法公正和正义，而且能够有效避免平行诉讼②产生的挑选法院、判决冲突等问题，并在一定程度上减轻法院负担，提高诉讼效益。因此，2005年12月26

---

① 不方便管辖原则起源于苏格兰，成熟及发展于英格兰、美国和澳大利亚，并由此扩展到其他普通法国家，但很少国家通过立法予以规定。我国《民诉法》亦没有规定不方便管辖原则。

② 平行诉讼(parallel proceedings)，是指相同当事人基于同一纠纷事实在两个以上国家法院进行诉讼。

日《最高人民法院关于印发〈第二次全国涉外商事海事审判工作会议纪要〉的通知》中首次提及了不方便管辖原则。该通知第 11 条中指出:"我国法院在审理涉外商事纠纷案件过程中,如发现案件存在不方便管辖的因素,可以根据'不方便法院原则'裁定驳回原告的起诉。"《民诉法解释》第 532 条对此原则适用条件予以明确,即涉外民事案件同时符合下列情形的,人民法院可以裁定驳回原告起诉,告知其向更方便的外国法院提起诉讼:(1) 被告提出案件应由更方便外国法院管辖的请求,或者提出管辖异议;(2) 当事人之间不存在选择中国法院管辖的协议;(3) 案件不属于中国法院专属管辖;(4) 案件不涉及中国国家、公民、法人或者其他组织的利益;(5) 案件争议的主要事实不是发生在中国境内,且案件不适用中国法律,人民法院审理案件在认定事实和适用法律方面存在重大困难;(6) 外国法院对案件享有管辖权,且审理该案件更加方便。

需特别注意,不方便管辖原则不是一项涉外民商事管辖权的一般原则,只是在特殊情形下法官根据自由裁量权酌情适用的一项具体制度。因此不方便管辖原则必须严格掌握适用条件,谨慎适用。

第三节 涉外民事诉讼的管辖

一、确定我国涉外民事诉讼管辖的原则

涉外民事诉讼的管辖,是指我国人民法院有权受理涉外民事案件的范围以及人民法院内部受理第一审涉外民事案件的分工和权限。

为了维护我国国家主权,正确解决涉外民事纠纷,保护我国当事人的合法权益,同时也为了尊重他国主权与法律制度,我国《民诉法》在确定我国涉外民事诉讼管辖时,主要遵循三项原则:

(1) 维护我国国家主权原则,即在确定涉外民事诉讼管辖时,应当有利于维护我国的国家主权。根据《民诉法》第 266 条的规定,我国人民法院对一定范围内的涉外民事案件行使专属管辖权,就是维护国家主权原则在涉外民事诉讼管辖中的重要体现。

(2) 诉讼与法院所在地有实际联系原则。根据这一原则,凡是诉讼与我国法院所在地有一定实际联系,我国法院就有管辖权。《民诉法》第 265 条所规定的牵连管辖正是这一原则的具体体现。

(3) 尊重当事人意愿原则。根据这一原则,当事人在不违反级别管辖与专属管辖的前提下,可以选择与争议有实际联系的法院管辖,既可以选择我国人民法院,也可以选择外国法院。

二、涉外民事诉讼管辖的普通管辖[①]

虽然我国《民诉法》对涉外民事诉讼管辖没有作出特别规定,但根据《民诉法》第259条[②]的规定,涉外民事诉讼的普通管辖适用国内民事诉讼的管辖规定,也就是可以根据国内民事诉讼的管辖规定来解决涉外民事诉讼管辖的普通管辖问题。

1. "原告就被告"原则

只要涉外民事案件被告的住所在我国境内,不管该被告是自然人,还是法人或其他组织;也不论该被告是外国人还是无国籍人,还是外国企业、组织,我国人民法院均有管辖权。如果涉外民事案件被告的经常居所地在我国境内,我国法院同样有管辖权。

应注意自然人"住所"与"住所地"的区别。根据《民诉法解释》的规定,国内民事诉讼中公民的住所地是指公民的户籍所在地,而涉外民事诉讼中的"住所"指较长时间居住且相对固定的居住场所,通常指外国被告在我国境内的较为固定的居住场所。另外,外国企业一般情况下在中国境内没有住所,但也不排除外国注册企业将主要办事机构所在地放在中国,尤其是中国公民在境外注册的企业。

2. 协议管辖

2007年《民诉法》第242条曾对涉外民事诉讼协议管辖作出特别规定[③],该规定在2012年《民诉法》修改时已删除,立法者将2007年《民诉法》第242条吸收规定在2012年《民诉法》第34条中,统一了国内民事案件与涉外民事案件的协议管辖原则。

《民诉法》第34条规定:"合同或者其他财产权益纠纷的当事人可以书面协议选择被告住所地、合同履行地、合同签订地、原告住所地、标的物所在地等与争议有实际联系的地点的人民法院管辖,但不得违反本法对级别管辖和专属管辖的规定。"该规定中选择管辖法院为"人民法院",而不再是2007年《民诉法》第242条规定中的"法院",实务中会让人产生误解,认为当事人只能协议选择我国人民法院管辖。为了解决这个问题,《民诉法解释》第531条对《民诉法》第34条

---

① 需注意,涉外民事诉讼的普通管辖与特殊管辖规定适用于涉港澳台案件。
② 《民诉法》第259条规定:"在中华人民共和国领域内进行涉外民事诉讼,适用本编规定。本编没有规定的,适用本法其他有关规定。"
③ 2007年《民诉法》第242条规定:"涉外合同或者涉外财产权益纠纷的当事人,可以用书面协议选择与争议有实际联系的地点的法院管辖。选择中华人民共和国人民法院管辖的,不得违反本法关于级别管辖和专属管辖的规定。"

解释为,涉外合同或者其他财产权益纠纷的当事人,可以书面协议选择被告住所地、合同履行地、合同签订地、原告住所地、标的物所在地、侵权行为地等与争议有实际联系地点的外国法院管辖。申言之,涉外民事诉讼当事人在不违反级别管辖与专属管辖之前提下既可以选择与争议有实际联系地点的我国人民法院管辖,也可以协议选择与争议有实际联系地点的外国法院、港澳台法院管辖。

涉外民事诉讼协议管辖同样包括明示协议管辖与默示协议管辖,两种协议管辖的概念、内容、适用条件等与国内民事诉讼完全一致,详见本书第六章第五节相关介绍。

三、涉外民事诉讼管辖的特殊管辖

1. 地域管辖

《民诉法》第 265 条规定:"因合同纠纷或者其他财产权益纠纷,对在中华人民共和国领域内没有住所的被告提起的诉讼,如果合同在中华人民共和国领域内签订或者履行,或者诉讼标的物在中华人民共和国领域内,或者被告在中华人民共和国领域内有可供扣押的财产,或者被告在中华人民共和国领域内设有代表机构,可以由合同签订地、合同履行地、诉讼标的物所在地、可供扣押财产所在地、侵权行为地或者代表机构住所地人民法院管辖。"在上述涉外诉讼中,只要有一个连结点在我国,我国人民法院就可以行使管辖权。需注意,该规定中的我国领域指我国内地,不包括我国港澳台地区。① 适用上述规定时还应注意:(1) 必须是合同纠纷或者其他财产权益纠纷,人身关系纠纷不适用该规定。(2) 必须是被告在我国领域内没有住所。②

根据上述规定,在涉外民事诉讼中,因合同纠纷或者其他财产权益纠纷,对在中国领域内没有住所的被告提起的诉讼,我国人民法院有管辖权的情形主要有:(1) 合同在我国领域内签订或者履行,侵权行为或侵权结果发生在我国领域的,由合同签订地、合同履行地、侵权行为地或结果地人民法院管辖。(2) 当事人所争议的财产在我国领域内的,由诉讼标的物所在地人民法院管辖。(3) 被告在我国领域内有可供扣押的财产的,由可供扣押财产所在地人民法院管辖。(4) 被告在我国领域内设有代表机构的,由代表机构住所地人民法院管辖。

---

① 由于港澳台地区属于不同法域地区,连结点如果在港澳台地区,我国人民法院没有管辖权。
② 如果被告在我国领域内有住所,适用普通管辖中的被告住所地人民法院管辖即可,无需适用《民诉法》第 265 条的规定。

[表 22-2] 涉外民事案件的地域管辖

适用条件	具备情形之一,我国法院有管辖权	管辖法院
(1) 因合同纠纷或其他财产权益纠纷;(2) 被告在我国无住所	合同在我国领域内签订或者履行,侵权行为或侵权结果发生在我国	合同签订地、合同履行地、侵权行为地或结果地人民法院
	争议的财产在我国	诉讼标的物所在地人民法院
	被告在我国领域内有可供扣押的财产	可供扣押财产所在地人民法院
	被告在我国领域内设有代表机构	代表机构住所地人民法院

2. 专属管辖

涉外民事诉讼的专属管辖,是指对于特定的涉外民事诉讼案件,只能由我国人民法院管辖,当事人不能以书面形式协议选择其他国家法院管辖。而国内民事诉讼专属管辖是指特定类型案件由我国特定人民法院管辖,其他人民法院无权管辖。《民诉法》第 266 条规定:"因在中华人民共和国履行中外合资经营企业合同、中外合作经营企业合同、中外合作勘探开发自然资源合同发生纠纷提起的诉讼,由中华人民共和国人民法院管辖。"上述三种合同属于国际投资合同,与东道国的国计民生密切相关,各国一般认可因履行这三种合同发生的纠纷由东道国法院专属管辖,他国法院无权管辖。上述三种合同纠纷的合同履行地、诉讼标的物所在地、纠纷事实都在我国领域内,我国为东道国,因此,应由我国人民法院专属管辖。

《民诉法解释》第 531 条第 2 款规定:"根据民事诉讼法第三十三条和第二百六十六条规定,属于中华人民共和国法院专属管辖的案件,当事人不得协议选择外国法院管辖,但协议选择仲裁的除外。"根据本条规定,对于《民诉法》第 266 条规定的属于我国人民法院专属管辖的案件,当事人不能选择外国法院管辖,但当事人选择仲裁解决纠纷的,不受我国人民法院专属管辖的限制。

3. 集中管辖

为了正确审理涉外民商事案件,保护中外当事人的合法权益,最高人民法院于 2002 年 2 月 25 日发布《关于涉外民商事案件诉讼管辖若干问题的规定》,对部分涉外民商事案件实行集中管辖。① 2020 年 12 月,最高人民法院修改了该规定。集中管辖的涉外民商事案件包括:(1) 涉外合同和侵权纠纷案件;(2) 信用证纠纷案件;(3) 申请撤销、承认与强制执行国际仲裁裁决的案件;(4) 审查有

---

① 之所以把这种管辖制度称为"集中管辖",原因在于该司法解释突破了我国《民诉法》的管辖权规定,排除了一些先前依法享有管辖权的法院对涉外民商事案件的管辖权,从而实际上把涉外民商事管辖权集中到少数法院审理。集中管辖制度的设置,主要目的在于通过对涉外民商事案件实行集中管辖,借以防止由于各级法院法官的素质差异而导致判决质量参差不齐的情形。

关涉外民商事仲裁条款效力的案件;(5)申请承认和强制执行外国法院民商事判决、裁定的案件。上述集中管辖的涉外民商事案件不包括发生在与外国接壤的边境省份的边境贸易纠纷案件、涉外房地产案件和涉外知识产权案件。集中管辖的第一审法院包括:(1)国务院批准设立的经济技术开发区人民法院;(2)省会、自治区首府、直辖市所在地的中级人民法院;(3)经济特区、计划单列市中级人民法院;(4)最高人民法院指定的其他中级人民法院;(5)高级人民法院。

2004年12月29日,最高人民法院又发布《最高人民法院关于加强涉外商事案件诉讼管辖工作的通知》,重新指定了一批中级人民法院行使一审涉外商事案件的管辖权,同时授予部分高级人民法院指定所属基层人民法院管辖一审涉外商事案件。截至2007年11月,全国具有涉外商事案件管辖权的中级人民法院共有148家,基层人民法院共有51家。之后,部分高级人民法院根据授权,指定辖区范围内部分基层人民法院可以管辖一定标的额的涉外商事案件。①

最高人民法院于2017年12月7日发布《最高人民法院关于明确第一审涉外民商事案件级别管辖标准以及归口办理有关问题的通知》,就第一审涉外民商事案件级别管辖标准以及归口办理的有关问题予以明确。主要内容为:(1)关于第一审涉外民商事案件的级别管辖标准。北京、上海、江苏、浙江、广东高级人民法院管辖诉讼标的额人民币2亿元以上的第一审涉外民商事案件;直辖市中级人民以及省会城市、计划单列市、经济特区所在地的市中级人民法院管辖诉讼标的额人民币2000万元以上的第一审涉外民商事案件,其他中级人民法院管辖诉讼标的额人民币1000万元以上的第一审涉外民商事案件。天津、河北、山西、内蒙古、辽宁、安徽、福建、山东、河南、湖北、湖南、广西、海南、四川、重庆高级人民法院管辖诉讼标的额人民币8000万元以上的第一审涉外民商事案件;直辖市中级人民法院以及省会城市、计划单列市、经济特区所在地的市中级人民法院管辖诉讼标的额人民币1000万元以上的第一审涉外民商事案件,其他中级人民法院管辖诉讼标的额人民币500万元以上的第一审涉外民商事案件。吉林、黑龙江、江西、云南、陕西、新疆高级人民法院和新疆生产建设兵团分院管辖诉讼标的额人民币4000万元以上的第一审涉外民商事案件;省会城市、计划单列市中级人民法院,管辖诉讼标的额人民币500万元以上的第一审涉外民商事案件,其他中级人民法院管辖诉讼标的额人民币200万元以上的第一审涉外民商事案件。

---

① 广东省高级人民法院依据授权,于2007年年底指定全省52家基层人民法院管辖一定标的额的涉外商事案件。需注意,集中管辖的是涉外商事案件,涉外民事案件仍由有管辖权的基层人民法院管辖。2014年,最高人民法院批复,将深圳市一定标的额的涉外、涉港澳台民事案件及商事案件统一集中至深圳前海合作区人民法院管辖,珠海市则统一集中至珠海横琴新区人民法院管辖。至此,深圳市、珠海市其他基层人民法院没有涉外、涉港澳台民事案件及商事案件管辖权。

贵州、西藏、甘肃、青海、宁夏高级人民法院管辖诉讼标的额人民币 2000 万元以上的第一审涉外民商事案件；省会城市、计划单列市中级人民法院，管辖诉讼标的额人民币 200 万元以上的第一审涉外民商事案件，其他中级人民法院管辖诉讼标的额人民币 100 万元以上的第一审涉外民商事案件。各高级人民法院发布的本辖区级别管辖标准，除于 2011 年 1 月后经最高人民法院批复同意的外，不再作为确定第一审涉外民商事案件级别管辖的依据。（2）下列案件由涉外审判庭或专门合议庭审理：① 当事人一方或者双方是外国人、无国籍人、外国企业或者组织，或者当事人一方或者双方的经常居所地在中华人民共和国领域外的民商事案件；② 产生、变更或者消灭民事关系的法律事实发生在中华人民共和国领域外，或者标的物在中华人民共和国领域外的民商事案件；③ 外商投资企业设立、出资、确认股东资格、分配利润、合并、分立、解散等与该企业有关的民商事案件；④ 一方当事人为外商独资企业的民商事案件；⑤ 信用证、保函纠纷案件，包括申请止付保全案件；⑥ 对第一项至第五项案件的管辖权异议裁定提起上诉的案件；⑦ 对第一项至第五项案件的生效裁判申请再审的案件，但当事人依法向原审人民法院申请再审的除外；⑧ 跨境破产协助案件；⑨ 民商事司法协助案件；⑩ 最高人民法院《关于仲裁司法审查案件归口办理有关问题的通知》确定的仲裁司法审查案件。上述规定的民商事案件不包括婚姻家庭纠纷、继承纠纷、劳动争议、人事争议、环境污染侵权纠纷及环境公益诉讼。（3）海事海商及知识产权纠纷案件，不适用本通知。（4）涉及香港、澳门特别行政区和台湾地区的民商事案件参照适用本通知。

[表 22-3] 第一审涉外民商事案件的级别管辖标准

档次	标的额
北上广江浙	高院：2 亿元以上 直辖市中院以及省会城市、计划单列市、经济特区中院：2000 万元以上 其他中院：1000 万元以上
津冀晋蒙辽皖闽鲁豫鄂湘桂琼川渝	高院：8000 万元以上 直辖市中院以及省会城市、计划单列市、经济特区中院：1000 万元以上 其他中院：500 万元以上
吉黑赣滇陕新	高院：4000 万元以上 省会城市、计划单列市中院：500 万以上 其他中院：200 万元以上
贵藏甘青宁	高院：2000 万元以上 省会城市、计划单列市中院：200 万元以上 其他中院：100 万元以上

四、涉外民事诉讼管辖的冲突

涉外民事诉讼管辖的冲突包括了管辖权的积极冲突与消极冲突。管辖权的积极冲突指两个或两个以上国家法院对同一个涉外民事案件都主张管辖权；管辖权的消极冲突指两个或两个以上国家法院对同一个涉外民事案件都拒绝管辖。

对于涉外民事诉讼管辖权的积极冲突，《民诉法解释》第533条第1款明确了解决方法，即，我国人民法院和外国法院都有管辖权的案件，一方当事人向外国法院起诉，而另一方当事人向我国人民法院起诉的，人民法院可予受理。判决后，外国法院申请或者当事人请求人民法院承认和执行外国法院对本案作出的判决、裁定的，不予准许[1]；但双方共同缔结或者参加的国际条约另有规定的除外。《民诉法解释》第15条还规定，中国公民一方居住在国外，一方居住在国内，不论哪一方向人民法院提起离婚诉讼，国内一方住所地人民法院都有权管辖。国外一方在居住国法院起诉，国内一方向人民法院起诉的，受诉人民法院有权管辖。对同一争议我国人民法院和外国法院均享有管辖权时，产生管辖权的积极冲突，根据司法主权原则，我国人民法院依据我国民事诉讼法的规定行使管辖权，不受外国法院是否已经行使管辖权的影响。此外，我国人民法院作出判决后，外国法院或者当事人请求我国人民法院承认和执行外国法院对同一争议作出的裁判的，我国人民法院不予受理，除非我国与该国缔结或者参加的国际条约另有规定。可见，我国立法所持的立场是，除非有关的双边条约或多边条约另有规定，我国人民法院坚持对该案件的管辖权。换言之，我国法律不禁止在我国提起平行诉讼。这一做法对保护我国当事人的合法权益及维护本国司法管辖权较为有利，但需注意发生积极冲突时是"可予受理"，并非应当受理或必须受理，人民法院也可根据案件的实际情况，不予受理当事人在我国法院提起的平行诉讼。

另外，《民诉法解释》第533条第2款还规定，外国法院判决、裁定已经被人民法院承认，当事人就同一争议向人民法院起诉的，人民法院不予受理。外国法院判决、裁定被我国人民法院承认后，在我国领域内发生法律效力，亦即在我国领域内产生了判决、裁定的既判力，后诉应当受到前诉裁判的拘束。因此，我国人民法院在受理平行诉讼的同时，还应尊重外国法院裁判的既判力，禁止已经被

---

[1] 之所以我国人民法院和外国法院都有管辖权的案件，一方当事人向外国法院起诉，另一方当事人向我国人民法院起诉的，人民法院可予受理，是因为外国法院作出的判决、裁定，未经我国人民法院承认，在我国领域内不发生法律效力，更不能强制执行。换言之，虽然我国人民法院与外国法院就同一纠纷都作出判决、裁定，但在我国领域内只能执行我国人民法院作出的判决、裁定。

人民法院承认的外国法院判决解决的同一争议再次在人民法院提起诉讼。

对于涉外民事诉讼管辖权的消极冲突的解决方法,《民诉法解释》主要针对在外国定居的华侨离婚案件作出了规定。其第 13 条和第 14 条规定了两种情形:(1) 在国内结婚并定居国外的华侨,如定居国法院以离婚诉讼须由婚姻缔结地法院管辖为由不予受理,当事人向人民法院提出离婚诉讼的,由婚姻缔结地或者一方在国内的最后居住地人民法院管辖。(2) 在国外结婚并定居国外的华侨,如定居国法院以离婚诉讼须由国籍所属国法院管辖为由不予受理,当事人向人民法院提出离婚诉讼的,由一方原住所地或者在国内的最后居住地人民法院管辖。上述规定,既保护了我国公民的权益,又避免了涉外民事诉讼管辖权的消极冲突,具有积极意义。

第四节 涉外民事诉讼的期间与送达

一、涉外民事诉讼的期间[①]

涉外民事诉讼当事人在我国境内没有住所时,法院送达诉讼文书、当事人办理委托手续及出庭参加诉讼等都需要较长的时间,为了充分保障这些当事人行使诉讼权利,《民诉法》对涉外民事诉讼期间作出特别规定。

(一) 被告提出答辩的期间

《民诉法》第 268 条规定:"被告在中华人民共和国领域内没有住所的,人民法院应当将起诉状副本送达被告,并通知被告在收到起诉状副本后三十日内提出答辩状。被告申请延期的,是否准许,由人民法院决定。"实务中,在我国领域内没有住所的被告通常为外籍被告。被告在我国领域内有无住所,法律规定的答辩期间"待遇"有所不同:如果被告在我国有住所的,被告提出答辩的期间为 15 日;如果被告在我国没有住所的,被告提出答辩的期间为 30 日。另外,与国内民事诉讼不同的是,被告在我国领域内没有住所,如果有特殊情况可以提出延期申请,是否准许,由人民法院决定。

(二) 提出上诉和上诉答辩的期间

《民诉法》第 269 条规定:"在中华人民共和国领域内没有住所的当事人,不服第一审人民法院判决、裁定的,有权在判决书、裁定书送达之日起三十日内提起上诉。被上诉人在收到上诉状副本后,应当在三十日内提出答辩状。当事人不能在法定期间提起上诉或者提出答辩状,申请延期的,是否准许,由人民法院

---

① 需注意,涉外民事诉讼的期间规定适用于涉港澳台案件。

决定。"《民诉法解释》第 538 条规定:"不服第一审人民法院判决、裁定的上诉期,对在中华人民共和国领域内有住所的当事人,适用民事诉讼法第一百六十四条①规定的期限;对在中华人民共和国领域内没有住所的当事人,适用民事诉讼法第二百六十九条规定的期限。当事人的上诉期均已届满没有上诉的,第一审人民法院的判决、裁定即发生法律效力。"在我国领域内没有住所的当事人与国内民事诉讼当事人的上诉期间和上诉答辩期相比有三点不同:一是期间较长,均为 30 日;二是当事人可以申请延期;三是对判决和裁定的上诉期不作区分,统一为 30 日。另外,对于在我国领域内有住所的当事人(包括外籍被告)判决上诉期为 15 日,裁定上诉期为 10 日,且不能延长。

[表 22-4]　涉外民事诉讼与国内民事诉讼答辩和上诉期间的区别

	国内民事诉讼	涉外(当事人在我国领域内无住所的)
上诉期间	判决 15 日	判决、裁定均为 30 日
	裁定 10 日	
答辩期间	15 日	30 日
延长期限	不可以延长	可以延长
		申请延期的,是否准许,由法院决定

(三)审理期间

涉外民事案件全部由审判员组成合议庭,或审判员与人民陪审员共同组成合议庭,适用普通程序进行审理,不能适用简易程序审理。

《民诉法》第 270 条规定:"人民法院审理涉外民事案件的期间,不受本法第一百四十九条、第一百七十六条规定的限制。"涉外案件审理期间不受《民诉法》对普通程序审理期间、第二审程序审理期间规定的限制。② 上述规定主要是针对涉外民事案件的特殊性作出的,对于保证涉外民事案件的正确处理有一定的作用。其弊端为诉讼周期较长,诉讼成本较高,且极易给外国法院援引对等原则实施报复性措施提供依据。

(四)再审审查期间

《民诉法》第 204 条规定的国内民事诉讼的再审审查期间为 3 个月,有特殊情况需要延长的,由本院院长批准。《民诉法解释》第 539 条明确,人民法院对涉外民事案件的当事人申请再审进行审查的期间,不受《民诉法》第 204 条规定的

---

① 《民诉法》第 164 条规定:"当事人不服地方人民法院第一审判决的,有权在判决书送达之日起十五日内向上一级人民法院提起上诉。当事人不服地方人民法院第一审裁定的,有权在裁定书送达之日起十日内向上一级人民法院提起上诉。"

② 实务中,有人说涉外案件没有审理期限,尽管该说法不够周延,但实际效果与法律规定无异。

限制。换言之,涉外民事诉讼的再审审查期间没有 3 个月的限制。

二、涉外民事诉讼的送达

《民诉法》第 267 条规定:"人民法院对在中华人民共和国领域内没有住所的当事人送达诉讼文书,可以采用下列方式:(一)依照受送达人所在国与中华人民共和国缔结或者共同参加的国际条约中规定的方式送达;(二)通过外交途径送达;(三)对具有中华人民共和国国籍的受送达人,可以委托中华人民共和国驻受送达人所在国的使领馆代为送达;(四)向受送达人委托的有权代其接受送达的诉讼代理人送达;(五)向受送达人在中华人民共和国领域内设立的代表机构或者有权接受送达的分支机构、业务代办人送达;(六)受送达人所在国的法律允许邮寄送达的,可以邮寄送达,自邮寄之日起满三个月,送达回证没有退回,但根据各种情况足以认定已经送达的,期间届满之日视为送达;(七)采用传真、电子邮件等能够确认受送达人收悉的方式送达;(八)不能用上述方式送达的,公告送达,自公告之日起满三个月,即视为送达。"涉外民事案件的特殊性,决定了涉外诉讼文书送达的特殊性。涉外民事诉讼的送达包括涉外诉讼文书的域内送达与域外送达,凡当事人在我国领域内有住所的,按《民诉法》规定的国内民事诉讼送达方式送达;凡当事人在我国领域内没有住所的,采取下列方式送达:

1. 直接送达

《民诉法》第 267 条对直接送达未作规定,《民诉法解释》第 535 条规定为,"外国人或者外国企业、组织的代表人、主要负责人在中华人民共和国领域内的,人民法院可以向该自然人或者外国企业、组织的代表人①、主要负责人送达。外国企业、组织的主要负责人包括该企业、组织的董事、监事、高级管理人员等。"作为受送达人的外国人,或外国企业、组织的代表人、董事、监事、高级管理人员等人员在我国领域内的,人民法院可以向上述人员直接送达。即使是上述人员在我国领域内临时过境,比如在我国国内城市航班中转,人民法院也可以直接送达。

2. 依国际条约规定的方式送达

依国际条约规定的方式送达,是指依照我国与受送达人所在国缔结或者共同参加的国际条约中规定的方式送达。根据优先适用国际条约的原则,这一送达方式应是除直接送达外我国法院向域外法院送达诉讼文书的首选方式。

---

① 世界各国关于公司、企业、组织等方面的法律规定不尽相同,很多国家尤其是英美法系国家并不像我国的公司、企业有明确的法定代表人。实务中,外国的公司、企业在人民法院参加诉讼时,往往临时指定一名公司股东或董事作为代表人,称为授权代表人。

《最高人民法院关于涉外民事或商事案件司法文书送达问题若干规定》第 6 条规定:"人民法院向在中华人民共和国领域内没有住所的受送达人送达司法文书时,若该受送达人所在国与中华人民共和国签订有司法协助协定,可以依照司法协助协定规定的方式送达;若该受送达人所在国是《关于向国外送达民事或商事司法文书和司法外文书公约》的成员国,可以依照该公约规定的方式送达。依照受送达人所在国与中华人民共和国缔结或者共同参加的国际条约中规定的方式送达的,根据《最高人民法院关于依据国际公约和双边司法协助条约办理民商事案件司法文书送达和调查取证司法协助请求的规定》办理。"

我国已先后与法国、波兰、比利时、意大利、土耳其、俄罗斯、哈萨克斯坦、新加坡等国家签订了司法协助协定,并且我国在 1991 年加入了 1965 年 11 月在海牙订立的《关于向国外送达民事或商事司法文书和司法外文书公约》。这些协议和公约都规定,各有关国家指定一个机关作为中央机关和有权接受外国通过领事途径转递文书的机关,我国指定机关为司法部。

依国际条约规定的送达方式,由我国司法部将需要送达的文书交给缔约另一方的中央机关(通常是司法部),由该中央机关按照本国法律的规定,选择最适当的方式将文书送达。简言之,依国际条约规定的方式送达就是我国司法部转交外国中央机关送达。

《最高人民法院关于涉外民事或商事案件司法文书送达问题若干规定》第 7 条规定:"按照司法协助协定、《关于向国外送达民事或商事司法文书和司法外文书公约》或者外交途径送达司法文书,自我国有关机关将司法文书转递受送达人所在国有关机关之日起满六个月,如果未能收到送达与否的证明文件,且根据各种情况不足以认定已经送达的,视为不能用该种方式送达。"

[图 22-1] 国际条约规定的送达方式

3. 通过外交途径送达

通过外交途径送达,是指人民法院将司法文书交给我国外交机关,由我国外交机关转交给受送达人所在国驻我国的外交机关,再由其转送该国外交机关,然后由该国外交机关将诉讼文书转交给该国国内有管辖权的法院,最后由法院将诉讼文书送达给受送达人。简言之,通过外交途径送达就是我国外交部通过外国外交机关转交外国法院送达。

通过外交途径送达适用于受送达人所在国与我国已建立外交关系,但两国尚未订立或共同参加有关司法互助条约时的涉外送达。这种送达方式的弊端是程序较复杂,需要的周期较长。

通过外交途径送达应按下列程序办理:(1)拟送达的诉讼文书须由有关高级人民法院审查,由外交部领事司负责转递。(2)须注明受送达人姓名、性别、年龄、国籍及其在国外的详细外文地址,并将该案件的基本情况函告外交部领事司。(3)附有送达委托书和送达回证。送达委托书和拟送达诉讼文书还需附有该国文字或该国同意使用的第三国文字译本。外交途径送达诉讼文书的收费按对等原则办理。

通过外交途径送达诉讼文书,自我国有关机关将文书转递受送达人所在国有关机关之日起满6个月,如果未能收到送达与否的证明文件,并且根据各种情况不足以认定已经送达的,视为不能用外交途径送达。

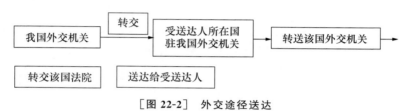

[图22-2] 外交途径送达

4. 委托我国驻外使、领馆送达

委托我国驻外使、领馆送达即由我国派驻缔约另一方的使、领馆向居住在该国领域内的我国公民进行送达。该送达方式有两个优点:一是直接、迅速,不必通过外交途径转交;二是手续简便,不必附外文译本。

委托我国驻外使、领馆送达应符合三个条件:一是受送达人必须是我国公民;二是该公民在我国没有住所;三是送达时不得采取任何强制措施。

5. 向受送达人的诉讼代理人送达

向受送达人的诉讼代理人送达诉讼文书简便易行,是国际上通行的一种做法,其效力为多数国家认可。采用这种送达方式送达时,受送达人的诉讼代理人应是有权接受送达的代理人。根据《最高人民法院关于涉外民事或商事案件司法文书送达问题若干规定》第4条的规定,只要授权委托书的委托事项中没有明确写明诉讼代理人无权代为接收有关诉讼文书,诉讼代理人就为有权接收诉讼文书的代理人。人民法院可以向该诉讼代理人送达。

6. 向受送达人在我国领域内设立的代表机构或者有权接受送达的分支机构、业务代办人送达

《最高人民法院关于涉外民事或商事案件司法文书送达问题若干规定》第5条规定:"人民法院向受送达人送达司法文书,可以送达给其在中华人民共和国领域内设立的代表机构。受送达人在中华人民共和国领域内有分支机构或者业务代办人的,经该受送达人授权,人民法院可以向其分支机构或者业务代办人送

达。"该送达方式主要是针对受送达人是外国企业或组织而言。如果外国企业或组织在我国设有代表机构的,人民法院可以直接向该代表机构送达,无需考虑其是否有权接收;如果外国企业或组织在我国没有设立代表机构,但设有分支机构或业务代办人的,只要他们有接收诉讼文书的授权,人民法院可以向分支机构或业务代办人送达。该规定第12条还明确:"人民法院向受送达人在中华人民共和国领域内的法定代表人、主要负责人、诉讼代理人、代表机构以及有权接受送达的分支机构、业务代办人送达司法文书,可以适用留置送达的方式。"

7. 邮寄送达

根据《民诉法解释》第536条与《最高人民法院关于涉外民事或商事案件司法文书送达问题若干规定》第8条的规定,受送达人所在国允许邮寄送达的,人民法院可以邮寄送达。邮寄送达时应当附有送达回证。受送达人未在送达回证上签收但在邮件回执上签收的,视为送达,签收日期为送达日期。自邮寄之日起满3个月,如果未能收到送达与否的证明文件,且根据各种情况不足以认定已经送达的,视为不能用邮寄方式送达。

涉外民事诉讼采用邮寄送达须以受送达人所在国法律允许为前提。明确表示反对的国家有德国、瑞士、卢森堡、挪威、土耳其、埃及等,一般为大陆法系国家,我国在加入《关于向国外送达民事或商事司法文书和司法外文书公约》时也对邮寄送达提出了"保留"①。

实务中,判断受送达人所在国是否允许邮寄送达的具体方法为:首先查阅该国与我国签署的司法互助协议对此是否有规定;其次查阅该国是否是《海牙送达公约》成员国,如果是成员国,是否对其中第10条a款提出"保留"。如果该国与我国签署的司法互助协议没有不允许邮寄送达的规定,且该国是《海牙送达公约》成员国,对其中第10条a款也未提出"保留",则该国允许邮寄送达。反之,人民法院则不能对在该国的受送达人适用邮寄送达。

对于如何认定"已经送达",《最高人民法院关于涉外民事或商事案件司法文书送达问题若干规定》第13条明确为:"受送达人未对人民法院送达的司法文书履行签收手续,但存在以下情形之一的,视为送达:(一)受送达人书面向人民法院提及了所送达司法文书的内容;(二)受送达人已经按照所送达司法文书的内容履行;(三)其他可以视为已经送达的情形。"

8. 采用传真、电子邮件等能够确认受送达人收悉的方式送达

采用传真、电子邮件等能够确认受送达人收悉的方式送达又称电子送达,《民诉法》第267条第7项规定了涉外民事诉讼的电子送达方式。根据《民诉法》第87条及《民诉法解释》第136条的规定,经受送达人同意,法院可以采用传真、

---

① 条约的"保留"是指各国签订多边条约时,某国不能接受条约中某些条款,对这些条款声明"保留"。声明"保留"目的在于免除或变更该国对这些条款的义务。

电子邮件等能够确认其收悉的方式送达诉讼文书,但判决书、裁定书、调解书除外。受送达人同意采用电子方式送达的,应当在送达地址确认书中予以确认。

采用电子送达方式送达的,以传真、电子邮件等到达受送达人特定系统的日期为送达日期。根据《民诉法解释》第 135 条的规定,电子送达可以采用传真、电子邮件、移动通信等即时收悉的特定系统作为送达媒介。"到达受送达人特定系统的日期",为人民法院对应系统显示发送成功的日期,但受送达人证明到达其特定系统的日期与人民法院对应系统显示发送成功的日期不一致的,以受送达人证明到达其特定系统的日期为准。

9. 公告送达

采取以上方式均无法送达时,可以公告送达。《民诉法解释》第 534 条规定,对在我国领域内没有住所的当事人,经用公告方式送达诉讼文书,公告期满不应诉,人民法院缺席判决后,仍应当将裁判文书依照《民诉法》第 267 条第 8 项规定公告送达。自公告送达裁判文书满 3 个月之日起,经过 30 日的上诉期当事人没有上诉的,一审判决即发生法律效力。第 537 条规定,人民法院一审时采取公告方式向当事人送达诉讼文书的,二审时可径行采取公告方式向其送达诉讼文书,但人民法院能够采取公告方式之外的其他方式送达的除外。

公告内容应在国内外公开发行的报刊上刊登。由于《人民法院报》同时也在海外发行,因此,实务中,涉外案件和涉港澳台案件刊登公告报纸通常为《人民法院报》。自公告之日起满 3 个月,即视为送达。

根据《最高人民法院关于涉外民事或商事案件司法文书送达问题若干规定》第 11 条的规定,除公告送达方式外,人民法院可以同时采取多种方式向受送达人进行送达,但应根据最先实现送达的方式确定送达日期。

第五节 涉外民事诉讼的司法协助

一、司法协助的概念及内容

(一)司法协助概述

司法协助,是指不同国家法院之间,根据本国缔结或参加的国际公约,或根据互惠原则,相互代为实施一定诉讼行为或与诉讼有关行为的制度。

司法协助的内容分为一般司法协助与特殊司法协助。一般司法协助是指一国法院根据他国法院的请求代为一定诉讼行为,其内容包括:(1)代为送达司法文书;(2)代为调查取证;(3)提供本国民事法律、法规文本。特殊司法协助是指承认和代为执行外国法院、仲裁机构作出的已经发生法律效力的民事判决、裁定和仲裁裁决。

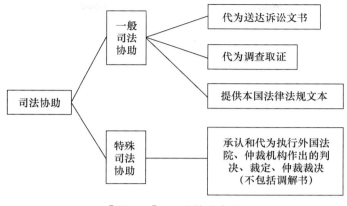

[图 22-3] 司法协助内容

(二)司法协助的根据

基于主权原则,国家有权排斥他国的司法行为,因此国家之间的司法协助应当有一定的根据。

1. 双边司法协助条约

两国之间通过签订双边司法协助条约来进行司法协助,是各国普遍采用的一种方式。我国已先后与法国、波兰、俄罗斯、土耳其、意大利、泰国等国家签订了司法协助协定。

2. 多边国际条约

各国之间可基于共同参加的多边国际条约给予对方司法协助。我国于 1991 年加入《关于向国外送达民事或商事司法文书和司法外文书公约》,于 1986 年加入《承认及执行外国仲裁裁决公约》,以及于 1997 年加入《关于从国外调取民事或商事证据的公约》等。主权国家一旦参加条约即应遵守该国际条约,本国对该条约其他参加国便负有司法协助的义务。当然,加入条约时声明"保留"的条款除外。

3. 国家间的互惠关系

国家之间既不存在双边司法协助条约,也不存在共同参加的多边国际条约时,根据国际惯例可以按照互惠关系形成事实上的司法协助关系,相互提供司法协助。《民诉法解释》第 549 条规定,与我国没有司法协助条约又无互惠关系的国家的法院,未通过外交途径,直接请求人民法院提供司法协助的,人民法院应予退回,并说明理由。

(三)我国提供司法协助的条件

(1)请求事项不得损害我国的主权、安全和社会公共利益。《民诉法》第 276 条第 2 款规定,外国法院请求协助的事项有损于我国的主权、安全或者社会公共利益的,人民法院不予执行。我国与法国、波兰等国签订的双边司法协助协定亦指出,被请求司法协助的一方如认为该请求有损于本国的主权、安全或社会公共利益,有权拒绝提供该项司法协助。

(2) 外国法院请求我国人民法院提供司法协助的请求书及其所附文件,应当附有中文译本或者国际条约规定的其他文字文本。当然,我国人民法院请求外国法院提供司法协助的请求书及其所附文件,亦应当附有该国文字译本或者国际条约规定的其他文字文本。

(3) 依照我国法律规定的程序和方式协助执行。我国人民法院提供司法协助,依照我国法律规定的程序进行。外国法院请求采用特殊方式的,也可以按照其请求的特殊方式进行,但请求采用的特殊方式不得违反我国法律规定。

二、一般司法协助

(一) 一般司法协助的途径

1. 通过公约或者双边条约规定的途径进行

在我国参加的国际公约以及与有关国家签订的司法协助条约中,均就请求和提供司法协助的途径予以规定。比如,1965年《关于向国外送达民事或商事司法文书和司法外文书公约》第2条规定:"每一缔约国应指定一个中央机关,负责根据第三条至第六条的规定,接收来自其他缔约国的送达请求书,并予以转递。每一缔约国应依其本国法律组建中央机关。"1991年3月第七届全国人大常委会第十八次会议批准加入该公约,全国人大常委会《关于批准加入〈关于向国外送达民事或商事司法文书和司法外文书公约〉的决定》第1项规定:"根据公约第二条和第九条规定,指定中华人民共和国司法部为中央机关和有权接收外国通过领事途径转递的文书的机关。"1992年《最高人民法院、外交部、司法部关于执行〈关于向国外送达民事或商事司法文书和司法外文书公约〉有关程序的通知》中规定:"(1) 凡公约成员国驻华使、领馆转送该国法院或其他机关请求我国送达的民事或商事司法文书,应直接送交司法部,由司法部转递给最高人民法院,再由最高人民法院交有关人民法院送达给当事人。送达证明由有关人民法院交最高人民法院退司法部,再由司法部送交该国驻华使、领馆。(2) 凡公约成员国有权送交文书的主管当局或司法助理人员直接送交司法部请求我国送达的民事或商事司法文书,由司法部转递给最高人民法院,再由最高人民法院交有关人民法院送达给当事人。送达证明由有关人民法院交最高人民法院退司法部,再由司法部送交该国主管当局或司法助理人员。"

2. 通过外交途径进行

关于通过外交途径进行司法协助的原则和具体程序,最高人民法院、外交部、司法部于1986年颁布的《关于我国法院和外国法院通过外交途径相互委托送达法律文书若干问题的通知》中规定:"一、凡已同我国建交国家的法院,通过外交途径委托我国法院向我国公民或法人以及在华的第三国或无国籍当事人送达法律文书,除该国同我国已订有协议的按协议办理外,一般根据互惠原则按下列程序和要求办理:1. 由该国驻华使馆将法律文书交外交部领事司转递给有关高级人民法院,再由该高级人民法院指定有关中级人民法院送达给当事人。当事人在所附送达回证上签字后,中级人民法院将送达回证退高级人民法院,再通过外交部领事司转退给对方;如未附送达回证,则由有关中级人民法院出具送达证明交有关高级人民法院,再通过外交部领事司转给对方。2. 委托送达法律文书须用委托书。委托书和所送法律文书须附有中文译本。3. 法律文书的内容有损我国主权和安全的,予以驳回;如受送达人享有外交特权和豁免,一般不予送达;不属于我国法院职权范围或因地址不明或其他原因不能送达的,由有关高级人民法院提出处理意见或注明妨碍送达的原因,由外交部领事司向对方说明理由,予以退回。二、外国驻华使、领馆可以直接向其在华的本国国民送达法律文书,但不得损害我国主权和安全,不得采取强制措施。如对方通过外交途径委托我方向其在华的该国国民送达法律文书,亦可按第一条的规定予以送达。"

(二) 一般司法协助的条件

根据《民诉法》第 276 条至第 278 条的规定,一般司法协助应当具备以下条件:

(1) 两个国家之间,必须存在共同缔结或参加的国际条约,或者存在互惠关系。

(2) 请求协助的事项不得有损于被请求国的主权、安全或者社会公共利益,否则,被请求国法院不予执行。

(3) 请求和提供司法协助,应当依照我国缔结或参加的国际公约所规定的途径进行;没有条约关系的,通过外交途径进行。外国驻我国的使领馆可以向该国公民送达文书和调查取证,但不得违反我国法律规定,并不得采取强制措施。

关于允许外国驻华使领馆官员在不违反我国法律的前提下,在我国领域内直接向其该国公民送达文书和调查取证,需注意以下三点:第一,外国驻华使领馆只能向其本国国民,而不得向我国公民或者第三国公民送达文书或者调查取证;第二,其他任何外国机关、组织以及个人,均不得擅自在我国领域内送达文书和调查取证;第三,外国驻华使领馆在我国领域内向其本国国民送达文书或者调查取证的行为,除了不得违反我国法律外,还不得通过采取强制措施的方式完成。关于不得采取强制措施的规定,完全符合《关于从国外调取民事或商事证据的公约》(1970 年《海牙公约》)第 15 条第 1 款的原则,该条规定:"在民事或商事案件中,每一缔约国的外交官员或领事代表在另一缔约国境内其执行职务的区域内,可以向他所代表的国家的国民在不采取强制措施的情况下调取证据,以协助在其代表的国家的法院中进行的诉讼。"

三、特殊司法协助

特殊司法协助应当具备的条件与一般司法协助的条件基本相同。

(一) 外国法院的判决、裁定在我国的承认与执行

1. 承认与执行的申请

外国法院作出的已经发生法律效力的民事判决、裁定,需要我国法院承认和执行的,根据《民诉法》第281条的规定,有两种途径:(1)由当事人直接向我国有管辖权的中级人民法院申请承认和执行;(2)由外国法院依照该国与我国缔结或者参加的国际条约的规定,或者按照互惠原则,请求人民法院承认和执行。

申请人向人民法院申请承认和执行外国法院作出的发生法律效力的判决、裁定,应当提交申请书,并附外国法院作出的发生法律效力的判决、裁定正本或者经证明无误的副本以及中文译本。外国法院判决、裁定为缺席判决、裁定的,申请人应当同时提交该外国法院已经合法传唤的证明文件,但判决、裁定已经对此予以明确说明的除外。我国缔结或者参加的国际条约对提交文件有规定的,按照规定办理(《民诉法解释》第543条)。

2. 承认与执行的审查程序

承认和执行外国法院作出的发生法律效力的判决、裁定或者外国仲裁裁决的案件,人民法院应当组成合议庭进行审查。人民法院应当将申请书送达被申请人。被申请人可以陈述意见。人民法院经审查作出的裁定,一经送达即发生法律效力(《民诉法解释》第548条)。

对外国法院作出的发生法律效力的判决、裁定或者外国仲裁裁决,需要我国法院执行的,当事人应当先向人民法院申请承认。人民法院经审查,裁定承认后,再根据《民诉法》第三编的规定予以执行。当事人仅申请承认而未同时申请执行的,人民法院仅对应否承认进行审查并作出裁定(《民诉法解释》第546条)。

当事人申请承认和执行外国法院作出的发生法律效力的判决、裁定或者外国仲裁裁决的期间,适用《民诉法》第239条的规定。① 当事人仅申请承认而未同时申请执行的,申请执行的期间自人民法院对承认申请作出的裁定生效之日起重新计算(《民诉法解释》第547条)。

3. 承认与执行的审查结果

人民法院对申请或者请求承认和执行的外国法院作出的发生法律效力的判

---

① 《民诉法》第239条规定:"申请执行的期间为二年。申请执行时效的中止、中断,适用法律有关诉讼时效中止、中断的规定。前款规定的期间,从法律文书规定履行期间的最后一日起计算;法律文书规定分期履行的,从规定的每次履行期间的最后一日起计算;法律文书未规定履行期间的,从法律文书生效之日起计算。"

决、裁定,依照我国缔结或者参加的国际条约,或者按照互惠原则进行审查。

(1) 认为不违反我国法律的基本原则或者国家主权、安全、社会公共利益的,裁定承认其效力,需要执行的,发出执行令,依照《民诉法》的有关规定执行。

(2) 认为违反我国法律的基本原则或者国家主权、安全、社会公共利益的,不予承认和执行。

(3) 当事人向我国有管辖权的中级人民法院申请承认和执行外国法院作出的发生法律效力的判决、裁定的,如果该法院所在国与我国没有缔结或者共同参加国际条约,也没有互惠关系的,裁定驳回申请,但当事人向人民法院申请承认外国法院作出的发生法律效力的离婚判决的除外。承认和执行申请被裁定驳回的,当事人可以向人民法院起诉(《民诉法解释》第544条)。

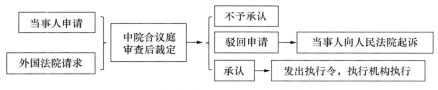

[图22-4] 外国法院判决在我国的承认与执行

(二) 外国仲裁裁决在我国的承认与执行

1. 承认与执行的申请

国外仲裁机构的裁决需要我国人民法院承认和执行的,根据《民诉法》第283条的规定,应当由当事人直接向被执行人住所地或者其财产所在地的中级人民法院申请。申请人向人民法院申请执行我国涉外仲裁机构的裁决,应当提出书面申请,并附裁决书正本。如申请人为外国当事人,其申请书应当用中文文本提出(《民诉法解释》第540条)。

2. 承认与执行的审查

对外国仲裁裁决在我国的承认与执行,根据《民诉法》第283条的规定,我国人民法院应当依照我国缔结或者参加的国际条约,或者按照互惠原则办理。人民法院强制执行涉外仲裁机构的仲裁裁决时,被执行人以有《民诉法》第274条第1款规定的情形为由提出抗辩的,人民法院应当对被执行人的抗辩进行审查,并根据审查结果裁定执行或者不予执行(《民诉法解释》第541条)。

根据《民诉法》第272条的规定,我国涉外仲裁机构将当事人的保全申请提交人民法院裁定的,人民法院可以进行审查,裁定是否进行保全。裁定保全的,应当责令申请人提供担保,申请人不提供担保的,裁定驳回申请。当事人申请证据保全,人民法院经审查认为无需提供担保的,申请人可以不提供担保(《民诉法解释》第542条)。

对临时仲裁庭在我国领域外作出的仲裁裁决,一方当事人向人民法院申请承认和执行的,人民法院应当依照《民诉法》第 283 条规定处理(《民诉法解释》第 545 条)。

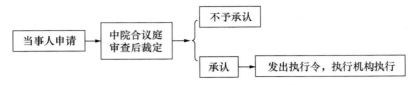

[图 22-5] 外国仲裁裁决在我国的承认与执行

(三)我国法院裁判和仲裁机构仲裁裁决在外国的承认与执行

《民诉法》第 280 条第 1 款规定,人民法院作出的发生法律效力的判决、裁定,如果被执行人或者其财产不在我国领域内,当事人请求执行的,可以由当事人直接向有管辖权的外国法院申请承认和执行,也可以由人民法院依照我国缔结或者参加的国际条约的规定,或者按照互惠原则,请求外国法院承认和执行。根据本条规定,我国人民法院裁判在外国的承认与执行,需要符合以下条件:(1)我国人民法院作出的裁判文书必须是发生法律效力的裁判文书;(2)被申请执行人或财产不在我国领域内;(3)被请求执行国与我国存在条约关系或互惠关系;(4)由当事人直接向外国法院提出申请或由我国人民法院向外国法院提出请求。

《民诉法》第 280 条第 2 款规定,我国涉外仲裁机构作出的发生法律效力的仲裁裁决,当事人请求执行的,如果被执行人或者其财产不在我国领域内,应当由当事人直接向有管辖权的外国法院申请承认和执行。

《民诉法解释》第 530 条规定,涉外民事诉讼中,经调解双方达成协议,应当制发调解书。当事人要求发给判决书的,可以依协议的内容制作判决书送达当事人。由于外国法院通常对我国人民法院制作的民事调解书不予承认与执行,只对判决书与裁定书予以承认与执行,因此,涉外诉讼当事人可以依调解协议内容申请我国人民法院制作判决书。

[表 22-5] 当事人和解或调解后申请制作判决书汇总

诉讼类型	案件类型	是否准许	司法解释依据
国内民事诉讼	无民事行为能力人离婚案件	准许	《民诉法解释》第 148 条第 2 款:无民事行为能力人的离婚案件,其法定代理人与对方达成协议要求发给判决书的,可根据协议内容制作判决书
	除此之外全部案件类型	不准许	《民诉法解释》第 148 条第 1 款:当事人请求人民法院按照和解协议或者调解协议的内容制作判决书的,人民法院不予准许
涉外	全部案件类型	准许	《民诉法解释》第 530 条:涉外民事诉讼中,经调解双方达成协议,应当制作调解书。当事人要求发给判决书的,可依协议的内容制作判决书送达当事人

根据《民诉法解释》第 550 条的规定,当事人在我国领域外使用我国人民法院的判决书、裁定书,要求我国人民法院证明其法律效力的,或者外国法院要求我国人民法院证明判决书、裁定书的法律效力的,作出判决、裁定的我国人民法院,可以本法院的名义出具证明。

思 考 题

1. 民事案件具有哪些情形的,人民法院可以认定为涉外民事案件?
2. 人民法院在审理涉外民事案件时,有关民事诉讼程序规范的选择适用原则有哪些?
3. 涉外民事诉讼中,可以担任外国当事人委托代理人的范围是什么?
4. 根据《民诉法》第 265 条的规定,在涉外民事诉讼中,因合同纠纷或者其他财产权益纠纷,对在中国领域内没有住所的被告提起的诉讼,我国人民法院有管辖权的情形有哪些?
5. 涉外民事诉讼与国内民事诉讼的上诉和答辩期间有何区别?
6. 简述依国际条约规定的方式送达与通过外交途径送达两种送达方式的区别。
7. 简述外国法院作出的判决书在我国人民法院承认与执行的方式与流程。

第二十三章　涉港澳台民事司法协助

我国内地、香港、澳门、台湾的民事诉讼制度，在"一国两制"的框架下分别在各个法域①内运行，由此形成"一个国家、两种制度、四个法域"的状况。在诉讼程序上，涉港澳台民事案件比照涉外民事案件程序审理，但涉港澳台民事司法协助制度较涉外民事司法协助有明显不同。

第一节　涉港澳台民事诉讼概述

一、涉港澳台民事诉讼的概念

涉港澳台民事诉讼，是指具有涉香港、澳门特别行政区以及台湾地区因素的民事诉讼。在法院系统案件统计中，涉香港案件统计为涉港案件，涉澳门案件统计为涉澳案件，涉台湾地区案件统计为涉台案件，涉港澳台案件为这三类案件的统称。《民诉法解释》第551条规定，人民法院审理涉及香港、澳门特别行政区和台湾地区的民事诉讼案件，可以参照适用涉外民事诉讼程序的特别规定。《民诉法》及《民诉法解释》对涉外民事诉讼程序的管辖、期间等特别规定均适用于涉港澳台民事案件，但一般司法协助和特殊司法协助的规定除外。

港澳台因素包括五个方面：

（1）诉讼主体具有涉港澳台因素，即当事人一方或双方是港澳台居民，或港澳台企业或组织。共同诉讼中，只要有一名当事人是港澳台居民，或港澳台企业或组织，诉讼主体就具有涉港澳台因素。比如，内地居民与澳门居民在广州某区人民法院进行的合作经营合同纠纷诉讼。

对于第三人具有涉港澳台因素的案件是否属于涉港澳台民事案件，法律及司法解释没有具体规定。由于我国对涉港澳台案件亦与涉外案件一样实行集中管辖，因此，界定这类案件是否属于涉港澳台民事案件非常重要。多数学者认为，第三人是民事诉讼主体的重要组成部分，此类案件全案审理适用涉港澳台民事诉讼程序更为妥当，因此，第三人具有涉港澳台因素的案件亦应认定为涉港澳

---

① 一个国家内部各个独特法律制度的地区称为法域。

台民事案件。

（2）争议的民事法律关系具有涉港澳台因素，即当事人之间民事法律关系的设立、变更、终止的法律事实发生在香港、澳门特别行政区或者台湾地区。

（3）诉讼标的物具有涉港澳台因素，即双方当事人争议的标的物在香港、澳门特别行政区或者台湾地区。

（4）当事人一方或双方的经常居所地在香港、澳门特别行政区或者台湾地区。在深圳、珠海等城市，有居住在香港、澳门但工作地在深圳、珠海，每天往返于两地的内地居民，如满足"民事关系产生或者变更、终止时已经连续居住一年以上且作为其生活中心"条件的，经常居所地应认定为在香港或澳门。

（5）可以认定为涉港澳台民事关系的其他情形。涉港澳台民事案件有时具有两个或两个以上涉港澳台因素，只要具备其中一个涉港澳台因素，即应当认定是涉港澳台民事案件。

需注意，对于企业或组织，是以其登记地来界定是否具有涉港澳台因素。港澳台同胞或港澳台地区企业、其他组织在内地成立的独资企业或合资经营企业、合作经营企业，属于内地企业，它们与内地自然人、企业、其他组织之间的民商事纠纷案件，是内地民事案件，不是涉港澳台民事案件。居住在港澳台地区的外国人，或者是港澳台同胞在外国登记设立的企业、组织，属于外国人或外国企业或组织，它们与内地自然人、企业、其他组织之间的民商事纠纷案件，是涉外民商事案件，亦不是涉港澳台民事案件。

[表 23-1]　涉港澳台因素

主体涉港澳台	至少有一名当事人是港澳台居民、港澳台企业或组织
	至少有一名当事人的经常居所地在港澳台地区
法律关系涉港澳台	当事人之间民事法律关系的设立、变更、终止的法律事实发生在港澳台地区
标的物涉港澳台	双方当事人争议的标的物在港澳台地区
其他涉港澳台	可以认定为涉港澳台民事案件的其他情形

二、涉港澳台民事司法协助的内涵

涉港澳台民事司法协助，是指在中华人民共和国主权之下，针对涉港澳台民事案件中有关诉讼文书的送达、调查取证、法院判决和仲裁裁决的承认与执行等特定诉讼事项，内地与港澳台司法机关相互提供帮助与合作的司法行为。涉港澳台司法协助属于区际司法协助。所谓区际司法协助，是指同一主权国家内部不同法域之间在民事领域所进行的司法协助。包括代为送达司法文书、调查取证以及承认与执行法院裁判与仲裁裁决等。

"一国两制"既是实现我国国家统一的设计和方案,也是实现国家统一最有效的途径。"一国"就是要维护国家统一和领土完整,区际司法协助必须以此为基本出发点;"两制"意味着香港、澳门和台湾地区的法制不同于内地的法制,而且这种法制各异的局面将长期存在,因此要尊重和维护各法域之法律制度的独特性。香港、澳门特别行政区享有独立的司法权和终审权。将来两岸统一以后,台湾的地位可能会类似于香港、澳门特别行政区,也将享有高度自治权和独立的司法权及终审权。特别行政区法院、台湾地区法院与内地法院属于不同的法律体系,它们之间互不从属、互不干预。因此,在司法协助实务中,作为请求双方的特别行政区法院、台湾地区法院与内地法院是处于同一地位的,这种合作和协助是相互对等的,应当允许港澳台地区在涉及其自身利益、不与国家利益冲突的情况下,拒绝提供司法协助,而不能要求其像内地各地区法院那样负有提供司法协助的强制性义务。同时,由于保护当事人合法权益才是司法协助的最终目的,因此各法域司法机关应将当事人的利益放在首位,摒弃相互间无谓的争执,及时有效地保障当事人的合法权益。只要程序上符合本法域法律制度的规定,就应当依法提供司法协助,被请求方不应根据本法域的实体法对认定事实和适用法律是否正确进行审查。

三、港澳台法院设置及民事诉讼程序简介

(一) 香港

1. 香港法律与英国法律的关系

英国法律有三大渊源,即普通法、衡平法、制定法。其中,普通法与衡平法的地位远高于制定法,而普通法又是衡平法形成的前提和基础,因此,以英国为代表的法律体系又被称为普通法体系。普通法最早是在英国12世纪左右形成的。

1873年,英国对普通法法院与衡平法法院并存的司法机构进行了改革,两套体系得以合并,单一的法院体系得以形成。但普通法与衡平法两种法律制度被保留下来,并且衡平法的效力高于普通法,普通法与衡平法被称为判例法。英国在统治香港期间,直接将普通法和衡平法的制度适用于香港。

普通法的主要原则是"遵循先例",即法官审理案件可以依据先前的判例作出裁判,所以又称为"判例法"。从1905年开始,香港法院开始汇编《判例汇报》,至今已有100多期。

2. 香港的民事诉讼法

香港虽然没有一部以"民事诉讼法"命名的法律,但有着比较完整的法律(一般称为条例)加以规范,而且,司法机关经授权制定的各种附属规则更是严谨、细致,因此,香港的民事诉讼法体系由条例、附属规则、规例以及命令的组合构成,包括终审法院条例及附属规则、高等法院条例及附属规则、区域法院条例及附属规则、土地审裁处条例、陪审团条例等。

香港不同层级的司法机关适用不同的诉讼程序,上级法院对下级法院的司法程序具有相当的包容性,有效地避免了上级法院对下级法院的不当控制与干预,从而保证了司法机关各自的独立性。

香港的民事诉讼制度赋予当事人充分的程序进展速度与进行方式的选择权,同时,也规定了当事人必须严格履行诉讼义务,若当事人没有履行诉讼义务,可能出现比较严重的后果。比如,被告没有在规定时间内应诉答辩,经原告申请,法院可以不再对案件事实进行全面审查,径行判决原告胜诉。

3. 香港的法院与法官

依据香港基本法的规定,香港设立终审法院、高等法院、区域法院、裁判署法庭和其他专门法庭。高等法院设立上诉法庭和原讼法庭。①

另外,自20世纪70年代起,香港仿效英国设置了土地审裁处、劳资审裁处、小额钱债审裁处和淫亵物品审裁处。审裁处设1名常务司法官或主任,由高等法院法官担任,审裁处法官则由区域法院法官出任,另外还有行政长官委任的其他成员以及终审法院首席法官委任的临时成员(包括从业5年以上的法官、律师或政府官员)。审裁处不是法院,实际上却发挥了法院的功能,具有准司法性质。大量的普通民事纠纷可以通过审裁处得到解决,而不必动用正规的民事诉讼程序。当事人如果对审裁处裁判结果不满意还可以向高等法院原讼法庭提起上诉,因此,人们习惯上也将审裁处称为法院。

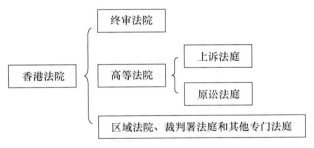

[图 23-1] 香港法院设置

根据香港《司法人员推荐委员会条例》的规定,司法人员推荐委员会是香港专设的遴选司法人员的机构,由终审法院首席法官、律政司司长、行政长官委任的7名委员组成(法官2名、大律师及律师各1名、与法律职业完全无关的人士3名),法官由该委员会推荐产生。香港的法官90%以上都曾是大律师,区域法

---

① 《香港特别行政区基本法》第81条第1款规定:"香港特别行政区设立终审法院、高等法院、区域法院、裁判署法庭和其他专门法庭。高等法院设上诉法庭和原讼法庭。"

院法官的任职需要 10 年以上的律师执业经验,高等法院则要求更高,故而最年轻的法官也在 40 岁以上。截至 2017 年年底,香港法官共有 180 多名,其中终审法院法官有 19 名,上诉法庭法官有 13 名①,绝大多数法官都在基层法院。香港法院的审判辅助及行政人员有 1800 多人,法官与辅助人员的比例达到了 1∶10。

在香港,终审法院法官的薪金与政府司级官员等同,地方法院法官的薪金与政府部门首长相同,基层普通法官的月薪可达港币 10 余万元,而首席大法官的月薪可达到 20 余万元。法官退休后,还可以获得稳定的生活保障,特区政府将按不低于原来的标准,向其本人及家属支付退休金、酬金、津贴和福利费。② 另外,为堵死任何可能的借口,法律明确规定了"法官于任职期间薪俸固定,不得减少",也就是不管什么原因,法官的薪俸只能增加不能减少。

2004 年 10 月,香港终审法院发布《法官行为指引》,指引共 98 条,指引法官在行为上无时无刻严守至高标准。香港法官不能随便去娱乐场所,更不能与律师、当事人在法庭外接触,一旦被发现有违规行为,只能辞职,而且辞职后不能去做律师,无路可退。

(1) 终审法院

香港终审法院是香港最高司法机关及最高上诉法院,除对国防、外交等国家行为无司法管辖权以外,对其他案件均拥有终审权。终审法院只受理法律规定的上诉案件,不受理任何初审案件。

终审法院法官由首席法官、常任法官、非常任法官及其他普通法适用地区法官组成。常任法官不少于 3 名,非常任法官最多不超过 30 名。所有的法官经司法人员推荐委员会推荐,由行政长官征得立法会同意,并报请全国人大常委会备案。③ 另外,终审法院还设立 1 名非法官的司法常务官,协助法官处理日常性司法事务。首席法官还可以委任其他人员执行终审法院具体事务。

(2) 高等法院

香港高等法院分为二层,即上诉法庭及原讼法庭。原讼法庭由高等法院首席法官和多名原讼法庭法官组成,如有需要,上诉法庭法官也可担任原讼法庭法官。原讼法庭审理一定金额以上的初审民事案件(没有上限数额)和比较重大的刑事案件以及劳资、小额、淫亵物品审裁处案件的上诉审。上诉法庭由高等法院首席法官和多名上诉法庭法官组成。首席法官是庭长,首席法官还可委任 1 名或多名上诉法庭法官担任副庭长。上诉法庭审理原讼法庭及区域法院初审案件

---

① 上诉法庭法官人数比例较低,表明香港上诉案件很少,一审已平息了绝大部分争议。
② 参见《香港特别行政区基本法》第 93 条第 2 款规定。
③ 参见《香港特别行政区基本法》第 90 条第 2 款规定。

的上诉案件。

（3）裁判署法庭、区域法院与专门法庭

裁判署法庭、区域法院与专门法庭同为香港的基层法院。裁判署法庭主要负责刑事案件。区域法院拥有有限的民事和刑事审裁权，刑事案件最高刑期是7年。区域法院设有家事法庭审理离婚案件。区域法院从法院级别上低于原讼法庭，但对区域法院的裁决不服的向上诉法庭上诉。专门法庭包括少年法庭、死因裁判法庭。

4. 香港的律师

截至2017年年底，香港律师约9000人。香港律师分为大律师和事务律师。大律师又称诉讼律师、出庭律师，约1100名，只负责出庭参与诉讼。事务律师约7000余名，负责全部律师工作，当事人与大律师的联系必须通过事务律师进行。事务律师的出庭权有较大限制，只可以到裁判署法院、区域法院以及原讼法庭的内庭（即非公开庭）出席庭审。而大律师则有无限制的出庭权，从裁判法院到终审法院均可以出庭。

香港律师是由高等法院以法庭颁发命令的方式，在经历一个庄严的仪式后予以认可，香港律师的名字登记在高等法院的律师名册中，律师执业证写明×××——高等法院执业律师。香港律师执业纪律中明确规定每个律师都是法庭的官员，律师的首要义务是维护法庭尊严，大律师则被称为法庭的朋友。

（二）澳门

1. 澳门的司法机关

澳门的司法机关包括法院与检察院，法官与检察官统称为司法官。澳门检察院在回归以后设立，在民事诉讼中的职能与内地检察院有所不同，主要是在法庭上代表特区政府进行刑事诉讼，代表政府、无民事行为能力人、失踪人、公益诉讼等进行民事诉讼。在待遇、薪酬、纪律、惩处等方面，检察官与法官大致相当。

2. 澳门的法院与法官

澳门设立初级法院、中级法院和终审法院，另外还设立行政法院。

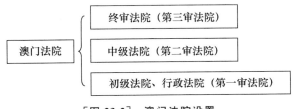

[图23-2] 澳门法院设置

截至2020年5月，全澳门共有法官46名，其中第一审法院34名，中级法院9名，终审法院3名。全澳门司法辅助人员240名，另有行政人员超过207名，法官与辅助人员的比例约1∶10。

澳门初级法院由民事起诉法庭、刑事起诉法庭、轻微民事刑事法庭、劳动法庭及未成年人法庭组成,绝大部分民事案件均由初级法院管辖。行政法院管辖第一审行政诉讼与税务诉讼,不服可向中级法院上诉。中级法院主要审理初级法院上诉案件,不受理第一审民事案件。终审法院审理中级法院作为第二审法院所作的属民事或劳动事宜的合议庭裁判,可见,澳门的民事案件在审级上是三审终审制,但不是所有民事案件都实行三审终审,只有符合法定上诉利益限额的民事案件才可能适用。

澳门各级法院的法官由当地法官、律师和知名人士组成的独立委员会推荐,由行政长官任命。法官的选任以专业资格为标准,符合标准的外籍法官也可聘任。

澳门法官待遇较高,比如,终审法院院长的薪酬为行政长官薪酬的80%,中级法院院长的薪酬为行政长官薪酬的70%,第一审法院(初级法院、行政法院)院长及合议庭主席的薪酬为行政长官薪酬的67%,终审法院法官的薪酬为行政长官薪酬的75%,第一审法院法官的薪酬按服务年限分别计算,服务满18年的薪酬为行政长官薪酬的60%。另外,澳门《司法官通则》对法官的年假、居所、津贴、医疗护理、退休制度等作出了详细规定。

澳门法官配有专车、秘书、司机。澳门法官退休后,还可以获得稳定的生活保障,特区政府将按不低于原来的标准,向其本人及家属支付退休金、酬金、津贴和福利费。另外,为堵死任何可能的借口,明确规定了"法官于任职期间薪俸固定,不得减少",也就是不管什么原因,法官的薪俸只能增加不能减少。

当然,与香港法官一样,澳门法官在享有优厚待遇的同时,也受各种纪律和处罚制度的约束。法官不能随便去娱乐场所,更不能与律师、当事人在法庭外接触,一旦被发现有违规行为,只能辞职,而且辞职后不能去做律师,无路可退。法官一般不得予以免职,只有在其行为严重违反纪律或违反法律的情况下,才可以经过严格程序之后强迫退休或予以撤职。

3. 澳门的民事诉讼法

澳门回归之前没有自己独立的法律体系,也没有自己的民事诉讼法,澳门法律主要构成部分是葡萄牙专门为澳门制定的法律和葡萄牙法律在澳门的延续。1999年,《澳门民事诉讼法典》颁布施行,2004年,法典个别条款作了修改和补充,修订后的《澳门民事诉讼法典》分为5卷共1297条。

从法律渊源上讲,澳门民事诉讼法包括基本法相关规定、《澳门民事诉讼法典》《司法组织纲要法》《司法官通则》《法院诉讼费用制度》,还包括《澳门民法典》中的相关规定。

4. 澳门的律师

澳门的民事诉讼代理人分为法定诉讼代理人、指定诉讼代理人和委托诉讼代理人,另外,针对某些特殊的当事人,检察院也可以充当诉讼代理人。在澳门,只有律师才具有接受委托担任代理人的资格,其他任何主体不能接受委托。澳门的律师从某种意义上说甚至具有司法人员的性质,其职能和权利享有充分的法律保障。

5. 澳门法官的辅助机构

澳门法院设置的办事处属于处理法院日常事务及辅助法官从事案件审判活动的行政性机构,各级法院的司法辅助人员在各法院办事处担任职务,各级法院院长管理司法辅助人员的日常工作,司法辅助人员的考评由法官委员会负责。

(三)台湾地区

1. 台湾地区的法院设置

台湾地区实行"三审终审制",法院分为三级:第一审法院为地方法院及其分院,审判组织为独任庭或三人制合议庭;第二审法院即高等法院及其分院,审判组织为三人制合议庭;第三审法院即"最高法院"。

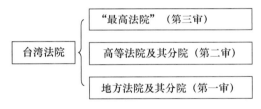

[图 23-3] 台湾地区法院设置

2. 台湾地区的法官

台湾地区实行法官员额制。只有在法官职位出现空缺时,才通过考试予以选拔。初任法官均需通过专门的法官考试,或具有一定年限律师从业经历、司法官经历,或从事法学教学研究,并应经过至少35周至2年的职前培训,以确保法官入职门槛。

台湾地区"法官法"还规定:法官不分官等、职等,均以年资、俸点作为计算薪资的标准,即使是地方法院的法官,非因个人缘由也可享受与最高法院法官相同的薪酬标准。

3. 台湾地区的"民事诉讼法"

台湾地区现行"民事诉讼法"于1935年2月修正公布,并于同年7月起施行,至今已多次修正。台湾地区的"民事诉讼法"出于德国法系,但也采用奥地利、匈牙利及日本民事诉讼法,并间接采用英美法,因此,从体系到内容都深受两大法系影响。

与大陆法系普遍采用"审执合一"制不同,台湾地区"民事诉讼法"采用"审执分立"制,在"民事诉讼法"外,另有独立的"强制执行法",强调执行程序为非讼程序,"强制执行法"共160条。

台湾地区实行"三审终审制",上诉程序包括第二审程序与第三审程序,对判决不服称为上诉,对裁定不服称为抗告,分别适用上诉程序与抗告程序。第一、二审民事诉讼的诉讼代理人,除经审判长许可,原则上应委托律师代理。

第二节 内地与香港之间的民事司法协助

一、内地人民法院向住所地在香港的受送达人送达司法文书

根据2009年3月16日起施行的《最高人民法院关于涉港澳民商事案件司法文书送达问题若干规定》,内地人民法院向住所地在香港的受送达人送达司法文书主要有下列内容:

(1) 司法文书范围。包括起诉状副本、上诉状副本、反诉状副本、答辩状副本、传票、判决书、调解书、裁定书、支付令、决定书、通知书、证明书、送达回证等与诉讼相关的文书。

(2) 在内地的直接送达。作为受送达人的自然人或者企业、其他组织的法定代表人、主要负责人在内地的,人民法院可以直接向该自然人或者法定代表人、主要负责人送达。受送达人在内地设立有代表机构的,人民法院可以直接向该代表机构送达。受送达人在内地设立有分支机构或者业务代办人并授权其接受送达的,人民法院可以直接向该分支机构或者业务代办人送达。上述在内地的直接送达适用留置送达。

(3) 送达方式。内地人民法院向受送达人送达司法文书,可以邮寄送达[①],也可以通过传真、电子邮件等能够确认收悉的其他适当方式送达。人民法院不能通过上述方式送达的,可以公告送达。公告内容应当在内地和受送达人住所地公开发行的报刊上刊登,通常为《人民法院报》,自公告之日起满3个月即视为送达。除公告送达方式外,人民法院可以同时采取多种法定方式向受送达人送达。采取多种方式送达的,应当根据最先实现送达的方式确定送达日期。

受送达人未对人民法院送达的司法文书履行签收手续,但存在以下情形之一的,视为送达:其一,受送达人向人民法院提及了所送达司法文书的内容;其二,受送达人已经按照所送达司法文书的内容履行;其三,其他可以确认已经送达的情形。

---

① 香港、澳门特别行政区与台湾地区均不拒绝邮寄送达。

二、内地与香港法院之间的委托送达

根据1999年3月30日起施行的《最高人民法院关于内地与香港特别行政区法院相互委托送达民商事司法文书的安排》,内地与香港法院之间的委托送达主要包括以下内容:

(1) 送达司法文书的法院。双方委托送达司法文书,均须通过内地各高级人民法院和香港特别行政区高等法院进行。最高人民法院的司法文书可以直接委托香港特别行政区高等法院送达。

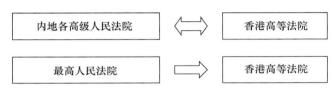

[图23-4] 内地与香港委托送达法院

(2) 送达司法文书的范围。在内地包括起诉状副本、上诉状副本、授权委托书、传票、判决书、调解书、裁定书、决定书、通知书、证明书、送达回证;在香港特别行政区包括起诉状副本、上诉状副本、传票、状词、誓章、判案书、判决书、裁决书、通知书、法庭命令、送达证明。

(3) 送达司法文书的要求。委托方请求送达司法文书,须出具盖有其印章的委托书,并须在委托书中说明委托机关的名称、受送达人的姓名或者名称、详细地址及案件的性质。委托书应当以中文文本提出。所附司法文书没有中文文本的,应当提供中文译本。以上文件一式两份。受送达人为两人以上的,每人一式两份。受委托方如果认为委托书与本安排的规定不符,应当通知委托方,并说明对委托书的异议。必要时可以要求委托方补充材料。

不论司法文书中确定的出庭日期或者期限是否已过,受委托方均应送达。委托方应当尽量在合理期限内提出委托请求。受委托方接到委托书后,应当及时完成送达,最迟不得超过自收到委托书之日起2个月。

送达司法文书后,内地人民法院应当出具送达回证;香港特别行政区法院应当出具送达证明书。出具送达回证和证明书,应当加盖法院印章。受委托方无法送达的,应当在送达回证或者证明书上注明妨碍送达的原因、拒收事由和日期,并及时退回委托书及所附全部文书。

(4) 送达司法文书的程序与费用负担。送达司法文书,应当依照受委托方所在地法律规定的程序进行。受委托方对委托方委托送达的司法文书的内容和后果不负法律责任。委托送达司法文书费用互免。但委托方在委托书中请求以特定送达方式送达所产生的费用,由委托方负担。

三、内地与香港法院之间代为调查取证

内地与香港法院之间代为调查取证目前还没有系统的安排。《香港特别行政区基本法》第 95 条规定："香港特别行政区可与全国其他地区的司法机关通过协商依法进行司法方面的联系和相互提供协助。"两地之间代为调查取证只能通过临时性的协商进行。

由于临时性协商机制程序复杂、周期较长,实务中,一般由当事人或代理人自行取证,具体方式为内地当事人或代理律师委托有资质的香港律师在香港调取证据并出具公证书。我国司法部曾先后委托 49 名香港律师办理当事人来内地处理民商事事务所需要的公证①,包括对在香港的当事人或发生在香港的事实和行为进行调查取证。具体办理事项为:"除可以办理香港居民回内地处理民事法律事宜使用的有关证明外,还可以办理香港公司团体等到内地处理经济方面的法律事务所需的各种证明文书,如公司资信情况证明;公司章程证明;委托代签经济合同的授权委托书;公司纳税情况证明;银行担保证明以及香港公司在内地人民法院诉讼、仲裁机关仲裁所需的各种证明文书。"②委托律师在公证书上签字盖章后,再经过司法部与贸促会在香港设立的"中国法律服务(香港)有限公司"驻深圳办事处在公证文书正本上加盖转递章,即可在内地作为证明力较强的证据使用。③

需注意,内地人民法院审理涉港案件时,在香港形成的证据并非只有办理上述"公证认证"手续才具有证据能力,未经"公证认证"的证据同样具有证据能力,同样也可以作为证据使用,但证明力要小于经过"公证认证"手续的证据,具体是否采纳需由人民法院结合其他证据综合判断。

四、内地与香港法院相互认可和执行法院判决

2008 年 7 月 3 日,最高人民法院发布《关于内地与香港特别行政区法院相互认可和执行当事人协议管辖的民商事案件判决的安排》,并于 8 月 1 日起施行,内容主要为关于内地与香港特别行政区法院相互认可和执行民商事案件判决的安排。2019 年 1 月 18 日,最高人民法院与香港特别行政区政府签署《关于内地与香港特别行政区法院相互认可和执行民商事案件判决的安排》(以下简称

---

① 司法部于 1985 年发布《关于委托香港八位律师办理公证的若干问题的通知》,于 1986 年发布《关于增加委托十八位香港律师事的通知》,于 1991 年再次发布《关于再委托二十三位香港律师办理公证事务并改变出证方式的通知》,三次共委托 49 名香港律师办理当事人来内地处理民商事事务所需要的公证,其中一人在 1991 年前已去世,实际委托香港律师为 48 人。
② 参见司法部 1991 年《关于再委托二十三位香港律师办理公证事务并改变出证方式的通知》第 3 条的规定。
③ 具体程序类似于涉外诉讼程序中的公证认证手续。

《相互认可和执行安排》),相比 2008 年 7 月 3 日发布的安排,本安排扩大了可执行的判决范围,扩大了有权受理认可和执行申请的法院的范围。根据《相互认可和执行安排》第 29 条、第 30 条的规定,本安排在最高人民法院发布司法解释和香港特别行政区完成有关程序后,由双方公布生效日期。本安排生效之日,《关于内地与香港特别行政区法院相互认可和执行当事人协议管辖的民商事案件判决的安排》同时废止。

1. 相互执行的法律文书范围

内地与香港特别行政区法院民商事案件生效判决的相互认可和执行,适用本安排。刑事案件中有关民事赔偿的生效判决的相互认可和执行,亦适用本安排。"民商事案件"是指依据内地和香港特别行政区法律均属于民商事性质的案件,不包括香港特别行政区法院审理的司法复核案件以及其他因行使行政权力直接引发的案件。

本安排所称的"判决",在内地包括判决、裁定、调解书、支付令,不包括保全裁定;在香港特别行政区包括判决、命令、判令、讼费评定证明书,不包括禁诉令、临时济助命令。本安排所称的"生效判决",在内地是指第二审判决、依法不准上诉或者超过法定期限没有上诉的第一审判决,以及依照审判监督程序作出的上述判决;在香港特别行政区是指终审法院、高等法院上诉法庭及原讼法庭、区域法院以及劳资审裁处、土地审裁处、小额钱债审裁处、竞争事务审裁处作出的已经发生法律效力的判决。

本安排暂不适用于就下列民商事案件作出的判决:(1)内地人民法院审理的赡养、兄弟姐妹之间的扶养、解除收养关系、成年人监护权、离婚后损害责任、同居关系析产案件,香港特别行政区法院审理的应否裁判分居的案件;(2)继承案件、遗产管理或者分配的案件;(3)内地人民法院审理的有关发明专利、实用新型专利侵权的案件,香港特别行政区法院审理的有关标准专利(包括原授专利)、短期专利侵权的案件,内地与香港特别行政区法院审理的有关确认标准必要专利许可费率的案件,以及有关本安排第五条未规定的知识产权案件;(4)海洋环境污染、海事索赔责任限制、共同海损、紧急拖航和救助、船舶优先权、海上旅客运输案件;(5)破产(清盘)案件;(6)确定选民资格、宣告自然人失踪或者死亡、认定自然人限制或者无民事行为能力的案件;(7)确认仲裁协议效力、撤销仲裁裁决案件;(8)认可和执行其他国家和地区判决、仲裁裁决的案件。

2. 相互执行的法院

申请认可和执行符合本安排规定的民商事判决,在内地,向申请人住所地或者被申请人住所地、财产所在地的中级人民法院提出;在香港特别行政区,向高等法院提出。申请人应当向符合规定的其中一个人民法院提出申请。向两个以上有管辖权的人民法院提出申请的,由最先立案的人民法院管辖。

本安排所称"住所地",当事人为自然人的,是指户籍所在地或者永久性居民身份所在地、经常居住地;当事人为法人或者其他组织的,是指注册地或者登记地、主要办事机构所在地、主要营业地、主要管理地。

被申请人在内地和香港特别行政区均有可供执行财产的,申请人可以分别向两地法院申请执行。应对方法院要求,两地法院应当相互提供本方执行判决的情况。两地法院执行财产的总额不得超过判决确定的数额。

3. 申请提交的文件

申请人向有关法院申请认可和执行判决的,应当提交以下文件:(1)申请书。(2)经作出生效判决的法院盖章的判决副本。(3)作出生效判决的法院出具的证明书,证明该判决属于生效判决,判决有执行内容的,还应当证明在原审法院地可以执行。(4)判决为缺席判决的,应当提交已经合法传唤当事人的证明文件,但判决已经对此予以明确说明或者缺席方提出认可和执行申请的除外。(5)身份证明材料:申请人为自然人的,应当提交身份证件复印件;申请人为法人或者其他组织的,应当提交注册登记证书的复印件以及法定代表人或者主要负责人的身份证件复印件。上述身份证明材料,在被请求方境外形成的,应当依据被请求方法律规定办理证明手续。向内地人民法院提交的文件没有中文文本的,应当提交准确的中文译本。

请求认可和执行申请书应当载明下列事项:(1)当事人的基本情况。当事人为自然人的,包括姓名、住所、身份证件信息、通信方式等;当事人为法人或者其他组织的,包括名称、住所及其法定代表人或者主要负责人的姓名、职务、住所、身份证件信息、通信方式等。(2)请求事项和理由。申请执行的,还需提供被申请人的财产状况和财产所在地。(3)判决是否已在其他法院申请执行以及执行情况。

4. 申请执行的期限

申请人申请认可和执行内地人民法院或者香港特别行政区法院判决的程序,依据执行地法律的规定。

申请人在内地申请认可和执行香港特别行政区法院判决的,申请认可和执行的期间为2年。其中,判决规定了履行期限的,从判决规定履行期间的最后一日起计算,判决规定分期履行的,从规定的每次履行期间的最后一日起计算,判决未规定履行期限的,从判决生效之日起计算。

5. 拒绝认可和执行的情形

申请认可和执行的判决,被申请人提供证据证明有下列情形之一的,被请求方法院审查核实后,应当不予认可和执行:(1)原审法院对有关诉讼的管辖不符合本安排第11条规定的①;(2)依据原审法院地法律,被申请人未经合法传唤,或者虽经合法传唤但未获得合理的陈述、辩论机会的;(3)判决是以欺诈方法取得的;(4)被请求方法院受理相关诉讼后,原审法院又受理就同一争议提起的诉讼并作出判决的;(5)被请求方法院已经就同一争议作出判决,或者已经认可其他国家和地区就同一争议作出的判决的;(6)被请求方已经就同一争议作出仲裁裁决,或者已经认可其他国家和地区就同一争议作出的仲裁裁决的。

内地人民法院认为认可和执行香港特别行政区法院判决明显违反内地法律的基本原则或者社会公共利益,香港特别行政区法院认为认可和执行内地人民法院判决明显违反香港特别行政区法律的基本原则或者公共政策的,应当不予认可和执行。

申请认可和执行的判决,被申请人提供证据证明在原审法院进行的诉讼违反了当事人就同一争议订立的有效仲裁协议或者管辖协议的,被请求方法院审查核实后,可以不予认可和执行。

6. 相互认可和执行的判项范围

内地与香港特别行政区法院相互认可和执行的判决内容包括金钱判项、非金钱判项。相互认可和执行的财产给付范围,包括判决确定的给付财产和相应的利息、诉讼费、迟延履行金、迟延履行利息,不包括税收、罚款。"诉讼费",在香港特别行政区是指讼费评定证明书核定或者命令支付的费用。

被请求方法院不能认可和执行判决全部判项的,可以认可和执行其中的部分判项。

7. 中止执行、中止诉讼与驳回起诉

对于香港特别行政区法院作出的判决,一方当事人已经提出上诉,内地人民法院审查核实后,中止认可和执行程序。经上诉,维持全部或者部分原判决的,

---

① 《相互认可和执行安排》第11条规定:"符合下列情形之一,且依据被请求方法律有关诉讼不属于被请求方法院专属管辖的,被请求方法院应当认定原审法院具有管辖权:(一)原审法院受理案件时,被告住所地在该方境内;(二)原审法院受理案件时,被告在该方境内设有代表机构、分支机构、办事处、营业所等不属于独立法人的机构,且诉讼请求是基于该机构的活动;(三)因合同纠纷提起的诉讼,合同履行地在该方境内;(四)因侵权行为提起的诉讼,侵权行为实施地在该方境内;(五)合同纠纷或者其他财产权益纠纷的当事人以书面形式约定由原审法院地管辖,但各方当事人住所地均在被请求方境内的,原审法院地应系合同履行地、合同签订地、标的物所在地等与争议有实际联系地;(六)当事人未对原审法院提出管辖权异议并应诉答辩,但各方当事人住所地均在被请求方境内的,原审法院地应系合同履行地、合同签订地、标的物所在地等与争议有实际联系地。前款所称'书面形式'是指合同书、信件和数据电文(包括电报、电传、传真、电子数据交换和电子邮件)等可以有形地表现所载内容的形式。知识产权侵权纠纷案件以及内地人民法院审理的《中华人民共和国反不正当竞争法》第六条规定的不正当竞争纠纷民事案件、香港特别行政区法院审理的假冒纠纷案件,侵权、不正当竞争、假冒行为实施地在原审法院地境内,且涉案知识产权权利、权益在该方境内依法应予保护的,才应当认定原审法院具有管辖权。除第一款、第三款规定外,被请求方法院认为原审法院对于有关诉讼的管辖符合被请求方法律规定的,可以认定原审法院具有管辖权。"

恢复认可和执行程序;完全改变原判决的,终止认可和执行程序。

在审理民商事案件期间,当事人申请认可和执行另一地法院就同一争议作出的判决的,应当受理。受理后,有关诉讼应当中止,待就认可和执行的申请作出裁定或者命令后,再视情况终止或者恢复诉讼。

审查认可和执行判决申请期间,当事人就同一争议提起诉讼的,不予受理;已经受理的,驳回起诉。判决全部获得认可和执行后,当事人又就同一争议提起诉讼的,不予受理。判决未获得或者未全部获得认可和执行的,申请人不得再次申请认可和执行,但可以就同一争议向被请求方法院提起诉讼。

8. 当事人的救济途径

被请求方法院应当尽快审查认可和执行的申请,并作出裁定或者命令。

被请求方法院就认可和执行的申请作出裁定或者命令后,当事人不服的,在内地可以于裁定送达之日起 10 日内向上一级人民法院申请复议,在香港特别行政区可以依据其法律规定提出上诉。

9. 财产保全

申请认可和执行判决的,被请求方法院在受理申请之前或者之后,可以依据被请求方法律规定采取保全或者强制措施。

10. 执行费用

申请认可和执行判决的,应当依据被请求方有关诉讼收费的法律和规定交纳费用。

五、仲裁裁决的认可与执行

根据《最高人民法院关于内地与香港特别行政区相互执行仲裁裁决的安排》(法释〔2000〕3 号),香港特区法院同意执行内地仲裁机构依据《仲裁法》所作出的裁决,内地人民法院同意执行在香港特区按特区《仲裁条例》所作出的裁决。

1. 相互执行的法院

在内地或者香港特区作出的仲裁裁决,一方当事人不履行仲裁裁决的,另一方当事人可以向被申请人住所地或者财产所在地的有关法院申请执行。

2. 相互执行提交的申请材料及期限

申请人向有关法院申请执行在内地或者香港特区作出的仲裁裁决的,应当提交以下文书:(1) 执行申请书;(2) 仲裁裁决书;(3) 仲裁协议。

执行申请书的内容应当载明下列事项:(1) 申请人为自然人的情况下,该人的姓名、地址;申请人为法人或者其他组织的情况下,该法人或其他组织的名称、地址及法定代表人的姓名。(2) 被申请人为自然人的情况下,该人的姓名、地址;被申请人为法人或者其他组织的情况下,该法人或其他组织的名称、地址及法定代表人的姓名。(3) 申请人为法人或者其他组织的,应当提交企业注册登记的副本。申请人是外国籍法人或者其他组织的,应当提交相应的公证和认证材料。(4)申请执行的理由与请求的内容,被申请人的财产所在地及财产状况。执行申请书应当以中文文本提出,裁决书或者仲裁协议没有中文文本的,申请人应当提交正式证明的中文译本。

申请人向有关法院申请执行内地或者香港特区仲裁裁决的期限依据执行地法律有关时限的规定。

3. 执行程序及费用

有关法院接到申请人申请后,应当按执行地法律程序处理及执行。

申请人向有关法院申请执行在内地或者香港特区作出的仲裁裁决的,应当根据执行地法院有关诉讼收费的办法交纳执行费用。

4. 不予执行的情形

在内地或者香港特区申请执行的仲裁裁决,被申请人接到通知后,提出证据证明有下列情形之一的,经审查核实,有关法院可裁定不予执行:(1)仲裁协议当事人依对其适用的法律属于某种无行为能力的情形;或者该项仲裁协议依约定的准据法无效;或者未指明以何种法律为准时,依仲裁裁决地的法律是无效的。(2)被申请人未接到指派仲裁员的适当通知,或者因他故未能陈述意见的。(3)裁决所处理的争议不是交付仲裁的标的或者不在仲裁协议条款之内,或者裁决载有关于交付仲裁范围以外事项的决定的,但交付仲裁事项的决定可与未交付仲裁的事项划分时,裁决中关于交付仲裁事项的决定部分应当予以执行。(4)仲裁庭的组成或者仲裁庭程序与当事人之间的协议不符,或者在有关当事人没有这种协议时与仲裁地的法律不符的。(5)裁决对当事人尚无约束力,或者业经仲裁地的法院或者按仲裁地的法律撤销或者停止执行的。有关法院认定依执行地法律,争议事项不能以仲裁解决的,则可不予执行该裁决。内地法院认定在内地执行该仲裁裁决违反内地社会公共利益,或者香港特区法院决定在香港特区执行该仲裁裁决违反香港特区的公共政策的,则可不予执行该裁决。

第三节 内地与澳门之间民事司法协助

一、相互委托送达司法文书

根据2020年3月1日起施行的《最高人民法院关于内地与澳门特别行政区法院就民商事案件相互委托送达司法文书和调取证据的安排》,内地与澳门之间相互委托送达司法文书,通过各高级人民法院和澳门特别行政区终审法院进行。最高人民法院与澳门特别行政区终审法院可以直接相互委托送达和调取证据。

经与澳门特别行政区终审法院协商,最高人民法院可以授权部分中级人民法院、基层人民法院与澳门特别行政区终审法院相互委托送达和调取证据。

内地人民法院向住所地在澳门的受送达人送达司法文书,同样适用2009年3月16日起施行的《最高人民法院关于涉港澳民商事案件司法文书送达问题若干规定》。内地人民法院向住所地在澳门的受送达人送达司法文书,在适用范围、司法文书范围及送达方式方面与内地人民法院向住所地在香港的受送达人送达的规定基本一致[①],但存在以下两方面的差异:

(1)主管机关存在差异。内地与香港通过内地各高级人民法院和香港特别行政区高等法院进行,最高人民法院的司法文书可以直接委托香港特别行政区高等法院送达。而内地与澳门通过内地各高级人民法院和澳门特别行政区终审法院进行,最高人民法院与澳门特别行政区终审法院可以直接相互委托送达和调取证据。

(2)对委托请求的拒绝存在差异。内地与香港的委托送达安排中没有对文书送达的拒绝作出直接规定。《最高人民法院关于内地与澳门特别行政区法院就民商事案件相互委托送达司法文书和调取证据的安排》第9条第2款规定:"受委托方法院在执行受托事项时,如果该事项不属于法院职权范围,或者内地人民法院认为在内地执行该受托事项将违反其基本法律原则或社会公共利益,或者澳门特别行政区法院认为在澳门特别行政区执行该受托事项将违反其基本法律原则或公共秩序的,可以不予执行。但应当及时向委托方法院书面说明不予执行的原因。"即内地与澳门的委托送达安排明确了公共秩序保留制度,两者相比这是一个进步。

二、内地与澳门之间相互委托调取证据

内地与香港特别行政区法院之间代为调查取证目前还没有系统的安排,而内地与澳门特别行政区法院之间相互委托调查取证却有明确的安排。

1. 案件范围及委托法院

案件范围是民商事案件(在内地包括劳动争议案件,在澳门特别行政区包括民事劳工案件)。

双方相互委托调取证据,均须通过内地各高级人民法院和澳门特别行政区终审法院进行。最高人民法院与澳门特别行政区终审法院可以直接相互委托调取证据。

---

① 《最高人民法院关于内地与澳门特别行政区法院就民商事案件相互委托送达司法文书和调取证据的安排》增加规定,双方相互委托送达司法文书和调取证据,通过内地与澳门司法协助网络平台以电子方式转递;不能通过此方式的,采用邮寄方式。

[图 23-5]　内地与澳门相互委托送达及调查取证法院

2. 委托调取证据范围

委托方法院请求调取的证据只能是用于与诉讼有关的证据,具体包括代为询问当事人、证人和鉴定人,代为进行鉴定和司法勘验,调取其他与诉讼有关的证据,以及代为查询并提供本辖区的有关法律。

3. 委托调取证据的程序

如委托方法院提出要求,受委托法院应当将取证的时间、地点通知委托方法院,以便有关当事人及其诉讼代理人能够出席。受委托法院在执行委托调取证据时,根据委托方法院的请求,可以允许委托方法院派司法人员出席。必要时,经受委托方允许,委托方法院的司法人员可以向证人、鉴定人等发问。

受委托法院可以根据委托方法院的请求,并经证人、鉴定人同意,协助安排其辖区的证人、鉴定人到对方辖区出庭作证或者通过视频、音频作证。

4. 委托调取证据的结束

受委托法院完成委托调取证据的事项后,应当向委托方法院书面说明。

如果未能按委托方法院的请求全部或部分完成调取证据事项,受委托法院应当向委托方法院书面说明妨碍调取证据的原因。采取邮寄方式委托的,应及时退回委托书及所附全部文件。

如果当事人、证人根据受委托方的法律规定,拒绝作证或推辞提供证言时,受委托法院应当以书面通知委托方法院。采取邮寄方式委托的,应及时退回委托书及所附全部文件。

三、内地与澳门法院之间相互承认与执行民商事判决

根据 2006 年 4 月 1 日起施行的《最高人民法院关于内地与澳门特别行政区相互认可和执行民商事判决的安排》,内地有权受理认可和执行判决申请的法院为被申请人住所地、经常居住地或者财产所在地的中级人民法院,澳门有权受理认可判决申请的法院为中级法院,有权执行的法院为初级法院。

被申请人在两地都有财产的,申请执行人可以向一地法院提出执行申请,同时可以向另一地法院申请查封、扣押或冻结被执行人的财产。待一地法院执行完毕后,可以根据该地法院出具的执行情况证明,就不足部分向另一地法院申请

采取处分财产的执行措施。但两地法院执行财产的总额,不得超过判决确定的数额。

内地与澳门法院之间相互承认与执行民商事判决的其他规定与香港基本一致,具体参见本章第二节相关介绍。

第四节　大陆与台湾之间的民事司法协助

最高人民法院于2008年4月17日发布《最高人民法院关于涉台民事诉讼文书送达的若干规定》,自2008年4月23日起施行。2009年4月26日,海峡两岸关系协会与财团法人海峡交流基金会签订《海峡两岸共同打击犯罪及司法互助协议》,自2009年6月25日起施行。2011年6月25日,《最高人民法院关于人民法院办理海峡两岸送达文书和调查取证司法互助案件的规定》施行。上述文件是海峡两岸文书送达、调查取证、生效判决、仲裁裁决认可与执行的主要依据。

一、送达方式

依据《最高人民法院办理海峡两岸送达文书和调查取证司法互助案件的规定》第7条的规定,人民法院向住所地在台湾地区的当事人送达民事诉讼司法文书,可以采用下列方式:(1)受送达人居住在大陆的,直接送达。受送达人是自然人,本人不在的,可以交其同住成年家属签收;受送达人是法人或者其他组织的,应当由法人的法定代表人、其他组织的主要负责人或者该法人、其他组织负责收件的人签收。受送达人不在大陆居住,但送达时在大陆的,可以直接送达。(2)受送达人在大陆有诉讼代理人的,向诉讼代理人送达。但受送达人在授权委托书中明确表明其诉讼代理人无权代为接收的除外。(3)受送达人有指定代收人的,向代收人送达。(4)受送达人在大陆有代表机构、分支机构、业务代办人的,向其代表机构或者经受送达人明确授权接受送达的分支机构、业务代办人送达。(5)通过协议确定的海峡两岸司法互助方式,请求台湾地区送达。(6)受送达人在台湾地区的地址明确的,可以邮寄送达。(7)有明确的传真号码、电子信箱地址的,可以通过传真、电子邮件方式向受送达人送达。采用上述方式均不能送达或者台湾地区当事人下落不明的,才可以公告送达。

[图23-6]　人民法院对台司法文书的送达顺序

二、海峡两岸司法互助

1. 司法互助业务联系部门

最高人民法院是与台湾地区业务主管部门就海峡两岸司法互助业务进行联络的一级窗口,高级人民法院经最高人民法院授权设立二级窗口。一级窗口与二级窗口指定联络人与台湾地区业务主管部门指定联络人,建立办理海峡两岸司法互助业务的直接联系渠道。

为提高效率,送达文书司法互助业务由二级窗口直接与台湾地区业务主管部门联系,即各高级人民法院指定联络人直接与台湾地区业务主管部门指定联络人联系。但调查取证业务须由最高人民法院(一级窗口)提出请求。[①] 高级人民法院审查后转交最高人民法院完成最终审查,经审查认为可以请求台湾地区协助调查取证的,最高人民法院联络人应当填写《〈海峡两岸共同打击犯罪及司法互助协议〉调查取证请求书》正文部分,连同附录部分和相关材料,立即寄送台湾地区联络人。

中级人民法院和基层人民法院应当指定专人负责海峡两岸司法互助业务,但无权与台湾业务主管部门直接联系。

2. 互助范围

依据《海峡两岸共同打击犯罪及司法互助协议》的规定,双方同意在民事、刑事领域相互提供以下协助:(1)共同打击犯罪;(2)送达文书;(3)调查取证;(4)认可及执行民事裁判与仲裁裁决(仲裁判断);(5)移管(接返)被判刑人(受刑事裁判确定人);(6)双方同意之其他合作事项。

3. 办理程序

审理案件的人民法院需要台湾地区协助送达司法文书或调查取证的,应当填写《〈海峡两岸共同打击犯罪及司法互助协议〉送达文书请求书》或《〈海峡两岸共同打击犯罪及司法互助协议〉调查取证请求书》,连同相关文书或材料,直接报送高级人民法院(无需经中级人民法院审查中转)。

协助送达的,受请求方应于收到请求书之日起3个月内完成。成功送达的,向对方出具送达证明。未能成功送达的,应当由送达人在《〈海峡两岸共同打击犯罪及司法互助协议〉送达回证》上注明未能成功送达原因并签名或盖章后,通过高级人民法院送还材料。

[①] 需注意办理请求台湾地区送达与调查取证中请求法院的不同。最高人民法院与各高级人民法院均可以直接办理请求送达司法互助业务,但只有最高人民法院才可以办理请求调查取证司法互助业务。

自高级人民法院联络人向台湾地区寄送有关司法文书之日起满 4 个月,如果未能收到送达证明材料或者说明文件,且根据各种情况不足以认定已经送达的,视为不能按照协议确定的海峡两岸司法互助方式送达。

具体办理调查取证司法互助案件的人民法院应当在收到高级人民法院转送的材料之日起 5 个工作日内,以"协助台湾地区民事(刑事、行政诉讼)调查取证"案由立案,指定专人办理,并应当自立案之日起 1 个月内完成协助调查取证,最迟不得超过 3 个月。因故不能在期限届满前完成的,应当提前函告高级人民法院,并由高级人民法院转报最高人民法院。

三、人民法院认可和执行台湾地区法院民事判决

目前,由于种种原因,海峡两岸司法机关尚未达成相互承认和执行对方法院判决和仲裁裁决的协议或安排,大陆和台湾地区往往各自单独作出某些规定来处理该问题。

2015 年 6 月 29 日,最高人民法院发布《关于认可和执行台湾地区法院民事判决的规定》[法释(2015)13 号],自 2015 年 7 月 1 日起施行。该规定施行后,《最高人民法院关于人民法院认可台湾地区有关法院民事判决的规定》《最高人民法院关于当事人持台湾地区有关法院民事调解书或者有关机构出具或确认的调解协议书向人民法院申请认可人民法院应否受理的批复》《最高人民法院关于当事人持台湾地区有关法院支付命令向人民法院申请认可人民法院应否受理的批复》及《最高人民法院关于人民法院认可台湾地区有关法院民事判决的补充规定》同时废止。

1. 认可台湾地区法院民事判决的范围

本规定所称台湾地区法院民事判决,包括台湾地区法院作出的生效民事判决、裁定、和解笔录、调解笔录、支付命令等。申请认可由台湾地区乡镇市调解委员会等出具并经台湾地区法院核定,与台湾地区法院生效民事判决具有同等效力的调解文书的,参照适用本规定。

2. 管辖法院

申请认可台湾地区法院民事判决的案件,由申请人住所地、经常居住地或者被申请人住所地、经常居住地、财产所在地中级人民法院或者专门人民法院受理。申请人向两个以上有管辖权的人民法院申请认可的,由最先立案的人民法院管辖。申请人向被申请人财产所在地人民法院申请认可的,应当提供财产存在的相关证据。

3. 申请提交文件资料及费用

申请人申请认可台湾地区法院民事判决,应当提交申请书,并附有台湾地区有关法院民事判决文书和民事判决确定证明书的正本或者经证明无误的副本。台湾地区法院民事判决为缺席判决的,申请人应当同时提交台湾地区法院已经合法传唤当事人的证明文件,但判决已经对此予以明确说明的除外。

申请人委托他人代理申请认可台湾地区法院判决的,应当向人民法院提交由委托人签名或者盖章的授权委托书。台湾地区当事人签名或者盖章的授权委托书应当履行相关的公证、认证或者其他证明手续,但授权委托书在人民法院法官的见证下签署或者经中国大陆公证机关公证证明是在中国大陆签署的除外。

申请书应当记明以下事项:(1)申请人和被申请人姓名、性别、年龄、职业、身份证件号码、住址(申请人或者被申请人为法人或者其他组织的,应当记明法人或者其他组织的名称、地址、法定代表人或者主要负责人姓名、职务)和通信方式;(2)请求和理由;(3)申请认可的判决的执行情况;(4)其他需要说明的情况。

申请人申请认可台湾地区法院民事判决,应当提供相关证明文件,以证明该判决真实并且已经生效。申请人可以申请人民法院通过海峡两岸调查取证司法互助途径查明台湾地区法院民事判决的真实性和是否生效以及当事人得到合法传唤的证明文件;人民法院认为必要时,也可以就有关事项依职权通过海峡两岸司法互助途径向台湾地区请求调查取证。

申请认可和执行台湾地区法院民事判决,应当参照《诉讼费用交纳办法》的规定,交纳相关费用。

4. 申请期间

申请人申请认可和执行台湾地区法院民事判决的期间,适用《民事诉讼法》第239条的规定,但申请认可台湾地区法院有关身份关系的判决除外。申请人仅申请认可而未同时申请执行的,申请执行的期间自人民法院对认可申请作出的裁定生效之日起重新计算。

5. 人民法院审查认可程序

申请人同时提出认可和执行台湾地区法院民事判决申请的,人民法院先按照认可程序进行审查,裁定认可后,由人民法院执行机构执行。申请人直接申请执行的,人民法院应当告知其一并提交认可申请;坚持不申请认可的,裁定驳回其申请。

对于符合规定条件的申请,人民法院应当在收到申请后7日内立案,并通知申请人和被申请人,同时将申请书送达被申请人;不符合规定条件的,应当在7日内裁定不予受理,同时说明不予受理的理由;申请人对不予受理裁定不服的,可以提起上诉。

人民法院受理认可台湾地区法院民事判决的申请之前或者之后,可以按照民事诉讼法及相关司法解释的规定,根据申请人的申请,裁定采取保全措施。

人民法院受理认可台湾地区法院民事判决的申请后,当事人就同一争议起诉的,不予受理。一方当事人向人民法院起诉后,另一方当事人向人民法院申请认可的,对于认可的申请不予受理。案件虽经台湾地区有关法院判决,但当事人未申请认可,而是就同一争议向人民法院起诉的,应予受理。

人民法院受理认可台湾地区法院民事判决的申请后,作出裁定前,申请人请求撤回申请的,可以裁定准许。

人民法院受理认可台湾地区法院民事判决的申请后,应当在立案之日起 6 个月内审结。有特殊情况需要延长的,报请上一级人民法院批准。通过海峡两岸司法互助途径送达文书和调查取证的期间,不计入审查期限。

6. 拒绝认可和执行的情形

台湾地区法院民事判决具有下列情形之一的,裁定不予认可:(1) 申请认可的民事判决,是在被申请人缺席又未经合法传唤或者在被申请人无诉讼行为能力又未得到适当代理的情况下作出的;(2) 案件系人民法院专属管辖的;(3) 案件双方当事人订有有效仲裁协议,且无放弃仲裁管辖情形的;(4) 案件系人民法院已作出判决或者中国大陆的仲裁庭已作出仲裁裁决的;(5) 香港特别行政区、澳门特别行政区或者外国的法院已就同一争议作出判决且已为人民法院所认可或者承认的;(6) 台湾地区、香港特别行政区、澳门特别行政区或者外国的仲裁庭已就同一争议作出仲裁裁决且已为人民法院所认可或者承认的。认可该民事判决将违反一个中国原则等国家法律的基本原则或者损害社会公共利益的,人民法院应当裁定不予认可。

人民法院经审查能够确认台湾地区法院民事判决真实并且已经生效,而且不具有上述规定所列情形的,裁定认可其效力;不能确认该民事判决的真实性或者已经生效的,裁定驳回申请人的申请。裁定驳回申请的案件,申请人再次申请并符合受理条件的,人民法院应予受理。

7. 认可文书效力及救济途径

经人民法院裁定认可的台湾地区法院民事判决,与人民法院作出的生效判决具有同等效力,裁定书一经送达即发生法律效力。当事人对上述裁定不服的,可以自裁定送达之日起 10 日内向上一级人民法院申请复议。

对人民法院裁定不予认可的台湾地区法院民事判决,申请人再次提出申请的,人民法院不予受理,但申请人可以就同一争议向人民法院起诉。

人民法院在办理申请认可和执行台湾地区法院民事判决案件中作出的法律文书,应当依法送达案件当事人。

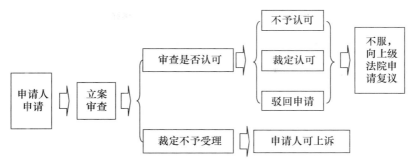

[图 23-7] 人民法院认可和执行台湾地区法院民事判决程序

四、人民法院认可和执行台湾地区仲裁裁决

2015 年 6 月 29 日,最高人民法院发布《最高人民法院关于认可和执行台湾地区仲裁裁决的规定》(法释〔2015〕14 号),自 2015 年 7 月 1 日起施行。

1. 认可仲裁裁决范围

本规定所称台湾地区仲裁裁决是指,有关常设仲裁机构及临时仲裁庭在台湾地区按照台湾地区仲裁规定就有关民商事争议作出的仲裁裁决,包括仲裁判断、仲裁和解和仲裁调解。

2. 管辖法院

申请认可台湾地区仲裁裁决的案件,由申请人住所地、经常居住地或者被申请人住所地、经常居住地、财产所在地中级人民法院或者专门人民法院受理。申请人向两个以上有管辖权的人民法院申请认可的,由最先立案的人民法院管辖。申请人向被申请人财产所在地人民法院申请认可的,应当提供财产存在的相关证据。

3. 申请提交文件资料及费用

申请人申请认可台湾地区仲裁裁决,应当提交以下文件或者经证明无误的副本:(1) 申请书;(2) 仲裁协议;(3) 仲裁判断书、仲裁和解书或者仲裁调解书。

申请人委托他人代理申请认可台湾地区仲裁裁决的,应当向人民法院提交由委托人签名或者盖章的授权委托书。台湾地区当事人签名或者盖章的授权委托书应当履行相关的公证、认证或者其他证明手续,但授权委托书在人民法院法官的见证下签署或者经中国大陆公证机关公证证明是在中国大陆签署的除外。

申请书应当记明以下事项:(1) 申请人和被申请人姓名、性别、年龄、职业、身份证件号码、住址(申请人或者被申请人为法人或者其他组织的,应当记明法人或者其他组织的名称、地址、法定代表人或者主要负责人姓名、职务)和通信方式;(2) 申请认可的仲裁判断书、仲裁和解书或者仲裁调解书的案号或者识别资料和生效日期;(3)请求和理由;(4)被申请人财产所在地、财产状况及申请认可的仲裁裁决的执行情况;(5)其他需要说明的情况。

申请人申请认可台湾地区仲裁裁决,应当提供相关证明文件,以证明该仲裁裁决的真实性。申请人可以申请人民法院通过海峡两岸调查取证司法互助途径查明台湾地区仲裁裁决的真实性;人民法院认为必要时,也可以就有关事项依职权通过海峡两岸司法互助途径向台湾地区请求调查取证。

申请认可和执行台湾地区仲裁裁决,应当参照《诉讼费用交纳办法》的规定,交纳相关费用。

4. 申请期间

申请人申请认可和执行台湾地区仲裁裁决的期间,适用《民诉法》第239条的规定。申请人仅申请认可而未同时申请执行的,申请执行的期间自人民法院对认可申请作出的裁定生效之日起重新计算。

5. 人民法院审查认可程序

申请人同时提出认可和执行台湾地区仲裁裁决申请的,人民法院先按照认可程序进行审查,裁定认可后,由人民法院执行机构执行。申请人直接申请执行的,人民法院应当告知其一并提交认可申请;坚持不申请认可的,裁定驳回其申请。

人民法院应当在收到申请后7日内立案,并通知申请人和被申请人,同时将申请书送达被申请人;不符合规定条件的,应当在7日内裁定不予受理,同时说明不予受理的理由;申请人对裁定不服的,可以提起上诉。

人民法院受理认可台湾地区仲裁裁决的申请之前或者之后,可以按照民事诉讼法及相关司法解释的规定,根据申请人的申请,裁定采取保全措施。

人民法院受理认可台湾地区仲裁裁决的申请后,当事人就同一争议起诉的,不予受理。当事人未申请认可,而是就同一争议向人民法院起诉的,亦不予受理,但仲裁协议无效的除外。

人民法院受理认可台湾地区仲裁裁决的申请后,作出裁定前,申请人请求撤回申请的,可以裁定准许。

人民法院应当尽快审查认可台湾地区仲裁裁决的申请,决定予以认可的,应当在立案之日起2个月内作出裁定;决定不予认可或者驳回申请的,应当在作出决定前按有关规定自立案之日起2个月内上报最高人民法院。通过海峡两岸司法互助途径送达文书和调查取证的期间,不计入审查期限。

6. 认可法律文书效力

人民法院认可仲裁裁决作出的裁定,一经送达即发生法律效力。

一方当事人向人民法院申请认可或者执行台湾地区仲裁裁决,另一方当事人向台湾地区法院起诉撤销该仲裁裁决,被申请人申请中止认可或者执行并且提供充分担保的,人民法院应当中止认可或者执行程序。申请中止认可或者执行的,应当向人民法院提供台湾地区法院已经受理撤销仲裁裁决案件的法律文书。台湾地区法院撤销该仲裁裁决的,人民法院应当裁定不予认可或者裁定终结执行;台湾地区法院驳回撤销仲裁裁决请求的,人民法院应当恢复认可或者执行程序。

对人民法院裁定不予认可的台湾地区仲裁裁决,申请人再次提出申请的,人民法院不予受理。但当事人可以根据双方重新达成的仲裁协议申请仲裁,也可以就同一争议向人民法院起诉。

7. 拒绝认可和执行的情形

对申请认可和执行的仲裁裁决,被申请人提出证据证明下列情形之一的,经审查核实,人民法院裁定不予认可:(1)仲裁协议一方当事人依对其适用的法律在订立仲裁协议时属于无行为能力的;或者依当事人约定的准据法,或当事人没有约定适用的准据法而依台湾地区仲裁规定,该仲裁协议无效的;或者当事人之间没有达成书面仲裁协议的,但申请认可台湾地区仲裁调解的除外。(2)被申请人未接到选任仲裁员或进行仲裁程序的适当通知,或者由于其他不可归责于被申请人的原因而未能陈述意见的。(3)裁决所处理的争议不是提交仲裁的争议,或者不在仲裁协议范围之内;或者裁决载有超出当事人提交仲裁范围的事项的决定,但裁决中超出提交仲裁范围的事项的决定与提交仲裁事项的决定可以分开的,裁决中关于提交仲裁事项的决定部分可以予以认可。(4)仲裁庭的组成或者仲裁程序违反当事人的约定,或者在当事人没有约定时与台湾地区仲裁规定不符的。(5)裁决对当事人尚无约束力,或者业经台湾地区法院撤销或者驳回执行申请的。依据国家法律,该争议事项不能以仲裁解决的,或者认可该仲裁裁决将违反一个中国原则等国家法律的基本原则或损害社会公共利益的,人民法院应当裁定不予认可。

人民法院经审查能够确认台湾地区仲裁裁决真实,而且不具有上述规定所列情形的,裁定认可其效力;不能确认该仲裁裁决真实性的,裁定驳回申请。裁定驳回申请的案件,申请人再次申请并符合受理条件的,人民法院应予受理。

五、台湾地区法院认可和执行大陆民事判决及仲裁裁决

1992年7月31日,台湾地区有关机关发布"台湾地区与大陆地区人民关系条例",自1992年9月18日起施行,之后多次修正。

"台湾地区与大陆地区人民关系条例"第74条规定:"在大陆地区作成之民事确定裁判、民事仲裁判断,不违背台湾地区公共秩序或善良风俗者,得声请法院裁定认可。前项经法院裁定认可之裁判或判断,以给付为内容者,得为执行名义。"台湾地区制定的"台湾地区与大陆地区人民关系条例施行细则"第68条又规定:"依本条例第74条规定声请法院裁定认可之民事确定裁判、民事仲裁判断,应经'行政院'设立或指定之机构或委托之民间团体验证。"①

思 考 题

1. 内地人民法院向住所地在香港的受送达人送达司法文书主要有哪些送达方式?

2. 内地与香港之间及内地与澳门之间相互委托送达法院有何不同?

3. 简述内地与澳门法院之间相互委托调查取证的范围及程序。

4. 根据《最高人民法院关于人民法院办理海峡两岸送达文书和调查取证司法互助案件的规定》第7条的规定,人民法院向住所地在台湾地区的当事人送达司法文书可以采用哪些送达方式?

5. 祖国大陆高级人民法院是否有权直接办理请求台湾地区协助调查取证事项?

6. 简述当事人向祖国大陆人民法院申请认可和执行台湾地区法院民事判决的流程。

---

① 1996年台湾桃园地方法院认可了厦门市中级人民法院作出的损害赔偿判决,1999年台湾板桥地方法院认可了海口市中级人民法院作出的民事财产给付判决。该类案例表明在台湾地区申请执行祖国大陆判决具有可行性。

第二十四章 执行程序总论

权利人经过"千辛万苦"(一审、二审甚至再审审判程序)之后,终于取得了法院制作的生效法律文书。这些法律文书拿在手里只是一张纸,需要兑现成"真金白银",可如果义务人不主动履行义务,权利人如何实现法律文书所确定的权利?执行程序解决的就是这个问题。本书将执行程序分为执行程序总论与执行程序分论两章,执行程序总论相当于执行程序的总则部分,介绍执行管辖、执行依据、执行救济、执行监督等制度。

第一节 执行程序概述

[导入案例24-1]

因燕某在微博上指称某知名女艺人是"坐台小姐",某女艺人起诉其侵犯名誉权。法院判决燕某赔偿6万元并赔礼道歉,但他始终没有履行判决。后法院通过官方微博喊话让燕某去法院谈话,但至今仍无回应。昨天下午,法院执行法官前往燕某公司所在地欲采取强制措施。但公司大门紧锁,燕某也不知去向。目前法院将燕某列入失信黑名单并将对他继续追查。

名下无存款无房产

据法官介绍,燕某名下没有存款也没有房产。他名下原登记有一辆捷豹轿车。2014年3月,法官曾到车辆登记机关欲对燕某名下的轿车采取查封措施,但经过调查,他们得知该车已经出售并且在2012年11月被转到了外省,而且该车牌此后再未进行车辆登记。此后,法官调查发现,燕某曾是某投资顾问有限公司的法定代表人。法官随后到工商机关查询该公司工商登记情况发现,公司法定代表人由燕某变成了于某,注册资本由10万元变更成100万元,股东由原来的燕某一人变更为燕某、于某两人,其中燕某持股90%。

上门强执未见人

昨天下午,执行庭法官前往燕某公司所在地向其送达股权冻结书,对其进行强制执行。现场可见公司名称还在该楼层的指示牌上,但是公司大门紧锁,屋内也并未有人。法官与物业公司工作人员协商能否打开该公司的门,让执行法官进去看看,但物业公司工作人员称,房间目前属于某广场,他们要向上级请示后才能答复。不久之后,某广场的法律顾问也赶到现场,这名法律顾问告诉法官,今年3月3日,因为燕某的公司欠租,他们已经单方面强制终止了与燕某公司的租约,并向法官展示了终止函。

已进入失信黑名单

法官表示,下一步,他们将继续寻找燕某,要求他履行法院判决。此外,法院还会继续寻找燕某的公司,并给这家公司发通知。"在这家公司里,燕某有90万的股权,我们将要求这家公司冻结燕某的股权红利。他也要在全国公开发行的报纸显著位置以及微博置顶位置道歉。"根据判决,其中微博置顶位置的道歉要求放置15天。

此外,法官还表示,他们已经将燕某列入最高人民法院的失信者黑名单,并对其限制出境。"我们查到他拥有香港永久居住证,但是他并没有注销内地户口。目前并不知道他是在内地还是在香港,如果在内地,一旦他出境就会被发现,当然他可以入境,这对案件执行有利。此外,因为被列入失信黑名单,他也无法购买机票。"

法官最后表示,法院将会继续对其进行强制执行,如果燕某仍然拒不履行判决,找到人后将根据法律对其进行处罚。根据刑法规定,拒不履行法院判决将被判处3年以下有期徒刑、拘役或者罚金。

一、执行概述

(一) 执行的概念

执行,又称为民事强制执行,是指执行机构根据执行依据,依照法定程序,运用国家强制力,强制债务人履行生效法律文书所确定的义务,以实现债权人民事权利的行为。

一份法律文书生效后,如果义务人主动全部履行了法律文书确定的义务,这份法律文书就不需要申请强制执行。但如果义务人没有或部分没有履行确定义务,权利人就有必要申请强制执行。履行与执行的含义不同,所谓履行是指债务人主动完成生效法律文书确定义务的行为。

(二) 执行权的性质

对于执行权的性质目前有争议:一种观点认为执行是由法院行使的,法院是审判机关,执行权是法院审判权的组成部分,具有司法权的性质;第二种观点认为执行与审判是两种不同性质的工作,执行工作具有确定性、主动性、命令性、强制性的特点,性质上属于一种行政权;第三种观点认为执行权是司法权与行政权的有机结合,执行过程中大量的非裁决事务具有行政权的性质。执行权既包括了对执行中的实体性与程序性问题的裁决,又包括了对被执行人的财产进行调查、实施控制、处分等非裁决事项,具有确定性、主动性、命令性等行政权具有的特性,因此,通说认为,执行权兼具司法权与行政权的特性,是二者的有机统一。

(三)民事执行与行政执行、刑事执行的区别

民事执行不同于行政执行。行政执行由行政机关或人民法院进行。行政机关直接予以执行的是行政机关自身作出的某些行政处罚决定、行政处理决定等法律文书;由法院予以行政执行的文书包括法院作出的行政案件裁判文书、行政案件调解书,以及部分行政机关作出的行政处罚决定、行政处理决定。而民事执行只能由法院进行,执行依据是民事法律文书。

民事执行也不同于刑事执行。刑事执行的依据是刑事裁判文书。其中,刑事裁判文书中的自由刑由公安机关或司法行政机关下属监狱执行,罚金、没收财产等财产刑以及死刑由法院执行。刑事附带民事判决书、裁定书、调解书的执行则属于民事执行的范畴。

(四)执行的立法体例

世界各国对执行程序的立法体例有:(1)将执行程序的内容规定在民事诉讼法中,如德国。(2)将执行程序的内容规定在破产法中,如瑞士、土耳其。(3)将执行程序的内容规定在其他法律中,如美国、意大利。(4)制定独立的民事执行法典,如日本、法国。我国目前采取的是第一种体例,强制执行法的立法工作已经启动。

我国对执行程序的规定除了《民诉法》及《民诉法解释》外,还有非常繁杂的司法解释。[①] 最重要的包括:《最高人民法院关于人民法院执行工作若干问题的规定(试行)》《最高人民法院关于人民法院民事执行中查封、扣押、冻结财产的规定》《最高人民法院关于人民法院民事执行中拍卖、变卖财产的规定》《最高人民法院关于适用〈中华人民共和国民事诉讼法〉执行程序若干问题的解释》《最高人民法院关于人民法院办理执行异议和复议案件若干问题的规定》。

二、执行的特征

(1)执行由法院内设的执行机构进行。执行须由国家授权的机关进行,严禁任何单位、组织或个人进行私力救济。在我国,民事案件的执行机关是人民法院。

(2)执行以执行依据为根据。执行的本质为执行生效法律文书确定的义

[①] 我国关于执行程序的司法解释多达上百部(包括最高人民法院针对个案的"批复"),有些新司法解释吸收了旧司法解释的部分条款,还有一些存在冲突,学习时需特别注意发生冲突已不再适用的司法解释规定。

务,执行机构的执行活动必须以生效的法律文书为依据展开。

(3) 执行是执行机构行使公权力的强制行为。执行机构实施强制措施,迫使债务人履行义务,强制执行是民事执行的本质属性。

(4) 执行是实现生效法律文书确定义务的行为。执行机构实施强制措施,将生效法律文书中确定的债权人的权利转化为现实的权利。

(5) 执行必须依据法律规定的方式和程序进行。执行机构的执行行为必须受执行程序的约束,才能保证执行权力的规范行使。

三、执行程序和审判程序的关系

执行程序与审判程序都是以国家公权力为基础,两者有一定联系,但也有明显区别。

(一) 执行程序和审判程序的联系

(1) 两种程序的运行都是以国家公权力为基础,通过国家公权力保护当事人的合法权益。

(2) 审判程序是执行程序的前提与基础,执行程序是审判程序的继续与完成。

(3) 两者之间存在交叉关系。比如执行程序中的案外人异议制度,最终处理要通过审判程序来完成。而审判程序中的保全与先予执行,要适用执行程序的有关规定来进行。

(二) 执行程序和审判程序的区别

(1) 两者的权力基础不同。审判程序是以国家审判权为基础的法定程序,执行程序是以国家执行权为基础的法定程序,执行权是司法权与行政权的有机结合。

(2) 纠纷的解决对两者的需求不同。执行程序不是民事诉讼的必经程序,而审判程序是民事诉讼的必经程序。

(3) 两者的功能不同。执行程序的功能是实现生效法律文书确定的债权人权利,审判程序的功能则是确定当事人之间争议的民事权利义务关系。

(4) 程序制度内容的构成不同。执行程序是单一程序,审判程序是由一审、二审、再审等多种程序构成的复合程序。

(5) 执行依据不仅包括审判机关制作的生效法律文书,还包括其他机构制作的生效法律文书。

四、执行的分类

依据不同的标准,执行可以有不同的分类,最重要的执行分类有以下两种。

（一）以执行的方法为标准，执行分为直接执行、间接执行与替代执行

直接执行是直接针对执行标的物执行，比如划拨被执行人的存款。间接执行则是不直接针对执行标的物执行，而是通过给予债务人一定的处罚，比如罚款、拘留等，以迫使债务人履行义务的执行。替代执行是指执行机关责令第三人代债务人履行债务，而由债务人负担费用的执行。

（二）以债权种类为标准，执行分为金钱债权的执行与非金钱债权的执行

金钱债权的执行是指实现执行依据上所确定金钱债权的执行，比如支付货款、返还借款等。为满足金钱债权，可以对债务人的财产或人身进行执行。非金钱债权的执行是指为实现金钱债权之外的债权而进行的执行。金钱债权的执行与非金钱债权的执行，因实现的权利性质不同，二者的执行方法也有所不同。

非金钱债权的执行又分为物的交付执行（如返还特定物）与行为的执行（如停止侵害）两种。对金钱债权的执行以及物的交付执行可采取直接的强制措施，而对行为的执行，一般采取间接的执行措施，比较典型的是离婚后小孩探视权的执行。比如，某夫妻离婚后女方居住在珠海市，男方去广州市工作，小孩判决随男方一同生活。男方将小孩送至哈尔滨其父母处，致使女方常年无法行使探视权。女方申请强制执行探视小孩，采用直接执行措施强行将小孩交给女方探视显然是行不通的。

第二节 执行机构、执行管辖与执行依据

一、执行机构

（一）执行机构概述

《民诉法》第228条第3款规定："人民法院根据需要可以设立执行机构。"目前，我国四级法院都设立了专门的执行机构，一般称之为执行局，执行局内部设立综合、实施、裁决等内设机构。个别地方如北京、上海还称执行机构为执行庭。

执行机构由执行员、书记员和司法警察组成。其中：执行员负责实体性、程序性事项的审查、裁判以及执行工作的具体实施；书记员负责制作执行笔录，并协助执行员办理有关执行事项；司法警察负责维持执行秩序，保障执行工作的顺利进行。

《民诉法》第228条第1款规定："执行工作由执行员进行。"执行员和法官有无区别？根据《法官法》的规定，执行员参照《法官法》的规定管理。执行员通常情况下为执行机构的员额法官，但由于法官员额有限，有些法院将尚不具备法官资格但业务能力较强的法官助理或书记员任命为执行员，即这部分执行员不是员额法官，但是他们有独立承办执行案件的资格。

(二) 执行机构的职责

1. 地方各级人民法院执行机构的职责

(1) 执行生效法律文书,包括人民法院制作的各种生效法律文书与其他机关制作的依法应当由执行机构执行的生效法律文书;

(2) 对仲裁裁决、公证债权文书是否具有不予执行的情形进行审查、裁定;

(3) 对仲裁机构提交法院的财产保全和证据保全申请进行审查与裁定;

(4) 对变更与追加执行债务人进行审查与裁定;

(5) 对执行异议与案外人异议进行审查与裁定;

(6) 对第三人到期债权的异议进行审查与裁定;

(7) 中止和终结执行的裁定;

(8) 对妨害民事执行行为的人采取强制措施的审查、裁定;

(9) 其他应由执行机构办理的事项。

2. 上级人民法院执行机构的职能与职责

《执行问题规定》第 8 条规定:"上级人民法院执行机构负责本院对下级人民法院执行工作的监督、指导和协调。"因此,高级人民法院、中级人民法院除了上述地方法院的执行职责外,还具有执行监督、执行指导、执行协调的职能与职责。实践中,上下级法院执行机构之间的关系带有一定程度的领导关系,比如上级法院执行指挥中心,就可以调动下级法院的执行力量参与重大行动。

二、执行管辖

(一) 执行管辖的概念

执行管辖,是指法院系统内部,确定各级法院之间以及同级法院之间受理执行案件的分工和权限。简言之,执行管辖是指生效法律文书应由哪一级以及同级的哪一家法院执行。

执行管辖与民事诉讼管辖的区别主要表现在确定管辖时所考虑的主要因素有所不同。总体而言,执行管辖主要是围绕着被执行财产和应履行行为进行的,在管辖标准的确定上也主要以被执行财产所在地和应履行行为所在地为依据。诉讼管辖的管辖标准确定主要围绕着有利于案件事实的查明和公正公开地适用法律来进行。由于生效法律文书作出前当事人之间的权利义务关系尚未确定,是否需要对一方当事人的财产采取强制执行措施或者强制一方当事人履行特定的行为亦未确定,在此情形下一般没有必要将被执行财产所在地或者应履行行为地作为确定民事诉讼管辖的标准。

《民诉法》第 224 条规定:"发生法律效力的民事判决、裁定,以及刑事判决、裁定中的财产部分,由第一审人民法院或者与第一审人民法院同级的被执行的财产所在地人民法院执行。法律规定由人民法院执行的其他法律文书,由被执行人住所地或者被执行的财产所在地人民法院执行。"不论终审判决、裁定由哪一级法院作出，执行工作原则上由第一审人民法院或者与第一审人民法院同级的被执行的财产所在地人民法院执行。换言之，基层人民法院终审的案件[①]和中级人民法院审结的上诉案件，由基层人民法院执行；中级人民法院一审判决当事人未上诉而生效的案件和中级人民法院一审判决上诉后高级人民法院审结的上诉案件，由中级人民法院执行；高级人民法院一审判决当事人未上诉而生效的案件和高级人民法院一审判决上诉后最高人民法院审结的上诉案件，由高级人民法院执行。之所以规定判决、裁定由第一审人民法院或者与第一审人民法院同级的被执行的财产所在地人民法院执行，主要是因为第一审人民法院或者与第一审人民法院同级的被执行的财产所在地人民法院，一般在被执行人住所地或者被执行人的财产所在地，或者离被执行人住所地或者财产所在地较近，而且熟悉案件情况，便于开展执行工作。对于其他法律文书的执行，除我国涉外仲裁机构所作的仲裁裁决和国外仲裁裁决由中级人民法院执行外，一般均由被执行人住所地或者被执行人财产所在地的基层人民法院执行。

《民诉法》第234条规定："人民法院制作的调解书的执行，适用本编的规定。"结合《民诉法》第224条的规定，调解书的执行，由民事案件第一审人民法院或与第一审人民法院同级的被执行财产所在地人民法院执行。需特别注意，调解书的执行法院并非一定是调解书的制作法院，也有可能是案件第一审人民法院或与第一审人民法院同级的被执行财产所在地人民法院。比如，广州市中级人民法院一审案件制作的调解书，应由广州市中级人民法院或与被执行财产所在地其他中级人民法院执行。但如果案件是由广州市越秀区人民法院作为一审人民法院作出判决，当事人不服一审判决提起上诉后，广州市中级人民法院在二审程序中制作的民事调解书，执行法院应当是越秀区人民法院，或被执行财产所在地其他基层人民法院，而不是广州市中级人民法院。

（二）执行管辖的种类

执行管辖分为执行级别管辖、执行普通管辖、执行共同管辖、执行选择管辖、执行移送管辖、执行指定管辖与执行管辖权的转移。

1. 执行级别管辖

执行级别管辖，是指上下级法院之间受理执行案件的分工和权限。级别管辖的确定原则，简言之就是"谁作出一审文书谁执行"。

（1）基层人民法院管辖的执行案件

① 基层人民法院作为第一审人民法院的执行案件。

[①] 包括基层人民法院一审终审的案件，如小额诉讼案件、支付令案件等，也包括基层人民法院判决后当事人未上诉而生效的案件。

② 标的额在当地基层人民法院受理范围内的国内仲裁裁决、公证债权文书的执行案件。

③ 国内仲裁中财产保全和证据保全的执行案件，该类案件由被申请人住所地和申请财产保全的财产所在地的基层人民法院执行。

④ 一般的行政执行案件。行政机关申请人民法院执行的案件，除法律或司法解释明确由中级人民法院执行的以外，均由被执行人的住所地或者被执行财产所在地的基层人民法院执行。

(2) 中级人民法院管辖的执行案件

① 中级人民法院作为第一审人民法院的执行案件。

② 标的额在当地中级人民法院受理范围内的国内仲裁裁决、公证债权文书的执行案件。

③ 涉外仲裁裁决的执行案件以及涉外仲裁中财产保全和证据保全的执行案件。

④ 专利行政机关作出的处理决定和处罚决定的执行案件。

⑤ 国务院各部门及各省、自治区、直辖市人民政府和海关作出的处理决定和处罚决定的执行案件。

(3) 高级人民法院管辖的执行案件

① 高级人民法院作为第一审人民法院的执行案件。

② 高级人民法院提级执行的案件。

[表 24-1] 执行级别管辖

法院	法院作出的法律文书	其他机关作出的法律文书
基层人民法院	基层人民法院作为第一审人民法院作出的判决、裁定、调解书（含基层人民法院一审判决上诉后二审人民法院制作的调解书）	标的额在当地基层人民法院受理范围内的国内仲裁裁决、公证债权文书
		国内仲裁中的财产保全和证据保全
		法律规定中级人民法院执行之外的一般的行政执行案件
中级人民法院	中级人民法院作为第一审人民法院作出的判决、裁定、调解书（含中级人民法院一审判决上诉后二审人民法院制作的调解书）	标的额在当地中级人民法院受理范围内的国内仲裁裁决、公证债权文书
		涉外仲裁裁决的执行案件以及涉外仲裁中的财产保全和证据保全
		专利行政机关作出的处理决定和处罚决定
		国务院各部门及省级人民政府和海关作出的处理决定和处罚决定

(续表)

法院	法院作出的法律文书	其他机关作出的法律文书
高级人民法院	高级人民法院作为第一审法院作出的判决、裁定、调解书（含高院一审判决上诉后最高人民法院二审制作的调解书）	无
	高级人民法院提级执行的案件	

2. 执行普通管辖

执行普通管辖，即同一级法院执行机构受理执行案件的分工和权限。

① 第一审人民法院或者与其同级的被执行财产所在地人民法院管辖。

根据《民诉法》第224条第1款的规定，发生法律效力的民事判决、裁定，以及刑事判决、裁定中的财产部分，由第一审人民法院或者与第一审人民法院同级的被执行的财产所在地人民法院执行。对于与其同级的被执行的财产所在地人民法院管辖如何理解？比如珠海市香洲区人民法院作出的一审判决，而被执行人财产在深圳市福田区，深圳市福田区人民法院与珠海市香洲区人民法院同为基层人民法院，申请执行人可选择向其中一个法院申请强制执行；如果一审判决由珠海市中级人民法院作出，被执行人财产在深圳市福田区，那么申请执行人可选择向珠海市中级人民法院或深圳市中级人民法院申请强制执行。

根据《民诉法解释》第462条的规定，发生法律效力的实现担保物权裁定、确认调解协议裁定、支付令，由作出裁定、支付令的人民法院或者与其同级的被执行财产所在地的人民法院执行。认定财产无主的判决，由作出判决的人民法院将无主财产收归国家或者集体所有。

② 其他文书由债务人住所地或被执行财产所在地人民法院管辖。

《民诉法》第224条第2款规定，法律规定由人民法院执行的其他法律文书，由被执行人住所地或者被执行的财产所在地人民法院执行。"其他法律文书"包括仲裁裁决书、仲裁中的财产保全裁定、公证机关赋予强制执行力的公证债权文书、行政机关申请执行的处理决定和处罚决定等。

3. 执行共同管辖与执行选择管辖

执行共同管辖，是指两个以上法院对同一个执行案件都有管辖权。执行选择管辖，是指当事人对共同管辖案件可以选择其中一个法院申请执行，接受申请的法院取得执行案件的管辖权，其他法院不得再管辖该案件。

《执行问题规定》第13条规定，两个以上人民法院都有管辖权的，当事人可以向其中一个人民法院申请执行；当事人向两个以上人民法院申请执行的，由最先立案的人民法院管辖。其他人民法院在立案后发现有管辖权的人民法院已经立案的，应当撤销案件；已经采取执行措施的，应当将控制的财产交先立案的执行法院处理。

4. 执行移送管辖

执行移送管辖,是指法院发现受理的执行案件不属于本院管辖的,应当移送至有管辖权的法院执行,受移送的法院应当执行,且不得再行移送。如果受移送的法院认为执行案件不属于本院管辖的,应当报送上级法院指定管辖。

《执行程序解释》第 4 条规定,对人民法院采取财产保全措施的案件,申请执行人向采取保全措施的人民法院以外的其他有管辖权的人民法院申请执行的,采取保全措施的人民法院应当将保全的财产交执行法院处理。

5. 执行指定管辖

执行指定管辖,是指法院因执行管辖发生争议无法协商解决时,由上级法院指定下级某一法院为管辖法院。因执行管辖发生争议包括两个法院都主张有管辖权与都推诿执行两种情形。

6. 执行管辖权的转移

执行管辖权的转移,是指对执行案件有管辖权的法院因特殊情况需要上级法院执行的,可以报请上级法院执行。上级法院对下级法院有管辖权的案件,在特殊情况下可以提级执行。需注意,执行管辖权转移为单向转移,只能从下至上,由下级法院转移至上级法院,而诉讼管辖权的转移是双向转移①,包括从下至上与从上至下两种。

根据《最高人民法院关于高级人民法院统一管理执行工作若干问题的规定》(法发〔2000〕3 号)第 9 条的规定,高级人民法院对下级人民法院的下列案件可以裁定提级执行:(1) 高级人民法院指令下级人民法院限期执结,逾期未执结需要提级执行的;(2) 下级人民法院报请高级人民法院提级执行,高级人民法院认为应当提级执行的;(3) 疑难、重大和复杂的案件,高级人民法院认为应当提级执行的;(4) 高级人民法院对最高人民法院函示提级执行的案件,应当裁定提级执行。

7. 管辖权异议

依据《执行程序解释》第 3 条的规定,人民法院受理执行申请后,当事人对管辖权有异议的,应当自收到执行通知书之日起 10 日内提出。人民法院对当事人提出的异议,应当审查。异议成立的,应当撤销执行案件,并告知当事人向有管辖权的人民法院申请执行;异议不成立的,裁定驳回。当事人对裁定不服的,可以向上一级人民法院申请复议。管辖权异议审查和复议期间,不停止执行。

---

① 《民诉法》第 38 条规定:"上级人民法院有权审理下级人民法院管辖的第一审民事案件;确有必要将本院管辖的第一审民事案件交下级人民法院审理的,应当报请其上级人民法院批准。下级人民法院对它所管辖的第一审民事案件,认为需要由上级人民法院审理的,可以报请上级人民法院审理。"

[表 24-2] 执行与诉讼管辖权异议的区别

	执行管辖权异议	诉讼管辖权异议
提出时间	收到执行通知书 10 日内	提交答辩状期间
救济途径	向上一级人民法院申请复议	向上一级人民法院提起上诉
异议成立的法律后果	裁定撤销案件,并告知申请执行人向有管辖权的人民法院申请执行	裁定移送有管辖权的人民法院审理

三、执行依据

（一）执行依据的概念和条件

执行依据,是指执行机构据以执行的法律文书,是由有关机构依法出具的、载明债权人享有一定债权,债权人可据以请求执行的法律文书。简言之,执行依据就是指执行机构据以执行所依据的法律文书。

执行依据除了法院制作的生效裁判文书外,还包括仲裁裁决书、仲裁调解书、仲裁中的财产保全裁定、公证机关赋予强制执行力的公证债权文书、行政机关申请执行的处理决定和处罚决定等。

执行依据须具备四个条件：(1) 须由法定机关制作,包括人民法院和其他机关。(2) 须是已经生效的法律文书。(3) 须有可供执行的内容,且给付内容明确。生效法律文书必须具有明确的给付内容,才能成为执行依据。法律文书确定继续履行合同的,应当明确继续履行的具体内容。(4) 权利义务主体明确。①

（二）执行依据的种类

1. 可作为执行依据的法院制作的法律文书

（1）发生法律效力的判决、裁定。人民法院制作的发生法律效力的、具有给付内容的民事判决书、民事裁定书,以及刑事附带民事判决、裁定书,是最常见的民事执行依据。

（2）发生法律效力的民事调解书、支付令。民事调解书虽然是人民法院根据当事人达成的调解协议确认后所出具,但实践中义务人不主动履行民事调解书的情况较为常见,因此,民事调解书也经常成为执行依据。

（3）民事制裁决定书。人民法院在审理民事案件的过程中,对于特定的民事案件,除判决义务人承担民事责任外,还可依法对其予以一定的民事制裁。人民法院据此作出的民事制裁决定书,属于执行依据的一种,比如人民法院对妨害民事诉讼行为作出的罚款决定书。

---

① 《民诉法解释》第 463 条规定：“当事人申请人民法院执行的生效法律文书应当具备下列条件：(一) 权利义务主体明确；(二) 给付内容明确。法律文书确定继续履行合同的,应当明确继续履行的具体内容。”

(4) 经人民法院裁定承认其效力的外国法院或港澳台地区法院作出的判决、裁定,以及国外仲裁机构或港澳台地区仲裁机构作出的仲裁裁决。此类案件的执行,必须同时包括两个方面的执行依据:一是生效的外国或域外法院判决、裁定及国外或域外仲裁裁决,二是我国人民法院作出的承认并同意执行的裁定。

2. 可作为执行依据的其他机关制作的法律文书

(1) 依法应由人民法院执行的行政处罚决定、行政处理决定。

(2) 我国仲裁机构作出的仲裁裁决和调解书以及人民法院依据《仲裁法》有关规定作出的财产保全和证据保全裁定。

(3) 公证机关依法赋予强制执行效力的关于追偿债款、物品的债权文书。

(4) 法律规定应由人民法院执行的其他文书。规定兜底条款的目的在于适应民事执行立法和实践不断发展的需要。今后如果有新的法律明确规定应由人民法院执行的其他生效法律文书,则该生效法律文书也是法院执行的根据。

[表 24-3] 执行依据

人民法院作出的生效法律文书	其他机关作出的文书		
民事判决、裁定书;刑事附带民事判决、裁定书	仲裁机构	公证机关	其他行政机关
民事调解书;支付令			
民事制裁决定书	仲裁裁决、调解书	赋予强制执行效力的关于追偿债款、物品的债权文书	应由人民法院执行的行政处罚决定、行政处理决定
人民法院裁定承认其效力的域外法判决、裁定,以及域外仲裁机构的仲裁裁决	财产保全和证据保全裁定		

第三节 执 行 救 济

案件执行过程中,当事人或案外利害关系人可能因人民法院的违法或不当执行行为遭受侵害,比如人民法院裁定拍卖案外人所有的财产。为了防止这种情形出现,《民诉法》规定了执行救济方法,主要包括执行行为异议、案外人异议及案外人异议之诉及执行回转等制度。

一、执行异议

[导入案例 24-2] 某区人民法院在张某与郑某离婚纠纷案件执行过程中,于 2015 年 11 月 24 日作出搬迁通知书,通知被执行人郑某在 2015 年 12 月 10 日前搬出××市××区××房,在该房屋内居住的其他人员亦应于同日前自行迁出。被执行人郑某于 2015 年 12 月 1 日向法院提出异议,

请求撤销搬迁通知书,并解除对上述房屋的查封。法院组成合议庭,对郑某提出的异议进行了审查。法院查明,郑某与张某于 2000 年 4 月 5 日登记结婚,后因双方感情不和,张某向法院起诉离婚。2015 年 8 月 12 日,双方在二审程序中达成协议,约定:双方解除婚姻关系;××房归郑某所有,郑某于签收本调解协议之日起 10 日内向张某支付补偿款 14 万元,在郑某付清补偿款后,张某应协助郑某办理上述房产过户手续。某市中级人民法院作出民事调解书对上述协议予以确认。另查明,上述房屋登记的权属人为张某,共有人为郑某,房屋建筑面积为 62.3 平方米,目前由郑某一人居住。

法院认为,《查封、扣押、冻结规定》第 4 条规定:"对被执行人及其所扶养家属生活所必需的居住房屋,法院可以查封,但不得拍卖、变卖或抵债。"第 5 条规定:"对于超过被执行人及其所抚养家属生活所必需的房屋和生活用品,人民法院根据申请执行人的申请,在保障被执行人及其所扶养家属最低生活标准所必需的居住房屋和普通生活必需品后,可予以执行。"本案中,涉案房屋建筑面积为 62.3 平方米,居住人员只有郑某一人,该房屋面积超过了郑某个人生活必需。且郑某在二审调解时同意涉案房屋归其所有,作为补偿,郑某向张某支付 14 万元,但在调解书生效后,郑某无视张某无房居住、一人独自抚养两个小孩的现状,以经济困难为由不履行该调解书,法院拟拍卖涉案房屋的目的也正是为了执行房屋补偿款,以此来保障张某及其所抚养小孩之生活所需,因此,法院查封涉案房屋并拟拍卖该房屋的执行行为并无不当,郑某提出的异议请求理由不成立,应予驳回。拍卖款在清偿本案执行款后,郑某可用余款购买价款较低的房屋居住或租房居住。法院依照《民诉法》第 225 条及《查封、扣押、冻结规定》第 4 条、第 5 条之规定,裁定驳回异议申请人郑某提出的异议请求。如不服本裁定,异议申请人、当事人可自本裁定送达之日起 10 日内,向法院递交申请复议书,复议于某市中级人民法院。

(一) 执行异议概述

执行异议,是指在执行过程中,执行当事人或利害关系人认为执行机构的不当或违法执行行为,损害了自己的合法权益,要求执行机构排除违法执行行为,保护其程序利益的合法行为。简言之,执行异议就是当事人或利害关系人对法院的执行行为提出的异议。导入案例 24-2 中,被执行人郑某认为法院查封且拟拍卖其唯一住房的执行行为违法,提出异议请求撤销法院作出的搬迁通知书及查封裁定,就属于执行异议。

执行异议有广义与狭义之分。广义的执行异议包括《民诉法》第 225 条规定的对执行行为提出的异议以及第 227 条规定的案外人异议;狭义的执行异议仅指《民诉法》第 225 条规定的对执行行为提出的异议。为便于区分,本书将《民诉法》第225条规定的对执行行为提出的异议称为执行行为异议,将《民诉法》第227条规定的执行异议称为案外人异议。

《民诉法》第225条规定:"当事人、利害关系人认为执行行为违反法律规定的,可以向负责执行的人民法院提出书面异议。当事人、利害关系人提出书面异议的,人民法院应当自收到书面异议之日起十五日内审查,理由成立的,裁定撤销或者改正;理由不成立的,裁定驳回。当事人、利害关系人对裁定不服的,可以自裁定送达之日起十日内向上一级人民法院申请复议。"导入案例24-2中,某区人民法院经过审查认为异议申请人郑某提出的异议理由不成立,对其提出的执行异议裁定予以驳回,郑某如对裁定不服,可向某市中级人民法院申请复议。

《执行异议规定》对执行行为异议、案外人异议以及执行复议作出了比较详细的规定,最高人民法院之前发布的司法解释与该规定相冲突的,要以该规定为准。

(二)执行行为异议的条件

1. 执行行为异议一般情况下应在执行过程中提出

执行行为异议一般情况下应在执行过程中,即执行案件受理后至执行终结(法院发出执行结案通知书)前提出。特殊情况下,如申请执行人认为执行法院未执行完毕就匆匆结案,而对执行结案通知书提出异议,可在结案后提出执行行为异议。[①]

2. 提出异议的主体是当事人或利害关系人

提出执行异议的一般情况下是执行当事人,即申请执行人与被执行人,某些情形下,不是执行当事人的利害关系人也可提出执行异议。这里的利害关系人是指因法院执行行为致使其权益受到侵害的案外人。

实务中,利害关系人与案外人异议中的案外人不易区分,利害关系人首先是案外人,但又是特殊的案外人,具体应以异议申请人提出的异议请求性质来确定。《执行异议规定》第5条规定,有下列情形之一的,当事人以外的自然人、法人和非法人组织,可以作为利害关系人提出执行行为异议:(1)认为人民法院的执行行为违法,妨碍其轮候查封、扣押、冻结的债权受偿的;(2)认为人民法院的拍卖措施违法,妨碍其参与公平竞价的;(3)认为人民法院的拍卖、变卖或者以物抵债措施违法,侵害其对执行标的的优先购买权的;(4)认为人民法院要求协助执行的事项超出其协助范围或者违反法律规定的;(5)认为其他合法权益受到人民法院违法执行行为侵害的。

3. 执行异议的客体是执行法院违法或不当的执行行为

执行异议的客体是执行法院违法或不当的执行行为。理解执行行为时需注

[①] 《执行异议规定》第6条第1款规定:"当事人、利害关系人依照民事诉讼法第二百二十五条规定提出异议的,应当在执行程序终结之前提出,但对终结执行措施提出异议的除外。"

意,执行行为是指执行法院实施的具体执行措施,实务中绝大部分执行行为均以书面通知书或执行裁定书的形式作出,因此,一个执行行为通常表现为一份法律文书。

根据《执行异议规定》第7条的规定,当事人、利害关系人认为执行过程中或者执行保全、先予执行裁定过程中的下列行为违法提出异议的,人民法院应当依照《民诉法》第225条规定以执行行为异议进行审查:(1)查封、扣押、冻结、拍卖、变卖、以物抵债、暂缓执行、中止执行、终结执行等执行措施;(2)执行的期间、顺序等应当遵守的法定程序;(3)人民法院作出的侵害当事人、利害关系人合法权益的其他行为。被执行人以债权消灭、丧失强制执行效力等执行依据生效之后的实体事由提出排除执行异议的,人民法院应当参照《民诉法》第225条规定进行审查。

4. 须以书面形式提出异议

根据《民诉法》第225条的规定,执行异议须以书面形式提出。《执行异议规定》第1条规定,异议人提出执行异议或者复议申请人申请复议,应当向人民法院提交申请书。申请书应当载明具体的异议或者复议请求、事实、理由等内容,并附下列材料:(1)异议人或者复议申请人的身份证明;(2)相关证据材料;(3)送达地址和联系方式。

(三)执行行为异议的审查与处理

执行异议符合《民诉法》第225条或者第227条规定条件的,人民法院应当在3日内立案,并在立案后3日内通知异议人和相关当事人。不符合受理条件的,裁定不予受理;立案后发现不符合受理条件的,裁定驳回申请。执行异议申请材料不齐备的,人民法院应当一次性告知异议人在3日内补足,逾期未补足的,不予受理(《执行异议规定》第2条第1款、第2款)。

执行法院收到执行异议后3日内既不立案又不作出不予受理裁定,或者受理后无正当理由超过法定期限不作出异议裁定的,异议人可以向上一级人民法院提出异议。上一级人民法院审查后认为理由成立的,应当指令执行法院在3日内立案或者在15日内作出异议裁定(《执行异议规定》第3条)。

执行案件被指定执行、提级执行、委托执行后,当事人、利害关系人对原执行法院的执行行为提出异议的,由提出异议时负责该案件执行的人民法院审查处理;受指定或者受委托的人民法院是原执行法院的下级人民法院的,仍由原执行法院审查处理(《执行异议规定》第4条)。

人民法院对执行行为异议,应当按照下列情形,分别处理:(1)异议不成立的,裁定驳回异议;(2)异议成立的,裁定撤销相关执行行为;(3)异议部分成立的,裁定变更相关执行行为;(4)异议成立或者部分成立,但执行行为无撤销、变更内容的,裁定异议成立或者相应部分异议成立(《执行异议规定》第17条)。

（1）审查程序

人民法院审查执行异议或者复议案件，应当依法组成合议庭。指令重新审查的执行异议案件，应当另行组成合议庭。办理执行实施案件的人员不得参与相关执行异议和复议案件的审查（《执行异议规定》第 11 条）。人民法院对执行异议和复议案件实行书面审查。案情复杂、争议较大的，应当进行听证（《执行异议规定》第 12 条）。申言之，人民法院审查执行异议或者复议案件，应当依法组成合议庭审查，不能由审判员一人独任审查。审查方式通常为书面审查，特殊情形下召开听证会听证审查。

（2）对必需居住房屋的异议审查

《执行异议规定》第 20 条规定，金钱债权执行中，符合下列情形之一，被执行人以执行标的系本人及所扶养家属维持生活必需的居住房屋为由提出异议的，人民法院不予支持：① 对被执行人有扶养义务的人名下有其他能够维持生活必需的居住房屋的；② 执行依据生效后，被执行人为逃避债务转让其名下其他房屋的；③ 申请执行人按照当地廉租住房保障面积标准为被执行人及所扶养家属提供居住房屋，或者同意参照当地房屋租赁市场平均租金标准从该房屋的变价款中扣除 5—8 年租金的。执行依据确定被执行人交付居住的房屋，自执行通知送达之日起，已经给予 3 个月的宽限期，被执行人以该房屋系本人及所扶养家属维持生活的必需品为由提出异议的，人民法院不予支持。①

需注意，上述第 1 项规定中，"对被执行人有扶养义务的人"中的"扶养"一词为广义的概念，包括对被执行人负有扶养、赡养、抚养等义务的人。在被执行人因承受强制执行而导致其所有的居住房屋被法院处置时，对被执行人负有扶养、赡养、抚养等义务的人对被执行人的基本生活应尽相关义务。如果这些义务人名下有其他能够维持生活必需的居住房屋，应提供给被执行人居住。在义务人能够提供维持生活必需住房的情况下，被执行人基本的居住权仍能得以保障，并未违反执行适度原则。即使被执行人名下的住房属于生活所必需，但由于其扶养义务人名下有其他可以维持生活必需的居住房屋，人民法院仍可对被执行人所有的房屋强制执行。申请执行人可以提出证据，证明相关民事主体对被执行人负有扶养、赡养、抚养等义务，以及该民事主体有其他能够维持生活必需的居住房屋，也可以申请人民法院对上述财产情况进行必要调查。经调查，能够认定上述义务人名下有其他维持生活必需的居住房屋，足以保障被执行人及其所扶养家属基本居住权利的，对被执行人、利害关系人要求停止执行涉案房产的异议请求，人民法院不予支持。

---

① 2015 年 5 月 5 日《执行异议规定》施行前，被执行人经常以被执行房屋是唯一住房不能拍卖为由提出执行行为异议，《执行异议规定》第 20 条对不能拍卖的情形作出了较为严格的规定。

另外还需注意,上述第1项规定,应在被执行人及其所扶养家属基本居住权能够得到保障的情况下适用,如果对被执行人具有扶养、赡养、抚养等义务的人名下虽有能够安置的住房,但扶养义务人不履行相关义务,拒不提供住房给被执行人居住,则不符合该规定中"能够维持生活必需"的要求,此时如果强制执行被执行人名下房屋会损害被执行人权益。因此,被执行人及其所扶养家属的居住权确实得到保障,是第1项规定适用的前提。

(3) 对请求撤销拍卖的异议审查

当事人、利害关系人提出异议请求撤销拍卖,符合下列情形之一的,人民法院应予支持:① 竞买人之间、竞买人与拍卖机构之间恶意串通,损害当事人或者其他竞买人利益的;② 买受人不具备法律规定的竞买资格的;③ 违法限制竞买人参加竞买或者对不同的竞买人规定不同竞买条件的;④ 未按照法律、司法解释的规定对拍卖标的物进行公告的;⑤ 其他严重违反拍卖程序且损害当事人或者竞买人利益的情形。当事人、利害关系人请求撤销变卖的,参照前款规定处理(《执行异议规定》第21条)。

(4) 对承诺代还债第三人的异议审查

执行过程中,第三人因书面承诺自愿代被执行人偿还债务而被追加为被执行人后,无正当理由反悔并提出异议的,人民法院不予支持(《执行异议规定》第18条)。

(5) 异议的撤回与按撤回处理

执行异议、复议案件审查期间,异议人、复议申请人申请撤回异议、复议申请的,是否准许由人民法院裁定。异议人或者复议申请人经合法传唤,无正当理由拒不参加听证,或者未经法庭许可中途退出听证,致使人民法院无法查清相关事实的,由其自行承担不利后果。当事人、利害关系人对同一执行行为有多个异议事由,但未在异议审查过程中一并提出,撤回异议或者被裁定驳回异议后,再次就该执行行为提出异议的,人民法院不予受理(《执行异议规定》第13条、第14条、第15条第1款)。

实务中,当事人尤其是被执行人为拖延执行,往往就同一执行行为,先后以不同的异议理由提出多个异议,甚至鼓动、利用利害关系人提出异议。为遏制这种不诚信诉讼行为,《执行异议规定》特别规定,当事人及利害关系人就同一执行行为有多个异议理由的,只能一次性提出一个异议。但需注意,在同一执行案件中,当事人及利害关系人对多个不同的执行行为,还是可以多次提出异议。

当事人、利害关系人对裁定不服的,可以自裁定送达之日起10日内向上一级人民法院申请复议①,复议申请书应当采取书面形式。申请复议的书面材料,可以通过执行法院转交,也可以直接向执行法院的上一级人民法院提交,但最有效率的做法还是向执行法院转交。

上一级人民法院对当事人、利害关系人的复议申请,应当组成合议庭进行审查,并且应当自收到复议申请之日起30日内审查完毕,并作出裁定。有特殊情况需要延长的,经本院院长批准,可以延长,延长的期限不得超过30日。

上一级人民法院对不服异议裁定的复议申请审查后,应当按照下列情形,分别处理:(1)异议裁定认定事实清楚,适用法律正确,结果应予维持的,裁定驳回复议申请,维持异议裁定;(2)异议裁定认定事实错误,或者适用法律错误,结果应予纠正的,裁定撤销或者变更异议裁定;(3)异议裁定认定基本事实不清、证据不足的,裁定撤销异议裁定,发回作出裁定的人民法院重新审查,或者查清事实后作出相应裁定;(4)异议裁定遗漏异议请求或者存在其他严重违反法定程序的情形的,裁定撤销异议裁定,发回作出裁定的人民法院重新审查;(5)异议裁定对应当适用《民诉法》第227条规定审查处理的异议,错误适用《民诉法》第225条规定审查处理的,裁定撤销异议裁定,发回作出裁定的人民法院重新作出裁定。除依照上述第3项、第4项、第5项发回重新审查或者重新作出裁定的情形外,裁定撤销或者变更异议裁定且执行行为可撤销、变更的,应当同时撤销或者变更该裁定维持的执行行为。人民法院对发回重新审查的案件作出裁定后,当事人、利害关系人申请复议的,上一级人民法院复议后不得再次发回重新审查。

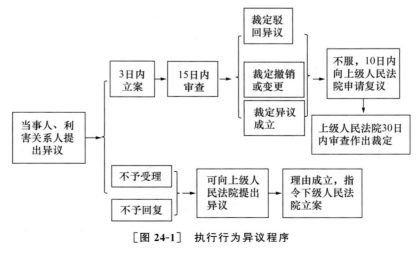

[图 24-1] 执行行为异议程序

---

① 《执行异议规定》第16条第1款规定:"人民法院依照民事诉讼法第二百二十五条规定作出裁定时,应当告知相关权利人申请复议的权利和期限。"

执行异议审查和复议期间，执行法院不停止执行。被执行人、利害关系人提供充分、有效的担保请求停止相应处分措施的，人民法院可以准许；申请执行人提供充分、有效的担保请求继续执行的，应当继续执行。

实务中，为防止执行错误导致难以挽回的后果，一般情况下，在执行异议审查和复议期间，对处分性措施停止执行。但对于拍卖房屋等处分性措施，由于买受人为善意第三人，一旦成交将无法回转，因此，对此类处分性措施应暂时予以停止，待执行异议审查或复议审查结果为驳回异议申请后再予以处分。

二、案外人异议

[导入案例24-3] 某区人民法院在 J 省某建设公司 Z 市分公司申请执行 Z 市某投资有限公司建设工程施工合同纠纷过程中，于 2013 年 12 月 29 日作出执行裁定书，裁定查封登记在被执行人名下的 Z 市粤海中路××号××房。案外人刘某于 2014 年 3 月 21 日向法院提出异议，请求法院中止对该房的执行。法院依法组成合议庭，对异议申请人提出的异议进行审查查明，2006 年 6 月 11 日，异议申请人刘某与被执行人 Z 市某投资有限公司签订商品房买卖合同，约定刘某向 Z 市某投资有限公司购买案涉房屋，价款为 282072 元。合同还约定 Z 市某投资有限公司应当在商品房交付使用后 180 天后办理房地产权属证书。合同签订后，刘某于 2006 年 6 月 21 日付清了房款，2007 年 3 月 28 日，Z 市某投资有限公司向刘某出具了购房发票。该房屋于 2006 年 9 月交付使用，刘某一直出租给别人居住。2014 年 3 月 1 日，刘某缴纳了相关契税准备办理房产证时，发现房屋被查封。

法院认为，根据《最高人民法院关于建设工程价款优先受偿权问题的批复》的规定，抵押权与一般债权的行使不能对抗消费者的购房权。本案中，案涉房屋虽然登记在被执行人 Z 市某投资有限公司名下，但刘某已于 2006 年 9 月付清全部购房款并实际占有该房屋，本院裁定查封该房屋的时间为 2013 年 12 月 29 日，因此，本院应中止对该房屋的执行。异议申请人刘某提出的异议申请有事实与法律依据，应予支持。依照《民诉法》第 227 条之规定，裁定中止对 Z 市粤海中路××号××房的执行。如不服本裁定，当事人可自本裁定送达之日起 15 日内向本院提起诉讼。

（一）案外人异议概述

案外人异议，是指在执行过程中，案外人对执行标的主张全部或部分权利的一种法律制度。执行行为异议是指在执行过程中，执行当事人或利害关系人对执行机构的不当或违法执行行为提出的异议，执行行为异议的主体主要是执行当事人，特殊情形下也有作为案外人的利害关系人；而案外人异议是案外人对执行标的主张实体权利提出的异议，案外人异议的主体只能是案外人。

由于执行行为异议与案外人异议的救济途径截然不同，而许多案外人在提出异议时并不清楚自己应该提出执行行为异议还是案外人异议①,他们在异议申请书中往往无法准确确定异议请求的性质及内容,导致本应提出执行行为异议却提出案外人异议,应该提出案外人异议却提出执行行为异议,因此,在异议立案审查阶段对异议申请人的法律释明及引导尤为重要。

在异议申请人同为案外人的情形下,区分执行异议与案外人异议的关键点在于异议申请人主张权利的性质——对执行标的主张实体权利的是案外人异议;对执行行为主张程序权利的是执行行为异议。导入案例中异议申请人刘某从表面上看是对法院查封其房屋的裁定有异议,似乎因对执行行为有异议而提出执行行为异议,但其实质是对法院查封的房屋主张所有权,请求中止对该房屋的执行,刘某提出的异议属于案外人异议。

对于异议申请人坚持同时提出案外人异议与执行行为异议的处理,依照《执行异议规定》第8条的规定,案外人基于实体权利既对执行标的提出排除执行异议又作为利害关系人提出执行行为异议的,人民法院应当依照《民诉法》第227条规定进行审查。案外人既基于实体权利对执行标的提出排除执行异议又作为利害关系人提出与实体权利无关的执行行为异议的,人民法院应当分别依照《民诉法》第227条和第225条规定进行审查。

《民诉法》第227条规定:"执行过程中,案外人对执行标的提出书面异议的,人民法院应当自收到书面异议之日起十五日内审查,理由成立的,裁定中止对该标的的执行;理由不成立的,裁定驳回。案外人、当事人对裁定不服,认为原判决、裁定错误的,依照审判监督程序办理;与原判决、裁定无关的,可以自裁定送达之日起十五日内向人民法院提起诉讼。"

(二)案外人异议的条件

(1)案外人依照《民诉法》第227条规定提出异议的,应当在异议指向的执行标的执行终结之前提出;执行标的由当事人受让的,应当在执行程序终结之前提出(《执行异议规定》第6条第2款)。②

(2)有权提出案外人异议的主体是案外人,即执行当事人以外的公民、法人或其他组织。

(3)提出异议的理由须是案外人对执行标的主张所有权或者有其他足以阻止执行标的的转让、交付的实体权利。③

---

① 实务中案外人异议往往是当事人本人参与异议审查,一般没有律师代理。

② 《民诉法解释》第464条规定:"根据民事诉讼法第二百二十七条规定,案外人对执行标的提出异议的,应当在该执行标的的执行程序终结前提出。"《民诉法解释》与《执行异议规定》相冲突,应适用《执行异议规定》第6条第2款的规定。

③ 其他足以阻止执行标的的转让、交付的实体权利,比如租赁人与出租人签订租赁合同后,法院查封了租赁房屋拟拍卖。基于"买卖不破租赁"的法律规定,租赁人有阻止房屋交付的实体权利,可提出案外人异议。

(4)案外人异议应当以书面形式提出,并提供相应的证据。《执行异议规定》第 1 条规定,异议人提出执行异议,应当向人民法院提交申请书。申请书应当载明具体的异议请求、事实、理由等内容,并附下列材料:异议人的身份证明;相关证据材料;送达地址和联系方式。

(三)案外人异议的审查与处理

1. 案外人异议符合《民诉法》第 225 条或第 227 条规定条件的,人民法院应当在 3 日内立案,并在立案后 3 日内通知异议人和相关当事人。不符合受理条件的,裁定不予受理;立案后发现不符合受理条件的,裁定驳回申请。执行异议申请材料不齐备的,人民法院应当一次性告知异议人在 3 日内补足,逾期未补足的,不予受理(《执行异议规定》第 2 条第 1 款、第 2 款)。

执行法院收到案外人异议后 3 日内既不立案又不作出不予受理裁定,或者受理后无正当理由超过法定期限不作出异议裁定的,异议人可以向上一级人民法院提出异议。上一级人民法院审查后认为理由成立的,应当指令执行法院在 3 日内立案或者在 15 日内作出异议裁定(《执行异议规定》第 3 条)。

执行案件被指定执行、提级执行、委托执行后,案外人对原执行法院的执行标的提出异议的,由提出异议时负责该案件执行的人民法院审查处理;受指定或者受委托的人民法院是原执行法院的下级人民法院的,仍由原执行法院审查处理(《执行异议规定》第 4 条第 2 款)。

2. 执行法院对案外人异议是否成立进行审查,期限为 15 日。审查期间应对相关财产采取查封、扣押、冻结等控制措施,但不得进行处分,正在实施的处分措施应当停止。经审查,理由成立的,裁定中止对执行标的的执行;理由不成立的,裁定驳回。①

(1)审查内容

依据《执行异议规定》第 24 条、第 25 条的规定,对案外人提出的排除执行异议,人民法院应当审查下列内容:① 案外人是否系权利人;② 该权利的合法性与真实性;③ 该权利能否排除执行。

人民法院应当按照下列标准判断案外人是否为权利人:① 已登记的不动产,按照不动产登记簿判断;未登记的建筑物、构筑物及其附属设施,按照土地使用权登记簿、建设工程规划许可、施工许可等相关证据判断;② 已登记的机动车、船舶、航空器等特定动产,按照相关管理部门的登记判断;未登记的特定动产和其他动产,按照实际占有情况判断;③ 银行存款和存管在金融机构的有价证

---

① 《民诉法解释》第 465 条规定:"案外人对执行标的提出的异议,经审查,按照下列情形分别处理:(一)案外人对执行标的不享有足以排除强制执行的权益的,裁定驳回其异议;(二)案外人对执行标的享有足以排除强制执行的权益的,裁定中止执行。驳回案外人执行异议裁定送达案外人之日起十五日内,人民法院不得对执行标的进行处分。"

券,按照金融机构和登记结算机构登记的账户名称判断;有价证券由具备合法经营资质的托管机构名义持有的,按照该机构登记的实际出资人账户名称判断;④ 股权按照工商行政管理机关的登记和企业信用信息公示系统公示的信息判断;⑤ 其他财产和权利,有登记的,按照登记机构的登记判断;无登记的,按照合同等证明财产归属或者权利人的证据判断。案外人依据另案生效法律文书提出排除执行异议,该法律文书认定的执行标的权利人与依照前款规定得出的判断不一致的,依照《执行异议规定》第 26 条的规定处理。

金钱债权执行中,案外人依据执行标的被查封、扣押、冻结前作出的另案生效法律文书提出排除执行异议,法院审查方法为根据另案生效法律文书作出的时间是在执行标的被查封之前还是之后区别情况对待。① 另案生效法律文书作出的时间在执行标的被查封之后。案外人主张对执行标的享有实体权利,应当通过案外人异议之诉制度实现,而不是另行诉讼,因此,无论案外人所持有的生效法律文书的基础权利是什么,法院对其诉讼请求都不予支持。② 另案生效法律文书作出的时间是在执行标的被查封之前。此情形下要区别对待:第一,标的物的所有权属于案外人的法律文书。主要有三种情形:A. 就案外人与被执行人之间的权属纠纷作出的法律文书;B. 基于租赁、借用、保管等合同纠纷作出的返还标的物的法律文书;C. 案外人受让执行标的的拍卖、变卖成交裁定或者以物抵债且该权利能够排除执行的裁定。上述三种情形下,法院应当支持案外人的主张。理由为,权属纠纷属物权上的纠纷,如果确定权属,自然应予支持。而若法律文书是基于租赁、借用、保管等合同纠纷作出的返还标的物的判决、裁定,案外人对返还的标的物享有的仍是物权,对其异议仍应支持。法院确认变价的裁定且案外人享有的权利能够排除执行的,当然也可以排除本案的执行。第二,案外人与被执行人之间除前项所列合同之外的债权纠纷,判决、裁决执行标的的归属于案外人或者向其交付、返还执行标的的法律文书。这类法律文书确定的交付、返还是基于债权请求权,其权利基础为债权,此时执行标的的所有权仍属于被执行人,这种确权不能排除执行。①

非金钱债权执行中,案外人依据另案生效法律文书提出排除执行异议,该法律文书对执行标的的权属作出不同认定的,人民法院应当告知案外人依法申请再

---

① 《执行异议规定》第 26 条第 1 款、第 2 款规定,金钱债权执行中,案外人依据执行标的被查封、扣押、冻结前作出的另案生效法律文书提出排除执行异议,人民法院应当按照下列情形,分别处理:① 该法律文书系就案外人与被执行人之间的权属纠纷以及租赁、借用、保管等不以转移财产权属为目的的合同纠纷,判决、裁决执行标的的归属于案外人或者向其返还执行标的的且其权利能够排除执行的,应予支持;② 该法律文书系就案外人与被执行人之间除前项所列合同之外的债权纠纷,判决、裁决执行标的的归属于案外人或者向其交付、返还执行标的的,不予支持。③该法律文书系案外人受让执行标的的拍卖、变卖成交裁定或者以物抵债裁定且其权利能够排除执行的,应予支持。金钱债权执行中,案外人依据执行标的被查封、扣押、冻结后作出的另案生效法律文书提出排除执行异议的,人民法院不予支持。

审或者通过其他程序解决。申请执行人或者案外人不服人民法院依照《执行异议规定》第26条第1款、第2款规定作出的裁定,可以依照《民诉法》第227条规定提起执行异议之诉(《执行异议规定》第26条第3款、第4款)。

申请执行人对执行标的依法享有对抗案外人的担保物权等优先受偿权,人民法院对案外人提出的排除执行异议不予支持,但法律、司法解释另有规定的除外(《执行异议规定》第27条)。

(2)对不动产的审查

金钱债权执行中,买受人对登记在被执行人名下的不动产提出异议,符合下列情形且其权利能够排除执行的,人民法院应予支持:① 在人民法院查封之前已签订合法有效的书面买卖合同;② 在人民法院查封之前已合法占有该不动产;③ 已支付全部价款,或者已按照合同约定支付部分价款且将剩余价款按照人民法院的要求交付执行;④ 非因买受人自身原因未办理过户登记(《执行异议规定》第28条)。

金钱债权执行中,买受人对登记在被执行的房地产开发企业名下的商品房提出异议,符合下列情形且其权利能够排除执行的,人民法院应予支持:① 在人民法院查封之前已签订合法有效的书面买卖合同;② 所购商品房系用于居住且买受人名下无其他用于居住的房屋;③ 已支付的价款超过合同约定总价款的50%(《执行异议规定》第29条)。需注意,买受人对登记在房地产开发企业名下的不动产和登记在非房地产开发企业名下的不动产提出异议时,法院支持异议的条件不同。

[表24-4] 金钱债权执行中买受人对不动产异议成立的条件

登记权属人	成立条件(须同时满足其权利能够排除执行)
对登记在被执行人名下的不动产提出异议	查封之前已签订书面买卖合同
	查封之前已合法占有该不动产
	已付全款,或按约定支付部分价款且将余款按人民法院要求交付执行
	非因买受人自身原因未办理过户登记
对登记在被执行的房地产开发企业名下的商品房提出异议	查封之前已签订书面买卖合同
	购房用于居住且买受人名下无其他用于居住的房屋
	已支付的价款超过合同约定总价款的50%

金钱债权执行中,对被查封的办理了受让物权预告登记的不动产,受让人提出停止处分异议的,人民法院应予支持;符合物权登记条件,受让人提出排除执行异议的,应予支持(《执行异议规定》第30条)。

承租人请求在租赁期内阻止向受让人移交占有被执行的不动产,在人民法院查封之前已签订合法有效的书面租赁合同并占有使用该不动产的,人民法院应予支持。承租人与被执行人恶意串通,以明显不合理的低价承租被执行的不动产或者伪造交付租金证据的,对其提出的阻止移交占有的请求,人民法院不予支持(《执行异议规定》第31条)。

(3) 异议的撤回和按撤回处理

案外人异议案件审查期间,异议人申请撤回异议的,是否准许由人民法院裁定。异议人经合法传唤,无正当理由拒不参加听证,或者未经法庭许可中途退出听证,致使人民法院无法查清相关事实的,由其自行承担不利后果。案外人撤回异议或者被裁定驳回异议后,再次就同一执行标的提出异议的,人民法院不予受理(《执行异议规定》第13条、第14条、第15条第2款)。

[表 24-5] 执行行为异议与案外人异议的区别

	执行行为异议	案外人异议
申请主体	当事人、利害关系人	案外人
申请理由	执行行为违法或不当	对执行标的主张所有权或其他足以阻止执行标的转让、交付的实体权利
请求事项	撤销或变更执行行为	中止对执行标的的执行
救济途径	向上一级法院申请复议	案外人对执行依据申请再审;与执行依据无关的,案外人、当事人提起诉讼
法律后果	不停止执行	停止处分措施

3. 案外人对裁定不服,认为原判决、裁定错误的,依照审判监督程序办理。《民诉法》第227条规定,人民法院驳回案外人对执行标的提出的异议,案外人、当事人对裁定不服,认为原判决、裁定错误的,依照审判监督程序办理。《民诉法解释》第423条进一步规定,案外人对驳回其执行异议的裁定不服,认为原判决、

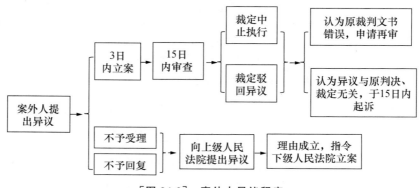

[图 24-2] 案外人异议程序

裁定、调解书内容错误损害其民事权益的,可以自执行异议裁定送达之日起6个月内,向作出原判决、裁定、调解书的人民法院申请再审。

4. 案外人、当事人认为异议与原判决、裁定无关的,可以自裁定送达之日起15日内向法院提起诉讼。

(四) 案外人异议之诉

[导入案例24-4] 某区人民法院在覃某申请执行黄某买卖合同纠纷案件过程中,于2011年8月16日作出执行裁定书,裁定拍卖被执行人黄某所有的位于××市××村凤凰别墅区E1栋××房。案外人谭某于2011年11月15日向法院提出异议,认为其对案涉房屋享有足以中止执行的实体权利,请求终止对该房屋的执行。法院依法组成合议庭,对谭某人提出的异议进行审查后,裁定驳回异议申请人谭某提出的异议请求。如不服本裁定,案外人、当事人可在本裁定送达之日起15日内,向本院提出诉讼。

1. 案外人异议之诉概述

依据《民诉法》第227条的规定,案外人、当事人对执行法院驳回异议的裁定不服,认为与原判决、裁定无关的,可以自裁定送达之日起15日内向人民法院提起诉讼。导入案例中,案外人谭某的异议请求被驳回,但谭某并非对作为执行依据的原判决有异议,而是对执行异议审查中未认定谭某享有足以中止案涉房屋执行的实体权利有异议,因此,异议申请人谭某的救济途径是在裁定送达之日起15日内向法院提起诉讼。

关于案外人异议之诉,《民诉法解释》施行前,《执行程序解释》规定较多。《民诉法解释》第304条至第316条对案外人异议之诉予以集中规定,其部分内容吸收了《执行程序解释》的相关条款,并对其部分内容作出修改,《执行程序解释》中相冲突条款不再适用。

2. 案外人异议之诉的起诉条件

案外人提起执行异议之诉,除符合《民诉法》第119条规定的起诉条件外,还应当具备下列条件:(1) 案外人的执行异议申请已经被法院裁定驳回;(2) 有明确的排除对执行标的执行的诉讼请求,且诉讼请求与原判决、裁定无关;(3) 自执行异议裁定送达之日起15日内提起。人民法院应当在收到起诉状之日起15日内决定是否立案。

3. 案外人异议之诉的被告

案外人对执行标的主张实体权利,并请求对执行标的停止执行的,应当以申请执行人为被告;被执行人反对案外人对执行标的所主张的实体权利的,应当以申请执行人和被执行人为共同被告。被执行人不反对案外人异议的,可以列被执行人为第三人。简言之,谁反对案外人要求停止执行的主张,谁就是被告。导入案例中,如谭某欲提起案外人异议之诉,而被执行人黄某认为案涉房屋应归其所有,那么,案外人异议之诉的原告是谭某,被告则是申请执行人覃某与被执行人黄某;如黄某主张案涉房屋已卖给谭某,谭某是房屋的实际所有权人,那么,被告应是申请执行人覃某,法院可以将被执行人黄某列为第三人。

4. 案外人异议之诉的管辖

依据《民诉法解释》第304条的规定,案外人异议之诉由执行法院管辖,案外人只能向执行法院提起诉讼。如案外人在执行法院驳回其异议以后,向其他法院提起请求确认其对执行标的享有所有权诉讼的,依据《最高人民法院关于执行权合理配置和科学运行的若干意见》第26条的规定,其他法院应当中止确认所有权案件的审理。①

5. 案外人异议之诉的效力

依据《民诉法解释》第315条的规定,案外人执行异议之诉审理期间,人民法院不得对执行标的进行处分。申请执行人请求人民法院继续执行并提供相应担保的,人民法院可以准许。被执行人与案外人恶意串通,通过执行异议、执行异议之诉妨害执行的,人民法院应当依照《民诉法》第113条规定处理。② 申请执行人因此受到损害的,可以提起诉讼要求被执行人、案外人赔偿。

6. 案外人异议之诉的审理与裁判

人民法院审理执行异议之诉的,适用普通程序审理。③ 案外人应当就其对执行标的享有足以排除强制执行的民事权益承担举证证明责任(《民诉法解释》第310条、第311条)。案外人异议之诉中,案外人主张其对执行标的享有足以排除强制执行的实体权利,根据《民诉法解释》第91条规定的举证证明责任规则,主张法律关系存在的当事人,应当对产生该法律关系的基本事实承担举证证明责任,故应由案外人对其主张事实承担举证证明责任。

对案外人提起的执行异议之诉,人民法院经审理,按照下列情形分别处理:(1)案外人就执行标的享有足以排除强制执行的民事权益的,判决不得执行该执行标的;(2)案外人就执行标的不享有足以排除强制执行的民事权益的,判决驳回诉讼请求。案外人同时提出确认其权利的诉讼请求的,人民法院可以在判决中一并作出裁判(《民诉法解释》第312条)。

案外人之诉往往为复合诉讼请求,比如,请求判令案外人对执行标的享有所

---

① 该意见第26条规定:"审判机构在审理确权诉讼时,应当查询所要确权的财产权属状况,发现已经被执行局查封、扣押、冻结的,应当中止审理;当事人诉请确权的财产被执行局处置的,应当撤销确权案件;在执行局查封、扣押、冻结后确权的,应当撤销确权判决或者调解书。"

② 《民诉法》第113条规定:"被执行人与他人恶意串通,通过诉讼、仲裁、调解等方式逃避履行法律文书确定的义务的,人民法院应当根据情节轻重予以罚款、拘留;构成犯罪的,依法追究刑事责任。"

③ 案外人异议之诉与普通民事诉讼并无不同,由审判庭审理,也是两审终审。

有权,并请求对执行标的停止执行,因此,案外人异议之诉的判决内容往往也是复合判项,具体法院应根据案外人的诉讼请求作出相应的裁判结果。

2019年《全国法院民商事审判工作会议纪要》第123条、第124条对两种案外人异议之诉作出具体规定:

(1) 案外人依据另案生效裁判对非金钱债权的执行提起执行异议之诉。

实务中,案外人有时依据另案生效裁判所认定的与执行标的物有关的权利提起执行异议之诉,请求排除对标的物的执行。此时,鉴于作为执行依据的生效裁判与作为案外人提出执行异议依据的生效裁判,均涉及对同一标的物权属或给付的认定,性质上属于两个生效裁判所认定的权利之间可能产生的冲突,人民法院在审理执行异议之诉时,需区别不同情况作出判断:如果作为执行依据的生效裁判是确权裁判,不论作为执行异议依据的裁判是确权裁判还是给付裁判,一般不应此排除执行,但人民法院应当告知案外人对作为执行依据的确权裁判申请再审;如果作为执行依据的生效裁判是给付标的物的裁判,而作为提出异议之诉依据的裁判是确权裁判,一般应据此排除执行,此时人民法院应告知其对该确权裁判申请再审;如果两个裁判均属给付标的物的裁判,人民法院需依法判断哪个裁判所认定的给付权利具有优先性,进而判断是否可以排除执行。

(2) 案外人依据另案生效裁判对金钱债权的执行提起执行异议之诉。

作为执行依据的生效裁判并未涉及执行标的物,只是执行中为实现金钱债权对特定标的物采取了执行措施。对此种情形,《执行异议规定》第26条规定了解决案外人执行异议的规则,在审理执行异议之诉时可以参考适用。依据该条规定,作为案外人提起执行异议之诉依据的裁判将执行标的物确权给案外人,可以排除执行;作为案外人提起执行异议之诉依据的裁判,未将执行标的物确权给案外人,而是基于不以转移所有权为目的的有效合同(如租赁、借用、保管合同),判令向案外人返还执行标的物的,其性质属于物权请求权,亦可以排除执行;基于以转移所有权为目的有效合同(如买卖合同),判令向案外人交付标的物的,其性质属于债权请求权,不能排除执行。

需注意,在金钱债权执行中,如果案外人提出执行异议之诉依据的生效裁判认定以转移所有权为目的的合同(如买卖合同)无效或应当解除,进而判令向案外人返还执行标的物的,此时案外人享有的是物权性质的返还请求权,本可排除金钱债权的执行,但在双务合同无效的情况下,双方互负返还义务,在案外人未返还价款的情况下,如果允许其排除金钱债权的执行,将会使申请执行人既执行不到被执行人名下的财产,又执行不到本应返还给被执行人的价款,显然有失公允。为平衡各方当事人的利益,只有在案外人已经返还价款的情况下,才能排除普通债权人的执行。反之,案外人未返还价款的,不能排除执行。

对案外人执行异议之诉,人民法院判决不得对执行标的执行的,执行异议裁定失效(《民诉法解释》第 314 条第 1 款)。既然案外人提起案外人异议之诉,执行异议裁定一定是驳回案外人的异议,其结果是继续对执行标的予以执行。人民法院判决不得对执行标的执行的,人民法院判决与执行异议裁定相冲突,当然应该以经过人民法院实体审理作出的判决内容为准。

(五)申请执行人许可执行之诉

1. 申请执行人许可执行之诉[①]概述

导入案例 24-3 中,刘某提出异议后,人民法院裁定中止对房屋的执行,申请执行人 J 省某建设公司 Z 市分公司应如何救济?

申请执行人许可执行之诉是指案外人异议经审查异议成立的,人民法院裁定中止对执行标的的执行,申请执行人依照《民诉法》第 227 条规定提起诉讼,请求对执行标的许可执行。

人民法院对执行标的裁定中止执行后,申请执行人在裁定送达之日起 15 日内未提起执行异议之诉的,人民法院应当自起诉期限届满之日起 7 日内解除对该执行标的采取的执行措施(《民诉法解释》第 316 条)。导入案例 24-3 中,刘某提出异议,人民法院裁定中止对房屋的执行,如申请执行人 J 省某建设公司 Z 市分公司在裁定送达之日起 15 日内未提起执行异议之诉,人民法院应解除对该房屋的查封。

申请执行人对中止执行裁定未提起执行异议之诉,被执行人提起执行异议之诉的,人民法院告知其另行起诉(《民诉法解释》第 309 条)。

2. 申请执行人许可执行之诉的起诉条件

申请执行人提起执行异议之诉,除符合《民诉法》第 119 条规定外,还应当具备下列条件:(1)依案外人执行异议申请,人民法院裁定中止执行;(2)有明确的对执行标的继续执行的诉讼请求,且诉讼请求与原判决、裁定无关;(3)自执行异议裁定送达之日起 15 日内提起。人民法院应当在收到起诉状之日起 15 日内决定是否立案(《民诉法解释》第 306 条)。

3. 申请执行人许可执行之诉的被告

申请执行人提起执行异议之诉的,以案外人为被告。被执行人反对申请执行人主张的,以案外人和被执行人为共同被告;被执行人不反对申请执行人主张的,可以列被执行人为第三人(《民诉法解释》第 308 条)。简言之,谁反对申请执行人要求继续执行的主张,谁就是申请执行人许可执行之诉的被告。

4. 申请执行人许可执行之诉的管辖

申请执行人许可执行之诉由执行法院管辖,其他法院无权管辖。

---

① 《民诉法解释》中将案外人异议之诉与申请执行人许可执行之诉统称为执行异议之诉。本书为了区别两种诉讼,将其分别称为案外人异议之诉与申请执行人许可执行之诉。

5. 申请执行人许可执行之诉的审理

申请执行人许可执行之诉与案外人异议之诉一样,同样由执行法院的相关审判庭适用普通程序审理。需注意,申请执行人许可执行之诉并非由申请执行人承担举证证明责任,同样由案外人就其对执行标的享有足以排除强制执行的民事权益承担举证证明责任(《民诉法解释》第 310 条、第 311 条)。这是因为,申请执行人许可执行之诉中,仍然是案外人主张其对执行标的享有足以排除强制执行的实体权利,根据《民诉法解释》第 91 条规定的举证证明责任规则,主张法律关系存在的当事人,应当对产生该法律关系的基本事实承担举证证明责任,故仍应由案外人对其主张事实承担举证证明责任。

对申请执行人提起的执行异议之诉,人民法院经审理,按照下列情形分别处理:(1) 案外人就执行标的不享有足以排除强制执行的民事权益的,判决准许执行该执行标的;(2) 案外人就执行标的享有足以排除强制执行的民事权益的,判决驳回诉讼请求(《民诉法解释》第 313 条)。

对申请执行人执行异议之诉,人民法院判决准许对该执行标的执行的,执行异议裁定失效,执行法院可以根据申请执行人的申请或者依职权恢复执行(《民诉法解释》第 314 条第 2 款)。既然申请执行人提起许可执行之诉,执行异议裁定结果一定是中止对执行标的的执行,法院判决准许对该执行标的的执行的,就与执行异议裁定结果相冲突,当然应该以经过法院实体审理的判决内容为准。

[表 24-6] 案外人异议之诉与申请执行人许可执行之诉的区别

	案外人异议之诉	申请执行人许可执行之诉
可诉裁定结果	驳回案外人异议申请	中止对执行标的的执行
提起主体	案外人	申请执行人
被告	申请执行人(被执行人反对的,包括被执行人)	案外人(被执行人反对的,包括被执行人)
法律后果	不得对执行标的进行处分。申请人请求继续执行并担保的可准许。	不存在此问题
审理结果	理由不成立,判决驳回诉讼请求;理由成立,根据具体诉讼请求作出判决	案外人就执行标的不享有足以排除强制执行的权益的,判决准许执行该执行标的;反之,判决驳回诉讼请求

三、执行回转

执行回转不是因为法院执行错误,而是作为执行依据的法律文书被依法撤销,申请执行人取得执行财产失去了法律依据,因而需通过执行回转恢复到执行开始前的状态。

(一) 执行回转概述

《民诉法》第 233 条规定："执行完毕后，据以执行的判决、裁定和其他法律文书确有错误，被人民法院撤销的，对已被执行的财产，人民法院应当作出裁定，责令取得财产的人返还；拒不返还的，强制执行。"执行回转，是指执行完毕后，因原执行依据被依法撤销，由法院采取执行措施，强制申请执行人将依原执行依据所得的财产及其孳息交还给被执行人，从而恢复到原执行程序开始前状态的法律制度。简言之，执行回转就是将申请执行人取得的财产返还给被执行人。

执行回转发生的原因主要有下列情形：

（1）法院制作的判决书、调解书、支付令、裁定书等法律文书在执行完毕后，被本院或上级法院依审判监督程序撤销。

（2）法院制作的先予执行裁定书在执行完毕后，被本院的生效判决或上级法院的终审判决所撤销。

（3）其他机关制作的法律文书在执行完毕后，被有权机关依法撤销。

(二) 执行回转的条件

（1）执行依据被依法撤销或变更。这是产生执行回转的实质要件。执行原本是强制实现执行依据中所确定的当事人之间权利义务的程序，执行程序的发生要以有执行依据为前提。正确的执行依据在执行完毕后，是不会产生执行回转的。但如果执行依据有错误，依法定程序被撤销，执行依据中所确定的权利义务即失去了其合法根据，错误的执行依据执行完毕后，就必须予以执行回转。

（2）执行程序正在进行或已经进行完毕。《民诉法》第 233 条规定中只提及执行完毕后才存在回转问题，但实务中可能出现执行尚未完毕，执行依据已经被撤销。因此，《执行问题规定》第 65 条对此补充为，不仅执行完毕，而且在执行过程中，也可发生执行回转。"执行过程中"发生执行回转是指法律文书的内容已经执行了一部分，而其他部分仍在执行中。

（3）申请执行人已全部取得或部分取得被执行的财产。

（4）法院依职权或依当事人申请，按照撤销执行依据后新作出的生效法律文书，作出执行回转的裁定。

(三) 执行回转的程序

法院对执行回转案件应当重新立案，并适用执行程序的有关规定执行。执行回转的实质是再执行，与原来的执行相比较属于新的执行，是在原来的执行程序之外又提起一个执行程序，是一个新的案件，所以应当重新立案。

执行回转裁定作出后，执行法院责令申请执行人返还已取得的财产及其孳息，拒不返还的，强制执行。执行回转时，已执行标的物系特定物的，应当退还原物。不能退还原物的，应当折价赔偿。

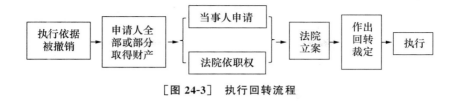

[图 24-3] 执行回转流程

第四节 财产分配及分配方案异议之诉

[导入案例 24-5] 案件执行过程中,被执行人赵某可供执行的财产不足以清偿全部债务,债权人某银行某某分行、债权人段某申请参与分配。某区人民法院依法组成合议庭对债权人的申请审查查明:法院拍卖被执行人名下两套房屋。其中 302 房所得款项为 93 万元,4B 房所得款项为 1042485.6 元。截至 2017 年 2 月 27 日,债权人某银行某某分行享有债权 14088793.15 元,执行费 71581.04 元;债权人段某享有债权 4825475.52 元,执行费 37800 元;债权人某融资担保有限公司享有债权 5468689.14 元,执行费 45947.82 元。上述债权中,某融资担保有限公司对 4B 房享有抵押债权,其余均为普通债权。

法院认为,执行费及执行过程中变价被执行人财产所需的评估费用是为保证案件顺利执行并最终变价的必要费用,应予优先支付。4B 房评估费用 14956 元由该房拍卖款支付,302 房评估费用 7336 元由该房拍卖款支付。4B 房拍卖款在优先支付执行费、评估费后,仍不足以偿还抵押债权,故该房剩余款项 949865.17 元全部由债权人某融资担保有限公司优先受偿。302 房产拍卖款 93 万元,在优先支付执行费、评估费后,尚余 844999.57 元可供分配。债权人某融资担保有限公司在优先受偿上一笔抵押债权款项后,剩余债权为 4518823.97 元,该债权与段某、某银行某某分行享有的债权均属普通债权,应由各自享有的债权数额按比例受偿。经计算,债权人受偿比例为 3.606%,故某银行某某分行受偿数额为 508041.9 元,段某受偿数额为 174008.87 元,某融资担保有限公司受偿数额为 162948.8 元。

法院分配方案如下:债权人某银行某某分行受偿数额为 508041.9 元,债权人段某受偿数额为 174008.87 元,债权人某融资担保有限公司受偿数额为 1112813.97 元。债权人、被执行人对分配方案有异议的,应当自收到本分配方案之日起 15 日内向法院提交书面异议,并按照当事人的人数提交副本。

一、参与分配概述

参与分配,是指在执行过程中,被执行人为公民或其他组织的,其财产不足以清偿多个债权人的债权时,申请执行人以外的其他债权人凭借有效的执行依据加入已经开始的执行过程中,从而使各个债权人能够公平受偿的制度。简言之,参与分配就是取得执行依据的债权人参与到执行程序中分配被执行人有限的财产。

正常的执行程序原本为,多份生效法律文书确定金钱给付内容的多个债权人分别对同一被执行人申请执行,各债权人对执行标的物均无担保物权的,按照执行法院采取执行措施的先后顺序受偿,先到先得。多个债权人的债权种类不同的,基于法定优先权和担保物权而享有的债权,优先于普通金钱债权受偿。有多个担保物权的,按照各担保物权成立的先后顺序清偿。但在实务中,经常出现作为被执行人的公民或其他组织财产有限,不足以清偿全部债权人的债权的情形,为了使各个债权人能够公平受偿,从而设立了参与分配制度。

参与分配有三种形态:一种是申请执行人以外的已取得执行依据但尚未申请执行的债权人申请参与分配。另一种是全部债权人均已申请执行,由于被执行人财产不足以清偿全部债权而申请参与分配。导入案例 24-5 中就是这种形态。① 还有一种是部分债权人已申请执行,部分债权人尚未申请执行,已申请执行与尚未申请执行的债权人一起申请参与分配。

二、参与分配的条件

《民诉法解释》第 508 条第 1 款规定:"被执行人为公民或者其他组织,在执行程序开始后,被执行人的其他已经取得执行依据的债权人发现被执行人的财产不能清偿所有债权的,可以向人民法院申请参与分配。"根据本条规定,参与分配应当具备如下条件:

(1)被执行人为公民或其他组织。如果被执行人是企业法人,其财产不足以清偿全部债务的,可通过破产程序解决各债权人之间的公平受偿问题,不适用《民诉法》规定的参与分配程序。

(2)普通债权人已取得执行依据。申请参与分配的普通债权人必须已取得生效法律文书,即其债权已被生效法律文书所确定。对于对法院查封、扣押、冻结财产有优先权、担保物权的债权人,无需取得生效法律文书,可以凭借优先权、担保物权证据直接申请参与分配,主张优先受偿权。

---

① 由于通常情况下债权人取得执行依据会尽快申请执行,因此,这种形态在实务中最为常见。这种形态又分为执行案件均在同一法院,或执行案件在不同法院两种情形。

(3) 申请执行的债权与申请参与分配的债权须均为金钱债权。只有金钱债权才有按比例分配的可能，其他债权如返还原物等不适用参与分配制度。

(4) 被执行人的财产不能清偿全部债权。设置参与分配制度的目的，在于保障被执行人不具备破产资格情形下债权的平等受偿。如被执行人的财产足以清偿全部债权，则没有参与分配的必要，按执行依据取得的先后顺序清偿即可。实务中，有的法院严格要求债权人必须证明"被执行人的财产不能清偿所有债权"，该做法不符合参与分配制度的目的。应当从宽把握"被执行人的财产不能清偿所有债权"的条件，保障普通债权人申请参与分配的权利。

(5) 须在法定期间内提出参与分配申请。根据《民诉法解释》第509条第2款的规定，参与分配申请应当在执行程序开始后，被执行人的财产执行终结前提出。

三、参与分配的程序

1. 主持分配的法院

对参与被执行人财产的具体分配，应当由首先查封、扣押或冻结的法院主持进行。首先查封、扣押、冻结的法院所采取的执行措施如系为执行财产保全裁定，具体分配应当在该院案件审理终结后进行（《执行问题规定》第56条）。

2016年4月12日，最高人民法院发布《最高人民法院关于首先查封法院与优先债权执行法院处分查封财产有关问题的批复》，自2016年4月14日起施行。批复主要内容为：(1) 执行过程中，应当由首先查封、扣押、冻结（以下简称查封）法院负责处分查封财产。但已进入其他法院执行程序的债权对查封财产有顺位在先的担保物权、优先权（该债权以下简称优先债权），自首先查封之日起已超过60日，且首先查封法院就该查封财产尚未发布拍卖公告或者进入变卖程序的，优先债权执行法院可以要求将该查封财产移送执行。(2) 优先债权执行法院要求首先查封法院将查封财产移送执行的，应当出具商请移送执行函，并附确认优先债权的生效法律文书及案件情况说明。首先查封法院应当在收到优先债权执行法院商请移送执行函之日起15日内出具移送执行函，将查封财产移送优先债权执行法院执行，并告知当事人。移送执行函应当载明将查封财产移送执行及首先查封债权的相关情况等内容。(3) 财产移送执行后，优先债权执行法院在处分或继续查封该财产时，可以持首先查封法院移送执行函办理相关手续。优先债权执行法院对移送的财产变价后，应当按照法律规定的清偿顺序分配，并将相关情况告知首先查封法院。首先查封债权尚未经生效法律文书确认的，应当按照首先查封债权的清偿顺位，预留相应份额。(4) 首先查封法院与优先债权执行法院就移送查封财产发生争议的，可以逐级报请双方共同的上级法院指定该财产的执行法院。共同的上级法院根据首先查封债权所处的诉讼阶段、查封财产的种类及所在地、各债权数额与查封财产价值之间的关系等案件具体情况,认为由首先查封法院执行更为妥当的,也可以决定由首先查封法院继续执行,但应当督促其在指定期限内处分查封财产。

2. 申请人提交申请

被执行人为公民或者其他组织,在执行程序开始后,被执行人的其他已经取得执行依据的债权人发现被执行人的财产不能清偿所有债权的,可以向人民法院申请参与分配。对人民法院查封、扣押、冻结的财产有优先权、担保物权的债权人,可以直接申请参与分配,主张优先受偿权(《民诉法解释》第 508 条)。

申请参与分配,申请人应当提交申请书。申请书应当写明参与分配和被执行人不能清偿所有债权的事实、理由,并附有执行依据(《民诉法解释》第 509 条第 1 款)。

3. 制作分配方案并分配

根据《民诉法解释》第 511 条、第 510 条的规定,多个债权人对执行财产申请参与分配的,执行法院应当制作财产分配方案,并送达各债权人和被执行人。参与分配执行中,执行所得价款扣除执行费用,并清偿应当优先受偿的债权后,对于普通债权,原则上按照其占全部申请参与分配债权数额的比例受偿。

实务中,参与分配的债权顺序通常如下[①]:

(1) 执行费用

执行费用包括申请执行费及执行评估、执行拍卖等保障执行工作顺利进行所支出的费用。

(2) 劳动债权

劳动债权即被执行人基于劳动关系而应向员工支付的各项费用,主要包括:① 被执行人拖欠的员工工资;② 企业拖欠员工的养老保险金、失业保险金、工伤保险金、医疗保险金等社会保险费用;③ 企业解除劳动合同的补偿金。尽管上述劳动债权在性质上仍然属于民法上的普通债权,但各国立法大都从保护劳动者权益出发,将其列为法定优先权予以保护。我国关于劳动债权优先受偿的规定,散见于各种法律中。比如,《企业破产法》第 113 条规定,破产财产优先拨付破产费用和共益债务后,第一顺位清偿破产企业所欠职工工资和劳动保险费

[①] 关于参与分配的债权顺位,法律并无明确统一规定,学界对此各有说法。有学者认为,其顺序应当为:(1) 执行费、财产保全费以及诉讼执行实际发生的鉴定费、评估费、拍卖费等;(2) 享有"特别优先权"的债权;(3) 公权;(4) 享有优先权的债权;(5) 刑事追赃;(6) 一般民事金钱债权;(7) 行政机关的罚款、司法罚金等。亦有学者认为,应当赋予其财产被参与分配的被执行企业的职工工资和劳动保险费用以相对有限的受偿权,即让其在依法享有优先权和担保权的债权优先受偿后,优先于一般债权受偿。还有学者指出,分配的顺序应当是:(1) 执行费用;(2) 有优先权的债权(即被执行人所欠职工工资和劳动保险费用);(3) 被执行人所欠税款;(4) 有财产担保的债权;(5) 申请执行人以及申请参与分配的其他债权人的一般债权。本书观点为实践中的通说观点。

用,以及应当支付给职工的补偿金。根据《合伙企业法》第89条的规定,合伙企业财产在支付清算费用后,合伙企业所欠职工工资和社会保险费用优先于税款、合伙企业债务的清偿。法律之所以将劳动债权优先于抵押权,是为了保护劳动者的基本生存权。

(3) 法定优先权

主要包括:① 船舶优先权。根据《海商法》第21条、第22条和第25条的规定,船舶优先权是指海事请求人向船舶所有人、光船承租人、船舶经营人提出海事请求,对产生该海事请求的船舶具有优先受偿的权利。船舶优先权优于船舶留置权、船舶抵押权受偿。② 航空器优先权。根据《民用航空法》第18条、第19条、第22条的规定,民用航空器优先权,是指债权人就援救该民用航空器的报酬、保管维护该民用航空器的必需费用等,向民用航空器所有人、承租人提出赔偿请求,对产生该赔偿请求的民用航空器具有优先受偿的权利。民用航空器优先权先于民用航空器抵押权受偿。③ 建设工程优先权。《民法典》第807条规定:"发包人未按照约定支付价款的,承包人可以催告发包人在合理期限内支付价款。发包人逾期不支付的,除根据建设工程的性质不宜折价、拍卖外,承包人可以与发包人协议将该工程折价,也可以请求人民法院将该工程依法拍卖。建设工程的价款就该工程折价或者拍卖的价款优先受偿。"建筑工程价款应包括承包人为建设工程应当支付的工作人员报酬、材料款等实际支出的费用,不应包括承包人因发包人违约所造成的损失。消费者交付购买商品房的全部或大部分款项后,承包人就该商品房享有的工程价款优先受偿权不得对抗买受人(即消费者)。④ 划拨土地出让金。《最高人民法院关于适用〈中华人民共和国民法典〉有关担保制度的解释》(法释〔2020〕28号)第50条规定:"抵押人以划拨建设用地上的建筑物抵押,当事人以该建设用地使用权不能抵押或者未办理批准手续为由主张抵押合同无效或者不生效的,人民法院不予支持。抵押权依法实现时,拍卖、变卖建筑物所得的价款,应当优先用于补缴建设用地使用权出让金。当事人以划拨方式取得的建设用地使用权抵押,抵押人以未办理批准手续为由主张抵押合同无效或者不生效的,人民法院不予支持。已经依法办理抵押登记,抵押权人主张行使抵押权的,人民法院应予支持。抵押权依法实现时所得的价款,参照前款有关规定处理。"以划拨方式取得土地使用权的房地产被依法拍卖后,应当从拍卖所得价款中扣缴相当于应缴纳的土地使用权出让金后,抵押权人方可优先受偿。

(4) 被执行人所欠税款

税收是国家财政收入的主要来源,也是满足公众需要的最主要的手段,具有很强的公益性。《税收征收管理法》第45条中规定,税收优先于无担保债权,法律另有规定的除外。纳税人欠缴的税款发生在纳税人以其财产设定抵押、质押或者纳税人的财产被留置之前的,税收应当优先于抵押权、质押权、留置权执行。纳税人欠缴税款,同时又被行政机关决定处以罚款、没收违法所得的,税收优先于罚款、没收违法所得。

（5）有财产担保的债权

债权人在债务人财产上设定抵押权、质押权、留置权等担保物权的,就该财产行使优先受偿权。如对同一物设有数个担保物权时,先设置的担保物权优先于后设置的担保物权。就不动产而言,原则上依抵押权登记顺位确定其分配次序。就动产而言,其上设定的若干抵押权、质押权或留置权,原则上有登记的依登记时间先后,没有登记的依成立时间先后,确定其优先受偿顺位。

（6）普通债权

普通债权,即申请执行人以及申请参与分配的其他债权人的一般债权。被执行人财产在清偿了上述顺位的优先债权与费用后仍然有剩余的,各普通债权人按照其占全部申请参与分配债权数额的比例受偿;没有剩余的,则普通债权人均不能受偿。

另需注意,参与分配程序中被执行人财产不足以清偿所有债务的,要按照先偿付生效法律文书确定的金钱债务,再支付迟延履行期间利息的原则进行分配。如果执行款项不足以支付所有生效法律文书确认的金钱债务的,迟延履行利息则不应当计入债权数额中参与分配。

[图24-4] 参与分配债权顺位

4. 参与分配程序结束后的继续清偿

参与分配并不产生免除债务的效果。清偿后的剩余债务,被执行人应当继续清偿。债权人发现被执行人有其他财产的,可以随时请求人民法院执行(《民诉法解释》第510条)。

四、对分配方案的异议

《民诉法解释》第511条、第512条规定,多个债权人对执行财产申请参与分配的,执行法院应当制作财产分配方案,并送达各债权人和被执行人。债权人或者被执行人对分配方案有异议的,应当自收到分配方案之日起15日内向执行法院提出书面异议。债权人或者被执行人对分配方案提出书面异议的,执行法院应当通知未提出异议的债权人、被执行人。未提出异议的债权人、被执行人自收到通知之日起15日内未提出反对意见的,执行法院依异议人的意见对分配方案审查修正后进行分配;提出反对意见的,应当通知异议人。异议人可以自收到通知之日起 15 日内,以提出反对意见的债权人、被执行人为被告,向执行法院提起诉讼;异议人逾期未提起诉讼的,执行法院按照原分配方案进行分配。诉讼期间进行分配的,执行法院应当提存与争议债权数额相应的款项。

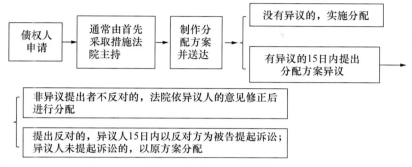

[图 24-5] 参与分配流程

五、分配方案异议之诉

执行分配方案异议之诉,是指在多个债权人对同一被执行人参与分配的案件中,执行法院作出分配方案后,如果债权人或者被执行人对分配方案提出书面异议,未提出异议的债权人、被执行人对异议人的意见提出反对意见,异议人有权以提出反对意见的债权人、被执行人为被告,向执行法院提起的诉讼。

在参与分配案件中,执行法院作出分配方案后,债权人或者被执行人对分配方案中所确定的债权是否存在、数额多少、受偿顺序等问题有异议,这种异议并非单纯程序上的异议,而是涉及实体争议,因此应当通过诉讼程序解决。在当事人认为法院制作的分配方案不公平甚至有错误的情况下,可以采取诉讼的救济途径来强化对当事人、利害关系人的合法权益的保护。

分配方案异议之诉的目的在于解决争议当事人之间关于分配方案的争议。由于分配方案的部分变动可能会导致其他债权的受偿比例发生变化,所以分配方案异议之诉的结果会影响到其他债权人,其他债权人会对变动的方案持有异议。《民诉法解释》第 512 条只规定了异议人为原告,对异议提出反对意见的人为被告,未涉及其他人是否参与诉讼及参与诉讼后的诉讼地位问题。因此,诉讼中是否应追加其他人为第三人值得讨论。实务中有案例将除争议双方外的其他所有债权人、被执行人都追加为第三人,一揽子解决争议问题,取得了良好的社会效果。

分配方案异议之诉的诉讼请求应当包含两个方面:其一,请求法院确认争议的债权数额、财产数额和分配比例,确认的根据主要是作为执行依据的生效法律文书和被执行人财产的实际状况;第二,请求法院按照原告主张的方案,判令变更执行法院先前制作的财产分配方案。

分配方案异议之诉经过审判庭适用审判程序审理之后,如果经审理最终判决原告败诉的,则争议部分的财产应当按照原分配方案进行分配。如果判决原告全部或部分胜诉的,则执行法院应当根据判决内容变更原来的执行分配方案,然后根据新的分配方案进行财产分配。

第五节 执行担保、执行承担与执行和解

一、执行担保

(一) 执行担保的概念和条件

执行担保,是指在执行程序中,被执行人向法院提供担保,经申请执行人同意后,法院决定暂缓执行的一种制度。《民诉法》第 231 条规定:"在执行中,被执行人向人民法院提供担保,并经申请执行人同意的,人民法院可以决定暂缓执行及暂缓执行的期限。被执行人逾期仍不履行的,人民法院有权执行被执行人的担保财产或者担保人的财产。"除上述规定外,《民诉法解释》第 469 条至第 471 条以及《执行问题规定》第 54 条亦对执行担保作出规定。最高人民法院于 2018 年 3 月 1 日施行了《执行担保规定》[法释(2018)4 号,2020 年 12 月修正],对执行担保问题进一步予以明确。

(二) 执行担保的条件

1. 被执行人向法院提出申请

被执行人申请变更、解除全部或者部分执行措施,并担保履行生效法律文书确定义务的,参照适用《执行担保规定》。

2. 被执行人或案外他人向法院提供担保

(1) 担保人范围

执行担保既可以由被执行人或者他人提供财产担保,也可以由他人提供保证。担保人应当具有代为履行或者代为承担赔偿责任的能力。

(2) 担保提交资料

被执行人或他人提供执行担保的,应当向人民法院提交担保书,并将担保书副本送交申请执行人。担保书中应当载明担保人的基本信息、暂缓执行期限、担保期间、被担保的债权种类及数额、担保范围、担保方式、被执行人于暂缓执行期限届满后仍不履行时担保人自愿接受直接强制执行的承诺等内容。提供财产担保的,担保书中还应当载明担保财产的名称、数量、质量、状况、所在地、所有权或者使用权归属等内容(《执行担保规定》第 3 条、第 4 条)。

公司为被执行人提供执行担保的,应当提交符合《公司法》第 16 条规定的公司章程、董事会或者股东会、股东大会决议(《执行担保规定》第 5 条)。

(3) 担保需要办理的手续

被执行人或者他人提供财产担保的,应当参照《民法典》的有关规定办理相应手续(《民诉法解释》第 470 条)。《执行担保规定》第 7 条进一步明确,被执行人或者他人提供财产担保,可以依照《民法典》规定办理登记等担保物权公示手续;已经办理公示手续的,申请执行人可以依法主张优先受偿权。申请执行人申请人民法院查封、扣押、冻结担保财产的,人民法院应当准许,但担保书另有约定的除外。

3. 执行担保必须经申请执行人同意

被执行人或者他人提供执行担保,申请执行人同意的,应当向人民法院出具书面同意意见,也可以由执行人员将其同意的内容记入笔录,并由申请执行人签名或者盖章(《执行担保规定》第 6 条)。

4. 法院决定

具备上述条件的,由人民法院决定是否准许执行担保以及决定暂缓执行的期限,如果担保是有期限的,暂缓执行的期限应与担保期限一致,但最长不得超过 1 年。①

(三) 执行担保的效力

执行担保成立后,执行法院暂时停止对被执行人采取执行措施。人民法院决定暂缓执行的,可以暂缓全部执行措施的实施,但担保书另有约定的除外(《执行担保规定》第 8 条)。

1. 担保期限

担保期间自暂缓执行期限届满之日起计算。担保书中没有记载担保期间或者记载不明的,担保期间为 1 年。

2. 担保期限内的执行

担保书内容与事实不符,且对申请执行人合法权益产生实质影响的,人民法院可以依申请执行人的申请恢复执行。执行期间担保人有转移、隐藏、变卖、毁损担保财产等行为的,人民法院可以依申请执行人的申请恢复执行(《执行担保规定》第 9 条、第 11 条)。

---

① 需注意,暂缓执行的期限并不等同于担保期限。根据《执行担保规定》第 12 条的规定,担保期限从暂缓执行期限届满之日起才开始计算,担保书中没有记载担保期间或者记载不明的,担保期间为 1 年。换言之,担保期限最长为 1 年,但并非担保期限一定要约定为 1 年,《执行担保规定》第 10 条只是规定暂缓执行的期限要与担保书上所约定的期限保持一致,单纯理解该规定容易造成暂缓执行期限与担保期限为同一期限的错觉,学习时要结合《执行担保规定》第 12 条与第 10 条规定进行综合分析。

3. 担保期限届满后的执行

暂缓执行期限届满后被执行人仍不履行义务，人民法院可以依申请执行人的申请恢复执行，并直接裁定执行担保财产或者保证人的财产，不得将担保人变更、追加为被执行人（《执行担保规定》第 11 条）。执行担保财产或者保证人的财产，以担保人应当履行义务部分的财产为限。被执行人有便于执行的现金、银行存款的，应当优先执行该现金、银行存款。担保人承担担保责任后，提起诉讼向被执行人追偿的，人民法院应予受理（《执行担保规定》第 14 条）。

担保期间届满后，申请执行人申请执行担保财产或者保证人财产的，人民法院不予支持。他人提供财产担保的，法院可以依其申请解除对担保财产的查封、扣押、冻结（《执行担保规定》第 13 条）。根据该规定，暂缓执行期限届满后，被执行人仍不履行义务的，申请执行人应尽快申请恢复执行。超过担保期限恢复执行的，人民法院将不再执行担保财产或者保证人的财产。

根据《执行问题规定》第 54 条的规定，人民法院在审理案件期间，保证人为被执行人提供保证，人民法院据此未对被执行人的财产采取保全措施或解除保全措施的，案件审结后如果被执行人无财产可供执行或其财产不足清偿债务时，即使生效法律文书中未确定保证人承担责任，人民法院有权裁定执行保证人在保证责任范围内的财产。

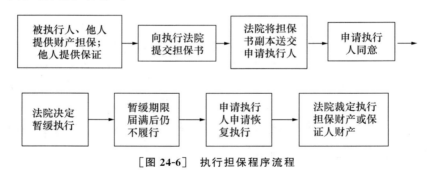

[图 24-6]　执行担保程序流程

二、执行承担

（一）执行承担概述

执行承担分为广义的执行承担与狭义的执行承担。狭义的执行承担，是指在执行过程中，由于某种特定原因的出现，被执行人的义务转移给与被执行人有一定法律关系的案外人，并由该案外人履行义务的制度。简言之，狭义的执行承担仅指被执行人的执行承担。《民诉法》第 232 条规定："作为被执行人的公民死亡的，以其遗产偿还债务。作为被执行人的法人或者其他组织终止的，由其权利义务承受人履行义务。"该规定所指的就是狭义的执行承担。

广义的执行承担,包括了申请执行人的执行承担与被执行人的执行承担。关于申请执行人的执行承担,《民诉法》及《民诉法解释》均未提及,但《执行问题规定》中有所涉及,《执行问题规定》第 16 条第 1 款关于法院受理执行案件所需满足条件的第 2 项中规定,"申请执行人是生效法律文书确定的权利人或其继承人、权利承受人。"第 18 条第 4 项也规定,"继承人或权利承受人申请执行的,应当提交继承或承受权利的证明文件。"换言之,在申请执行时,因某些特定事由的发生,权利人的继承人或权利承受人可以作为申请执行人向法院申请执行。但对于执行过程中申请执行人是否可以变更却未置可否。2016 年 12 月 1 日施行的《最高人民法院关于民事执行中变更、追加当事人若干问题的规定》(法释〔2016〕21 号,2020 年 12 月修正)(以下简称《变更、追加规定》)对申请执行人的变更予以肯定,并对申请执行人变更的具体情形予以明确。

根据《变更、追加规定》第 1 条的规定,执行过程中,申请执行人或其继承人、权利承受人可以向人民法院申请变更、追加当事人。申请符合法定条件的,人民法院应予支持。

《变更、追加规定》第 27 条还规定,执行当事人的姓名或名称发生变更的,人民法院可以直接将姓名或名称变更后的主体作为执行当事人,并在法律文书中注明变更前的姓名或名称。根据该规定,无论是自然人还是法人或非法人组织,也无论他们是作为申请执行人还是被执行人,执行过程中姓名或名称变更的,人民法院可以直接变更执行当事人。

(二) 申请执行人执行承担的情形及处理

1. 自然人作为申请执行人时的承担

(1) 作为申请执行人的自然人死亡或被宣告死亡,该自然人的遗产管理人、继承人、受遗赠人或其他因该自然人死亡或被宣告死亡依法承受生效法律文书确定权利的主体,申请变更、追加其为申请执行人的,人民法院应予支持(《变更、追加规定》第 2 条第 1 款)。

(2) 作为申请执行人的自然人被宣告失踪,该自然人的财产代管人申请变更、追加其为申请执行人的,人民法院应予支持(《变更、追加规定》第 2 条第 2 款)。

(3) 作为申请执行人的自然人离婚时,生效法律文书确定的权利全部或部分分割给其配偶,该配偶申请变更、追加其为申请执行人的,人民法院应予支持(《变更、追加规定》第 3 条)。

(4) 申请执行人将生效法律文书确定的债权依法转让给第三人,且书面认可第三人取得该债权,该第三人申请变更、追加其为申请执行人的,人民法院应予支持(《变更、追加规定》第 9 条)。

2. 法人或非法人组织作为申请执行人时的承担

(1) 作为申请执行人的法人或非法人组织终止,因该法人或非法人组织终止依法承受生效法律文书确定权利的主体,申请变更、追加其为申请执行人的,人民法院应予支持(《变更、追加规定》第4条)。

(2) 作为申请执行人的法人或非法人组织因合并而终止,合并后存续或新设的法人、非法人组织申请变更其为申请执行人的,人民法院应予支持(《变更、追加规定》第5条)。

(3) 作为申请执行人的法人或非法人组织分立,依分立协议约定承受生效法律文书确定权利的新设法人或非法人组织,申请变更、追加其为申请执行人的,人民法院应予支持(《变更、追加规定》第6条)。

(4) 作为申请执行人的法人或非法人组织清算或破产时,生效法律文书确定的权利依法分配给第三人,该第三人申请变更、追加其为申请执行人的,人民法院应予支持(《变更、追加规定》第7条)。

(5) 作为申请执行人的机关法人被撤销,继续履行其职能的主体申请变更、追加其为申请执行人的,人民法院应予支持,但生效法律文书确定的权利依法应由其他主体承受的除外;没有继续履行其职能的主体,且生效法律文书确定权利的承受主体不明确,作出撤销决定的主体申请变更、追加其为申请执行人的,人民法院应予支持(《变更、追加规定》第8条)。

(6) 申请执行人将生效法律文书确定的债权依法转让给第三人,且书面认可第三人取得该债权,该第三人申请变更、追加其为申请执行人的,人民法院应予支持(《变更、追加规定》第9条)[①]。

生效法律文书确定的权利人转让其权利,从实质上看,是权利人对其权利的处分,只要该处分不违反法律的禁止性规定,不损害国家、集体或者他人的合法权益,就应当得到尊重。同时,只要债权具有可让与性,在不改变债权内容且不损害债务人利益的条件下,债权人可将其享有的债权转让给第三人,且不需要征得债务人的同意。债权转让的,受让人成为债务人的新债权人,并取得与该债权有关的从权利。生效法律文书确定的权利人享有的可执行的权利,在本质上是权利人对义务人享有的债权,应当准许依法转让。因此,权利人应当有权转让经

[①] 关于涉及金融不良债权转让执行案件中申请执行人的变更问题,自1999年国务院成立四大金融资产管理公司收购、处置金融不良资产以来,已累计处置资产价值8663.4亿元,这些资产大部分是通过债权转让方式处理的。按照《最高人民法院关于金融资产管理公司收购、处置银行不良资产有关问题的补充通知》第3条的规定,金融资产管理公司转让、处置已经涉及诉讼、执行或者破产等程序的不良债权时,人民法院应当根据债权转让协议和转让人或者受让人的申请,裁定变更诉讼或者执行主体。但对其他债权在债权转让的情形下,申请执行人能否随之变更,司法解释一直未明确规定,实务中存在争议。《变更、追加规定》第9条对此予以肯定。

生效法律文书确定的权利,第三人合法受让该权利后,可以申请执行而成为民事执行程序中的当事人。由此可见,生效法律文书确定的权利的转让,也应当成为申请执行人变更的一种事由。

(三) 被执行人执行承担的情形及处理

1. 公民作为被执行人时的承担

(1) 作为被执行人的自然人死亡或被宣告死亡,申请执行人申请变更、追加该自然人的遗产管理人、继承人、受遗赠人或其他因该自然人死亡或被宣告死亡取得遗产的主体为被执行人,在遗产范围内承担责任的,人民法院应予支持(《变更、追加规定》第10条第1款)。

(2) 作为被执行人的自然人被宣告失踪,申请执行人申请变更该自然人的财产代管人为被执行人,在代管的财产范围内承担责任的,人民法院应予支持(《变更、追加规定》第10条第2款)。

2. 法人或其他组织作为被执行人时的承担

(1) 企业法人和其他组织分立或合并

① 作为被执行人的法人或非法人组织因合并而终止,申请执行人申请变更合并后存续或新设的法人、非法人组织为被执行人的,人民法院应予支持(《变更、追加规定》第11条)。

② 作为被执行人的法人或非法人组织分立,申请执行人申请变更、追加分立后新设的法人或非法人组织为被执行人,对生效法律文书确定的债务承担连带责任的,人民法院应予支持。但被执行人在分立前与申请执行人就债务清偿达成的书面协议另有约定的除外(《变更、追加规定》第12条)。

(2) 企业法人或其他组织终止

① 作为被执行人的公司,未经清算即办理注销登记,导致公司无法进行清算,申请执行人申请变更、追加有限责任公司的股东、股份有限公司的董事和控股股东为被执行人,对公司债务承担连带清偿责任的,人民法院应予支持(《变更、追加规定》第21条)。

② 作为被执行人的法人或非法人组织,被注销或出现被吊销营业执照、被撤销、被责令关闭、歇业等解散事由后,其股东、出资人或主管部门无偿接受其财产,致使该被执行人无遗留财产或遗留财产不足以清偿债务,申请执行人申请变更、追加该股东、出资人或主管部门为被执行人,在接受的财产范围内承担责任的,人民法院应予支持(《变更、追加规定》第22条)。

③ 作为被执行人的法人或非法人组织,未经依法清算即办理注销登记,在登记机关办理注销登记时,第三人书面承诺对被执行人的债务承担清偿责任,申请执行人申请变更、追加该第三人为被执行人,在承诺范围内承担清偿责任的,人民法院应予支持(《变更、追加规定》第23条)。

(3) 企业法人或其他组织不足以清偿债务

① 作为被执行人的法人分支机构，不能清偿生效法律文书确定的债务，申请执行人申请变更、追加该法人为被执行人的，人民法院应予支持。法人直接管理的责任财产仍不能清偿债务的，人民法院可以直接执行该法人其他分支机构的财产（《变更、追加规定》第15条第1款）。

② 作为被执行人的法人，直接管理的责任财产不能清偿生效法律文书确定债务的，人民法院可以直接执行该法人分支机构的财产（《变更、追加规定》第15条第2款）。

③ 作为被执行人的营利法人，财产不足以清偿生效法律文书确定的债务，申请执行人申请变更、追加未缴纳或未足额缴纳出资的股东、出资人或依公司法规定对该出资承担连带责任的发起人为被执行人，在尚未缴纳出资的范围内依法承担责任的，人民法院应予支持（《变更、追加规定》第17条）。

④ 作为被执行人的营利法人，财产不足以清偿生效法律文书确定的债务，申请执行人申请变更、追加抽逃出资的股东、出资人为被执行人，在抽逃出资的范围内承担责任的，人民法院应予支持（《变更、追加规定》第18条）。

⑤ 作为被执行人的公司，财产不足以清偿生效法律文书确定的债务，其股东未依法履行出资义务即转让股权，申请执行人申请变更、追加该原股东或依公司法规定对该出资承担连带责任的发起人为被执行人，在未依法出资的范围内承担责任的，人民法院应予支持（《变更、追加规定》第19条）。

⑥ 作为被执行人的一人有限责任公司，财产不足以清偿生效法律文书确定的债务，股东不能证明公司财产独立于自己的财产，申请执行人申请变更、追加该股东为被执行人，对公司债务承担连带责任的，人民法院应予支持（《变更、追加规定》第20条）。

⑦ 作为被执行人的个人独资企业，不能清偿生效法律文书确定的债务，申请执行人申请变更、追加其出资人为被执行人的，人民法院应予支持。个人独资企业出资人作为被执行人的，人民法院可以直接执行该个人独资企业的财产（《变更、追加规定》第13条第1款）。

⑧ 个体工商户的字号为被执行人的，人民法院可以直接执行该字号经营者的财产（《变更、追加规定》第13条第2款）。

⑨ 作为被执行人的合伙企业，不能清偿生效法律文书确定的债务，申请执行人申请变更、追加普通合伙人为被执行人的，法院应予支持。

作为被执行人的有限合伙企业，财产不足以清偿生效法律文书确定的债务，申请执行人申请变更、追加未按期足额缴纳出资的有限合伙人为被执行人，在未足额缴纳出资的范围内承担责任的，人民法院应予支持（《变更、追加规定》第14条）。

⑩ 个人独资企业、合伙企业、法人分支机构以外的非法人组织作为被执行人，不能清偿生效法律文书确定的债务，申请执行人申请变更、追加依法对该非法人组织的债务承担责任的主体为被执行人的，人民法院应予支持（《变更、追加规定》第 16 条）。

（4）案外第三人的执行承担

① 执行过程中，第三人向执行法院书面承诺自愿代被执行人履行生效法律文书确定的债务，申请执行人申请变更、追加该第三人为被执行人，在承诺范围内承担责任的，人民法院应予支持（《变更、追加规定》第 24 条）。

② 作为被执行人的法人或非法人组织，财产依行政命令被无偿调拨、划转给第三人，致使该被执行人财产不足以清偿生效法律文书确定的债务，申请执行人申请变更、追加该第三人为被执行人，在接受的财产范围内承担责任的，人民法院应予支持（《变更、追加规定》第 25 条）。

被申请人在应承担责任范围内已承担相应责任的，人民法院不得责令其重复承担责任（《变更、追加规定》第 26 条）。

（四）执行承担的申请与审查

1. 执行承担的申请

申请人申请变更、追加执行当事人，应当向执行法院提交书面申请及相关证据材料（《变更、追加规定》第 28 条第 1 款）。申请书应当写明申请拟变更、追加的申请执行人或被执行人，以及变更、追加的事实与理由。

2. 执行承担的审查

申请变更、追加执行当事人，除事实清楚、权利义务关系明确、争议不大的案件外，执行法院应当组成合议庭审查并公开听证。经审查，理由成立的，裁定变更、追加；理由不成立的，裁定驳回（《变更、追加规定》第 28 条第 2 款）。由于变更、追加执行当事人对当事人的民事权益影响较大，因此，执行法院对申请通常应当组成合议庭进行审查，并举行听证会公开听证，事实清楚、权利义务关系明确、争议不大的案件可书面审查。

执行法院应当自收到书面申请之日起 60 日内作出裁定。有特殊情况需要延长的，由本院院长批准（《变更、追加规定》第 28 条第 3 款）。

3. 财产保全

执行法院审查变更、追加被执行人申请期间，申请人申请对被申请人的财产采取查封、扣押、冻结措施的，执行法院应当参照《民诉法》第 100 条的规定办理。申请执行人在申请变更、追加第三人前，向执行法院申请查封、扣押、冻结该第三人财产的，执行法院应当参照《民诉法》第 101 条的规定办理（《变更、追加规定》第 29 条）。

实务中，为了防止拟申请变更、追加的被执行人转移财产，申请人在向法院提交变更、追加执行当事人申请书前,应依据上述规定向执行法院申请财产保全,申请查封、扣押、冻结该第三人财产,执行法院应当办理。

(五) 执行承担的救济

《变更、追加规定》对变更、追加执行当事人的救济途径规定了两种,通常情形为被申请人、申请人或其他执行当事人直接向执行法院的上一级人民法院申请复议,特殊情形下被申请人或申请人可提起执行异议之诉,通过诉讼来解决异议。需注意,两种救济途径只能选择其一。

1. 执行承担的复议

被申请人、申请人或其他执行当事人对执行法院作出的变更、追加裁定或驳回申请裁定不服的,可以自裁定书送达之日起 10 日内向上一级人民法院申请复议,但依据《变更、追加规定》第 32 条的规定应当提起诉讼的除外。

上一级人民法院对复议申请应当组成合议庭审查,并自收到申请之日起 60 日内作出复议裁定。有特殊情况需要延长的,由本院院长批准。被裁定变更、追加的被申请人申请复议的,复议期间,人民法院不得对其争议范围内的财产进行处分。申请人请求人民法院继续执行并提供相应担保的,人民法院可以准许(《变更、追加规定》第 31 条)。

2. 执行承担中执行异议之诉的提起及审理

(1) 执行异议之诉的适用情形

《变更、追加规定》第 32 条规定,被申请人或申请人对执行法院依据该规定第 14 条第 2 款、第 17 条至第 21 条规定作出的变更、追加裁定或驳回申请裁定不服的,可以自裁定书送达之日起 15 日内,向执行法院提起执行异议之诉。被申请人提起执行异议之诉的,以申请人为被告。申请人提起执行异议之诉的,以被申请人为被告。根据上述规定,执行承担中执行异议之诉适用情形为:① 作为被执行人的有限合伙企业,财产不足以清偿生效法律文书确定的债务,申请执行人申请变更、追加未按期足额缴纳出资的有限合伙人为被执行人,在未足额缴纳出资的范围内承担责任,人民法院裁定变更、追加或驳回申请的。② 作为被执行人的企业法人,财产不足以清偿生效法律文书确定的债务,申请执行人申请变更、追加未缴纳或未足额缴纳出资的股东、出资人或依《公司法》规定对该出资承担连带责任的发起人为被执行人,在尚未缴纳出资的范围内依法承担责任,人民法院裁定变更、追加或驳回申请的。③ 作为被执行人的企业法人,财产不足以清偿生效法律文书确定的债务,申请执行人申请变更、追加抽逃出资的股东、出资人为被执行人,在抽逃出资的范围内承担责任,人民法院裁定变更、追加或驳回申请的。④ 作为被执行人的公司,财产不足以清偿生效法律文书确定的债务,其股东未依法履行出资义务即转让股权,申请执行人申请变更、追加该原股东或依《公司法》规定对该出资承担连带责任的发起人为被执行人,在未依法出资的范围内承担责任,人民法院裁定变更、追加或驳回申请的。⑤ 作为被执行人的一人有限责任公司,财产不足以清偿生效法律文书确定的债务,股东不能证明公司财产独立于自己的财产,申请执行人申请变更、追加该股东为被执行人,对公司债务承担连带责任,人民法院裁定变更、追加或驳回申请的。⑥ 作为被执行人的公司,未经清算即办理注销登记,导致公司无法进行清算,申请执行人申请变更、追加有限责任公司的股东、股份有限公司的董事和控股股东为被执行人,对公司债务承担连带清偿责任,人民法院裁定变更、追加或驳回申请的。①

[图 24-7] 执行承担(申请变更、追加执行当事人)程序

(2) 执行异议之诉的审理

被申请人提起的执行异议之诉,人民法院经审理,按照下列情形分别处理:① 理由成立的,判决不得变更、追加被申请人为被执行人或者判决变更责任范围;② 理由不成立的,判决驳回诉讼请求(《变更、追加规定》第 33 条第 1 款)。

诉讼期间,人民法院不得对被申请人争议范围内的财产进行处分。申请人请求人民法院继续执行并提供相应担保的,人民法院可以准许(《变更、追加规定》第 33 条第 2 款)。

申请人提起的执行异议之诉,人民法院经审理,按照下列情形分别处理:① 理由成立的,判决变更、追加被申请人为被执行人并承担相应责任或者判决变更责任范围;② 理由不成立的,判决驳回诉讼请求(《变更、追加规定》第 34 条)。

三、执行和解

(一) 执行和解概述

执行和解,是指在执行过程中,双方当事人就履行生效文书确定的权利义务关系达成一致意见,从而结束执行程序的制度。执行和解是执行当事人行使处分权的行为,是《民诉法》处分原则在执行程序中的具体体现。执行和解作为《民诉法》的一项重要制度,不仅能够缓和双方当事人之间的矛盾,也能节约司法资

---

① 执行承担中执行异议之诉适用的六种情形,均是涉及被执行人的出资义务人未足额或抽逃出资、财产混同等事实认定较为复杂、不宜以复议程序解决的事项。

源,提高执行效率,对于解决执行难具有特殊的价值。

《民诉法》第230条规定:"在执行中,双方当事人自行和解达成协议的,执行员应当将协议内容记入笔录,由双方当事人签名或者盖章。申请执行人因受欺诈、胁迫与被执行人达成和解协议,或者当事人不履行和解协议的,人民法院可以根据当事人的申请,恢复对原生效法律文书的执行。"执行过程中,申请执行人与被执行人达成执行和解协议后,人民法院可以裁定中止执行。

最高人民法院于2018年3月1日起施行了《最高人民法院关于执行和解若干问题的规定》(法释〔2018〕3号,2020年12月修正)(以下简称《和解规定》),对执行和解作出具体规定。需注意,《和解规定》已全部吸收了《民诉法解释》第466条至第468条的条文内容。

(二)执行和解与诉讼和解的区别

虽然执行和解与诉讼和解都是当事人在平等、自愿的条件下,对自己民事权利的处分,但民事案件进入执行程序之后当事人达成的和解,不同于当事人在审判程序中达成的诉讼调解,也不同于当事人在诉讼外达成的和解。执行和解与诉讼和解的区别表现在:

(1)存在的程序阶段不同。诉讼中调解发生于诉讼系属中,存在于审判程序,而执行和解是在执行程序中达成,发生在诉讼系属终结之后的执行程序中。

(2)目的不同。诉讼中调解以终止争执为目的,即在当事人之间对于权利义务或法律关系主张存在不一致的情况下达成,而执行和解中,不存在对权利义务的争议,其以终结强制执行为目的。

(3)对象不同。诉讼中的调解指向的对象是当事人的诉讼标的即双方诉讼争议的民事法律关系,是对尚未依法确认的民事权利的处分,而执行和解协议所解决的对象是法律文书确定的执行标的,是对已经依法确认的民事权利的处分。

(4)性质不同。诉讼中的调解既是法院依法行使审判权的一种职能活动,也是当事人合意处分自己诉讼权利和实体权利的行为,而执行和解则纯粹是当事人对自己的诉讼权利和实体权利依法处分的行为。

(三)执行和解的条件

(1)执行和解须是当事人双方自愿达成和解协议,且和解协议内容不得违反法律的基本原则和禁止性规定,不得损害社会公共利益和他人的合法权益。

(2)执行和解应当在执行程序中进行。执行和解协议是当事人在执行程序中所达成的和解协议,而非在执行程序外所达成的和解协议。当事人在执行程序开始前的和解以及强制执行程序终结后的和解,均不属于执行和解,不能适用法律有关执行和解效力的规定。

(3)执行和解协议通常应采用书面形式,即当事人签订书面和解协议;当事人口头达成和解协议的,由执行员记入笔录。

(四) 执行和解的程序

1. 和解协议的签订与履行

依据《和解规定》第 1 条和第 2 条的规定,当事人可以自愿协商达成和解协议,依法变更生效法律文书确定的权利义务主体、履行标的、期限、地点和方式等内容。和解协议一般采用书面形式,也可以达成口头和解协议,执行人员将和解协议内容记入笔录,由各方当事人签名或者盖章。委托代理人代为执行和解,应当有委托人的特别授权(《和解规定》第 4 条)。

执行和解协议达成后,当事人协商一致,可以变更执行和解协议,并向人民法院提交变更后的协议,或者由执行人员将变更后的内容记入笔录,并由各方当事人签名或者盖章(《和解规定》第 5 条)。

执行和解协议履行过程中,符合《民法典》第 570 条规定情形的,债务人可以依法向有关机构申请提存;执行和解协议约定给付金钱的,债务人也可以向执行法院申请提存①(《和解规定》第 7 条)。

2. 和解协议的效力

和解协议达成后,有下列情形之一的,人民法院可以裁定中止执行:(1) 各方当事人共同向人民法院提交书面和解协议的;(2) 一方当事人向人民法院提交书面和解协议,其他当事人予以认可的;(3) 当事人达成口头和解协议,执行人员将和解协议内容记入笔录,由各方当事人签名或者盖章的(《和解规定》第 2 条)。中止执行后,申请执行人申请解除查封、扣押、冻结的,人民法院可以准许(《和解规定》第 3 条)。执行和解协议履行完毕的,人民法院作执行结案处理(《和解规定》第 8 条)。

需注意,根据《和解规定》第 8 条的规定,当事人达成以物抵债执行和解协议的,人民法院不得依据该协议作出以物抵债裁定。尽管《和解规定》赋予了申请执行人就履行执行和解协议提起诉讼的权利,但这也只是承认了执行和解协议的合同性质,并未赋予执行和解协议强制执行效力。执行和解协议不具有强制执行力这一特性,在以物抵债执行和解协议效力的认定上体现得更为明显。如果允许人民法院依据和解协议出具以物抵债裁定,以物抵债裁定具有物权变动的效力,无异于强制执行和解协议。

3. 执行和解的恢复执行与提起诉讼

被执行人一方不履行执行和解协议的,申请执行人的救济途径有两种,但只能选择其一。申请执行人可以申请恢复执行原生效法律文书,也可以就履行执

---

① 《民法典》第 570 条规定:"有下列情形之一,难以履行债务的,债务人可以将标的物提存:(一) 债权人无正当理由拒绝受领;(二) 债权人下落不明;(三) 债权人死亡未确定继承人、遗产管理人,或者丧失民事行为能力未确定监护人;(四) 法律规定的其他情形。标的物不适于提存或者提存费用过高的,债务人依法可以拍卖或者变卖标的物,提存所得的价款。"

行和解协议向执行法院提起诉讼①(《和解规定》第 9 条)。恢复执行后,对申请执行人就履行执行和解协议提起的诉讼,人民法院不予受理(《和解规定》第 13 条)。

(1) 恢复执行

被执行人不履行和解协议时,申请人应及时向人民法院申请恢复执行,超过法定申请执行时效申请恢复执行的,人民法院将不予准许。《和解规定》第 10 条规定,申请恢复执行原生效法律文书,适用《民诉法》第 239 条申请执行期间的规定。当事人不履行执行和解协议的,申请恢复执行期间自执行和解协议约定履行期间的最后一日起计算。

申请执行人以被执行人一方不履行执行和解协议为由申请恢复执行,人民法院经审查,理由成立的,裁定恢复执行;有下列情形之一的,裁定不予恢复执行:① 执行和解协议履行完毕后申请恢复执行的;② 执行和解协议约定的履行期限尚未届至或者履行条件尚未成就的,但符合《民法典》第 578 条规定情形的除外②;③ 被执行人一方正在按照执行和解协议约定履行义务的;④ 其他不符合恢复执行条件的情形。

恢复执行后,执行和解协议已经履行部分应当依法扣除。当事人、利害关系人认为人民法院的扣除行为违反法律规定的,可以依照《民诉法》第 225 条规定提出执行行为异议(《和解规定》第 17 条)。

执行和解协议中约定担保条款,且担保人向人民法院承诺在被执行人不履行执行和解协议时自愿接受直接强制执行的,恢复执行原生效法律文书后,人民法院可以依申请执行人申请及担保条款的约定,直接裁定执行担保财产或者保证人的财产(《和解规定》第 18 条)。

(2) 提起诉讼

申请执行人就履行执行和解协议提起诉讼,执行法院受理后,可以裁定终结原生效法律文书的执行。执行中的查封、扣押、冻结措施,自动转为诉讼中的保全措施(《和解规定》第 14 条)。

当事人、利害关系人认为执行和解协议无效或者应予撤销的,可以向执行法院提起诉讼。执行和解协议被确认无效或者撤销后,申请执行人可以据此申请恢复执行。被执行人以执行和解协议无效或者应予撤销为由提起诉讼的,不影响申请执行人申请恢复执行(《和解规定》第 16 条)。

---

① 申请执行人就执行和解协议提起诉讼为《和解规定》新设立制度,其用意在于执行和解协议可能约定了违约责任等,申请执行人就履行和解协议提起诉讼比执行原生效裁判文书获益更大。如申请执行人只能选择申请恢复执行原生效法律文书,既不利于制裁违约方,也不利于保护申请执行人的权益。

② 《民法典》第 578 条规定:"当事人一方明确表示或者以自己的行为表明不履行合同义务的,对方可以在履行期限届满前请求其承担违约责任。"

4. 执行和解的救济

当事人、利害关系人认为恢复执行或者不予恢复执行违反法律规定的,可以依照《民诉法》第 225 条规定提出异议(《和解规定》第 12 条)。

执行和解协议履行完毕,申请执行人因被执行人迟延履行、瑕疵履行遭受损害的,可以向执行法院另行提起诉讼(《和解规定》第 15 条)。

执行过程中,被执行人根据当事人自行达成但未提交人民法院的和解协议,或者一方当事人提交人民法院但其他当事人不予认可的和解协议,依照《民诉法》第 225 条规定提出异议的,人民法院按照下列情形,分别处理:(1) 和解协议履行完毕的,裁定终结原生效法律文书的执行;(2) 和解协议约定的履行期限尚未届至或者履行条件尚未成就的,裁定中止执行,但符合《民法典》第 578 条规定情形的除外;(3) 被执行人一方正在按照和解协议约定履行义务的,裁定中止执行;(4) 被执行人不履行和解协议的,裁定驳回异议;(5) 和解协议不成立、未生效或者无效的,裁定驳回异议(《和解规定》第 19 条)。

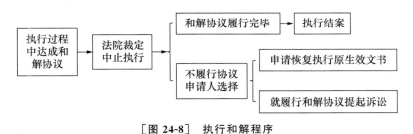

[图 24-8] 执行和解程序

第六节 委托执行与协助执行

一、委托执行

(一)委托执行概述

委托执行,是指被执行人或被执行财产在外地的,委托当地法院代为执行的制度。我国法院是按行政区划设置的,执行工作一般是在本辖区内进行。但如果被执行人或被执行财产在外地,负责执行的法院出差到外地执行成本较高,且执行效果也可能不好。为了节省司法资源,更好地完成执行任务,当被执行人、被执行的财产在外地时,执行法院可以委托当地法院代为执行。

《民诉法》第 229 条规定:"被执行人或者被执行的财产在外地的,可以委托当地人民法院代为执行。受委托人民法院收到委托函件后,必须在十五日内开始执行,不得拒绝。执行完毕后,应当将执行结果及时函复委托人民法院;在三十日内如果还未执行完毕,也应当将执行情况函告委托人民法院。受委托人民法院自收到委托函件之日起十五日内不执行的，委托人民法院可以请求受委托人民法院的上级人民法院指令受委托人民法院执行。"委托当地人民法院代为执行应当发出委托执行的函件，说明执行事项的具体内容，并附执行根据。该条规定不仅对受委托后的执行期间作了规定，而且规定不得拒绝委托，还规定不论是否执行，都要函复委托的人民法院。对于在法定期间内不执行的，委托的人民法院还可以通过受委托人民法院的上级人民法院指令执行的办法使判决得以执行。

2011年5月16日，《最高人民法院关于委托执行若干问题的规定》（法释〔2011〕11号，2020年12月修正）（以下简称《委托规定》）施行。《委托规定》施行后，其他司法解释中对委托执行规定的主要内容已被其吸收，与其发生冲突的部分不再适用。

（二）委托执行的条件

1. 执行人或被执行财产在异地，并经异地所在辖区高级人民法院批准

执行法院经调查发现被执行人在本辖区内已无财产可供执行，且在其他省、自治区、直辖市内有可供执行财产的，可以将案件委托异地的同级人民法院执行。执行法院确需赴异地执行案件的，应当经其所在辖区高级人民法院批准（《委托规定》第1条）。

2. 受委托法院是被执行人住所地或被执行人财产所在地法院

委托执行应当以执行标的物所在地或者执行行为实施地的同级人民法院为受托执行法院。有两处以上财产在异地的，可以委托主要财产所在地的人民法院执行。

被执行人是现役军人或者军事单位的，可以委托对其有管辖权的军事法院执行。执行标的物是船舶的，可以委托有管辖权的海事法院执行（《委托规定》第3条）。

3. 委托法院应当向受委托法院出具书面委托文件，并附送据已执行的生效法律文书副本、立案审批表复印件及有关情况或说明

案件委托执行时，委托法院应当提供下列材料：（1）委托执行函；（2）申请执行书和委托执行案件审批表；（3）据以执行的生效法律文书副本；（4）有关案件情况的材料或者说明，包括本辖区无财产的调查材料、财产保全情况、被执行人财产状况、生效法律文书的履行情况等；（5）申请执行人地址、联系电话；（6）被执行人身份证件或者营业执照复印件、地址、联系电话；（7）委托法院执行员和联系电话；（8）其他必要的案件材料等（《委托规定》第5条）。

委托执行时，委托法院应当将已经查封、扣押、冻结的被执行人的异地财产，一并移交受托法院处理，并在委托执行函中说明。委托执行后，委托法院对被执行人财产已经采取查封、扣押、冻结等措施的，视为受托法院的查封、扣押、冻结

措施。受托法院需要继续查封、扣押、冻结的,持委托执行函和立案通知书办理相关手续。续封续冻时,仍为原委托法院的查封冻结顺序。查封、扣押、冻结等措施的有效期限在移交受托法院时不足 1 个月的,委托法院应当先行续封或者续冻,再移交受托法院(《委托规定》第 6 条)。

(三) 委托执行的立案、实施与退回

1. 委托执行的立案

委托执行案件应当由委托法院直接向受托法院办理委托手续,并层报备自所在的高级人民法院备案。事项委托应当通过人民法院执行指挥中心综合管理平台办理委托事项的相关手续(《委托规定》第 4 条)。案件委托执行后,受托法院应当依法立案,委托法院应当在收到受托法院的立案通知书后作销案处理(《委托规定》第 2 条第 1 款)。

受托法院收到委托执行函后,应当在 7 日内予以立案,并及时将立案通知书通过委托法院送达申请执行人,同时将指定的承办人、联系电话等书面告知委托法院。委托法院收到上述通知书后,应当在 7 日内书面通知申请执行人案件已经委托执行,并告知申请执行人可以直接与受托法院联系执行相关事宜(《委托规定》第 7 条)。

2. 委托执行的实施

委托法院在案件委托执行后又发现有可供执行财产的,应当及时告知受托法院。受托法院发现被执行人在受托法院辖区外另有可供执行财产的,可以直接异地执行,一般不再行委托执行。根据情况确需再行委托的,应当按照委托执行案件的程序办理,并通知案件当事人(《委托规定》第 10 条)。

受托法院未能在 6 个月内将受托案件执结的,申请执行人有权请求受托法院的上一级人民法院提级执行或者指定执行,上一级人民法院应当立案审查,发现受托法院无正当理由不予执行的,应当限期执行或者作出裁定提级执行或者指定执行(《委托规定》第 11 条)。

3. 委托执行的退回

受托法院如发现委托执行的手续、材料不全,可以要求委托法院补办。委托法院应当在 30 日内完成补办事项,在上述期限内未完成的,应当作出书面说明。委托法院既不补办又不说明原因的,视为撤回委托,受托法院可以将委托材料退回委托法院(《委托规定》第 8 条)。

受托法院退回委托的,应当层报所在辖区高级人民法院审批。高级人民法院同意退回后,受托法院应当在 15 日内将有关委托手续和案卷材料退回委托法院,并作出书面说明。委托执行案件退回后,受托法院已立案的,应当作销案处理。委托法院在案件退回原因消除之后可以再行委托。确因委托不当被退回的,委托法院应当决定撤销委托并恢复案件执行,报所在的高级人民法院备案(《委托规定》第 9 条)。

（四）异地执行

根据《委托规定》第 1 条的规定，所谓异地，是指本省、自治区、直辖市以外的区域。执行法院辖区之外的其他同一省级辖区不属于异地，执行法院可在所在地省级辖区范围内直接执行。

异地执行时，可以根据案件具体情况，请求当地法院协助执行，当地法院应当积极配合，保证执行人员的人身安全和执行装备、执行标的物不受侵害(《委托规定》第 12 条)。

（五）委托执行的管理和协调

高级人民法院应当对辖区内委托执行和异地执行工作实行统一管理和协调，履行以下职责：(1)统一管理跨省、自治区、直辖市辖区的委托和受托执行案件；(2)指导、检查、监督本辖区内的受托案件的执行情况；(3)协调本辖区内跨省、自治区、直辖市辖区的委托和受托执行争议案件；(4)承办需异地执行的有关案件的审批事项；(5)对下级法院报送的有关委托和受托执行案件中的相关问题提出指导性处理意见；(6)办理其他涉及委托执行工作的事项(《委托规定》第 13 条)。

二、协助执行

（一）协助执行的概念

协助执行，是指法院在执行中要求有关单位、个人协助执行生效法律文书所确定义务的一种制度。有义务协助执行单位、个人拒不协助执行的，执行法院应依据《民诉法》规定以妨害民事诉讼进行处罚。

狭义的协助执行仅指有关单位或个人对法院的协助；广义的协助执行还包括法院之间的协助。

（二）有关单位或个人协助执行的类型

1. 有权办理财产权证照转移手续的登记机关的协助执行

法院对动产或不动产采取控制性措施时，有关单位必须协助办理。在执行中，需要办理有关财产权证照转移手续的，法院可以向有关单位发出协助执行通知书，有关单位必须办理。

2. 有关单位的协助执行

被执行人未按执行通知履行法律文书确定的义务，法院有权向有关单位查询被执行人的存款、债券、股票、基金份额等财产情况。法院决定扣押、冻结、划拨、变价财产的，应当作出裁定，并发出协助执行通知书，有关单位必须办理。

3. 被执行人所在单位的协助执行

被执行人未按执行通知履行法律文书确定的义务的，法院有权扣留、提取被执行人应当履行义务部分的收入,但应当保留被执行人及其所扶养家属的生活必需费用。法院扣留、提取收入时,应当作出裁定,并发出协助执行通知书,被执行人所在单位、银行、信用合作社和其他有储蓄业务的单位必须办理。

4. 人民银行、公安机关、相关媒体的协助执行

被执行人不履行法律文书确定的义务的,法院可以对其采取或者通知公安机关出入境管理部门协助采取限制出境措施,通知人民银行协助在征信系统记录、通过媒体协助公布不履行义务信息。

(三) 拒不协助的法律后果

有义务协助调查、执行的单位有下列行为之一的,法院除责令其履行协助义务外,并可以予以罚款:(1) 有关单位拒绝或者妨碍法院调查取证的;(2) 有关单位接到法院协助执行通知书后,拒不协助查询、扣押、冻结、划拨、变价财产的;(3) 有关单位接到法院协助执行通知书后,拒不协助扣留被执行人的收入,办理有关财产权证照转移手续,转交有关票证、证照或者其他财产的;(4) 有关单位接到法院协助执行通知书后,允许被执行人高消费及非生活或者经营必需的有关消费的;(5) 有关单位接到法院协助执行通知书后,允许被执行人出境的;(6) 有关单位接到法院协助执行通知书后,拒不停止办理有关财产权证照转移、权属变更登记、规划审批等手续的;(7) 有关单位接到法院协助执行通知书后,以需要内部请示、内部审批,有内部规定等为由拖延办理的;(8) 有关单位持有法律文书指定交付的财物或者票证,法院发出协助执行通知后,拒不转交的;(9) 其他拒绝协助执行的。

法院对具有上述行为之一的单位,可以对其主要负责人或者直接责任人员予以罚款;罚款处罚后仍不履行协助义务的,可以予以拘留;并可以向监察机关或者有关机关提出予以纪律处分的司法建议。拘留的期限为15日。在拘留期间,被拘留人承认错误并协助法院执行的,法院可以决定提前解除拘留措施。

(四) 法院之间的协助执行

法院之间的协助执行是指其他法院在收到执行法院的请求后,协助执行法院采取执行措施。法院之间的协助执行主要发生在执行法院在异地执行案件时。执行法院异地直接执行案件时,应主动请求当地法院协助执行,同时应出具协助执行公函、介绍信,出示执行公务证,并可以主动介绍案情和准备采取的执行方案,同时说明要求协助的内容。

协助执行与委托执行不同。协助执行虽然也有外地法院参与,但外地法院只起辅助作用,执行法院以自己法院的名义采取执行措施,起主要作用。委托执行则是受理执行法院将整个案件委托外地法院执行,受理执行法院在收到受托法院的立案通知书后作委托结案处理。

法院之间协助执行时,执行法院负责采取执行措施,协助法院只是根据请

求,帮助、配合执行工作顺利完成。遇有执行法院人员受围攻等紧急情况,当地法院应积极协调解围,在报告当地党委、政法委的同时,妥善处理。

第七节 执行监督

一、执行监督概述

执行监督有广义和狭义之分。

广义的执行监督是指各权力监督主体对法院行使民事执行权的行为进行察看并提出意见的活动,即具有监督权的机关认为执行机构作出的裁定、决定、通知或具体执行行为不当或者存在错误,要求执行机构予以矫正的法律制度。执行监督的形式和内容十分广泛,不仅包括立法机关、人民检察院的法律监督,而且包括执政党的纪律监督、政协的民主监督等,但不包括新闻媒体、执行当事人或者案外人的权利监督。

狭义的执行监督,专指法院系统内部的监督,包括法院自身各部门之间和不同人员之间的监督,以及上下级法院之间的制约与监督。法院的内部监督是通过两种方式来实现的。一是通过法院内部实行执行实施权和执行裁决权的分离,形成执行机构的内部权力运行中的监督制约机制。事实上这种分权只是一种系统内部制约,虽然能起到一定的监督作用,但这种监督只是一种自我监督和自我约束。二是通过上级法院对下级法院进行监督的方式。《执行问题规定》第8条规定:"上级人民法院执行机构负责本院对下级人民法院执行工作的监督、指导和协调。"上级法院依法监督下级法院的执行工作,最高人民法院依法监督地方各级法院和专门法院的执行工作。本节只介绍上级法院执行机构对下级法院执行工作的监督。

二、执行监督的内容和程序

根据《执行问题规定》第72条至第78条的规定,上级法院对下级法院的执行监督主要包括如下内容:

1. 对执行法院具体执行行为的执行监督

一是对下级法院作出不当或错误裁定、决定、通知的监督,比如执行法院对被执行人错误地作出罚款或拘留决定,上级法院可以行使监督权;二是对法院具体执行行为不当或错误的监督,比如执行法院错误地执行了案外人的财产,没有依法保留被执行人及其所供养的家属的生活必需品等,上级法院有权对此执行行为进行监督。

(1)指令下级法院纠正,并可通知其暂缓执行。上级法院组成合议庭审查认为下级法院执行错误或不当的,应首先指令下级法院自行纠正。指令应以书面形式下达,并指出执行错误或不当之处。必要时可通知有关法院暂缓执行。依据《执行问题规定》第 77 条的规定,暂缓执行的期限不得超过 3 个月。因特殊事由需延长的,只能延长 3 个月。延长暂缓执行期限应报经院长批准,并及时通知下级法院。

(2) 对下级法院复议的审查。上级法院的纠正指令,下级法院必须执行。但下级法院认为纠正指令有错误的,可在收到指令后 5 日内请求上级法院复议。上级法院应及时对复议请求进行审查。复议理由成立的,应撤销纠正指令,并通知下级法院恢复执行;复议理由不成立的,可通知下级法院复议理由不成立并要求其立即纠正。

(3) 上级法院直接作出裁定或决定予以纠正。如经复议审查后理由不成立而下级法院仍不予纠正的,上级法院可直接作出裁定或决定予以纠正,送达有关法院及当事人,并可直接向有关单位发出协助执行通知书。纠正裁定或决定一经送达立即生效,下级法院须无条件地遵照执行。

2. 对非诉讼生效法律文书的执行监督

法院之外的其他机关作出的非诉讼法律文书如果没有错误,法院应当依法执行。但如果这些法律文书有法定的不予执行的情形,法院则不能执行。《民诉法》第 237 条规定了不予执行仲裁裁决的六种情形;第 238 条规定了公证债权文书确有错误的,法院裁定不予执行;第 274 条规定了不予执行涉外仲裁裁决的四种情形。因此,当上级法院发现下级法院执行的非诉讼生效法律文书有不予执行事由,应当依法作出不予执行裁定而不制作的,可以责令下级法院在指定时限内作出裁定,必要时可直接裁定不予执行。

3. 对据以执行的生效法律文书的执行监督

上级法院在监督、指导、协调下级法院执行案件中,发现据以执行的生效法律文书确有错误时,应当书面通知下级法院暂缓执行,并按照审判监督程序处理。该规定实质上是对法院制作的判决书、裁定书、调解书、支付令等生效法律文书的执行监督,因为只有法院制作的生效法律文书有错误,才会发生按照审判监督程序处理的问题。因此,当上级法院发现下级法院据以执行的生效法律文书确有错误时,有权用书面的形式通知下级法院暂缓执行,下级法院应当立即暂缓执行,并按照法定程序进行审查;符合再审条件的,即按照审判监督程序的规定进行再审。

4. 对执行期限的执行监督

执行法院执行生效的法律文书,应当遵守执行期限的规定,即应当在立案之日起 6 个月内执行结案,确有特殊情况需要延长的,由本院院长批准可以延长。如果上级法院发现下级法院的执行案件(包括受委托执行的案件)在规定的期限内未能执行结案的,应当作出裁定、决定、通知而不制作的,或应当依法实施具体执行行为而不实施的,应当发出督促令督促下级法院限期执行,下级法院应当按督促令的要求及时执行。为了进一步加强执行期限的监督,《执行问题规定》第74条第2款还规定,对下级法院长期未能执结的案件,认为确有必要的,上级法院可以决定由本院执行或与下级法院共同执行,也可以指定本辖区其他法院执行。

5. 依法追究有关主管人员和直接责任人员的责任

为了强化上级法院的执行监督职能,《执行问题规定》第78条还规定,下级法院不按照上级法院的裁定、决定或通知执行,造成严重后果的,按照有关规定追究有关主管人员和直接责任人员的责任。

三、执行异议、案外人异议与执行监督的竞合及其处理

执行监督与执行异议、案外人异议等执行救济是两个不同的概念,但实践中可能出现执行救济程序与执行监督程序竞合的现象。执行监督是法院内部的一种行政性的、权力制约和纠错的制度,其实施主体体现于上级法院与下级法院之间,具体程序在法院内部运行,当事人、利害关系人无从参与,上级法院处理后一般只向执行法院下发内部函文,在特殊情况下才制作正式的裁定或决定。当事人、利害关系人、案外人虽可向上级法院反映情况,要求上级法院行使执行监督权,以保护自己的合法权益,但这种权利一般解释为宪法赋予公民申诉权的具体表现,而非执行程序中的救济制度。因为这种申诉行为并不必然产生相应的程序法上的效果,向上级法院反映情况后,是否会得到处理,以及在多大程度上得到处理,申诉人都无能为力。相反,提出执行异议、案外人异议是法律赋予当事人、利害关系人、案外人的法定权利,异议或复议申请符合法定条件的,执行法院和上一级法院就必须进行审查处理,并作出裁定,裁定应当送达当事人、利害关系人、案外人和有关法院。在此过程中,当事人、利害关系人、案外人有权依法参与执行救济程序,提供证据,进行质证和辩论,表达意见和主张,影响救济裁定的作出。

可见,执行异议、案外人异议与执行监督都有纠正执行错误的实际效果,但纠错的途径、启动程序、审查处理程序、法律文书、法律效力等并不相同,可以作为两种不同的纠错机制同时存在。执行法院出现违法执行时,即使当事人、利害关系人未提出异议,或者对裁定不服时未向上一级法院申请复议,如果上级法院发现执行法院存在违法执行问题的,也应当依法进行监督;如果当事人、利害关系人已经提出了异议或正在申请复议,在救济程序正常进行的情况下,上级法院一般无需再就同一问题重复进行监督,但作为一项监督权力,上级法院认为必要时可以随时行使。

四、申请变更执行法院

（一）变更执行法院概述

变更执行法院，是指在执行过程中，执行法院拖延执行或怠于执行的，申请执行人向上一级法院申请变更执行法院。

《民诉法》第226条规定："人民法院自收到申请执行书之日起超过六个月未执行的，申请执行人可以向上一级人民法院申请执行。上一级人民法院经审查，可以责令原人民法院在一定期限内执行，也可以决定由本院执行或者指令其他人民法院执行。"变更执行法院属于程序性事项，不涉及实体争议，因此，申请执行人依法向执行法院的上一级人民法院申请执行后，应当由上一级人民法院的执行机构具体负责处理。上一级人民法院对申请执行人的申请经过审查，针对不同情况可以作出三种不同的处理：一是责令原法院在一定期限内执行；二是决定由本院执行；三是指令本辖区执行法院以外的其他人民法院执行。上述三种处理方式，究竟哪种更为合适，由上一级人民法院根据案件的具体情况确定。

（二）变更执行法院的条件

（1）债权人申请执行时或执行过程中，被执行人有可供执行的财产，执行法院自收到申请执行书之日起超过6个月未执行完毕的。

（2）对法律文书确定的行为义务的履行，执行法院自收到申请执行书之日起超过6个月未执行完毕的。

（三）变更执行法院的文书

《民诉法》第226条对上一级法院在作出上述三种处理时使用何种法律文书未明确规定。实务中，许多法院在依照《执行问题规定》第74条督促下级法院限期执行或者提级执行、指定执行时，大都使用函文的形式。函文是法院内部监督时使用的一种文书形式，而变更管辖是由于申请执行人依法行使申请变更执行法院的法定权利引起的，上一级法院如何处理，应依法定程序告知申请执行人，不应像执行监督那样适用内部函文。参照《执行程序解释》第12条[①]的规定，考虑到裁定一般用于处理各种程序性事项，上一级法院决定由本院执行或者指令本辖区其他法院执行的，都涉及案件管辖权的变化，属于比较重大的程序性事项，应当作出裁定，并送达当事人和有关法院。对于责令原执行法院限期执行的，应当使用督促执行令，并将有关情况书面通知申请执行人，以督促执行法院尽快执行终结。

---

① 《执行程序解释》第12条规定："上一级人民法院责令执行法院限期执行，执行法院在指定期间内无正当理由仍未执行完结的，上一级人民法院应当裁定由本院执行或者指令本辖区其他人民法院执行。"

思 考 题

1. 简述执行程序和审判程序的联系与区别。
2. 一份生效民事判决书应由哪些法院执行？
3. 可作为执行依据的法院制作的法律文书包括哪些？
4. 如何理解案外人异议中，提出异议的理由须是案外人对执行标的主张所有权或者有其他足以阻止执行标的转让、交付的实体权利。
5. 简述案外人异议之诉与申请执行人许可执行之诉的区别。
6. 债权人参与分配是否一定要求已取得生效法律文书？有无例外情形？
7. 债权人或者被执行人对分配方案有异议如何救济？分配方案异议之诉的原告是否一定是分配方案的异议人？
8. 执行担保是否必须经申请执行人同意？
9. 简述法人或其他组织作为被执行人时的执行承担有哪些情形。

第二十五章　执行程序分论

若将执行总论看作执行程序的总则,执行分论就是执行程序的分则。执行分论主要介绍执行的开始与结束,以及法院根据不同的执行标的,可以采取的各种具体执行措施。执行措施的介绍按照从直接执行到间接执行的顺序展开。执行难已成为人所共知的社会问题,为了达到彻底解决执行难的目标,最高人民法院近年来连续发布司法解释及司法文件,对执行措施予以规范、细化、调整,本章内容结合最新司法解释及司法文件进行介绍。

第一节　执行的开始

一、执行程序的启动

所谓执行的开始,是指执行程序的启动。根据《民诉法》第236条的规定,执行的开始有两种方式:(1)债权人申请执行;(2)审判法官移送执行。

(一)申请执行的概念

申请执行,是指债权人在债务人不履行生效法律文书确定的义务时,向法院请求强制执行的行为。申请执行是债权人的一项重要诉讼权利,也是启动执行程序的主要方式。

(二)申请执行的条件

(1)法律文书已经生效,且具有给付内容。

(2)申请执行人是生效法律文书确定的权利人或权利人的继承人、权利承受人。权利承受人包括债权转移的受让人。

(3)义务人逾期不履行法律文书确定的义务,包括义务人部分不履行义务。

(4)申请人在法定期间内向法院提出申请。

① 执行时效的起算时间

《民诉法》第239条规定,申请执行的期间为2年。申请执行时效的中止、中断,适用法律有关诉讼时效中止、中断的规定。申请执行的期间,从法律文书规定履行期间的最后一日起计算;法律文书规定分期履行的,从规定的每次履行期间的最后一日起计算;法律文书未规定履行期间的,从法律文书生效之日起计算。另外,根据《执行程序解释》第 21 条的规定,生效法律文书规定债务人负有不作为义务的,申请执行时效期间从债务人违反不作为义务之日起计算。

[表 25-1] 执行时效的起算时间

	文书规定一次性履行期限的	文书规定分期履行的	文书未规定履行期限的	文书规定债务人负有不作为义务的
执行时效起算时间	履行期间的最后一日起计算	每次履行期间的最后一日起计算	法律文书生效之日起计算	从债务人违反不作为义务之日起计算

② 执行时效的中止与中断

根据《执行程序解释》第 19 条、第 20 条的规定,在申请执行时效期间的最后 6 个月内,因不可抗力或者其他障碍不能行使请求权的,申请执行时效中止。从中止时效的原因消除之日起,申请执行时效期间继续计算。申请执行时效因申请执行、当事人双方达成和解协议、当事人一方提出履行要求或者同意履行义务而中断。从中断时起,申请执行时效期间重新计算。

[表 25-2] 执行时效的中止、中断事由

执行时效	期间为 2 年。申请执行时效的中止、中断,适用法律有关诉讼时效中止、中断的规定
执行时效中断事由	申请执行、当事人双方达成和解协议、当事人一方提出履行要求或者同意履行义务。① 从中断时起,申请执行时效期间重新计算。
执行时效中止事由	执行时效期间的最后 6 个月内,因不可抗力或者其他障碍不能行使请求权的,申请执行时效中止。原因消除之日起继续计算。

③ 超过执行时效申请执行的后果

《民诉法解释》第 483 条规定,申请执行人超过申请执行时效期间向人民法院申请强制执行的,人民法院应予受理。被执行人对申请执行时效期间提出异议,人民法院经审查异议成立的,裁定不予执行。被执行人履行全部或者部分义务后,又以不知道申请执行时效期间届满为由请求执行回转的,人民法院不予支持。

(5) 属于受执行法院管辖。

《民诉法》第 224 条规定:"发生法律效力的民事判决、裁定,以及刑事判决、裁定中的财产部分,由第一审人民法院或者与第一审人民法院同级的被执行的财产所在地人民法院执行。法律规定由人民法院执行的其他法律文书,由被执行人住所地或者被执行的财产所在地人民法院执行。"需注意,发生法律效力的

---

① 诉讼时效中断事由为提起诉讼、当事人一方提出要求或者同意履行义务。

民事判决、裁定,以及刑事判决、裁定中的财产部分,由第一审人民法院或者与第一审人民法院同级的被执行的财产所在地人民法院执行,不包括被执行人住所地人民法院。

(三) 申请执行应提交的资料

(1) 申请执行书。申请执行书应当写明申请执行的理由、事项、执行标的以及被执行人的财产状况。申请执行人书写困难的,可以口头申请,由法院工作人员记入笔录。

(2) 生效法律文书原件,法院作出的法律文书应同时提交审判庭出具的生效证明书,其他机关作出的法律文书需同时提交其他机关出具的送达证明。

(3) 申请执行人的身份证明。申请执行人是公民的出具身份证复印件,是法人或其他组织的出具营业执照副本及机构代码证复印件,同时提交原件供法院立案时核对。

(4) 继承人或权利承受人申请执行的,提交继承或承受权利的证明材料。

申请执行人可以委托代理人代为申请执行。委托代理的,应向法院提交授权委托书,并写明委托事项或代理人权限。委托代理人代为放弃、变更诉讼权利,或代为进行执行和解,或代为收取执行款项的,应当在授权委托书中特别写明。①

符合上述执行条件的,执行法院应当在 7 日内作出立案受理通知书并送达申请执行人;不符合上述执行条件的,7 日内作出不予受理的裁定。

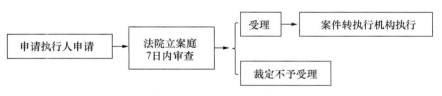

[图 25-1] 申请执行流程

(四) 移送执行

1. 移送执行概述

移送执行,是指审判法官依据生效法律文书,将某些特殊案件直接交给执行机构执行,从而启动执行程序。移送执行时,审判法官要填写移送执行通知书,并履行必要的登记手续。实践中,移送执行仍需要通过立案庭登记、编号后中转给执行机构执行。

---

① 2019 年 12 月 25 日,最高人民法院、司法部、中华全国律师协会印发《关于深入推进律师参与人民法院执行工作的意见》。第 12 条中规定,人民法院应当在执行案件受理通知书中告知当事人有权委托律师代理执行案件,并列明律师的职能作用。对于符合法律援助条件而没有委托律师的,应当及时告知当事人有权申请法律援助。

2. 移送执行案件的范围

（1）生效法律文书中具有给付赡养费、扶养费、抚育费、抚恤金、医疗费和劳动报酬等内容。

（2）已经生效的刑事法律文书中含有财产执行内容。包括没有债权人的没收财产、罚金、追缴财产上交国库等刑事判决，也包括有债权人的刑事附带民事判决、裁定、调解书。

（3）法院作出的程序性民事裁定书、决定书。前者如保全裁定与先予执行裁定，后者如罚款、拘留决定。

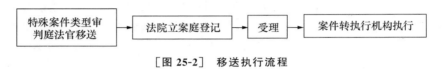

[图 25-2] 移送执行流程

（五）主动执行

主动执行是广东省高级人民法院试行的一种执行程序启动方式。

2010 年 5 月 1 日，广东省高级人民法院实施《关于在全省法院实行主动执行制度的若干规定（试行）》，主要内容为，原告起诉，立案庭在受理民事诉讼案件后，应当在送达有关立案文书的同时向当事人一并送达《主动执行告知书》，对主动启动执行程序的有关情况予以书面说明。如原告同意由立案法院主动执行，应当在《主动启动执行程序确认书》上签名确认。原告未在《主动启动执行程序确认书》上签名确认的，视为不同意由法院主动启动执行程序。人民法院对于已经生效并超过履行期限、债务人没有自动履行的法律文书，在事先征得债权人同意的前提下，由审判庭主动移送立案庭立案执行，无需债权人申请执行。此处所称"法律文书"包括广东省法院一审、二审和再审生效的具有民事执行内容的判决书、裁定书、调解书以及支付令。

[图 25-3] 主动执行流程

二、执行的准备工作

执行程序开始后，执行机构立即着手准备执行工作，具体包括：

1. 执行通知与立即执行

（1）发出执行通知书、被执行人报告财产令。

人民法院应当在收到申请执行书或者移交执行书后 10 日内发出执行通知，

责令被执行人在指定期限内履行义务,并承担《民诉法》第 253 条规定的迟延履行期间的债务利息或迟延履行金,同时还应责令被执行人向人民法院报告财产。

(2) 可以立即执行。

《民诉法》第 240 条规定,执行员接到申请执行书或者移交执行书,应当向被执行人发出执行通知,并可以立即采取强制执行措施。该规定废除了 1991 年《民诉法》将执行通知作为强制执行措施前置程序的规定,法院行使强制执行权不受是否已发出执行通知的限制,但注意并非是废除执行通知书制度。《执行程序解释》第 22 条规定,立即采取强制执行措施的,可以同时或者自采取强制执行措施之日起 3 日内发送执行通知书。即,法院可以径行采取强制执行措施,但仍然要在采取措施的同时或 3 日内发出执行通知书。

2. 查明被执行人财产

2017 年 5 月 1 日,最高人民法院施行《关于民事执行中财产调查若干问题的规定》(法释〔2017〕8 号,2020 年 12 月修正)(以下简称《调查规定》)。该规定第 1 条规定,执行过程中,申请执行人应当提供被执行人的财产线索;被执行人应当如实报告财产;人民法院应当通过网络执行查控系统进行调查,根据案件需要应当通过其他方式进行调查的,同时采取其他调查方式。被执行人财产的查明方式分为以下三种:

(1) 申请执行人提供。

申请执行人与被执行人往往有某种特定联系,申请执行人对被执行人的财产通常有一定程度的了解,因此,申请执行人应当主动向法院提供其所了解的被执行人的财产状况或线索。《调查规定》第 2 条规定,申请执行人提供被执行人财产线索,应当填写财产调查表。财产线索明确、具体的,人民法院应当在 7 日内调查核实;情况紧急的,应当在 3 日内调查核实。财产线索确实的,人民法院应当及时采取相应的执行措施。申请执行人确因客观原因无法自行查明财产的,可以申请人民法院调查。

(2) 被执行人申报。

《民诉法》第 241 条规定,被执行人未按执行通知履行法律文书确定的义务,应当报告当前以及收到执行通知之日前 1 年的财产情况。被执行人拒绝报告或者虚假报告的,人民法院可以根据情节轻重对被执行人或者其法定代理人、有关单位的主要负责人或者直接责任人员予以罚款、拘留。被执行人报告财产制度的具体规定参见本章第四节"特殊的执行措施与制度"中的介绍。

(3) 法院主动调查。

法院主动调查主要进行"四查",包括查存款、查房产、查车辆、查工商登记,另外还可查税务记录、海关报税情况、证券交易所持有证券情况;还可以传唤被执行人或法定代表人、负责人到庭接受询问;另外也可以向有关机关、社会团体、企事业单位或公民调查了解被执行人的财产情况。除了调查被执行人的财产之外,法院还可调查被执行人的身份信息。①

根据《调查规定》第 15 条、第 16 条的规定,为查明被执行人的财产情况和履行义务的能力,可以传唤被执行人或被执行人的法定代表人、负责人、实际控制人、直接责任人员到人民法院接受调查询问。对必须接受调查询问的被执行人、被执行人的法定代表人、负责人或者实际控制人,经依法传唤无正当理由拒不到场的,人民法院可以拘传其到场;上述人员下落不明的,人民法院可以依照相关规定通知有关单位协助查找。人民法院对已经办理查封登记手续的被执行人机动车、船舶、航空器等特定动产未能实际扣押的,可以依照相关规定通知有关单位协助查找。

根据《调查规定》第 12 条、第 13 条的规定,被执行人未按执行通知履行生效法律文书确定的义务,人民法院有权通过网络执行查控系统、现场调查等方式向被执行人、有关单位或个人调查被执行人的身份信息和财产信息,有关单位和个人应当依法协助办理。人民法院对调查所需资料可以复制、打印、抄录、拍照或以其他方式进行提取、留存。申请执行人申请查询人民法院调查的财产信息的,人民法院可以根据案件需要决定是否准许。申请执行人及其代理人对查询过程中知悉的信息应当保密。人民法院通过网络执行查控系统进行调查,与现场调查具有同等法律效力。人民法院调查过程中作出的电子法律文书与纸质法律文书具有同等法律效力;协助执行单位反馈的电子查询结果与纸质反馈结果具有同等法律效力。

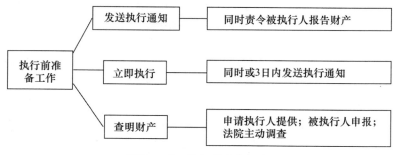

[图 25-4] 执行前准备工作

执行准备工作完成后,接下来,根据不同的执行标的,法院需要选择适用不同的执行措施。本章第 2 节至第 4 节均是关于执行措施的介绍。2019 年 12 月 16 日,最高人民法院发布《最高人民法院关于在执行工作中进一步强化善意文

---

① 《民诉法解释》第 485 条规定:"人民法院有权查询被执行人的身份信息与财产信息,掌握相关信息的单位和个人必须按照协助执行通知书办理。"

明执行理念的意见》(法发〔2019〕35 号,以下简称《善意执行理念》),强调在保障申请执行人合法权益的同时,最大限度减少对被执行人权益的影响。被执行人有多项财产可供执行的,人民法院应选择对被执行人生产生活影响较小且方便执行的财产执行。在不影响执行效率和效果的前提下,被执行人请求人民法院先执行某项财产的,应当准许;未准许的,应当有合理正当的理由。

第二节 金钱债权的执行

一、对被执行人存款的执行

《民诉法》第 242 条第 1 款规定:"被执行人未按执行通知履行法律文书确定的义务,人民法院有权向有关单位查询被执行人的存款、债券、股票、基金份额等财产情况。人民法院有权根据不同情形扣押、冻结、划拨、变价被执行人的财产。人民法院查询、扣押、冻结、划拨、变价的财产不得超出被执行人应当履行义务的范围。"根据本规定,对被执行人存款的执行,可采取查询、冻结、划拨等方法。

查询,是指法院向银行、信用社等单位调查了解被执行人的存款情况。法院执行人员在查询时向上述单位出具附有回执的查询存款通知书,上述单位应在查询并填写回执注明被查询人截至查询时间的存款情况后交还给执行人员。必要时,执行人员还可查询被执行人在该单位某一时间段的存取款明细,上述单位应打印被查询人的银行账户交易明细并加盖印章交还给执行人员。

冻结,是指法院向银行、信用社等单位发出冻结存款通知书,不允许被执行人在一定期限内提取或转移其被冻结的存款。冻结通知书附有回执,上述单位应填写回执上的应冻结存款金额、已冻结存款金额后将回执交还执行人员。银行账户冻结后,该账户可以存款或汇进款项,未超过冻结金额的,不能提取或汇出款项。换言之,被执行人账户已经实际足额冻结的,超过冻结金额部分的款项可以自由提取或转出。比如,法院冻结被执行人存款 100 万元,被执行人账户余额 150 万元,已冻结的 100 万元不能提取或转出,剩余的 50 万元可以自由转出。再如,法院冻结被执行人存款 100 万元,被执行人账户余额 20 万元,已冻结的 20 万元不能提取或转出,账户冻结后转入该账户的 80 万元款项也不能提取或转出。根据《民诉法解释》第 487 条的规定,人民法院冻结被执行人的银行存款的期限不得超过 1 年,申请执行人申请延长期限的,人民法院应当在冻结期限届满前办理续行冻结手续,续行期限不得超过 1 年。

划拨,是指法院通过银行、信用社等单位将被执行人账户存款划拨至法院执行款账户或直接划拨至申请执行人的账户。划拨存款时需要出具附有回执的解除冻结通知书与划拨存款通知书,解除冻结通知书用于解除该账户的冻结,划拨通知书上具明收款人及收款账户,上述单位在填写两份回执后将回执交还给执行人员,并及时办理划拨款项的转账手续。

法院在冻结、解除冻结及划拨存款时,应当制作裁定书,并将裁定书与协助通知书一起送达给银行、信用社等单位。在冻结、划拨措施办理完毕后,法院还应当将裁定书送达给被执行人。

法院可以直接向银行、信用社等单位查询、冻结、划拨被执行人存款。外地法院无需当地法院协助可直接采取上述执行措施。

《执行问题规定》第 27 条规定,被执行人为金融机构的,对其交存在人民银行的存款准备金和备付金不得冻结和扣划,但对其在本机构、其他金融机构的存款,及其在人民银行的其他存款可以冻结、划拨,并可对被执行人的其他财产采取执行措施,但不得查封其营业场所。

《善意执行理念》第 3 条规定,信托财产在信托存续期间独立于委托人、受托人各自的固有财产,并且受益人对信托财产享有的权利表现为信托受益权,信托财产并非受益人的责任财产。因此,当事人因其与委托人、受托人或者受益人之间的纠纷申请对存管银行或信托公司专门账户中的信托资金采取保全或执行措施的,除符合《信托法》第 17 条规定的情形外,法院不应准许。①

[表 25-3] 对存款的执行措施及须出具的法律文书

措施	具体执行行为	法院出具文书
查询	仅调查了解被执行人的存款情况	查询存款通知书
冻结	不允许被执行人在一定期限内提取或转移其被冻结的存款。(未足额冻结只能进不能出)	冻结裁定书、冻结存款通知书
划拨	将被执行人账户存款划拨至法院执行款账户或直接划拨至申请执行人的账户	解除冻结裁定书 划拨存款裁定书 解除冻结存款通知书 划拨存款通知书

二、对被执行人收入的执行

《民诉法》第 243 条第 1 款规定,被执行人未按执行通知履行法律文书确定的义务,人民法院有权扣留、提取被执行人应当履行义务部分的收入。但应当保留被执行人及其所扶养家属的生活必需费用。被执行人的收入主要指工资、奖

---

① 《信托法》第 17 条规定:"除因下列情形之一外,对信托财产不得强制执行:(一)设立信托前债权人已对该信托财产享有优先受偿的权利,并依法行使该权利的;(二)受托人处理信托事务所产生债务,债权人要求清偿该债务的;(三)信托财产本身应担负的税款;(四)法律规定的其他情形。对于违反前款规定而强制执行信托财产,委托人、受托人或者受益人有权向人民法院提出异议。"

金、稿酬、农副业收入、股息、红利收益等。

对被执行人收入的执行方法为扣留、提取等。扣留,是指法院强制留存被执行人的收入,不允许其支取或处分。提取,是指法院提取被执行人收入,并将其转交给申请执行人。法院扣留、提取收入时,需保留被执行人及其所扶养家属的生活必需费用。

法院扣留、提取收入时,应当作出裁定书。裁定书与扣留、提取通知书应一起送达给协助义务单位(包括被执行人所在单位、股份合作公司等),上述单位必须办理。裁定书还应送达给被执行人。

法院扣留、提取收入可逐月、逐季度或逐年扣留或提取。逐月、逐季度或逐年提取的,需要在扣留、提取通知书中注明应提取总额及分次提取金额。协助单位需按通知分次将被执行人收入等汇至法院指定账户。

有关单位收到法院协助执行被执行人收入的通知后,擅自向被执行人或其他人支付的,法院有权责令其限期追回;逾期未追回的,应当裁定其在支付的数额内向申请执行人承担责任。法院还可依据《民诉法》第114条第3项的规定以妨害民事诉讼对协助义务单位予以处罚。

三、对被执行人非现金财产的执行

被执行人的非现金财产是指被执行人存款、收入之外的财产,既包括机器、设备等动产,也包括土地、房屋等不动产。

根据《民诉法》第247条的规定,财产被查封、扣押后,执行员应当责令被执行人在指定期间履行法律文书确定的义务。被执行人逾期不履行的,人民法院应当拍卖被查封、扣押的财产;不适于拍卖或者当事人双方同意不进行拍卖的,人民法院可以委托有关单位变卖或者自行变卖。国家禁止自由买卖的物品,交有关单位按照国家规定的价格收购。

(一)查封

查封,是指法院对被执行人的有关财产进行封存,禁止其处分或转移的措施。采取查封措施时,法院应当作出裁定,根据查封财产的性质,分别采取加贴封条、张贴公告和发出协助执行通知书等方式进行。其中:对动产的查封,应当采用加贴封条的方式,不加贴封条的,应当张贴公告;对有产权证照的动产或不动产的查封,应当向相应的管理机关发出协助执行通知书并送达裁定书,通知相应机关办理被查封财产的查封登记手续,并不得办理被查封财产的转移过户手续。同时也可以责令被执行人将有关产权证照交法院保管,必要时也可以采取加贴封条或张贴公告的方法查封。执行法院既未向有关管理机关发出协助执行通知书,也未采取加贴封条或张贴公告的方法查封的,不得对抗其他法院的查封。

法院可以责令被执行人对查封财产加以保管。保管期间,如继续使用对查封财产价值没有重大影响的,可以允许被执行人继续使用。《善意执行理念》第5条规定,对能"活封"的财产,尽量不进行"死封",使查封财产能够物尽其用,避免社会资源浪费。查封被执行企业厂房、机器设备等生产资料,被执行人继续使用对该财产价值无重大影响的,可以允许其使用。"活封"期间,因被执行人使用或保管的过错造成的损失由被执行人承担。第6条规定,人民法院查封财产后,被保全人或被执行人申请用查封财产融资的,按下列情形分别处理:(1)保全查封财产后,被保全人申请用查封财产融资替换查封财产的,在确保能够控制相应融资款的前提下,可以监督被保全人按照合理价格进行融资。(2)执行过程中,被执行人申请用查封财产融资清偿债务,经执行债权人同意或者融资款足以清偿所有执行债权的,可以准许。出借人要求先办理财产抵押或质押登记再放款的,人民法院应积极协调有关部门做好财产解封、抵押或质押登记等事宜,并严格控制融资款。

(二)扣押

扣押,是指法院将被执行人财产运送至有关场所,使被执行人不能占有、使用和处分该财产的措施。扣押措施一般用于价值较高、可移动的物品,也可用于扣押船舶、航空器等不便于移动和停放的物品。

查封、扣押的财产可由法院自行保管,不宜由法院保管的,法院可以指定被执行人负责保管,不宜由被执行人保管的,可以委托第三人或者申请执行人保管。对扣押的财产,保管人不得使用。

采取扣押措施时,法院应当作出裁定。采取扣押措施需要有关单位协助的,应当向有关单位发出协助执行通知书并送达裁定书,通知有关单位不得办理被扣押财产的转移过户及设定担保等手续。同时也可以责令被执行人将有关产权证照交法院保管。

法院对被执行人所有的其他人享有抵押权、质押权或留置权的财产,可以采取查封、扣押措施。财产拍卖、变卖后,所得价款应在抵押权人、质押权人或留置权人优先受偿后,余额部分用于清偿申请执行人的债权。

查封、扣押、冻结已登记的不动产、特定动产及其他财产权,查封法院未向有关单位办理登记手续的,不得对抗其他已经办理了登记手续的查封、扣押、冻结行为。

法院查封、扣押财产时,被执行人是公民的,应当通知被执行人或者他的成年家属到场;被执行人是法人或者其他组织的,应当通知其法定代表人或者主要负责人到场。拒不到场的,不影响执行。对被查封、扣押的财产,执行员必须造具清单,由在场人签名或者盖章后,交被执行人一份。被执行人是公民的,也可以交他的成年家属一份。

查封和扣押都属于临时性、控制性的执行措施,其本质都是限制被执行人对执行标的物的处分,为将来可能采取的处分措施做准备。查封和扣押的区别是:查封的对象一般是不宜移动的物品,而扣押的对象一般是容易移动的物品。

[表 25-4] 查封、扣押的区别

措施	内涵	对象	法律文书及执行行为
查封	就地查封——对被执行人的有关财产进行封存,禁止其处分或转移	一般是不宜移动的物品	应当作出裁定,根据查封财产的性质,分别采用加贴封条、张贴公告和发出协助执行通知书等方式进行
			对有产权证照的动产或不动产的查封,应当向管理机关发出协助执行通知书并送达裁定书
扣押	易地扣押——将财产运送至有关场所,使被执行人不能占有、使用和处分该财产	容易移动的物品;船舶、航空器。	应当作出裁定
			需要有关单位协助的,应当向有关单位发出协助执行通知书并送达裁定书,通知有关单位不得办理被扣押财产的转移过户及设定担保等手续

(三) 冻结

1. 冻结的概念

此处的冻结,与对存款的执行措施中"冻结"的内涵不同,是指法院对被执行人的股票、股权、股息、红利等,禁止其转移或支取的强制措施。有关单位或者个人必须按照法院的协助执行通知书依法协助。

《善意执行理念》第 7 条中规定,冻结上市公司股票,应当以其价值足以清偿生效法律文书确定的债权额为限。股票价值应当以冻结前一交易日收盘价为基准,结合股票市场行情,一般在不超过 20% 的幅度内合理确定。股票冻结后,其价值发生重大变化的,经当事人申请,人民法院可以追加冻结或解除部分冻结。保全冻结上市公司股票后,被保全人申请将冻结措施变更为可售性冻结的,应当准许,但应当提前将被保全人在证券公司的资金账户在明确具体的数额范围内予以冻结。在执行过程中,被执行人申请通过二级市场交易方式自行变卖股票清偿债务的,人民法院可以按照规定办理,但应当要求其在 10 个交易日内变卖完毕,特殊情形予以适当延长。

2. 查封、扣押、冻结的期限及期限届满后的续行申请

查封、扣押动产的期限不得超过 2 年,查封不动产、冻结其他财产权的期限不得超过 3 年。申请执行人申请延长期限的,人民法院应当在查封、扣押、冻结期限届满前办理续行查封、扣押、冻结手续,续行期限不得超过上述期限。"其他财产权"既包括被执行人的股权、股息、红利,也包括被执行人作为申请执行人在人民法院的应收执行款,作为债权人在债务人处的到期应收账款等。

查封、扣押、冻结的财产已经被执行拍卖、变卖或者抵债的,查封、扣押、冻结的效力消灭。

[表 25-5]　查封、扣押、冻结期限

	最长期限	续查、扣、冻期限
查封、冻结银行存款	1 年	1 年
查封、扣押动产	2 年	2 年
查封不动产	3 年	3 年
财产性权利		
续行查封、扣押、冻结,依申请或依职权进行,期限不超过上述期限。		
期限届满,法院未办理续行查封、扣押、冻结的,效力消灭。		
查封、扣押、冻结的财产已经被执行拍卖、变卖或者抵债的,效力消灭。		

3. 查封、扣押、冻结财产的除外情形

法院对被执行人下列财产不得查封、扣押、冻结:(1)被执行人及其所扶养家属生活所必需的衣服、家具、炊具、餐具及其他家庭生活必需的物品。(2)被执行人及其所扶养家属所必需的生活费用。当地有最低生活保障标准的,必需的生活费用依照该标准确定。(3)被执行人及其所扶养家属完成义务教育所必需的物品。(4)未公开的发明或者未发表的著作。(5)被执行人及其所扶养家属用于身体缺陷所必需的辅助工具、医疗物品。(6)被执行人所得的勋章及其他荣誉表彰的物品等。

4. 轮候查封、扣押、冻结

轮候查封、扣押、冻结,是指法院对被执行人的财产采取查封、扣押、冻结后,其他法院不得再实施查封、扣押、冻结措施,但可以采取通知或办理登记的方法,当前一顺序的查封、扣押、冻结措施解除时,已通知或办理登记的后一顺序的查封、扣押、冻结立即自动生效。《民诉法》第 103 条第 2 款规定,财产已被查封、冻结的,不得重复查封、冻结。《查封、扣押、冻结规定》第 26 条规定,对已被人民法院查封、扣押、冻结的财产,其他人民法院可以进行轮候查封、扣押、冻结。查封、扣押、冻结解除的,登记在先的轮候查封、扣押、冻结即自动生效。其他人民法院对已登记的财产进行轮候查封、扣押、冻结的,应当通知有关登记机关协助进行轮候登记,实施查封、扣押、冻结的人民法院应当允许其他人民法院查阅有关文书和记录。其他人民法院对没有登记的财产进行轮候查封、扣押、冻结的,应当制作笔录,并经实施查封、扣押、冻结的人民法院执行人员及被执行人签字,或者书面通知实施查封、扣押、冻结的人民法院。

轮候查封、扣押、冻结不是实际已采取查封、扣押、冻结措施,它是一种"排队"执行措施。当前一手执行措施解除时,登记在先的后一手轮候查封、扣押、冻结即自动转换为实际的查封、扣押、冻结措施。

5. 对住房的执行

根据《执行异议规定》第20条的规定,金钱债权执行中,符合下列情形之一,被执行人以执行标的系本人及所扶养家属维持生活必需的居住房屋为由提出异议的,人民法院不予支持:(1) 对被执行人有扶养义务的人名下有其他能够维持生活必需的居住房屋的;(2) 执行依据生效后,被执行人为逃避债务转让其名下其他房屋的;(3) 申请执行人按照当地廉租住房保障面积标准为被执行人及所扶养家属提供居住房屋,或者同意参照当地房屋租赁市场平均租金标准从该房屋的变价款中扣除5至8年租金的。执行依据确定被执行人交付居住的房屋,自执行通知送达之日起,已经给予3个月的宽限期,被执行人以该房屋系本人及所扶养家属维持生活的必需品为由提出异议的,人民法院不予支持[①]。本条规定的具体适用参照本书第24章第3节的介绍。

(四) 拍卖、变卖与以物抵债

查封、扣押只是限制被执行人处分财产的控制性措施。如果在控制财产后被执行人不主动履行义务的,法院还需要通过变价方式对查封、扣押财产进行处分。《民诉法解释》第486条规定,对被执行的财产,人民法院非经查封、扣押、冻结不得处分。对银行存款等各类可以直接扣划的财产,人民法院的扣划裁定同时具有冻结的法律效力。法院对被执行财产的变价方式主要有拍卖、变卖和以物抵债三种。

1. 财产处置价格的确定

法院在采取变价方式处分财产时首先需要确定处置财产的参考价。对于财产价值较低或者价格依照通常方法容易确定的,确定保留价时可以不进行评估。当事人双方及其他执行债权人申请不进行评估的,法院应当准许。

《最高人民法院关于人民法院确定财产处置参考价若干问题的规定》(法释〔2018〕15号)已于2018年9月1日起施行。根据该司法解释的规定,法院确定财产处置参考价,可以采取当事人议价、定向询价、网络询价、委托评估等方式。

(1) 当事人议价

除一方当事人拒绝议价或者下落不明外,法院应当通知或者组织当事人进

---

① 《查封、扣押、冻结规定》第4条规定:"对被执行人及其所扶养家属生活所必需的居住房屋,人民法院可以查封,但不得拍卖、变卖或者抵债。"第5条规定:"对于超过被执行人及其所扶养家属生活所必需的房屋和生活用品,人民法院根据申请执行人的申请,在保障被执行人及其所扶养家属最低生活标准所必需的居住房屋和普通生活必需品后,可予以执行。"上述规定引发了对唯一一住房是否可以执行的争议,《执行异议规定》第20条对于可执行情形予以了明确规定。

行协商,双方当事人提交的议价结果一致,且不损害他人合法权益的,议价结果为参考价。

（2）定向询价

当事人议价不能或者不成,且财产有计税基准价、政府定价或者政府指导价的,法院应当向有关机构询价。双方当事人一致要求直接进行定向询价,且有上述价格的,法院应当准许。

（3）网络询价

最高人民法院建立全国性司法网络询价平台名单库。

定向询价不能或者不成,双方当事人一致要求或者同意直接进行网络询价,财产无需由专业人员现场勘验或者鉴定,且具备网络询价条件的,法院应当准许通过司法网络询价平台进行网络询价。法院应当同时向名单库中的全部司法网络询价平台发出网络询价委托书,网络询价平台应当于3日内出具网络询价报告。全部或部分司法网络询价平台在期限内出具询价结果或者补正结果的,法院应当以该部分司法网络询价平台出具结果的平均值为参考价。

当事人、利害关系人对全部网络询价报告均提出异议,且所提异议被驳回或者司法网络询价平台已作出补正的,法院应当以异议被驳回或者已作出补正的各司法网络询价平台出具结果的平均值为参考价;对部分网络询价报告提出异议的,法院应当以网络询价报告未被提出异议的各司法网络询价平台出具结果的平均值为参考价。

网络询价费用应当按次计付给出具网络询价结果与财产处置成交价最接近的司法网络询价平台;多家司法网络询价平台出具的网络询价结果相同或者与财产处置成交价差距相同的,网络询价费用平均分配。网络询价费及委托评估费由申请执行人先行垫付,最后再由被执行人负担。

（4）委托评估

法律、行政法规规定必须委托评估、双方当事人要求委托评估或者网络询价不能或不成的,法院应当委托评估机构进行评估。

双方当事人在指定期限内从名单分库中协商确定3家评估机构以及顺序;协商不成的,采取摇号方式确定;双方当事人也可一致要求在同一名单子库中随机确定。法院应当向顺序在先的评估机构出具评估委托书,评估机构应当在30日内出具评估报告。评估机构未在期限内出具评估报告、补正说明,且未按照规定申请延长期限的,法院另行委托下一顺序的评估机构重新进行评估。

（5）价格确定救济程序

法院收到定向询价、网络询价、委托评估、说明补正等报告后,应当在3日内发送给当事人及利害关系人。当事人、利害关系人下落不明的,法院在中国执行信息公开网上予以公示,公示满15日即视为收到。

当事人、利害关系人收到评估报告后5日内对评估报告的参照标准、计算方法或者评估结果等提出书面异议的,法院应当在3日内交评估机构予以书面说明。评估机构在5日内未作说明或者当事人、利害关系人对作出的说明仍有异议的,法院应当以相关行业专业技术评审出具的结论认定评估结果或者责令原评估机构予以补正。

2. 拍卖会现场拍卖[①]

拍卖,是指法院对实施查封、扣押、冻结的财产,以公开竞价的方式卖给出价最高的买受人的措施。拍卖分为拍卖会现场拍卖和网络拍卖。《民诉法》和《民诉法解释》对拍卖、变卖程序予以一般规定,《最高人民法院关于人民法院民事执行中拍卖、变卖财产的规定》(法释〔2004〕16号,2020年12月修正)(简称《拍卖、变卖规定》)作出了具体规定。

根据《拍卖、变卖规定》第2条、第3条的规定,人民法院对查封、扣押、冻结的财产进行变价处理时,应当首先采取拍卖的方式。人民法院拍卖被执行人财产,应当委托具有相应资质的拍卖机构进行,并对拍卖机构的拍卖进行监督,但法律、司法解释另有规定的除外。

(1) 拍卖保留价的确定

拍卖应当确定保留价。拍卖财产经过评估的,评估价即为第一次拍卖的保留价;未作评估的,保留价由人民法院参照市价确定,并应当征询有关当事人的意见。[②] 如果出现流拍,再行拍卖时,可以酌情降低保留价,但每次降低的数额不得超过前次保留价的20%(《拍卖、变卖规定》第5条)。比如,执行财产第一次拍卖的保留价为80万元,流拍后第二次拍卖的保留价不得低于64万元。

保留价确定后,依据本次拍卖保留价计算,拍卖所得价款在清偿优先债权和强制执行费用后无剩余可能的,应当在实施拍卖前将有关情况通知申请执行人。申请执行人于收到通知后5日内申请继续拍卖的,人民法院应当准许,但应当重新确定保留价;重新确定的保留价应当大于该优先债权及强制执行费用的总额。依照前款规定流拍的,拍卖费用由申请执行人负担(《拍卖、变卖规定》第6条)。

(2) 拍卖财产现状调查及拍卖公告

执行人员应当对拍卖财产的权属状况、占有使用情况等进行必要的调查,制作拍卖财产现状的调查笔录或者收集其他有关资料(《拍卖、变卖规定》第7条)。

拍卖应当先期公告。拍卖动产的,应当在拍卖7日前公告;拍卖不动产或者其他财产权的,应当在拍卖15日前公告。拍卖公告的范围及媒体由当事人双方

[①] 拍卖会现场拍卖并非《民诉法》及其司法解释所用概念,是本书为区别网络拍卖所用。
[②] 拍卖保留价应当以《最高人民法院关于人民法院确定财产处置参考价若干问题的规定》规定的当事人议价、定向询价、网络询价、委托评估等方式确定。

协商确定;协商不成的,由人民法院确定。拍卖财产具有专业属性的,应当同时在专业性报纸上进行公告。当事人申请在其他新闻媒体上公告或者要求扩大公告范围的,应当准许,但该部分的公告费用由其自行承担(《拍卖、变卖规定》第8条、第9条)。

(3) 交纳保证金

拍卖不动产、其他财产权或者价值较高的动产的,竞买人应当于拍卖前向人民法院预交保证金。申请执行人参加竞买的,可以不预交保证金。保证金的数额由法院确定,但不得低于评估价或者市价的百分之五。应当预交保证金而未交纳的,不得参加竞买。拍卖成交后,买受人预交的保证金充抵价款,其他竞买人预交的保证金应当在3日内退还;拍卖未成交的,保证金应当于3日内退还竞买人(《拍卖、变卖规定》第10条)。

(4) 参加拍卖通知

人民法院应当在拍卖5日前以书面或者其他能够确认收悉的适当方式,通知当事人和已知的担保物权人、优先购买权人或者其他优先权人于拍卖日到场。优先购买权人经通知未到场的,视为放弃优先购买权。申请执行人、被执行人可以参加竞买(《拍卖、变卖规定》第11条、第12条第2款)。

(5) 拍卖成交、交纳拍卖款及裁定

拍卖过程中,有最高应价时,优先购买权人可以表示以该最高价买受,如无更高应价,则拍归优先购买权人;如有更高应价,而优先购买权人不作表示的,则拍归该应价最高的竞买人(《拍卖、变卖规定》第13条第1款)。

拍卖成交或者以流拍的财产抵债的,人民法院应当作出裁定,并于价款或者需要补交的差价全额交付后10日内,送达买受人或者承受人。拍卖成交后,买受人应当在拍卖公告确定的期限或者人民法院指定的期限内将价款交付到人民法院或者汇入人民法院指定的账户(《拍卖、变卖规定》第20条、第21条)。

拍卖成交或者以流拍的财产抵债后,买受人逾期未支付价款或者承受人逾期未补交差价而使拍卖、抵债的目的难以实现的,人民法院可以裁定重新拍卖。重新拍卖时,原买受人不得参加竞买。重新拍卖的价款低于原拍卖价款造成的差价、费用损失及原拍卖中的佣金,由原买受人承担。[①] 人民法院可以直接从其预交的保证金中扣除。扣除后保证金有剩余的,应当退还原买受人;保证金数额不足的,可以责令原买受人补交;拒不补交的,强制执行(《拍卖、变卖规定》第22条)。

不动产、动产或者其他财产权拍卖成交或者抵债后,该不动产、动产的所有

---

① 拍卖成交后买受人不交纳拍卖款后果很严重,除再次拍卖时不得参与竞买外,还需承担重新拍卖价款低于原拍卖价款造成的差价、费用损失及原拍卖中的佣金。

权、其他财产权自拍卖成交或者抵债裁定送达买受人或者承受人时起转移。拍卖财产上原有的担保物权及其他优先受偿权,因拍卖而消灭,拍卖所得价款,应当优先清偿担保物权人及其他优先受偿权人的债权,但当事人另有约定的除外。(《拍卖、变卖规定》第 26 条、第 28 条第 1 款)。

(6) 流拍处理原则

① 动产拍卖一般以两次为限。

对于第二次拍卖仍流拍的动产,人民法院可以将其作价交申请执行人或者其他执行债权人抵债。申请执行人或者其他执行债权人拒绝接受或者依法不能交付其抵债的,人民法院应当解除查封、扣押,并将该动产退还被执行人(《拍卖、变卖规定》第 24 条)。

② 不动产或其他财产权拍卖以三次为限。

对于第二次拍卖仍流拍的不动产或者其他财产权,人民法院可以将其作价交申请执行人或者其他执行债权人抵债。申请执行人或者其他执行债权人拒绝接受或者依法不能交付其抵债的,应当在 60 日内进行第三次拍卖。第三次拍卖流拍且申请执行人或者其他执行债权人拒绝接受或者依法不能接受该不动产或者其他财产权抵债的,法院应当于第三次拍卖终结之日起 7 日内发出变卖公告。自公告之日起 60 日内没有买受人愿意以第三次拍卖的保留价买受该财产,且申请执行人、其他执行债权人仍不表示接受该财产抵债的,应当解除查封、冻结,将该财产退还被执行人,但对该财产可以采取其他执行措施的除外(《拍卖、变卖规定》第 25 条)。

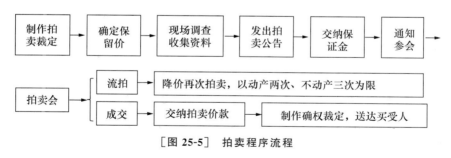

[图 25-5] 拍卖程序流程

3. 网络司法拍卖

网络司法拍卖,是指法院通过互联网拍卖平台,以网络电子竞价方式公开处置财产的行为。《最高人民法院关于人民法院网络司法拍卖若干问题的规定》(法释〔2016〕18 号)于 2017 年 1 月 1 日起施行。该司法解释第 2 条规定,人民法院以拍卖方式处置财产的,应当采取网络司法拍卖方式,但法律、行政法规和司法解释规定必须通过其他途径处置,或者不宜采用网络拍卖方式处置的除外。

由于《最高人民法院关于人民法院网络司法拍卖若干问题的规定》施行时间在《拍卖、变卖规定》之后,网络司法拍卖现已取代拍卖会现场拍卖成为法院拍卖的首选方式。

网络司法拍卖流程与拍卖会拍卖流程基本一致,区别主要在于拍卖平台不同,另外网络司法拍卖亦有一些特殊规定。以下内容着重介绍网络司法拍卖的不同之处。

(1) 参考价的确定

网络司法拍卖应当确定保留价,拍卖保留价即为起拍价。

起拍价由法院参照评估价确定[①];未作评估的,参照市价确定,并征询当事人意见。起拍价不得低于评估价或者市价的70%。

(2) 拍卖公告

网络司法拍卖应当先期公告,拍卖公告除通过法定途径发布外,还应同时在网络司法拍卖平台发布。拍卖动产的,应当在拍卖15日前公告;拍卖不动产或者其他财产权的,应当在拍卖30日前公告。

(3) 通知

网络司法拍卖的事项应当在拍卖公告发布3日前以书面或者其他能够确认收悉的合理方式,通知当事人、已知优先购买权人。权利人书面明确放弃权利的,可以不通知。无法通知的,应当在网络司法拍卖平台公示并说明无法通知的理由,公示满5日视为已经通知。优先购买权人经通知未参与竞买的,视为放弃优先购买权。

(4) 参与拍卖及拍卖程序

网络司法拍卖保证金数额由法院在起拍价的5%至20%范围内确定。竞买人应当在参加拍卖前以实名交纳保证金,未交纳的,不得参加竞买。申请执行人参加竞买的,可以不交保证金;但债权数额小于保证金数额的按差额部分交纳。

网络司法拍卖不限制竞买人数量。一人参与竞拍,出价不低于起拍价的,拍卖成交。优先权人、竞买人以竞买代码、参拍密码参与竞买。

网络司法拍卖从起拍价开始以递增出价方式竞价,增价幅度由法院确定。竞价时间不少于24小时。竞价程序结束前5分钟内无人出价的,最后出价即为成交价。

[①] 《最高人民法院关于人民法院确定财产处置参考价若干问题的规定》在《最高人民法院关于人民法院网络司法拍卖若干问题的规定》之后发布,因此,网络拍卖保留价应当以《最高人民法院关于人民法院确定财产处置参考价若干问题的规定》规定的当事人议价、定向询价、网络询价、委托评估等方式确定。

(5) 成交及交纳拍卖物价款

网络司法拍卖成交的,由网络司法拍卖平台以买受人的真实身份自动生成确认书并公示。买受人在拍卖公告确定的期限内将剩余价款交付法院指定账户。拍卖成交后,买受人交纳的保证金可以充抵价款;其他竞买人保证金在竞价程序结束后 24 小时内退还或者解冻。拍卖财产所有权自拍卖成交裁定送达买受人时转移。

成交后买受人悔拍的,交纳的保证金不予退还,依次用于支付拍卖产生的费用损失、弥补重新拍卖价款低于原拍卖价款的差价、冲抵本案被执行人的债务以及与拍卖财产相关的被执行人的债务。悔拍后重新拍卖的,原买受人不得参加竞买。

(6) 流拍处理

网络司法拍卖竞价期间无人出价的,本次拍卖流拍。流拍后应当在 30 日内在同一网络司法拍卖平台再次拍卖,拍卖动产的应当在拍卖 7 日前公告;拍卖不动产或者其他财产权的应当在拍卖 15 日前公告。再次拍卖的起拍价降价幅度不得超过前次起拍价的 20%。再次拍卖流拍的,可以依法在同一网络司法拍卖平台变卖。

[表 25-6] 拍卖会现场拍卖与网络司法拍卖的区别

	拍卖保留价	公告时间	保证金数额	通知参拍时间	悔拍处理
现场拍卖	第一次拍卖不得低于评估价或者市价的 80%	拍卖动产的,拍卖 7 日前公告	不得低于评估价或者市价的 5%	拍卖 5 日前通知当事人和已知的担保物权人、优先购买权人或者其他优先权人到场	除再次拍卖时不得参与竞买外,还需承担重新拍卖价款低于原拍卖价款造成的差价、费用损失及原拍卖中的佣金
		拍卖不动产或者其他财产权的,拍卖 15 日前公告			
网络司法拍卖	第一次拍卖不得低于评估价或者市价的 70%	拍卖动产的,拍卖 15 日前公告	起拍价的 5%—20% 范围内确定	拍卖公告发布 3 日前通知到场	再次拍卖不得参与竞买。交纳的保证金不予退还,依次用于支付拍卖产生的费用损失、弥补重新拍卖价款低于原拍卖价款的差价、冲抵本案被执行人的债务以及与拍卖财产相关的被执行人债务
		拍卖不动产或者其他财产权的,拍卖 30 日前公告			

4. 变卖

变卖，是指法院对于被执行人的财产，不经拍卖程序直接以合理的价格出卖，并将所得价款交给申请人的执行措施。法院采取变卖措施的，应当作出裁定。

(1) 适用变卖的情形

财产无法委托拍卖、不适于拍卖或当事人双方同意不需要拍卖的，可以采用变卖方式。法院对季节性商品、鲜活商品、易腐烂变质的物品以及其他不宜长期保存的物品采取保全措施时，可以责令当事人及时处理，由法院保存价款；必要时，法院可予以变卖，保存价款。

(2) 变卖的机构

人民法院在执行中需要变卖被执行人财产的，可以交有关单位变卖，也可以由人民法院直接变卖。对变卖的财产，人民法院或者其工作人员不得买受(《民诉法解释》第 490 条)。

(3) 变卖的价格

当事人双方及有关权利人对变卖财产的价格有约定的，按照其约定价格变卖；无约定价格但有市价的，变卖价格不得低于市价；无市价但价值较大、价格不易确定的，应当委托评估机构进行评估，并按照评估价格进行变卖。[①] 按照评估价格变卖不成的，可以降低价格变卖，但最低的变卖价不得低于评估价的 1/2 (《拍卖、变卖规定》第 32 条第 1、2 款)。

5. 以物抵债

以物抵债，是指将被执行人的财产作价后直接交给申请执行人折抵债务的执行措施。以物抵债应当制作抵债裁定。

根据《民诉法解释》第 491 条、第 492 条的规定，经申请执行人和被执行人同意，且不损害其他债权人合法权益和社会公共利益的，人民法院可以不经拍卖、变卖，直接将被执行人的财产作价交申请执行人抵偿债务。对剩余债务，被执行人应当继续清偿。被执行人的财产无法拍卖或变卖的，经申请执行人同意，且不损害其他债权人合法权益和社会公共利益的，人民法院可以将该项财产作价后交付申请执行人抵偿债务，或者交付申请执行人管理；申请执行人拒绝接收或管理的，退回被执行人。

依法定程序裁定以物抵债的，标的物所有权自抵债裁定送达买受人或者接受抵债物的债权人时转移。

[①] 变卖价格同样应当按《最高人民法院关于人民法院确定财产处置参考价若干问题的规定》规定的当事人议价、定向询价、网络询价、委托评估等方式确定。

[表 25-7]　执行变价方式的比较

执行措施	适用条件	适用文书
拍卖	变价处理时,应当首先采取拍卖的方式	裁定书
变卖	无法委托拍卖	
	不适于拍卖	
	当事人双方同意不需要拍卖	
	法院对季节性商品、鲜活商品、易腐烂变质的物品以及其他不宜长期保存物品采取保全措施,可以责令当事人及时处理,由法院保存价款;必要时,法院可予以变卖,保存价款。	
以物抵债	经申请执行人和被执行人同意	
	被执行人的财产无法拍卖或变卖,经申请执行人同意	

（五）搜查

搜查,是指被执行人逾期不履行义务并隐匿财产的,法院对被执行人的人身及住所地、财产隐匿地进行搜查的措施。由于搜查涉及公民的人身权、住宅权等权利,因此,必须严格依照法定条件及程序进行。

搜查的条件为:(1)生效法律文书确定的履行期限已经届满;(2)被执行人不履行法律文书确定的义务;(3)法院认为被执行人有隐匿财产的行为。法院决定采取搜查措施,由院长签发搜查令。

根据《民诉法解释》第 496 条的规定,在执行中,被执行人隐匿财产、会计账簿等资料的,人民法院除可依照《民诉法》第 111 条第 1 款第 6 项规定对其处理外,还应责令被执行人交出隐匿的财产、会计账簿等资料。被执行人拒不交出的,人民法院可以采取搜查措施。

搜查人员必须按规定着装并出示搜查令和工作证件。法院搜查时禁止无关人员进入搜查现场;搜查对象是公民的,应通知被执行人或者他的成年家属以及基层组织派员到场;搜查对象是法人或者其他组织的,应通知法定代表人或者主要负责人到场,拒不到场的,不影响搜查进行。搜查妇女身体,应当由女执行人员进行。

对被执行人可能存放隐匿财物及有关证据材料的住所、箱柜等,被执行人经责令开启而拒不配合的,法院可以强制开启。搜查中发现应当依法采取查封、扣押措施的财产,依照《民诉法》第 245 条第 2 款和第 247 条规定办理。根据《民诉法》第 245 条第 2 款的规定,对被查封、扣押的财产,执行员必须造具清单,由在场人签名或者盖章后,交被执行人一份。被执行人是公民的,也可以交他的成年家属一份。

搜查应当制作搜查笔录,由搜查人员、被搜查人及其他在场人签名、捺印或者盖章。拒绝签名、捺印或者盖章的,应当记入搜查笔录。

四、对特殊财产权的执行

(一) 对知识产权的执行

知识产权是指著作权、专利权、商标权、发明权等。被执行人不履行义务,法院有权禁止被执行人转让其知识产权。上述权利有登记主管部门的,法院应当向相关部门发出协助执行通知书,要求相关部门不得办理财产权转移手续,必要时可责令被执行人将财产权或使用权证照交法院保管。

采取上述控制性措施后,被执行人仍不履行义务的,法院有权对被执行人所有的知识产权采取拍卖、变卖等措施。

(二) 对股息、红利等收益的执行

法院对被执行人在有关企业中应得的预期股息或红利等收益可采取冻结措施,禁止到期后被执行人提取或有关企业支付。

对被执行人在有关企业中应得的已到期股息或红利等收益,法院可以采取冻结措施,也可以直接裁定有关企业直接向申请执行人支付。

(三) 对股票等有价证券的执行

对被执行人在其他股份有限公司中持有的股份凭证(股票),法院可以扣押,并强制被执行人按照公司法的有关规定转让,也可以直接采取拍卖、变卖的方式进行处分,或直接将股票抵偿给债权人,用于清偿被执行人的债务。

(四) 对股权或投资收益权的执行

对被执行人在有限责任公司、其他法人企业中的投资权益或股权,法院可以采取冻结措施。冻结投资权益或股权的,应当通知有关企业不得办理被冻结投资权益或股权的转移手续,不得向被执行人支付股息或红利。被冻结的投资权益或股权,被执行人不得自行转让。

对被执行人在有限责任公司中被冻结的投资权益或股权,法院可以根据《公司法》第71条、第72条、第73条的规定,征得全体股东过半数同意后,予以拍卖、变卖或以其他方式转让。不同意转让的股东,应当购买该转让的投资权益或股权,不购买的,视为同意转让,不影响执行。法院也可允许并监督被执行人自行转让其投资权益或股权,将转让所得收益用于清偿对申请执行人的债务。

有关企业收到法院发出的协助冻结通知后,擅自向被执行人支付股息或红利,或擅自为被执行人办理已冻结股权的转移手续,造成已转移的财产无法追回的,应当在所支付的股息或红利或转移的股权价值范围内向申请执行人承担责任。

第三节 非金钱债权的执行

一、对强制迁出房屋和退出土地的执行

（一）强制迁出房屋和退出土地的概念

强制迁出房屋和退出土地,是指法院强制搬迁被执行人在房屋内或特定土地上的财物,腾出房屋或土地交给权利人的执行措施。

（二）强制迁出房屋和退出土地的程序

1. 发出执行公告

被执行人不主动迁出房屋和退出土地的,法院应及时采取强制执行措施。强制迁出的,由院长签发强制迁出房屋和退出土地公告。公告应写明强制迁出的原因,并再次指定债务人履行义务的期限,说明逾期不履行的后果。公告由院长署名,并加盖法院印章。公告张贴于法院公告栏以及应当迁出的房屋或土地附近。被执行人在指定的期限内自动迁出的,执行程序终结。

2. 强制执行

强制执行时,被执行人是公民的,应当通知被执行人或者他的成年家属到场;被执行人是法人或者其他组织的,应当通知其法定代表人或者主要负责人到场。拒不到场的,不影响执行。被执行人是公民的,其工作单位或者房屋、土地所在地的基层组织应当派人参加。执行员应当将强制执行情况记入笔录,由在场人签名或者盖章。

强制迁出房屋被搬出的财物,由法院造具清单后派人运至指定处所,交给被执行人。被执行人是公民的,也可以交给他的成年家属。因拒绝接收而造成的保管费用、存放租金等损失,由被执行人承担。

强制执行完毕后,执行人员应将腾出的房屋或退出的土地及时交给权利人,终结执行程序。

二、对指定交付财物、票证和完成行为的执行

（一）指定交付财物、票证的执行

指定交付财物、票证,是指被执行人拒不履行法律文书所指定的财物或票证时,法院强制被执行人交付指定财物或票证的措施。法律文书指定交付的财物,一般是特定物,也可以是种类物;交付的票证,一般是有财产权利内容的凭证,如股票、国库券等。

法律文书指定交付的财物或者票证,由执行员传唤双方当事人当面交付,或者由执行员转交,并由被交付人签收。有关单位持有该项财物或者票证的,应当

根据人民法院的协助执行通知书转交,并由被交付人签收。有关公民持有该项财物或者票证的,人民法院通知其交出。拒不交出的,强制执行(《民诉法》第249条)。

根据《民诉法解释》第494条、第495条的规定,执行标的物为特定物的,应当执行原物。原物确已毁损或者灭失的,经双方当事人同意,可以折价赔偿。双方当事人对折价赔偿不能协商一致的,人民法院应当终结执行程序。申请执行人可以另行起诉。他人持有法律文书指定交付的财物或者票证,人民法院依照《民诉法》第249条第2款、第3款规定发出协助执行通知后,拒不转交的,可以强制执行,并可依照《民诉法》第114条、第115条规定处理,对他人以妨害民事诉讼予以罚款、拘留。他人持有期间财物或者票证毁损、灭失的,参照《民诉法解释》第494条规定处理。他人主张合法持有财物或者票证的,可以根据《民诉法》第227条规定提出执行异议。

(二) 对法律文书指定行为的执行

对法律文书指定行为的执行,是指被执行人不履行法律文书指定行为,法院根据债权人申请强制被执行人履行指定行为的措施。法律文书指定行为,包括作为与不作为。《民诉法》第252条规定,对判决、裁定和其他法律文书指定的行为,被执行人未按执行通知履行的,法院可以强制执行或者委托有关单位或者其他人完成,费用由被执行人承担。

1. 本人履行

被执行人不履行法律文书指定的行为,且该项行为只能由被执行人完成的,执行办法是采用间接强制的方式,对被执行人采取罚款、拘留措施,通过对被执行人心理的强制来达到迫使其履行的目的。根据《民诉法解释》第505条的规定,法院可以依照《民诉法》第111条第1款第6项规定,以被执行人存在拒不履行法院已经发生法律效力判决、裁定的行为,根据情节轻重对被执行人予以罚款、拘留,构成犯罪的,依法追究刑事责任。被执行人在法院确定的履行期间内仍不履行的,法院可以再次予以罚款、拘留,直至被执行人履行法律文书指定的行为为止。

2. 代履行

被执行人不履行生效法律文书确定的行为义务,该义务可由他人完成的,法院可以选定代履行人,并由被执行人向代履行人支付代履行费用。法律、行政法规对履行该行为义务有资格限制的,应当从有资格的人中选定。必要时,可以通过招标的方式确定代履行人。申请执行人可以在符合条件的人中推荐代履行人,也可以申请自己代为履行,是否准许,由法院决定。

代履行费用的数额由法院根据案件具体情况确定,并由被执行人在指定期限内预先支付。被执行人未预付的,法院可以对该费用强制执行。代履行结束后,被执行人可以查阅、复制费用清单以及主要凭证。

（三）办理有关财产权证照转移手续

在执行中,对有些财产所有权的转移,必须同时办理财产权证照转移手续。

法院在执行中需要办理房产证、土地证、林权证、专利证书、商标证书、车船执照等有关财产权证照转移手续的,由法院向相关登记机关发出协助执行通知书。有关单位在收到协助执行通知书后必须办理。拒绝办理的,法院可以依照妨害执行行为的规定对负有协助义务的单位和直接责任人员采取处罚措施。

第四节 特殊的执行措施与制度

一、财产报告制度

财产报告制度,是指法院对不履行生效法律文书确定义务的被执行人,强制其如实向法院报告财产状况的制度。《民诉法》第241条规定:"被执行人未按执行通知履行法律文书确定的义务,应当报告当前以及收到执行通知之日前一年的财产情况。被执行人拒绝报告或者虚假报告的,人民法院可以根据情节轻重对被执行人或者其法定代理人、有关单位的主要负责人或者直接责任人员予以罚款、拘留。"《最高人民法院关于民事执行中财产调查若干问题的规定》（法释〔2020〕21号,以下简称《调查规定》）进一步对财产报告制度作出具体规定。

1. 报告财产令

法院责令被执行人报告财产的,应当向其发出报告财产令。金钱债权执行中,报告财产令应当与执行通知同时发出。法院根据案件需要再次责令被执行人报告财产情况的,应当重新向其发出报告财产令。

报告财产令应当载明下列事项:（1）提交财产报告的期限;（2）报告财产的范围、期间;（3）补充报告财产的条件及期间;（4）违反报告财产义务应承担的法律责任;（5）法院认为有必要载明的其他事项。报告财产令应附财产调查表,被执行人必须按照要求逐项填写。

2. 报告财产的范围

被执行人应当在报告财产令载明的期限内向法院书面报告下列财产情况:（1）收入、银行存款、现金、理财产品、有价证券;（2）土地使用权、房屋等不动产;（3）交通运输工具、机器设备、产品、原材料等动产;（4）债权、股权、投资权益、基金份额、信托受益权、知识产权等财产性权利;（5）其他应当报告的财产。被执行人的财产已出租、已设立担保物权等权利负担,或者存在共有、权属争议等情形的,应当一并报告;被执行人的动产由第三人占有,被执行人的不动产、特定动产、其他财产权等登记在第三人名下的,也应当一并报告。

被执行人自收到执行通知之日前 1 年至提交书面财产报告之日,其财产情况发生下列变动的,应当将变动情况一并报告:(1) 转让、出租财产的;(2) 在财产上设立担保物权等权利负担的;(3) 放弃债权或延长债权清偿期的;(4) 支出大额资金的;(5) 其他影响生效法律文书确定债权实现的财产变动的。

被执行人在报告财产令载明的期限内提交书面报告确有困难的,可以向法院书面申请延长期限;申请有正当理由的,法院可以适当延长。

3. 补充报告

被执行人报告财产后,其财产情况发生变动,影响申请执行人债权实现的,应当自财产变动之日起 10 日内向法院补充报告。

[表 25-8] 被执行人须报告财产项目一览

财产分类	报告项目
报告财产时当前财产情况	收入、银行存款、现金、理财产品、有价证券
	土地使用权、房屋等不动产
	交通运输工具、机器设备、产品、原材料等动产
	债权、股权、投资权益、基金份额、信托受益权、知识产权等财产性权利
	财产已出租、已设立担保物权等权利负担,或者存在共有、权属争议等情形的,应当一并报告
	动产由第三人占有,被执行人的不动产、特定动产、其他财产权等登记在第三人名下的,也应当一并报告
收到执行通知书前 1 年至报告财产之日变动财产情况	转让、出租财产的
	在财产上设立担保物权等权利负担的
	放弃债权或延长债权清偿期的
	支出大额资金的
	其他影响生效法律文书确定债权实现的财产变动
报告财产后变动财产情况	报告财产后,其财产情况发生变动,影响申请执行人债权实现的,应当自财产变动之日起 10 日内向法院补充报告

4. 报告财产的查询与核实

对被执行人报告的财产情况,法院应当及时调查核实,必要时可以组织当事人进行听证。申请执行人申请查询被执行人报告的财产情况的,法院应当准许。申请执行人及其代理人对查询过程中知悉的信息应当保密。

5. 申请执行人申请财产审计

《调查规定》第 17 条至第 20 条首次规定了申请执行人对法人或非法人组织

被执行人的财产申请审计的制度,具体程序为:

作为被执行人的法人或非法人组织不履行生效法律文书确定的义务,申请执行人认为其有拒绝报告、虚假报告财产情况,隐匿、转移财产等逃避债务情形或者其股东、出资人有出资不实、抽逃出资等情形的,可以书面申请人民法院委托审计机构对该被执行人进行审计。人民法院应当自收到书面申请之日起10日内决定是否准许。

人民法院决定审计的,应当随机确定具备资格的审计机构,并责令被执行人提交会计凭证、会计账簿、财务会计报告等与审计事项有关的资料。被执行人隐匿审计资料的,人民法院可以依法采取搜查措施。被执行人拒不提供、转移、隐匿、伪造、篡改、毁弃审计资料,阻挠审计人员查看业务现场或者有其他妨碍审计调查行为的,人民法院可以根据情节轻重对被执行人或其主要负责人、直接责任人员予以罚款、拘留;构成犯罪的,依法追究刑事责任。

审计费用由提出审计申请的申请执行人预交。被执行人存在拒绝报告或虚假报告财产情况,隐匿、转移财产或者其他逃避债务情形的,审计费用由被执行人承担;未发现被执行人存在上述情形的,审计费用由申请执行人承担。

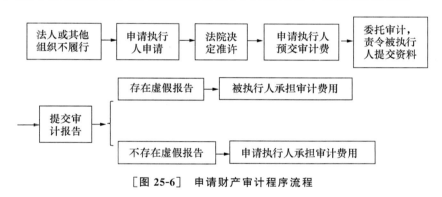

[图 25-6] 申请财产审计程序流程

6. 拒绝报告、虚假报告的法律后果

被执行人拒绝报告、虚假报告或者无正当理由逾期报告财产情况的,人民法院可以根据情节轻重对被执行人或者其法定代理人予以罚款、拘留;构成犯罪的,依法追究刑事责任。人民法院对有上述规定行为之一的单位,可以对其主要负责人或者直接责任人员予以罚款、拘留;构成犯罪的,依法追究刑事责任。

被执行人拒绝报告、虚假报告或者无正当理由逾期报告财产情况的,人民法院应当依照相关规定将其纳入失信被执行人名单。

7. 财产报告程序的终结

有下列情形之一的,财产报告程序终结:(1)被执行人履行完毕生效法律文书确定义务的;(2)人民法院裁定终结执行的;(3)人民法院裁定不予执行的;

(4) 人民法院认为财产报告程序应当终结的其他情形。

发出报告财产令后,人民法院裁定终结本次执行程序,被执行人财产情况发生变动,影响申请执行人债权实现的,仍应当自财产变动之日起 10 日内向法院补充报告。

二、悬赏查找被执行人财产

依据《调查规定》第 21 条至第 24 条的规定,被执行人不履行生效法律文书确定的义务,申请执行人可以向人民法院书面申请发布悬赏公告查找可供执行的财产。

[**案例 25-1**] 2019 年 12 月初,杭州市中级人民法院在执行(2019)杭仲裁字第 444 号仲裁裁决书过程中,发布悬赏公告,公告承诺的悬赏金高达 1300 万元,引起了广泛关注。

该案执行标的额为 1.3 亿元,申请执行人承诺支付 10% 的悬赏比例。有效执行线索包括法院未掌握的存款、房产、股票、到期债务等,悬赏公告至案件执行终结前一直有效。有关人员提供法院尚未掌握的财产线索的,法院核实无误并根据线索执行到案款后,将按照公告承诺的悬赏比例奖励线索提供者。

1. 申请

悬赏查找财产申请书应当载明下列事项:(1) 悬赏金的数额或计算方法;(2) 有关人员提供法院尚未掌握的财产线索,使该申请执行人的债权得以全部或部分实现时,自愿支付悬赏金的承诺;(3) 悬赏公告的发布方式;(4) 其他需要载明的事项。

2. 发布悬赏公告

悬赏公告的发布者仅设定为法院,包括申请执行人在内的其他人员无权自行发布,法院应当自收到书面申请之日起 10 日内决定是否准许发布悬赏公告。

法院决定悬赏查找财产的,应当制作悬赏公告。悬赏公告应当载明悬赏金的数额或计算方法、领取条件等内容,具体包括双方当事人名称、案件标的额、被执行人详细信息,包括住所地、证件号(被执行人为自然人的可附照片)、奖励金额等。悬赏公告应当在全国法院执行悬赏公告平台、法院微博或微信等媒体平台发布,也可以在执行法院公告栏或被执行人住所地、经常居住地等处张贴。具体发布形式可以多种多样,由法院在不违反法律规定的范畴内自行决定,包括可在电视、广播、报纸等传统媒体发布,也可在城市街道、小区以及商城、超市安装的公共电子屏平台,车站、码头、农贸市场、学校等人口密集地段张贴公告,对一些"老赖"予以曝光,还可以在法院门户网站开辟悬赏执行专栏,或专门建立悬赏执行网站,登载悬赏执行信息。申请执行人申请在其他媒体平台发布,并自愿承担发布费用的,法院应当准许。

3. 知情人提供财产线索

悬赏公告发布后,有关人员向法院提供财产线索的,法院应当对有关人员的身份信息和财产线索进行登记;两人以上提供相同财产线索的,应当按照提供线索的先后顺序登记。

法院对有关人员的身份信息和财产线索应当保密,但为发放悬赏金需要告知申请执行人的除外。

4. 悬赏金的发放

有关人员提供法院尚未掌握的财产线索,使申请发布悬赏公告的申请执行人的债权得以全部或部分实现的,法院应当按照悬赏公告发放悬赏金。

悬赏金从上述申请执行人应得的执行款中予以扣减。特定物交付执行或者存在其他无法扣减情形的,悬赏金由该申请执行人另行支付。

有关人员为申请执行人的代理人、有义务向法院提供财产线索的人员或者存在其他不应发放悬赏金情形的,不予发放。换言之,包括法院工作人员、申请执行人的诉讼代理人、向法院提供财产线索的义务人在内的人员不得作为领取悬赏金的主体。

[图 25-7] 悬赏查找被执行人财产程序流程

三、责令支付迟延履行利息或迟延履行金

迟延履行,是指被执行人在生效法律文书确定的履行期限内没有履行义务,包括全部没有履行及没有足额履行。对被执行人迟延履行义务的行为,法院既要强制其履行义务,也要责令被执行人支付迟延履行利息或迟延履行金,迟延履行利息或迟延履行金的性质为惩罚性与补偿性兼而有之。

1. 迟延履行利息

支付迟延履行利息,适用于金钱给付义务的执行。《民诉法》第253条规定,被执行人未按判决、裁定和其他法律文书指定的期间履行给付金钱义务的,应当加倍支付迟延履行期间的债务利息。需注意,"加倍支付"并非将"迟延履行期间的债务利息"直接"×2"计算,而是以固定利率计算加倍部分的迟延履行利息。《最高人民法院关于执行程序中计算迟延履行期间的债务利息适用法律若干问题的解释》(法释〔2014〕8号,以下简称《债务利息解释》)已于2014年8月1日起施行,计算迟延履行利息应适用该司法解释规定。①

(1) 计算起止时间及计算方法

迟延履行期间的债务利息,包括迟延履行期间的一般债务利息和加倍部分的债务利息。迟延履行期间的一般债务利息,根据生效法律文书确定的方法计算。生效法律文书未确定给付该利息的,不予计算。加倍部分债务利息的计算方法为:加倍部分债务利息=债务人尚未清偿的生效法律文书确定的除一般债务利息之外的金钱债务×日万分之一点七五×迟延履行期间的天数②(《债务利息解释》第1条)。

加倍部分债务利息自生效法律文书确定的履行期间届满之日起计算;生效法律文书确定分期履行的,自每次履行期间届满之日起计算;生效法律文书未确定履行期间的,自法律文书生效之日起计算(《债务利息解释》第2条)。

加倍部分债务利息计算至被执行人履行完毕之日;被执行人分次履行的,相应部分的加倍部分债务利息计算至每次履行完毕之日。人民法院划拨、提取被执行人的存款、收入、股息、红利等财产的,相应部分的加倍部分债务利息计算至划拨、提取之日;人民法院对被执行人财产拍卖、变卖或者以物抵债的,计算至成交裁定或者抵债裁定生效之日;人民法院对被执行人财产通过其他方式变价的,计算至财产变价完成之日。非因被执行人的申请,对生效法律文书审查而中止或者暂缓执行的期间及再审中止执行的期间,不计算加倍部分债务利息(《债务利息解释》第3条)。

[案例25-2] 生效法律文书确定债务利息的迟延履行利息计算。

2015年6月30日生效的判决书判项为:债务人应在3日内支付债权人借款本金10000元;支付自2015年1月1日始至借款付清之日止以日万分之五计算的利息;债务人迟延履行的,应当根据《民诉法》第253条的规定加倍支付迟延履行期间的债务利息。债务人于2015年9月1日清偿所有债务。

迟延履行期间开始前的一般债务利息计算公式为:借款本金×生效法律文书确定的一般债务利息率×迟延履行期间开始前的实际天数(915元=10000元×0.05%×183)。迟延履行期间的债务利息计算公式为:借款本金×生效法律文书确定的一般债务利息率×迟延履行期间的实际天数+

---

① 2009年5月11日发布的《最高人民法院关于在执行工作中如何计算迟延履行期间的债务利息等问题的批复》与该解释冲突部分不再适用。

② 日万分之一点七五,是计算迟延履行利息的日利率。该利率是以2014年以前近10年金融机构人民币贷款基准利率的平均值换算成日利率得出的。

借款本金×日万分之一点七五×迟延履行期间的实际天数(405元＝10000元×0.05‰×60＋10000×0.0175‰×60)债务人应当支付的金钱债务为11320元(11320元＝10000元＋405元＋915元)。

[**案例25-3**] 生效法律文书未确定债务利息的迟延履行利息计算。

2015年6月30日生效的判决书判项为:债务人应在3日内支付债权人侵权损害赔偿10000元;债务人迟延履行的,应当根据《民诉法》第253条的规定加倍支付迟延履行期间的债务利息。债务人在2015年9月1日清偿所有债务。

迟延履行期间的债务利息计算方法为:损害赔偿数额×日万分之一点七五×迟延履行期间的实际天数(105元＝10000元×0.0175‰×60)。债务人应当支付的金钱债务为10105元(10105元＝10000元＋105元)。

(2) 清偿顺序

被执行人的财产不足以清偿全部债务的,应当先清偿生效法律文书确定的金钱债务,再清偿加倍部分债务利息,但当事人对清偿顺序另有约定的除外(《债务利息解释》第4条)。

《债务利息解释》规定的被执行人财产不能清偿债务,既指被执行人分次履行的情形,也指被执行人的财产在参与分配程序中不能清偿多份债务时的情形。对于被执行人分次履行的情形,采取先本后息原则。这是因为,迟延履行利息与一般债务利息不同,计算迟延履行利息只是一项执行措施,相比生效法律文书所确定的债权较为次要,所以,迟延履行利息应当后于生效法律文书所确定的债权受偿。

参与分配程序中被执行人财产不足以清偿所有债务的,迟延履行利息的清偿顺序也应当适用《债务利息解释》的规定。

需注意,《债务利息解释》规定的清偿顺序,仅是迟延履行利息与其他金钱债务的清偿顺序。比如,一件借款合同纠纷案件,法院执行的金钱债务有本金、一般债务利息、实现债权的费用和迟延履行利息四部分。根据《债务利息解释》的规定,迟延履行利息应当最后清偿,而本金、一般债务利息和实现债权的费用三部分则可以参照《民法典》第561条的规定确定顺序清偿。① 当然,当事人对清偿顺序另有约定的,应当根据约定的顺序清偿。

---

① 《民法典》第561条规定:"债务人在履行主债务外还应当支付利息和实现债权的有关费用,其给付不足以清偿全部债务的,除当事人另有约定外,应当按照下列顺序履行:(一)实现债权的有关费用;(二)利息;(三)主债务。"

(3) 确定给付外币的计算

生效法律文书确定给付外币的,执行时以该种外币按日万分之一点七五计算加倍部分债务利息,但申请执行人主张以人民币计算的,人民法院应予准许。以人民币计算加倍部分债务利息的,应当先将生效法律文书确定的外币折算或者套算为人民币后再进行计算。外币折算或者套算为人民币的,按照加倍部分债务利息起算之日的中国外汇交易中心或者中国人民银行授权机构公布的人民币对该外币的中间价折合成人民币计算;中国外汇交易中心或者中国人民银行授权机构未公布汇率中间价的外币,按照该日境内银行人民币对该外币的中间价折算成人民币,或者该外币在境内银行、国际外汇市场对美元汇率,与人民币对美元汇率中间价进行套算(《债务利息解释》第5条)。

(4) 执行回转中迟延履行利息的计算

执行回转程序中,原申请执行人迟延履行金钱给付义务的,应当按照《债务利息解释》的规定承担加倍部分债务利息。

2. 迟延履行金

支付迟延履行金,适用于金钱给付义务之外的其他执行案件。被执行人未按判决、裁定和其他法律文书指定的期间履行其他义务的,无论是否已给申请执行人造成损失,都应当支付迟延履行金。已经造成损失的,双倍补偿申请执行人已经受到的损失;没有造成损失的,迟延履行金可以由法院根据具体案件情况决定。

四、代位执行

代位执行,也称为对案外他人财产的执行,是指被执行人不能清偿到期债务,但被执行人对案外他人享有到期债权的,法院依据申请执行人或被执行人的申请,对该他人财产进行强制执行。

《民诉法解释》第501条规定,人民法院执行被执行人对他人的到期债权,可以作出冻结债权的裁定,并通知该他人向申请执行人履行。该他人对到期债权有异议,申请执行人请求对异议部分强制执行的,人民法院不予支持。利害关系人对到期债权有异议的,人民法院应当按照《民诉法》第227条规定处理。对生效法律文书确定的到期债权,该他人予以否认的,人民法院不予支持。

《执行问题规定》第45条至第53条规定的代位执行程序为:

1. 申请人提出申请

被执行人不能清偿债务,但对案外他人[①]享有到期债权的,申请执行人或被

---

① 《执行问题规定》沿用修正前条文表述,将案外他人称作"第三人"。

执行人可向人民法院提出申请。申请代位执行,执行当事人需书面提出申请,同时还需提交借据、欠条、生效法律文书等证明被执行人对他人享有债权的证明材料。

2. 法院审查及发出履行通知

人民法院对申请人的申请进行形式审查后,认为债权属实的,向他人发出履行债务通知书。履行债务通知书应当包含下列内容:(1)他人直接向申请执行人履行其对被执行人所负的债务,不得向被执行人清偿;(2)他人应当在收到履行通知后的15日内向申请执行人履行债务;(3)他人对履行到期债权有异议的,应当在收到履行通知后的15日内向执行法院提出;(4)他人违背上述义务的法律后果。

3. 他人提出异议及异议的形式

他人在履行债务通知书指定的期间内提出异议的,人民法院不得对他人强制执行,对提出的异议不进行审查。他人提出自己无履行能力或其与申请执行人无直接法律关系的,不属于有效异议。他人对债务部分承认、部分有异议的,可以对其承认的部分强制执行。他人对履行通知的异议一般应当以书面形式提出,口头提出的,执行人员应记入笔录,并由他人签字或盖章。

4. 他人未提出异议

他人在履行债务通知书指定的期限内没有提出异议,而又不履行的,执行法院有权裁定对他人强制执行,该裁定应同时送达他人和被执行人。

5. 被执行人放弃债权或延缓履行期限的行为无效

被执行人收到人民法院履行通知后,放弃其对他人的债权或延缓他人履行期限的行为无效,人民法院仍可在他人无异议又不履行的情况下予以强制执行。

6. 他人的责任

他人收到人民法院要求其履行到期债务的通知后,擅自向被执行人履行,造成已向被执行人履行的财产不能追回的,除在已履行的财产范围内与被执行人承担连带清偿责任外,可以追究其妨害执行的责任。

7. 执行他人财产的范围

在对他人作出强制执行裁定后,他人确无财产可供执行的,不得就他人对其他人享有的到期债权强制执行,即人民法院不得强制执行他人的债务人的财产。换言之,代位执行以执行被执行人的债务人为限。

8. 法院出具证明

他人按照人民法院履行通知向申请执行人履行了债务或已被强制执行后,人民法院应当出具有关证明。换言之,代位执行以执行一次为限,防止他人财产被再次执行。

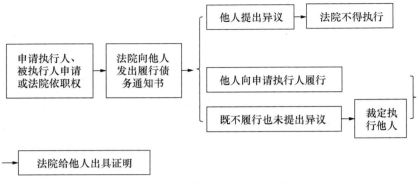

[图 25-8] 代位执行程序流程

五、执行转破产

[导入案例 25-1] 某实业有限公司成立于 2002 年 12 月 10 日,主要经营塑胶模具的生产、批发业务。2015 年 5 月,该公司因经营不善、资金链断裂等问题被迫停业,继而引发 1384 件案件经诉讼或仲裁后相继进入强制执行程序。在执行过程中,某区人民法院查明,某实业有限公司严重资不抵债,459 名员工债权因查封顺序在后,拍卖款受偿无望,执行程序陷入僵局。2017 年 2 月 23 日,某区人民法院征得其中一案申请执行人同意后,将其所涉某实业有限公司执行案移送某市中级人民法院破产审查。2017 年 4 月 5 日,某市中级人民法院裁定受理该公司破产清算案,该公司其他执行案件相应中止,所涉债权债务关系统一纳入破产清算程序中处理。

某市中级人民法院受理破产清算申请后,立即在报纸上刊登受理公告并依法指定管理人开展工作。经管理人对该公司的资产、负债及经营情况进行全面调查、审核后发现,该公司除银行存款 3483.13 元和机器设备拍卖款 162 万元外,已无可变现资产,而负债规模高达 1205.93 万元,严重资不抵债。2017 年 6 月 28 日,某市中级人民法院依法宣告该公司破产。按照通过的破产财产分配方案,可供分配的破产财产 1623645.48 元,优先支付破产费用 685012.59 元后,剩余 938632.89 元全部用于清偿职工债权 11347789.79 元。2017 年 12 月 29 日,某市中级人民法院依法裁定终结某实业有限公司破产清算程序。

执行转破产制度由《民诉法解释》所确立,适用于企业法人被执行人资不抵债,无法清偿全部债权的执行案件。2017 年 1 月 20 日,《最高人民法院关于执行案件移送破产审查若干问题的指导意见》(法发〔2017〕2 号,以下简称《移送意见》)对执行转破产制度作出较为系统的规定。

1. 移送条件

在执行中,作为被执行人的企业法人符合《企业破产法》第 2 条第 1 款规定情形的[①],执行法院经申请执行人之一或者被执行人同意,应当裁定中止对该被执行人的执行,将执行案件相关材料移送被执行人住所地法院。

执行法院采取财产调查措施后,发现作为被执行人的企业法人符合《企业破产法》第 2 条第 1 款规定的,应当及时询问申请执行人、被执行人是否同意将案件移送破产审查。申请执行人、被执行人均不同意移送且无人申请破产的,执行法院应当按照《民诉法解释》第 516 条的规定,对执行变价所得财产,在扣除执行费用及清偿优先受偿的债权后,对于普通债权,按照财产保全和执行中查封、扣押、冻结财产的先后顺序清偿。企业法人的其他已经取得执行依据的债权人申请参与分配的,法院不予支持。

《移送意见》第 2 条规定,执行案件移送破产审查,应同时符合下列条件:(1) 被执行人为企业法人;(2) 被执行人或者有关被执行人的任何一个执行案件的申请执行人书面同意将执行案件移送破产审查;(3) 被执行人不能清偿到期债务,并且资产不足以清偿全部债务或者明显缺乏清偿能力。

2. 征询及决定

为减少异地法院之间移送的随意性,基层人民法院拟将执行案件移送异地中级人民法院进行破产审查的,在作出移送决定前,应先报请其所在地中级人民法院执行部门审核同意。

执行法院作出移送决定后,应当于 5 日内送达申请执行人和被执行人。申请执行人或被执行人对决定有异议的,可以在受移送法院破产审查期间提出,由受移送法院一并处理。

执行法院作出移送决定后,应当书面通知所有已知执行法院,所有执行法院均应中止对被执行人的执行程序。但是,对被执行人的季节性商品、鲜活、易腐烂变质以及其他不宜长期保存的物品,执行法院应当及时变价处置,处置的价款不作分配。受移送法院裁定受理破产案件的,执行法院应当在收到裁定书之日起 7 日内,将该价款移交受理破产案件的法院。案件符合终结本次执行程序条件的,执行法院可以同时裁定终结本次执行程序。

为确保对被执行人财产的查封、扣押、冻结措施的连续性,执行法院决定移送后、受移送法院裁定受理破产案件之前,对被执行人的查封、扣押、冻结措施不解除。查封、扣押、冻结期限在破产审查期间届满的,申请执行人可以向执行法院申请延长期限,由执行法院负责办理。

[①] 《企业破产法》第 2 条第 1 款规定:"企业法人不能清偿到期债务,并且资产不足以清偿全部债务或者明显缺乏清偿能力的,依照本法规定清理债务。"

3. 移送材料及接收

执行法院作出移送决定后,应当向受移送法院移送下列材料:(1) 执行案件移送破产审查决定书;(2) 申请执行人或被执行人同意移送的书面材料;(3) 执行法院采取财产调查措施查明的被执行人的财产状况,已查封、扣押、冻结财产清单及相关材料;(4) 执行法院已分配财产清单及相关材料;(5) 被执行人债务清单;(6) 其他应当移送的材料。

执行案件移送破产审查,由被执行人住所地法院管辖。在级别管辖上,为适应破产审判专业化建设的要求,合理分配审判任务,实行以中级人民法院管辖为原则、基层人民法院管辖为例外的管辖制度。中级人民法院经高级人民法院批准,也可以将案件交由具备审理条件的基层人民法院审理。

移送的材料不完备或内容错误,影响受移送法院认定破产原因是否具备的,受移送法院可以要求执行法院补齐、补正,执行法院应于10日内补齐、补正。该期间不计入受移送法院破产审查的期间。受移送法院需要查阅执行程序中的其他案件材料,或者依法委托执行法院办理财产处置等事项的,执行法院应予协助配合。

执行法院移送破产审查的材料,由受移送法院立案部门负责接收。受移送法院不得以材料不完备等为由拒绝接收。立案部门经审核认为移送材料完备的,应以"破申"作为案件类型代字编制案号登记立案,并及时将案件移送破产审判部门进行破产审查。破产审判部门在审查过程中发现本院对案件不具有管辖权的,应当按照《民诉法》第36条的规定处理。

4. 破产审查与受理

受移送法院的破产审判部门应当自收到移送的材料之日起30日内作出是否受理的裁定。受移送法院作出裁定后,应当在5日内送达申请执行人、被执行人,并送交执行法院。

申请执行人申请或同意移送破产审查的,裁定书中以该申请执行人为申请人,被执行人为被申请人;被执行人申请或同意移送破产审查的,裁定书中以该被执行人为申请人;申请执行人、被执行人均同意移送破产审查的,双方均为申请人。

受移送法院裁定受理破产案件的,执行法院应当解除对被执行人财产的保全措施。裁定受理破产案件之前执行程序中产生的评估费、公告费、保管费等执行费用,可以参照破产费用的规定,从债务人财产中随时清偿。

执行法院收到受移送法院受理裁定后,应当于7日内将已经扣划到账的银行存款、实际扣押的动产、有价证券等被执行人财产移交给受理破产案件的法院或管理人。执行法院收到受移送法院受理裁定时,已通过拍卖程序处置且成交裁定已送达买受人的拍卖财产,通过以物抵债偿还债务且抵债裁定已送达债权人的抵债财产,已完成转账、汇款、现金交付的执行款,因财产所有权已经发生变动,不属于被执行人的财产,不再移交。

5. 受移送法院不予受理或驳回申请的处理

受移送法院作出不予受理或驳回申请裁定的,应当在裁定生效后7日内将接收的材料、被执行人的财产退回执行法院,执行法院应当恢复对被执行人的执行。

受移送法院作出不予受理或驳回申请的裁定后,法院不得重复启动执行案件移送破产审查程序。申请执行人或被执行人以有新证据足以证明被执行人已经具备了破产原因为由,再次要求将执行案件移送破产审查的,法院不予支持。但是,申请执行人或被执行人可以直接向具有管辖权的法院提出破产申请。

受移送法院裁定宣告被执行人破产或裁定终止和解程序、重整程序的,应当自裁定作出之日起5日内送交执行法院,执行法院应当裁定终结对被执行人的执行。

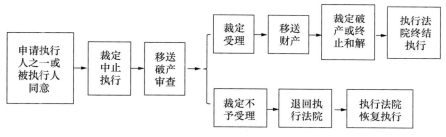

[图25-9] 执行转破产程序流程

六、对妨害执行行为强制措施的适用

对妨害执行行为的强制措施,是指在执行程序中,法院对于妨害民事执行活动的人所采取的强制措施。对妨害执行行为的强制措施属于妨害民事诉讼强制措施的一种,执行程序中增加了一些适用情形。另外,2007年《民诉法》增加规定了限制出境、在征信系统记录、通过媒体公布不履行义务信息等执行措施,本书将上述措施一并列入对妨害执行行为的强制措施予以介绍。

(一)拘传

对必须到法院接受询问的被执行人或被执行人的法定代表人或负责人,经两次传票传唤,无正当理由拒不到场的,法院可以对其进行拘传。

对被拘传人的调查询问不得超过24小时,调查询问后不得限制被拘传人的人身自由。在本辖区以外采取拘传措施时,应当将被拘传人拘传到当地法院。当地法院应予以协助。

(二) 罚款和拘留

对下列妨害民事执行行为,可适用罚款和拘留措施:

(1) 拒绝报告或虚假报告财产的。根据《民诉法》第241条的规定,被执行人未按执行通知履行法律文书确定的义务,应当报告当前以及收到执行通知之日前一年的财产情况。被执行人拒绝报告或者虚假报告的,法院可以根据情节轻重对被执行人或者其法定代理人、有关单位的主要负责人或者直接责任人员予以罚款、拘留。

(2) 被执行人或其他人员有下列拒不履行生效法律文书或妨害执行行为之一的,法院可以依据《民诉法》第111条规定予以罚款、拘留:① 隐藏、转移、变卖、毁损向法院提供执行担保的财产的;② 案外人与被执行人恶意串通转移被执行人财产的;③ 故意撕毁法院执行公告、封条的;④ 伪造、隐藏、毁灭有关被执行人履行能力的重要证据,妨碍法院查明被执行人财产状况的;⑤ 指使、贿买、胁迫他人对被执行人的财产状况和履行义务的能力问题作伪证的;⑥ 妨碍法院依法搜查的;⑦ 以暴力、威胁或其他方法妨碍或抗拒执行的;⑧ 哄闹、冲击执行现场的;⑨ 对法院执行人员或协助执行人员进行侮辱、诽谤、诬陷、围攻、威胁、殴打或者打击报复的;⑩ 毁损、抢夺执行案件材料、执行公务车辆、其他执行器械、执行人员服装和执行公务证件的。

(三) 追究刑事责任

法院在执行过程中遇有被执行人或其他人拒不履行生效法律文书或者妨害执行情节严重,需要追究刑事责任的,应将有关材料移交公安机关处理。

(四) 限制出境

限制出境,是指执行法院对未履行生效法律文书确定义务的被执行人,限制其出境的强制措施。根据《民诉法》第255条的规定,被执行人不履行法律文书确定的义务的,法院可以对其采取或者通知有关单位协助采取限制出境的措施。①

1. 限制出境的启动

对被执行人限制出境的,应当由申请执行人向执行法院提出书面申请;必要时,执行法院可以依职权决定。

2. 限制出境的主体

限制出境主体包括:自然人被执行人;法人的法定代表人或其他组织的负责人;被执行人为单位的,影响债务履行的直接责任人员;无民事行为能力人或者

---

① 根据《中华人民共和国出入境管理法》第12条、第28条的规定,有未了结的民事案件,人民法院决定中国公民、外国人不准出境的,出入境边防检查机关不准其出境。"有未了结的民事案件"应当包括审判案件和执行案件。

限制民事行为能力人被执行人的法定代理人。

3. 限制出境的决定

法院决定采取限制出境措施的,应当制作执行决定书,决定书应当告知被限制出境人申请复议的权利和期限,并应当送达当事人。

4. 限制出境的解除

在限制出境期间,被执行人履行法律文书确定的全部债务的,执行法院应当及时解除限制出境措施;被执行人提供充分、有效的担保或者申请执行人同意的,可以解除限制出境措施。

5. 限制出境的救济途径

限制出境措施,应当认定为法院职权行为,其与拘留、罚款性质相同,是法院为了促使被执行人履行义务,对被执行人的人身施加一定限制的间接执行措施,因此,对限制出境措施的救济途径,应参照《民诉法》第116条对拘留措施救济途径的规定,赋予被执行人直接向上一级法院申请复议的权利。《执行异议规定》第9条规定,被限制出境的人认为对其限制出境错误的,可以自收到限制出境决定之日起10日内向上一级人民法院申请复议。上一级人民法院应当自收到复议申请之日起15日内作出决定。复议期间,不停止原决定的执行。

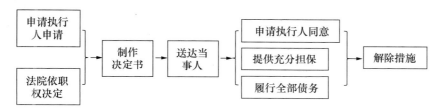

[图25-10] 限制出境程序流程

(五) 在征信系统记录

在征信系统记录,是指法院将被执行人不履行生效法律文书确定义务的行为记录在法院的征信系统中的强制措施。征信系统记录的最终目的是通过法院的征信系统与金融、工商、房地产、交通、出入境管理等部门以及其他社会信用体系相连接,使不履行义务的被执行人在社会生活中受到严格限制,从而建立国家层面的威慑机制。

《最高人民法院关于公布失信被执行人名单信息的若干规定》规定,被执行人具有履行能力而不履行生效法律文书确定的义务,并具有一定情形的,法院应当将其纳入失信被执行人名单,依法对其进行信用惩戒。

法院决定将被执行人纳入失信被执行人名单的,应当制作决定书,决定书应当写明纳入失信被执行人名单的理由,有纳入期限的,应当写明纳入期限。决定书由院长签发,自作出之日起生效。决定书应当按照《民诉法》规定的法律文书送达方式送达当事人。

1. 纳入名单的情形

法院向被执行人发出的执行通知中,应当载明有关纳入失信被执行人名单的风险提示等内容。

被执行人未履行生效法律文书确定的义务,并具有下列情形之一的,法院应当将其纳入失信被执行人名单,依法对其进行信用惩戒:(1)有履行能力而拒不履行生效法律文书确定义务的;(2)以伪造证据、暴力、威胁等方法妨碍、抗拒执行的;(3)以虚假诉讼、虚假仲裁或者以隐匿、转移财产等方法规避执行的;(4)违反财产报告制度的;(5)违反限制消费令的;(6)无正当理由拒不履行执行和解协议的。

申请执行人认为被执行人具有上述情形之一的,可以向法院申请将其纳入失信被执行人名单。法院应当自收到申请之日起15日内审查并作出决定。法院也可以依职权决定将被执行人纳入失信被执行人名单。

2. 不得纳入名单的情形

具有下列情形之一的,法院不得将被执行人纳入失信被执行人名单:(1)提供了充分有效担保的;(2)已被采取查封、扣押、冻结等措施的财产足以清偿生效法律文书确定债务的;(3)被执行人履行顺序在后,对其依法不应强制执行的;(4)单位是失信被执行人的,法院不得将其法定代表人、主要负责人、影响债务履行的直接责任人员、实际控制人等纳入失信名单(《善意执行理念》第16条);(5)其他不属于有履行能力而拒不履行生效法律文书确定义务的情形。

被执行人为未成年人的,法院不得将其纳入失信被执行人名单。全日制在校生因"校园贷"纠纷成为被执行人的,一般不得纳入失信被执行人名单(《善意执行理念》第16条)。

3. 纳入名单的期限

纳入失信被执行人名单的期限为2年。被执行人以暴力、威胁方法妨碍、抗拒执行情节严重或具有多项失信行为的,可以延长1至3年。失信被执行人积极履行生效法律文书确定义务或主动纠正失信行为的,法院可以决定提前删除失信信息。

4. 记载和公布名单信息的内容

记载和公布的失信被执行人名单信息应当包括:(1)作为被执行人的法人或者其他组织的名称、统一社会信用代码(或组织机构代码)、法定代表人或者负责人姓名;(2)作为被执行人的自然人的姓名、性别、年龄、身份证号码;(3)生效法律文书确定的义务和被执行人的履行情况;(4)被执行人失信行为的具体情形;(5)执行依据的制作单位和文号、执行案号、立案时间、执行法院;(6)法院认为应当记载和公布的不涉及国家秘密、商业秘密、个人隐私的其他事项。

5. 公布失信被执行人程序

各级法院应当将失信被执行人名单信息录入最高人民法院失信被执行人名单库,并通过该名单库统一向社会公布。

各级法院可以根据各地实际情况,将失信被执行人名单通过报纸、广播、电视、网络、法院公告栏等方式予以公布,并可以采取新闻发布会或者其他方式对本院及辖区法院实施失信被执行人名单制度的情况定期向社会公布。

法院应当将失信被执行人名单信息,向政府相关部门、金融监管机构、金融机构、承担行政职能的事业单位及行业协会等通报,供相关单位依照法律、法规和有关规定,在政府采购、招标投标、行政审批、政府扶持、融资信贷、市场准入、资质认定等方面,对失信被执行人予以信用惩戒。法院还应当将失信被执行人名单信息向征信机构通报,并由征信机构在其征信系统中记录。

国家工作人员、人大代表、政协委员等被纳入失信被执行人名单的,法院应当将失信情况通报其所在单位和相关部门。国家机关、事业单位、国有企业等被纳入失信被执行人名单的,法院应当将失信情况通报其上级单位、主管部门或者履行出资人职责的机构。

6. 失信被执行人对公布信息的异议及审查

被纳入失信被执行人名单的公民、法人或其他组织认为有下列情形之一的,可以向执行法院申请纠正:(1) 不应将其纳入失信被执行人名单的;(2) 记载和公布的失信信息不准确的;(3) 失信信息应予删除的。

公民、法人或其他组织对被纳入失信被执行人名单申请纠正的,执行法院应当自收到书面纠正申请之日起15日内审查,理由成立的,应当在3个工作日内纠正;理由不成立的,决定驳回。需注意,根据《关于公布失信被执行人名单信息的若干规定》第12条的规定,异议审查人员为作出决定的执行人员而非执行异议审查人员,适用文书为决定书而非裁定书。公民、法人或其他组织对驳回决定不服的,可以自决定书送达之日起10日内向上一级人民法院申请复议。上一级人民法院应当自收到复议申请之日起15日内作出决定。复议期间,不停止原决定的执行。

7. 失信被执行人名单的删除

不应纳入失信被执行人名单的公民、法人或其他组织被纳入失信被执行人名单的,法院应当在3个工作日内撤销失信信息。记载和公布的失信信息不准确的,法院应当在3个工作日内更正失信信息。

具有下列情形之一的,法院应当在3个工作日内删除失信信息:(1) 被执行人已履行生效法律文书确定的义务或法院已执行完毕的;(2) 当事人达成执行和解协议且已履行完毕的;(3) 申请执行人书面申请删除失信信息,法院审查同意的;(4)终结本次执行程序后,通过网络执行查控系统查询被执行人财产两次以上,未发现有可供执行财产,且申请执行人或者其他人未提供有效财产线索的;(5)因审判监督或破产程序,法院依法裁定对失信被执行人中止执行的;(6)法院依法裁定不予执行的;(7)法院依法裁定终结执行的。失信被执行人名单有纳入期限的,不适用上述规定,纳入期限届满后3个工作日内,法院应当删除失信信息。

删除失信信息后,被执行人又具有失信被执行人规定情形之一的,法院可以重新将其纳入失信被执行人名单。

申请执行人书面申请删除被执行人失信信息,法院审查删除后6个月内,申请执行人又申请将该被执行人纳入失信被执行人名单的,法院不予支持。

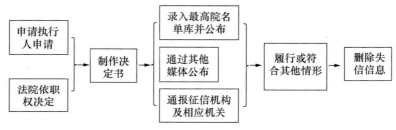

[图25-11]　公布失信被执行人程序流程

(六)通过媒体公布不履行义务信息

通过媒体公布不履行义务信息,俗称曝光老赖,是指法院在报刊、广播、电视等新闻媒体、网络或法院公告栏等公众场所,或以通报会、发布会等其他形式对拒不履行生效法律文书确定义务的被执行人信息加以公布,借助社会舆论和信用惩戒的力量,迫使义务人自动履行义务的执行措施。《执行程序解释》第26条规定,执行法院可以依职权或者依申请执行人的申请,将被执行人不履行法律文书确定义务的信息,通过报纸、广播、电视、互联网等媒体公布。媒体公布的有关费用,由被执行人负担;申请执行人申请在媒体公布的,应当垫付有关费用。通过媒体公布不履行义务信息措施会对被执行人的名誉、声誉带来一定负面影响,如果信息发布错误,无疑会侵犯他人的名誉权或隐私权,因此实践中需严格适用。

1. 适用情形

被执行人在案件进入执行程序后,在执行通知指定的期限拒不履行法定义务的;被执行人或其法定代表人故意躲藏、逃避执行,导致法院无法查找的;被执行人在案件进入执行程序后公开表示拒不履行,或有隐藏、转移、故意损毁财产或者有无偿转让财产、以明显不合理低价转让财产等妨碍执行行为的;其他应当公布不履行义务信息的情形。

2. 实施程序

通过媒体公布不履行义务信息既可以由法院依职权决定,也可以由申请执行人提出申请后审查决定。

公布不履行义务信息的内容应当包括被执行人的基本情况、执行依据、未履行标的额等。不履行义务信息的公布范围应当是与被执行人活动区域有关的区域,可以借助报纸、广播、电视台等新闻媒体或者在法院公告栏、被执行人所在社区等公共场所公布。

正式公布不履行义务信息前要向被执行人发出预告通知书,告知其如不在指定期限内履行生效法律文书确定的义务,法院将采取的公布信息措施及其不利后果。公布不履行义务信息应及时更新,案件已经执行完毕、被执行人与申请执行人达成和解协议、被执行人提供了申请执行人认可的担保的,执行法院应依职权或依被执行人的申请及时将公布的内容删除或变更。因公布不履行义务信息侵害他人合法权益的,应及时予以停止并给予适当救济。

(七)限制消费令[①]

《最高人民法院关于限制被执行人高消费及有关消费的若干规定》第1条规定,被执行人未按执行通知书指定的期间履行生效法律文书确定的给付义务的,人民法院可以限制其高消费及非生活或经营必需的有关消费。纳入失信被执行人名单的被执行人,人民法院应当对其采取限制消费措施。

1. 限制消费主体及不得从事的行为

被执行人为自然人的,被采取限制消费措施后,不得有以下高消费及非生活和工作必需的消费行为:(1)乘坐交通工具时,选择飞机、列车软卧、轮船二等以上舱位;(2)在星级以上宾馆、酒店、夜总会、高尔夫球场等场所进行高消费;(3)购买不动产或者新建、扩建、高档装修房屋;(4)租赁高档写字楼、宾馆、公寓等场所办公;(5)购买非经营必需车辆;(6)旅游、度假;(7)子女就读高收费私立学校[②];(8)支付高额保费购买保险理财产品;(9)乘坐G字头动车组列车全部座位、其他动车组列车一等以上座位等其他非生活和工作必需的消费行为。

被执行人为单位的,被采取限制消费措施后,被执行人及其法定代表人、主要负责人、影响债务履行的直接责任人员、实际控制人不得实施上述规定的行为。因私消费以个人财产实施上述规定行为的,可以向执行法院提出申请。执行法院审查属实的,应予准许。

---

① 限制消费令也被称为限制高消费令,由于新修改的司法解释在限制高消费之外,增加限制被执行人进行非生活和工作必需的消费行为,因此,称之为限制消费令更加准确。

② 《善意执行理念》第20条规定,限制子女就读高收费学校,是指限制其子女就读超出正常收费标准的学校。虽然是私立学校,但如果其收费未超出正常标准,也不属于限制范围。

2. 限制消费令的启动

限制消费措施一般由申请执行人提出书面申请，经法院审查决定；必要时法院可以依职权决定。法院决定采取限制消费措施时，应当考虑被执行人是否有消极履行、规避执行或者抗拒执行的行为以及被执行人的履行能力等因素。

法院决定采取限制消费措施的，应当向被执行人发出限制消费令。限制消费令由法院院长签发。限制消费令应当载明限制消费的期间、项目、法律后果等内容。

3. 限制消费令程序

法院决定采取限制消费措施的，应当向被执行人发出限制消费令。限制消费令由法院院长签发。限制消费令应当载明限制消费的期间、项目、法律后果等内容。

法院决定采取限制消费措施的，可以根据案件需要和被执行人的情况向有义务协助调查、执行的单位送达协助执行通知书，也可以在相关媒体上进行公告。限制消费令的公告费用由被执行人负担；申请执行人申请在媒体公告的，应当垫付公告费用。

被限制消费的被执行人因生活或者经营必需而进行本规定禁止的消费活动的，应当向法院提出申请，获批准后方可进行。

4. 限制消费令的解除

在限制消费期间，被执行人提供确实有效的担保或者经申请执行人同意的，法院可以解除限制消费令；被执行人履行完毕生效法律文书确定的义务的，法院应当在限制消费令通知或者公告的范围内及时以通知或者公告的方式解除限制消费令。

《善意执行理念》第17条还规定，采取限制消费措施后，被执行人及其有关人员提交充分有效证据并作出书面承诺，申请解除或暂时解除的，按照下列情形分别处理：(1) 单位被执行人被限制消费后，其法定代表人、主要负责人、影响债务履行的直接责任人员、实际控制人以因私消费为由提出以个人财产从事消费行为，经审查属实的，应予准许；(2) 单位被执行人被限制消费后，其法定代表人、主要负责人确应经营管理需要发生变更，原法定代表人、主要负责人申请解除对其本人的限制消费措施的，应举证证明其并非单位的实际控制人、影响债务履行的直接责任人员。人民法院经查证属实的，应予准许，并对变更后的法定代表人、主要负责人采取限制消费措施。(3) 被限制消费的个人因本人或近亲属重大疾病就医，近亲属丧葬，以及本人执行或配合执行公务，参加外事活动或重要考试等紧急情况亟须赴外地，向人民法院申请暂时解除乘坐飞机、高铁限制措施，经严格审查并经本院院长批准，可以给予其最长不超过一个月的暂时解除期间。

5. 违反限制消费令的后果

为真正发挥限制消费令的威慑作用，法院仅仅向被执行人下发限制消费令远远不够，除相关协助执行部门配合外，还需社会公众的监督。因此，法院应当

[图 25-12]　限制消费令程序流程

设置举报电话或者邮箱,接受申请执行人和社会公众对被限制消费的被执行人进行高消费及非生活或经营必需的有关消费的举报,并进行审查认定。

被执行人违反限制消费令进行消费的行为属于拒不履行法院已经发生法律效力的判决、裁定的行为,经查证属实的,依照《民诉法》第111条的规定予以拘留、罚款;情节严重,构成犯罪的,追究其刑事责任。

有关单位在收到法院协助执行通知书后,仍允许被执行人进行高消费及非生活或者经营必需的有关消费的,法院可以依照《民诉法》第114条的规定,追究其法律责任。

[表 25-9]　限制消费令与失信被执行人名单措施的比较

		限制消费令	失信名单
适用对象		未履行义务的被执行人(应当考虑履行能力等),失信名单被执行人当然适用	有履行能力不履行; 妨碍、抗拒执行; 规避执行; 违反财产报告令; 违反限制消费令; 无理由不履行和解协议。
		单位被执行人及法定代表人、主要负责人、影响债务履行的直接责任人员、实际控制人同样适用	
内涵		限制其高消费及非生活或者经营必需的有关消费	纳入失信被执行人名单并对其进行信用惩戒。
禁止行为及失信通报惩戒	住:星级宾馆、酒店;购买不动产或者新建、扩建、高档装修房屋;租赁高档写字楼、宾馆、公寓等场所办公	向政府相关部门、金融监管机构、金融机构等通报,在政府采购、招标投标等方面予以信用惩戒。
	行:购买非经营必需车辆;飞机、列车软卧、轮船二等以上舱位;乘坐G字头动车组列车全部座位、其他动车组列车一等以上座位	向征信机构通报,并由征信机构在其征信系统中记录。
	消费:在星级以上宾馆、酒店、夜总会、高尔夫球场等场所进行高消费;旅游、度假;支付高额保费购买保险理财产品	失信被执行人是国家工作人员的,通报其所在单位;失信被执行人是国家机关、国有企业的,通报其上级单位或者主管部门。
	子女:就读高收费私立学校	

（续表）

	限制消费令	失信名单
解除	提供确实有效担保或者经申请执行人同意，可以解除；足额履行的，在已通知或公告相同范围内通知或公告解除	足额履行； 达成和解并确认履行； 法院裁定终结执行。
公布	申请执行人申请在媒体公告垫付公告费用，被执行人负担	最高人民法院库统一公布； 执行法院及上级法院自行公布。
后果	被执行人违反行为属于拒不履行判决、裁定行为，可予以罚款、拘留直至追究刑事责任	信用惩戒，处处受限。

［案例 25-5］ 魏某申请执行张某峰、张某政、李某公证债权文书纠纷执行案。

魏某与张某峰为邻居。2011 年张某峰因生意筹集资金向魏某借款 4100 万元，期限为一年。李某作为张某峰的朋友对债务承担连带保证责任，张某峰的儿子张某政以其名下的房产为借款提供抵押担保。魏某与张某峰、张某政、李某在某公证处对借款合同办理了具有强制执行效力的债权文书公证。还款期限届满后，张某峰未能偿还借款本金。

2013 年 9 月，魏某向某区人民法院申请强制执行。执行法官联系被执行人督促其主动履行还款义务，但被执行人拒不履行义务。随后，执行法官依法查封了三名被执行人名下的四套房产与三辆汽车。2013 年 12 月，执行法官再次电话联系张某峰督促其履行时，其不但无任何主动履行意愿，且态度蛮横，并对执行法官言语威胁。2014 年 1 月 10 日，执行法官等 6 名执行干警与多家媒体一起赶到张某政 900 多平米的别墅里进行强制执行。执行现场共有被执行人所雇佣保姆、司机、厨师及房客四人，执行法官出示证件后，上述人员仍有阻碍执行公务的行为。执行法官在控制住现场秩序后，依法在房屋门口张贴拍卖公告，并向被执行人张某峰送达传票和限制消费令。执行过程中，执行法官还当场扣押被执行人所有的宾利车钥匙一把。

次日，张某峰便主动向执行法官打电话，承认错误并表示积极履行还款义务。2014 年 1 月 20 日，魏某到法院递交了执行和解协议，本案顺利执结。

第五节 不予执行、执行中止与执行终结

一、不予执行

（一）不予执行的概念

不予执行，是指对于当事人就某些法律文书所提出的执行申请，法院在进行

审查时,或者在执行过程中,因法定事由的出现,依法作出裁定,不予执行该法律文书并结束程序的制度。

不予执行的裁定生效后,执行程序即告结束,法院应当作结案处理。

(二) 不予执行的适用范围

1. 仲裁裁决

根据《民诉法》第 237 条的规定,对依法设立的仲裁机构的裁决,一方当事人不履行,对方当事人向有管辖权的人民法院申请执行的,如果人民法院认定执行仲裁裁决违背社会公共利益,或者被申请人提出证据证明仲裁裁决有下列情形之一,经人民法院组成合议庭审查核实后,裁定不予执行:(1)当事人在合同中没有订有仲裁条款或者事后没有达成书面仲裁协议的。仲裁以当事人双方自愿为前提,当事人没有选择仲裁,仲裁机构进行仲裁违背仲裁的基本原则,因此所作的裁决,人民法院可以不予执行。(2)裁决的事项不属于仲裁协议的范围或者仲裁机构无权仲裁的。仲裁机构裁决的事项要受到双方当事人协议的限制,哪些纠纷交付仲裁要由当事人决定,仲裁机构不能超出当事人协议范围增加仲裁事项。对于仲裁机构超出当事人协议范围裁决的事项,人民法院有权不予执行。(3)仲裁庭的组成或者仲裁的程序违反法定程序的。仲裁庭是仲裁的法定主体,仲裁庭的组成如果违反法定程序,势必会影响仲裁的公正。仲裁程序是仲裁公正的保证,如果仲裁程序违法,对仲裁裁决的结果也会造成影响。因此,如果仲裁庭的组成或者仲裁的程序违反法定程序,人民法院有权不予执行。比如,仲裁员与本案有利害关系的必须回避。如果仲裁庭的组成违反上述规定,必须回避的仲裁员没有回避,那么对其所作的裁决,人民法院有权不予执行。(4)裁决所根据的证据是伪造的。证据是仲裁庭认定事实、确定双方当事人的责任并作出裁决的根据。因此,当事人必须向仲裁庭提供真实的证据。如果当事人提供了伪造的证据,势必会影响仲裁庭对案件事实作出正确判断,仲裁裁决的正确性就要打折扣,使一方当事人的合法权益受到损害,人民法院有权不予执行。(5)对方当事人向仲裁机构隐瞒了足以影响公正裁决的证据的。所谓足以影响公正裁决的证据,是指直接关系到仲裁裁决最后结论的证据,通常与仲裁案件所涉及的争议焦点或关键事实密切相关。为了维护仲裁裁决认定事实的正确性和裁决结果的公正性,对方当事人向仲裁机构隐瞒了足以影响公正裁决的证据的,被申请人可以申请法院不予执行。(6)仲裁员在仲裁该案时有贪污受贿、徇私舞弊、枉法裁决行为的。上述行为是仲裁过程中的违法行为,严重影响到仲裁裁决的公正性,人民法院查实后,不予执行该仲裁裁决。

2. 公证债权文书

《民诉法》第 238 条第 2 款规定,公证债权文书确有错误的,人民法院裁定不予执行,并将裁定书送达双方当事人和公证机关。

有下列情形之一的,可以认定公证债权文书确有错误,应当裁定不予执行:(1)公证债权文书属于不得赋予强制执行效力的债权文书的;(2)被执行人一方未亲自或者未委托代理人到场公证等严重违反法律规定的公证程序的;(3)公证债权文书的内容与事实不符或者违反法律强制性规定的;(4)公证债权文书未载明被执行人不履行义务或者不完全履行义务时同意接受强制执行的。此外,法院认定执行该公证债权文书违背社会公共利益的,裁定不予执行。裁定不予执行公证债权文书的,裁定书应当送达双方当事人和公证机关。

被申请人提出不予执行公证债权文书申请,法院经审查不符合上述规定情形的,裁定驳回申请。

3. 外国法院判决、裁定

根据《民诉法》第282条的规定,人民法院对申请或者请求承认和执行的外国法院作出的发生法律效力的判决、裁定,如果该判决、裁定违反我国法律的基本原则或者国家主权、安全、社会公共利益的,不予承认和执行。

二、执行中止

(一) 执行中止的概念

执行中止,是指在执行过程中,由于出现了某种特殊情况而使执行程序暂时停止,待特殊情况消失后,执行程序再继续进行。执行中止只是执行程序的暂时停止,法院不能作结案处理。中止的原因消除后,法院应当恢复执行。

(二) 执行中止的情形

依据《民诉法》第256条及司法解释的规定,有下列情形之一的,人民法院应当裁定中止执行:

(1) 申请执行人表示可以延期执行的。执行程序开始后,申请执行人请求延期执行的,由于该请求是对自身权利的处分,法院应中止执行程序。

(2) 案外人对执行标的物提出确有理由的异议的。案外人提出异议后,法院要对案外人异议进行审查作出裁定,申请执行人或案外人还有可能提起执行异议之诉,需要较长时间,因此,应中止执行程序。

(3) 作为一方当事人的公民死亡,需要等待继承人继承权利或者承担义务的。在执行程序中,一方当事人死亡,执行程序将因缺少一方主体而无法进行。而确定权利义务承受人需要一定时间,应中止执行程序。

(4) 作为一方当事人的法人或者其他组织终止,尚未确定权利义务承受人的。法人或者其他组织终止,是指法人或者其他组织依法被撤销、解散、宣告破产以及合并、分立等情况。如果法人或者其他组织终止后尚未确定权利义务承受人的,应当中止执行。

(5) 法院认为应当中止的其他情形。其他情形包括:① 法院已受理以被执行人为债务人的破产申请的;② 被执行人确无财产可供执行的;③ 执行的标的物是其他法院或仲裁机构正在审理的案件争议标的物,需要等待该案件审理完毕确定权属的;④ 一方当事人申请执行仲裁裁决,另一方当事人申请撤销仲裁裁决的;⑤ 被执行人向法院提出不予执行仲裁裁决的请求,并提供适当担保的;⑥ 案件已经按照审判监督程序提审或再审的。

执行中止,法院应制作裁定书。裁定书应当写明中止执行的理由与法律依据,并由执行员、书记员署名,加盖法院印章。

(三) 执行中止的效力

执行中止的效力,是指执行程序的暂时停止。执行中止的裁定在送达当事人后立即生效。在中止执行期间,执行法院不得进行执行活动,当事人和其他执行参与人不得实施与执行中止相违背的行为。

执行中止的原因消失后,执行法院可以根据当事人的申请或依职权恢复执行,恢复执行应当书面通知当事人。中止执行的裁定,自执行程序恢复时自行失效。

三、执行终结

(一) 执行终结的概念

执行终结,是指在执行过程中,由于出现了某种特殊情况,使执行程序无法或无需继续进行,因而依法结束执行程序。执行终结是执行程序的完全结束。执行终结后,法院将执行案件作结案处理。

(二) 终结执行的情形

根据《民诉法》第 257 条的规定,有下列情形之一的,人民法院裁定终结执行:

(1) 申请人撤销执行申请的。申请人撤销执行申请是对其自身权利的处分,只要不违反法律规定,法院就应准许其撤回申请。但需注意,实践中申请人撤回执行申请后,一般不允许其再次提出执行申请。

(2) 据以执行的法律文书被撤销的。执行文书被撤销,执行失去了依据,执行程序必须停止。

(3) 作为被执行人的公民死亡,无遗产可供执行,又无义务承担人的。上述情形出现后,执行无法继续进行,因此法院应裁定终结执行。

(4) 追索赡养费、扶养费、抚育费案件的权利人死亡的。追索赡养费、扶养费、抚育费案件的权利人所享有的权利,只能由权利人所享有,既不能转让,也不能继承,因此,上述权利人死亡后,权利人所享有的权利即告消灭,被执行人继续履行义务已无必要,法院应裁定终结执行。

(5) 作为被执行人的公民因生活困难无力清偿借款,无收入来源,又丧失劳动能力的。出现上述情形,执行程序无法继续进行,应当终结执行程序。

(6)法院认为应当终结执行的其他情形。比如,被执行人被宣告破产的,执行法院应当裁定终结执行。

终结执行,法院应当制作裁定书,裁定书应当写明终结执行的理由和法律依据,并由执行员、书记员署名,加盖法院印章。

[表 25-10] 诉讼终结与执行终结的比较

诉讼终结(4+0)	执行终结(5+1[①])
原告死亡,没有继承人,或者继承人放弃诉讼权利的	作为被执行人的公民死亡,无遗产可供执行,又无义务承担人的
被告死亡,没有遗产,也没有应当承担义务的人的	作为被执行人的公民因生活困难无力清偿借款,无收入来源,又丧失劳动能力的
离婚案件一方当事人死亡的	据以执行的法律文书被撤销的
追索赡养费、扶养费、抚育费以及解除收养关系案件的一方当事人死亡的	追索赡养费、扶养费、抚育费案件的权利人死亡的
	申请人撤销执行申请的

四、终结本次执行

(一)终结本次执行概述

终结本次执行程序是指在执行程序开始后,法院按照执行程序要求,履行了法定执行手续,采取了相应强制措施,穷尽了执行手段和方法,仍然无法使案件得以执结,在查明被执行人确无可供执行的财产、暂时无履行能力的情况下,执行工作暂无必要继续进行,由法院裁定本案执行程序阶段性终结,暂时结束执行程序,待日后发现被执行人有可供执行财产或财产线索,再重新启动执行程序的一种制度。终结本次执行是执行程序的阶段性终结,法院可作结案处理。

最高人民法院于 2016 年 12 月 1 日起施行《最高人民法院关于严格规范终结本次执行程序的规定(试行)》(以下简称《终结程序规定》),对终结本次执行的条件、程序、后续执行等作出严格规定。

(二)终结本次执行的条件

根据《终结程序规定》第 1 条至第 4 条的规定,人民法院终结本次执行程序,应当同时符合下列条件:

(1)已向被执行人发出执行通知、责令被执行人报告财产。

"责令被执行人报告财产",是指应当完成下列事项:其一,向被执行人发出报告财产令;其二,对被执行人报告的财产情况予以核查;其三,对逾期报告、拒

---

① "0"代表没有兜底条款,"1"代表有兜底条款。

绝报告或者虚假报告的被执行人或者相关人员,依法采取罚款、拘留等强制措施,构成犯罪的,依法启动刑事责任追究程序。法院应当将财产报告、核实及处罚的情况记录入卷。

(2) 已向被执行人发出限制消费令,并将符合条件的被执行人纳入失信被执行人名单。

(3) 已穷尽财产调查措施,未发现被执行人有可供执行的财产或者发现的财产不能处置。

"已穷尽财产调查措施",是指应当完成下列调查事项:其一,对申请执行人或者其他人提供的财产线索进行核查;其二,通过网络执行查控系统对被执行人的存款、车辆及其他交通运输工具、不动产、有价证券等财产情况进行查询;其三,无法通过网络执行查控系统查询财产情况的,在被执行人住所地或者可能隐匿、转移财产所在地进行必要调查;其四,被执行人隐匿财产、会计账簿等资料且拒不交出的,依法采取搜查措施;其五,经申请执行人申请,根据案件实际情况,依法采取审计调查、公告悬赏等调查措施;其六,法律、司法解释规定的其他财产调查措施。法院应当将财产调查情况记录入卷。

"发现的财产不能处置",包括下列情形:第一,被执行人的财产经法定程序拍卖、变卖未成交,申请执行人不接受抵债或者依法不能交付其抵债,又不能对该财产采取强制管理等其他执行措施的;第二,法院在登记机关查封的被执行人车辆、船舶等财产,未能实际扣押的。

(4) 自执行案件立案之日起已超过 3 个月。换言之,立案后未满 3 个月的执行案件不适用终结本次执行程序。

(5) 被执行人下落不明的,已依法予以查找;被执行人或者其他人妨害执行的,已依法采取罚款、拘留等强制措施,构成犯罪的,已依法启动刑事责任追究程序。

(三) 终结本次执行的裁定与救济

终结本次执行程序前,人民法院应当将案件执行情况、采取的财产调查措施、被执行人的财产情况、终结本次执行程序的依据及法律后果等信息告知申请执行人,并听取其对终结本次执行程序的意见。人民法院应当将申请执行人的意见记录入卷(《终结程序规定》第 5 条)。

终结本次执行程序应当制作裁定书,载明下列内容:(1) 申请执行的债权情况;(2) 执行经过及采取的执行措施、强制措施;(3) 查明的被执行人财产情况;(4) 实现的债权情况;(5) 申请执行人享有要求被执行人继续履行债务及依法向人民法院申请恢复执行的权利,被执行人负有继续向申请执行人履行债务的义务。终结本次执行程序裁定书送达申请执行人后,执行案件可以作结案处理。人民法院进行相关统计时,应当对以终结本次执行程序方式结案的案件与其他方式结案的案件予以区分。终结本次执行程序裁定书应当依法在互联网上公开(《终结程序规定》第 6 条)。

当事人、利害关系人认为终结本次执行程序违反法律规定的,可以提出执行异议。人民法院应当依照《民诉法》第 225 条的规定以执行行为异议进行审查(《终结程序规定》第 7 条)。

案件符合终结本次执行程序条件,又符合移送破产审查相关规定的,执行法院应当在作出终结本次执行程序裁定的同时,将执行案件相关材料移送被执行人住所地人民法院进行破产审查(《终结程序规定》第 11 条)。

(四)终结本次执行案件信息录入及删除

终结本次执行程序裁定书送达申请执行人以后,执行法院应当在 7 日内将相关案件信息录入最高人民法院建立的终结本次执行程序案件信息库,并通过该信息库统一向社会公布(《终结程序规定》第 12 条)。终结本次执行程序案件信息库记载的信息应当包括下列内容(1)作为被执行人的法人或者其他组织的名称、住所地、组织机构代码及其法定代表人或者负责人的姓名,作为被执行人的自然人的姓名、性别、年龄、身份证件号码和住址;(2)生效法律文书的制作单位和文号,执行案号、立案时间、执行法院;(3)生效法律文书确定的义务和被执行人的履行情况;(4)法院认为应当记载的其他事项(《终结程序规定》第 13 条)。

当事人、利害关系人认为公布的终结本次执行程序案件信息错误的,可以向执行法院申请更正。执行法院审查属实的,应当在 3 日内予以更正(《终结程序规定》第 14 条)。

有下列情形之一的,人民法院应当在 3 日内将案件信息从终结本次执行程序案件信息库中屏蔽:(1)生效法律文书确定的义务执行完毕的;(2)依法裁定终结执行的;(3)依法应予屏蔽的其他情形(《终结程序规定》第 18 条)。

(五)终结本次执行裁定后的继续执行

终结本次执行程序后,被执行人应当继续履行生效法律文书确定的义务。被执行人自动履行完毕的,当事人应当及时告知执行法院(《终结程序规定》第 8 条)。

终结本次执行程序后,申请执行人发现被执行人有可供执行财产的,可以向执行法院申请恢复执行。申请恢复执行不受申请执行时效期间的限制。执行法院核查属实的,应当恢复执行。终结本次执行程序后的 5 年内,执行法院应当每 6 个月通过网络执行查控系统查询一次被执行人的财产,并将查询结果告知申请执行人。符合恢复执行条件的,执行法院应当及时恢复执行(《终结程序规定》第 9 条)。

终结本次执行程序后,发现被执行人有可供执行财产,不立即采取执行措施可能导致财产被转移、隐匿、出卖或者毁损的,执行法院可以依申请执行人申请或依职权立即采取查封、扣押、冻结等控制性措施(《终结程序规定》第10条)。

终结本次执行程序后,人民法院已对被执行人依法采取的执行措施和强制措施继续有效(《终结程序规定》第15条)。终结本次执行程序后,申请执行人申请延长查封、扣押、冻结期限的,人民法院应当依法办理续行查封、扣押、冻结手续。终结本次执行程序后,当事人、利害关系人申请变更、追加执行当事人,符合法定情形的,人民法院应予支持。变更、追加被执行人后,申请执行人申请恢复执行的,人民法院应予支持(《终结程序规定》第16条)。

终结本次执行程序后,被执行人或者其他人妨害执行的,人民法院可以依法予以罚款、拘留;构成犯罪的,依法追究刑事责任(《终结程序规定》第17条)。

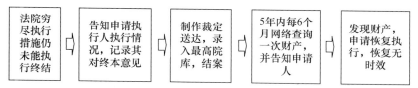

[图 25-13] 终结本次执行程序流程

思 考 题

1. 简述债权人申请执行的执行时效及起算时间。
2. 查封、扣押、冻结执行措施的适用情形有何区别?
3. 查封、扣押、冻结的效力最长期限分别是多长时间?期限即将届满但案件还没有执行终结的应如何处理?
4. 简述申请执行人申请轮侯查封、扣押、冻结被执行人财产的必要性。
5. 法院对被执行财产的变价方式有哪几种?各种措施的适用范围分别是什么?
6. 网络司法拍卖较传统的拍卖会现场拍卖有何优势?
7. 被执行人向法院报告财产的范围及事项有哪些?
8. 被执行人无财产可供执行,但被执行人对案外他人有到期债权,法院应如何执行?简述这种执行措施的完整流程。
9. 执行转破产制度的意义是什么?
10. 简述执行终结与终结本次执行的共同点与不同点。

参 考 文 献

[1] 张卫平:《民事诉讼法学》(第三版),法律出版社2013年版。
[2] 常怡主编:《民事诉讼法学》(第三版),中国政法大学出版社1999年版。
[3] 李浩:《民事诉讼法学》(第三版),法律出版社2016年版。
[4] 赵钢、占善刚、刘学在:《民事诉讼法》(第三版),武汉大学出版社2015年版。
[5] 沈德咏主编:《最高人民法院民事诉讼法司法解释理解与适用》(上、下),人民法院出版社2015年版。
[6] 江必新主编:《民事执行新制度理解与适用》,人民法院出版社2010年版。
[7] 肖建国、包建华:《证明责任——事实判断的辅助方法》,北京大学出版社2012年版。
[8] 沈德咏主编:《〈中华人民共和国民法总则〉条文理解与适用》(上、下),人民法院出版社2017年版。
[9] 江伟主编:《民事诉讼法学关键问题》,中国人民大学出版社2010年版。
[10] 沈宗灵主编:《法理学》(第三版),北京大学出版社2009年版。